I0355252

www.ingramcontent.com/pod-product-compliance
Lightning Source LLC
Chambersburg PA
CBHW070039080526
44586CB00013B/858
* 9 7 8 1 5 9 5 8 4 2 1 4 5 *

سه رویداد و سه دولتمرد

نگاهی نو به یک دهه از تاریخ معاصر ایران

دکتر هوشنگ نهاوندی

شرکت کتاب

Three Events and Three Statesmen
A new consideration of a decade of contemporary Iranian History
Subject: Iranian Contemporary History
Author: Dr. Hooshang Nahavandi
Published by: Ketab Corporation
Copyright© 2025 Ketab Corporation
All right reserved.
2nd Edition by: Ketab Corporation

سه رویداد و سه دولتمرد
نویسنده: دکتر هوشنگ نهاوندی
موضوع: زندگینامه و تاریخ معاصر ایران
ناشر: شرکت کتاب
چاپ دوم شرکت کتاب: ۲۰۲۵ میلادی - ۱٤۰٤ خورشیدی - ۲٥۸٤ ایرانی خورشیدی

No part of this book may be reproduced in any manner without the express written consent of the publisher,
except in the case of brief excerpts in critical reviews or articles.
For information about permission to reproduce selections from this book, write to
Permissions@Ketab.com

The Library of Congress Cataloging-in-publishing Data is available upon request.

ISBN:978-1-59584-214-5
Ketab Corporation:
12701 Van Nuys Blvd., Suite H,
Pacoima, CA, 91331, USA

2 2 3 4 5 6 7 8 25

فهرست مطالب

پیش گفتار

بخش اول - ۲۱ آذر

فرمان مشروطیت	۱۰
جناب اشرف قوام‌السلطنه	۳۸
صدارت و تبعید	۷۰
بازگشت به قدرت	۹۶
بحران آذربایجان	۱۱۶
پیروزی بر استالین	۱۴۶
غائله‌ی فارس	۱۹۰
ناگفته‌هایی درباره‌ی احمد قوام	۲۰۶

بخش دوم - ۲۸ اسفند

از ولادت تا وزارت	۲۴۲
در برابر رضاشاه	۲۷۴
نماینده‌ی مردم در تهران	۳۰۴
تلافی	۳۲۴
پیروزی‌ها و دشواری‌ها	۳۶۸
سی‌ام تیر و نهم اسفند	۴۱۲
بُن‌بست	۴۴۶

بخش سوم - ۲۸ مرداد

نظامی و سیاستمدار	۴۷۸
«خطرناک‌ترین دشمن امپراتوری بریتانیا»	۵۱۸
کشتی بدون ناخدا	۵۷۸
۲۸ مرداد	۶۱۸
دولتمرد و سپاهی	۶۴۸
امنیت، اقتصاد و سیاست	۶۹۶
برکناری و تلخ‌کامی	۷۲۲

به م. ن.

با سپاس و عشق

پیش‌گفتار

سه رویداد و سه دولتمرد، چنان‌که در عنوان کتاب هم آمده، تأملی است در باره‌ی یک دهه از تاریخ معاصر ایران که پس از گذشت بیش از نیم قرن، نه تنها از دیدگاه تاریخی و تاریخ، بلکه از نظر سیاسی موردبحث و حتی مجادله‌ی بسیاری از صاحب‌نظران است.

سه حادثه‌ی عمده‌ی تاریخ معاصر ایران: کوشش شوروی‌ها برای تجزیه‌ی آذربایجان و قسمتی از کردستان و پایان این بحران به همت همه‌ی مردم ایران، به ویژه قوام‌السلطنه؛ نهضت ملی کردن نفت که دکتر مصدق پرچمدار آن بود و سرانجام پایان حکومت مصدق و حوادث بیست و پنجم تا بیست و هشتم مرداد و نقش سپهبد زاهدی در آن‌ها و زندگی و دوران حکومت او، همواره به‌طور مستقیم یا غیرمستقیم در همه‌ی بحث‌های مربوط به مسایل

امروزی ایران پدیدار می‌شوند. در هر سه مورد، ایران دستخوش تحریکات یا مداخلات قدرت‌های بزرگ جهانی بود. در هر سه مورد، به‌خصوص پیرامون دو حادثه‌ی اخیر، هنوز اختلاف نظرها وگفتگوها آمیخته با عصبیت و موضع‌گیری‌های سیاسی و مرامی است.

هدف اصلی این کتاب، بررسی دقیق و کاملاً مستند پیرامون این سه حادثه است و تأمل و تحقیق در باره‌ی زندگی‌نامه‌ی سیاسی بازیگران اصلی آن‌ها، قوام‌السلطنه، دکتر مصدق و سپهبد زاهدی، و یادآوری از سیاستمداران و نظامیان دیگری که در این دوران نقش و سهمی داشتند، به ویژه آنانی که خادمان صدیق وطن خود بودند و همه باید بکوشیم که نام آن‌ها به دست فراموشی سپرده نشود.

من، نه قوام‌السلطنه را هرگز دیده‌ام، نه دکتر مصدق را و نه سپهبد زاهدی را. به هنگام حوادث آذربایجان و کردستان، دانش‌آموز دوره‌ی اول متوسطه بودم. مانند بیش‌تر ایرانیان، پدرم سخت نگران تجزیه‌ی آذربایجان و خطر تسلط «بلشویک‌ها» بر کشورمان بود. نواهای دیگری را هم می‌شنیدم، اما نگرانی عمومی را احساس می‌کردم و نمی‌توانستم تجزیه‌ی کشورم را بپذیرم. در دبیرستان سرود آذربایجان را می‌خواندیم و چون به همت قوام‌السلطنه، ایرانِ ناتوانِ آن روز، بر یکی از دو ابرقدرت جهان پیروز شد و «خطه‌ی آذرآبادگان»، یکی از گهواره‌ها و پایگاه‌های اصلی بزرگی و تمدن کشورمان، به ایران بازگشت، مانند همه‌ی ایرانیان احساس شادی و غرور کردم. روزی که تبریز آزاد شد، پدرم از شادی می‌گریست ومن این مسرّت و غرور را می‌فهمیدم و در آن با اوشریک و سهیم بودم.

در سال آخر دبیرستان بودم که نهضت ملی ایرانیان بر ضد سیاست استعماری بریتانیا و به خاطر ملی کردن صنعت نفت

شکل گرفت و به یک موج تلافی و ابراز غرور و سربلندی ملی تبدیل شد. دکتر مصدق، پرچمدار بی چون و چرای این نهضت بود و محمدرضا شاه مانند اکثریت قریب به اتفاق ایرانیان، از او پشتیبانی می‌کرد.

ایرانیان، یکدل و یگانه بودند و به همین سبب در مرحله‌ی نخستِ این نهضت پیروز شدند. این پیروزی بر سیاست استعماری بریتانیای کبیر که هنوز یک امپراتوری نیرومند - اما در راه زوال- بود، همانند پیروزی بر سیاست استعماری شوروی و بر شخص استالین در ماجرای آذربایجان، از صفحات درخشان تاریخ ایران است که باید به تجزیه و تحلیل درست و بی‌طرفانه‌ی آن‌ها پرداخت، آن‌ها را باز شناخت و هرگز فراموش‌شان نکرد.

به هنگام پیروزی نهضت ملّی، من دیگر در ایران نبودم، و در شادی‌های آن شرکت نداشتم ولی دشواری‌های آن را از دور می‌دیدم و احساس می‌کردم. به هنگام پیروزی، ایرانیان، متحد بودند و چون کار به دشواری و سرانجام به بُن‌بست کشید، وحدت کلمه‌ی مردم نیز پایان پذیرفت و می‌رفت که کشور، باز هم در معرض خطر تجزیه و تسلط شوروی‌ها و یا عوامل آنان قرار گیرد که بار دیگر تاریخ ورق خورد.

هنگامی که در سال ۱۹۵۸ (بهار سال ۱۳۳۷) پس از هشت سال تحصیل در اروپا به ایران بازگشتم، کشور در امن و امان بود و حکومت، مقتدر. دکتر مصدق پس از پایان سه سال زندان که به آن محکوم شده بود، در تبعید اجباری احمدآباد می‌زیست. سپهبد زاهدی نیز ناچار به ترک وطن شده بود. نسبت به هر دو حق‌ناشناسی شده بود؛ اما نه به یک صورت.

شرایط زندگی و مقتضیات سیاسی اجازه نمی‌داد که از دور یا نزدیک دکتر مصدق را ببینم و بشناسم. نه هنگامی که در احمدآباد می‌زیست و نه طی چند ماه آخر عمرش که به تهران بازگشته بود.

سپهبد زاهدی در این سال‌ها دو یا سه بار به ایران آمد، اما امکان دیدار وی نیز حاصل نشد.
مخلص کلام آن که من در این کتاب، در باره‌ی حوادثی می‌نویسم که بیش‌تر از دور ناظر آن بودم و در باره‌ی دولتمردانی که هرگز آن‌ها را ندیدم. در بارهٔ همه‌ی این حوادث بسیار شنیدم و بسیار خواندم. در طی سی سال اخیر، کنجکاوی شخصی من در باره‌ی این دوران، به ضرورت یک بررسی تاریخی و سیاسی انجامید. خوشبختانه امکان دسترسی به مدارک و اسناد بسیاری، که پیش‌تر میسر نبود، حاصل شد و به ویژه بیش از پیش دریافتم که تا چه حد، اغراض سیاسی و تعصبات شخصی، مانع قضاوت صحیح و بی‌طرفانه در باره‌ی دولتمردان ایرانی شده و می‌شود و ایرانیان را از تحلیل منطقی و روش‌بینی در باره‌ی آینده باز می‌دارد.

تدوین این کتاب، برآیند خاطراتی است که از سال‌ها در ذهن خود داشتم - که در حاشیه، به منابع بسیاری از آن‌ها اشاره کرده‌ام- و نیز بررسی‌های طولانی که طی سی سال اخیر انجام داده‌ام. آن‌چه نوشته‌ام نه در باره‌ی این رویدادها؛ و این دهه‌ی پر حادثه و نوسان، کلام آخر است و نه در باره‌ی شخصیت‌هایی که به آنان پرداخته‌ام. ولی امیدوارم راه‌گشای بررسی‌های منصفانه‌ی دیگری باشد که تصور نمی‌رود هیچ کس در ضرورت آن‌ها، تردید روا دارد.

نقطه‌نظرها و داوری‌های خود را در پایان کتاب نوشته‌ام. می‌دانم که بسیاری آن‌ها را خواهند پسندید و تأیید خواهند کرد و بسیاری دیگر به انتقاد و خرده‌گیری خواهند پرداخت. امیدوارم این بحث و گفتگوها به بازشناسی یک دوران سرنوشت‌ساز از تاریخ ایران، که بازتاب‌های آن هنوز ادامه دارد، یاری کنند و نسل‌های جوان‌تر

بتوانند از آن، برای یافتن راه و روش‌های سیاسی آینده‌ی کشور بهره گیرند.

بروکسل - نوامبر ۲۰۰۸

۲۱ آذر

فصل اول

فرمان مشروطیت

مردی که بیشتر مورخان و محققان امروزی او را عامل اصلی حل بحران آذربایجان و کردستان و رهایی این دو منطقه‌ی ایران از قید تسلط و نفوذ شوروی‌ها می‌دانند در نوامبر سال ۱۸۷۷ (آذرماه ۱۲۵۶) در شهر تهران «دارالخلافه‌ی ناصری» چشم به جهان گشود.[1] در آن هنگام میرزا حسین‌خان سپهسالار که می‌خواست

۱- قانون ثبت احوال پس از کودتای سوم اسفند تصویب شد و تدریجاً به مرحله‌ی اجرا درآمد. به همین سبب در مورد تاریخ تولد احمد قوام اختلافاتی وجود دارد. از نظر بحث ما که ورود به جزئیات زندگی خصوصی او نیست، این نکته اهمیت زیادی ندارد. تاریخی را برگزیده‌ایم که گروهی آن‌را ذکر کرده‌اند، از جمله علی وثوق، فرزند حسن وثوق «وثوق‌الدوله» (و بنابراین برادرزاده‌ی قوام) در یادداشت‌های خود.
بهترین و جامع‌ترین زندگی‌نامه‌ای که تاکنون در باره‌ی قوام نوشته شده، کتاب حمید شوکت است: در تیررس حادثه- زندگی سیاسی قوام‌السطنه، ۴۰۸ صفحه، تهران، نشراختران، ۱۳۸۵. در این کتاب، جابجا، اشتباهات کوچکی هست که در هر نوشته‌ای غیرقابل اجتناب است. نویسنده به بعضی از نکات دوران زندگی احمد قوام توجه بیشتری داشته - که امری است طبیعی. ولی همه‌ی این‌ها از اهمیت و اعتبار کتاب نمی‌کاهد.

در کشور اصلاحات اساسی انجام دهد، قدرت دربار را محدود کند و روحانیون را به جای خود بنشاند[۱] صدراعظم ایران بود. اما ناصرالدین‌شاه، درباریان و مراجع روحانی که سیاست او را برنمی‌تافتند، او را کنار گذاشتند و شاید هم موجبات قتل او را فراهم کردند.

احمد قوام، سال‌ها بعد نخستین قدم‌های اداری و سیاسی خود را در دستگاه امین‌الدوله صدراعظم مظفرالدین‌شاه برداشت. او می‌خواست با احتیاط بسیار به راه سپهسالار برود. سپهسالار از امیرکبیر الهام می‌گرفت که در راه بزرگی ایران و سرفرازی ایرانیان جان‌باخته بود. امین‌الدوله پیرو سپهسالار بود و قوام که در تمام زندگی سیاسی خود نشان داد که مرد قدرت و اصلاحات است و تاریخ ایران را نیز خوب می‌دانست، طریقت این سه دولتمرد را برگزید. پایان زندگی او نیز بی‌شباهت به آنان نیست. با حق‌ناشناسی‌ها و رنج‌های بسیار مواجه شد. اما امروز سرانجام تاریخ قدر او را می‌داند و بر خدماتش سپاس می‌گذارد.

*****

احمد قوام از تبار محسن‌خان آشتیانی از بزرگ‌مالکان و دیوانیان سرشناس بود. اجدادش در زمان نادرشاه افشار و کریم‌خان زند در خدمت سلاطین ایران بودند و ثروت و مکنت بسیار اندوختند. جدش میرزاتقی‌خان آشتیانی در زمان فتحعلی شاه مقامات عالی یافت و لقب قوام‌الدوله گرفت و برای خانواده‌اش در قم مقبره‌ای اختصاصی ساخت که بعدها احمد قوام و برادر

۱- سپهسالار عقیده داشت که علما به «کارهای خود از قبیل نماز جماعت و موعظه بپردازند، آن هم تاجایی که به دولت زیان وارد نسازند.» می‌گفت: «آقایان علما را باید در کمال احترام و اکرام نگاه داشت، اما نباید به قدر ذره‌ای در امورات حکومتی آنها را مداخله داد و واسطه‌ی دولت و ملت قرار داد.»

بزرگ‌ترش وثوق‌الدوله نیز در آنجا دفن شدند. پدر بزرگ احمد قوام، میرزامحمدخان، در عهد ناصری به وزارت خراسان رسیده در سال ۱۸۶۱ (۱۲۴۰ خورشیدی) در جنگ با ترکمانان که به یاغی‌گری پرداخته بودند، به‌اتفاق حشمت‌الدوله عموی ناصرالدین شاه فرماندهی سپاهیان ایران را داشت. آن‌ها در این ماجرا شکستی سخت خوردند که از آن به‌نام فاجعه مرو یاد می‌شود و باعث جدایی قسمتی از خاک ایران شد. شاه بر آن دو غضب کرد، اما سرانجام عفو شدند و میرزامحمد به مقامات مهم دیگر رسید. فرزندش میرزاابراهیم خان، پدر احمد قوام، دوازده سال مستوفی آذربایجان بود. از شاه لقب معتمدالسلطنه و عنوان جناب گرفت، سپس پیشکار فارس و والی گیلان شد. میرزاابراهیم خان معتمدالسلطنه با طاووس خانم دختر مجدالملک سینکی ازدواج کرد. حسن وثوق، وثوق‌الدوله و احمد قوام، قوام‌السلطنه، محصول این ازدواج بودند. پس از مرگ مادر که در کودکی آنان روی داد، دایی آن‌ها، میرزاعلی‌خان امین‌الدوله که سال‌ها بعد از آن به صدارت عظمی رسید در کنار معتمدالسلطنه بر تربیت و پیشرفت خواهرزادگانش مراقبت می‌کرد و مخصوصاً بر رویه‌ی سیاسی و مملکت‌داری قوام تأثیر بسیار گذاشت.

احمد در دوران کودکی و جوانی، به تحصیلات متعارف زمان خود پرداخت و چون از خاندانی ثروتمند و اشرافی بود، از محضر بهترین معلمان زمان برخوردار شد. علاوه بر ادبیات و تاریخ و حسن خط و معانی و بیان، زبان فرانسه را نیز فرا گرفت. تسلط او به نثر فارسی و تاریخ ایران و قدرت بیانش که مورد قبول خاص و عام بود از همین زمان آغاز می‌شود. در طی مسافرت‌های متعددش به فرانسه، به این زبان نیز آشنایی کامل یافت. خبرنگارانی که مخصوصاً در دوران بحران آذربایجان با او مصاحبه کرده‌اند، همه، تسلط او را به‌این زبان ستوده‌اند. او از خوشنویسان زمان

خود بود، در شانزده سالگی مناجات منظوم علی‌ابن ابیطالب را به خط نستعلیق نوشت که پدرش آن را به شاه تقدیم کرد و همین باعث شد که به خدمت دربار درآمده و به دریافت لقب دبیرحضور نائل آید. زندگی اداری و سیاسی او از همین مقطع آغاز می‌شود که البته از حمایت دولتمرد پرنفوذی چون امین‌الدوله که دایی او بود برخوردار شد.

*****

میرزاعلی خان امین‌الدوله، دایی احمد قوام، در عهد جوانی، منشی مخصوص ناصرالدین شاه و طبیعتاً مورد اعتماد او بود تا آنجا که وی را به تدارک نخستین مسافرت خود به اروپا (۱۸۷۳-۱۲۵۲) گماشت. میرزاعلی خان، چون سپهسالار به تنظیم امور مملکتی و پایان دادن به فساد درباریان و نابسامانی اوضاع اداری و سیاسی دلبستگی خاص داشت، امید به‌آن بسته بود که این سفر شاه چشمانش را به حقایق اوضاع جهان و علل و عوامل ترقی کشورهای اروپایی باز کند. این مسافرت نتایج موردنظر میرزاعلی‌خان را به‌دنبال نداشت. اما کفایت و تدبیر او در ترتیب آن وی را بیش از پیش مورد عنایت و توجه ناصرالدین شاه قرار داد، از مقربان درگاه شد، لقب امین‌الملک گرفت و به‌عنوان وزیر رسائل خاصه مفتخر گردید و شاه را در سفری دیگر نیز همراهی کرد.

در بازگشت شاه از سفر دومش به فرنگستان، امین‌الملک که سی‌سال بیشتر نداشت به ریاست دارالشورای کبری (که می‌توان آن‌را با هیأت وزیران در نظام‌های سیاسی جدید مقایسه کرد) منصوب شد. سپس مدتی پیشکار آذربایجان بود. منطقه‌ی ولیعهدنشین و حساس به مناسبت هم‌جواری با روسیه و عثمانی، و سرانجام به صدارت عظمی منصوب شد.
در این زمان امین‌الملک، امین‌الدوله شده بود و با احتیاط لازم،

دیگر هدف‌های سیاسی خود را پنهان نمی‌کرد و سودای ترقی ایران و نوآوری در امور کشور را داشت: تأسیس مجدد پست‌خانه (که نخستین بار به همت امیرکبیر پا گرفته بود)، ایجاد مدارس به سبک جدید، بنیان‌گذاری کارخانه‌ی قند کهریزک از ابتکارات اوست. در مقام آن برآمد که آئین جدیدی در ثبت معاملات ملکی ایجاد کند. همین کافی بود که برای روحانیون بهانه شود که او را دشمن شرع مقدس بخوانند. چرا که یکی از منابع سوءاستفاده‌های آنان محدود می‌شد. نارضایی درباریان که او را مانع عیش و عشرت شاه می‌دیدند، بر اعتراضات روحانیون افزوده شد و همه دست به دست هم دادند تا موجبات برکناری‌اش را فراهم کنند که چنین شد و میرزاعلی‌اصغرخان اتابک (امین‌السلطان) جای او را گرفت. هم او بود که به‌هنگام قتل ناصرالدین‌شاه به‌دست میرزارضای کرمانی (۱۲۷۵-۱۸۹۷) اداره‌ی امور مملکت را به‌عهده داشت. مردی مدبّر و قابل بود اما اهل اصلاحات سیاسی و کوشش برای ترقی کشور نبود. مرحله‌ی انتقال قدرت از ناصرالدین‌شاه توانا که می‌رفت پنجاه سال سلطنتش را جشن بگیرد به ولیعهد سالخورده و ناتوانش مظفرالدین‌میرزا که به رسم آن زمان مقیم تبریز و در حقیقت حاکم آذربایجان بود، به تدبیر اتابک اعظم بدون مشکل و بحران انجام گرفت. مظفرالدین شاه به تهران آمد و بر تخت سلطنت جلوس کرد و میرزا علی‌اصغرخان در سمت صدارت عظمی ابقا شد. در کنار پادشاهی فطرتاً مهربان و به دور از اندیشه ستمکاری، زمام امور مملکت به دست مردی دسیسه‌کار و زورگو و هوادار شدت عمل افتاد.

اتابک به حق در امین‌الدوله رقیبی خطرناک می‌دید و می‌خواست او را از پایتخت دور کند. مظفرالدین‌شاه تسلیم وسوسه صدراعظم خود شد و امین‌الدوله را به پیشکاری آذربایجان منصوب کرد. او نمی‌خواست از تهران دور شود و این سمت را نوعی تبعید

سیاســی تلقی می‌کرد، که بود. اما به ناچار در برابر امر شاه که باید به اوضاع آشفته آذربایجان (که خود او و اطرافیانش مسئول آن بودند) سروســامان بخشید تسلیم شــد و عازم تبریز گردید. خواهــرزاده‌اش احمد دبیرحضور در این مأموریت همراه او بود و به سمت منشــی مخصوص منصوب شد و در حقیقت نفر دوم در تمشیت امور آذربایجان بود.

شــاید نظر اتابک آن بود که امین‌الدوله در مأموریت آذربایجان با شکست مواجه شود و به این ترتیب رقیب خطرناکش را از میدان بدر کنــد. این یکی از روش‌های معمول در حکومت‌های خودکامه است که به شــخصیتی اصلاح‌طلب مأموریتی دشوار بدهند تا با شکســت روبرو شود و از میدان سیاست بدر رود تا عوامل فساد بتوانند به آسودگی به بازی‌های خود ادامه دهند. اما چنین نشد. امین‌الدولــه و دبیرحضور در آذربایجان توفیق فراوان یافتند و در مدتی کوتاه اوضاع آن خطّه ســروصورتی یافت. امنیت شــهرها برقرار شــد. رشــوه‌گیری مأموران دولت و متصدیان امور پایان پذیرفت و شکنجه و آزار زندانیان و تعدی بر ضعفا منسوخ گشت تا آن جا که شهرت امین‌الدوله بالا گرفت و ایران‌گیر شد. مصلحان کشور در انتظار بازگشت او و به صدارت عظمی بودند.[1]
امین‌السلطان را «غرور و تکبّری از حد فزون فرا گرفت و تغییراتی

۱- در همــه‌ی کتاب‌های تاریخ وخاطرات سیاســی مربوط به زمــان قاجاریه، به تفصیل به میرزاعلی‌خان امین‌الدوله اشــاره شــده و تقریباً همــه از او به نیکی یاد کرده‌اند. گذشــته از کتاب حمید شــوکت، نگاه کنید به «ایران در دوره‌ی ســلطنت قاجار» تألیف علی‌اصغر شمیم، چاپ دوم، تابستان ۱۳۷۰، تهران، انتشارات علمی، فصل هفدهم. و نیز «رجال عصر ناصری» نوشــته‌ی دوستعلی‌خان معیرالممالک، نشر تاریخ ایران- تهران، ۱۳۶۱. این کتاب جنبه‌ی تحقیقی و مستند ندارد و بر اساس دانسته‌ها و شنیده‌های نویسنده به رشته‌ی تحریر درآمده و مشتمل است بر بسیاری حوادث و جزئیات جالب. در مورد میرزاعلی‌خان امین‌الدوله رجوع کنید به صفحات ۶۵ الی ۷۱.

ناخوش در رفتار و گفتارش پدید آمد تا آن جا که نزدیک‌ترین کسانش از او سخت رنجیدند. به غفلت جای خویش را در دل دوستان از دست داد و در معنا بی‌هواخواه و بدون مدافع ماند.»[۱]
با وجود آن که شاه را دوبار با استقراض از روسیه و تهی ساختن خزانه به فرنگ برده و برگردانده بود، معزول شد. صدارت او کلاً نه سال به طول انجامید، چهار سال در دوران ناصری و پنج سال در سلطنت مظفری. کاری برای ایران نکرد و اصولاً در این سودا نبود. اما اقامتگاهی مجلل در باغی بزرگ و مصفّا برای خود ساخت که به پارک اتابک معروف شد که پس از مرگ او یکی دو بار دست به دست شد و سرانجام روس‌ها آن را تصاحب کردند و سفارت روس و سپس شوروی شد. در کتب و خاطرات مربوط به این دوران از پذیرایی‌های مجلل صدراعظم در این محل بسیار سخن گفته شده.
پس از برکناری اتابک، علیقلی‌خان مخبرالدوله مدتی کوتاه بر صدارت عظمی نشست. شاه که از پریشانی اوضاع کشور بی‌خبر نبود بار دیگر به امین‌الدوله متوسل شد. او را از آذربایجان احضار کردند، به سمت وزیراعظم برگزیده شد و شاهزاده عبدالحسین میرزا فرمانفرما به وزارت جنگ منصوب گردید.

احمد کسروی در تاریخ مشروطیت از قول روزنامه‌ی حبل‌المتین اشاراتی به مذاکرات شاه با صدراعظم جدید خود دارد که برای ترقی مملکت چه باید کرد. امین‌الدوله راه چاره را ابتدا در تنظیم امور مالی می‌داند و اجتناب از استقراض از روس و انگلیس. اجازه می‌گیرد که از دول بی‌طرفی مانند بلژیک یا امثال آن «استقراض مختصری» شود که بتوان با «اساسی صحیح و شالوده‌ای درست» به تدارک کلیه اصلاحات پرداخت.
در مدت کمتر از یک سال و نیم صدارت اخیر خود امین‌الدوله

۱- رجال عصر ناصری، ص ۱۹۹

برای سروسامان دادن به کارها با حسن‌نیت و محافظه‌کاری که رویه‌ی او بود هر چه توانست کرد. اما پریشانی بنیادی بود، سیاستی دیگر و مردی توانا می‌خواست که امین‌الدوله آن مرد نبود. دبیرحضور در کنار دایی خود مشکلات را می‌دید و درس و تجربه می‌آموخت.

در حقیقت امین‌الدوله قربانی سعایت بدخواهان و تحریکات اتابک امین‌السلطان شد که در قم بست نشسته بود و دسیسه می‌کرد. پس از برکناری به ده خود «لَشت‌نشا» در گیلان رفت. سپس عازم کعبه شد، که سفرنامه آن نمونه‌ای از نثر پاکیزه‌ی آن زمان است. در مراجعت شدیداً بیمار شد و پس از اندکی توقف در عراق و مختصر بهبودی در حالش به لشت‌نشا بازگشت، دوباره بستری شد و سرانجام در همان جا وفات یافت و به خاک سپرده شد. او در حد امیرکبیر و حتی سپهسالار نبود. از قدم نهادن در راهی که آنان را به نابودی کشاند اجتناب کرد. اما مردی با حسن‌نیت و روشن‌بین بود. هم نام نیک از خود به جای گذاشت و هم سرای زرنگار.

با درگذشت امین‌الدوله، خواهرزاده‌اش دبیرحضور، احمد قوام، دیگر تنها بود.

پس از مدتی کوتاه، شاهزاده عبدالمجیدمیرزا عین‌الدوله، کسی که تاریخ از او تصویر مردی زورگو و کوته‌بین به جای گذاشته، جانشین امین‌الدوله شد. دبیرحضور را به تهران احضار کرد و به او سمت منشی مخصوص صدارت عظمی و سپس وزارت رسائل را داد، از آن عناوین توخالی که در دربار قاجار فراوان بود. اما وی به سبب کفایت ذاتی مقرّب درگاه شد و از اعتباری ویژه برخوردار بود. یک سال بعد از آن نریمان‌خان قوام‌السلطنه وزیر مختار ایران در اتریش درگذشت.[1] مظفرالدین شاه لقب وی

۱- دوستعلی‌خان معیرالممالک از او به‌عنوان «عیسی برمکی عصر خود» یاد می‌کند.

را به دبیر حضور داد که نشــانی از اعتقاد و اعتمادی بود که به او داشت.

جریان‌هایی که به انقلاب مشروطه و تغییر بنیادی شیوه حکومت در ایران انجامید (لااقل در ظاهر) در حال تکوین بود. در این ماه‌ها بود که قوام‌السلطنه وارد عرصه تاریخ ایران شد.

*****

در باره‌ی انقلاب مشروطه و علــل و عوامل داخلی و خارجی آن بسیار نوشته‌اند و می‌نویسند. انقلاب مشروطه، مسلماً مردمی‌ترین و اصیل‌ترین واقعه‌ی تاریخ اخیر ایران اســت و شاید هنگامی که آســودگی و امنیت و حکومت ملی در کشور ما استقرار یابد، روز صدور فرمان مشــروطیت به عنوان یگانه جشــن ملی (چنان که در همه‌ی ممالک مرســوم است) برگزیده شود؛ چرا که در باره‌ی آن اختلاف نظر و ســلیقه‌ای نبوده و نیســت. نه ســالروز ولادت پادشاهی است و نه روز انقلابی ویرانگر که با استفاده از مسائل داخلی، برای براندازی قدرت فزاینده‌ی ایران، به دست خارجیان طرح‌ریزی و به ملت ما تحمیل شده باشد.

صرف‌نظــر از علل و عوامل فــوری و کوتاه‌مدت که در همه‌ی کتب تاریــخ به تفصیل آمده، انقلاب مشــروطیت به اعتباری، نتیجه و برآینــد تحولی بود که شــاید با قتل نادرشــاه (۲۰ ژوئن ۱۷۴۷) و پایان سودای توسعه‌طلبی این آخرین «جهانگشای آسیایی» آغاز شد. پس از این واقعه، ایران سال‌ها دستخوش جنگ‌های داخلی و کشت و کشــتار و ویرانی بود و اگر از دوران حکومت کریم‌خان زند بر قســمتی مهمّ از کشور بگذریم که در آن مردم روی آسایش دیدند و شــیراز به شــهری مصفا و زیبا تبدیل شد، کشور ما در بحرانی بزرگ و کم‌نظیر غوطه‌ور بود و هر گوشــه‌ی آن به‌سویی

همان منبع، ص ۲۵۴

می‌رفت. سرانجام ایل قاجار تسلط خود را بر ایران برقرار کرد و آقامحمدخان در سال ۱۷۹٤ به تخت سلطنت نشست و سلسله‌ای را بنیان نهاد که تا سال ۱۹۲۵ برایران حکومت می‌کرد.
آقامحمدخان با قساوت و شدت عمل، ایران را مجدداً تحت حکومت واحد درآورد، حکّام سرکش محلی را بجای خود نشاند، گرجستان و شمال قفقاز را به ایران بازگرداند. در آن زمان روسیه نیز قوام وقدرتی می‌یافت و امپراتوران آن سودای توسعه‌طلبی داشتند و وصول به «آب‌های گرم» را هدف خود قرار داده بودند. خطر اصلی برای ایران از آن سو بود.
آقامحمدخان می‌توانست به پایتخت تاریخی شاهنشاهان صفوی اصفهان، و یا شیراز معمور و مصفا بازگردد و از آنجا بر ایران سلطنت کند. اما برای رو در رویی با روس‌ها، تهران را که قریه‌ای در کنار خرابه‌های ری بیش نبود، به پایتختی برگزید[۱].

آقامحمدخان چهار سال بعد از تاجگذاری به قتل رسید و برادرزاده‌اش خان‌بابا خان در سال ۱۷۹۷ به نام فتحعلی شاه به تخت سلطنت نشست. با سلطنت او دوران طولانی انحطاط ایران آغاز می‌شود. ایران از کاروان انقلاب صنعتی و ترقیاتی که اوضاع کشورهای بزرگ را دگرگون می‌ساخت عقب ماند. فتحعلی‌شاه شاید اطلاع درستی نیز از این دگرگونی‌ها نداشت واگر هم داشت، اراده‌ی ترقی و تعالی وطن در او نبود. شاهنشاهی ایران سرزمینی وسیع و بالقوه ثروتمند بود و قدرت‌های بزرگ جهان که همه سودای کشورگشایی داشتند به آن چشم طمع دوخته بودند:

۱- نگاه کنید به دو کتاب مرجع خانم امینه پاکروان:
Emineh Pakravan, Teheran de jadis, Nagel, Geneve, 1971- Agha Mohammad Ghadjar, N.E.D. -Paris, 1963.

و نیز به نوشته‌ی شاهزاده‌علی قاجار:
Ali Kadjar, Les Rois Oublie's, l'e'pope'e - de la dynastie kadjar ,Editions No 1, Paris, 1992.

و البته کتاب بنیادی علی‌اصغر شمیم که قبلاً ذکر شد.

در شـــمال روس‌ها و در جنوب امپراتوری بریتانیا که عملاً بر شبه قاره‌ی هند مسلط شده بود و می‌رفت که این تسلط را رسمی کند.

دســـت‌اندازی‌های روســـیه به ارمنســـتان، شـــمال آذربایجان و گرجستان ولشکرکشی نافرجامی به سواحل جنوبی دریای خزر، خشم فتحعلی‌شاه را برانگیخت و خواست عکس‌العمل یک ابرقدرت را از خود نشـــان دهد. اما ایران دیگر ابرقدرت نبود. دربار تهران در صدد برقراری اتحادی با فرانســـه برآمد. شهرتِ قدرت ناپلئون و پیروزی‌های پیاپی او به فتحلعی رسیده بود. ناپلئون نیز که هم با روسیه درگیر بود و هم با انگلیس، در ا یران یک متحد نیرومند می‌دید و در عین حال کشـــوری در سر راه هندوستان که سودای تســـخیر آن را در سر داشت. سه هیأت نظامی از فرانسه به ایران اعزام شـــدند. مقدمات یک اتحاد نظامی میان دو امپراتوری فراهم شد. فرانسویان تعهد کردند که اسلحه‌ی جدید به ایران بدهند و یا ایرانیان را در ساختن آنها یاری دهند.
قرار شد ایران متقابلا در شبکه‌ی متحدان امپراتوری فرانسه درآید و فرانســـویان را در مقابله با روسیه و تسلط بر شبه قاره‌ی هند یاری دهد. اما همه‌ی این اندیشـــه‌ها به جایی نرســـید. ناپلئون و الکســـاندر اول در تیلسیت[۱] با هم ملاقات کردند و به ظاهر آشتی میان دو دولت برقرار شـــد و فرانســـویان ایران را رها کردند. اما فتحعلی تصمیم بر مقاومت در برابر دســـت‌اندازی‌های روســـیه گرفته بود و یک سپاه شصت‌هزار نفری فراهم کرد. فرماندهی آن را به فرزند و ولیعهدش عباس‌میرزا ســـپرد[۲] و به روسیه اعلان جنگ داد.

نخستین جنگ ایران و روس ده سال به طول انجامید. نه شجاعت

1- Tilsit.
2- Emimeh Pakravan, Abbas Mirza, Institut Franco-Iranien, Tehran,1954.

سربازان ایرانی کارساز شد ونه نبوغ نظامی عباس‌میرزا که حتی دشمنان را به تحسین واداشته بود. ایران شکست خورد چون ناتوان بود و با قرارداد گلستان (۱۸۱۳)، گرجستان و قسمتی از قفقازیه را از دست داد.

بسیاری عقیده دارند که جریانی که به انقلاب مشروطیت انجامید، در این مقطع از زمان آغاز می شود. عباس‌میرزا تنها فرماندهی لایق نبود، مردی روشن‌بین و دورنگر بود. علت اصلی شکست کشورش را در ناتوانی نظامی و صنعتی ایران می‌دانست و حق داشت. پس از قرارداد گلستان، او نخستین نهضت نوسازی و تجدد و اصلاحات بنیادی را در ایران آغاز کرد. نخستین گروه از جوانان ایرانی به چند کشور اروپایی - فرانسه، اتریش، پروس، انگلستان- برای فرا گرفتن دانش‌های نوین فرستاده شدند. افسرانی از اتریش برای تعلیم ارتش ایران به سبک جدید، استخدام گردیدند. نخستین چاپخانه‌ی ایران در زمان شاه‌عباس کبیر تأسیس شده و پس از مرگ او تعطیل و به اسلامبول انتقال یافته بود. عباس‌میرزا مطبعه‌ی جدیدی به راه انداخت، تصمیم به انتشار روزنامه‌ای گرفت و دستور به ترجمه‌ی کتاب‌های علمی و فنی به زبان فارسی داد.

خطّه‌ی آذربایجان که عباس‌میرزا به حکمرانی آن منصوب شده بود، اندک‌اندک به صورت منطقه‌ای نمونه برای آزمایش و کاربرد شیوه‌های جدید کشورداری درآمد. اما همه‌ی این‌ها دیری نپایید. آخوندی به نام سیدمحمد مجتهد که به دشمنی با روسیه شهرت داشت، بر ضد این کشور اعلام جهاد داد تا سرزمین‌های از دست رفته را به ایران بازگرداند. عباس‌میرزا به پدرش التماس می‌کرد که وقعی بر هیاهوی این مرد معمّم به ظاهر متعّصب نگذارد، چرا که می‌دانست دیگر پس از ده سال جنگ، توانی برای ایران باقی

نمانده. اما فتحعلی در مقابل اغتشاش روحانیون جنگ‌طلب تسلیم شد. سیدمحمد مجتهد خود را سیدمحمد مجاهد خواند و آتش جنگ، برافروخته شد.
عباس‌میرزا در آن هنگام سخت بیمار و رنجور بود، چرا که از پنج‌سالگی دچار سل استخوانی شده بود که چندی بعد بر اثر همان بیماری درگذشت. با این حال به امر پدر تاجدار گردن نهاد و در رأس نیروهای از هم گسیخته‌ی ایران بار دیگر به جنگ روس‌ها رفت. اما این بار شکست کشور محتوم و سریع بود و به قرارداد شوم ترکمن‌چای (۱۸۲۸) منتهی شد. ایران قسمت‌های مهم دیگری از شمال آذربایجان و قسمتی از ارمنستان را که برایش باقی مانده بود از دست داد و سرحدات شمال غربی کشور در حد کنونی یعنی رود ارس، تثبیت شد.

روس‌ها علاوه بر آن، غرامت جنگی سنگینی را به ایران تحمیل کردند و نیروهای نظامی خود را بعنوان تضمین پرداخت این غرامت در قسمتی از خاک ایران نگاه داشتند. فتحعلی که از هیچ هزینه‌ای برای نگاهداری حرمسرا و پرداخت مقرری به شاهزادگان و اطرافیان و ایجاد ساختمان‌های تفّرجی امتناع نداشت، از پرداخت این غرامات امتناع کرد و آن را در وظیفه‌ی عباس‌میرزا و خزانه‌ی خطه‌ی تحت حکومت او دانست. چنین هم شد. شاهزاده‌ی شجاع و تجددخواه حتی اموال و ظروف و جواهرات شخصی خود را فروخت و بسیاری از همکاران و اطرافیانش از او پیروی کردند تا غرامات و مطالبات روس‌ها پرداخته شد. با تمام این احوال سربازان امپراتوری روسیه از هیچ تعدی و تجاوزی به مردم شهرهای اشغال شده و چپاول اموال آنان امتناع نکردند. از جمله خزانه و گنجینه‌های مقبره‌ی شیخ صفی‌الدین اردبیلی را غارت کردند که بسیاری از نفایس آن، اکنون در موزه‌ی ارمیتاژ سن پطرسبورگ موجود است و به نمایش گذاشته شده.

پس از شکست، سیدمحمد مجاهد و خانواده‌اش ناپدید شدند و اندکی بعد در مسکو در کاخی که دولت تزاری به آنان اختصاص داده بود، مستقر گردیدند. تزار برای خودش و فرزندانش نسل بعد نسل مقرری مناسبی برقرار کرد که تا انقلاب روسیه از آن برخوردار بودند. شاید این ماجرا نخستین بهره‌برداری سیاست‌های استعماری از آخوندها برای تضعیف ایران باشد. سیدمحمد (مجاهد - مجتهد)، خائنی مزدور روسیه بود و همه‌ی این آتش را به دستور روس‌ها برای آن برافروخت که ایران ضعیف را به جنگی دیگر بکشاند و برای روس‌ها پیروزی تازه‌ای فراهم سازد[۱]. ضعف فتحعلیشاه باعث به ثمر رسیدن این طرح شد. با شکست دوم ایران در مقابل روسیه و قرارداد ترکمانچای دوران طولانی نگون‌بختی ایرانیان و ضعف ایران و دخالت‌های مداوم و فزاینده‌ی خارجیان -بویژه روس و انگلیس- در کارهای کشور آغاز شد. دورانی که تقریباً یک قرن به طول انجامید.

عباس میرزا در سال ۱۸۳۳ به سن سی و شش سالگی درگذشت و یک سال بعد، فتحعلی پس از سی و هفت سال سلطنت، چشم از جهان فرو بست ونوه‌اش محمدمیرزا (پسر عباس میرزا) را به ولایت‌عهدی برگزید.

با مرگ عباس میرزا، اندیشه‌های دور ودراز تجددطلبی او از میان نرفته بود. میرزا ابوالقاسم قائم‌مقام فراهانی که از رجال دستگاه او بود، به صدارت محمدشاه جوان وبی‌تجربه برگزیده شد. چرا

۱- برای تحلیل موجز و دقیق از این ماجراها نگاه کنید به کتاب عبدالحسین مفتاح «ایران پل پیروزی جنگ جهانی دوم»، لندن، انتشارات مرد امروز، ۱۳۶۷، مخصوصاً فصل اول. مرحوم عبدالحسین مفتاح از صاحب‌منصبان عالیرتبه‌ی وزارت امور خارجه‌ی ایران بود، به مقامات عالی رسید. از جمله درزمان حکومت دکتر مصدق و سپهبد زاهدی معاون و کفیل وزارت خارجه بود که به خاطراتش استناد خواهیم کرد. پس از انقلاب اسلامی، کتب باارزشی تألیف و در خارج از کشور انتشار داد که «ایران، پل پیروزی جنگ جهانی دوم» از آن جمله است.

که پادشاه جدید اورا مورد اعتماد پدر می‌دانست. قائم‌مقام ادیب ونویسنده و روشنفکر و مردی تجددطلب بود که می‌خواست به‌راه عباس‌میرزا برود. اما درباریان فاسد که فقط به فکر خود بودند به دور حاج میرزا آقاسی، درویشی از همه جا بی‌خبر و نادان که معلم شاه بود، گرد آمدند و برای برانداختن قائم‌مقام، هم‌صدا شدند، روحانیون را اغوا کردند که او را به ضدیت با «شرع مقدس» متهم نمایند. مگر نه این که شخصیت‌های خارجی را به حضورمی‌پذیرفت و با آنان به گفتگو می‌نشست؟ او را به ضدیت با شاه متهم کردند. مگر نه این که برای سر و صورت دادن به خرج و دخل مملکت، از مقرری‌های کلان شاهزادگان مفتخور کاسته بود؟ به او نسبت «اِفساد در ارض» دادند. زیرا جوانان ایرانی را برای تحصیل به خارج اعزام می‌داشت.

محمدشاه نادان و ناتوان امر به قتل قائم‌مقام داد. او یک سال بیش‌تر مصدر امور نبود. حاج‌میرزا آقاسی دلقک، جانشین آن مصلح بزرگ شد و بار دیگر ایران صحنه‌ی سوءاستفاده‌های «بزرگان قوم» و تحریکات خارجیان، بخصوص روس و انگلیس گردید.
دوران سلطنت چهارده ساله‌ی محمدشاه (که در سپتامبر ۱۸٤۸ درگذشت) روزگاری سیاه برای ایران بود. جهان پیش می‌رفت و ایران دستخوش هرج و مرج و انحطاط روزافزون بود.

پس از مرگ محمدشاه، ناصرالدین میرزا فرزند جوانش که مقیم تبریز و حاکم آذربایجان بود، حتی در خزانه وجوه کافی برای آن که راهی پایتخت شود و بر تخت سلطنت بنشیند، نداشت. اما در کنار او مردی مدّبر و بلندپرواز، از دست پروردگان دستگاه قائم‌مقام، رشته‌ی کارها را بدست گرفت: میرزاتقی خان (امیرکبیر بعدی) آشپززاده‌ای بیش نبود. قائم‌مقام پیش از همه به هوش و ذکاوت و نبوغ او پی برده بود و او را در کنار فرزندانش به

تحصیل گماشت. «حقیقت من بر کربلایی قربان حسد بردم و بر پسرش می‌ترسم... این پسرخیلی ترقیات دارد و قوانین بزرگ را به روزگار می‌گذارد.»[۱].

میرزاتقی خان در این هنگام سمت و عنوان وزیر نظام داشت. قبلاً برای تعیین خطوط سرحدی میان ایران و عثمانی سفری طولانی به ارزنة الروم کرده بود و با وجود مشکلات و تحریکات در مأموریت خود توفیق کامل داشت. سپس به همراهی شاهزاده خسرو میرزا به مأموریتی به دربار تزار روسیه رفت و با اوضاع آن کشور آشنا شد. برای آن زمان نه تنها مردی با دانش و فرهنگ، بلکه جهان دیده بود و آشنا به دشواری‌های بنیادی مسائل ایران و واقف به عوامل انحطاط کشورش و وسائل ترقی و توسعه‌ی آن.

برای این که شاه جوان را به تهران برساند، به اعتبار امضای خود از سرمایه‌داران و صرافان تبریز وام گرفت - چرا که آنها به خزانه اعتماد نداشتند و اسناد دولتی را نمی‌پذیرفتند. چون ناصرالدین به تهران رسید، وی را به لقب «امیرکبیر اتابک اعظم» و سپس امیرنظام مفتخر ساخت و در حقیقت بدین سان، چنان که همه‌ی راویان آن زمان نوشته‌اند، «شخص اول ایران» بود.

او در طی چهار سال صدارتش، همه‌ی اصلاحات و تدابیری را که طی یک قرن و نیم بعد در برنامه‌ی کار همه‌ی مصلحان ایران بود، آغاز کرد و اگر شکست نمی‌خورد - که شاید در شرایط آن روز، عدم توفیقش محتوم و غیرقابل اجتناب بود، مسلماً مسیر تاریخ ایران تغییر می‌یافت. شاید ضرورتی بر انقلاب مشروطه پدیدار نمی‌شد و اکنون کشور، جزو پیشرفته‌ترین ممالک جهان می‌بود.

۱-- نقل از «امیرکبیر و ایران»، تألیف دکتر فریدون آدمیت، چاپ سوم، خرداد ماه ۱۳۴۸، خوارزمی، تهران- سرآغاز کتاب. در باره‌ی امیرکبیر بسیار نوشته‌اند و می‌نویسند. کتاب ۷۴۸ صفحه‌ای دکتر آدمیت تا امروز جامع‌ترین، دقیق‌ترین و مستندترین آنها است.

هدف میرزاحسین خان سپهسالار آن بود که با احتیاط و محافظه‌کاری - چون از سرنوشت امیر درس گرفته و بیم داشت - به‌راه اوبرود که توفیق نیافت و شاید هم به همین علت جان باخت. امین‌الدوله پیرو مکتب سپهسالار بود و از او هم محتاط‌تر که در تبعید و گوشه‌گیری درگذشت.

مشروطه‌خواهان ایران همان آرمان‌های بزرگی را داشتند که امیر برای ایران در سر داشت.. همین حکم در باره‌ی سردارسپه (رضاشاه بعدی) جاری است و بسیاری دیگر از بزرگان ایران.

امیرکبیر در مدتی کوتاه، شورش سرکشان داخلی را در خراسان و بلوچستان فرو نشاند. از اتریش مربیانی برای تربیت صاحب‌منصبان ارتش جدید ایران استخدام کرد که هم به انگلیسی‌ها گران آمد و هم به روس‌ها که ایران را سرزمینی تحت نفوذ خود می‌دانستند و با حضور یک ابرقدرت دیگر که تعادلی در صحنه‌ی کشور ایجاد کند، مخالف بودند. در همین زمینه کارگاه‌های دولتی توپ‌ریزی و اسلحه‌سازی ایجاد شد. یک سال بعد از صدارتش، ارتش ایران که تحت فرمان او بود، بر بیش از ۱۳۷،۰۰۰ افسر و سرباز با تشکیلات و سلسله‌مراتبی منظم، شامل می‌شد. افسران و درجه‌داران مرتباً مقرری خود را دریافت می‌داشتند که این خود انقلابی در رویه‌های آن دوران بود.

از همین زمان گزارش‌های وزیر مختار انگلیس در تهران، مبیّن نگرانی فزاینده‌ی او از افزایش قدرت ایران است و چون امیر، تصمیم بر ایجاد یک نیروی دریایی گرفت، به دستور لرد پالمرستون[1] مخالفت لندن با او به کارشکنی تبدیل شد و سرانجام قتل صدراعظم بزرگ، این برنامه را به دست فراموشی سپرد تا آن که به اراده‌ی رضاشاه و سپس در زمان محمدرضاشاه، سرانجام ایران دارای بحریه‌ای در شأن نقش منطقه‌ای خود گردید.

تنظیم امور مالی و تعادل دخل و خرج کشور، برنامه‌ی بزرگ دیگر

1- Palmerston

امیر بود که در سال دوم صدارتش تحقق یافت. مانند قائم‌مقام از هزینه‌های دربار و مقرری‌های شاهزادگان و اطرافیان شاه کاست که آنها نیز به جمع دشمنانش اضافه شدند. مخصوصاً «مهدعلیا» مادر شاه که امیر «هرزه‌گی»های او را تحمل نمی‌کرد و مکرراً از شاه می‌خواست که به آنها خاتمه دهد.

در زمان امیر، نخستین بیمارستان دولتی ایران افتتاح شد؛ تلقیح اجباری بر ضد آبله، آغاز گشت؛ کشور دارای نخستین پُست خود، مؤسسه‌ی نامه‌رسانی دولتی بین تهران و شهرهای مهمّ گردید که همان «پست‌خانه‌ی مبارکه‌ی دولت علّیه» باشد.

امیر بنیان‌گزار نخستین روزنامه‌ی ایران، جریده‌ی وقایع اتفاقیه است که در زمان او منظماً و سپس تا انقلاب مشروطیت کم و بیش طبع و نشر می‌شد. به دنبال عباس میرزا و قائم‌مقام دستور به ترجمه و انتشار کتب بنیادی در همه‌ی زمینه‌های علوم و فنون زمان خود داد و تصمیم گرفت یک کتابخانه‌ی دولتی مرکزی در تهران ایجاد کند که برای آغاز کار، دو هزار مجلد کتاب مرجع از فرانسه و اتریش خریداری شد و نیز نخستین کتاب فارسی در حقوق بین‌الملل انتشار یافت.
ایجاد مراجع قضایی دولتی تصمیم دیگر امیر بود که ضربه‌ای بزرگ به قدرت و نفوذ روحانیون محسوب می‌شد. یک بار در زمان شاه‌عباس کبیر تلاشی در این زمینه شده بود که با مرگ وی فراموش شد. کوشش امیر مخالفت روحانیون را برانگیخت و پس از شهادت وی، کسی به دنبال آن نرفت، تا آن که در زمان سلطنت رضاشاه این مهم به انجام رسید.
امیر برای سر و سامان دادن به اقتصاد کشور به تشویق محصولات داخلی پرداخت، نخستین سازمان گمرک ایران را بنیان نهاد و بر واردات، حقوق گمرکی متناسب وضع کرد که به اعتراض شدید

روس و انگلیس انجامید. اما او وقعی بر این اعتراضات ننهاد؛ در مقابل کوشید که روابط سیاسی و تجاری را با ممالک بزرگ دیگر چون فرانسه، اتریش، پروس و ایالات متحده امریکا توسعه بخشد و تعادلی در زمینه‌ی سیاست خارجی ایران فراهم آورد.

تحریکات نمایندگی‌های خارجی علیه اصلاحات امیر، سبب شد که اوشبکه‌ی مراقبتی خاصی برای نظارت بر اعمال ومخصوصاً روابط آنان به وجود آورد که به «خفیه‌نویسان» مشهور شدند که احتمالاً نخستین دستگاه اطلاعاتی ایران است[۱].

امیر در روابط با پیروان ادیان دیگر، آیین و ترتیبی نوین برقرار کرد. محاکم شرع را از رسیدگی به دعاوی و اختلافات اقلیت‌های مذهبی، یهودیان، زرتشتیان و مسیحیان، منع کرد و این کار را در صلاحیت محاکم نوبنیاد «غیرشرعی» قرار داد. هر نوع استثنا نسبت به متدینان به این ادیان ممنوع شد، «جزیه»، مالیاتی که از آنان وصول می‌شد، ملغی گشت. مانند زمان شاه عباس به آنان اجازه‌ی تأسیس مدارس اختصاصی داده شد که از حفاظت دولت برخوردار بودند. امیر آنان را ایرانیانی مثل ایرانیان مسلمان و برابر با آنان می‌دانست؛ با همان حقوق و همان وظایف؛ نه بیشتر نه کمتر.

رفتار او با کسانی که به دیانت بابی گرویده بودند، جز این بود. بخصوص هنگامی که آنها در مقام شورش بر ضد حکومت ومقاومت مسلحانه برآمدند و سوءقصدی به جان شاه شد که همه آن را به بابیان نسبت دادند. امیر در مقام تحقق وحدت ایران و استقرار قدرت حکومت مرکزی بود و هیچ مقاومتی را تحمل نمی‌کرد. بهاییان بهای سنگین آن را پرداختند.

۱- - برای نگاهی خاص به سیاست امیرکبیر و تحریکات سیاست‌های خارجی علیه او، نگاه کنید به حسن برمک - حلقه‌ی مفقوده، نیویورک ۱۳۶۸، صفحات ۲۲۷ تا ۲۴۱.

در مقیــاس تاریخ، شـــاید بزرگ‌ترین خدمت امیرکبیر، تأســیس دارالفنون، یعنی نخســتین مرکز آموزش عالی به ســبک جدید در ایران باشــد که آن را اســاس همه‌ی اصلاحات بنیادی کشــور می‌دانســت. مهندســانی که در عهد عباس میرزا به خارج اعزام و تربیت شــده بودند، مأمور ســاختمان بنای آن شــدند. مأمور مخصوصی برای اســتخدام معلمان دارالفنون، به اتریش اعزام شــد. فرانســوا ژوزف[1] امپراتور جوان اتریش شــخصاً او را به حضور پذیرفت و در حســن انجام وظیفــه‌اش مراقبت کرد. هفت استاد اتریشی، دو ایتالیایی، یک فرانسوی و یک هلندی استخدام شــدند و به ایران آمدند. دارالفنون هفت رشته داشت: مهندسی، علوم، طب، زبان‌های خارجی (فرانسه، انگلیسی، روسی)، و البته فنون نظامی، قلعه‌سازی و استحکامات. درس‌ها در ابتدای کار به کمک مترجمان خاص داده می‌شد. اما استعداد جوانان ایرانی در فرا گرفتن زبان‌های خارجی چنان بود که به زودی نیاز به مترجم از میان رفت و غالب دروس به زبان فرانسه تدریس می‌شد.

اصلاحات امیر قبل از عهد معروف به می‌جی[2] در ژاپن شروع شد که به ترقی و تعالی و اقتدار آن کشــور انجامید. اگر اندیشــه‌های بلند امیر تحقق می‌یافت، ایران نیز با همه‌ی امکاناتش، با استعداد مردمــش و با ثروت بالقوه‌اش به یک قدرت بزرگ منطقه‌ای و بلکه جهانی تبدیل می‌شد و به‌راهی دیگر می‌رفت. اما اصلاحات امیر، و شــاید غرور وی و اطمینانی که به حمایت شاه جوان که تاج و تختش را مدیون او بود، داشــت، دشمنی‌ها و توطئه‌های بسیاری علیه او برانگیخت. در رأس همه‌ی آنها روس و بخصوص انگلیس

۱- François Joseph امپراتور اتریش و سپس اتریش هنگری متولد به سال ۱۸۳۰- متوفی به سال ۱۹۱۶ که از ۱۸۴۸ تا پایان عمر بر کشورش سلطنت کرد.

۲- Meiji اشــاره است به آغاز اصلاحات و تجدد در ژاپن که به ابتکار Mutsuhito، که از سال ۱۸۶۷ تا ۱۹۱۲ امپراتور ژاپن بود، آغاز شد.

که ایرانی قدرتمند و الزاماً بلندپرواز برای‌شان قابل تحمل نبود. درباریان ودر رأس آنها مهدعلیا، مادر شاه قصد جان امیر را داشتند، گرچه او همسر تنها خواهر تنی شاه، عزت‌الدوله بود که سخت به شوهرش عشق می‌ورزید و این را تا آخرین لحظات عمر او نشان داد.

روحانیون نیز با امیر و اصلاحاتش مخالف بودند و به تحریک عوام پرداختند. گرداننده‌ی اصلی و هماهنگ کننده‌ی همه‌ی این جریان‌ها، یکی از درباریان به نام میرزاآقاخان نوری بود که علناً به نوکری انگلیسی‌ها افتخار می‌کرد و از سفارت انگلیس مقرری می‌گرفت.

امپراتوری‌های روس و انگلیس، ایران را به حال خود نمی‌گذاشتند. اما همه‌ی مداخلات و تحریکات آنان به دست مزدوران ایرانی انجام می‌شد که به طمع مال و جاه، خود را به آنان می‌فروختند و به خدمت‌شان در می‌آمدند.

سیدمحمد مجتهد و میرزاآقا خان نخستین آنان بودند و این ماجرا تا زمان ما ادامه داشت و دارد[1]. هر بار ایران سربلند کرد، تحریکات خارجیان را برانگیخت و هر بار اینان عوامل و مزدورانی برای انجام نقشه‌ها و تحریکات خود یافتند. متأسفانه (یا خوشبختانه) این حکم تنها شامل بر ایران نیست و در دیگر کشورها، نمونه و مثال‌های فراوان داشته و دارد. بخصوص در ممالک کم‌تر توسعه یافته.

سرانجام ناصرالدین در مقابل فشارهای ابرقدرت‌های خارجی، روحانیون و بخصوص درباریان و مادرش که در حقیقت بازیچه‌ی سفارتخانه‌ها شده بودند، تسلیم شد. کم‌تر از چهار سال بعد از آغاز صدارتش، امیرکبیر را عزل، و سپس به کاشان تبعید کرد. شاه قسم خورده بود که به او وفادار باشد و جان وی را حفظ کند.

۱- در این مورد نظر خوانندگان به شرح مذاکرات دکتر مصدق با رهبران امریکا جلب می‌شود که بعداً خواهد آمد و مبین همه‌ی رنج‌های ایرانیان در این زمینه است.

اما حکم به قتلش داد و در روز ۱۰ ژانویه ۱۸۵۲، این جنایت بزرگ که یکی از روزهای سیاه تاریخ ایران است، عملی شد. امیر هنوز در کاشان بود که پانزده روز قبل از پایان زندگی‌اش، ناصرالدین شاه، دارالفنون را افتتاح کرد، بدون این که هیچ کس نامی از آن مرد بزرگ ببرد.

با عزل و قتل امیرکبیر، جریانی که مستقیماً به انقلاب مشروطه انجامید، آغاز می‌شود. ایران به سرعت در سراشیب انحطاط پیش رفت. در سال ۱۸۵۳ ایران در قراردادی با انگلیس‌ها، از حقوق خود بر افغانستان صرف‌نظر کرد و در حقیقت راه را بر مداخلات آنان در این کشور گشود. البته اندکی بعد، اغتشاشات شدیدی که در هرات روی داد، ناصرالدین‌شاه را واداشت که نیرویی به فرماندهی مرادمیرزا حسام‌السلطنه به آن منطقه اعزام دارد. مرادمیرزا مانند پدرش عباس میرزا از نبوغ نظامی و شجاعت ذاتی برخوردار بود، تا آنجا که یکی از مورخان او را «آخرین مرد بزرگ سلسله‌ی قاجار» می‌خواند[1]. هرات در ۲۵ اکتبر ۱۸۵۶ به تصرف ایرانیان درآمد. اما انگلیسی‌ها رسماً به ایران اعلان جنگ دادند که مانع از ادامه‌ی حضور سپاهیان ایرانی در افغانستان شوند. در روز اول دسامبر همان سال، سپاهیان اعزامی از هندوستان، جزیره‌ی خارک را تصرف کردند و چند روز بعد بندر بوشهر را و سپس ناوگان انگلیس وارد شط کارون شدند و به تاخت و تاز در خوزستان پرداختند. ایران نه بحریه‌ای برای مقابله با آنان داشت و نه نیروی نظامی کافی برای مقاومت. ناچار حسام‌السلطنه به تهران احضار شد که فقط در تاریخ عنوان فاتح هرات برایش باقی ماند. سرانجام به وساطت دیپلماسی فرانسه، قرارداد ٤ مارس ۱۸۵۷ رسماً به جنگ ایران و انگلیس پایان داد و ایران برای همیشه از افغانستان چشم پوشید.

۱- علی قاجار در کتابِ ذکر شده- صفحه‌ی ۲۸٤.

در سال ۱۸۸۱ همه‌ی مناطق تحت نفوذ یا استیلای ایران در آسیای مرکـــزی، به‌همان علل ودلایل، یعنی فقدان نیروی نظامی و قدرت سیاسی، از دست رفت و امپراتوری روسیه بر آن‌ها تسلط یافت. در این میان انگلیســـی‌ها تسلط خود را بر قسمتی از بلوچستان و مجمع‌الجزایر بحریـــن و چند جزیره‌ی دیگر در خلیج فارس برقرار کردند و ایران به سرحدات کنونی خود تنزل یافت.

به موازات این شکست‌ها و بدبختی‌ها، همان عواملی که به سقوط و قتـــل امیر توفیق یافته بودند، مانع هـــر تغییر و تحولی در ایران می‌شدند و این بر ناصرالدین- گر چه فطرتاً مردی قدرتمند بود- گران نمی‌آمد؛ چرا که هر پیشرفت و بخصوص بیداری ایرانیان را مخالف منافع و استبداد و خودکامگی خود می‌دید. نه کوشش‌های کسانی چون میرزا حسین‌خان سپهسالار به‌جایی رسید و نه سه مسافرت شـــاه به خارج، -که بهانه‌ی رسمی آن اطلاع بر ترقیات کشـــورهای دیگر بود، ولی در حقیقت برای ســـیر آفاق و انفس و خوشگذرانی- حاصلی داشت.

بـــا وجود خشـــونت و مراقبـــت عوامل حکومت که مانـــع ورود و انتشار افکار و نوشته‌های ترقی‌خواهانه‌ی به ایران بودند، بیداری ایرانیان آغاز شده بود. مسافرت و اقامت طولانی سیدجمال‌الدین اســـدآبادی معروف به افغانی[۱] و انتشار اندیشه‌هایش یکی از این عوامـــل بود. جراید فارســـی زبان لندن («قانـــون» که میرزاملکم خان ســـفیر معزول ناصرالدین بانی آن بود) و «حبل‌المتین» (در کلکته) یا اختر (در اســـلامبول) محرمانه به ایران وارد می‌شدند و دســـت به‌دست می‌گشتند و لژهای فراماسونی که بعداً معلوم شد اکثـــر رجال مصلح این دوره اعضای آن بودند، در انتشـــار افکار ترقی‌خواهانه و اندیشه‌ی تجدد نقشی اساسی داشتند.

۱- نگاه کنید به کتاب خانم هما ناطق:
Djamal-el- Din Assad Abadi
dit Afghani, Maisonneuve, Paris, 1969

ناصرالدین‌شاه، اندکی قبل از آن که جشن پنجاهمین سال سلطنت خود را برپا کند به دست میرزارضا کرمانی از پیروان سیدجمال و به‌احتمال قریب به یقین به اشاره‌ی او به هنگام زیارت در صحن حضرت عبدالعظیم به قتل رسید و مظفرالدین میرزای ولیعهد که مقیم تبریز بود ولی دیگر پیر و بیمار و رنجور شده بود، به تخت سلطنت نشست (مه ۱۸۹۶) دهه‌ی سلطنت او، آخرین سال‌های حکومت استبدادی در ایران است و آغاز دوران جدیدی که آن هم برای کشور ما خیر و برکت نداشت.

صدارت میرزا علی‌اصغر خان اتابک، ادامه‌ی همان روش‌های عهد ناصری بود، اما با پادشاهی ضعیف و بیمار. فساد درباریان و ناتوانی دولت در حل مسائل مملکتی، مداخلات بیگانگان در همه‌ی امور و پریشانی اوضاع اقتصادی. ناامنی در سرتاسر کشور بخصوص در شهرها و حتی پایتخت به جایی رسیده بود که برای مردم قابل تحمل نبود. شاه با استقراض از خارجیان به سفر اروپا می‌رفت و می‌آمد و هر بار سازمان‌هایی از اقتصاد درهم ریخته‌ی کشور را برای تحصیل اعتباری اندک که هزینه‌ی این سفرهای بی‌حاصل را تأمین کند، به گروگان می‌داد.

میرزا علی‌اصغر خان مغضوب ومعزول شد و امین‌الدوله مصلح و خوشنام بر سر کار آمد، اما اصلاحات محافظه‌کارانه‌ی او را هم درباریان فاسد تحمل نکردند و صدارتش پانزده ماه بیشتر نپایید. امین‌الدوله رفت و بعد از مدتی کوتاه، شاهزاده سلطان مجیدمیرزا عین‌الدوله، نوه‌ی فتحعلی‌شاه که مردی مغرور، ذاتاً خشن و مستبد بود، بر کرسی صدارت نشست. موج نارضایی مردم روز به‌روز توسعه می‌یافت، جناحی از علما که در رأس آن‌ها در داخل کشور، سیدعبدالله بهبهانی و سیدمحمد طباطبایی قرار داشتند، مبیّن این نارضایتی بودند. بازار در حال اغتشاش بود

و باز و بسته می‌شد، روشنفکران که اکثراً در لژهای فراماسونی عضویت داشتند و از فلسفه و آرمان‌های متداول در آن‌ها الهام می‌گرفتند به همراه این موج ملی بودند. ناگفته نماند که گذشته از سیدجمال‌الدین اسدآبادی که از بنیان‌گذاران این طریقت در ایران بود، بهبهانی قطعاً و طباطبایی به‌احتمال قوی، فراماسون بودند. در این میان، شاه باز سفری به اروپا رفت. محمدعلی‌شاه ولیعهد که او هم تندخو و مستبد بود، چنان‌که بعداً نشان داد، از تبریز به تهران آمد و نایب‌السلطنه شد. دست عین‌الدوله و یارانش علاءالدوله حاکم تهران و امیر بهادر جنگ در تندی و زورگویی بازتر شد. خواستند به مسائلی که ریشه‌های بنیادی داشت، با زورگویی و چوب و فلک پاسخ دهند، که نشد. رشته‌ی کار از دست حکومت خارج شده بود.

شاه در بازگشت متوجه شد که با موج نارضایی‌ها، تحصّن‌ها و فشارها، باید در جستجوی راه حل دیگری بود که خود نه توان آن را داشت و نه شاید اراده‌اش را. بیمار بود و نیز ذاتاً نرمخو و اهل مسالمت. گویا گه‌گاه ترقیات کشورهای دیگر را هم ناشی از همکاری «ملت و دولت» می‌دانست.

قوام‌السلطنه گرچه دست پرورده‌ی امین‌الدوله بود، اما در صدارت عین‌الدوله همچنان بر سر کار ماند. عنوان دبیرحضور داشت و سپس وزیر رسائل شد. در جلساتی که برای رسیدگی به مسائل تشکیل می‌شد، شرکت می‌کرد. اما با آزادی‌خواهان و کسانی که بعداً سران انقلاب نامیده شدند ارتباط نزدیک داشت و افکار آنان را می‌پسندید. شاید هم از همان زمان به فراماسونری گرائیده بود. عضویتش در این طریقت مسلم است، اما تاریخ ورودش به سلک ماسونی به دقت شناخته نیست.

هنگامی که عین‌الدوله دستور به توقیف گروهی از مخالفین داد،

قوام‌السلطنه که مخالف این کار بود، چند تن از آنان را مطلع کرد و در خانه‌های نزدیکان و دوستانش پناه داد. در حقیقت می‌کوشید که تحول آرامی بوجود آورد. مانند سران انقلاب از بیماری شاه آگاه بود و می‌دانست که او روزهای آخر زندگی را می‌گذراند و می‌خواست قبل از روی کار آمدن ولیعهد تندخو، این تغییر و تحول جامه‌ی عمل بپوشد.

سرانجام مظفرالدین‌شاه تصمیم بر عزل عین‌الدوله گرفت و میرزا نصرالله‌خان مشیرالدوله نائینی به صدارت منصوب شد[۱]. او مردی بود اهل مسالمت و مخالف با خشونت. فرزندان ارشدش میرزا حسن‌خان مشیرالملک (مشیرالدوله بعدی) و میرزاحسین خان مؤتمن‌الملک[۲] هر دو از تحصیل کردگان اروپا، آزادی‌خواه، اصلاح‌طلب و از بزرگان فراماسونری[۳] بودند. پدر به عقایدشان احترام می‌گذاشت و قطعاً تحت تأثیر آنها بود.

به‌هر حال دیگر کار استبداد به آخر رسیده بود.

پنج روز بعد از عزل عین‌الدوله، تنی چند از بزرگان کشور در تالار آینه‌ی کاخ صاحبقرانیه نزد شاه آمدند و استدعای صدور فرمان مشروطیت و تشکیل عدالتخانه را با تأکید به عرضش رساندند. روز چهاردهم مرداد بود. قوام‌السلطنه، دبیرحضور و وزیر وقت رسائل، سینی بلور مستطیلی را که لوازم تحریر شاه در آن جای

۱- در باره‌ی زندگی و خلقیات میرزا نصرالله خان مشیرالدوله نائینی نگاه کنید به «رجال عصر ناصری» ۹۷-۱۰۵

۲- پسر سومش موسوم به میرزا علی‌خان در سال ۱۹۰۰ به سن ۲٤ سالگی به هنگام تحصیل در پاریس، بر اثر ابتلا به بیماری سل درگذشت.

۳- در باره‌ی فراماسونری ایران و نیز نقش آن در انقلاب مشروطه نگاه کنید به:
K. Simdjoor, L'islam Iranien et la france-maconnerie, cahiers Jean Scot Erigene, 1990 ,2-, p.121-143
Paul Sabatiennes, Pour une historie de la Premie're loge ma connique en Iran, Revue de l'universite de Bbruxelles, 1977, p. 414-442
Firouzeh Nahavandi, Les mouvements, anti- maçonniques en Iran, U.L.B. Bruxelles, Institut d'e'tude des religions et de la laicitȩ 4, 1993.

داشـــت، پیش کشـــید و دو زانو در برابر مظفرالدین‌شاه نشست. فرمان مشروطیت با رای‌زنی حاضران به خط خوش قوام‌السلطنه نوشـــته شد. حاضران همه به شاه گفتند توشیح بفرمائید مبارک است و او نیز گویا بدون تأمل چنین کرد.

ســـال یازدهم سلطنت مظفرالدین‌شاه هنوز به پایان نرسیده بود. چهاردهـــم مـــرداد روز تولدش بود. فرمانی که به خط و انشـــای قوام‌السلطنه است و خطاب به «جناب اشرف صدراعظم» نوشته شده، به ســـلطنت مطلقه‌ی ناشی از مشیت الهی پایان داد و قرار بر تأسیس «مجلس شورای ملی» گذاشته شد که «در کمال امنیت و اطمینـــان عقاید خود را در خیر دولـــت و ملت و مصالح عامه و احتیاجات قاطبه‌ی اهالی مملکت به توســـط شخص اول دولت به عرض برســـاند که به صحه‌ی همایونی موشـــح و به موقع اجرا گذاشته شود...»

با این جملات، مبانی مشـــروطیت ایران ریخته شـــد. مشروطیت ایران یا شاید مشروطیت ایرانی[۱] که این بحث دیگری است.

کاتب فرمان، احمد قوام‌الســـلطنه بـــود، در جریانی که به صدور آن منتهی شـــد سهمی داشـــت؛ در جریان‌های بعدی یعنی تدوین قانون اساسی، نظامنامه‌ی انتخابات و همه‌ی دولت‌هایی که آمدند و رفتند، سهم بزرگ‌تری داشت. چهار دهه‌ی بعد، در تعیین مسیر سرنوشـــت ایران، نقش او تعیین‌کننده بـــود و می‌توان گفت که در شمار قهرمانان تاریخ کشور ما درآمد.

با صدور فرمان مشروطیت، قوام‌السلطنه وارد صحنه‌ی پُرنشیب و فراز تاریخ ایران در قرن بیستم شد.

۱- این اصطلاح را برای نخستین بار سیدحسن تقی‌زاده به کار برد. نیز نگاه کنید به دکتر ماشاءالله آجودانی «مشروطه ایرانی»، نشر اختران، تهران، ۱۳۸۲

فصل دوم

جناب اشرف قوام‌السلطنه

درست هشت سال پس از انقلاب مشروطیت در ایران، جنگ جهانی اول آغاز شد. مقدمات این کشتار بزرگ جهانی و عواقب و نتایج آن، آخرین ضربه‌های مهلکی بود که بر آرزوهای دور و دراز وطن‌پرستان و تجدد خواهان ایران وارد آمد و آنچه را برای کشور خود تصویر و تصور کرده بودند، نقش بر آب کرد.

پس از قتل نادر (افشار)، ایران دیگر یک امپراتوری توسعه‌طلب و جهان‌گشا نبود.

آقامحمدخان قاجار به قیمت قساوت‌ها و خون‌ریزی‌های بسیار - نه بیشتر و نه کمتر از پادشاهان دیگری در شرق و غرب جهان که تاریخ کشورهای‌شان به آنان ارج بسیار می‌نهد- بار دیگر به وحدت ایران بزرگ آن زمان تحقق بخشید.

اگر نهضت تجدد که با عباس‌میرزا و قائم‌مقام آغاز شد و با امیرکبیر ابعادی بزرگ یافت، همچنان ادامه می‌داشت، اگر میرزاحسین‌خان سپهسالار با تمام محدودیت‌هایش کامیابی‌هایی می‌یافت، یا

میرزاعلی‌خان امین‌الدوله - که نه در حد میرزاحسین‌خان بود و البته نه در مقام مقایسه با امیرکبیر - می‌توانست ایران را به راه دیگری ببرد، مسلماً انقلاب به آن صورت که به وقوع پیوست، ضرورت تاریخی پیدا نمی‌کرد و تحول جامعه‌ی ما به صورت متعادل‌تری انجام می‌پذیرفت.

جنگ جهانی اول و پی‌آمدهای آن، تیر خلاص نهایی بر آرزوهای ایرانیان پس از انقلاب مشروطیت بود. اما کمتر از دو یا سه سال پس از این پیروزی بزرگ ملی ومیهنی، ناکامی آن محرز و محتوم گشت و انحطاط ایران همچنان ادامه یافت.
انقلاب با آن همه هدف‌های بلند آزادی و نوخواهی شکست خورد. چرا که قدرت‌های بزرگ جهانی، ایران متجدد و در نتیجه نیرومند را تحمل نمی‌کردند. ایرانیان متّحد نبودند و آن رهبری مؤثری که بتواند آنان را تجهیز کند، وجود نداشت و همیشه در میان آنان کسانی یافت می‌شدند که آلت دست سیاست‌های خارجی شده و منافع آنها را بر مصالح کشور خود ترجیح دهند.
در دروان اخیر تاریخ ایران، سال‌های پس از استقرار ظاهری مشروطیت، سال‌های سیاه و بدخیمی به شمار می‌آیند که شاید هنوز نتایج آن دامن‌گیر ایرانیان باشد.

*****

با مرگ مظفرالدین شاه ناتوان اما خوش‌طینت، محمدعلی‌شاه بر تخت سلطنت نشست. محمدعلی به نظام مشروطه سوگند وفاداری خورد و متن قانون اساسی را که پدرش ده روز قبل از مرگ امضا کرده بود- به سهم خود پذیرفت و تأیید کرد. اما از همان آغاز کار، در اندیشه‌ی ویران کردن اساس مشروطه و توطئه علیه آزادی‌های نوپای ایرانیان بود و روس‌ها از او حمایت می‌کردند. میرزاعلی‌اصغر خان اتابک را از اروپا فرا خواند که

شاید به تدبیر و دسیسه‌ی او، به این هدف برسد. اتابک به دست یکی از مشروطه‌خواهان به قتل رسید. محمدعلی، دیگر در سودای کودتای خونین برای فروپاشی مشروطیت بود.

نخستین طرح‌های مشروطه‌خواهان متجدّد چون تشکیل بانک ملی یا لغو بعضی از امتیازات خارجی با شکست و مخالفت روبرو شد. گروهی از نمایندگان مجلس، علناً یا در خفا، همدست دربار بودند. چند تن از روحانیون مانند شیخ فضل‌اله نوری - یا از روی حسادت و مخالفت با همطرازان آزادی خواه خود چون سیدمحمد طباطبایی و سیدعبدالله بهبهانی - یا به علت مخالفت با استقرار حاکمیّت ملّی که به قدرت و نفوذ آنان خاتمه می‌داد، با دشمنان مشروطه هم‌صدا شدند.

با تمام این احوال، مجلس اول با کوشش بسیار و علی‌رغم کارشکنی‌ها و دسیسه‌بازی‌های محمدعلی شاه و اطرافیانش، یک صد و هفت اصل (ماده) متمم قانون اساسی را که تقریباً همه‌ی آن‌ها با موازین مشروطیت منطبق بود، تدوین و تصویب کرد. شاه نیز آن‌را توشیح نمود، اما در ذیل امضای خود افزود که: «انشاءالله حافظ و ناظر آن» خواهد بود. ظاهراً کسی در آن زمان به این کلمه‌ی انشاءالله توجه نکرد، یا نخواست بکند.

*****

چه محنت‌ها کشید این ملت زار
دریغ از راه دور و رنج بسیار

تصویب قانون اساسی و استقرار مشروطیت، نقطه‌ی عطفی در تاریخ ایران است. مردم در درجه‌ی اول طالب عدالت و حکومت و حرمت قانون و رفع زورگویی‌های ناشی از سلطنت مطلقه‌ی استبدادی بودند و روشنفکران چشم به‌راه نوپردازی و دوباره

از سر گرفتن طرح‌های بزرگ امیرکبیر و سپهسالار که اوضاع آشفته‌ی کشور سر و صورتی بگیرد.
اما خیلی زود همه‌ی این آرزوها نقش بر آب شد. برای قدرت‌های بزرگ خارجی، به‌خصوص روس و انگلیس، ایران توانا و متجّدد، قابل تحمل نبود و متأسفانه در داخل کشور عوامل بسیار به دلایل مختلف، بازیچه‌ی آنان شدند و دانسته یا ندانسته به میهن خود خیانت کردند.
روزها و سال‌های دشوار و آشفته‌ای برای ایران و ایرانیان آغاز شد.

نخستین ضربه‌ی بزرگ، قرارداد ۱۹۰۷ بین روس و انگلیس به‌منظور تقسیم ایران به دو منطقه‌ی نفوذ بود.
پس از جنگ ۱۸۷۰ میلادی بین فرانسه و پروس و شکست فرانسه و تشکیل امپراتوری آلمان، این کشور که از یک پیشرفت صنعتی و اقتصادی استثنایی برخوردار بود، در سرتاسر جهان به قصد رقابت با دو امپراتوری بزرگ آن زمان یعنی انگلیس و فرانسه و گسترش نفوذ خود در آسیا و افریقا برآمد.
بیسمارک، صدراعظم بزرگ آلمان و بانی قدرت این کشور می‌خواست به هر قیمت از بروز تصادمی میان امپراتوری آلمان و دو امپراتوری دیگر حاکم بر جهان آن‌روز جلوگیری کند. ویلهلم دوم او را برکنار کرد و به سیاست توسعه‌طلبی و ستیزه‌جویی خود جنبه‌ای علنی و تحریک‌آمیز داد. خطر اصلی متوجه فرانسه بود. از این زمان پاریس در مقام آن برآمد که تا حد امکان اختلافات تاریخی خود را با لندن تصفیه کند و ائتلافی میان قدرت‌های مخالف با آلمان به‌وجود آورد. بعد از تفاهم پاریس و لندن بر سر تقسیم قاره‌ی افریقا به مناطق نفوذ،[1] دیپلماسی فرانسه همه‌ی

۱- Entente Cordiale این تفاهم به رقابت سیاسی و حتی تصادم‌های نظامی میان دو امپراتوری پایان داد.

کوشش خود را متوجه آن ساخت که آلمان را از دو سو در محاصره درآورد. لازمه‌ی آن، اتحاد با امپراتوری روسیه بود که سریعاً انجام شد، چرا که دو کشور تضاد منافعی با یکدیگر نداشتند و روسیه سخت نیازمند به سرمایه‌های فرانسوی برای توسعه‌ی سریع اقتصاد خود بود.

هدف دیگر سیاست فرانسه رفع اختلافات میان روس و انگلیس بود که مخصوصاً در آسیای مرکزی تضاد منافع بسیار داشتند. روسیه هرگز سودای دست‌رسی به آب‌های گرم را فراموش نمی‌کرد و برای انگلیس حفظ شبه‌قاره‌ی هند هدف اصلی بود. بدین سان ایران و افغانستان که صحنه‌های برخورد این دو قدرت بودند و نیز امپراتوری عثمانی که آن را «مرد بیمار اروپا»[1] می‌خواندند- قربانی رقابت‌های انگلیس و فرانسه و روسیه و آلمان و بازیچه‌ی آن‌ها شدند.

قرارداد ۳۱ اوت ۱۹۰۷ -شامل بر یک مقدمه و پنج ماده- ایران را به سه منطقه تقسیم می‌کرد، یکی تحت نفوذ امپراتوری بریتانیا - آن دگر تحت نفوذ امپراتوری روسیه و میان آنها منطقه‌ای «بی‌طرف» که تهران را نیز شامل می‌شد. بانی و میانجی اصلی این قرارداد- دلکاسه[2] وزیر امور خارجه‌ی فرانسه بود.

هیچ‌کس حتی به خود زحمت آن را نداد که مقامات ایرانی را در جریان تقسیم کشورشان به مناطق نفوذ قرار دهد! هنگامی که ایرانیان از این ماجرا اطلاع یافتند، موجی از اعتراض سرتاسر کشور را فرا گرفت. مجلس شورای ملی عدم رسمیت آن را اعلام

1- L'Homme Malade de l'Europe

2- Theophile Delcasse' (1852 -1923)

از ۱۸۹۸ تا ۱۹۰۵ وزیر خارجه‌ی فرانسه بود و مقدمات انعقاد این قرارداد را فراهم کرد. در سال ۱۹۰۵ برای اجتناب از تشدید بحرانی که بر سر مراکش بین فرانسه و آلمان به وجود آمده بود از سمت خود کناره گرفت و به هنگام آغاز جنگ جهانی اول (۱۹۱٤) مجدداً برای دو سال به رهبری دیپلماسی کشور خود برگزیده شد.

کرد، سفیر ایران در روسیه، حسن پیرنیا (مشیرالدوله) اعتراض کشور خود را به دربار تزار اعلام نمود.

نه به رأی مجلس شورای ملی ایران پاسخی داده شد و نه به اعتراض مشیرالدوله. در معادلات بین‌المللی آن روز جهان، ایرانِ ضعیف و پریشان حال به حساب نمی‌آمد و کسی به آن اعتنایی نمی‌کرد. رفتار ابرقدرت‌ها با دول و ملل دیگر همه جا چنین بود: در شمال افریقا، لندن، تسلط فرانسه را بر مراکش و تونس که مکمّل تصاحب الجزایر بود، پذیرفت و در مقابل، پاریس، مصر را به انگلیسی‌ها ارزانی داشت. برای تضعیف و تکه پاره کردن چین، همه‌ی دول بزرگ دست به دست هم دادند. آسیای جنوب شرقی با معامله‌ای میان فرانسه و انگلیس تقسیم شد.

تنها ژاپن از این بازی‌ها برکنار ماند. هم به علت موقع جغرافیایی خاص خود و هم به خاطر قدرت نظامی و صنعتی که یافته بود و در جنگ ۱۹۰۵ ابرقدرتی چون روسیه را شکست داده بود. تصمیم بر تقسیم ایران به مناطق نفوذ گرفته شد، چون ایران ناتوان بود. نه کسی به رأی مجلس شورای ملی ایران وقعی می‌گذاشت و نه برای وعظ واعظان که مردم را به مقاومت دعوت می‌کردند و نه برای اشعار پرشور شاعران وطن‌پرست. ایران در سال ۱۹۰۷، در حقیقت بهای سنگین قتل امیرکبیر و شکست سیاست‌های تجدد را می‌پرداخت. بهر تقدیر این «جنایت روس و انگلیس»[۱] ضربه‌ای مرگبار بر آرزوهای بزرگ و اندیشه‌های دور و دراز ایران و ایرانیان پس از انقلاب مشروطه بود.

*****

محمدعلی‌شاه دشمن علنی مشروطیت بود. می‌خواست به دست میرزاعلی اصغرخان اتابک مجلس را مهار کند و حکومتی

۱- شمیم، ص ۴۷۷

استبدادی با ظاهری قانونی به‌وجود آورد. قتل اتابک این نقشه را نقش بر آب کرد. به همین منظور مشیرالسلطنه، مردی ناتوان اما آرامش‌طلب را بروی کار آورد و موفق نشـد. با سعدالدوله نیز که اهل دسیسه و به سلایق سیاسی محمدعلی شاه نزدیک بود، کار به‌جایی نرسید. سرانجام با حمایت روس‌ها که دیگر خود را قادر مطلق در ایران می‌دیدند، تصمیم به کودتا گرفت.

انقلاب مشروطه که تا آن زمان در شور و هیجان پیش رفته بود و آرام و بدون خون‌ریزی بود، وارد مرحله‌ای دیگر شـد: خشـونت و جنگ داخلی، در نتیجه خون‌ریزی.

محمدعلی شـاه دسـت به کودتا زد. بهارستان به توپ بسته شد. دفاع شـجاعانه و فداکاری گروهی مجاهد که غالباً به اسـلحه‌ی سرد یا تفنگ‌های قدیمی مجهز بودند، در برابر قزاقان که لیاخوف روسی فرمانده‌ی آنان بود و چندین عراده توپ در اختیار داشتند، حاصلی نبخشید (ژوئن ۱۹۰۸) مشروطه‌خواهان بسیاری دستگیر و در باغشـاه زندانی شدند؛ بسیاری دیگر مخفی شدند یا به این سـو و آن سـو پناه بردند؛ تنی چند به پارک اتابک پناه بردند از جمله سـیدعبدالله بهبهانی، سیدمحمد طباطبایی، ملک‌المتکلمین، قاضی قزوینی، جهانگیرخان صوراسرافیل. ولی چند ساعت بعد قزاقان به آنجا حمله آوردند و شقاوت‌های بسیار کردند.

به دستور محمدعلی شاه، عده‌ای از وطن‌پرستان و آزادی‌خواهان سرشـناس به قتل رسیدند؛ از آن جمله ملک‌المتکلمین، سیدجمال واعـظ، میرزاجهانگیرخـان صوراسـرافیل، سـلطان‌العلمای خراسانی...

لیاخوف به فرمانـداری نظامی تهران منصوب شـد. محمدعلی شـاه ظاهراً کامیاب و مست پیروزی خویش بود. سه روز بعد از بمباران مجلس، تلگرافی به تبریز فرسـتاد که همه‌ی این ماجرا را خلاصه می‌کند:

«جناب مستطاب شریعتمدار آقامیرهاشم آقا سلمةالله تعالی- با کمال قدرت فتح کردم. مفسدین را تمام گرفتار کرده، سیدعبدالله (بهبهانی) را به کربلا فرستادم. سیدمحمد (طباطبایی) را به خراسان. ملک‌المتکلمین و میرزاجهانگیر را سیاست کردم. مفسدین تماماً محبوس. شما هم با کمال قدرت مشغول دفع مفسدین باشید و از من هر نوع تقویت بخواهید حاضرم. منتظر جواب هستم. جنابان حجج اسلام سلمهم‌الله را احوال‌پرسم. همین تلگراف را به ایشان نشان دهید. محمدعلی شاه قاجار»

اما نه قدرت‌نمایی شاه به جایی رسید و نه تظاهر او به ایجاد یک مجلس فرمایشی که مطابق اصول «شرع انور» عمل کند و نه حمایت بعضی از روحانیون چون شیخ فضل‌الله نوری از این فجایع. تبریز به رهبری ستارخان و باقرخان (سردار ملی و سالار ملی) قیام کرد. لشکری منظم و مجهز به توپخانه‌ی سنگین به فرماندهی سلطان مجیدمیرزا عین‌الدوله از تهران برای سرکوب آزادی‌خواهان به آذربایجان اعزام شد که طرفداران محلی محمدعلی‌شاه را حمایت کند. این لشکرکشی به‌جایی نرسید. گیلان و اصفهان و بسیاری دیگر از مناطق ایران به نوبه‌ی خود برای دفاع از مشروطیت برخاستند. سرداران بختیاری به فرماندهی علیقلی‌خان سردار اسعد از اصفهان و مجاهدین گیلانی به فرماندهی محمدولی خان نصرالسلطنه سپهدار (سپهسالار تنکابنی) و یفرم خان و سردار محی از رشت، عازم تهران شدند. نیروهای دولتی سه روز در کاروانسرا سنگی در مقابل آزادی‌خواهان ایستادگی کردند و سرانجام شکست خوردند. پایتخت به تصرف مجاهدین درآمد و بعد از سیزده ماه حکومت استبدادی، محمدعلی‌شاه به سفارت روس پناه برد و ناچار به استعفا شد که اندکی بعد به حمایت و با حفاظت مأموران سفارت‌های روس و انگلیس، رهسپار روسیه

گردید.

*****

انقلاب ظاهراً پیروز شد. احمدمیرزا سیزده ساله فرزند شاه مستعفی یا مخلوع، به سلطنت رسید و عضدالملک رئیس ایل قاجار که مردی کهنسال و محترم بود، به نیابت سلطنت برگزیده شد. برای اداره‌ی امور کشور، یک «هیأت مدیره»ی بیست و دو نفری برگزیده شد که بر هیأت دولت نظارت داشته باشد. سپهدار وزیر جنگ شد؛ سردار اسعد وزیر داخله؛ شاهزاده عبدالحسین میرزافرمانفرما وزیر عدلیه؛ مستوفی‌الممالک، وزیر مالیه؛ یفرم خان به ریاست نظمیه‌ی تهران منصوب و در حقیقت مسئول حفظ پایتخت و نظم امور گردید. هیأت مدیره چند تن از طرفداران حکومت پیشین را محکوم به اعدام کرد که شیخ‌فضل‌الله در رأس آنان قرار داشت و به دار آویخته شد.

در این میان انتخابات مجلس دوم انجام شد و بار دیگر مشروطیت رسماً برقرار گشت. اما آشوب‌ها و نابسامانی‌ها ادامه یافت. مجاهدان تبریز که تا حدی خود را بی‌نصیب از مزایا و افتخارات پیروزی بر استبداد می‌دیدند، به تهران آمدند و در پارک اتابک استقرار یافتند.

محمدعلی شاه مخلوع با کمک روس‌ها از راه گمش‌تپه و استرآباد در رأس گروهی از هواداران خود وارد ایران شد که تاج و تخت از دست رفته را باز پس گیرد، ولی شکست خورد و این بار برای همیشه از سودای سلطنت چشم پوشید.

بر اثر ضعف حکومت مرکزی و فقدان ارتشی منظم و منضبط، در هر گوشه‌ی ایران آشوبی بر پا بود. پس از مدّتی مجلس دوم تشکیل شد. پس از درگذشت عضدالملک، ناصرالملک همدانی (قره‌گزلو) به نیابت سلطنت رسیده بود و سعی می‌کرد کم و بیش به اوضاع سروسامانی دهد که میسر نبود. دولت‌های بی‌قدرت می‌آمدند و بر

اثر تحریکات سیاسی و ناتوانی در حل مسائل مملکتی و مداخلات روس و انگلیس، چند ماهی بعد جای خود را به دیگران می‌دادند. اسامی رؤسای این دولت‌های زودگذر طولانی است: سپهدار، صمصام‌السلطنه، مستوفی‌الممالک، شاهزاده فرمانفرما، حتی عین‌الدوله...

در همه‌ی این دولت‌ها قوام‌السلطنه که مورد اعتماد رجال سیاسی طراز اول کشور و معروف به صلاحیت و قدرت در مدیریت بود، سمت‌های مختلف داشت. او اندک اندک در صف اول کارگردانان امور مملکت یا آن‌چه از آن باقی مانده بود و همه کم و بیش در حفظش می‌کوشیدند، قرار گرفت.

صفات سیاسی و رویه‌ی کشورداری او را از همین جا به‌خوبی می‌توان دریافت:

هنگامی که «هیأت مدیره» رأی به مجازات تنی چند از طرفداران محمدعلی شاه مخلوع داد، وی با آن مخالفت کرد؛ چرا که محاکمه‌ای با رعایت اصول قانونی انجام نشده بود و قوه‌ی مجریه در قوه‌ی قضاییه مداخله می‌کرد که حق آن را نداشت. طبیعتاً این مخالفت صحیح و اصولی به جایی نرسید. گروهی از مردم تشنه‌ی انتقام بودند و می‌بایستی آنان را آرام کرد!

ورود مجاهدین تبریز به تهران و استقرار آنان در پارک اتابک، نارضایی ستارخان و باقرخان که از مجلس لقب سردار ملی و سالار ملی گرفته اما عملاً محلی از اِعراب نداشتند و سرگردانی و بی‌تکلیفی همراهان‌شان به بی‌نظمی و آشفتگی پایتخت دامن زد. همگی مسلح بودند و در میان آنان خارجیان بسیار (مهاجرین روسی و قفقازی) که کلمه‌ای فارسی نمی‌دانستند، کلاه‌پوستی به سر می‌کردند و هر کس در شهر چنین کلاهی داشت، از آن جمله محسوب می‌شد. تجاوزات بعضی از این گروه به مال و جان مردم، دستبردهای شبانه، زدوخورد با مردم محلات مختلف و نیروهای

رسمی انتظامی، محیط رعب و وحشت در تهران به‌وجود آورد تا آن‌جا که سفارت‌های خارجی به‌عنوان و بهانه‌ی حفظ امنیت اتباع خود به دولت اخطار کردند که اگر چاره‌ای یافته نشود، قوای روس و انگلیس شهر را تصرف و امنیت را برقرار خواهند کرد. دولت ناچار بود عکس‌العمل نشان دهد.

مستوفی‌الممالک که رئیس دولت بود، استعفا داد و سپهدار جانشین او شد. سردار اسعد بختیاری عنوان وزارت جنگ را داشت، اما خان عملاً در کارها دخالتی نمی‌کرد. قوام‌السلطنه معاون وزارت جنگ بود و کار را به دست گرفت. او از یک سو به مذاکره با سردار ملی و سالار ملی پرداخت، از سوی دیگر دولت را واداشت که قانون خلع سلاح عمومی را به تصویب مجلس برساند که اگر ضرورت اِعمال قدرت پیدا شد، با تصویب قوه‌ی مقننه باشد. در این گیرودار، سپهدار بار دیگر کناره گرفت و مستوفی‌الممالک به ریاست دولت بازگشت. قوام‌السلطنه این بار وزیر جنگ بود و نیروی شش‌هزار نفری دولتی مقیم تهران ناچار به مداخله در پارک اتابک و خلع‌سلاح مجاهدین و اطرافیان آنان شد. ستارخان و باقرخان به خانه‌ی صمصام‌السلطنه انتقال یافتند. غائله در چهارچوب قانون، چنان‌که قوام‌السلطنه می‌خواست، خاتمه یافت. اما از نخستین برخورد مسلحانه میان طرفداران مشروطیت اجتناب نشد. فقط تدبیر قوام‌السلطنه توانست ماجرا را با حداقل خسارت و تلفات جانی فیصله دهد. بار دیگر قوام‌السلطنه را در موضع اِعمال قدرت حکومت و برتری آن مشاهده می‌کنیم اما با رعایت قانون و تصویب مجلس، مردی پای‌بند اصول.

اوضاع مالی کشور آشفته بود. بازماندگان سلطنت مطلقه می‌خواستند به رویه‌ی قبلی بار دیگر به استقراض از بانک شاهی (انگلیس) و بانک استقراضی (روس) متوسل شوند که مصلحین

مملکت مخالف آن بودند. تمایل روس و انگلیس نیز این بود که بدین سان نفوذ خود را در دولت مرکزی و «منطقه‌ی بی‌طرف» افزایش دهند و هر راه حل دیگری را نهی می‌کردند. در این‌جا جنبه‌ی دیگری از رویه‌ی سیاسی قوام‌السلطنه را در می‌یابیم. او نیز مانند امیرکبیر، در جستجوی توسل به «قدرت‌های ثالث» برای تعدیل و تحدید نفوذ روس و انگلیس بود. به هنگام تصدی وزارت مالیه‌ی او، با تصویب مجلس قراردادی با دولت ایالات متحده امریکا بسته شد که یک هیأت مستشاری مالی به ریاست مورگان شوستر به ایران اعزام و مأمور تنظیم امور مالی کشور گردد. شوستر به ا یران آمد. او مردی خیرخواه و کاردان بود. کارشکنی روس‌ها و انگلیسی‌ها، اقدامات او را فلج و بی‌اثر کرد و سرانجام بر اثر اتمام حجت سفارت روسیه، نه تنها دولت به مأموریت او خاتمه داد، بلکه مجبور به عذرخواهی از سفارت این کشور شد که چنین «بی‌پروایی» از خود نشان داده است!

ایران، بازیچه‌ی سیاست‌های خارجی بود و میهن‌خواهی و تدبیر چند دولتمرد روشن‌بین نمی‌توانست ضعف کشور و آشفتگی امور را سر و سامان دهد.
کار ضعف دولت مرکزی و بی‌پروایی سیاست‌های خارجی به آنجا رسید که به بهانه‌ی برقراری امنیت، قوای نظامی روسی وارد ایران شدند و در مازندران و گیلان و آذربایجان به کشتار میهن‌پرستان و سران ملّیون پرداختند. شهادت ثقةالاسلام در تبریز و دکتر حشمت در رشت و بمباران مرقد حضرت رضا امام هشتم شیعیان، فریاد خشم و اعتراض قاطبه‌ی مردم ایران را باعث شد. اما اعتراض ضعفا در مقابلِ اعمال قدرت یک کشور نیرومند چه حاصلی می‌توانست داشته باشد؟ ایران ضعیف بود و محکوم به تحمّل.

مجلس دوّم به پایان رسـید و بعـد از یک دوران فترت، انتخابات مجلس سوم انجام شـد. در میان نمایندگان گروهی «دمکرات» و تندرو و گروهی «اعتدالی» بودند. اکثریتی وجود نداشـت. این هم بر آشفتگی سیاسی افزود.
پنج سـال بعـد از اعلام رسمی سـلطنتش، سـلطان احمدمیرزا سـرانجام تاجگذاری کرد. جوانی بی‌تجربه و شاید خیرخواه، اما بی‌اطلاع از امور مملکت و بازیچه‌ی این و آن، به‌قولی مال‌دوست و زن‌باره و به‌هر حال ناتوان در برابر مداخلات خارجیان، در رأس مملکت قرار گرفت[1]. ناصرالملک قره‌گزلو مردی زیرک، دسیسه‌گر و مستبد اماباتجربه و سرد و گرم روزگار چشیده بود. از اوضاع جهان و بازی‌های سیاسی داخلِ ایران باخبر بود. با همه‌ی نقاط ضعفش که احتمالاً تمایل به سیاسـت انگلستان یکی از آنها بود، توانسـت طی پنج سـال تجانس ظاهری حکومت را حفظ کند. در میان مردم محبوبیت نداشت و راهی لندن شد.

آغاز جنـگ جهانـی اول (تابسـتان ۱۹۱۴) و بازتاب‌های آن یک رشته دشواری‌ها و نابسـامانی‌های دیگر در ایران بوجود آورد. محنت‌های ایران به این زودی پایان‌پذیر نبود.
این جنگ که از ۲۸ ژوئیه ۱۹۱۴ تا ۱۱ نوامبر ۱۹۱۸ به‌طول انجامید، در حقیقـت مبارزه‌ای میان امپراتوری‌های بزرگ برای تسـلط بر قسـمت مهمی از جهان بود؛ یا لااقل برای تثبیت و توسعه‌ی نفوذ سیاسی و اقتصادی خود بر آن. از یک طرف امپراتوری انگلیس، فرانسـه، روسـیه و متحدین آنها. از طرف دیگر امپراتوری‌های

۱- در باره‌ی زندگی سلطان احمدشاه قاجار نگاه کنید به «زندگانی سیاسی سلطان احمدشاه قاجار» تألیف و نگارش حسین مکّی- چاپ سوم، امیرکبیر، تهران- ۱۳۶۲. مثل همه‌ی نوشته‌های این مؤلف، این کتاب نه بی‌طرفانه است و نه با رعایت اصول تاریخ‌نویسی تدوین شده. معهذا مشتمل بر اطلاعات و اسناد بسیار است که می‌توان مورد استفاده قرار داد.

آلمان، اتریش و هنگری که عثمانی نیز به‌آنان پیوست، و سپس بلغارستان. در سال ۱۹۱۷ (فوریه-اکتبر) امپراتوری تزارها بر اثر انقلاب روسیه واژگون شد و از عرصه‌ی جنگ بیرون رفت. در مقابل ایالات متحده امریکا که تا آن موقع بی‌طرف مانده بود، در تاریخ ۱۲ آوریل وارد عرصه‌ی کارزار جهانی گشت و سرانجام کار به شکست آلمان و اتریش و عثمانی انجامید و همه‌ی معادلات بین‌المللی برای چندین ده سال دگرگون گشت -که در این فصل جای بحث در باره‌ی آن‌ها نیست-. اما نتایج آن به سرعت دامنگیر ایران شد.

دولت ایران بلافاصله بی‌طرفی کشور را اعلام داشت. ایرانیان به‌طور کلی مخالف محور دشمنان تاریخی کشور یعنی روس و انگلیس و در نتیجه هوادار آلمان و اتریش و عثمانی بودند و این موضع، بر متفقین پوشیده نبود.

نیروهای متحارب متفقین ومتحدین-علیرغم اعلام بی‌طرفی کشور- وارد خاک ایران شدند و قسمت‌های مهمی از آن را اشغال کردند. قوای روسیه تا قزوین پیش آمده و تهدید به تصرف تهران می‌کردند. در این میان دولت‌های زودگذر در پایتخت بر سر کار می‌آمدند و می‌رفتند، ولی کاری از دست‌شان بر نمی‌آمد.

در مقابل تهدید روس‌ها به تصرف پایتخت، مستوفی‌الممالک رئیس‌الوزراء وقت تصمیم گرفت که شاه را به اصفهان بفرستد و تشکیل نوعی شورای مقاومت را در غرب کشور تشویق نمود. هر دو تصمیم از روی وطن‌پرستی گرفته شده بود، اما اتمام حجّت دو دولت روس و انگلیس، مقامات ایرانی را وادار به عقب‌نشینی کرد. دولت مرکزی -با وجود آن که در رأس آن همیشه مردانی خیراندیش و میهن‌دوست چون مستوفی‌الممالک و مشیرالدوله بودند- حتی در پایتخت قدرتی نداشت. در هر گوشه‌ی ایران نغمه‌ای ساز می‌شد که سیاست‌های خارجی یا عامل پیدایش آن بودند، یا به آن‌ها دامن می‌زدند.

ایران در حال اضمحلال بود و «ممالک محروســـه‌ی ایران» اسمی بی‌مسمّیٰ.

انقلاب روسیه و ســـقوط حکومت تزاری، صورت مسئله را بکلی تغییر داد و پس از پیروزی متفقین، امپراتوری بریتانیا که بر منابع نفت جنوب کشور نیز تسلط کامل داشت، در حقیقت تنها ابرقدرت نافذ در صحنه‌ی سیاسی ایران شد.
امپراتوری سابق تزارها دستخوش اغتشاش و جنگ داخلی بود و انقلاب روسیه که در میان ا یرانیان وجهه و محبوبیتی یافته بود، می‌توانست منابع نفت جنوب را به خطر بیاندازد و ایران را، اگر با زمامداران جدید روسیه متحد می‌شد، هم‌مرز هندوستان سازد که حفاظت آن از دیرباز اولویت اصلی دیپلماسی بریتانیا بود.

ایران ســـخت آشفته بود و تثبیت اوضاع آن برای لندن ضرورت و فوریت داشت. نتیجه آن که با توافق وثوق‌الدوله نخست‌وزیر وقت و با پرداخت رشوه‌هایی ســـنگین به خود او و دو تن از وزیرانش (صارم‌الدوله وزیر داخله و نصرةالدوله فیروز وزیر امور خارجه)، قرارداد معروف به ۱۹۱۹ را به دولت درمانده‌ی ایران قبولاندند.[۱]

۱- در واقعیتِ پرداخت این وجوه (یک‌صد و سی هزار لیره و اندی) تردیدی نیست. مدارک رسمی انگلیســـی و ایرانـــی در این مورد صراحت دارند. بعداً انگلیســـی‌ها اســـترداد این وجوه را خواستار شدند چرا که آن سه تن نتوانسته بودند «وظایف» خود را انجام دهند. در اوائل ســـلطنت رضاشاه، با کسب مجوز از قوه مقننه، دولت رأساً این رشوه‌ها را باز پس داد. در مجلس ششم به هنگام طرح برنامه‌ی کابینه‌ی مســـتوفی‌الممالک که وثوق‌الدوله عضو آن بود، مســـئله علناً مطرح می‌شود. دکتر مصدق و سیدحسن مدرس مفصلاً علیه او سخن می‌گویند. وثوق‌الدوله با فصاحت کلامی که داشت از خود دفاع می‌کند که در آن شرایط که مملکت در حال اضمحلال بود، چاره‌ای نداشته است و برای «سلامت وطن» آن امتیازات را به انگلیسی‌ها داده است: «بنده مدعی عصمت و مصونیت از خطا نیستم و هیچ یک از آقایان هم نباید باشند. خیلی ممکن است در تشخیصات خود سهو کرده باشم. ولی اطمینان می‌دهم که هیچ وقت به عمد نخواسته‌ام ضرری متوجه مملکت کنم. بلکه مقصودم جلوگیری از ضرر بوده است.»

قرارداد در آغاز، استقلال و تمامیت ارضی ایران را تضمین می‌کرد، ولی عملاً زمام امور مالیه و ارتش ایران و گمرکات کشور به دست کارشناسان انگلیسی می‌افتاد و کشور به صورت شبه تحت‌الحمایه امپراتوری بریتانیا در می‌آمد[1]. در سال‌های بعد از جنگ جهانی اول که این امپراتوری به اوج قدرت تاریخی خود رسیده بود، قراردادهای مشابهی را به چند کشور دیگر نیز تحمیل کرد.

انعقاد قرارداد ۱۹۱۹ با مخالفت یکپارچه‌ی ملت ایران روبرو شد. یکی از آن مواقع وحدت ملی که در تاریخ معاصر چند بار دیده شد و ایران را از مصیبت‌های بزرگ نجات داد. مشیرالدوله که بعد از حکومت دوساله و پرقدرت وثوق‌الدوله، جانشین او شده بود، با تصویب مجلس چهارم قرارداد را نپذیرفت و ماجرا به این ترتیب رسماً پایان یافت، یا تغییر شکل پیدا کرد.

به هنگام این ماجراها، قوام‌السلطنه والی خراسان و سیستان بود. حکومت او بر خراسان سه سال و نیم به طول انجامید و با کودتای سوم اسفند پایان پذیرفت که بعداً به آن خواهیم پرداخت. انتصاب قوام‌السلطنه به ولایت خراسان و سیستان، یعنی پهناورترین ایالات آن روز ایران، به تصمیم مستوفی‌الممالک صورت گرفت و حاصل موقعیت بحرانی منطقه و ضرورت پایان بخشیدن به ناامنی و نابسامانی آن و ایجاد ثبات در مرزهای

متن کامل مذاکرات این جلسه در کتاب «زندگانی سیاسی سلطان احمدشاه» تألیف و نگارش حسین مکّی- صفحات ۱۴۵ الی ۱۹۶ ذکر شده.

قدر مسلم این است که وثوق‌الدوله شاعری بزرگ بود که بعداً به ریاست فرهنگستان ایران هم نائل شد ولی در اذهان عمومی نام او به قرارداد ۱۹۱۹ بسته است. بدون تردید بحث در باره‌ی این که او قصد خیانت داشته یا نداشته، همواره ادامه خواهد یافت.

۱- حسین مکّی، منبع یادشده، متن قرارداد را به طور کامل نقل کرده (صفحات ۳۶ الی ۳۸). و نیز نگاه کنید به علی‌اصغر شمیم «ایران در دوران سلطنت قاجاریه» ۵۸۵-۵۸۶.

شمال شرقی کشور بود.
خراسان از سویی به وسیله‌ی انقلاب بلشویکی روسیه تهدید می‌شد و از سوی دیگر به وسیله‌ی امپراتوری بریتانیا که هیچ ناامنی را در مرزهای شبه‌قاره‌ی هند نمی‌پذیرفت. دولت ایران نیرو و وسیله‌ای برای استقرار قدرت خود در منطقه نداشت. مستوفی‌الممالک که در درایت و میهن‌دوستی او هیچ‌کس تردید نداشت و ندارد و از وجهه‌ی ملی خاص برخوردار بود، تنها راه چاره را در تفویض تمامی قدرت حکومت مرکزی به شخصیتی دید که به تدبیر و تصمیم وی عقیده‌ی راسخ داشت.

قوام‌السلطنه با جلال و جبروت فراوان بر خراسان و سیستان حکومت کرد؛ تا آنجا که منقدان و مخالفانش او را «نایب‌السلطنه» خواندند و احمدشاه در مقام عزلش برآمد که توفیق نیافت. او تنها واحد کوچک ژاندارمری خراسان را در اختیار داشت که فرماندهی آن با افسری پرشور و وطن‌پرست: کلنل محمدتقی‌خان پسیان بود. اما او توانست با رؤسای ایلات و طوایف منطقه توافق کند ونیروهای مسلح آنان‌را در جهت امنیت منطقه و مصالح مملکت تجهیز نماید. با همین وسائل، شورش خداوردی نامی در مرزهای شمالی خراسان که از حمایت حزب عدالت (کمونیست) و زمامداران نوخاسته‌ی بلشویک برخوردار بود، در هم شکسته شد. برای فیصله دادن به غائله، قوام‌السلطنه شخصاً به قوچان و شیروان رفته و فرماندهی قوای اعزامی و ایلات کرد و بلوچ تحت فرمان دولت را بعهده گرفته بود. خداوردی زخمی شد و به‌آن سوی مرز گریخت و بسیاری از هم‌دستانش دستگیر و سیاست شدند. در این گیرودار، خزانه‌ی تهی کشور موفق به پرداخت حقوق و مزایای ژاندارم‌ها نشده بود، قوام‌السلطنه شخصاً چهارهزار تومان از تجار قوچان قرض گرفت و مطالبات آنان‌را پرداخت.
دوران حکومت خراسان، نمونه‌ای از شیوه‌ی کشورداری

قوام‌السلطنه اســت. فاتح پارک اتابک که در چهارچوب قانون به ماجرایی که می‌توانســت یک جنگ داخلی میان مشروطه‌خواهان به‌وجود آورد، پایان داده بــود، این بار نیز از موضع قدرت عمل کرد که بزرگ‌ترین ایالت ایران را در حیطه‌ی حکومت مرکزی نگاه دارد و موفق شد. بیشتر به هدف اصلی، یعنی تأمین وحدت ملّی توجه داشت تا به جزییات مسائل. به ظواهر قدرت اهمیت بسیار مــی‌داد. به هیاهوی مخالفان توجه نمی‌کرد و حتی به آنان با نظر تحقیر می‌نگریست.

هنگامی که پس از کودتای ســوم اسفند، مســیر سیاست ایران دگرگون شد. قوام‌السلطنه، هم‌طراز مستوفی‌الممالک و مشیرالدوله و مؤتمن‌الملک از رجال سیاســی اصلی مملکت بود. دو شــخص اول بارها به ریاســت دولت رســیده بودند و به اصطلاح آن‌روز، وجیه‌المله بودند. کســی در سیاســت و درایت و شــرافت آن‌ها تردیدی نداشــت. اما برای حفظ همیــن وجهه‌ی ملی هنگام بروز مشکلات عمده، کناره‌گیری از ریاست دولت را بر اتخاد تصمیمات شــدید ترجیح می‌دادند. موتمن‌الملک شــاید به همین دلایل هرگز ریاســت دولت را نپذیرفت و «ریاست ملت» (مجلس شورای ملی) را ترجیح داد. قوام‌الســلطنه در جستجوی وجهه‌ی ملی نبود ، از عوام‌فریبی و عوام‌بازی نفرت داشت. تنها تاریخ را قاضی اعمال خود می‌دانســت و به هیاهوی این و آن بی‌اعتنایی کامل نشــان مــی‌داد. او مرد قدرت و اعمال قدرت بود، به خود اعتقاد داشــت و اندیشــه‌های خود را برای ایران، برتر از افکار دیگران تشخیص می‌داد.

ناکامی لندن در تســجیل قرارداد ۱۹۱۹ از سویی و تثبیت حکومت بلشــویکی در روسیه از سوی دیگر، خطرات فزاینده‌ی نابسامانی و اغتشــاش در ایران را تشدید کرد. مبارزه‌ی جهانی با استعمار

و سیاست‌های «امپریالیستی» شعار حکومت جدید مسکو و اتحاد جماهیر شوروی بود که خود خیلی زود به صورت خطرناک‌ترین و بی‌پرواترین سیاست‌ها و قدرت‌های استعماری جهان درآمد. اما آن روز نقطه‌ی امید بسیاری از آزادی‌خواهان و وطن‌پرستان در کشورها و سرزمین‌هایی بود که از مداخلات و فجایع سیاست‌های استعماری رنج می‌بردند.

تثبیت اوضاع ایران به صورت اولویت اصلی سیاست بریتانیا، یعنی بزرگ‌ترین قدرت جهان آن روز درآمد. قرارداد ۱۹۱۹ شکست خورده بود، پس می‌بایست در جستجوی راه حل دیگری برمی‌آمدند. اندیشه‌ی کودتایی که بتواند اوضاع آشفته‌ی کشور را از موضع قدرت سروصورت دهد، پدیدار شد.

شایعه‌ی بروز چنین حادثه‌ای در محافل سیاسی تهران وجود داشت. سیدحسن مدرس داوطلب بود؛ نصرةالدوله فیروز تمایل بسیار نشان می‌داد، اما از پایتخت دور شده بود و انگلیسی‌ها شتاب داشتند. تفویض امور مملکت به یک معمم مشتهر به نزدیکی با سفارت، مضحک به‌نظر می‌آمد و توسل به نصرةالدوله از عاقدان قرارداد ۱۹۱۹ تحریک‌آمیز بود و خشم افکار عمومی را بر می‌انگیخت. پس در جستجوی چهره‌ای تازه و ناشناخته در میان رهبران سیاسی برآمدند. سیدضیاءالدین (طباطبایی) مدیر روزنامه‌ی «رعد»، نه خوشنام بود و نه بدنام. مقالات تندش خوانندگان و خواستاران فراوان داشت؛ جوان بود، جویای نام و بسیار جاه‌طلب. می‌توانست به‌عنوان چهره‌ای تازه جلوه‌گر شود و چون در محیط سیاسی ایران ریشه‌ی عمیق نداشت، به نظر بانیان اندیشه‌ی کودتا، قابل انعطاف بود. قرعه به نام او زده شد.

در زمانی که این گفتگوها جریان داشت، مشیرالدوله رئیس دولت بود و مطابق معمول سعی می‌کرد به اوضاع پریشان کشور و

شورش‌های متعدد داخلی پایان دهد. سرانجام خودش استعفا داد. پس از سقوط کابینه‌ی مشیرالدوله، چند تن از رجال سیاسی به کار دعوت شدند، ولی هیچ یک حاضر به قبول این مسئولیت نشد. سرانجام شاه، فتح‌الله خان اکبر، سپهدار اعظم را که مردی ضعیف و انعطاف‌پذیر بود، وادار به قبول ریاست دولت کرد و او در برابر رئیس مملکت گردن نهاد. غالباً نوشته‌اند که او از همان آغاز کار در جریان تدارک مقدمات کودتا بود و اگر اصرار شاه را پذیرفت، برای جلوگیری از اضمحلال دولت بود ودر حقیقت می‌دانست که محلّلی بیش نیست. بعضی از مورخان نقطه نظر مخالف را دارند ومی‌گویند که سپهدار حتی تا وقوع کودتا از ماجرا بی‌خبر بود. بحث ما در این نکته نیست.

کودتا نیاز به یک بازوی اجرایی ایرانی داشت. تنها نیروی مسلح نسبتاً منظم آن روز کشور، «دیویزیون» (لشکر) قزاق به فرماندهی یک افسر ارشد روس بود (سردار استاروسِلسکی). انگلیسی‌ها فشار بر تغییر او آوردند و خواستند که نصرةالسلطنه عموی سلطان احمدشاه که مورد اعتمادشان بود، جایگزین او شود و یک افسر انگلیسی در مقام معاونت اداره و فرماندهی لشکر قزاق را به‌عهده بگیرد. مشیرالدوله با توافق شاه با خواست انگلیسی‌ها مخالفت کرد. هر دو تهدید به استعفا کردند. سرانجام کناره‌گیری مشیرالدوله سفارت انگلیس را آرام کرد.[۱]

حال می‌بایست شاه و سپهدار در جستجوی فرمانده دیگری

۱- مقالات و کتب مربوط به کودتای سوم اسفند و مقدمات آن فراوانند و همه کم و بیش این جریان را ذکر کرده‌اند. اسناد سیاسی سال‌های ۱۹۲۰ و ۱۹۲۱ وزارت خارجه انگلستان نیز منتشر شده و این ماجرا را حکایت می‌کنند. به عنوان مثال نگاه کنید به حسین مکی- تاریخ بیست ساله‌ی ایران- جلد اول- چاپ سوم، ۱۳۶۱، تهران صفحات ۹۰ و بعد از آن.

برای بریگاد قزاق برآیند. افسران ایرانی لشکر قزاق تمایل به انتخاب رضاخان میرپنج به این سمت داشتند. رضاخان مردی خودساخته، معروف به درستی و وطن‌پرستی و با آرزوهای دور و دراز برای آینده‌ی ایران بود. شجاعت خود را در عملیات جنگی مختلف نشان داده بود. غم و رنج خود را از مداخلات بیگانگان در امور مملکت پنهان نمی‌کرد، زیردستانش او را دوست داشتند ولی از سخت‌گیری او بیمناک بودند.

به ابتکار سردار معظم که مسن‌ترین و ارشد سرداران زمان بود، هفت تن از صاحب‌منصبان عالیرتبه‌ی آن عهد گرد هم آمدند و پس از مذاکرات طولانی رأی به انتصاب رضاخان به فرماندهی کل لشگر قزاق دادند. سپس نظر موافق رجال موجّه ملی مستوفی‌الممالک، مشیرالدوله، صمصام‌السلطنه (نجف‌قلی‌خان بختیاری) و مؤتمن‌الملک نیز جلب شد و سلطان احمدشاه بعد از حصول اطمینان از وفاداری او به مقام سلطنت و شخص خودش، فرمان به انتصاب او داد[۱] و حلقه‌ی افسران قزاق اطرافش در وفاداری به او هم‌قسم شدند.

به این ترتیب مقدمات کودتا فراهم شده بود. لشگر قزاق فرماندهی یافت، گرچه مورد قبول و تأیید انگلیسی‌ها نبود. در تماس‌هایی که گرفته شد، دیپلمات‌های کهنه‌کار انگلیسی او را نپسندیدند، ولی ژنرال آیرون ساید، فرمانده‌ی قوای اعزامی بریتانیا به ایران و قفقازیه برای مقابله با پیشرفت بلشویک‌ها، مفتون رضاخان میرپنج شد. او نه تنها ابهت و هیبتی فوق‌العاده داشت، مردی

۱- برای جزئیات مستند این جریان نگاه کنید به نادر پیمایی - رضاشاه از آلاشت تا ژوهانسبورگ- چاپ دوم، لوس‌آنجلس، ۱۳۸۳، صفحات ۲۸ به بعد.
سیاوش بشیری- سایه‌ای از سردار- انتشارات پرنگ و مرکز پژوهش‌های فرهنگ سیاسی ایران، پاریس، واشنگتن، ۱۹۹۱، صفحات ۱۳۰ به بعد.

صریح‌اللهجه بود، از «پرگویی‌های شرقی» اجتناب می‌ورزید، قضاوت و برداشت یک نظامی بلندپایه در باره‌ی نظامی بلندپایه‌ی دیگری، درست بود. اما دیپلمات‌ها نیز اشتباه نمی‌کردند. رضاخان مطیع سیاست امپراتوری بریتانیا نبود و هرگز نشد.

انگلیس‌ها به قدرت لشگر قزاق نیاز داشتند تا کودتا به نتیجه برسد. رضاخان می‌خواست به قدرت دست یابد؛ نه برای خوشایند لندن، چرا که از مداخلات بیگانگان در امور ایران رنج می‌برد، بلکه به منظور تحقّق هدف‌های بزرگی که برای ترقی و عظمت ایران داشت. همراهی میان این دو موقت بود و تضادهای آنان خیلی زود آشکار شد. از همان ماه‌های اول سیاست بریتانیا مخالف و مانع اصلی پیشرفت آرمان‌های رضاخان شد و بیست سال بعد یعنی در سوم شهریور ۱۳۲۰ انتقام خود را کشید. ولی این داستان دیگری است[۱].

۱- در باره‌ی رضاخان میرپنج - سردارسپه و سپس رضاشاه و نیز ماجرای کودتای ۱۲۹۹ (نقطه‌ی عطفی در تاریخ ایران)چه به زبان فارسی و چه به زبان‌های دیگر مقالات و کتب متعدد نوشته شده و یقیناً باز هم خواهد شد. به عنوان مثال نگاه کنید به کتاب هفت جلدی دکتر مصطفی الموتی، مخصوصاً جلد اول، و زندگی‌نامه‌های او به قلم رضا نیازمند، سیروس غنی، ابراهیم صفایی و... همه کتب و خاطرات سیاسی مربوط به ا ین دوران برای تجزیه و تحلیل و شناسایی این دوران جالب و مفید است. البته نباید موضع‌گیری‌های خاص نویسندگان آن‌ها را که از ناظران نزدیک یا بازیگران حوادث بوده‌اند، فراموش کرد. از جمله خاطرات حاج مخبرالسلطنه هدایت، محسن صدر (صدرالاشراف)، ابوالحسن ابتهاج، علی‌اکبر سیاسی، سلیمان بهبودی که پیشکار سردارسپه و سپس رضاشاه بود، عبدالله مستوفی، سپهبد امیراحمدی... یادداشت‌ها و اسناد دکتر قاسم غنی که در لندن در دوازده جلد به همت فرزندش دکتر سیروس غنی منتشر شد (۱۹۸۱-۱۹۸٤) منبع بسیار جالبی است. مجله‌ی تلاش - چاپ هامبورگ - شماره‌ی مخصوص در اکتبر ۲۰۰٤ در باره‌ی رضاشاه انتشار داد که مشتمل بر سی و یک مقاله و بررسی ارزنده است. قسمت اعظم شماره دیگری از همین مجله (ژوئیه ۲۰۰۵) مجدداً به رضاشاه اختصاص یافته.

از سردارسپه دو کتاب «خاطرات» بجا مانده که در حقیقت به قلم دبیراعظم بهرامی است و به سفرهای او به مازندران و خوزستان (ماجرای خزعل) اختصاص دارد.

*****

در بامداد سوم اسفند ۱۲۹۹-۲۳ فوریه ۱۹۲۱، قوای قزاق که اندکی قبل از آقابابا در نزدیکی قزوین حرکت کرده بودند، پایتخت ایران را در اختیار داشـــتند و اقامتگاه سلطان احمدشاه در محاصره‌ی آنان بود.

در همین روز در نقاط مختلف شـــهر، اعلامیـــه‌ای به در و دیوار، بر محل ورود ســـازمان‌های دولتی و مساجد و اماکن عمومی زده شده بود:

شیر و خورشید
حکم می‌کنم:
۱- تمام اهالی شهر تهران باید ساکت و مطیع احکام نظامی باشند.
۲- کســـانی که در اطاعت از مواد فوق خودداری نمایند به محکمه‌ی نظامی جلب و به سخت‌ترین مجازات‌ها خواهند رسید...
رئیـــس دیوزیون قـــزاق اعلیحضرت اقدس شـــهریاری و فرمانده کل قوا - رضا

بـــا این اعلامیـــه و دو کلمـــه‌ی «حکم می‌کنم» رضاخـــان قدم به صحنه‌ی تاریخ ایران گذاشت و مردم دانستند که بار دیگر مردی سرنوشت‌ســـاز، سررشـــته‌ی کارهای مملکت را به دست خواهد گرفت. رضا فرمانده کل قوا نبود، این عنوان را خود، به خود داده

البته خاطرات محمدرضا شاه پهلوی، پاسخ به تاریخ و خاطرات شاهپور غلامرضا پهلوی Mon Père mon frère les shahs d'Iran را که به ســـال ۲۰۰۴ به فرانســـه در پاریس انتشـــار یافت نباید فراموش کرد. ترجمه‌ی فارســـی این کتاب اندکی با متن اصلی فرانسه آن متفاوت است.

از کتاب‌های نادر پیمایی و ســـیاوش بشـــیری قبلاً یاد کردیم. البته مراجع بســـیار دیگری هم هست.

بود. چند ساعت قبل از آن در ملاقاتی که نمایندگان شاه و دولت و سفارت انگلیس با او کرده بودند، به آنها گفته بود که بیش از این نمی‌تواند آشفتگی اوضاع را تحمل کند. او اضافه کرد که شکی نیست که بعد از خارج شدن قوای انگلستان از ایران، بلشویک‌ها حمله‌ی خود را آغاز خواهند کرد. لذا به تهران آمده است تا دولت نیرومندی تشکیل شود و به آشفتگی‌ها خاتمه ببخشد...

پس از تصرف تهران، سپهدار اعظم به سفارت انگلیس رفت و در آنجا بست نشست. فردای آن روز به احمدشاه تکلیف شد که سیدضیاءالدین (طباطبایی) را به ریاست وزرا منصوب نماید. او هم فرمانی به این شرح صادر نمود:

«نظر به اعتمادی که به حسن کفایت و خدمتگزاری جناب میرزا سیدضیاءالدین داریم، معزی‌الیه را به مقام ریاست وزراء منصوب و برقرار فرموده و اختیارات تامه برای انجام وظایف ریاست وزرایی به معزی‌الیه مرحمت فرمودیم. جمادی‌الاخرای ۱۳۳۹»

دو روز بعد، شاه، رضاخان را به عنوان «سردارسپه» مفتخر ساخت و به این ترتیب او نفر اول ارتش ایران شد که وجود واقعی نداشت، ولی نه فرمانده کل قوا که مختص شخص شاه بود.

از همان آغاز کار، راه رضاخان سردارسپه از راه «میرزا سیدضیاءالدین» جدا شد. در نخستین ملاقات قبل از کودتا، رضاخان دریافته بود که سید، مرد اداره‌ی مملکت نیست. سیدضیاء می‌پنداشت که با اتکاء به سفارت انگلیس می‌تواند اراده و تصمیم خود را به رضاخان و ارتشیان تحمیل کند و برای جلب خاطر آنان با استقراض از بانک شاهی، وجوه و پاداش‌هایی بین آنها تقسیم کرد.

هدف فوری سردارسپه، استقرار نظم و امنیت در پایتخت بود و جلوگیری از اضمحلال کشور که در هر گوشه‌ی آن، کس یا کسانی به سرکشی پرداخته یا داعیه‌ی خودمختاری و حتی استقلال داشتند.

سیدضیاءالدین که روزنامه‌نویسی توانا و خوش‌قلم بود، هیچ برنامه‌ی سیاسی نداشت و از همان ابتدا به صدرو اعلامیه‌هایی پرداخت که بیشتر به سرمقاله‌ی جراید سیاسی شبیه بود تا به اعلام و تشریح سیاست‌های دولتی. او به خود وجهه و چهره‌ی انقلابی می‌داد و مدعی اصلاحات اساسی در کشور بود. در یک کلام، سید دکان عوام‌فریبی و عوام‌بازی گشود و اندک‌اندک سردارسپه، مرکز اصلی قدرت شد.

«میرزا سیدضیاءالدین» در دیدارهایش با سلطان احمدشاه، گستاخ و خشن بود و رعایت نزاکت‌های درباری را نمی‌کرد. سردارسپه، شاه را فرمانده کل قوا می‌دانست و به‌عنوان ارشد افسران ارتش، با او چون فرمانده خود رفتار می‌کرد؛ یعنی با احترام و خضوع. شاه از سید نفرت داشت و در جستجوی آن بود که سریعاً عذرش را بخواهد و دریافت که در این بازی، سردارسپه یار و یاور و هم‌دست او خواهد بود. ولی می‌دانست که سفارت انگلیس به آسانی به برکناری رئیس دولت جدید که عملاً ساخته‌ی خودش بود، رضایت نخواهد داد و باید با احتیاط و تدبیر عمل کرد.

*****

پرهیاهوترین تصمیم سیدضیاءالدین برکناری سه والی مقتدر ایالات، مصدق‌السلطنه، صارم‌الدوله و قوام‌السلطنه و توقیف

هشـــتاد تن از رجال سیاسی، روزنامه‌نویسان و حتی روحانیون سرشـــناس بود. به عده‌ی دیگری هم تکلیف شد که برای فرار از توقیـــف، مبالغ هنگفتی به دولت بپردازنـــد و تنی چند این معامله را قبول کردند. توقیف شـــدگان بر سه دسته بودند: گروه نخست مرکب از رجال سیاســـی و شـــاهزادگان و درباریان منفور افکار عمومی بود. ســـیدضیاءالدین در برابر بسیاری از آنان احساس حقارت می‌کرد و یا از آنها بدرفتاری دیده بود و بدین ترتیب انتقام می‌کشید. گروه دوم چند شخصیت سیاسی موجّه بودند که سید از نفوذ آنان بیم داشـــت و یا به آنان حســـد می‌ورزید و بالاخره دسته دیگری که علیه او نغمه‌ی مخالفت ساز کردند و می‌خواست صدای آنها را خفه کند. قزاق‌ها یا نظمیه مأمور جلب و بازداشت این افراد شـــدند. اما دربار خیلـــی زود به همه فهماند که مخالف این بازداشت‌های دســـته‌جمعی است و سردارسپه کم و بیش به اطرافیان آنها می‌گفت که افراد قزاق مأمورند و معذور.

ســـرانجام بگیر و به‌بند «میرزا سیدضیاءالدین» چند روزی همه را مشغول کرد ولی موجی از مخالفت علیه او و سیاستش برانگیخت. رئیس‌الوزرا، مصدق‌السلطنه والی فـــارس را معزول و به تهران احضار کرد. ظاهراً در ابتدا قصد بازداشـــت او در میان نبود؛ اما وی پیام‌های انتقادآمیز تندی به سید فرستاد و چون از سرنوشت خود بیمناک بود به ایل بختیاری پناه برد. توقیف صارم‌الدوله والی غـــرب با مقاومت اطرافیانش روبرو شـــد و از دو طرف پانزده نفر در طی زد و خوردها به قتل رســـیدند. دســـتور جلب و بازداشت قوام‌السلطنه و انتقالش به تهران، ابعاد سیاسی مهم‌تری یافت.

*****

بازداشت قوام‌السطنه قابل پیش‌بینی بود. پس از توفیق کودتا، او تلگرافی به رئیس‌الوزراء جدید فرستاد؛ از تأیید دولت او سر باز زد و نحوه تشکیل آن را خلاف قانون اساسی دانست.

سید می‌دانست که قوام‌السلطنه در خراسان نفوذ و اقتداری استثنایی دارد و از او سخت بیمناک بود. پس تصمیم به بازداشت او گرفت. تنها نیرویی که در مشهد قادر به این کار بود، ژاندارم‌های تحت فرمان کلنل محمدتقی خان (پسیان) بودند، افسری معروف به درستی ومیهن‌خواهی، تحصیل‌کرده اروپا که در واحد تحت مسئولیت خود نظم و ترتیبی به‌وجود آورده بود. رئیس‌الوزرای جدید در تلگرافی، کلنل را مأمور «امنیت و انتظام کامل ایالت خراسان» کرد که البته چنین دستوری با حضور والی مقتدر ایالت در مشهد، تناقض داشت، زیرا رئیس ژاندارمری تحت فرمان او بود. سپس با شتاب فراوان معتصم‌السلطنه (مهدی فرخ) که معروف به دشمنی با قوام‌السلطنه بود، با سمت کارگزار به خراسان اعزام شد و مأموریت یافت که دستور کتبی بازداشت قوام‌السلطنه را به کلنل ابلاغ کند و او نیز چنین کرد. سید برای اطمینان خاطر بیشتر، تلگراف رمز دیگری از طریق کنسولگری انگلیس به کلنل مخابره و تعلیمات قبلی خود را تأیید کرد[1].
نگرانی دولت در وفاداری کلنل محمدتقی خان نسبت به قوام‌السلطنه بود. همه می‌دانستند که او نسبت به قوام‌السلطنه سوگند وفاداری یاد کرده و از لطف وعنایت و اعتماد خاص «نایب‌السلطنه»ی مقتدر منطقه برخوردار است. سید ضیاءالدین، با انتصاب کلنل به حکومت نظامی خراسان و مأموریتی که به او داده بود، زیرکانه حس جاه‌طلبی وبلندپروازی او را تشویق کرد و موفق شد.

ژاندارم‌های تحت فرمان محمدتقی خان، با نظارت شخصی او، قوام‌السلطنه را بیرون از محل کارش غافلگیر و با خشونت و عدم

۱- این ماجرا در همه‌ی بررسی‌ها و کتب مربوط به روزهای بعد از کودتای ۱۲۹۹ آمده است. به‌عنوان مثال نگاه کنید به حسین مکّی- منبع ذکر شده- صفحات ۳۱۲-۳۲۱. حمید شوکت- منبع ذکر شده، صفحات ۸۲-۹۲ و منابعی که در کتاب اخیر آمده است.

رعایت حداقل ادب و نزاکت، دستگیر کردند و برای بازرسی به اقامتگاهش انتقال دادند. در اینجا وی به دست مأمورین شدیداً مضروب و زخمی شد. با پاشنه‌ی تفنگ به وی حمله بردند، دندان‌هایش را شکستند، خانه‌اش غارت شد. همسرش[1] را نیز جداگانه دستگیر و هر چه زرو زیور و اموال شخصی داشت مصادره کردند. کلنل شصت تن دیگر از متنفذین و معاریف خراسان را نیز به امر دولت توقیف کرد. قوام‌السلطنه تحت‌الحفظ یک گروه ژاندارم با کالسکه و همسرش با گاری به تهران حرکت داده شدند. والی معزول خراسان سخت بیمار بود ولی به حال او توجهی نشد و چون به تهران رسید، وی را در اتاقی در محوطه‌ی عشرت‌آباد زندانی کردند.

این نخستین آزمایش دردناک زندگی سیاسی قوام‌السلطنه، نخستین رو در رویی او با نامردی و ناسپاسی مردمان بود. کلنل محمدتقی خان از اطرافیان و نزدیکانش بود. قوام‌السلطنه نه تنها به او اعتماد داشت، بلکه وی را گرامی می‌داشت. کلنل می‌توانست حکم دولت مرکزی را اجرا نکند ولی انضباط اداری را رعایت کرد. اما نیازی به خشونت و بی‌ادبی با مردی چون قوام‌السلطنه و تاراج اموالش و دستگیری و بی‌احترامی به همسرش نبود. شاید محمدتقی خان از رویه‌ی حکومت بی‌بند و بار تهران اطلاع داشت و با این حرکات می‌خواست خوش‌آیند رئیس‌الوزرا شود که خود در پایتخت بر همین منوال عمل می‌کرد.

به‌هر حال، کلنل محمدتقی خان برای چند هفته‌ای با اختیارات تام، حکومت را در خراسان و سیستان بعهده گرفت و تا پایان کار

۱- خانم اشرف‌الملوک دوّلو (و نه عصمت‌الملوک که در بعضی کتب و مقالات نوشته شده)، دختر آصف‌الدوله دوّلو، که قجرّ بود و نه قاجار. کسانی که او را دیده و شناخته‌اند همه در وقار و متانت و آداب‌دانی وی متفق‌اند. او چند سالی پس از مرگ قوام چشم از جهان فرو بست. راویان آقای مهندس عبدالعزیز فرمانفرماییان و آقای ایرج امینی.

سیدضیاء در آن‌جا قادر مطلق بود.

****

پس از بگیر و ببند روزهای اول کودتا، کار حکومت سیدضیاءالدین به دشواری و آشفتگی گرایید. نظم و امنیت نسبی در پایتخت برقرار شد. اما همه آن را مدیون سردارسپه و نظامیان می‌دانستند؛ نه مرهون اعلامیه‌ها و شعارهای رئیس دولت.

تصمیمات سیاسی دولت متناقض و کُلاً ناشی از عوام‌فریبی و عوام‌بازی بود: حقوق خدمه‌ی شاه را تقلیل داد، اما بر مستمری خدمه‌ی ولیعهد محمدحسن میرزا افزود! طی اعلامیه‌ای که طبعاً هیچ کس به آن وقعی نگذاشت، دستور داد زنان ایرانی حق نداشته باشند به عنوان خدمه در منازل خارجیان کار کنند! اما تصمیم گرفت مستشاران خارجی برای دولت استخدام کند. سخنانی تند و تیز بر ضد «دکانداران دین» بیان کرد، اما فروش مشروبات الکلی و تأتر و سینما را برای احترام به شعایر «دین مبین» ممنوع ساخت و فرمان داد که از بناهای دولتی، اذان ظهر اقامه شود. اعلام کرد قصد کاهش تعداد کارمندان دولت و تقلیل حقوق آنان را دارد و این گروه نیز به مخالفین او افزوده شدند. سرانجام برای «میرزا سیدضیاءالدین» فقط حمایت وزیر مختار انگلیسی «نورمان» باقی ماند که برای نجات او به هر دری می‌زد و مایوسانه دست و پا می‌کرد.

شاه با او مخالف بود و حتی تحمل دیدارش و گستاخی‌هایش را نداشت. سردارسپه و ارتشیان او را بر نمی‌تافتند. افکار عمومی را بر ضد خود برانگیخته بود. حتی کسانی که در روزهای اول حکومتش از بگیر و ببند او شادی می‌کردند، از او نومید شدند. وزیر مختار انگلیس به دولتش گزارش داد که بعد از تخلیه‌ی ایران از قوای انگلیس، دیگر سردارسپه و سران ارتش جدید ایران نیز

کوچک‌ترین اعتنایی به او نمی‌کنند.[1]

احمدشاه مصمم بر عزل سید شد. سردارسپه در سودای ریاست دولت بود، اما هنوز شرایط را مساعد نمی‌دانست. شاه و سردار برای برکناری رئیس‌الوزرا، هم‌داستان شدند. احمدشاه به قدرت سردارسپه نیاز داشت و سردارسپه به موضع قانونی رئیس مملکت.

در روز ۲۵ مه ۱۹۲۱، رئیس‌الوزرا به کاخ احضار شد. سردارسپه در آن نزدیکی و به قولی در تالاری بود که ملاقات در آن دست داد. می‌گویند سید بی‌ادبانه رفتار کرد. شاه به او گفت که معزول است. سید به او پرخاش کرد. سردارسپه وارد کار شد، به دو سه افسری که اطرافش بودند دستور داد «آقا را به خانقین ببرید.» سید را اجباراً بر اتومبیلی سوار کردند و با حفاظت گروهی نظامی به سرحد ایران و عراق فرستادند. او از عراق عازم اروپا شد وسپس برای مدت بیست سال در فلسطین که تحت حکومت بریتانیا بود مستقر شد و بعد از جنگ جهانی دوم به ایران بازگشت.

بدین ترتیب «کابینه‌ی سیاه»، حکومت ناشی از کودتای سوم اسفند پایان یافت: سید با فرمانی که احمدشاه به اجبار صادر کرده بود، روی کار آمد و با فرمان دیگری که جنبه‌ی اهانت داشت، از کار برکنار شد.

> «نظر به مصالح مملکتی، میرزا سیدضیاءالدین را از ریاست وزرا منفصل فرمودیم و مشغول تشکیل هیئت وزرای جدید هستیم.»

برای رعایت انصاف باید گفت که در طی حکومت سیدضیاءالدین،

۱- دکتر سیروس غنی این گزارش را در کتاب خود «برآمدن رضاخان، برافتادن قاجار و نقش انگلیسی‌ها» (ص ۲۳۴) نقل کرده است.

دو تصمیم مهم اعلام شد که هیچ کدام ربطی به او نداشت. یکی صدور تصویب‌نامه‌ای بود که طی آن الغای رسمی قرارداد ۱۹۱۹ مجدداً اعلام شد. این تصمیم را دولت مشیرالدوله قبلاً گرفته و اعلام کرده بود و تصویب‌نامه‌ی دولت سیدضیاء جنبه عوام‌فریبی داشت. دو دیگر، به رسمیت شناختن دولت جدیدالتأسیس اتحاد جماهیر شوروی بود و انعقاد عهدنامه‌ی دوستی بین «دولت علیه ایران و جمهوری روسیه‌ی شوروی» که از ماه‌ها پیش مذاکرات مربوط به آن در جریان و متن آن آماده شده بود. مسکو از همه‌ی حقوق و امتیازات دوران استعماری تزارها (البته به‌جز مناطق وسیعی که از ایران مجزی کرده بودند) صرف‌نظر کرد و نوعی تعادل با نفوذ قدرت استعماری بریتانیا در ایران ایجاد شد[1]. تعادلی که کاملاً موقت بود. در ۱۶ دسامبر ۱۹۲۱ این قرارداد به تصویب قوه مقننه رسید و تا سقوط اتحاد جماهیر شوروی - علی‌رغم بحران‌های فراوان، نوعی رسمیت داشت.

*****

حال می‌بایست شاه در جستجوی رئیس‌الوزرای جدیدی برآید. برای رعایت افکار عمومی به دو شخص وجیه‌الملّه آن‌روز، مشیرالدوله و مستوفی‌الممالک تکلیف شد. هر دو پوزش خواستند. احمدشاه از پشتیبانی سردارسپه استفاده کرده، سیدضیاءالدین را برکنار و از کشور رانده بود. اما از بلندپروازی‌های سردار هم بیم داشت و در جستجوی مردی بود که بتواند بعد از یک دوران آشوب، هم به سیاست کشور سر و سامان بخشد و هم قدرت و تدبیر کافی برای رو در رویی احتمالی با نفوذ و محبوبیت فزاینده‌ی رضاخان دارا باشد. قرعه‌ی فال به نام قوام‌السلطنه زده شد.

پنج روز بعد از سقوط سید ضیاء، شهاب‌الدوله مشاور و رئیس

۱- متن کامل این قرارداد به همت شرکت کتاب در لوس‌آنجلس به طبع رسیده است. نوامبر ۲۰۰۷.

تشریفات شاه به عشرت‌آباد رفت و به قوام‌السلطنه اطلاع داد که به ریاست وزرا منصوب شده است و او را با اتومبیل شخصی شاه که در اختیارش نهاده بودند، مستقیماً از زندان به کاخ سلطنتی برد.
مذاکره میان شاه و رئیس‌الوزرای جدید سه ساعت و نیم به‌طول انجامید و سرانجام «دستخط ملوکانه» به این شرح صادر شد.

«نظر به حسن کفایت و خدمت‌گزاری جناب اشرف قوام‌السلطنه و امتحانات عدیده‌ی کافیه که در این موقع در استقرار انتظامات مملکتی داده و اعتماد کامل خاطر همایون ما را به صداقت و دولت‌خواهی و شاه‌پرستی خود جلب نموده است، محض اهمیت موقع و برای تهیه‌ی آسایش عمومی، معزی‌الیه را به صدور این دستخطِ مهرطلعتِ مبارک، به ریاست وزرا منصوب فرمودیم که هیئت وزرا را تشکیل داده در انتظامات مملکت و اعاده‌ی امنیت و آسایش عمومی مساعی جمیله به عمل آورده مزید رضامندی و اعتماد خاطر ملوکانه را جلب و تحصیل نمایید.

۲۲ رمضان ۱۲۹۹
شاه»

قوام‌السلطنه از زندان مستقیماً با لقب جناب اشرف به کاخ سلطنتی رفت و بر مسند صدارت و تصدی امور مملکت نشست.

فصل سوم

صدارت و تبعید

روز ۲۵ مه ۱۹۲۱ (٤ خرداد ماه ۱۳۰۰) قوام‌السلطنه اعضای هیأت دولت خود را به احمدشاه معرفی کرد. برای نخستین بار در تاریخ مشروطیت ایران، شاه با استفاده از اختیارات قانونی خود، رئیس‌الوزرایی را عزل کرده بود و کسی به این عمل اعتراض نکرد. در سال‌های قبل، به هنگام فترت، دولت‌ها می‌آمدند و می‌رفتند. همیشه رؤسای دولت استعفای خود را به شاه یا نایب‌السلطنه تقدیم می‌داشتند. فقط یک بار صمصام‌السلطنه بختیاری با وجود اشکالاتی که به آن برخورده بود، در کناره‌گیری تردید و مقاومت کرد، اما سرانجام تسلیم شد.

در دولت قوام‌السلطنه، رضاخان سردارسپه وزیر جنگ بود؛ حاج محتشم‌السلطنه اسفندیاری وزیر امور خارجه؛ مستشارالدوله (صادق) وزیر مشاور و دکتر محمد مصدق (مصدق‌السلطنه) وزیر مالیه. مصدق‌السلطنه به قبول وزارت در دولتی که جایگزین

حکومتی معزول شده بود، ایرادی ندید. دهها سال بعد، این ماجرا به یک بحث و مجادله‌ی طولانی انجامید که در جای خود به آن اشاره خواهد شد.

چند روز بعد (۲۲ ژوئن)، چهارمین دوره‌ی قانون‌گزاری، پس از سال‌های آشوب و فترت، برپا و مؤتمن‌الملک (پیرنیا) به ریاست مجلس انتخاب شد.

*****

کشور ظاهراً از قوای بیگانه تخلیه شده بود، اما در هر گوشه، تقریباً همیشه با تحریک بیگانگان، همان روس و ا نگلیس، گروهی علم طغیان برداشته بودند و یکپارچگی مملکت جداً در خطر بود. اما دیگر رئیس دولت مردی مقتدر و مصمّم و مدبّر بود. ارتش سر و صورتی یافته و در رأس آن، فرماندهی توانا و میهن‌خواه و بااراده قرار داشت ومجلس ضامن تداوم اجرای اصول مشروطیت و حقانیت حکومت بود. پس احمدشاه برای استراحت و معالجه عازم اروپا شد و مسئولان امور کشور از هر سو به مقابله با مشکلات پرداختند.

می‌بایست سرکشی‌های داخلی را سرکوب کرد و به بی‌نظمی‌ها پایان بخشید. در این مهم، رئیس دولت از فرماندهی قوای نظامی حمایت می‌کرد و سردارسپه به این پشتیبانی اتکا داشت. نتیجه آن که اقدامات دولت و قوای نظامی پیش رفتند و هر روز قدرت دولت مرکزی، که شرط اصلی هر اصلاح سیاسی و اجتماعی بود، افزایش می‌یافت.

*****

نخستین بحرانی که قوام‌السلطنه با آن روبرو شد، سرکشی کلنل محمدتقی خان پسیان در خراسان بود.

بعد از بازداشت قوام‌السلطنه و همسرش و اعزام والی مقتدر خراسان به تهران، کلنل محمدتقی خان با اختیارات تامی که سیدضیاءالدین به وی داده بود، با کمال قدرت بر منطقه حکومت

کــرد و به رتق و فتق امــور پرداخت و طبیعتاً از عزل رئیس دولت کودتــا و مخصوصاً انتصاب قوام‌الســلطنه به‌جای او غافلگیر و نگران شــد. رئیس‌الوزرای جدید که نمی‌خواست رفتارش با کلنل جنبه‌ی کینه‌توزی و انتقام داشــته باشد، نجدالسلطنه را به کفالت ایالت خراســان منصوب کرد و در تلگرافی با لحن عادی اداری از کلنل خواســت که امور ایالتی را به او واگذارد و خود «مشــغول کارهای ژاندارمری» باشد. در دستورالعمل دیگری مقرر داشت که کلیه‌ی زندانیان سیاسی آزاد شوند و اموال‌شان به آنها مسترد و حکومت نظامی در سرتاسر منطقه لغو گردد.

این مراتب «حســب‌الامر اعلیحضرت شاهنشــاهی ارواحنا فداه» ابلاغ شده بود با این امید و تصور که جای بهانه‌ای برای نافرمانی باقی نماند.

کلنــل محمدتقی خان از اجرای فرمان ســر باز زد. دســتور داد نجدالســلطنه و تعــدادی از متنفــذان محلی را کــه مخالف خود می‌پنداشت، بازداشــت کنند و ارتباط تلگرافی با پایتخت را قطع کرد. این عمل سرپیچی آشکار از فرمان‌های دولت بود. در پیامی به شــاه (و نه رئیس دولت) محمدتقی خــان چند تقاضای جدید مطرح کرد و در مجلســی که با حضور گروهی از محترمین محل تشکیل داده بود، عزل خود را ناشی از انتقام‌جویی رئیس‌الوزرای جدید و کینه‌توزی او و غیرقانونی دانست.

او افزود که بازداشــت قوام‌السلطنه را به دستور دولت وقت انجام داده (کــه راســت می‌گفت) و این وظیفه را بــا رعایت احترام ایفا نموده اســت (که درست نبود) و «خواست خدا آن بود که اسیر من امیر من شد،».[۱]

رفتار کلنل پر از تناقض اســت. اگر اجرای دســتور رئیس دولت قبلی الزامی بوده، می‌بایست دستور جانشین او را نیز اجرا کند،

۱- حمید شوکت - منبع ذکر شده، صفحه‌ی ۹۵.

بخصوص که از شغل و مسئولیت اصلی خود منفصل نشده و قوام‌السلطنه در رفتارش با او کمال نزاکت را رعایت کرده بود تا آنجا که در تلگراف دیگری به شیوه‌ی مماشات و مسالمت روی آورد و نوشت که «در محبت سابقه به هیچ وجه تغییری حاصل نشده». و او را به مراحم شاه امیدوار کرد.

قوام‌السلطنه از یک طرف می‌دانست که محمدتقی خان در خراسان از محبوبیت بسیار برخوردار است و نیرویی قابل ملاحظه در اختیار دارد. از جاه‌طلبی و بلندپروازی او نیز بی‌اطلاع نبود. از طرف دیگر می‌کوشید نشان دهد که در رفتارش حس انتقام و کینه‌توزی وجود ندارد.

رفتار دولت ناشی از احتیاط و شاید ناتوانی نیز بود. نیروهای نظامی دولت مرکزی در چند منطقه، گیلان، تنکابن، سوادکوه، آذربایجان درگیر مقابله با سرکشان و شورشیان داخلی بودند. قوام‌السلطنه می‌دانست که سردارسپه نمی‌تواند اردوی جدیدی به سوی خراسان روانه کند، به ویژه آنکه نیروی ژاندارمری تحت فرماندهی کلنل محمدتقی خان منظم و توانا بود و بیم شکست می‌رفت.

سرانجام تمام این تدابیر بی‌اثر ماند. نجدالسلطنه کفیل ایالت خراسان که کهنسال و بیمار بود، اجباراً استعفا داد و بار دیگر همه‌ی امور منطقه در اختیار مطلق کلنل درآمد. او در همه جا حکومت نظامی برقرار کرد و مقرر داشت که از درآمدهای خراسان و سیستان نیز چیزی به خزانه دولت مرکزی انتقال نیابد. برای خروج از بن‌بست، رئیس دولت به تدبیری دیگر متوسل شد. نجفقلی‌خان صمصام‌السلطنه بختیاری را به سمت ولایت خراسان و سیستان برگزید و به او دستور داد که فوراً عازم مشهد شود. صمصام‌السلطنه اشتهار به تدبیر و سیاست

نداشـــت، اما از اعتبار و وجهه‌ی خاصی برخـــوردار بود و هنوز مردم، مخصوصاً آزادی‌خواهان، نقش و سهم او را در فتح تهران و اعاده‌ی مشروطیت فراموش نکرده بودند.

صمصام‌السـلطنه قطعاً با موافقت رئیس دولت و برای تسـکین کلنل، در تلگرافی به او اعلام داشـت که عازم مشـهد است و از او خواسـت که تا ورودش به آنجا، کفالت امور استان را عهده‌دار باشد. محمدتقی خان به این پیام جواب منفی داد و با رعایت ادب و نزاکت بسیار از صمصام‌السلطنه خواست که «تا موجبات کار فراهم نشده» راهی مشهد نشود. از این پس رو در رویی میان کلنل محمدتقی خان و دولت مرکزی غیرقابل اجتناب شد. میانجی‌گری قنسـول‌گری انگلیسی نیز به جایی نرسید. آخرین پیشنهاد دولت که محمدتقی خان برای تکمیل تحصیلات نظامی به‌اتفاق چند تن از یاران نزدیکش ایران را ترک کند و مقرری دو سال آنان پیشاپیش پرداخت شود، با مخالفت او روبه‌رو شد.

اخبـاری که در تهران به رئیس دولت و سردارسـپه می‌رسـید، بسیار نگران‌کننده بود: در عراق سیدضیاءالدین و شیخ خزعل و محمدحسن میرزا ولیعهد به توطئه علیه حکومت مرکزی مشغول بودند. لنین رهبر «روسیه شوروی» به کارگزاران خود در مرزهای شمالی ایران دستور داده بود که از قیام کلنل و تشکیل یک جمهوری شـوروی در خراسان حمایت کنند. ماجرای کلنل دیگر از حد یک مسئله‌ی داخلی تجاوز کرده و جنبه‌ی بین‌المللی یافت و خطر تجزیه‌ی ایران و جنگ داخلی از دو سو- یعنی شمال و جنوب- پدیدار شده بود. قوام‌السلطنه برای آخرین بار، امیرشوکت‌الملک علم را که از دوستانش بود و بر قائنات حکومت داشت، به میانجی‌گری فرستاد و باز کلنل سر باز زد، یک «کمیته‌ی ملی» تشکیل داد وعملاً پرچم تجزیه‌ی خراسان را بر افراشت.

رئیس دولت و ارتش تأمل را جایز ندیدند. اردویی نه چندان توانا از تهران عازم خراسان شد. قوام‌السلطنه نمی‌خواست که قوای رسمی دولت مرکزی با ژاندارم‌ها مواجه شوند، شبکه‌ی ارتباطات خود را به کار انداخت، ایلات منطقه قوچان علیه کلنل قیام کردند و او مجبور شد که در رأس نیروی ژاندارمری به آن منطقه برود. در مصاف ایلات و افراد کلنل، محمدتقی خان کشته شد. او مردی میهن‌خواه و خوش‌طینت و شاید ساده، اما جاه‌طلب و بسیار بلندپرواز بود. غائله‌ی خراسان فیصله یافت، مردم بر مرگش گریستند[۱]، ولی خطر بزرگی از کشور دور شد. قوام‌السلطنه و سردارسپه توفیق یافته بودند. همه‌ی مدارک و روایات موجود نشان می‌دهد که رئیس‌الوزرا ترجیح می‌داد غائله را به‌طور مسالمت‌آمیز خاتمه دهد و به هیچ وجه نمی‌خواست از کلنل محمدتقی خان یک قربانی و شهید بسازد.

*****

۱- شاعران زمان در رثای او بسیار گفته‌اند. از جمله عارف قزوینی:

زنده به خون خواهیت هزار سیاوش
گردد از آن قطره خون که از تو زند جوش
عشق به ایران به خون کشیدت و این خون
کی کند ایرانی، ار کس است، فراموش
دارد اگر پاس قدر خون تو زیبد
گردد ایران هزار سال سیه پوش
....

و ایرج میرزا جلال‌الملک:

دلم به حال تو ای دوستدار ایران سوخت
که چون تو شیر نری را در این کنام کنند
تمام خلق خراسان به حیرتند اندر
که این مقابله با تو را چه نام کنند
به چشم مردم این مملکت نباشد آب
وگرنه گریه برایت علی‌الدوام کنند
...

در حالی که قوام‌السلطنه شخصاً به مشکل خراسان و قیام کلنل محمدتقی خان می‌پرداخت، قوای نظامی ضعیف ایران که تازه سر و صورتی می‌یافتند، در چند نقطه‌ی کشور به استقرار آرامش و سرکوب شورشیان مشغول بودند. در نخستین ماه‌های حکومت قوام‌السلطنه، میان سردارسپه و رئیس دولت، تفاهم کامل برقرار بود. هر دو میهن‌خواه بودند و در برابر مخاطرات عمده اختلاف نظر را جایز نمی‌دیدند. پایان کار کلنل محمدتقی خان و پیروزی‌هایی که قوای نظامی در گیلان و سوادکوه و لرستان یافتند، به همکاری دو حریف خاتمه داد و دولت در مجلس متزلزل شد. قوام‌السلطنه تصمیم به استعفا گرفت، اما احمدشاه که از نفوذ و محبوبیت فزاینده‌ی سردارسپه روز به‌روز بیمناک‌تر می‌شد و کسی را جز رئیس‌الوزرای مستعفی هم‌آورد سردار نمی‌دانست، هر دو را به دربار احضار و بدان‌ها نصیحت کرد که با یکدیگر سازش نمایند. قوام‌السلطنه مجدداً مأمور تشکیل کابینه شد، از مجلس رأی تمایل گرفت و در سی‌ام سپتامبر ۱۹۲۱ (۸ مهرماه ۱۳۰۰ خورشیدی) کابینه‌ی دوم خود را به شاه و سپس به مجلس معرفی کرد. سردارسپه همچنان وزیر جنگ بود، مصدق‌السلطنه (دکتر محمد مصدق) وزیر امور خارجه، و رئیس‌الوزرا خود سرپرستی وزارت داخله را بعهده داشت.

یک هفته بعد کابینه ترمیم شد. این بار مصدق‌السلطنه به وزارت داخله منصوب شده بود.

*****

پایان ماجرای جنگل و غائله‌ی گیلان، نمونه‌ی دیگری است از رویه‌ی سیاسی و خط مشی قوام‌السلطنه که دهها سال بعد در ابعاد بین‌المللی برای حل معضل آذربایجان و جلوگیری از تجزیه‌ی ایران بکار برد.

از یک طرف به سردارسپه و قوای نظامی اختیار تام داد که عملیات خود را دنبال کنند و به سرکوب شورشیان بروند. با نشیب و

فرازهای بسیار این مهم به انجام رسید، به‌خصوص که در جبهه‌ی جنگلی‌ها تفرقه افتاده بود: حیدر عمواغلی بنیان‌گذار اصلی حزب کمونیست ایران[۱]. در شرایطی که تا امروز روشن نشده[۲] در گیلان به قتل رسید. میان جنگلی‌ها (طرفداران میرزاکوچک خان) اختلاف افتاده بود. گروهی به روسیه فرار کردند، گروهی به ارتش و قوای اعزامی پیوستند و مقاومت اطرافیان میرزا به جایی نرسید.
از طرف دیگر، هنگامی که قوای نظامی در ستون‌های مختلف به سوی رشت و انزلی (بندر پهلوی بعدی) پیش می‌رفتند، قوام‌السلطنه کوشید که به مذاکره‌ی مستقیم با میرزاکوچک خان بپردازد. نمایندگان او را به تهران دعوت کرد، هیأتی را برای جلب رضایت میرزا به جنگل فرستاد، حتی بنا بر این شد که رهبر نهضت شمال را که از دید قوام‌السلطنه و سردارسپه مردی وطن‌خواه بود با تشریفات به تهران دعوت کنند. اما همه‌ی این رفت و آمدها به‌جایی نرسید.

به موازات حرکت نظامیان به سوی گیلان و مذاکره‌ی سیاسی با میرزاکوچک خان، قوام‌السلطنه کوشید که با زمامداران جدید مسکو کنار بیاید. ایران قبل از کودتا، کشوری نابسامان و غیرقابل اعتماد و در مجموع تحت نفوذ انگلستان بود. ایران، بعد از کودتا،

۱- درباره‌ی چگونگی تشکیل حزب کمونیست ایران که بعدها حزب توده نام گرفت، نگاه کنید به:

H. Nahavandi, "Iran, le choc des ambitions" Aquilion, London, 2006, Ch III, PP. 125 -152

و ترجمه‌ی انگلیسی این کتاب تحت عنوان Iran, The Clashe of ambitions نزد همان ناشر- ۲۰۰۷. مآخذ این فصل در صفحات ٦٥١ الی ٦٥٦ متن فرانسه و ٦٦٠ الی ٦٦٦ ترجمه انگلیسی آمده است.

۲- درباره‌ی زندگی و سرنوشت حیدرعمو اغلی بسیار نوشته شده. از جمله زندگی‌نامه‌هایی که اسماعیل رائین و رضازاده ملک نوشته‌اند و بیشتر جنبه‌ی داستانی و به‌خصوص ستایش‌آمیز دارد. آثار عباس اقبال‌آشتیانی و عبدالحسین نوائی، به مراتب مستندترند.

به سرعت نظم می‌یافت. بخصوص با حضور قوام‌السلطنه در رأس دولت، که زمامداران شوروی، چنان که از اسناد دیپلماتیک آنها بر می‌آید، او را مردی دور از سیاست لندن و مستقل‌الرأی می‌دانستند. به مسکو تفهیم شد که به جای تأیید نهضت‌های جدایی‌طلب در شمال کشور، بهتر است روس‌ها با دولت توانای مرکزی کنار بیایند و بر اساس قراردادی که به تازگی منعقد شده بود، با ایران روابط حسنه‌ی سیاسی و تجاری برقرار نمایند. روس‌ها عملاً دست از حمایت از میرزا کشیدند. او تنها ماند، در عدم توافق با دولت قوام اشتباه کرد و سرانجام شکست خورد و کشته شد.[۱]

میرزا، مردی متدین و میهن‌خواه، اما بی‌خبر از اوضاع جهان و معادلات بین‌المللی بود. قیام مردانه‌ی او علیه قرارداد ۱۹۱۹ از پشتیبانی افکار عمومی ایرانیان برخوردار شد. اما با لغو و رد قرارداد ۱۹۱۹ و روی کار آمدن حکومتی قانونی و ملی در کشور، ادامه‌ی حرکتش دیگر موردی نداشت. خود نیز زود دریافت که بازیچه‌ی مسکو شده است. به جنگل پناه برد و روابطش با کمونیست‌ها به بحران گرایید. مسکو منافع ملی روسیه را در نقاب و پوشش کمونیسم تعقیب می‌کرد و دیگر سودی از دار و دسته‌ی

۱- در باره‌ی زندگی میرزا کوچک‌خان و نهضت جنگل نگاه کنید به کتب احمد احرار و ابراهیم فخرائی که شخص اخیر از یاران میرزا بود.
میرزاکوچک خان پس از شکست نیروهای طرفدارش از قوای دولت قانونی کشور، به اتفاق یک تن آلمانی به کوه‌های طالش گریخت و ظاهراً قصد داشت از آنجا به ایلات مستقر در اطراف اردبیل پناه ببرد. در کوهستان هر دو از سرما درگذشتند. کسانی که بدن‌های بی‌جان آن دو را یافته بودند، سر میرزا را بریده به تهران فرستادند که در گورستانی که بعداً محل آتش‌نشانی تهران شد (در نزدیکی چهارراه حسن‌آباد) دفن گردید و بدنش در گورستان سلیمان داراب رشت. در زمان سلطنت رضاشاه پهلوی، به همت چند تن از سرشناسان گیلان و ابتکار شیخ احمد سیگاری (نیک‌نژاد) که از بازرگانان با نفوذ تهران و با مقامات دولتی نزدیک بود، سر میرزا به رشت منتقل و در کنار جسدش به خاک سپرده شد.

ضعیـف میرزاکوچک که حاضر به نوکـری و اطاعت کورکورانه نبود، نمی‌برد. پس او را رها کرد.
میرزا کشـته شـد، ماجرای جنگل به پایان رسید. نزدیک به یک قرن بعد، هنوز بسـیاری از مردم گیـلان، میرزاکوچک را همانند مـردی قهرمان و میهن‌خواه تلقی می‌کنند و خاطره‌ی او را گرامی می‌دارند.

*****

پس از اسـتقرار آرامش در گیلان، رئیس دولت و سردارسـپه در این منطقه با تدبیر و سیاست عمل کردند. گیلان و تنکابن سال‌ها دستخوش ناامنی و بی‌نظمی شده بودند. بنابراین تصمیم گرفته شـد که برای مدت هفت سـال، قسـمت اعظم مالیات و عوارض دریافتی از اهالی منطقه بخشوده شود. کلیه‌ی «یاغیان و متمردان» مشـمول عفو عمومی قرار گرفتند. به مالکان منطقه ابلاغ شد که اجازه‌ی مطالبه‌ی حقوق مالکانه هفت سال دوران انقلاب و آشوب را از رعایای خود نخواهند داشت. از اهالی گیلان تقاضا شد که با مأموران دولتی و قوای انتظامی در برقراری آرامش و بازگشت به وضع عادی همکاری نمایند.

سردارسپه که برای فرماندهی به قوای اعزامی به گیلان رفته بود به تهران بازگشـت. صاحب‌منصب عالیرتبه‌ی جوانی - سرتیپ فضل‌الله خان بصیردیـوان (زاهدی) بـه فرماندهی قوای نظامی مسـتقر در منطقه برگزیده شد که با اختیارات تام امور آنجا را بر عهده بگیرد. سرتیپ فضل‌الله خان با تدبیر و مردم‌داری عمل کرد. برخلاف چند منطقه‌ی دیگر که نیروهای اعزامی با خشونت رفتار کرده بودند، برای هیچ کس مزاحمتی در گیلان فراهم نشد. مردم آسوده شـدند و حتی یک رشـته اقدامات و اصلاحات فرهنگی، اجتماعی و شهری به مرحله‌ی انجام رسید[۱].

۱- مراجعه شود به قسمت سوم این کتاب.

قوام‌السلطنه تدبیر و سیاست فضل‌الله زاهدی را هرگز فراموش نکرد. یک ربع قرن بعد، به هنگام «غائله‌ی فارس»، وی را با اختیارات تام لشکری و کشوری مأمور حل آن مشکل کرد و او نیز با درآمیختن قدرت و تدبیر در انجام این مهم توفیق یافت.

*****

درگیری دولت و نیروهای انتظامی با بی‌نظمی، تنها در گیلان و خراسان نبود. در فارس و کردستان و لرستان و سوادکوه و بعضی نقاط دیگر نیز نابسامانی و سرکشی یاغیان محلی، آرامش و آسایش مردم و قدرت حکومت را دچار مخاطره کرده بود. اما بعد از کودتا، بر اثر قدرت سردارسپه و همت یارانش، سرانجام ارتش سر و سامانی گرفت و رئیس‌الوزرا نیز با همه‌ی توانایی و سیاستش از آن پشتیبانی می‌کرد. در نتیجه، در همه‌ی جبهه‌ها پیروزی از آن دولتیان بود و به تدریج، امنیت به سرتاسر ایران باز می‌گشت.

به موازات این پیروزی‌ها، قوام‌السلطنه به اصلاح امور مملکتی، یعنی سیاست به معنای واقعی کلمه، توجه خاص داشت.

پس از تشکیل مجلس چهارم، قوام‌السلطنه وزیران خود را به مجلس معرفی کرد و برای نخستین بار به تشریح یک برنامه‌ی سیاسی واقعی برای آینده‌ی ایران پرداخت. طبیعتاً در رأس این برنامه، برقراری نظم و امنیت، تشکیل ارتش منظم و حفظ تمامیت ارضی کشور و صیانت مرزهای آن قرار داشت.

او اعلام داشت که برای استفاده از منابع ثروت مملکت قصد دارد با شرکت‌های بزرگ بین‌المللی وارد مذاکره شود و تشکیل شرکت‌های بزرگ داخلی را تشویق کند. سپس افزود که:

«بزرگ‌ترین نیاز مملکت، اصلاح و ایجاد وسائل ارتباطیه است، (بخصوص) راه آهن که در دنیای امروز در حکم

شرائین مملکت **است.**» مقابله با فقر و بیکاری، اصلاح مالیه‌ی عمومی، از جمله از طریق استخدام کارشناسان خارجی «به‌غیر از کشورهای هم‌جوار» (اشاره به روس و انگلیس).

توسعه‌ی فرهنگ، جلب سرمایه‌های خارجی، اعزام دانشجو به خارج، رسیدگی به بهداشت عمومی، اصول دیگر برنامه‌ی او بودند[۱].

قوام‌السلطنه بر لزوم همکاری بین دولت و مجلس تأکید کرد که:

«حتی‌الامکان قوانینی وضع شود که اصلاحات مملکت در او منظور بوده و قابل اجرا باشد و حرف پرنسیپ و تئوری نباشد.»

*****

یکی از نخستین اقدامات دولت قوام‌السلطنه، واگذاری امتیاز بهره‌برداری از منابع نفت شمال ایران (آذربایجان، استرآباد، مازندران، گیلان و خراسان) به شرکت استاندارداویل امریکایی بود که با سرعت و مهارتی خاص انجام گرفت. در دولت برای واگذاری این امتیاز، اتفاق نظر کامل وجود داشت. نظر مؤتمن‌الملک رئیس مجلس شورای ملی جلب شده بود. با چند تن از سران مجلس تماس حاصل شده و آنها به ضرورت این تصمیم که منابع مالی جدیدی برای کشور ایجاد می‌کرد و به‌خصوص توازنی در سیاست خارجی به‌وجود می‌آورد، پی برده بودند. مؤتمن‌الملک در جلسه‌ی سری مجلس نظر نمایندگان را جلب کرد. قوام‌السلطنه و وزیرانش به نمایندگان توضیح دادند که سرعت عمل در تصویب قانون و مخصوصاً سری ماندن مذاکرات دولت برای اجتناب از تحریکات سیاست‌های خارجی است.

پس از ختم جلسه‌ی سری، رئیس مجلس بلافاصله جلسه‌ی علنی

۱- روزنامه‌ی مذاکرات مجلس چهارم. شوکت، همان منبع، صفحات ۱۱۴، ۱۱۵...

را تشـــکیل داد. رئیس‌الوزرا در نطق بلیغی از طرح خود دفاع کرد. بر اســـاس تفاهمی که قبلاً حاصل شده بود و با توجه به فوریت امر، مؤتمن‌الملک یک ســـاعت تنفس داد که طی آن کمیسیون‌های امور خارجـــه و فواید عامـــه مجلس، موافقت‌نامه را بررســـی و تصویب کردند که در نتیجه به جلسه‌ی علنی عودت داده شد. پس از مذاکـــرات طولانی، موافقت‌نامه تقریباً به اتفاق آرا حاضران به تصویب رسید. همه‌ی کار در یک روز (۲۱ نوامبر ۱۹۲۱- ۲۰ آبان ۱۳۰۰) انجام شد. سران کشور و نمایندگان مردم در ضرورت این تصمیم، اتفاق نظر داشتند.

«ایـــن قدم جـــدی و مهم که مجلس شـــورا و دولت و ملت ایران برداشت، نوید می‌داد که سرمایه‌های مهم به ایران وارد می‌شود و گشایش بزرگی در امور اقتصادی کشور **حاصل می‌گردد.**»[۱]

دولت، مجلس و مردم ایران حق داشتند، ولی تحریکات سیاست‌های استعماری، یعنی همسایگان شمال و جنوب، سرانجام مانع تحقق این طرح شـــد. ســـفارتین شـــوروی و انگلیس طی یادداشت‌های شـــدیدالحنی که به اتمام حجت شبیه بود، به تصویب آن اعتراض کردند. وجوهی میان بعضی از جراید تقســـیم شد که به تصمیم دولت و مجلس اعتراض کنند و به دولت بتازند.[۲]

اندکی بعد «ماجرای سقاخانه» پیش آمد. شیر آبی از وجوه موقوفه در خیابان شیخ هادی ساخته شده بود و شهرت داشت که معجزه می‌کند! مـــردم گروه گروه به دیدن آن می‌رفتند و بعضی ســـعی می‌کردند که از آب معجزه‌ســـاز بنوشند. در تهران معرکه‌ای برپا شده بود. دو آمریکایی - یکی از اعضای سفارت به اتفاق شخص

۱- حسین مکی، تاریخ بیست ساله‌ی ایران، جلد اول، ص ۵۴۹.
۲- همان منبع، همان صفحه

دیگری که کارمند شرکت نفت جنوب یعنی مزدور انگلیس بود- برای عکس‌برداری از این محشر به آنجا رفتند. اراذل و اوباش به عنوان این که به اسلام اهانت شده، به آنان حمله کردند. آمریکایی عضو سفارت به سختی زخمی شد و او را به بیمارستان انتقال دادند که در آنجا به دست گروهی دیگر به قتل رسید. ولی نفر دوم به طور معجزه‌آسا نجات یافت. همه در این داستان دست انگلیسی‌ها را یافتند. قوام‌السلطنه دیگر بر سر کار نبود، ماجرای سقاخانه و پی‌آمدهای آن طرح واگذاری نفت شمال به آمریکایی‌ها را متوقف کرد[۱]. سرانجام آن‌ها بساط خود را برچیدند و از ایران رفتند و باز ایران در مقابل روس (که شوروی شده بود) و انگلیس، تنها ماند.

دولت، به تدابیر و اقدامات اصلاحی دیگر دست زد. یکی از آن‌ها پی‌ریزی اساس ارتش جدید ایران بود. به ابتکار سردارسپه کلمه‌ی قزاق ملغی شد و مقرر گردید که قوای قزاق و ژاندارم مشترکاً به نام واحد «قشون» شناخته شوند و «ارکان حرب کل قشون» تشکیل شود. اسامی خارجی از تشکیلات نظامی جدید حذف شد.

۱- «در محله‌ی شیخ‌هادی بغتتاً سقاخانه‌ای از زمین رویید و به زودی محل توجه عامه شد و مایه‌ی تأمل منتظرین حوادث جدید که زیر این کاسه چه نیم‌کاسه‌ای خواهد بود...

مصادفه‌ی این واقعه با صحبت نفت شمال ارتباط داشته یا نداشته، رشته احتمالاتی به دست داد و المعنی فی بطن شاعر...» حاج مخبرالسلطنه هدایت، خاطرات و خطرات. تهران، زوار، چاپ سوم، ۱۳۶۱، صفحه‌ی ۳۶۳.

عبدالله مستوفی بعد از شرح مفصلی در باره‌ی چگونگی به راه انداختن این سقاخانه و «معجزات» آن می‌نویسد: «از خواننده‌ی عزیز تمنی دارم شرح آخرین پرده نفت شمال ایران را، که ذیلاً به عرض می‌رسانم، به دقت مطالعه فرموده و مخصوصاً تصادف‌های این واقعه‌ی غم‌افزا را با آخرین پرده‌ی نفت در نظر بگیرند و توجه داشته باشند که آن‌چه در این مورد نوشته می‌شود، با صورت جلسه‌های مجلس شورای ملی و کمیسیون‌های مربوطه‌ی مجلس و اسنادی که در آرشیو وزارت فوائد عامه فعلاً هم موجود است، کاملاً مطابقه می‌کند.»، شرح زندگانی من یا تاریخ اجتماعی و اداری دوره قاجاریه. جلد سوم، چاپ دوم، زوار، تهران، ۱۳۴۳، صفحه‌ی ۶۲۳.

ضمناً به منظور تمرکز واحدهای قشونی و حفظ نظم و امنیت در همه جا، کشور به پنج ناحیه تقسیم شد و برای هر ناحیه یک «لشکر» که سابقاً «دیویزیون» نامیده می‌شد، منظور گردید.

برای نخستین بار در ایران، مدارس قشون برای تربیت صاحب‌منصبان جدید، پایه‌گذاری شد. برای هر یک از «صنوف قشونی» لباس خاص و علائم مخصوص و مجزا منظور گردید. سرانجام به پیشنهاد سردارسپه، تصویب دولت و فرمان شاه، سرتیپ امان‌الله میرزا (جهانبانی) که افسری تحصیل‌کرده در یکی از بهترین مدارس نظامی روسیه، دنیادیده، خوشنام و آشنا به زبان‌های خارجی بود، به سمت نخستین رئیس ارکان حرب منصوب و مأمور اجرای تصمیمات متخذه گردید.

همه‌ی این تدابیر، نیاز به اعتبار داشت. دولت، قانونی برای استقراض یک میلیون دلار از دولت ایالات متحده‌ی امریکا به تصویب قوه مقننه رساند که هم بدهی‌های قبلی تصفیه شود و هم مخارج ضروری جدید تأمین گردد. در حقیقت ارتش نوین ایران با این اعتبار و استقراض که امروز ناچیز به نظر می‌رسد، پایه گرفت.

در زمینه‌ی سیاست خارجی، قراردادهای مودّت با چین و افغانستان به امضا رسید و به‌خصوص ایران توفیق یافت که به عضویت جامعه‌ی ملل، که پس از پایان جنگ جهانی اول تشکیل شده بود، درآید. این عضویت نوعی تضمین برای استقلال و تمامیت ایران بود. به برکت نظم و ترتیبی که درکشور به‌وجود آمده بود و قدرت و تدبیر رئیس دولت و همکارانش، ایران دوباره در صحنه‌ی بین‌المللی عرض اندام می‌کرد، حال آن‌که دو سال پیش از آن حتی از پذیرفتن نمایندگان آن به کنفرانس ورسای (که این جامعه‌ی ملل در آنجا پایه‌گذاری شده بود) خودداری شده بود و به آنان اهانت‌های بسیار کرده بودند.

*****

کابینه‌ی قوام‌السلطنه با همه‌ی توفیق‌هایش و با وجود هم‌آهنگی نسبی که هنوز میان رئیس دولت و سردارسپه وجود داشت، با دشواری‌های روزافزون روبرو بود. با وجود تصویب نهایی قرارداد مودّت با شوروی، مسکو از تفویض امتیاز نفت شمال به آمریکایی‌ها ناراضی بود. بلشویک‌ها از امتیازتی که دولت تزاری در ایران کسب کرده بود به ظاهر چشم پوشیده بودند، اما سیاست اصلی آن‌ها در این کشور تغییری نیافته بود. هنوز شمال ایران را منطقه‌ی نفوذ خود می‌پنداشتند و اندک اندک با امپراتوری همیشه رقیب خود، بریتانیا، به معارضه پرداختند. ایران یکی از صحنه‌های این رو در رویی بود. جناح‌های چپ آن روز ایران هنوز ضعیف و پراکنده بودند، اما کم و بیش از مسکو الهام می‌گرفتند یا دست‌کم از افزایش نفوذ شوروی‌ها در ایران کمتر بیمناک بودند تا از حضور بریتانیا.

تحریکات انگلیسی‌ها ابعاد دیگری داشت. سفارت انگلیس علناً برای سقوط دولت قوام و تضعیف سردارسپه تلاش می‌کرد. واگذاری امتیاز بهره‌برداری نفت شمال به شرکت‌های آمریکایی، یکی از علل اصلی این دشمنی لندن با زمامداران ایران بود. تصمیم قوام‌السلطنه به عزل و اخراج آرمیتاژ اسمیت کارشناس مالی انگلیسی، اخراج افسران انگلیسی از ارتش جدید ایران و اعزام گروهی از جوانان ایران به فرانسه برای یادگیری فنون نظامی، لندن را سخت ناراضی کرده بود.

مسکو و لندن هیچ یک تحمل دولت قوام‌السلطنه و بلندپروازی‌های ملی‌گرایانه‌ی سردارسپه را نداشتند. علت مخالفت آنان یکی نبود. اما در تدارک موجبات سقوط دولت، تبانی آن‌ها روشن بود، زیرا

منافع خود را در خطر می‌دیدند.
بر اثر اختلافاتی با مجلس بر سر سلب مصونیت از نماینده‌ای که متهم به فساد بود و مصدق‌السلطنه وزیرمالیه به محاکمه‌ی او اصرار می‌ورزید، سرانجام دولت قوام‌السلطنه پس از هشت ماه ناچار به استعفا شد. مجلس به ریاست وزرایی میرزاحسن‌خان پیرنیا مشیرالدوله رأی تمایل داد و او در ۲۲ ژانویه ۱۹۲۲ (دوم بهمن ماه ۱۳۰۰) از سوی احمدشاه مأمور تشکیل کابینه گردید .

مشیرالدوله مردی محبوب خاص و عام و به اصطلاح آن‌روز وجیه‌الملّه بود. یا به قول سیدحسن مدرس «شمشیر جواهرنشانی که برای روزهای سلام به‌کار می‌آید.» اما زودرنج بود و مخالفت و مخصوصاً بی‌حرمتی را بر نمی‌تافت. او موقتاً جانشین «قوام‌السلطنه، شمشیر برنده‌ی فولادی» شد که برای «روز رزم خوب است»[۱].

قاطعیت قوام‌السلطنه که ناشی از اعتماد به‌نفس و غرورش بود، باعث یک نوع بی‌اعتنایی و تحقیر او نسبت به انتقادها، منتقدان و مخالفان مخصوصاً در مطبوعات و محافل مذهبی، «اهل منبر»، شده بود. این رفتار را هم می‌توان نقطه ضعف دانست و هم امتیازی بود بر سیاستمدارانی که همواره در مقام خوشایند افکار عمومی بودند و در نتیجه در بسیاری از موارد از اتخاذ تصمیمات شدید و قاطع اجتناب می‌ورزیدند.
قوام‌السلطنه از زمان حکومت خراسان، مورد حمله‌ی شدید بعضی از جراید آن روز و هدف تهمت‌های ناروا بود. غرور و بی‌اعتنایی او برای بسیاری قابل تحمل نبود. با دشمنانش با تکبر و حتی تحقیر رفتار می‌کرد، اهل عوام‌فریبی نبود. خوش‌پوش، اهل تجمّل، علاقمند به زندگی اشرافی بود و این‌ها را بسیاری بر نمی‌تافتند.

۱- نقل از حاج مخبرالسلطنه هدایت، منبع ذکر شده، صفحه‌ی ۳۵٤.

دشمن قلم به‌مزدها بود و در این دوران هرج و مرج سیاسی، قلم به‌مزدها فراوان بودند[۱].

*****

دولت مشیرالدوله از ۲۲ ژانویه‌ی ۱۹۲۲ میلادی (۲ بهمن ماه ۱۳۰۰) تا ۱۷ ژوئن (۲۷ خردادماه) بر سر کار بود. رئیس دولت، وزارت امور خارجه را نیز بر عهده داشت و طبیعتاً سردارسپه، وزیر جنگ بود.

ناامنی‌ها در کشور رو به کاهش بود؛ قیام ابوالقاسم لاهوتی و گروهی ژاندارم به سرعت سرکوب شد و لاهوتی با تنی چند به اتحاد جماهیر شوروی گریخت. شیخ علی‌اکبر تربتی در خراسان آشوبی به پا کرد که سریعاً فیصله یافت.

سردارسپه همچنان به سازماندهی ارتش جدید ایران مشغول بود. قانون بازنشستگی نظامیان، مقررات مربوط به حقوق و مزایای آنان به تصویب رسید و نخستین گروه از جوانان ایرانی بر اساس تصمیمی که در دولت قبلی گرفته شده بود، برای آموزش فنون نظامی رهسپار اروپا گردید.

مشیرالدوله بعضی دیگر از تدابیر اصلاحی جدید بعد از کودتا را به مرحله‌ی اجرا درآورد. قانون ثبت املاک و معاملات ملکی، که ضربه‌ای بزرگ بر امتیازات روحانیون بود، تجدید سازمان گمرکات کشور، قانون تحدید مصرف کالاهای وارداتی به وسیله‌ی سازمان‌های دولتی و تقدّم «امتعه‌ی وطنی»، ایجاد انستیتو پاستور ایران که یک کارشناس فرانسوی به‌عنوان نخستین رئیس آن برگزیده شد و بنیان‌گذاری سازمان شیر و خورشید سرخ از

۱- یکی از دشمنان قوام‌السلطنه، شاعر خوش‌ذوق اما متلون‌المزاج و بازیچه‌ی دست این و آن، میرزاده عشقی بود. دیوان اشعار او به‌خوبی نشان دهنده‌ی این دشمنی است. نگاه کنید به کلیات مصور عشقی، تألیف و نگارش علی‌اکبر مشیرسلیمی، تهران، شهریور ۱۳۴۲. نیز نگاه کنید به الفبای فساد اخلاق در چهار مقاله، به قلم میرزاده عشقی در شماره‌های سال ۱۳۰۱ تا ۱۳۰۲ نشریه‌ی قرن بیستم، چاپ تهران.

جمله‌ی این تدابیر بود.

*****

تحریکات سیاسی و اختلافات گروه‌های مختلف در مجلس شورای ملی، مشیرالدوله را وادار به استعفا کرد.
در ۲۷ خرداد، مجلس به بازگشت قوام‌السلطنه رأی تمایل داد.
این رفت و آمدها توجیهی جز نابسامانی داخلی نداشت. اختیار سیاست امنیتی در دست سردارسپه بود که کارش را با توفیق پیش می‌برد. دولت‌های زودگذر علی‌رغم تحریکات داخلی و محدودیت‌های مالی هر چه میسر بود انجام می‌دادند.

قوام‌السلطنه کابینه‌ی خود را تشکیل داد. خود وزارت خارجه را به‌عهده گرفت؛ فهیم‌الملک (خلیل فهیمی) وزیر مالیه بود؛ حاج محتشم‌السلطنه اسفندیاری وزیر معارف و اوقاف و البته سردارسپه هم‌چنان وزیر جنگ.
رئیس دولت اجرای طرح‌های پیشین خود را از سر گرفت. قانون جدید استخدام کشوری به تصویب مجلس رسید. دکتر میلیسپو آمریکایی در رأس هیأت کوچکی برای تجدید سازمان مالیه‌ی عمومی استخدام شد و کار خود را آغاز کرد، تصمیمی که سبب نارضایتی انگلیس‌ها شد.
مدرسه‌ی عالی فلاحت تأسیس شد، که همان دانشکده‌ی کشاورزی کرج باشد. مدرسه‌ی عالی داروسازی بنیان گرفت که مدیریت آن به مدرسه‌ی طب که هنوز نام دانشکده نداشت، تفویض گردید.
ارتش استقرار امنیت و پاکسازی مملکت را ادامه داد.

قدرت سردارسپه روز به‌روز افزایش می‌یافت. او مرد روز و محبوب بسیاری از مردم بود. اما وجیه‌الملّه نبود و عوام‌فریبی نمی‌کرد. ناچار مخالفان بسیار داشت و نیز دشمنانی از هر صنف و طبقه‌ی بخصوص در میان سیاست‌پیشگان.

احمدشـــاه، ناتوان و بیمار بود و بیش‌تر مایل به اقامت در اروپا. برای ســومین بار، مصمم به به ســفر فرانســه شــد. زمزمه‌ی جمهوری برخاست و خیلی زود زمزمه تبدیل به موجی شد فراگیر. برای قاجاریه د یگر نیرو و اعتباری باقی نمانده بود. سردارســپه در نظر بســیاری مرد اصلاحات، مرکز قدرت، مظهر ملت‌گرایی و عامل اصلی وحدت ایران بود و بسیاری به سوی او می‌نگریستند. رفت و آمد دولت‌ها در این محیط سیاســی و روانی دیگر معنایی نداشت. مسأله، آینده‌ی نظام سیاسی و یک تغییر بنیادی بود. قوام‌الســلطنه هشت ماه دوام آورد. در ١٤ فوریه ١٩٢٣- ٢٥ بهمن ماه ١٣٠١، مستوفی‌الممالک، وجیه‌الملّه‌ی محترم دیگری جای او را گرفت. در اعضای دولت تغییر عمده‌ای پیدا نشده بود. سردارسپه وزیر جنگ بود، ذکاءالملک فروغی وزیر امور خارجه و نصرالملک هدایت وزیر مالیه.

کابینه‌ی مستوفی‌الممالک، خزانه‌داری کل کشور را تأسیس کرد. اعتباراتی برای عمران و آبادی مناطق روســتایی اختصاص داد و تا خرداد ماه ١٣٠٢ (ژوئن ١٩٢٣) بر ســر کار بود. مشــیرالدوله جای او را گرفت. رضاخان سردارسپه هم‌چنان وزیر جنگ ماند، مصدق‌الســلطنه (دکتر محمد مصدق) وزیر امور خارجه شــد و ذکاءالملک فروغی وزیر مالیه.
بحران سیاســی - مســأله‌ی جمهوری و آینــده‌ی نظام، همه‌ی مسائل دیگر را تحت‌الشعاع قرار داده بود. تنها رکن ثابت مملکت، رضاخان سردارسپه بود. احمدشاه او را به ریاست دولت برگزید. نخستین کابینه‌ی سردارسپه در ٦ آبان ماه ١٣٠٢ (٢٨ اکتبر ١٩٢٣) از مجلس رأی اعتماد گرفت.
صورت مسأله ساده شــده بود: بودن یا نبودن سلطنت، ادامه‌ی سلطنت قاجاریه، جای مرد توانای کشور سردارسپه در صحنه‌ی سیاست ایران.

بار دیگر ایران در چهارراه سرنوشت قرار گرفت.

*****

احمدشاه در اروپا بود. مردان سیاسی بزرگ کشور چون مشیرالدوله، مستوفی‌الممالک و مؤتمن‌الملک واقع‌بین و محتاط بودند. مصدق‌السلطنه که هنوز در حدّ این سه تن نبود، تردید داشت و میان سلطنت قاجاریه و جمهوری، میان احمدشاه و سردارسپه و در باره‌ی چگونگی نظام آینده‌ی مملکت به انتخاب قطعی نرسیده بود، سرانجام با سلطنت رضاخان مخالفت کرد، اما روابط دوستانه و همکاری سیاسی خود را با او لااقل به‌طور موقت ادامه داد.

در برابر سردارسپه، یک مرد قدرتمند سیاسی طراز اول بیشتر باقی نمانده بود: قوام‌السلطنه.

قوام‌السلطنه، برخاسته از یک خانواده‌ی قدیمی اشرافی، مجرب در سیاست، آشنا به مسائل بین‌المللی، دنیادیده، با غرور و اعتماد به نفس، خود را در مقام رهبری ایران می‌دید و برای کشورش اندیشه‌های بلند و طرح‌های درازمدت داشت. هوادار سیاست موازنه‌ی منفی میان دو همسایه‌ی توانا- یعنی روس و انگلیس بود و حضور قدرت‌های جهانی دیگر چون ایالات متحده‌ی امریکا را در صحنه‌ی سیاسی ایران، مفید به حال کشور می‌دانست. مرد اِعمال قدرت و حکومت متمرکز و مقتدر بود.

رضاخان سردارسپه، مردی برخاسته از میان توده‌های مردم و خودساخته بود. در کودکی و جوانی رنج‌ها برده و حقارت‌های بسیار تحمل کرده بود. از ناتوانی و نابسامانی کشورش رنج می‌برد. دانش و تجربه‌ی سیاسی نداشت، اما برای ایران آرزوهای فراوان در سر داشت. نسبت به دخالت خارجیان در امور داخلی

کشـــور حســـاس بود. او هم مثل همه‌ی ایرانیان هوادار سیاست موازنه‌ی منفی بود. او هم عقیده داشت که باید حضور قدرت‌های دیگر (چون فرانســه و آلمان و ایتالیا و نیــز ایالات متحده) را در صحنه‌ی سیاســی ایران تقویت کرد که وزنه‌ای در برابر روس و انگلیس باشد. او نیز طرفدار یک حکومت مقتدر مرکزی بود.

قوام‌السلطنه خوش‌خط و ادیب و نویسنده و به تمام معنی فاضل و اهل تحقیق و نیز فردی آشنا، بلکه مسلط به مسائل بین‌المللی بود. رویه‌ی او در زندگی طولانی سیاسی‌اش نشان می‌دهد که چندان به مشاوره با دیگران عقیده نداشت، چون احتمالاً می‌پنداشت که خود بهتر از دیگران می‌داند و این نقطه‌ی ضعفی بود. اما شـــاید در تمام قرن بیستم، ایران، دولتمردی به شخصیت و جامعیت او نداشته است.

سردارســپه، خواندن و نوشتن را به هنگام خدمت در لشگر قزاق فرا گرفته بود. اهل مطالعه نبود، طرز نوشتنش ابتدایی بود و مملو از غلط‌های املایی. اما از همان آغاز اعتلای قدرتش، مشـــاوران دنیادیـــده و تحصیل‌کرده برگزید و به آنـــان اعتماد کرد. در زمان قـــدرت و ســـلطنت او، ایـــران از تاریکی قرون وســـطایی و عقب ماندگی سیاســـی و اقتصادی، وارد دوران تحول و تجدّد شد. قبل از برخاســـتنش، ایران هیچ نداشت و نزدیک به دو قرن در سکوت و ســـکون بود، هنگامی که کشور را ترک کرد، همه چیز در ایران به‌راه افتاده بود و ایرانیـــان غرور ملی و اعتماد خود را باز یافته بودند. این اصلاحات بزرگ با اتکا به قدرت او، که گاهی ســـنگین و شـــاید برای بســـیاری غیرقابل تحمل بود، تحقّق یافت، و نیز به همـــت و ابتکار مردان بزرگی که به آنان اختیار داده بود و از آنان مســـئولیت می‌خواست. حمایت و قدرت از او بود، طرح‌ها و تحقّق آن‌ها از مردانی که در کنارش بودند.

تضاد میان قوام‌السلطنه و سردارسپه، اختلاف در هدف سیاسی یعنی اعتلای ایران و ملت‌گرایی نبود، تضاد میان دو شخصیت بود که هر دو می‌خواستند نفر اول باشند. هر یک در دیگری یک رقیب، یک همتا، یک هم‌آورد می‌دید. از یکدیگر بیم داشتند. هم‌زیستی آنان در رأس کشور غیرممکن بود و میسر نشد.

سردارسپه رئیس دولت بود. سلسله مراتب روحانیت در قم و مشهد و نجف، مانع برقراری جمهوری شد. روحانیون از این که در ایران وضعی مشابه ترکیه به‌وجود آید و با خشونت از دخالت در امور کشور منع شوند، بیم داشتند. ادامه‌ی سلطنت قاجار دیگر میسر نبود. تاریخ، قاجاریه را محکوم کرده و پایان کار این سلسله محتوم و غیرقابل اجتناب بود. پس مجلس به سلطنت قاجاریه پایان داد. بعد از یک دوران انتقالی، رضاخان سردارسپه به سلطنت رسید و دوران رضاشاه پهلوی آغاز شد که آن ماجرای دیگری است.

*****

در همه‌ی دوران قدرتش، رفتار سردارسپه و سپس رضاشاه، با رجال عصر قاجار محترمانه بود. بعد از رسیدن به مقام سلطنت، مستوفی‌الممالک را به نخست‌وزیری برگزید و با او رعایت حداکثر احترام و تواضع را می‌کرد. «آقا»، چنان‌که همه مستوفی‌الممالک را می‌نامیدند، تا پایان عمر با دربار رفت و آمد داشت. مشیرالدوله و مؤتمن‌الملک کناره‌گیری کردند، اما محترم و معزز ماندند. مصدق‌السلطنه، با وجود مخالفتش با سلطنت پهلوی، روابط دوستانه خود را با رضاشاه حفظ کرد[1]. و حتی در زمانی که بر اثر یک سوء تفاهم برای مدتی کوتاه بازداشت شد، با او با نهایت احترام و نزاکت رفتار شد.

رجال بسیار دیگری از آن دوره، به خدمت خود در رأس امور مملکتی ادامه دادند: فهیم‌الملک (خلیل فهیمی)، حاج عزالممالک اردلان، حاج محتشم‌السلطنه اسفندیاری (که سال‌ها رئیس مجلس بود)، حاج مخبرالسلطنه هدایت و مدیرالملک (محمود جم) که به نخست‌وزیری رسیدند، مستشارالدوله (صادق صادق)،

۱- نگاه کنید به بخش دوم این کتاب.

منصورالملک (علی منصور) که وزیر و سپس در سوم شهریور ۱۳۲۰ نخست‌وزیر رضاشاه بود و بسیاری دیگر. محمدعلی فروغی (ذکاءالملک)، که بی‌شبهه از بزرگ‌ترین مردان تاریخ معاصر ایران است، از بنیان‌گذاران بسیاری از اصلاحات اجتماعی و فرهنگی دوران پهلوی اول و هم او بود که ایران و سلطنت را پس از تجاوز قوای روس و انگلیس به ایران نجات داد.

در کنار این مردان، به تدریج جوانان تربیت شده در اروپا و دانشگاه تهران به مناصب مهم رسیدند و در اداره‌ی مملکت شریک و سهیم شدند. رضاشاه آدم‌شناس و باهوش بود و قدر خدمت رجال را از پیر و جوان می‌دانست، مگر آن‌که از آنان، به درست یا نادرست، خطری برای خود و سلطنت خانواده‌اش یا ارتباطی با سیاست‌های خارجی، احساس کند.
او حتی برای شاهزادگان طراز اول قاجار قدر و منزلت قائل شد و لااقل حرمت آنان را حفظ کرد و حتی مدتی به فکر آن بود که دختر احمدشاه را به همسری ولیعهد خود محمدرضا برگزیند که قانون اساسی این اجازه را نمی‌داد و از این فکر منصرف شد[۱].
در این میان، قوام‌السلطنه یک استثنا بود.

ماجرای عجیبی که زیر و بم آن هرگز روشن نشد و به احتمال قریب به یقین هرگز نخواهد شد، قوام‌السلطنه را از صحنه‌ی سیاست ایران دور کرد: توطئه‌ای برای سوءقصد به سردارسپه کشف شده بود. ظاهراً محمدحسن میرزا ولیعهد بانی و الهام‌بخش این توطئه بود. شخصی به نام یوسف ارمنی (از ارامنه‌ی قفقازیه مهاجر به

۱- در این مورد نگاه کنید به خاطرات و اسناد دکتر قاسم غنی، چاپ لندن، ۱۹۸۲، جلد هفتم، صفحات اول الی ۵۸. دکتر قاسم غنی جزو هیأتی بود که مأموریت یافتن همسری را برای ولیعهد ایران داشت و جزییات این جریان را به تفصیل نقل کرده است.

ایران) که سوابق شرارت داشت توقیف شد. محمدخان درگاهی رئیس نظمیه، پرونده‌ای تنظیم کرد. گفته شد که از قوام‌السلطنه حق‌الزحمه‌ای برای یوسف خواسته‌اند که سردار را ترور کند. که قوام‌السلطنه قبول نکرده است اما از فاش کردن توطئه نیز خودداری نموده است. هیاهوی بسیار در جراید و محافل سیاسی برخاست. پای ولیعهد و یکی از مهم‌ترین رجال سیاسی کشور که هر دو به مخالفت با سردارسپه معروف بودند، به میان کشیده شده بود. حتی گفته شد که قوام‌السلطنه خیال کودتا داشته. همه‌ی این‌ها پایه و اساس درستی نداشت. شاید هیاهوی بسیار برای هیچ بود، اما بهانه‌ای برای جلب قوام‌السلطنه به وزارت جنگ و بازداشت محترمانه‌ی او شد. همسرش عریضه‌ای به شاه نوشت و پادرمیانی او را طلب کرد. به دستور احمدشاه رئیس‌الوزرای مقتدر سابق آزاد شد و راهی اروپا گردید. دیگر کسی از این توطئه سخن نگفت. آیا فقط یک پرونده سازی برای تضعیف محمدحسن میرزا و مخصوصاً دور کردن قوام‌السلطنه – تنها رقیب توانای سردارسپه، از ایران بود؟ بسیاری از مورخان چنین تصوری دارند، بدون آن که دلیل محکم و قانع‌کننده‌ای داشته باشند.

*****

قوام‌السلطنه از ایران رفت و در فرانسه اقامت گزید و سال‌ها در آن کشور زیست. یکی از‌محل‌های اقامتش هتل رافائل، یکی از مهمان‌خانه‌های اشرافی و مجلل پاریس بود. به جنوب فرانسه و سوئیس نیز مسافرت می‌کرد، کاری به کار ایران نداشت و دولت ایران نیز کاری به کار او نداشت. سرانجام با پا در میانی چند تن از رجال، اجازه‌ی بازگشت به ایران را یافت، به املاک خود در لاهیجان رفت و گوشه‌ی عزلت گزید. شیری بود در قفس.

*****

در روز چهارم شهریور ۱۳۲۰، بعد از حمله‌ی متفقین به ایران علی منصور از شغل ریاست دولت استعفا داد. رضاشاه در جستجوی مرد سیاسی توانایی بود که قادر به مقابله با بحران و رو دررویی با دو ابر قدرت جهانی باشد. می‌گویند سراغ قوام‌السلطنه را گرفت که از پایتخت دور بود[۱]. شــاید هنوز از او بیم داشـــت. ذکاءالملک فروغی انتخاب شـــد. فیلسوف، دانشمند و سیاستمدار بزرگی که او نیز چندی پیش گوشه‌ی عزلت گزیده بود.

با پایان سلطنت رضاشاه، قوام‌السلطنه به تهران بازگشت و دیگر بار وارد صحنه‌ی سیاست کشور خود شد.

۱- خاطرات نصرالله انتظام. سازمان اسناد ملی ایران، چاپ اول، ۱۳۷۱، صفحه‌ی ۲۵. نصرالله انتظام در آن موقع رئیس کل تشریفات وزارت امور خارجه و تشریفات شاهنشاهی و همواره در کنار رضاشاه بود.

فصل چهارم

بازگشت به قدرت

سوم تا بیست و پنجم شهریور ۱۳۲۰:
طی تقریباً سه هفته بار دیگر تاریخ ایران ورق خورد و تحولی رخ داد که ایرانیان در آن دستی نداشتند.
مقاومت ارتش کوچک ایران در برابر تجاوز نیروهای دو ابرقدرت جهانی، امپراتوری بریتانیا و اتحاد جماهیر شوروی، ناچیز بود و جز این نمی‌توانست باشد.
چند ساعت بعد از ورود متفقین به ایران، علی منصور نخست‌وزیر وقت استعفا داد و محمدعلی فروغی جانشین او شد. استعفای رضاشاه نیز اجباری بود. لندن و مسکو نه تنها خواهان برکناری او، بلکه پایان سلطنت در ایران بودند. به فروغی پیشنهاد شد که نظام جمهوری را اعلام و برقرار کند و خود ریاست آن را بر عهده بگیرد. دانشمند بزرگ سالخورده نه چنین سودایی در سر داشت و نه در آن شرایط جمهوری را به صلاح ایران می‌دانست. مقاومت کرد و زیر بار نرفت. به محمد ساعد سفیر ایران در مسکو پیشنهاد

نیابت سلطنت شد. او هم نپذیرفت.

سرانجام محمدرضا پهلوی ولیعهد جوان به همت گروهی از سیاستمداران که ادامه‌ی سلطنت را شرط بقا و وحدت ایران تشخیص می‌دادند، بر تخت سلطنت نشست و در برابر مجلس شورای ملی به حفظ وحدت و تمامیت ایران و رعایت قانون اساسی سوگند خورد.

کناره‌گیری رضاشاه به معنای پایان سلطنت مطلقه‌ای بود که در آن به ظاهر همه‌ی اصول دمکراسی و تفکیک قوا با وسواس خاص رعایت می‌شد، اما اختیارات در دست شاه متمرکز بود. نظامی که در طی مدتی کوتاه در ایران تحولات سیاسی اقتصادی - اجتماعی و فرهنگی بزرگ به وجود آورد، زیربنای اقتصاد نوین کشور را پی‌ریزی کرد، به ایرانیان غرور ملی و سربلندی بخشید، اما آزادی‌های مندرج در قانون اساسی را عملاً رعایت نمی‌کرد و تحمل آن برای بسیاری دشوار و دشوارتر می‌شد.
حتی قبل از آن که دولت زندانیان سیاسی را آزاد کند و به محدودیت‌ها خاتمه دهد، مجلسی که ساخته‌ی رضاشاه بود به انتقاد از او برخاست و نوعی فضای باز سیاسی، متأسفانه بدون رعایت اصول اخلاقی و مدنی، در کشور پدیدار شد.
محیط برای هر نوع تحریکی، به‌خصوص از جانب خارجیان، مساعد بود. شاید بتوان گفت که بدترین شکل دمکراسی سیاسی- با هرج و مرج و تحریک و اختلاف- در ایران برقرار گردید.

*****

احمد قوام که به هنگام حمله‌ی متفقین در لاهیجان بود، به تهران بازگشت و یکی از قطب‌های اصلی سیاست داخلی ایران شد.
محمدعلی فروغی در مدت کوتاه حکومتش، از ۲۸ اوت ۱۹۴۱ تا

۹ مارس ۱۹۴۲ (٦ شـــهریور ۱۳۲۰ تا ۱۸ اســـفندماه همان سال) قراردادی با امپراتوری بریتانیا و اتحاد جماهیر شوروی به امضا رســـاند که نه تنها ایران را از صورت یک ســـرزمین اشغال‌شده به کشـــوری در صف متفقین در می‌آورد، بلکه از آنان تعهد گرفت کـــه پس از خاتمه‌ی جنگ، قوای خـــود را از ایران خارج کنند. این قرارداد ســـه‌جانبه چند سال بعد برای کشـــور مفید فواید بسیار شد. فروغی توفیق یافت که تضمین دولت ایالات متحده را که پیدا بود به صورت نخســـتین قدرت جهانـــی درخواهد آمد، برای حفظ اســـتقلال و تمامیت ارضی ایران جلب کند، که این نیز چند ســـال بعد عاملی بزرگ در بقای استقلال و تمامیت ایران شد. او اصرار داشت که نظام حکومت پارلمانی در ایران مستقر شود. این کار با همان دو مجلس انتخابی در دوره‌ی رضاشـــاه (ادوار دوازدهم که زود به پایان رســـید و سیزدهم که وکلای آن انتخاب شده بودند) انجام شد.

به همت دولت جدید، از فروپاشی دستگاه اداری ایران که طی دو دهه، نظام و ســـازمانی یافته بود، جلوگیری شد و بقایای ارتش ایران، و نیز شهربانی و ژاندارمری، در همه‌ی نقاط کشور مستقر شـــدند و با بســـیاری مشـــکلات به انجام وظایف خود پرداختند. همه‌ی این‌ها کار آسانی نبود.
ایران می‌توانست مضمحل شود. اما به همت محمدعلی فروغی و یارانش نجات یافت.

فروغی، هنگامی که به ریاســـت دولت انتخاب شـــد، سخت بیمار بود و می‌دانســـت که سال‌ها و شـــاید ماه‌های پایان زندگی خود را می‌گذراند. اما این مســـئولیت سنگین و تاریخی را برای نجات ایران پذیرفت و توفیق یافـــت. تحریکات داخلی و خارجی فزاینده بود و بیرون از توان مرد ســـالخورده‌ی بیماری که زندگی خود را

وقف ایران کرده بود. با وجود آن‌که مجلس در ۵ مارس ۱۹۴۲ (۱۴ اسفند) به بوی ابراز اعتماد کرده بود، فردای آن روز نزد شاه رفت و استعفای خود را تقدیم داشت. به تمایل مجلس، علی سهیلی، دیپلماتی مجرب که وزیر امور خارجه‌ی او بود، به نخست‌وزیری برگزیده شد وموقتاً وزارت کشور و وزارت امور خارجه را نیز به‌عهده گرفت. محمدرضا شاه، محمدعلی فروغی را به سمت وزارت دربار برگزید که در آن موقع، بار سنگینی نبود. مقصودش ابراز حق‌شناسی به مرد بزرگی بود که هم ایران را نجات داده بود و هم سلطنت او را. علاوه بر آن حضور فروغی در کنار او، به اعتبار مقام سلطنت می‌افزود و سدی در برابر مداخلات خارجیان به‌شمار می‌آمد که او را خوب می‌شناختند و از کفایتش آگاه بودند.

به هر حال شاه نسبت به فروغی که اصولاً دیگر سودای سیاسی در سر نداشت ودر آستانه‌ی مرگ بود، رفتاری شایسته از خود نشان داد. هنگامی که بیماری او شدت یافت، برای آن که بتواند از امکانات درمانی بیش‌تری برخوردار شود، با موافقت نخست‌وزیر وقت (که احمد قوام بود)، فروغی را به سفارت ایران در واشنگتن منصوب کرد (۱۷ اکتبر ۱۹۴۲ – ۲۵ مهر ماه ۱۳۲۱). اما این مسافرت هرگز انجام نشد، چرا که پنج هفته بعد، این مرد بزرگ تاریخ ایران درگذشت. برای ابراز حق‌شناسی دولت و ملت، تشییع جنازه‌ی او با تشریفات رسمی و حضور هزاران تن از مردم برگذار شد و شاه و رئیس دولت در مجلس ختمی که در مسجد سپهسالار برپا شده بود، شرکت کردند.[1]

*****

دولت علی سهیلی از همان آغاز کار خود با انبوهی از دشواری‌ها

۱- نگاه کنید به:
Mohammad Reza Pahlavi, Mission for my country, Hutchinson, London, 1961, p.75

که تقریباً همه از حضور قوای نظامی خارجی در ایران و مداخلات روس و انگلیس در امور داخلی کشور ناشی می‌شد، به مبارزه پرداخت. بار دیگر در نقاط مختلف کشور سرکشی بعضی از رؤسای ایلات، راهزنان حرفه‌ای و گردنکشان آغاز شد. در اطراف سمنان و کاشان و سنگسر و رضائیه، در دزفول، اینجا و آنجا در کردستان، در تربت حیدریه... عوامل مختلفی از ناتوانی دولت مرکزی و ارتش و قوای انتظامی سوءاستفاده کرده، به غارت و تعدی برخاسته بودند. حضور نیروهای خارجی، امکانات مداخله‌ی دولت را محدود کرده بود. ارتش و ژاندارمری هر چه توانستند کردند. در غرب سپهبد شاهبختی با قوای ضعیفی امنیت را برقرار کرد. سرلشکر امان‌الله جهانبانی وزیر جنگ شخصاً به آذربایجان رفت که اوضاع را سروسامان بخشد و موفق شد.

فشار و توقعات و مداخلات روس و انگلیس، فلج‌کننده بود، گرچه در قرارداد سه‌جانبه تعهد کرده بودند که از مداخله در امور داخلی ایران اجتناب کنند. علی سهیلی که قدرت سیاسی و اعتبار فروغی را نداشت، علی‌رغم تحریکات، تا آنجا که می‌توانست مقاومت و اعتراض می‌کرد. محمد ساعد را که او نیز سیاستمداری برجسته و میهن‌خواه بود، به وزارت خارجه برگزید. از آن پس، طی سال‌ها محمد ساعد یکی از عوامل مقاومت ملی در برابر خارجیان شد و نام و شهرتی فراوان یافت.

مسئله‌ی تأمین ارزاق عمومی، به‌خصوص در پایتخت، روز به‌روز مشکل‌تر می‌شد. قوای متفقین قسمت مهمی از تولیدات داخلی را برای رفع نیازهای خود و یا برای صدور به صحنه‌های دیگر به‌زور مصادره می‌کردند. دولت توانایی جلوگیری از آن‌ها را نداشت. در این میان هزاران آواره‌ی لهستانی که شوروی‌ها آنان را به سیبری و جاهای دیگر برده بودند، با پا در میانی انگلیس و آمریکا آزاد

شــدند و به ایران پناه آوردند. تأمین زندگی آنان نیز بر مشکلات دولت مزید شد.

بــا حمایت شــورویها فعالیت حزب توده، روز به‌روز گســترش می‌یافت و به نابسامانی‌های شهری می‌افزود.

سید ضیاءالدین طباطبایی از فلسطین به ایران بازگشت و با حمایت انگلیس‌ها به فعالیت سیاسی پرداخت. امکانات مالی بسیار داشت و گروهی به دور او جمع شدند، یا به اغوای «حضرات» یا از ترس کمونیست‌ها و حزب توده.

مقابله‌ی دائم بــا ناامنی، مقاومت در برابــر توقعات و مداخلات روس و انگلیس، تأمین خواربار، جلوگیری از تحریکات سیاسی، بیش از توان دولت ســهیلی بود. در ۳۰ ژوئیــه‌ی ۱۹۴۲، ۸ مرداد ۱۳۲۱، پنج ماه بعد از انتصابش به ریاســت دولت، او نزد شــاه رفت و اســتعفای خود را تقدیم داشــت. یک روز بعد، مجلس به نخست‌وزیری احمد قوام ابراز تمایل کرد. روز یازدهم مرداد ۱۳۲۱ (۲ اوت ۱۹۴۲)، قوام به حضور محمدرضا شــاه رسید و مأمور تشکیل دولت جدید گردید. ظاهراً این نخستین دیدار آنان بود.

*****

به محض بازگشت به تهران، احمد قوام در مرکز همه‌ی بازی‌های سیاسی و آمد و شدهای شخصیت‌های مختلف در پایتخت کشور قرار گرفت. ســال‌ها کســی از او اسمی نبرده بــود. ولی محافل سیاسی و شخصیت‌های مختلف او را فراموش نکرده بودند. چه ایرانیان و چه ســفارتخانه‌های خارجی می‌دانستند که در همه‌ی معادلات داخلی و بین‌المللی مربوط به کشور، احمد قوام، مقام و نقش خاصی خواهد داشــت. او شخصیتی نبود که بتوان نادیده گرفت. خود نیز کسی نبود که برکنار و بیکار بماند. می‌دانست که تجربه و دانش و تدبیرش، ســلاح‌های مؤثری برای آینده‌ی ایران خواهند بود.

از نخســتین دیدار محمدرضا شــاه و نخســت‌وزیر جدید ایران، گزارشی در دست نیست. گویا قوام هنگام فشردن دست شاه (که او را فقط از دور و آن‌هم در کودکی دیده بود) می‌گوید: «ماشاءالله بزرگ شده‌اید.»[۱] و محمدرضا پهلوی از این عبارت سخت ناراحت می‌شــود و در حقیقت عدم تفاهم خصوصی میان آنان، از همین جا آغاز شده![۲]

۱- روایت امیرخســرو افشار، دیپلمات معروف و وزیر خارجه‌ی بعدی ایران که در سال‌های بحران آذربایجان، مشاور سیاسی قوام‌السلطنه بود.

۲- قوام عادت داشــت که در باره‌ی مســائل سیاســی که با آن‌ها روبرو می‌شــد، یادداشت‌هایی تهیه کند. همچنین نامه‌هایی را که از رجال سیاسی داخلی و خارجی دریافت می‌داشــت و اسناد مهم مملکتی و بین‌المللی را که به او مربوط می‌شد و یا به‌آنها دسترسی داشت، با نهایت دقت نگاهداری و حتی طبقه‌بندی می‌کرد.
متأســفانه زندگی او چند بار دستخوش تطاول ایام و مشکلات سیاسی شد و حتی خانه و کتابخانه و اثاثیه‌ی او را غارت کردند و آتش زدند.
بــار اول به‌هنگام ولایت خراســان بود که کلنل محمدتقی‌خــان و ژاندارم‌های تحت فرمانش چنان‌که دیدیم به دستور سیدضیاءالدین نخست‌وزیر کودتا، او و همسرش را توقیف و روانه‌ی تهران کردند و اموال و اســناد خصوصی او را به دســت غارت سپردند.
بار دوم در تهران بود. به هنگامی که قوام‌السلطنه متهم به شرکت در توطئه‌ای برای قتل سردارسپه شد و به وزارت جنگ احضار و مدتی کوتاه بازداشت گردید. این بار اوراق و اسناد او را نظمیه‌ی وقت جمع‌آوری کرد که هرگز مسترد نشد.
بار ســوم در آذر ۱۳۲۱ بود. بلواکنندگان، خانه‌ی او را آتش زدند و اشیای نفیس و اسنادش دچار پراکندگی شد و به یغما رفت.
بــار چهارم در ســی‌ام تیر ۱۳۳۱ بود که باز اقامت‌گاهش به آتش کشــیده شــد و اموالش به غارت رفت. ســپس دولت دکتر مصدق، قانونی برای مصادره‌ی اموالش به تصویب رســاند و مأمورین به صورت‌بــرداری دارایی‌اش پرداختند و مقداری از باقی‌مانده‌ی اسنادش را ضبط و پراکنده کردند.
پس از مرگ قوام، اثاثیه‌ی باقی‌مانده و اسناد او دچار پراکندگی نهایی شد. فرزندش حسین، صغیر بود و چون به سن رشد قانونی رسید، جوانی هوسباز و نالایق شد و زود درگذشت.
بعــد از ماجراها، برادرزاده‌اش علــی وثوق (فرزند وثوق‌الدولــه) و بعضی دیگر از اقوامش در صدد جمع‌آوری آن‌چه باقی مانده بود، برآمدند. از سرنوشت آنها اطلاعی نداریم. بنابراین ناچار جز چند سند و یادداشت، باید به روایات و نقل‌قول‌ها اعتماد کنیم.

یک هفته بعد از انتصابش، احمد قوام وزیران خود را ابتدا به شاه و سپس به مجلس شورای ملی معرفی کرد. دو رجل نامدار عصر قاجار، ابراهیم حکیمی (حکیم‌الملک) و صادق (مستشارالدوله) وزیر مشاور بودند؛ باقر کاظمی (مهذب‌الدوله) وزیر کشور که چند هفته‌ی بعد به وزارت دارایی منصوب شد؛ سه «تکنوکرات» به سمت‌های مهم منصوب شدند: دکتر علی‌اکبر سیاسی به وزارت فرهنگ، احمدحسین عدل به وزارت کشاورزی و عبدالحسین هژیر (از دست‌پروردگان داور) به وزارت پیشه و هنر. سازمان جدیدی به نام وزارت خواربار تأسیس شد. با کمال تعجب مهدی فرخ (معتصم‌السلطنه) که دشمنی او با نخست‌وزیر معروف خاص و عام بود و حتی این عداوت را پس از مرگ قوام نیز با انتشار مقالات و «خاطرات» ادامه داد، متصدی این وزارت شد. آیا هدف نخست‌وزیر این بود که از دشمنی و زهرپاشی او به این ترتیب جلوگیری کند، یا با تفویض وظیفه‌ای بسیار مشکل به این مرد، می‌خواست عدم لیاقتش را به افکار عمومی نشان دهد؟

*****

قوام با همان دشواری‌هایی روبرو بود که علی سهیلی را از پای درآورد: مداخلات فزاینده‌ی روس و انگلیس در ایران، کمبود خواربار و کالاهای موردنیاز مردم که گه‌گاه جنبه‌ی قحطی واقعی به خود می‌گرفت، ناامنی در بیشتر نقاط کشور، تحریکات داخلی، عدم تفاهم واقعی با شاه و اطرافیانش نیز گرچه اختیارات و قدرت محمدرضا پهلوی در این دوران ناچیز بود، بر دشواری‌های نخست‌وزیر مزید شد.

در قرارداد سه‌جانبه، دو دولت شوروی و بریتانیا تعهد کرده بودند که حرمت حاکمیت ملی ایران را نگاه دارند و از مداخله در امور داخلی کشور امتناع ورزند. آن‌ها رسماً متحدان ایران بودند و

ایران کشـــوری بود که در شـــمار متفقین قرار داشت و به مبارزه بـــا آلمان نازی و متحدانش یاری مـــی‌داد. اما همه‌ی این‌ها تا حد زیـــادی صوری و ظاهری بود. روس و انگلیس علناً در امور ایران مداخله می‌کردند و غالباً رفتار آنان به رویه دولت‌های اشـــغال‌گر شباهت داشت. در دوران حکومت سهیلی این مداخلات روزافزون شد. نخســـت‌وزیر و همکارانش آن‌چه می‌توانستند برای مقابله با آن‌ها می‌کردند. ابراز تمایل مجلس به قوام، با توجه به گذشـــته‌ی او، شاید به امید آن بود که مرد توانایی در رأس امور کشور قرار گیرد و تا حـــد امکان، با اِعمال قدرت، ســـر و صورتی به کارها بدهد. انتخاب نمایندگان نادرست نبود. قوام به مقابله با مداخلات خارجیان پرداخت، اما امکاناتـــش محدود بود و توانایی روس و انگلیس و یاران و مزدوران‌شان در ایران، ابعادی دیگر داشت.

متفقین بدون موافقت قبلی دولت ایران به جلب و بازداشت عده‌ای از شـــخصت‌های ایرانی پرداختند کـــه آنها را متهم به همکاری یا فقط تمایل به آلمان‌ها می‌کردند. دولت ایران شدیداً اعتراض کرد. شـــوروی‌ها تقاضا کردند که تمام یا گروهی از بازداشت شدگان به رشت منتقل شـــوند که جزو منطقه‌ی اســـتقرار نیروهای آنان بود. قوام نپذیرفت و سخت مقاومت کرد، چرا که می‌دانست هدف مســـکو، یک نوع گروگان‌گیری اســـت و خطر انتقال این گروه به خاک شوروی وجود دارد.

در میان توقیف شدگان، سرلشگر فضل‌الله زاهدی فرمانده لشگر اصفهان نیز بود، که مقامات انگلیسی او را «خطرناک‌ترین دشمن امپراتوری بریتانیا در ایران» می‌دانستند[۱].

طرز عمل انگلیســـی‌ها نســـبت به زاهدی، با هیچ یک از موازین، تطبیـــق نمی‌کرد. نیروهای مخصوص بریتانیا، ســـحرگاهان روز دهم دسامبر ۱۹۴۲-۱۹ آذر ۱۳۲۱، به اقامتگاه فرمانده لشگر حمله

۱- نگاه کنید به قسمت سوم این کتاب

کردند، او را ربودند و مستقیماً با هواپیما به فلسطین منتقل کردند که سه سال در آنجا، در زندان مجرد به سر برد. دولت ایران شدیداً به این آدم‌ربایی اعتراض کرد؛ اعتراضی که بی‌نتیجه ماند، اما دولت موفق شد که وضع «افراد مورد سوءظن» را که در اردوگاهی در اراک، بازداشت بودند، روشن کند. به متفقین تفهیم شد که از نظر قوانین وموازین حقوقی ایران، اتهامی به آنان وارد نیست، اما بازجویی از آنان مانعی ندارد. کار به همین جا خاتمه یافت و این گروه مدت‌ها در اسارت ماندند.

آیا واقعاً توطئه‌ای علیه متفقین در کار بود؟

شک نیست که انبوهی از ایرانیان هنوز نیروهای آلمان و متحدانش را شکست‌ناپذیر و پیروزی آنها را حتمی می‌دانستند و در نتیجه همکاری با متفقین را محکوم می‌کردند و به زیان کشور تشخیص می‌دادند.

افکار عمومی ایران، در مجموع مخالف روس و انگلیس یعنی متجاوزین تاریخی به استقلال و حاکمیت ملی و مصالح کشور بود. این مخالفت به معنای جانبداری از آلمان نازی یا ایتالیای فاشیست نبود، به‌خصوص که در آن زمان کسی از رفتار ضدانسانی رژیم نازی با یهودیان و یا مخالفانش اطلاع نداشت.

بسیاری از محققان و مورخان پیش‌تر رفته بر اساس روایات و گزارش‌هایی، فرضیه‌ی تدارک یک کودتا به نفع آلمان‌ها را مطرح کرده‌اند[۱]، حتی اشاره به امکان برقراری تماس‌هایی با احمد قوام، چه قبل و چه در زمان ریاست دولت او دارند. دلیل قانع‌کننده‌ای در این زمینه ارائه نشده. سیاست خارجی قوام، مقاومت در برابر

۱- نگاه کنید به حمید شوکت، منبع ذکرشده، صفحات ۱۶۵ الی ۱۸۲. با اشاره به روایات و گزارش‌هایی که در مورد این جریان و رابطه‌ی قوام با «توطئه‌گران» وجود دارد، حمید شوکت نتیجه می‌گیرد «قوام اما هوشیارتر از آن بود که چنین کند» (ص ۱۷۱)

توقعات بیجا و مداخلات شوروی‌ها و انگلیسی‌ها در امور ایران و کوشش برای حضور امریکایی‌ها در کشور بود که بدین ترتیب تعادل و توازنی در روابط بین‌المللی مملکت پدید آید. در این زمینه تا حد زیای موفق شد. اما برخلاف بسیاری از سیاست‌پیشگان ایرانِ آن‌روز، قوام که بصیر به معادلات بین‌المللی بود، اندک توهّمی در باره‌ی پیروزی نهایی متفقین بر قدرت‌های محور نداشت و بنابراین مصلحت را در همکاری با امریکا و شوروی و بریتانیا می‌دانست تا منافع ملی پس از پایان جنگ جهانی، حفظ و صیانت شود.
مداخلات ناموجه متفقین در امور ایران، همه‌جانبه و برای مسئولین کشور، فلج‌کننده بود.

انگلیسی‌ها در ۱٤ شهریور ۱۳۲۱ (۵ سپتامبر ۱۹٤۲) براساس ماده‌ی ٤ پیمان سه‌جانبه، فرودگاه مهرآباد را در اختیار گرفتند و نیز از دولت ایران خواستند که مسکن شصت نفر افسر و ششصد نفر خلبان را که در آنجا مستقر می‌شدند، تأمین نماید. فرودگاه‌های نظامی دوشان تپه و قلعه مرغی نیز به وسیله‌ی قوای انگلیسی اشغال و در اختیار گرفته شد.
چند روز بعد، ۲مهر ماه، (۱۲ اکتبر) سفارت بریتانیا تقاضا کرد که کارخانه‌ی هواپیماسازی شهباز به ارتش انگلیس اجاره داده شود. قرارداد اجاره و متمم آن، ضمیمه‌ی یادداشت بود و سفارت انگلیس یادآور می‌شد که در قرارداد و متمم آن همه‌ی شرایط تصریح شده است. به عبارت دیگر برای دولت ایران امکان کوچک‌ترین اظهار نظر متقابل وجود نداشت.
یک هفته بعد اعلام شد که از شهریور ماه، شوروی‌ها نظارت و اداره‌ی کامل راه‌آهن استان آذربایجان (جلفا-تبریز-صوفیان) را به دست گرفته و تأسیسات آن را اشغال کرده‌اند.

در نیمه‌ی اکتبر ۱۹۴۲، سفارت انگلیس به دولت اعلام کرد که خط بین‌المللی تلگراف قزوین به خانقین که از همدان و کرمانشاه می‌گذرد، همچنین یکی از دو خط اندیمشک- خرم‌آباد و بروجرد و ملایر برای انجام مقاصد نظامی به مأمورین ارتش انگلیس تحویل شود.

همه‌ی این اقدامات به رفتار نیروهای اشغالی بیشتر شباهت داشت تا به رویه‌ی قوای دولت‌های هم‌پیمان و دوست ایران و طبیعتاً در افکار عمومی عکس‌العمل‌های بسیار نامطلوب ایجاد می‌کرد. هر بار دولت ایران در یادداشت‌های مستند و مفصل به این تصمیمات اعتراض می‌کرد، ولی همه‌ی این اعتراضات بی‌حاصل بود.

مصادره‌ی بیش از یکصدهزار تُن غله‌ی تولیدی کشور، آن هم در شرایطی که کمبود خواربار و مواد غذایی در همه جا محسوس و روزافزون بود و انتقال آنها برای مصرف نیروی‌های نظامی بریتانیا در خاورمیانه، و نیز مصادره‌ی عملی کارخانه‌های دولتی نساجی شمال به وسیله‌ی شوروی‌ها و تفویض مدیریت آن‌ها به حزب توده، در زندگی روزانه‌ی مردم سوءتأثیر مستقیم و فوری داشت و دولت ناتوان بود.

*****

با تمام این احوال، شخصیت‌های بزرگ و رهبران دولت‌های هم‌پیمان ایران، به تهران می‌آمدند و از سخنان محبت‌آمیز نسبت به مردم و کشور دریغ نداشتند. «وینستون چرچیل» نخست‌وزیر بریتانیا به اتفاق مارشال «ویول» فرمانده‌ی کل قوای انگلیسی در هندوستان، مارشال «تدر» فرمانده‌ی نیروی هوایی سلطنتی بریتانیا و «آورل هریمن» نمایَنده‌ی مخصوص رئیس جمهوری آمریکا روز ۲۹ مرداد ماه ۱۳۲۱ (۲۰ اوت ۱۹۴۲) در سر راه مسافرت‌شان به مسکو، مدت بیست و چهار ساعت در تهران اقامت کردند. با شاه و نخست‌وزیر ناهار خوردند و در مورد حفظ استقلال و حاکمیت ایران اصرار ورزیدند.

اندکی بعد، کیسی، وزیر کابینه‌ی انگلیس به اتفاق همسر خود به تهران آمد، به دیدار نخست‌وزیر و نزد شاه رفت و در یک مصاحبه‌ی مطبوعاتی و سپس در پیامی از رادیو تهران، همین سخنان را تکرار کرد.
ویندل ویلکی معاون رئیس جمهور آمریکا، شخصیت دیگری بود که در این ماه‌ها به ایران آمد و در پایتخت کشور اقامت گزید. شاه او را با یک هواپیمای نظامی که شخصاً هدایت می‌کرد، به تماشای تهران و چند منطقه‌ی کشور برد. نخست‌وزیر با او مذاکرات طولانی داشت. هر دو می‌دانستند که نفوذ آمریکا وزنه‌ی تعادلی در برابر فشار روس و انگلیس است و برای حفظ استقلال ایران، باید پیوندهای مودت با ایالات متحده را تقویت کرد.
همه‌ی این رفت و آمدها و گفت وشنودها و اعلامیه‌ها، مانع آن نشد که این‌جا و آن‌جا قوای شوروی و بریتانیا حتی مانع نقل و انتقال نیروهای انتظامی ایران برای حفظ امنیت کشور شوند و جمع‌آوری آذوقه و مواد مورد نیاز مردم برای تأمین احتیاجات قوای متفقین روز به روز بر دشواری زندگی مردم می‌افزود. برای ایران آن روز، حضور هفتاد و پنج هزار نفر از قوای متفقین و چهل هزار پناهنده‌ی لهستانی، بار سنگینی بود.

قوام ناچار بود از سویی در برابر مداخلات روس و انگلیس و عوامل آنها ایستادگی کند، از سوی دیگر با تحریکات و بی‌نظمی‌های داخلی، سرکشی ایلات- از جمله قشقایی‌ها، و گسترش شبکه‌ی حزب توده و اتحادیه‌ی کارگری وابسته به آن، رو دررو شود. مشکل کمبود مواد غذایی و آغاز قحطی در تهران، برای مردم از همه‌ی این‌ها بیش‌تر محسوس و رنج‌آور بود و بهانه به دست مخالفان می‌داد.

رفتار شاه، رسماً و ظاهراً در جهت تأیید دولت بود؛ به‌ویژه که در

آن هنگام، گرچه محبوبیت او فراوان، اما نفوذ و قدرت سیاسی‌اش ناچیز بود. قوام هم در حفظ ظاهر می‌کوشید. در اینجا و آنجا شاه را طی بازدیدهای فراوانش از بیمارستان‌ها، دانشگاه و محلات شهر همراهی می‌کرد و حتی در روز چهارم آبان، برای بزرگداشت محمدرضا پهلوی، از رادیو تهران پیامی فرستاد. اما مردی مغرور و واقع‌گرا بود و با اتکا به شبکه‌ی سیاسی خود می‌دانست که دربار، نظر خوشی نسبت به او ندارد و مخالفانش، چه از محافل مطبوعاتی و سیاسی و چه از مجلسیان، همواره با حسن قبول و گوش شنوا و علاقمند در آن‌جا مواجه می‌شوند. وضعی که باعث تضعیف دولت می‌شد و به نفع کشور نبود.

قوام چاره را در اخذ اختیارات از مجلس شورای ملی برای مقابله با مسائل پولی و ارزی (توقعات متفقین، بخصوص روس و انگلیس)، تأمین خواربار، پائین آوردن هزینه‌ی زندگی، جیره‌بندی نیازمندی‌های مردم، اصلاح وضع حمل و نقل، محدود کردن معاملات ارزی و مبارزه با احتکار دید. او می‌خواست از موضع حکومت قانون (یعنی با تأیید مجلس) ولی با اِعمال قدرت، که شیوه‌ی همیشگی‌اش بود، به مبارزه با دشواری‌ها بپردازد و ناچار نباشد که پیوسته به مذاکره با نمایندگان، جلب مطبوعات، آرام کردن شاه و درباریان سرگرم باشد و به این ترتیب از اداره‌ی امور مملکت منحرف شود.
دولت، لایحه‌ای در این زمینه تهیه کرد. در روز ۲۵ آبان ماه ۱۳۲۱، به تقاضای نخست‌وزیر جلسه‌ی خصوصی مجلس تشکیل شد. قوام و همه‌ی وزیرانش در این جلسه حاضر شدند و نخست‌وزیر مفصلاً ضرورت اخذ این اختیارات را تشریح کرد و افزود که مدت آن محدود به نه ماه خواهد بود. مجلس که نمایندگان آن منتخب دوران رضاشاه بودند و تازه احساس آزادی بیان و نیز تحریک و اعمال نفوذ یافته بودند، تقریباً به اتفاق آراء با تقاضای دولت

مخالفت کــرد. مهذب‌الدوله کاظمی وزیر دارایی، شــایـد به علت مخالفت با نظر نخست‌وزیر از سمت خود استعفا کرد که بلافاصله امــان‌الله اردلان (حاج عزّالممالک) به جای او برگزیده شــد. برای آرام کردن مجلسیان، قوام در متن لایحه تغییراتی داد و چهار روز بعد آن را در جلسه‌ی علنی، تقدیم مجلس کرد.

آنچه از بازتاب‌های سیاســی روش دولت استنباط می‌شود، این بــار دولتین شــوروی و بریتانیا که از نابســامانی اوضاع ایران نگران بودند، مخالفتی با سیاست دولت نشان ندادند. اما مخالفت مجلس و نارضایتی دربار، هویدا بود و احتمالاً محمدرضا شــاه این بحران را موقعیتی مناسـب می‌دید کــه به نفوذ و قدرت خود بیافزاید و در صحنه‌ی سیاست، نقشی فراتر از رئیس تشریفاتی کشور برای خود بسازد.

قــوام، به رویه‌ی همیشــگی خود بــه مقابله با این دشــواری‌ها برخاســت. در روز اول آذر، بــه دیــدار شــاه رفــت و رسماً بر ضرورت کسـب اختیارات از مجلس تأکید کــرد و او را در مقابل مسئولیت‌هایش قرار داد. همان روز، رئیس و نواب رئیس مجلس و روسای گروه‌های پارلمانی (فراکسیون‌ها) و چند تن از «مرشدان» مجلس، نزد شاه رفتند و مفصلاً مخالفت خود را با درخواست‌های نخست‌وزیر بازگو کردند و ظاهراً نزد او گوش شنوا یافتند. فردای آن روز، نخست‌وزیر در یک جلسـه‌ی مصاحبه‌ی مطبوعاتی از افکار عمومی یاری خواست و در مورد انطباق لایحه‌ی اختیارارت با قانون اساسی، روابط ایران با متفقین و همچنین گرفتن طلا از آنان به‌عنوان پشــتوانه‌ی اسکناس‌هایی که بانک ملی، ناچار از انتشار آن‌ها بود و اخذ بیست و پنج‌هزار تن گندم و تحویل کامیون برای رفع مشکل حمل و نقل، توضیحات مفصلی داد.
بحران سیاسی دیگر علنی شده بود.

*****

دشـواری اصلی اکثریت مردم، کمبود مـواد غذایی، به‌ویژه نان و گوشـت بود. حضور قوای متفقین در ایران شـبکه‌ی ارتباطی کشـور را فلج کرده بود؛ راه‌آهن سرتاسری عملاً در اختیار آنان بود؛ کامیون‌ها و وسـایل نقلیه‌ی دیگر، لاستیک و وسائل یدکی نداشتند؛ مشکلات جریان کالاها در داخل کشور، بر برداشت‌های مصادره‌گونه‌ی روس و انگلیس مزید شـده بود؛ بازار سـیاه به سـرعت گسـترش می‌یافت؛ توانگران همه چیز داشتند و گروهی به برکت بازار سـیاه برای خود ثروت‌های کلان می‌ساختند. اما اکثریت مردم، هر روز با کمبودهای تازه‌ای مواجه می‌شدند.

پایتخـت در حال انفجار بود و تلاش‌هـای دولت در این زمینه به جایی نمی‌رسید. قوام می‌خواسـت لااقل تهران، از قوای روس و انگلیس و امریکا تخلیه شـود و پایتخت کشور را در مقابل حملات هوایی آلمان‌ها (که احتمال آن اندک نبود)، بی‌دفاع اعلام کند و در امان نگاه دارد، ولی موفق نشد. در ۹ سپتامبر ۱۹۴۲ (۱۸ شهریور ۱۳۲۱) لندن و مسکو جواب رد دادند و برای تسکین دولت پیشنهاد کردند هزار تُن گندم در اختیار ایران قرار دهند! حداقل احتیاجات کشور در آن موقع، یکصد و بیست هزار تن بود.

با اخذ اختیارات از مجلس، نخست‌وزیر می‌خواست فارغ از تحریکات و با قدرت با مشـکلات مواجه شود. شاید هم موفق نمی‌شد. اما اکثریت مجلسـیان و شاید شاه و قطعاً بسیاری از اطرافیانش که اندک‌اندک قدرتی می‌یافتند، توفیق قوام را نمی‌خواستند. قدرت و غرور و اعتماد به‌نفس و دوراندیشی او، که بسیاری آن را به تکبّر تعبیر می‌کردند، برای‌شان قابل تحمل نبود. تحقیقات مورخان و مدارک سیاسی نشان می‌دهد که روس و انگلیس، گرچه یک حکومت قوی را در تهران ترجیح می‌دادند که مشـکلات پشـت جبهه را کاهش

دهد، اما قدرت‌گرایی و استقلال رأی قوام را هم بر نمی‌تافتند. در جستجوی کس یا کسانی بودند که نظرات و تعلیمات آنان را با قدرت اجرا نماید ولی نه سیاست ملی‌گرای خودش را! قوام، چنین کسی نبود و شاید در ارزیابی توانایی خود در برابر این همه دشواری اشتباه کرده بود.
در روز ۱۳ آذر، سرانجام دولت موفق شد موافقت‌نامه‌ای برای خرید گندم از ایالات متحده و بریتانیا با نمایندگان آن دو دولت امضا کند، که نوش‌داروی پس از مرگ بود.

روز هفدهم آذر ۱۳۲۱ (۸ دسامبر ۱۹۴۲) گروهی دانشجو و دانش‌آموز در برابر مجلس اجتماع و به کمبود نان و خواربار و بالا رفتن هزینه‌ی زندگی اعتراض کردند؛ چند سنگی به طرف عمارت بهارستان پرتاب شد و چند شیشه شکست؛ گروهی به داخل مجلس راه یافتند و بعضی از تابلوهای کمال‌الملک را تخریب کردند؛ چند تن از نمایندگان که مشتهر به وابستگی به دربار بودند به آشوبگران پیوستند و دسته‌جمعی عازم دربار شدند؛ رئیس کل تشریفات شاهنشاهی، نمایندگان آنان را پذیرفت و همدردی شاه را به آنان ابلاغ کرد.

روز قبل، نخست‌وزیر به ارتش و شهربانی دستور داده بود که از حرکت گروه‌های تظاهرکننده در شهر جلوگیری کنند. دستور او اجرا نشد. بعضی از مفسّران، تیمسار ارفع رئیس ستاد را مسئول این نافرمانی می‌دانند که اندکی بعد، از محمدرضا شاه ترفیع درجه گرفت[۱].
واقعیت این بود که «مملکت صاحب نداشت. شاه در کاخش نشسته بود و کسی او را به بازی نمی‌گرفت و اگر هم کارهایی

۱- این نظر حمید شوکت است که مدارک سیاسی مختلفی را در تأیید گفته‌ی خود ذکر می‌کند. همان منبع، صفحه‌ی ۱۸۷

می‌کرد، غیرمستقیم و توسط افراد دیگر بود. مملکت هم توسط قوای خارجی اشغال شده بود»[۱].

قوام می‌خواست به این هرج و مرج خاتمه دهد. نتوانست یا نگذاشتند.

در شهری پرآشوب که قوای انتظامی دست روی دست گذاشته بودند، بلوای نان یا ماجرای ۱۷ آذر بالا گرفت. شاید با پشت‌گرمی به مراحمی که در دربار به آنان ابلاغ شده بود، آشوب‌گران راهی اقامتگاه نخست‌وزیر شدند. خانه‌ی او را آتش زدند و اثاثیه‌اش را به غارت بردند. اقامت‌گاه رئیس دولت، تحت حفاظت نبود و کسی مانع حرکت آشوب‌گران به سوی آن نشد. همه‌ی این‌ها پرسش‌های فراوانی را مطرح می‌کند که آن‌روزها مورد بحث بود و هنوز هم هست.

هدف از این ماجرا قطعاً این بود که قوام را به استعفا وادارند. اما او خم به ابرو نیاورد و تسلیم نشد. می‌گویند حتی به هیچ کس اجازه نمی‌داد که کوچک‌ترین اشاره‌ای به حمله‌ی اوباش به خانه‌اش و سوزاندن و غارت آن بکند[۲]. غرورش بالاتر از این‌ها بود. به دستور قوام، سرانجام سپهبد امیراحمدی فرماندار نظامی تهران کارها را به دست گرفت. نظم در تهران برقرار شد، متأسفانه با خشونت بسیار[۳]. کلیه‌ی روزنامه‌های پایتخت از طرف دولت توقیف شدند و به دستور نخست‌وزیر، روزنامه‌ی «اخبار روز» از طرف اداره‌ی کل انتشارات و تبلیغات منتشر شد که موقتاً جای آن‌ها را بگیرد. عده‌ی کثیری از محرّکان و آشوب‌گران از طرف فرماندار نظامی توقیف شدند و قسمت مهمی از اموال غارت شده، جمع‌آوری و به

۱- خاطرات ابوالحسن ابتهاج، جلد اول، لندن، ۱۳۷۰، ۱۹۹۱ میلادی، در اشاره به این روزها، ص ۷۷.

۲- روایت امیرخسرو افشار به نویسنده‌ی این کتاب.

۳- شماره‌ی تلفات این روزها دقیقاً معلوم نیست. گویا چهل نفر کشته و نزدیک به صد تن زخمی شدند.

صاحبان آن‌ها مسترد شـــد. اندکی بعد دولت، قانونی به مجلس برد که غراماتی به بقیه پرداخت شود.

در روز ۲۰ آذر، نظم و امنیت به تهران بازگشت. کلیه‌ی بازرگانان و مغازه‌داران در بازار و ســایر نقاط کار خود را از ســر گرفتند. نخست‌وزیر در پیامی از رادیو تهران، اقدامات دولت را در زمینه‌ی استقرار نظم و امنیت و تأمین خواربار، تنبیه مسببان وقایع هفده و هیجده آذر، جمع‌آوری اموال غارت شـــده و استرداد آن‌ها، برای مردم تشریح کرد.

دولت، تصمیم به جیره‌بندی نان گرفت، قانون جدید مطبوعات به تصویب قوه‌ی مقننه رسید و روزنامه‌هایی که امتیاز مدیرانشان طبق مقررات جدید از طرف شورای عالی فرهنگ به تصویب رسیده بود، انتشار خود را از سر گرفتند.

در ســی‌ام دی‌مـــاه (۲۰ ژانویـــه‌ی ۱۹۴۳) قوام، کابینـــه‌ی خود را ترمیم کرد. فرج‌الله بهرامی وزیر کشـــور شد؛ جواد عامری، وزیر دادگستری؛ محسن رئیس، وزیر پست و تلگراف و تلفن؛ نصرالله انتظام، وزیر بهداری و علی معتمدی، وزیر راه. اندکی بعد اللهیار صالح جای وزیر دارایی را گرفت و دکتر میلیســپو که با تصویب مجلس، به ریاســت کل دارایی کشور منصوب شده بود، زیر نظر او کار خود را آغاز کرد.

قوام موفق شـــده بود آرامش را به پایتخت بازگرداند و اوضاع را عادی کند. نخســـتین تصمیمات او بعد از آشـــوب نان، نشان از رویه‌ی همیشگی، یعنی اِعمال قدرت از موضع قانون و بی‌اعتنایی به تحریکات و هیاهو داشت. اما بحران سیاسی فروکش نکرد. در روز ۱۷ بهمن، دو مـــاه بعد از بلوای نان، ده تن از وزیران کابینه اســـتعفای خود را به رئیس دولت تقدیم داشـــتند. بر اثر تصمیم

گروه‌هـــای پارلمانی (فراکســیون‌ها، چنان‌کـــه در آن زمان گفته می‌شد) و مخالفت آنان با شخص نخست‌وزیر، جایگزینی وزیران مستعفی میسر نشـــد. این گروه‌ها مبنای سیاســـی و یا عقیدتی نداشـــتند و هر یک به دور یک یا چند شخصیت، به قولی «مرشد» تشـــکیل شـــده و دائماً در حال تغییر بودند. توجیه اصلی فعالیت آنان، مداخله در امور قوه مجریه و تحمیل این و آن به نخست‌وزیر برای وزارت، و به مقامات مملکتی برای احراز مناصب مهم بود.
قوام کســـی نبود که پذیرای چنین تحریکاتی باشـــد. سرانجام هم مجلس قانونی اختیاراتش را نپذیرفته بود. با وجود حفظ ظاهر از دو جانب، محمدرضا شاه به او اعتماد نداشت، بلکه از او بیمناک بود.

در روز ۲٤ بهمن، احمد قوام نزد شـــاه رفت و استعفای خود را به او تسلیم کرد که فوراً پذیرفته شد.
قوام، اندکی بیش از شـــش ماه بر ســـر کار بود. با دشواری‌های بســـیار مواجه شـــد؛ با آنان مقابله کـــرد؛ تجربـــه‌ی او، این بار موفقیت‌آمیز نبود و شاید نمی‌توانست باشد. اما قدرت سیاسی و اســـتقامت او در برابر حوادث، از خاطره‌ها نرفت و به‌زودی به‌کار گرفته شد.

او، مرد توفان بود و توفان در انتظار ایران.

فصل پنجم

بحران آذربایجان:
بودن یا نبودن

هنگامــی کــه قــوام ناچار بــه کناره‌گیری شــد (بهمــن ۱۳۲۱ - فوریه۱۹٤۳) جنگ جهانی دوم به نحوی غیر قابل برگشــت، تغییر مسیر می‌یافت. در حقیقت پیوستن ایالات متحده آمریکا به جرگه‌ی متفقین تعادل قوا را که تا آن موقع به سود کشورهای محور به نظر می‌آمد، دگرگون کرده بود. با این حال پیشــرفت سریع نیروهای آلمان در خاک اتحاد جماهیر شوروی و پیروزی‌های پی‌درپی ژاپن در منطقه‌ی اقیانوس آرام، هنوز توّهم شکست متفقین را در اذهان بسیاری از مردم جهان، به‌ویژه ایرانیان، ادامه می‌داد.

اما طی این ماه، ارتش آلمان در اســتالینگراد تسلیم شوروی‌ها شــد. اندکی بعد آلمان‌ها که قبلاً در شــمال آفریقــا پیروزی‌های چشــم‌گیر یافته و تا نزدیکی قاهــره پیش رفته بودند در تونس به قوای متفقین تسلیم شدند، نیروهای انگلیس و آمریکا و فرانسه

(که دوباره توانی یافته بود) در جزیره‌ی سیسیل پیاده شدند و ایتالیا متحد اروپایی اصلی آلمان تقاضای ترک مخاصمه کرد.

در آسیا نیز پیشرفت ژاپن عملاً متوقف شده بود. همه‌ی این حوادث نشان داد که سیاست فروغی و شاه و قوام که بر همکاری با متفقین استوار بود- سیاستی درست و مبتنی بر دوراندیشی و واقع‌گرایی بود. آن‌ها حق داشتند و این نه به آن معنی بود که مخالفینِ متفقین یعنی آمریکا، بخصوص روس و انگلیس که صدها تن از آن‌ها به تدریج بازداشت و زندانی شده بودند، به ایران خیانت می‌کردند. ملت ایران از روس و انگلیس دل‌خوشی نداشت و نمی‌توانست داشته باشد. ولی اگر ایران به هر صورت در کنار کشورهای محور قرار می‌گرفت، مسلماً به اضمحلال کشور و استقلال و وحدت آن می‌انجامید. هنوز زمان رودررویی با سیاست‌های استعماری سنتی یعنی روسیه که شوروی جایگزین آن شده بود و بریتانیا - فرا نرسیده بود، اما دور هم نبود.

کناره‌گیری قوام طبیعتاً مشکلی را حل نکرد. علی سهیلی به تمایل مجلس جای او را گرفت و بیش از یک سال بر سر کار ماند. او نه شخصیت و قدرت قوام را داشت و نه بینش سیاسی و دورنگری و غرور و صلابت او را. از تجربه در سیاست خارجی بی‌بهره نبود. برای ادامه حکومتش بر خلاف قوام از سازش با این و آن خودداری نمی‌کرد. شاید هم در آن زمان راه‌حل دیگری وجود نداشت، چرا که روزگار ایران و ایرانیان پریشان بود، کشور عملاً در اختیار خارجیان و خزانه تهی. ایران ضعیف بود و ضعفا محکومند. اندکی پس از سقوط دولتش او را متهم به نادرستی کردند، که بی‌انصافی و غرض‌ورزی کامل بود. بر اثر اعلام جرم دکتر مصدق و گروهی از نمایندگان به محاکمه کشیده شد. اما دیوان عالی

کشور او را تبرئه کرد.[۱] سپس به چند مسئولیت در خارج از جمله سفارت در پاریس و لندن رسید. در جریان مذاکرات سیاسی مربوط به بحران آذربایجان نقش قابل توجهی بازی کرد. پایان زندگی‌اش دشوار و همراه با دل‌شکستگی و بیماری و تنگ‌دستی بود.[۲]

*****

در دوران حکومت سهیلی ایران هم‌چنان دست‌خوش ناامنی بود. به‌ویژه که در منطقه‌ی کردستان با سرکشی و قتل و غارت، در فارس با فجایعی که سران بعضی از ایلات مرتکب شدند و در آذربایجان، این ناامنی‌ها مقدمه‌ی مسایل بزرگی بود که در سال‌های بعد برای کشور به وجود آمدند.
کمبود مواد غذایی و قحطی مرتفع نشد. شیوع بیماری‌های مختلف از جمله تیفوس بر دشواری زندگی مردم افزود. محیط سیاسی هم‌چنان متشنج و دولت در رودررویی با تحریکات ناتوان بود. قدرت نهایی و قاطعیت قوام کارساز نشده بود. مسالمت و رویه‌ی مصالحه‌ی سهیلی نیز به جایی نرسید.

با وجود مشکلات مالی، دولت توانست اعتبارات کوچکی - دومیلیون و چهارصد هزار دلار برای ارتش و دو میلیون و یک‌صد هزار دلار برای ژاندارمری - در پایان سال ۱۳۲۱ از ایالات متحده‌ی

۱- در استقلال رأی دیوان عالی کشور، بخصوص در آن‌زمان، هیچ کس تردید نداشت و ندارد. کافی است اسامی هیأت دادرسان را ذکر کنیم: محمدشفیع جهانشاهی، علی‌اکبر حائری شاه‌باغ، حسین نقوی، عبدالعلی لطفی، صفی‌نیا، پویان، جواد قاضی، سیدمحمد صدر، جمال‌الدین اخوی، محمود عرفان، عمادالدین میرمطهری، لواسانی، محمود هدایت، سیدمرتضی ویشکائی، گرکانی. رأی هیأت عالی دیوان کشور به اتفاق آراء صادر شد.

۲- نگاه کنید به چند نامه‌ی خصوصی از علی سهیلی و شرحی که در حقیقت وصیت‌نامه‌ی او است در: دکتر مصطفی الموتی، بازیگران سیاسی از مشروطیت تا سال ۱۳۵۷، جلد دوّم، لندن، پکا، ۱۳۷٤، ۱۹۹۵ صص ۱۲-۱۵.

آمریکا به دست آورد تا به نیروهای نظامی کشور سر و صورتی داده شود. سپس در ماه‌های بعد شصت میلیون ریال اضافی برای اعتبارات ارتش اختصاص داده شد و یک میلیون و پانصد هزار دلار دیگر نیز از آمریکا برای خرید اسلحه وام گرفته شد.
هم‌چنین کوشش‌های بی‌فایده‌ای برای بازپس گرفتن باقیمانده‌ی نیروی دریایی ایران که قسمت اعظم آن در وقایع سوم شهریور به دست انگلیسی‌ها نابود شده بود، بعمل آمد. لندن هنوز نمی‌توانست قبول و تحمل کند که ایرانیان حتی چند ناوچه‌ی جنگی کهنه و آسیب‌دیده در خلیج فارس داشته باشند!

تلاش‌های ایران برای تقویت و بازسازی نیروهای نظامی و انتظامی، دوراندیشانه بود. اندکی بعد ارتش ایران ناچار شد در چند جبهه با دشمنانی که از خارج سازمان یافته و رهبری می‌شدند مواجه شود و اندک ساز و برگی که از محل این اعتبارات خریداری شده بود در این درگیری‌ها به کار آمد.

*****

روز ۳۰ آبان ماه ۱۳۲۲، ۲۲ نوامبر ۱۹۴۳ دوره‌ی سیزدهم قانون‌گزاری به پایان رسید و انتخابات دوره‌ی چهاردهم در سرتاسر کشور آغاز گردید. قرار بود مجلس روز اول بهمن افتتاح شود که به سبب دشواری‌های فراوان میسر نشد. سرانجام محمدرضا شاه در روز ٦ اسفند ۱۳۲۲ (۲۸ فوریه۱۹٤٤) دوره‌ی چهاردهم قانون‌گزاری را گشود.

چهره‌ی مجلس جدید با ادوار قبلی بکلی متفاوت بود. دکتر محمد مصدق نماینده‌ی اول تهران بود و به‌زودی شماری از نمایندگان در اطراف وی جمع شده و گروه موسوم به «اقلیت» را تشکیل دادند. سید ضیاءالدین طباطبایی نخست‌وزیر کودتای سوم

اسفند، از شــهر زادگاه خود، یزد به نمایندگی انتخاب شده بود. تصویب اعتبارنامه‌اش با هیاهوی بســیار روبرو شــد از جمله با مخالفت شــدید دکتر مصدق و یک مناظره و رودر رویی ســخت میان این دو شــخصیت متضاد که در سال‌های بعد ادامه داشت. ســیدضیاءالدین حزبی نیز تشکیل داد و سال‌ها یکی از قطب‌های سیاست داخلی ایران بود.

حزب توده نیز موفق شد هفت نماینده از مناطق شمال کشور (که نیروهای شــوروی در آن مستقر بودند) و یک تن از شهر کارگری اصفهان به مجلس بفرستد و گروهی (فراکسیون) منضبط و پرقدرت تشکیل داد که گه‌گاه با یاران دکتر مصدق هم‌صدا می‌شدند.
در مجلس ســیزدهم که نمایندگانش در دوره‌ی رضاشاه انتخاب شــده بودنــد، آزادی بیان کامل وجود داشــت. امــا بازی‌های سیاسی، بیشــتر مبتنی بر منافع شخصی و ارتباطات و توقّعات نمایندگان برای اعمال نفوذ در امور مملکتی بود.
حضــور دکتر مصدق و یارانش که از پشــتیبانی افکار عمومی و دانشــجویان و بازار برخوردار و مبیــن گرایش مردم به مقاومت در مقابل مداخــلات خارجیان در امور ایران بودند، از یک طرف، و دار و دسته سید ضیاءالدین که علناً به‌وسیله‌ی سفارت انگلیس و اقلیتی از بازاریان و بعضی از روحانیون حمایت می‌شــدند، از طرف دیگر محیط سیاسی خاصی که برای ایرانیان تازگی داشت در مجلــس جدید بوجود آورد. هم‌چنین فضایی برای عرض اندام وکلای حزب توده که متکی به ســفارت شوروی و حضور ارتش ســرخ در ایران و تشکیلات توانای آن حزب و شورای متحد مرکز بودند، فراهم شــد. مجلس پرهیاهو و غالباً متشنج، آینه‌ی وضع سیاسی مملکت در آن روزگار بود.

*****

در همین ماه‌ها بود که کنفرانس سه کشور بزرگ شوروی، ایالات متحده آمریکا و بریتانیا در تهران تشـکیل شد. استالین در روز ٤ آذر ۱۳۲۲ به تهران رسید. چرچیل و روزولت فردای آن روز.
انتخـاب تهران فقط به آن علت بود که اسـتالین نمی‌خواسـت از کشورش دور شـود. ایران تنها سرزمین هم سرحد شوروی بود که ارتش سـرخ نیز در آن‌جا حضور داشـت. روزولت در سفارت شـوروی (همان پارک اتابک معروف) اقامـت گزید که این نیز از عجایب روزگار اسـت. چرچیل در سـفارت انگلیس رحل اقامت افکند که تا سفارت روس چند ده متر بیشتر فاصله نداشت.
رئیس‌جمهور آمریکا و نخسـت‌وزیر انگلیس حتی به دیدار رهبران کشـوری که ظاهراً میزبان آن‌ها شده و به آلمان و ژاپن نیز اعلام جنگ داده بود، نرفتند که از آنان دیدار کنند.
رفتار اسـتالین بیشتر با موازین تشریفاتی بین‌المللی مطابق بود، نزد محمدرضا شاه رفت و با وی بسیار با ادب رفتار کرد.[1]
به احتمال قریب به یقین اگر قوام در رأس دولت بود، اجازه نمی‌داد که چنین رفتار توهین‌آمیزی با رییس مملکت و دولت ایران بشود. چندی بعد هنگامی که در موضعی بسـیار مشـکل‌تر با استالین روبرو شد، نشان داد که تحقیرها و بی‌نزاکتی‌ها را نمی‌پسندد.

مسـاله‌ی اصلی کنفرانس تهران تعیین سرنوشـت جهان بعد از پایان جنگ بود، چون دیگر کوچک‌ترین تردیدی در شکست آلمان و حتی ژاپن وجود نداشـت و قوای این دو کشور در همه جبهه‌ها در حال عقب‌نشینی بودند.
از ایـن پس پیدا بود که دل‌مشـغولی اصلی اسـتالین و رهبران شـوروی تسلط بر جهان اسـت. تنها روزولت نسبت به استالین خوشـبین بود و توهّماتی داشت. بر خلاف او، چرچیل به رویه‌ی

۱- نگاه کنید به محمدرضا شاه پهلوی، پاسخ به تاریخ، متن اصلی و فارسی، چاپ پاریس، صفحات ۲۰۵ تا ۲۱۰.

شوروی‌ها مظنون بود و تاریخ به او حق داد.

تسلط بر ایران یکی از هدف‌های اصلی سیاست توسعه‌طلبی و جهانخواری استالین و شوروی‌ها بود. اما وضع ایجاب می‌کرد که هنوز ظواهر را حفظ کنند- با کوشش دولت ایران و در پی ملاقات‌های شاه با سران سه کشور و مذاکرات علی سهیلی نخست‌وزیر و محمد ساعد وزیر امور خارجه با دیپلمات‌ها و شخصیت‌های همراه آنان و دیدار طولانی مجدد این دو با استالین و مولوتوف وزیر امور خارجه‌ی شوروی، اعلامیه‌ی سه دولت متفق، مبنی بر تصدیق همکاری مؤثر ایران در پیروزی متفقین و تجدید شناسایی و تضمین استقلال و حاکمیت و تمامیت ارضی کشور و تاکید بر ضرورت کمک‌های اقتصادی آینده برای جبران خسارات و نیز هزینه‌های سنگینی که ایران تحمل کرده بود، صادر شد.

صدور این اعلامیه توفیق بزرگی برای ایران بود. در حقیقت سه کشور بزرگ جهان بار دیگر مفاد قرارداد سه جانبه را تائید می‌کردند. اندکی بعد هنگامی که ماجرای آذربایجان پیش آمد، اعلامیه‌ی تهران یکی از مستندات دولت ایران برای اعتراض به مداخلات شوروی‌ها در امور داخلی کشور شد.
گرفتن چنین تعهدی، خدمتی بزرگ به ایران بود. اما شوروی‌ها به تعهدات خود وقعی نگذاشتند و حتی قبل از آن‌که جنگ جهانی رسماً به پایان برسد، تحریکات و اقدامات آنان برای تسلط به ایران آغاز شد، بخصوص که با بهره‌گیری از حضور قوای خود در ایران عوامل و عناصر بسیاری را برای تحقق هدف‌های خود فراهم کرده در کشور مستقر کرده بودند. بحران بزرگ دیگری برای ایران در شرف تکوین بود و این بحران به سرعت یکی از مسائل عمده‌ی بین‌المللی شد و کشور ما به‌صورت یکی از صحنه‌های اصلی جنگ

سرد بین شرق و غرب، جهان آزاد و دنیای کمونیست، درآمد.

*****

پس از افتتاح رسمی مجلس، علی سهیلی از ریاست دولت استعفا داد. مجلس به نخست‌وزیری محمد ساعد ابراز تمایل کرد و او در ۱۸ مارس ۱۹٤٤ (۲۷ اسفند ۱۳۲۲) از جانب محمدرضا شاه مامور تشکیل کابینه شد.

محمد ساعد (ساعد الوزاره) در این هنگام شصت و سه سال داشت. آذربایجانی و اهل مراغه بود. در سوئیس و روسیه تحصیل کرده بود. به زبان‌های فرانسه و آلمانی و بخصوص روسی تسلط کامل داشت و از همان ابتدای جوانی ابتدا به عنوان کارمند محلی و سپس به عنوان کارمند رسمی به خدمت وزارت امورخارجه درآمد. طی سال‌های طولانی خدمتش در قفقازیه به عنوان قنسول در بادکوبه و سپس تفلیس با دو ماجرای مهم روبرو شد، یکی کشتار ارامنه به وسیله نیروهای عثمانی در زمان جنگ جهانی اول و دیگر انقلاب بلشویکی در روسیه.

در هر دو مورد ساعد الوزاره با جوانمردی و نیکوکاری بسیار به کسانی که در خطر مرگ بودند یاری کرد که با اوراق قانونی ایرانی منطقه را ترک کنند. هنوز هم بازماندگان آنان در ایران و فرانسه و ایالات متحده و جاهای دیگر نسبت به ایران و قنسول شجاعی که وسایل حرکت آنان را فراهم کرده حتی در بعضی موارد از کمک‌های شخصی به خانواده‌های آنان دریغ نکرده بود ابراز حق شناسی می‌کنند.[1]

۱- از حوادث روزگار آن که، پس از انقلاب اسلامی که خود من از خطر مرگ و محکومیت غیابی به اعدام گریخته و به فرانسه پناهنده شده بودم، اتفاقاً به مرد سالخورده‌ی محترمی که رئیس هیأت مدیره و مدیرعامل شرکت صنعتی بزرگی در حومه‌ی پاریس بود برخوردم. چون دانست که همسرم و من ایرانی هستیم، به دفتر خود رفت و گذرنامه‌ی کهنه‌ای را که در جعبه‌ای چرمین نگاهداری می‌کرد آورد، با ابراز احترام و هیجان بسیار به ما نشان داد و گفت که این گذرنامه‌ی ایرانی «سند تجدید حیات من و خانواده‌ی من است» که به برکت آن از کشتار ارمنیان به وسیله‌ی گروهی از سربازان عثمانی گریختیم و از راه کشور شما به فرانسه آمدیم و زندگی

در شهریور ۱۳۲۰ هنگام حملهٔ متفقین به کشور ما، ساعد سفیر ایران در مسکو بود. به یاد داریم که پیشنهاد قبول نیابت سلطنت را پس از آن‌که فروغی از پذیرش ریاست جمهوری سر باز زد، نپذیرفت و اندکی بعد در کابینهٔ سهیلی به وزارت امور خارجه منصوب شد. پس از آن چند بار نخست‌وزیر، سفیر در اتحاد جماهیر شوروی و سرانجام در واتیکان بود.

در این میان دو بار از آذربایجان غربی به وکالت مجلس انتخاب شد و تا پایان عمر پنج دورهٔ پیاپی سناتور انتصابی آذربایجان بود و سرانجام در ۹۳ سالگی درگذشت. او نیز مانند بسیاری دیگر از رجال سیاسی نامدار آن چند دهه چون برادران پیرنیا (مشیرالدوله و موتمن‌الملک) مصدق‌السلطنه - قوام‌السلطنه - مستشارالدوله صادق، ذکاءالملک فروغی، تقی‌زاده، حکیم‌الملک... فراماسون بود و در این طریقت به مراتب شامخ رسید.

محمد ساعد نخستین کابینهٔ خود را در ٦ فروردین ۱۳۲۳ (۲٦ مارس ۱۹٤٤) به شاه و سپس به مجلس معرفی کرد و یازده روز بعد بر اثر نوسانات سیاست داخلی و فشار گروه‌های پارلمانی ناچار از معرفی دولت دیگری شد. همین علل وی را در شهریور ماه وادار به استعفا کرد.

روز بعد مجلس با اتفاق آراء باستثنای نمایندگان حزب توده، بار دیگر به انتصاب او اظهار تمایل کرد و مجدداً مامور تشکیل کابینه شد و تا آذرماه بر سر کار بود.

در این ماه‌ها بود که به موازات دشواری‌های سیاسی، اقتصادی و اجتماعی داخلی به تحریک روس و انگلیس ناامنی و سرکشی در مناطق آذربایجان و کردستان و فارس گسترش یافت و مسکو نخستین یورش علنی خود را برای تسلط بر شمال ایران آغاز کرد.

خود را دوباره ساختیم. این سند به امضای ساعد الوزاره بود.

در حقیقت همه‌ی عوامل بحران‌های بزرگ آذربایجان و کردستان و فارس و مساله‌ی نفت که طی سال‌های بعد ایران با آنان درگیر شد در این چندین ماه آشکار شد و سرنوشت ساعد و دولتش مواجهه با آنان بود.

*****

در نیمه‌ی شهریور ۱۳۲۳ (سپتامبر ۱۹٤٤) کافتارادزه معاون ارشد وزارت امور خارجه اتحاد جماهیر شوروی در راس هیاتی به تهران آمد. او در طی اقامتی نسبتاً طولانی بارها با رییس دولت و مقامات ایرانی ملاقات کرد.

چند بار نزد شاه رفت و حتی یکبار به افتخارش ضیافت شامی در دربار ترتیب داده شد. او برای اخذ امتیاز استخراج منابع نفت شمال ایران به تهران آمده بود. همه عوامل را برای توفیق درخواستش در اختیار داشت.

حضور ارتش سرخ در این مناطق و توانایی حزب توده که از همان آغاز به تظاهر برای پشتیبانی از توقعات مسکو پرداخت و اتحادیه کارگری وابسته را در این جهت تجهیز کرد.

مسکو دولت ایران را ناتوان می‌پنداشت و ناچار از تسلیم. اما ساعد با اتکا به افکار عمومی مردانه ایستادگی کرد. بحران روابط شوروی از همین روزها آغاز شد. ایران ناتوان و تحت اشغال قوای بیگانه، در برابر یکی از ابرقدرت‌های آن‌روز جهان که نیروهایش در قسمت مهمی از خاک کشور مستقر بودند. دولت‌های ضعیف و متزلزل دستخوش تحریکات سیاسی در تهران، در برابر حکومتی توانا و بی‌رحم در مسکو که می‌رفت بر بخشی بزرگ از جهان تسلط یابد. با این حال ساعد ایستادگی کرد.

در روز دوم آبان ماه، کافتارادزه که دیگر نومید شده بود طی مصاحبه‌ای با مطبوعات در محل سفارت شوروی در تهران، به عدم موافقت دولت ایران با لحنی آمرانه و خشن اعتراض کرد و

ساعد را مسئول اصلی شکست مذاکرات دانست.

چهار روز بعد، نخست‌وزیر با حضور تنی چند از وزیران و نمایندگان مجلس در مصاحبه‌ی مطبوعاتی بزرگی که نمایندگان جراید داخلی وخارجی به‌آن دعوت شده بودند، به تفصیل به اظهارات کافتارادزه پاسخ داد و اظهار داشت که ملت، مجلس و دولت ایران از اعطای هرگونه امتیازی به خارجیان قبل از پایان جنگ و بازگشت اوضاع به حال عادی، امتناع خواهند ورزید. ایستادگی دولت، خشم عوامل شوروی و توده‌ای‌ها را برانگیخت. تحت حمایت کامیون‌های مملّو از سربازان ارتش سرخ و تانک‌های روسی، حزب توده در تهران تظاهراتی برای اعطای امتیاز نفت به شوروی به‌راه انداخت.

در مجلس دکتر رضارادمنش رییس گروه پارلمانی (فراکسیون) حزب توده شدیداً به ساعد پرخاش کرد و جنجالی به راه افتاد. در تبریز میان موافقان و مخالفان امتیاز نفت زد و خوردهای خونین روی داد و مأمورین انتظامی ناچار به مداخله و تیراندازی شدند. در این بحران، لااقل اکثریت مجلس که سیدضیاءالدین طباطبایی عملاً گرداننده آن بود و اقلیت به رهبری دکتر مصدق با همدیگر هم‌صدا بودند و جز نمایندگان حزب توده و یکی دو تن از همراهان‌شان کسی با سیاست دولت مخالفت نمی‌کرد.

اما شدت بحران سیاسی و بازتاب‌های آن در روابط با شوروی چنان بود که برای عادی کردن اوضاع، ساعد که هدف همه حمله‌ها و دشنام‌ها بود چاره‌ای جز کناره‌گیری نداشت.وی در ۱۸ آبان ۱۳۲۳ نزد شاه رفت و استعفای خود را تقدیم کرد. اوضاع کشور سخت متشنج بود، تشنجی که سال‌ها طول کشید و در حقیقت این ماجرا سرآغاز آن بود.

پس از کناره‌گیری محمد ساعد شاه نظر مجلس را نسبت به نخست‌وزیر آینده خواستار شد. تشتّت آرا چنان بود که مجلسیان شانزده نفر از رجال سیاسی کشور را به عنوان نامزدهای نخست‌وزیری به او پیشنهاد کردند!

سرانجام در ۲۳ آبان‌ماه ۱۳۲۳ (۱۴ نوامبر ۱۹۴۴) مجلس به نخست‌وزیری دکتر محمد مصدق رهبر اقلیت اظهار تمایل کرد. اما مصدق در نامه‌ای از شاه خواست که در صورت کناره‌گیری از ریاست دولت بار دیگر به نمایندگی مجلس برگردد و مصونیت پارلمانی خود را هم‌چنان نگاه دارد. شاه تقاضای نخست‌وزیر را به مجلس ارجاع کرد که در جلسه‌ی خصوصی ۲۴ آبان‌ماه مباین اصل ۳۲ قانون اساسی تشخیص داده شد.
بحران ادامه یافت و سرانجام مجلس با پنجاه رأی در برابر ۴۵ رأی به نام صادق- صادق (مستشارالدوله)، به نخست‌وزیری مرتضی قلی‌بیات (سهام‌السلطان) رأی داد. بیات خواهرزاده مصدق و مورد حمایت او بود.
او سال‌ها از اراک به نمایندگی مجلس انتخاب شده و چند بار به وزارت رسیده بود. مردی بسیار ثروتمند، اما خوشنام و مخصوصاً مشهور به مسالمت و اجتناب از ایجاد تشنج و برخوردهای سیاسی با جناح‌های داخلی و قدرت‌های خارجی بود.[1]
بیات کوشید شوروی‌ها را آرام کند. کافتارادزه هنوز در تهران بود و برای اخذ امتیاز نفت شمال تلاش می‌کرد. نخست‌وزیر به او پیشنهاد کرد که امتیاز نفت به تشکیل یک شرکت مختلط برای بهره‌برداری نفت شمال تبدیل شود که اکثریت سهام آن متعلق به ایران باشد. (۵۱-۴۹)مسکو چنین تغییری را نپذیرفت.
در این میان دکتر مصدق در ۱۱ آذر۱۳۲۳ (۲ دسامبر ۱۹۴۴) طرحی را به قید دو فوریت از تصویب مجلس گذراند که در آن

۱- نگاه کنید به دکتر مصطفی الموتی - منبع ذکر شده - صفحات ۴۷ تا ۵۷.

نخســت‌وزیر، وزیران و مقامات رسمی دیگر کشــور از «هر گونه مذاکــره‌ی رسمی و غیررسمی با دول مجــاور و غیر مجاور و یا نمایندگان شــرکت‌های نفتی» تا زمانی که ایران از قوای خارجی تخلیه نشده باشد، منع شده بودند.

اقدام دکتر مصدق از خدمت‌های بزرگی است که به نام او در تاریخ جاودانه خواهــد ماند. چرا که دقیقاً خواســت مردم و در صلاح کشــور بود و جز هیاهوی وکلای حزب توده بــا مخالفتی روبرو نشد. اما دست رد بر روی سینه‌ی شوروی‌ها و کافتارادزه بود.
یک هفته بعد، کافتارادزه، ناراضی و خشمگین، تهران را به عنوان اعتراض ترک کرد. بحران روابط با شوروی ابعاد بزرگ‌تری یافت و روزهای دشوارتری در پیش بود.

*****

مســأله، دیگر رفت و آمد دولت‌ها و بازی‌های سیاسی مجلسیان نبــود. اندک‌اندک مســاله‌ی بودن یــا نبودن ایران و اســتقلال و حاکمیت و مخصوصاً تمامیت ارضی کشور مطرح شد.
در آخریــن روزهای کابینه‌ی بیات، هنگامی که مقدمات ســقوط دولــت او فراهــم بــود و بازیگــران صحنه‌ی سیاســت ایران به تحریکات متعارف خود مشغول بودند، جنگ جهانی دوم در اروپا با تســلیم بلاقید و شرط آلمان نازی پایان یافت. به این مناسبت، محمدرضاشــاه در روز ۱۸ اردیبهشت ۱۳۲٤ - ۹ می ۱۹٤۵ پیامی به ملت ایران فرستاد در میدان سپه آتش بازی مفصلی برپاشد.

روز ۱۹ اردیبهشت را تعطیل عمومی اعلام کردند. مجلس جلسه‌ی فوق‌العاده تشــکیل داد و مقرر گردید به مدت سه روز پرچم‌های ایران بر فراز وزارت‌خانه‌ها و عمارات دولتی برافراشته بماند.
دولت بیات اســتعفا داد و مامور شــد که به «اداره امور جاری»

مملکت مشغول گردد. ابراهیم حکیمی (حکیم‌الملک) که به زحمت از مجلس رأی تمایل گرفته بود می‌کوشید وزیران خود را تعیین کند. رسم بر آن بود که هر نخست‌وزیر جدید از گروه‌های پارلمانی برای تشکیل دولت نظر بخواهد. حکیمی زیر بار این سنت نرفت و خود وزیرانش را برگزید که البته همه از شخصیت‌های شناخته شده‌ی صحنه‌ی سیاسی ایران و غالباً از اعضای کابینه‌ی پیشین بودند. حکیم‌الملک، چنان‌که از این لقب برمی‌آید، اصـولاً طبیب بود و به مدت نه سال در پاریس فنون پزشـکی را آموخته و در ابتدا پزشک مخصوص مظفرالدین شاه قاجار بود. اما ظاهراً اشتباهی در تشخیص یکی از بیماری‌های فراوان بیمار تاجدارش و تجویز دارویی که به درمانش کمک نکرده بود، به عزلش منتهی شـده و دکتر اعلم‌الدوله ثقفی جای او را گرفته بود. از آن پس او دیگر شغل اصلی خود را رها کرد.

ابراهیم حکیمی، پیش‌تر وکیل مجلس و وزیر مشاور کابینه‌ی اول قوام‌السـلطنه بود. در زمان رضاشاه گوشه‌گیر و خانه‌نشین بود اما کسـی کاری به او نداشت. پس از سوم شهریور به صحنه‌ی سیاست بازگشـت و باتفاق چندتن از یاران دیرینش، سیدحسن تقی‌زاده، باقر کاظمی (مهذب‌الدوله)، ابوالقاسـم نجم (نجم‌الملک)، مختارالملک صبا، باقر شاهرودی و گروه کوچکی که در حاشیه‌ی سیاست بودند حزبی به نام «جمعیت عامیون» تشکیل داد که گویا همه‌ی اعضای آن از فراماسون‌های قدیمی بودند.

«جمعیت عامیون» گرچه کوچک و بی‌تظاهر بود اما در سیاسـت ایـران نفوذ فراوان یافت. الهام بخش اصلی رویه‌اش سیدحسـن تقـی‌زاده بود که همـه از جمله خود حکیم‌الملک، او را مرشـد و راهنمای خود تلقی می‌کردند.

حکیمی مردی خوش‌نام و گوشـه‌گیر بود. می‌گویند در سال‌هایی که از بازیگران صحنه‌ی سیاست کشور بود، تظاهر به ناشنوایی

و ضعف حافظه می‌کرد. گویا این از شیوه‌های سیاسی او بود.[۱] شاه او را «مردی هوادار انگلیسی‌ها، اما وطن‌پرست» می‌داند.[۲] هیچ‌کس در وطن‌خواهی او شکی نکرده- اما آیا واقعاً هوادار انگلیس‌ها بود؟

سه هفته بعد از تشکیل کابینه، مجلس از دادن رأی اعتماد به دولتی که رییس آن را خود پیشنهاد کرده بود امتناع کرد و ابراهیم حکیمی کناره گرفت و از مجلس پیاده به خانه خود رفت که از اتومبیل نخست‌وزیری استفاده نکرده باشد.

حکیمی رفت و به تمایل مجلس محسن‌صدر (صدرالاشراف) جای او را گرفت و پنج ماه بر سر کار ماند. محسن صدر با نخست‌وزیران پیشین شباهتی نداشت. تحصیلاتش در فقه و اصول و سابقه‌ی کارش بیش‌تر در دستگاه قضاوت بود.[۳]

در ابتدای دوران خدمتش به هنگام کودتای محمدعلی‌شاه، صدراعظم وقت مشیرالسلطنه او را مامور بازجویی از آزادی‌خواهانی کرد که بازداشت و در باغشاه زندانی شده بودند. مخالفانش او را « مستنطق باغشاه» و حتی «قصاب باغشاه» می‌خواندند که مستنطق بود اما در کشتار دخالتی نداشت. همواره به شاه وقت وفادار بود و چون به نخست‌وزیری رسید اتکای اصلی او به دربار بود.

در دوران صدارتش به مبارزه با حزب توده برخاست و رسماً از سه دولت بزرگ خواست که چون جنگ جهانی پایان یافته قوای خود را هر چه زودتر از ایران خارج کنند که این باعث دشمنی سرسخت شوروی‌ها با او شد.

هنگامی که در رأس دولت بود غائله‌ی آذربایجان آغاز شد

۱- نگاه کنید به دکتر مصطفی الموتی، منبع ذکر شده، صفحات ۵۸ تا ٦٦

۲-محمدرضا پهلوی، پاسخ به تاریخ، صفحه ۵۸.

۳- دکتر مصطفی الموتی، منبع ذکر شده صفحات ٦۷ - ۷۸.

شــوروی‌ها عملاً رابطه خود را با دولت قانونی و رسمی کشــور قطع کردند. توده‌ای‌ها هر جایی می‌توانســتند بر ضد او تظاهرات می‌کردند و صدرالاشــراف ایســتادگی می‌کرد. در مجلس دکتر مصدق که رهبر اقلیت بود، با کمک هشــت تــن نمایندگان حزب توده، غالباً مانع ادامه جلسات و گذراندن لوایح دولت می‌شد.

محسن صدر می‌نویسد:

«شــاه هم هیچ‌گونه حمایت از کابینه نداشت سهل است رفتاری نشــان می‌داد که بر ضعف دولت می‌افزود. ولی با همه این احوال من استقامت کردم و این مشکلات مهم را هیــچ شــمردم و با قدرتی که در دســت دولت بود کار می‌کردم.»[۱]

صدرالاشــراف با شــورش افســران توده‌ای در خراسان مقابله کرد. روس‌ها حتی مانع اعزام یک گروه بیست نفری ژاندارم برای اعاده‌ی نظم به گنبد قابوس شدند و تقریباً نفوذ دولت را در شمال ایران مانع می‌شدند.

صدرالاشــراف چندان به معــادلات بین‌المللی واقــف نبود ولی سرســختانه ایســتادگی کرد. اما در مجموع کار دولت فلج بود و کشور روز به روز در ناامنی و اغتشاش فرو می‌رفت.

شوروی‌ها در شمال و غرب و انگلیس‌ها در جنوب به نابسامانی‌ها دامن می‌زدند. شــوروی‌ها رسماً و علناً، انگلیسی‌ها در خفا و با حفظ ظاهر.

در روز ۲۶ مهــر مــاه ۱۳۲۴، ۲۱ اکتبر ۱۹۴۵، صدر که دیگر کاری از دســتش برنمی‌آمد، نزد شــاه رفت و اســتعفای خود را تقدیم داشت. همان مجلسی که چند ماه پیش ابراهیم حکیمی را وادار به کناره‌گیری کرده بود، نسبت به انتصاب مجدد او به ریاست دولت

۱- خاطرات صدرالاشراف (محسن صدر) انتشارات وحید، تهران ۱۳۶۴، ص ۴۲۸.

ابراز تمایل کرد.
حکیمی که در سوم آبان ماه به نخست‌وزیری منصوب شده بود این بار سعی در مسالمت با نمایندگان مجلس داشت و با آنان در تشکیل کابینه، یعنی انتخاب وزرایش، بر خلاف همه‌ی سنت‌ها رسماً به مشاوره پرداخت و سرانجام دولت خود را در روز ۱۰ آبان به شاه و مجلس معرفی کرد.

اعضای دولتش همه چهره‌های شناخته شده و غالباً مشهور به درستی و قطعاً وطن‌خواه بودند. اما دیگر مساله در حسن شهرت وزیران نبود. شورش در شمال و غرب و جنوب کشور گسترش می‌یافت. شوروی‌ها، علی‌رغم تقاضاهای رسمی مکرر دولت و فشار دولت ایالات متحده از تخلیه‌ی قوای خود که در قرارداد سه جانبه و اعلامیه‌ی کنفرانس تهران متعهد به آنان شده بودند خودداری کردند. مساله در بودن یا نبودن ایران بود.

دولت حکیمی تصمیم گرفت که به شورای امنیت سازمان ملل شکایت کند. آشوبی برای اعتراض به این تصمیم شجاعانه برپا شد. اما حکیمی آن‌قدر ایستادگی کرد که کار به انجام برسد و شکایت ایران در دستور مذاکرات قرار گیرد. سیدحسن تقی‌زاده و حسین علاء سفیران ایران در لندن و واشنگتن با پایمردی این کار را به انجام رساندند.

پافشاری دولت حکیمی و کاردانی تقی‌زاده و علاء از خدمات برجسته آنان به ایران است. بحران آذربایجان به حد اعلای خود رسیده بود. دولت مرکزی دیگر بر قسمت مهمی از کشور تسلط نداشت.
حکیمی با سربلندی از توفیقش در شکایت ایران علیه شوروی، که در محیط آن روز ایران و جهان حتی قابل تصور هم نبود، از کار کناره گرفت. مجلس به نخست‌وزیری احمد قوام ابراز تمایل کرد.

فرمان نخست‌وزیری او در ۷ بهمن‌ماه ۱۳۲٤، ۲۷ ژانویه ۱۹٤٦ به امضای شاه رسید.

سرنوشت ایران دیگر در دست او بود. در شرایطی بس دشوار، یکی از بحران‌های بزرگ سرتاسر تاریخ ایران.

****

پس از جنگ جهانی دوم، نیروهای بریتانیا و ایالت متحده با رعایت تعهدات دو دولت، ایران را در موعد مقرر ترک کردند. اما ارتش سرخ نه تنها از تخلیه‌ی خاک ایران خودداری کرد بلکه شوروی‌ها در همه جا دست به تجاوز علنی به حق حاکمیت ایران زدند و به مداخله‌ی آشکار در امور داخلی کشور پرداختند.

بعد از کنفرانس یالتا که طی آن استالین از ضعف و بیماری روزولت و ساده‌لوحی او سوءاستفاده کرده بر قسمت مهمی در اروپا دست انداخت، هدف‌های جهان‌خوارانه‌ی مسکو دیگر روشن بود. در - یونان، هندوچین، فرانسه - در کره ماجراهایی مشابه با آنچه در ایران اتفاق می‌افتاد، به راه انداختند. بحرانی شدید با ترکیه بر سر نظارت بر تنگه‌های بسفور و داردانل به وجود آوردند. مراد آن‌ها تسلط بر تمام یا قسمتی از خاک ایران و یونان و کره و سه کشور هندوچین بود و در مورد کشور ما دست‌یابی به آب‌های گرم اقیانوس هند و خلیج‌فارس و منابع عظیم نفتی آن نیز اضافه می‌شد.

اشتباه استالین و رهبران شوروی در ارزیابی سیاست دولت ایالات متحده آمریکا بود. آن‌ها به خوبی می‌دانستند که پس از فروپاشی، تقسیم و نابودی آلمان، دو ابر قدرت دیگر قبل از جنگ یعنی بریتانیا و فرانسه سرگرم مسائل داخلی خود و بخصوص پایان اجتناب‌ناپذیر نظام استعماری و امپراتوری‌های خود بوده و

توان رویارویی با اتحاد جماهیر شوروی را نخواهند داشت.
استالین تصور می‌کرد که ایالات متحده آمریکا نیز بیش‌تر به سیاست دیرین «انزوا» روی خواهد آورد و به هر حال، چون پیش از او هیتلر، که وی نیز چنین باوری داشت، نظام‌های دموکراسی را ناتوان می‌پنداشت. مرگ روزولت همه‌ی این حساب‌ها را دگرگون کرد.

هاری ترومن جانشین او فرزند یک خانواده‌ی ساده‌ی کشاورز بود. تحصیلات دانشگاهی نداشت، اما استالین را شناخته بود و کوچک‌ترین توهّمی درباره‌ی هم‌زیستی مسالمت‌آمیز با سیاست توسعه‌طلبی مسکو در سر نداشت. او ایستادگی در برابر این سیاست را برگزید. نیروی دریایی آمریکا را برای دفاع از استقلال و حاکمیت ترکیه در دریای مدیترانه به حالت آماده‌باش درآورد. اندکی بعد به کمک دولت قانونی و مرکزی یونان در برابر شورش کمونیست‌ها در شمال آن کشور شتافت.
با اعزام نیروهای آمریکایی به کره از دست‌اندازی کمونیست‌ها به کره جنوبی جلوگیری کرد. پیمان آتلانتیک شمالی و برنامه‌ی مارشال که ابتکار آن‌ها از واشنگتن می‌آمد مانع سقوط اروپای غربی شدند.
از این دیدگاه احمد قوام در شرایط مساعدتری زمام امور ایران را بدست گرفت.

ماجرا پیش‌تر آغاز شده بود.

*****

در ۱٤ آبان ۱۳۲٤- ٥ نوامبر ۱۹٤٥، دو کامیون ارتش سرخ مقدار زیادی اسلحه میان افراد منتسب به حزب توده در عجب‌شیر پخش کردند. افراد مزبور ژاندارمری محل را محاصره کرده و به آن تاختنند که زد و خورد شدیدی درگرفت. همان روز نزدیک به

پانصد نفر افراد مسلح بین راه میانه به تبریز اجتماع کرده و مانع عبور و مرور وسایل نقلیه شدند و همچنین خط تلگراف تهران-تبریز را قطع کردند.

پنج روز بعد افراد مسلح به پایگاه‌های ژاندارمری عجب‌شیر و کلی‌کندی حمله بردند. ژاندارم‌ها توانستند سیزده نفر از مهاجمین را دستگیر و به زندان مراغه تحویل دهند. چند ساعت بعد سربازان ارتش سرخ آن‌ها را آزاد کردند.

در ۲۶ آبان - ۱۷ نوامبر، هیأت دولت موضوع ناامنی فزاینده در آذربایجان را مورد بحث قرار داد از آن جا که مداخله‌ی قوای شوروی علنی و رسمی بود به وزارت امور خارجه تکلیف شد که به سفارت آن کشور در تهران شدیداً اعتراض کند و نیز تصمیم به تقویت پایگاه‌های نظامی و ژاندارمری در منطقه گرفته شد. اما نیروهای شوروی از پیشروی نخستین ستون اعزامی که راهی مهاباد بود جلوگیری کردند و این شهر به تصرف شورشیان تجزیه‌طلب درآمد. سپس هفت کامیون اسلحه میان شورشیان تقسیم شد.

در ۲۹ آبان، شوروی‌ها در شهرهای مرند و مراغه به توزیع اسلحه میان افراد وابسته به خود پرداختند. شورشیان به چند پایگاه ژاندارمری حمله بردند، ساختمان‌ها را به مسلسل بستند و شماری از افراد و افسران را کشتند و تعدادی را که اسیر شده بودند، قطعه قطعه کردند.
دولت تصمیم به اعزام دو گردان نیروی نظامی و یک واحد پزشکی ارتش به آذربایجان گرفت. نیروهای شوروی آن‌ها را در شریف‌آباد قزوین متوقف کردند و در کرج مانع الحاق چند واحد کوچک دیگر به آنان شدند.

در سی‌ام آبان - ۲۱ نوامبر، مجدداً مقدار زیادی اسلحه در مهاباد میان تجزیه‌طلبان توزیع شد.

سه روز بعد در پاسخ به یادداشت اعتراض ایران- دولت شوروی وقوع حوادث ناگوار در شمال و غرب کشور را تکذیب کرد و عملیات تجزیه‌طلبان را نه یک قیام مسلحانه «بلکه کوششی برای تحقق آرمان‌های ملی مردم آذربایجان» وانمود کرد. در مورد اعزام قوای نظامی ایران به استان‌های شمال و غرب کشور، دولت شوروی «این کار را سودمند ندانست» و درباره‌ی خروج نیروهای ارتش سرخ از ایران متذکر شد که «این امر ضرورتی ندارد».

دخالت در امور داخلی ایران و نقض تعهدات مسکو در قرارداد سه‌جانبه و اعلامیه‌ی کنفرانس تهران دیگر علنی شده بود. شهرهای کوچک آذربایجان یکی پس از دیگری به اشغال شورشیان درآمد. افراد واحدهای ژاندارمری و کسانی که به آنان ظن مخالفت با تجزیه‌ی استان می‌رفت همه قتل‌عام شدند و اموال بسیاری از آنان به غارت رفت. فقط هنوز ظاهر نفوذ و حضور حکومت مرکزی در تبریز مرکز آذربایجان باقی بود.

*****

در این میان سیدجعفر جواداُف (جوادزاده) معروف به پیشه‌وری، به اتفاق گروه دیگری از چپ‌گرایان آذربایجان تشکیل «فرقه دمکرات آذربایجان» را، با شعار اعلام خودمختاری این استان، اعلام کرده بود.

سید جعفر پیشه‌وری سال‌ها قبل به جرم جاسوسی برای اتحاد جماهیر شوروی محاکمه و محکوم شده و مدتی زندانی بود. پس از سوم شهریور آزاد و در دوره‌ی چهاردهم مجلس شورای ملّی به فشار ارتش سرخ از تبریز به نمایندگی مجلس برگزیده شده بود.

اما مجلس به استناد همان محکومیت اعتبارنامه‌ی او را رد کرد. پیشه‌روی قبل و بعد از این ماجرا هفته‌نامه‌ی کم‌خواننده‌ای به نام آژیر انتشـــار می‌داد و در همه‌ی محافل سیاســـی تهران به عنوان یک عامل شناخته شده و تقریباً رسمی سفارت شوروی در ایران معروف بود.

شورشـــیان و تجزیه‌طلبان آذربایجان با تشکیل این فرقه دیگر یک عنوان رسمی داشتند. در مهاباد نیز برادران قاضی حزب دمکرات کردستان را تشـــکیل دادند. یکی از آنان صدر قاضی، نماینده‌ی مهاباد در مجلس شـــورای ملی بـــود و در دوره‌ی نمایندگی‌اش، مردی میهن‌خواه و نه تجزیه‌طلب شناخته شده بود.اما وارد ماجرا شد و تهران را قبل از پایان دوره‌ی وکالتش ترک کرد.
به پیروی از دستور مســـکو، حزب توده انحلال تشکیلات خود را در آذربایجان و آن قسمت از کردستان که تحت تسلط تجزیه‌طلبان بـــود، اعلام کرد و اعضـــا و شـــبکه‌های آن در دو حزب دمکرات آذربایجان و دمکرات کردستان ادغام شدند.

جریان این ادغام جالب اســـت. آن را از قول یکی از رهبران اصلی حزب توده در آن زمان دکتر فریدون کشـــاورز نماینده‌ی مجلس و وزیر بعدی نقل می‌کنیم:

«روز قبـــل از اعلام تشـــکیل فرقه دموکـــرات آذربایجان، کمیته مرکزی حزب (توده) در منزل من جلسه داشت. زیرا من مصونیت پارلمانی داشـــتم و کلوپ حزب در اشـــغال ســـربازان بود... در حدود ساعت ٦ عصر، اصغر شوفر من مرا صدا کرد و گفت آقایی به نام پادگان از تبریز آمده و با شـــما کار فوری دارد، پادگان دبیر تشکیلات ایالتی حزب در آذربایجان بود.

من از اطاق خارج شدم و پادگان به من گفت: همین حالا

از تبریز رسیده‌ام و پیام خیلی فوری برای کمیته مرکزی دارم و نمی‌دانم کجا می‌توانم رفقا را پیدا کنم. جواب دادم اتفاقا جلسه کمیته مرکزی در خانه من تشکیل شده و همه اینجا هستند و او را وارد اطاق جلسه کردم.

او گفت، من از تبریز حالا رسیده‌ام و فوری باید برگردم. من آمده‌ام به شما اطلاع بدهم که فردا تمام سازمان حزب ما در آذربایجان از حزب توده ایران جدا شده و با موافقت رفقای شوروی به فرقه دموکرات آذربایجان که تشکیل آن فردا اعلام خواهد شد می‌پیوندند.

شما می‌توانید نزد خود مجسم کنید چه ضربه‌ای به همه ما وارد شد و چه حالی به همه ما دست داد. ما می‌خواستیم با پادگان صحبت و بحث کنیم ولی چند دقیقه بعد او از جای خود بلند شد و گفت من با اختیار بحث فرستاده نشده‌ام، فقط آمده‌ام به شما خبر بدهم و خداحافظی کرد و رفت برای اینکه صبح در موقع اعلام تشکیل فرقه دموکرات در تبریز باشد.

مذاکرات و بحث طولانی در این‌باره شد و بالاخره تصمیم گرفتیم که نامه‌ای به حزب کمونیست اتحاد جماهیر شوروی بنویسیم و به آن‌ها بفهمانیم که کاری را که می‌کنند هم به حزب توده ایران و هم به اتحاد جماهیر شوروی زیان می‌رساند. از ۱۵ عضو کمیته مرکزی حزب حتی یک نفر اظهار موافقت با کاری که می‌شد (نامه به حزب کمونیست شوروی) نکرد، یا جرأت ابراز موافقت نکرد».[1]

نویسنده‌ی کتاب پیشه‌وری را «یک انقلابی با ایمان»[2] و «بهترین

۱- دکتر فریدون کشاورز، من متهم می‌کنم کمیته مرکزی حزب توده را. تهران، آذرماه ۱۳۵۷، دسامبر ۱۹۷۸، بدون ذکر نام ناشر، صفحات ۴۰ و ۴۱.
۲- همان منبع، صفحه ۴۴.

شخص برای صدارت فرقه»[۱] می‌داند. چرا که «کسی با سابقه‌تر و با تجربه‌تر از او نبود.»[۲]
جریان جزئیات کار هر چه بوده، ادغام حزب توده در فرقه‌های دموکرات آذربایجان و کردستان نشانه‌ی دیگری از تصمیم قطعی شوروی‌ها بر تجزیه‌ی رسمی و کامل ایران و جدایی استان‌های شمال غربی از کشور بود.[۳]
واحدهای ژاندارمری و شهربانی شهرهای مختلف آذربایجان یکی پس از دیگری بدست افراد مسلح فرقه دموکرات می‌افتاد و تقریباً همه جا افسران و افراد آن وحشیانه قتل‌عام می‌شدند.
سقوط شهرهای آذربایجان با کشتار و غارت‌های فراوان همراه بود و باعث مهاجرت ده‌ها هزار تن از ساکنان آن‌ها به سوی استان‌های دیگر کشور، بخصوص گیلان و تهران شد.

حضور این آوارگان و متواریان بر دشواری‌های کشور از نظر تأمین مواد غذایی و مصرفی و امنیت شهرها می‌افزود. در سرتاسر ایران تظاهرات وسیع و پرشوری برای اعتراض به تجزیه‌ی آذربایجان و اعلام دلبستگی مردم به وحدت و تمامیت ارضی کشور جریان داشت، در روز ۵ آذرماه ۱۳۲٤ (۲٦ نوامبر ۱۹٤۵) مجلس در جلسه‌ای پرهیجان، به اتفاق آراء البته به استثنای نمایندگان حزب توده) انزجار خود را از تحریکاتی که در آذربایجان جریان داشت، اعلام کرد.
دولت در یادداشت‌ها و اعلامیه‌های پیاپی به محافل بین‌المللی و دولت‌های بزرگ در مورد نقض قرارداد سه جانبه و اعلامیه‌ی کنفرانس تهران به وسیله‌ی شوروی‌ها، اعتراض می‌کرد.

۱- همان منبع صفحه ٤٤ و ٤۵.
۲- همان منبع صفحه ٤٤ و ٤۵.
۳- در باره‌ی مجموع این ماجرا نگاه کنید به کتاب جامع و مستند سیاوش بشیری، آذر آذربایگان، انتشارات پرنگ، پاریس ۱۳٦۳، ۱۹۸٤.

در ٦ آذرماه ۱۳۲٤ دولتین آمریکا و انگلیس در اعلامیه‌های صریحی پشتیبانی خود را از دولت ایران اعلام داشتند. اوایل آذر ۱۳۲٤، هنوز آثاری از حکومت مرکزی در تبریز باقی بود. هشتم آذر افراد مسلح فرقه‌ی دموکرات به قرارگاه لشکر تبریز حمله‌ور گردیدند. ولی بر اثر مقاومت افراد ارتش یک کشته و چند زخمی به جای گذاشتند و متفرق شدند.

دولت حکیمی که هنوز رسماً بر سر کار بود در بُن‌بست کامل قرار داشت. ارتش سرخ مانع اعزام قوای نظامی و انتظامی برای اعاده‌ی امنیت به آذربایجان می‌شد. در هر حال نیروهای ایران توانایی کافی برای مقابله با یک جنگ داخلی گسترده را نداشتند. شکایت ایران از اتحاد جماهیر شوروی در دستور شورای امنیت سازمان ملل قرار گرفته بود، که این هم ضمانتی برای ایران بود.

آخرین اقدام دولت اعزام مرتضی قلی‌بیات (سهام‌السلطان) نخست‌وزیر پیشین به تبریز بود که شاید با مذاکرات و مسالمت، کاری از پیش ببرد. چند نماینده‌ی عالی‌رتبه از ژاندارمری و شهربانی و سازمان‌های دولتی نیز همراه بودند. به بیات اجازه داده نشد که با یک هواپیمای ایرانی به تبریز برود. استفاده از راه‌آهن که تا میانه می‌رفت و یا سفر با اتومبیل نیز با وضعی که منطقه داشت میسر نبود.
ناچار نماینده‌ی عالی‌رتبه دولت با یک هواپیمای شوروی به تبریز رفت، با این و آن به گفتگو نشست و بدون اخذ نتیجه به تهران بازگشت.
برای خروج از بحران دیگر نه راه‌حل سیاسی فوری وجود داشت و نه راه‌حل نظامی. ایران عملاً تجزیه شده بود.

*****

در روز ۲۱ آذرماه ۱۳۲٤، ۱۲ دسامبر ۱۹٤۵ جعفر پیشه‌وری ده تن

«وزیران» دولت خود را به مجلسی که در ظرف چند روز ساخته و پرداخته شده بود معرفی کرد.
سپس همین مجلس شخصی را به ریاست دیوان عالی تمیز و شخص دیگری را به سمت دادستان کل آذربایجان برگزید. فردای آن روز، ۲۲ آذرماه سرتیپ درخشانی فرمانده لشکر آذربایجان بخشنامه‌ای به این شرح صادر کرد:

> «برابر تصمیم متخذه در کمسیون متشکل از افسران ارشد پادگان تبریز، به منظور این که از برادرکشی و اتلاف نفوس دولت و وارد آمدن خسارت به اموال تجار و سایر اشخاص جلوگیری شود، دستور می‌دهم که کلیه پادگان تبریز اسلحه‌های خود را بر زمین گذاشته و طبق دستورات صادره رفتار نمایند.»[۱]

این تصمیم سرپیچی علنی از دستور دولت بود که «با توجه به مداخله دولت و ارتش شوروی در امور داخلی ایران، کلیه سلاح‌ها و مهمات لشکر را نابود کرده و لشکر را منحل نموده و همه افسران و افراد را به تهران اعزام دارد.»[۲]
سرتیپ درخشانی در حالت یاغی‌گری بود و کمیسیون متشکل از افسران ارشد پادگان که با آن استناد می‌کرد، وجود و موضع قانونی نداشت.[۳]
سرتیپ درخشانی دو روز بعد در یک مصاحبه‌ی مطبوعاتی[٤] در

۱- متن اعلامیه‌ی در سیاوش بشیری، آذر آذربایگان، صفحه ۵۹.
۲- گاهنامه‌ی پنجاه سال شاهنشاهی ایران، چاپ پاریس، شهریور ۱۳٦٤، جلد اول، صفحه ۳۵٦.
۳- سی‌و دو سال بعد، افسر ارشد دیگری، ارتشبد حسین فردوست، رئیس کل بازرسی شاهنشاهی، که در سلسله مراتب ارتش دیگر موضع و مقامی نداشت، به استناد تصمیم شورایی (که آن هم وجود قانونی نداشت و در درستی و یا نادرستی صورت جلسه آن بحث بسیار شده) ارتش ایران را منحل اعلام کرد و با دستیاری یکی دو تن دیگر به پیروزی انقلاب اسلامی رسمیت بخشید.
٤- نقل از روزنامه‌ی شهباز شماره ۳۱، ۲ بهمن ماه ۱۳۲٤. سیاوش بشیری، همان

تبریز اظهار داشت:

«من کوشش کردم تهران را وادار می‌کنم چنین تصمیمی بگیرد... و قسمتی از آن در برابر ابتکار من بود. من خونریزی را به صلاح کشور نمی‌دانستم و مطمئن باشید اگر احساس می‌کردم ستیزه و جنگ به صلاح مملکت است شدیداً عمل می‌کردم.

اما تشخیص دادم که مقاومت بی‌فایده است و حتی بر وخامت اوضاع نیز می‌افزاید... من ژنرال هستم و مطابق منافع روز و منافع نظامی می‌توانم تصمیم بگیرم و منافع نظامی، مصالح کشور من حکم می‌کرد که تصمیم دیشب را بگیرم و به عقیده‌ی من کار درستی بود.»

از او درباره‌ی ملاحظات ارتش سرخ و مهاجرین آن‌سوی مرز سوال شد. پاسخ داد:

«اگر نهضتی نبود، این جریان پیش نمی‌آمد. تا دیروز روزنامه‌های دست راستی عکس مرا می‌انداختند ولی از این پس به من فحش خواهند داد و از این که وجود یک نهضتی را تصدیق کردم لجن‌مالم خواهند کرد.

از او سوال شد که فداییان اسلحه خود را از کجا آوردند؟ با صراحت پاسخ داد:

«روس‌ها به آن‌ها داده‌اند. زیرا نمی‌توان گفت که از بقایای اسلحه‌هایی است که در شهریورماه (۱۳۲۰) به دست مردم افتاده.»

پس از تسلط فرقه‌ی دموکرات بر آذربایجان سرتیپ درخشانی به تهران بازگشت و به دلیل سرپیچی از اوامر و خیانت آشکار در

منبع صفحه‌ی ۶۰.

دادگاه بدوی به اعدام و در دادگاه تجدیدنظر به حبس ابد محکوم شد. سپس شاه محکومیت او را به ۱۵ سال زندان تبدیل کرد، و در مرحله‌ی دیگری با استفاده از تخفیف مجدد مجازات از زندان آزاد شد و در جراید به دفاع از خود برخاست.

در سال ۱۳۵٦، پس از کشف یک شبکه‌ی جاسوسی بزرگ در تهران، که به سود شوروی‌ها عمل می‌کرد، در حین ارتکاب جرم، انتقال سندی به یک مأمور روس، بازداشت و مجدّداً تحویل دادگاه شد. اما این بار انقلاب اسلامی او را نجات داد.[۱]

*****

کار آذربایجان موقتاً، به تجزیه‌ی کامل رسیده بود. تمام این استان تا نزدیکی قزوین تحت اشغال افراد مسلح دموکرات بود. و نیز قسمت کوچکی از کردستان که برادران قاضی آن را به‌نام حزب دموکرات کردستان (کومله) از ایران جدا کرده بودند.

افکار عمومی ایران یک‌پارچه و متحد برای مقابله و مقاومت آماده بود. یکی از آن زمان‌های نادری که مردم هر اختلاف سیاسی، مذهبی، مسلکی و شخصی را کنار می‌گذارند که میهن خود را نجات دهند.

همه از کوچک و بزرگ سرود آذرآبادگان را که آهنگ آن از روح‌الله خالقی و شعرش از رهی‌معیری بود، بر زبان داشتند. تنها حزب توده از تجزیه‌ی آذربایجان دفاع می‌کرد که جای تعجب نبود و نیز حزب ایران که خود را ملی‌گرا و ملّهم از رویه‌ی دکتر مصدق می‌دانست. گرچه او تجزیه‌ی آذربایجان را شدیداً محکوم می‌کرد.

۱- حسین فردوست نیز از همه جانب متهم به این شد که «جاسوس چند جانبه» است. انحلال ارتش که او آتش‌بیار اصلی آن بود به دستور خارجیان و فشار امریکایی‌ها صورت گرفت. درباره‌ی سرنوشت او بحث بسیار در میان است. تشابه میان سرنوشت این دو تن را نمی‌توان نادیده گرفت.

«قیام برای ایجاد حکومت ملی، قیام بر علیه دشمنان حکومت ملی... قیام بر علیه کسانی که بر علیه ملت و برای اختناق و اضمحلال ملت، حکومت را در دست دارند.»[۱]

این موضع حزب ایران و داوری‌اش در مورد تجزیه‌ی آذربایجان بود. اما این صداهای شوم در میان خروش یک‌پارچه مردم که از وحدت و تمامیت کشور دفاع می‌کردند، محلی نداشت.

*****

دولت بار دیگر در ۲٦ آذرماه (۱۷ دسامبر۱۹٤۵) طی یادداشت‌های مفصل و مستندی نسبت به مداخلات شوروی‌ها در امور داخلی ایران و خطر تجزیه‌ی کشور، نه تنها به مسکو اعتراض کرد، بلکه دو دولت بزرگ دیگر را به یاری خواند.

اندکی بعد، آمریکایی‌ها پیشنهاد کردند که یک کمیسیون سه جانبه برای رسیدگی به وضع ایران تشکیل شود. مجلس و دولت به اتفاق آراء این پیشنهاد را که مداخله‌ی علنی در امور داخلی کشور بود رد کردند.

حکیمی نخست‌وزیر در ۲۵ دی‌ماه ۱۳۲٤ (۱۵ ژانویه ۱۹٤٦) طی سخنانی قاطع در مجلس به این توقع بی‌جای «متفقین» دیروز کشور پاسخ داد و سیدحسن تقی‌زاده در لندن مجدداً از سازمان ملل برای تضمین و نجات وحدت ملی استمداد جست.

مقارن همین احوال جنگ‌های چریکی و مقاومت مسلحانه در برابر فرقه‌ی دموکرات در زنجان آغاز شد که تا آزادی و رهایی کامل این استان ادامه داشت. این نهضت مقاومت را برادران ذوالفقاری رهبری می‌کردند.

*****

۱- روزنامه‌ی جبهه، ارگان حزب ایران، ۳۰ آذرماه ۱۳۲٤.

برای دولت ایران جز اعتراض، برای مردم کشور جز فریاد خشم و برای گروهی از میهن‌پرستان مسلح (اما ناتوان) چاره ای جز آنچه کردند و می‌کردند باقی نمانده بود.

چنان‌که دیدیم در سی‌ام دی‌ماه حکیمی استعفای خود را به مجلس و شاه تقدیم داشت و یک هفته بعد از آن بر اثر تمایل مجلس احمد قوام به ریاست دولت رسید.

زمان او فرا رسیده بود، حال آن‌که در جنوب کشور نیز دشواری بزرگی در انتظارش بود.

فصل ششم

پیروزی بر استالین

هنگامی که ابراهیم حکیمی از کار کناره گرفت، بخشی مهم از کشور، یکی از گهواره‌های تمدن و تاریخ ایران - تحت استیلای حکومتی تجزیه‌طلب به فرمان خارجیان درآمده بود و عملاً در اشغال نیروهای شوروی بود.
رهبران سیاسی ایران در بُن‌بست کامل بودند. نه راه‌حل سیاسی به نظرشان می‌رسید مگر آنکه تسلیم مسکو شوند که هیچ ایرانی حاضر به قبول آن نبود و نه راه‌حل نظامی وجود داشت.

هیچ‌یک از دولتمردان ایران توانایی یافتن راهی برای خروج از بحران نداشت، مگر یک مرد سرنوشت‌ساز: احمد قوام که پس از ناکامی نسبی دولت قبلی‌اش بیشتر اوقات خود را در املاکش

می‌گذراند، اما دقیقاً تحولات سیاسی و بین‌المللی را تعقیب می‌کرد. قـوام با غـرور و اعتماد به نفس و بینش سیاسـی بین‌المللی که داشـت، احسـاس می‌کرد که می‌تواند مرد نجات ایران باشد. او این توانایی را در خود می‌دید. با آغاز بحران آذربایجان به تهران بازگشت.

«همه‌ی چشـم‌ها به سـوی او بود و این پرسش بر سر زبان‌ها که آیا این سیاست‌مدار کارکشته می‌تواند گره از کار فروبسته ایران بازگشاید.»[۱]

«در شرایط بحرانی آن روز، جهان شاهد سیاست ماهرانه و تدبیر یکی از پیشـگامان صحنه سیاسـی ایران، احمد قوام نخست‌وزیر وقت بود.»[۲]

«هنگامی که احمد قوام برای بارسـوم نخست‌وزیر ایران شد، شصت و چهار سال داشت و یکی از سیاست‌مداران با تجربه و استخوان‌دار کشور خود به شمار می‌آمد.

در هنگام نخسـتین دوران ریاسـت دولت خود در سـال ۱۹۲۱، او موفـق شـده بود موجبات تخلیـه‌ی ایران را از نیروهای نظامی خارجی فراهم آورد، به وضع نابسامان مالی کشور سر و سامان داده و توازنی میان نفوذ روس و انگلیس برقرار سازد.

اما ایـن بار بحرانی که بـا آن روبرو بـود ابعادی دیگر داشـت. طرف مقابل، روسیه‌ی بلشویک سال‌های بعد از انقلاب اکتبر نبود، اتحاد جماهیر شوروی بود که برآلمان

۱- حمید شوکت، منبع ذکر شده، صفحه‌ی ۱۹۶.

2- Rene Cagnat, L'U.R.S.S en Iran
Revue de la Defense. Nationale, Nov, 1982

نویسنده‌ی این مقاله افسر عالی‌رتبه‌ی ارتش فرانسه و یکی از صاحب‌منصبان ارشد سـازمان‌های اطلاعاتی آن کشور و متخصص در امور خاورمیانه و آسیای مرکزی است. مجله‌ی De'fense Nationalę نشریه‌ی نیمه‌رسمی وزارت دفاع ملی آن کشور است.

پیروز شده و یکی از دو ابرقدرت جهان به نظر می‌رسید. این بار قوام می‌بایست، با استالین روبرو شود که قدرتش جهان را به لرزه درآورده بود»[۱]

«محمدرضا شاه که به پیروی از رأی تمایل مجلس، قوام را به ریاست دولت منصوب کرده بود، به او نظر خوبی نداشت. در ملاقاتی با سفیر انگلیس در تاریخ دوم دسامبر ۱۹٤۵ به او گفت که «قوام‌السلطنه از املاک خود وارد تهران شده است و نسبت به او سوءظن عمیقی دارد.»[۲]

با این حال چاره‌ای جز توشیح فرمان نخست‌وزیری او نداشت و انصاف این است که گفته شود طی ماه‌هایی که رئیس دولت درگیر حل بحران آذربایجان و سپس غائله‌ی فارس بود، از هرگونه کارشکنی در کار وی خودداری کرد و دو مسئول اصلی راهبری کشور، یعنی شاه و نخست‌وزیر، از روی میهن‌پرستی با هماهنگی کامل عمل کردند. اگر هم تحریکاتی از دربار در کار قوام می‌شد، ظاهراً بیش‌تر از جانب شاهدخت اشرف بود که اندک‌اندک می‌خواست وارد صحنه‌ی سیاست ایران شود.[۳]

*****

قوام که در ۷ بهمن ۱۳۲٤، ۲۷ ژانویه ۱۹٤٦ رسماً به نخست‌وزیری

1- Edouard Sablier, Iran la Poudrière Paris, 1980, P.276.

ادوارد سابلیه روزنامه‌نگار و مورخ فرانسوی، ایران‌شناس و ایران دوست واقعی بود. به زبان فارسی آشنایی داشت. طی نزدیک به چهل سال دهها بار به ایران سفر کرد و با بسیاری از شخصیت‌های ایرانی از هر گروه و مسلک، آشنایی و حتی دوستی داشت.

۲- متن گزارش در عبدالحسین مفتاح، ایران پل پیروزی جنگ جهانی دوم، صفحه‌ی ۳۹۵.

۳- نگاه کنید به قسمتی از خاطرات جهانگیر تفضّلی، روزنامه‌نگار نامدار آن زمان، معاون نخست‌وزیر، سفیر و وزیر بعدی، در مصطفی‌الموتی، منبع ذکر شده، صفحات ۹۹ تا ۱۰۱.

منصوب شده بود بلافاصله فَعّالیت خود را برای یافتن راه‌حل بحران آذربایجان آغاز کرد.
نخستین دستور قاطع او به سیدحسن تقی‌زاده رئیس هیات نمایندگی ایران در سازمان ملل و سفیر در لندن (آن موقع سازمان موقتاً در پایتخت انگلستان مستقر بود) پافشاری در ادامه‌ی طرح شکایت ایران از اتحاد جماهیر شوروی در شورای امنیت بود و نیز اخذ تماس فوری با نمایندگان این کشور به منظور مذاکره‌ی مستقیم با مسکو. سیاست قوام از همین دستور روشن می‌شود: مذاکره با طرف مقابل از موضع قدرت.

در روز ۳۰ ژانویه، قوام که هنوز وزیران خود را تعیین نکرده بود پیام‌هایی به سران سه کشور بزرگ فرستاد و از آنان خواست که تعهدات خود را در قرارداد سه جانبه و اعلامیه‌ی کنفرانس تهران انجام دهند. همان روز شورای امنیت پس از ٤ ساعت مذاکره که سید حسن تقی‌زاده بدون حق رأی در آن شرکت داشت و نقطه‌نظرهای ایران را با صراحت و شجاعت بیان نمود، به اتفاق آرا توصیه کرد که اختلاف دو کشور در مورد قضیه‌ی آذربایجان از راه مذاکرات مستقیم حل و فصل گردد.
این توصیه، نخستین پیروزی دیپلماتیک قوام بود. چرا که مذاکرات با مسکو را تحت نظر سازمان ملل قرار می‌داد. متعاقب آن دولت شوروی اعلام داشت که برای پذیرایی از هیأت نمایندگی ایران به منظور انجام مذاکرات مستقیم در مورد روابط دو کشور آماده است.

راهی برای خروج از بحران گشوده می‌شد.

روز چهارم فوریه، آندره ویشینسکی رئیس هیأت نمایندگی شوروی در سازمان ملل (همان دادستان دادگاه‌هایی که هزاران مخالف استالین را به قتل‌گاه فرستاده و شهرتی بس زننده یافته

بود) به اتفاق سفیران آن کشور در لندن و واشنگتن، شخصاً به سفارت ایران رفت و بدین ترتیب نخستین جلسه‌ی مذاکراتی که شورای امنیت توصیه کرده بود آغاز شد.

به دستور قوام، علی سهیلی نخست‌وزیر پیشین که دیپلماتی کارکشته و در ضمن آشنا به زبان روسی بود (تقی‌زاده، انگلیسی و آلمانی و اندکی فرانسه می‌دانست) و در مذاکرات با متفقین تجارب بسیار اندوخته بود، به کمک تقی‌زاده رفت و از این پس در همه‌ی جلسات شرکت کرد.

در همین اوان بحران آذربایجان شدت می‌یافت. افراد فرقه‌ی دمکرات پس از کشتار و غارت بسیار بر شهرهای میانه و زنجان تسلط کامل یافتند. در مقابل، عملیات شبکه‌های مقاومت در این منطقه گسترش یافت.

غلام یحیی سرکرده‌ی افراد مسلّح فرقه‌ی دمکرات، اعلامیه‌ای بر ضد برادران ذوالفقاری که رهبر شبکه‌ی محلی مقاومت بودند صادر کرد و سر آنان را به جایزه گذاشت. آنان نیز متقابلاً از همه‌ی میهن‌پرستان منطقه خواستند که علیه تجزیه‌طلبان متحد شوند و به آنان بپیوندند.

در میاندوآب و چند شهر دیگر تظاهرات مردمی شدیدی علیه فرقه‌ی دمکرات صورت گرفت که هر بار با شدت عمل سرکوب شد. و شمار زیادی از اهالی محلی کشته و زخمی شدند.

در سرتاسر ایران تظاهرات وسیعی برای پشتیبانی از وحدت کشور و اعتراض به تجزیه‌طلبان آذربایجان و کردستان برپا می‌شد. این حرکت وسیع ملی طبیعتاً عاملی در تقویت دولت در برابر شوروی‌ها بود.

*****

در ۲۵ بهمن ماه ۱۳۲٤، ۱٤ ژانویه ۱۹٤٦، تقریباً سه هفته بعد از انتصابش به ریاست دولت، در حالی که مذاکرات لندن و

تماس‌های شخصی نخست‌وزیر در تهران زمینه را برای گفتگوی مستقیم با سران شوروی آماده کرده بود، قوام وزیران خود را به شاه و مجلس معرفی کرد. خودش وزارت امورخارجه و وزارت کشور را به عهده گرفت. وزارت جنگ را به سپهبد امیراحمدی واگذاشت. امیراحمدی مردی خشن و معروف به خشونت بود و همه از او حساب می‌بردند. قوام وفاداری او را به کشورش در ماه‌های بعد از حمله‌ی متّفقین به ایران ارج می‌نهاد و قاطعیت او را در رودررویی با شورش ۱۷ آذر فراموش نکرده بود. به او اعتماد داشت.

وزیر دارایی مرتضی‌قلی بیات (سهام‌السلطان) بود.او سابقه‌ی تخصصی در امور مالی نداشت. اما اهل مسالمت و مذاکره با مخالفین و شخصیتی آرامش‌بخش بود و هنگامی که نخست‌وزیر عازم مسکو شد،کفالت امور دولت را به وی محول کرد.

ملک‌الشعرا (محمدتقی بهار) شاعر و ادیبی نامدار و محبوب مردم و آزادی‌خواهان، به وزارت فرهنگ منصوب شد و دکتر منوچهر اقبال استاد سرشناس پزشکی که طبیب مخصوص قوام‌السلطنه نیز بود به وزارت بهداری.

دو روز بعد مجلس به دولت رأی اعتماد داد. نخست‌وزیر برای مذاکره‌ی مستقیم با سران شوروی آماده بود.

*****

در ۲۹ بهمن‌ماه ۱۳۲٤، ۱۸ فوریه، قوام در رأس هیأت نمایندگی ایران برای مذاکرات سیاسی و اقتصادی ایران را با یک هواپیمای دو موتوره‌ی شوروی، به قصد مسکو ترک گفت.

در سر راه چند ساعت در بادکوبه ماند و گردشی کوتاه در آن شهر کرد که در گذشته‌ی نه چندان دور از بلاد مهم ایران بود و هنوز آثار فراوانی از این دوران در گوشه و کنار آن به چشم می‌خورد.

جواد عامری دیپلمات و حقوق‌دان، حمید سیاح شخصیت سیاسی که می‌گویند روسی را حتی از زبان مادری خود بهتر می‌دانست.[۱] دکتر رضازاده شفق دانشمند و ادیبی که مورد اعتماد قوام بود، عبدالحسین نیک‌پور، سلمان اسدی، پیرنظر کارمند عالی‌رتبه و روسیه‌شناس وزارت امور خارجه و درّی نماینده‌ی روسی‌دان مجلس، هیأت نمایندگی ایران را تشکیل می‌دادند. سه روزنامه‌نگار نیز دعوت شده بودند: عمیدی نوری مدیر روزنامه‌ی داد، جهانگیر تفضلی به خبرنگاری «ایران ما» که آن موقع نشریه‌ای چپ‌گرا محسوب می‌شد و مورد توجه روشنفکران تهران بود و بالاخره عباس مسعودی صاحب امتیاز و مدیر اطلاعات. اکبرخان پیش‌خدمت مخصوص رئیس دولت نیز همراه او بود.

هواپیمای حامل نخست‌وزیر ایران و همراهانش در روز ۳۰ بهمن- ۱۹ فوریه در مسکو فرود آمد. مقامات شوروی استقبالی گرم و تقریباً با شکوه از رئیس دولت ایران و همراهانش بجا آوردند.

دولت شوروی قوام را در کاخ پذیرایی مجللی که قبلاً برای چرچیل ساخته شده بود، جای داد و بقیه‌ی اعضای هیات در بهترین مهمان‌سرای آن زمان مسکو «هتل ناسیونال» اقامت گزیدند. از فردای آن روز مذاکرات سیاسی آغاز شد.

*****

از مجموع گزارش‌ها، روایات، اسناد و تحقیقاتی که امروز در دست داریم، می‌توان به روشنی دریافت که قوام از روز اول می‌دانست چه می‌خواهد و چه باید کرد. نقشه‌ی سیاسی خود را طرح کرده بود. کوشید آن را به مرحله‌ی اجرا درآورد و سرانجام توفیق یافت.[۲] در نخستین روز اسفند ۱۳۲۴، هشتم فوریه ۱۹۴۶،

۱- خاطرات جهانگیر تفضلی - مجله‌ی آینده، آذر- اسفند ۱۳۷۰، صفحه ۷۵۲.

۲-گذشته از احمد قوام، اعضای هیأت نمایندگی ایران، خاطرات و دانسته‌های خود را در نهمین سالنامه‌ی دنیا، به تفضیل ذکر کرده‌اند. از جهانگیر تفضلی مطالب جالبی در مجله‌ی آینده (آذر-اسفند ۱۳۷۰)، انتشار یافته. مورخ آذربایجانی (جمهوری آذربایجان سابق شوروی) جمیل حسنلی کتابی تحت عنوان فراز و فرود

نخست‌وزیر و هیأت نمایندگی ایران به کاخ کرملین رفتند و مذاکرات دو طرف با مولوتف وزیر امورخارجه شوروی و همکارانش آغاز شد.

روز بعد، قوام و استالین برای نخستین بار به مدت دو ساعت با یکدیگر ملاقات و مذاکره داشتند. حال آن‌که در تالار دیگری در کاخ کرملین هیأت‌های نمایندگی دو کشور به گفتگو نشسته بودند. هدف اصلی شوری‌ها اخذ امتیاز بهره‌برداری انحصاری از منابع نفت شمال ایران بود. با حضور و نفوذ شبکه‌ی حزب توده در این منطقه و جاهای دیگر ایران، مسکو تصوّر می‌کرد که هم‌مرزهای جنوبی خود را که استالین در کنفرانس یالتا گفته بود «از آن‌ها راضی نیست»، به آب‌های گرم خلیج‌فارس نزدیک خواهد کرد و هم نیازمندی‌های فزاینده‌ی اقتصاد کشورش را به نفت و گاز مرتفع خواهد ساخت.

جدایی آذربایجان و قسمتی از کردستان ایران برگ دیگری در دست روس‌ها بود. همان سیاستی را بازی می‌کردند که در چند منطقه‌ی دیگر جهان به نتیجه‌ی مثبت رسانده بودند. ایران یا لااقل قسمتی از ایران را میوه رسیده و شاید آماده‌ای می‌پنداشتند که به آسانی از درخت افتاده و نصیب آن‌ها خواهد شد.

قوام دست آن‌ها را خوانده بود، هم از قدرت آن‌ها آگاه بود و هم از ناتوانی ایران. بیش از هر چیز به ذکاوت و جهان‌بینی و حسن‌تدبیر خود اعتماد داشت. بازی کاملاً نابرابری میان استالین

فرقه‌ی دمکرات آذربایجان به روایت اسناد محرمانه‌ی آرشیوهای اتحاد جماهیر شوروی نوشته که روزنامه‌ی کیهان (چاپ لندن) ترجمه قسمت اعظم آن را انتشار داده است.

در خاطرات سیاسی مربوط به آن زمان مفصلاً به این جریان‌ها اشاره شده است (از جمله خاطرات ابوالحسن ابتهاج). البته در کتب و تحقیقات خارجی از جمله فرانسه و انگلیس به این جریان که از ماجراهای اصلی «جنگ سرد» است مفصلاً اشاره شده و تجزیه و تحلیل‌های جالب انتشار یافته است که جابجا به بعضی از آن‌ها در صورت لزوم استناد خواهد شد.

و او آغاز شد. قوام پیش از هر چیز می‌خواست موجبات تخلیه‌ی خاک ایران را از قوای شوروی که دیگر فقط یک ارتش اشغال‌گر بودند، فراهم سازد.
او می‌دانست که هر جای ایران از نیروهای خارجی تخلیه شود، او را یک قدم به پیش خواهد برد. در ملاقاتش به استالین گفت:

> «من برای مباحثه‌ی حقوقی و استناد به معاهدات که هر یک به جای خود هست نیامده‌ام. بلکه با یک نیت صادقانه و دوستانه آمده‌ام که مقدمه و شرط اصلی شروع روابط دوستی ایران و شوروی را که تخلیه‌ی فوری ایران از نیروی شوروی است فراهم کنید و در باب اصلاح مساله‌ی آذربایجان که با این وضع، خلاف قوانین و حق حاکمیت ایران است کمک معنوی به ما ابراز دارید.»[1]

استالین به هر دو پیشنهاد جواب رد داد. او به ماده‌ی ششم قرارداد ایران و شوروی (مصوب ۱۹۲۱) اشاره کرد که به شوروی‌ها اجازه می‌داد نیروهای‌شان را در ایران هم‌چنان نگه دارند.

پاسخ قوام فوری و قطعی بود. او گفت که:

> «قرارداد ۱۹۲۱ تنها در صورتی به شوروی اجازه‌ی استقرار نیروهایش را در ایران می‌دهد که کشور از سوی قوای خارجی دیگری اشغال شده باشد و چنین شرایطی وجود ندارد.»

استالین بحران آذربایجان را «یک مسأله‌ی داخلی ایران دانست و افزود که مقوله‌ی خودمختاری آذربایجان مغایر با استقلال ایران نیست». ولی در مقابل مسأله‌ی امتیاز نفت شمال را پیش کشید. قوام دریافت که برگ اصلی یک «معامله بزرگ» را در دست دارد. فوراً جواب داد که:

۱- روایت احمد قوام، نهمین سالنامه‌ی دنیا، منبع ذکر شده، ص ۱۳٤.

«قانون ۱۳۲۳ (طرح پیشـــنهادی دکتــر مصدق) هر نوع مذاکــره را در این مورد در صورت حضور قوای خارجی در کشور ممنوع کرده و به هر حال تصویب مجلس شورای ملی ضروری است».[۱]

قوام می‌دانست، شوروی‌ها نیز می‌دانستند، که دوره‌ی چهاردهم قانون‌گزاری چند روز دیگر (۲۰ اســفند) به پایان خواهد رســید و چون موضوع انتخابات را مطرح کردند، بلافاصله رئیس دولت به آن‌ها جواب داد که آن هم با حضور قوای خارجی در ایران میسر نیست و منع قانونی دارد.
او پس از پایان جلسه به همکاران خود از فشار شوروی‌ها اظهار گله کرد و گفت که اگر به همین منوال پیش برود شکست مذاکرات قطعی اســت، او به تهران باز خواهد گشت و استعفا خواهد داد و عازم اروپا خواهد شد.
می‌دانست که این گفته‌ها فوراً به مقامات شوروی که حتماً در همه جا دستگاه‌های شنود و مراقبت نصب کرده بودند، منعکس خواهد شــد و می‌خواست به اســتالین بفهماند که او تنها کسی است که قادر به اعطای امتیاز نفت به شورو‌ری‌ها و تفاهم رضایت‌بخشی با حکومت پیشه‌وری است و چه بسا جانشینی غیر قابل انعطاف‌تر برای او یافته شود.
مسکو در دام افتاد.

نخستین گام‌ها برای آرام‌ســازی قوام آغاز شد. فردای مذاکره با استالین فرمانده‌ی نیروهای شوروی در ایران تصمیم به تخلیه‌ی سمنان، ســپس شاهرود و سپس مشـــهد را از ارتش سرخ اعلام کرد. متعاقب آن قوام به مولوتف که به مذاکره با او آمده بود. گفت که برای طرح مسأله‌ی امتیاز نفت شمال آمادگی دارد.

۱- همان منبع، صفحات بعد.

معامله‌ی بزرگ آغاز شد. همه‌ی کوشش قوام بر آن بود که موجبات تخلیه‌ی ایران را فراهم آورد، به مسکو بقبولاند که بحران آذربایجان فقط یک مساله‌ی داخلی است ولی در مقابل آن‌ها را مطمئن سازد که امتیاز انحصاری نفت شمال را به دست خواهند آورد.

مولوتف در یکی از گفت‌وگوهایش با قوام از نفوذ سیدضیاءالدین در ایران و حتی در ارتش اظهار نگرانی کرده و آن را مانعی در بهبود محیط روابط دو کشور دانسته بود.[۱]

نمی‌دانیم جواب قوام چه بود، اما دو روز بعد از بازگشت رئیس دولت به تهران، سیدضیاء با استفاده از ماده‌ی پنج قانون حکومت نظامی بازداشت شد و چند ماهی در زندان ماند.
قبل از آن، خلیل فهیمی(فهیم‌الملک) که از دوستان هر دو بود، برای رفع سوءتفاهم میان این دو مرد سیاسی پادرمیانی کرده بود و حتی قرار ملاقاتی نیز گذاشته شد. سیدضیاء به منزل فهیمی آمد، اما قوام نیامد و حتی معذرت هم نخواست.[۲] قطعاً می‌خواست به روس‌ها امتیازی داده باشد و شاید وعده‌ی این بازداشت را هم داده بود!

در ۱٤ اسفند ۱۳۲٤، ٥ مارس ۱۹٤٦، استالین ضیافت شام مجللی در کاخ کرملین به افتخار احمد قوام و هیأت نمایندگی ایران ترتیب داد. اندکی پیش از آن‌که هیات نمایندگی ایران که اعضای آن همه در اقامت‌گاه او جمع شده بودند عازم کرملین شود، قوام متوجه عدم حضور سه تن از نمایندگان مطبوعات ایران شد که آن‌ها را جزء همراهان رسمی خود تلقی می‌کرد، در نتیجه به مهمان‌داران

۱- خاطرات جهانگیر تفضلی، آینده، آذر- اسفند ۱۳۷۰
۲- روایت یک شاهد عینی این ماجرا به نویسنده‌ی این کتاب.

خود گفت که به ضیافت شام اســتالین نخواهد رفت چون همه‌ی اعضای هیأت دعوت نشده‌اند.
برای کارمندان تشــریفات وزارت امور خارجه شوروی شوخی با اســتالین حتی قابل تصور هم نبــود و برای رئیس پرنخوت دولت ایران اندک بی‌حرمتی به همراهانش غیر قابل تحمل بود.
التماســش کردند، نپذیرفت. وقت می‌گذشــت. ناچار از مقامات بالا، کسب تکلیف کردند و قرار شد همه‌ی اعضای هیأت، از جمله روزنامه‌نگاران، به ضیافت دیکتاتور شوروی بروند.

استالین به اتفاق چهل تن از ســران شوروی، از جمله میکویان، مولوتف، مارشــال بودینی، هم‌چنین اسمیرنوف که هنگام جنگ سفیر مسکو در تهران بود، در ضیافت حضور یافت. همراهان دو رئیس دولت به یکدیگر معرفی شدند.
در همین مجلس ضیافت، اســتالین شــخصاً سادچیکوف سفیر جدید شــوروی در تهــران را به رئیس دولت ایــران معرفی کرد. این شــخص بعداً ســهم مهمی در مذاکرات سیاسی و اقتصادی دو کشــور و پیامدهای بحران آذربایجان داشت. در دو طرف میز شام استالین و مولوتف روبروی هم نشسته بودند. قوام در دست راست استالین و عامری در دست چپ او نشسته بودند، مترجمی در کنار قوام بود.
همین که همه به جای خود نشستد، مولوتف از جای خود برخاست و پــس از چند جمله‌ی آمیخته به احترام و ســتایش، جام خود را به سلامتی نخســت‌وزیر ایران نوشــید. همه، از جمله استالین، برخاســتند و همین کار را کردند. بعد از چند لحظه باز مولوتف از جای خود برخاســت و همین کار را به سلامتی هر یک از اعضای هیأت ایرانی تکرار کرد.
چند کلمه درباره‌ی هر یک می‌گفت و جام خود را می‌نوشــید. در این‌جا استالین به پا خواست و گفت «رفیق مولوتف چرا سخنی از

شاه ایران نگفتی؟»، این نشان می‌داد که تا چه اندازه مبادی آداب است. سپس سخنان پرستایشی خطاب به قوام ایراد کرد.

جواد عامری و دکتر شفق نطقی ادبی و سیاسی برای قوام نوشته بودند. رئیس دولت ایران که نمی‌خواست در ابراز دوستی با استالین افراط کرده باشد، یک کلمه از آن را نگفت. فقط از جانب «همراهانش و خودش» از برپایی ضیافت ابراز تشکر کرد و افزود:

> «به جا است بگویم که این محبت امشب آقای مولوتف تاکنون در مذاکرات سیاسی من و ایشان مشهود نیافتاد و من این محبت گرم را چنین تعبیر می‌کنم که چون در روبروی ژنرالیسیم استالین نشسته‌اند، انعکاس محبت ژنرالیسیم در ایشان است.»

گویا استالین در طول ضیافت اقلاً دو بطری شامپانی نوشید و مرتباً سیگار می‌کشید.[۱]

دو روز بعد، اعلامیه‌ی پایان مذاکرات ایران و شوروی انتشار یافت. به ظاهر نتیجه‌ی مهمی حاصل نشده بود و قرار شد که سادچیکف در تهران گفتگوها را دنبال کند. اما جریان‌های بعدی نشان دادند که بین قوام و استالین توافق‌هایی صورت گرفته.

روز نوزدهم اسفند، ۱۰ مارس، قوام و همراهانش با یک هواپیمای شوروی به تهران بازگشتند.
رئیس دولت نزد شاه رفت و گزارش مذاکراتش را به او داد و دو روز بعد همین کار را در آخرین جلسه‌ی دوره‌ی چهاردهم مجلس تکرار کرد، به این ترتیب دوره‌ی فترت آغاز شد.
قوام در مصاحبه‌ای با یکی از جراید تهران، از این‌که مذاکرات به نتیجه‌ی مطلوب نرسیده اظهار تأسف کرد و گفت که هنوز

۱- جهانگیر تفضلی، آینده ص ۷۵٤.

شــوروی‌ها رسماً تعهد به تخلیه‌ی ارتش ســرخ نکرده‌اند و هنوز فرقه‌ی دموکرات به ادعای خودمختاری آذربایجان ادامه می‌دهد.[۱] بنابر این باید به کوشــش‌های همه‌جانبه برای حل مسایل ادامه داد.

در حالی که پس از ورود ســادچیکف به تهران مذاکرات محرمانه از ســر گرفته شد، هر یک از دو طرف فشار خود را برای ضعیف کردن طرف مقابل افزودند: در بســیاری از شهرهای ایران حزب توده تظاهرات و اغتشاشات فراوان بر ضد دولت به راه انداخت، شورای متحده‌ی مرکزی در صنعت نفت و صنایع نساجی اصفهان ناامنی و بی‌نظمی ایجاد می‌کرد.

هــواداران دولــت و معترضین بــه تجزیه‌ی آذربایجــان نیز آرام نمی‌ماندند. این جا و آن‌جا زد و خوردهای شدیدی میان گروه‌های مختلف درگرفت و تعداد زیادی زخمی و کشته شدند.

کشــور دچار ناامنی بود. قوام در روز ۲۳ اســفندماه اعلامیه‌ای انتشار داد و یادآور شد که به مأمورین انتظامی دستور داده است «در صورتــی اجتماع احزاب و فعالیت‌های آنان مخّل آســایش و نظم عمومی باشــد» با اعمال قدرت و شــدت از فعالیت‌های آنان جلوگیری به عمل آورند.

اســتالین در ۵ فروردیــن ۱۳۲۵، ۲۵ مارس ۱۹۴۶ شــخصاً اعلام کرد که ارتش ســرخ طبق تعهداتی که با دولت ایران وجود دارد، به تدریج از این کشــور خارج خواهد شد. این گفته، توفیقی برای دولت ایران و نتیجه‌ی مذاکرات مسکو بود. فردای آن روز جلسه‌ی شورای امنیت بار دیگر برای رسیدگی به شکایت ایران از شوروی تشکیل شد.

آندره گرومیکو نماینده‌ی مســکو به اســتناد اعلامیه‌ی اســتالین

۱- ایران ما، ۲۴ اسفند ۱۳۲۴، ۱۵ مارس ۱۹۴۶.

مصراً خواست که شکایت ایران از دستور شورای امنیت خارج شود. حسین علاء نماینده‌ی ایران به دستور قوام در برابر این توقع شدیداً ایستاد و گفت که دولت شوروی، پیشنهادهایی به دولت ایران کرده است که با استقلال و حق حاکمیت کشور کاملاً مغایرت دارد و مخالف منشور آتلانتیک و اصولی سازمان ملل متحد می‌باشد.

شکایت ایران با پشتیبانی اکثریت اعضای شورای امنیت در دستور شورا باقی‌ماند. ایران نمی‌خواست این برگ مهم بازی سیاسی خود را از دست بدهد و موفق شد.

در پی بیان‌نامه‌ی استالین، در روز ۹ فروردین ارتش سرخ از کرج، گرمسار، فیروزکوه و سپس قزوین خارج شد. اندک‌اندک دست دولت در اِعمال یک سیاست مستقل و آزاد باز می‌شد.

بازی سیاسی بزرگ قوام ادامه داشت.

در روز ۱٦ فروردین ۱۳۲۵، دولت اعلامیه‌ای در سه ماده درباره‌ی مذاکرات ایران و شوروی انتشار داد:

- از چهارم فروردین ظرف یک‌ماه و نیم کلیه‌ی نیروهای شوروی خاک ایران را ترک خواهند کرد.
- قرارداد ایجاد شرکت مختلط نفت ایران و شوروی از چهارم فروردین ماه تا هفت ماه برای تصویب مجلس شورای ملی تقدیم خواهد شد.
- مساله‌ی آذربایجان یک امر داخلی است. ترتیب مسالمت‌آمیزی برای اجرای اصلاحات طبق قوانین موجود با روح خیرخواهی نسبت به اهالی آذربایجان از طرف دولت داده خواهد شد.

دو روز بعد نخست‌وزیر، که لقب جناب اشرف گرفته بود در یک مصاحبه‌ی بزرگ مطبوعاتی همه‌ی مسایل مورد نظر را برای خبرنگاران داخلی و خارجی توضیح داد و اعلام داشت که مقدمات

انجام انتخابات دوره‌ی پانزدهم فراهم می‌شود.
در روزهای بعد نیروهای شوروی از گرگان و بندر نوشهر و بابلسر و چند شهر دیگر خارج شدند و اعزام نیروهای ژاندارمری و ارتش برای استقرار در استان‌های شمالی آغاز شد. اخطار رسمی قوام به عوامل ناامنی در کشور، جنبه‌ی دیگری از سیاست اوست، که در ظرف یک ماه سلاح‌های خود را تحویل دهند و در غیر این صورت به جرم قیام علیه امنیت عمومی دستگیر و اعدام خواهند شد. اشاره البته به راهزنان و یاغیان بود و نیز به گروه‌هایی وابسته به حزب توده که خود را برای شورش مسلحانه علیه دولت مرکزی آماده کرده و گوش به فرمان مسکو بودند.
سیاست قوام روشن به نظر می‌رسید. می‌خواست وقت بگذراند، شوروی‌ها را به امید امتیاز نفت که به آن نام شرکت مختلط داده شده بود، آرام و بی‌طرف نگه دارد و قدرت دولت را بر اساس قانون، محکم و محکم‌تر کند.

پیشه‌وری در رأس هیأتی از تبریز به تهران آمد که با دولت درباره‌ی خودمختاری آذربایجان مذاکره کند. در باغ جوادیه مستقرش کردند و از همان روز اول، ۸ اردیبهشت، ۲۸ آوریل، مورخ‌الدوله سپهر وزیر پیشه و هنر و مظفر فیروز معاون نخست‌وزیر مأمور مذاکره با آنان شدند.
آن‌ها می‌بایست پیشرفت مذاکرات را به نخست‌وزیر گزارش می‌دادند. جناب اشرف که همه‌ی تصمیمات را خود به تنهایی می‌گرفت و اعتنای زیادی به شاه نداشت، از این پس برای هر مساله‌ی کوچکی لزوم «کسب نظر ملوکانه» را عنوان می‌کرد.
شاه به قوام سوءظن داشت. قوام برای او فقط یک نقش تشریفاتی قایل بود و اصولاً نمی‌توانست شخص اول و تصمیم‌گیرنده‌ی اصلی نباشد. اطرافیان محمدرضا شاه، رئیس توانا و متکبّر دولت را برنمی‌تافتند. اما در مقابل خطری که کشور را تهدید می‌کرد،

قوای بیگانه که هنوز در ایران بودند، تجزیه‌ی آذربایجان و قسمتی از کردستان، برای مدتی شاه و رئیس دولت هم‌آهنگی کامل از خود نشان دادند. هر دو مصلحت ایران را بر دیدهای شخصی خود ترجیح دادند. بازی هر دو ماهرانه بود. محمدرضاشاه نقش اصلی را نداشت و نمی‌توانست داشته باشد. ولی در مصلحت ایران، برتری و رهبری رئیس دولتش را پذیرفت و هنگامی که ضرورت رو در رویی با خطر پیش‌آمد از خود بی‌باکی و دلیری نشان داد و در کنار قوام ایستاد.

مذاکره با پیشه‌وری و همراهانش به جایی نرسید و نمی‌توانست برسد. پانزده روز در تهران ماندند و با دست خالی به تبریز بازگشتند. قوام در اعلامیه‌ای نتیجه‌ی مذاکرات پانزده روزه را با فرستادگان فرقه‌ی دموکرات به اطلاع عامه رساند و طی آن یادآور شد که چون بعضی از تقاضاهای آنان در حدود اختیارات قانونی دولت نبود، ادامه‌ی مذاکرات به تعویق افتاده است. مگر نه آن که در توافق با شوروی‌ها قرار شده بود که رفتار با فرقه‌ی دموکرات مسالمت آمیز باشد ولی در حدود قوانین مملکتی؟

همه‌ی کوشش سیاست خارجی دولت که قوام آن را شخصاً رهبری می‌کرد متوجه تسریع در تخلیه‌ی ایران از ارتش سرخ بود. قرار بود که این کار ظرف یک ماه و نیم بعد از چهارم فروردین که اعلامیه‌ی مشترک قوام، سادچیکف انتشار یافته بود، به انجام رسیده باشد. اما شوروی‌ها برای حفظ حکومت‌های تجزیه‌طلب آذربایجان و کردستان از تخلیه‌ی کامل این منطقه خودداری کردند. دولت هیأتی را برای بازرسی در مورد حضور نیروهای بیگانه به آذربایجان فرستاد. گزارش این هیأت در روز اول خرداد ماه ۱۳۲۵ (۲۲ مه ۱۹٤٦) انتشار یافت. تائید شده بود که در شهرهای تبریز، مرند، جلفا، خوی، سلماس (شاپور)، رضاییه و میاندوآب «اثری

از نیروهای شوروی دیده نشده».
همان روز حسین علا سفیر کبیر ایران در واشنگتن به دبیر کل سازمان ملل نوشت که نیروهای شوروی فقط شش شهر آذربایجان را تخلیه کردند و در نتیجه خواست که شکایت ایران از آن دولت هم‌چنان در دستور شورای امنیت باقی بماند.

هدف قوام روشن بود: می‌بایست فشار بر مسکو ادامه یابد. در این‌جا به تدبیر مؤثر دیگری متوسل شد. از آیت‌الله عظمی بروجردی خواست که انجام انتخابات را تا موقعی که کشور کاملاً از قوای بیگانه تخلیه نشده تحریم کند. آیت‌الله به علمای همه‌ی شهرهای ایران پیغام و در حقیقت دستور داد که بر آزادی آذربایجان تاکید کنند.
در تبریز و شهرهای دیگر این استان، اندک‌اندک روحانیت به مرجعی در برابر فرقه‌ی دموکرات تبدیل شد. بدین ترتیب، قوام که اصولاً مخالف مداخله‌ی روحانیون در امور سیاسی بود، به ضرورت مصالح ملی «جبهه‌ای تازه در برابر شوروی‌ها گشود.»[۱] بدون آن‌که خود مسئولیت مستقیم آن را داشته باشد.

چند روز بعد از احراز مقام ریاست دولت، قوام سرلشکر حسن ارفع را که افسری کاردان و درست‌کار بود، اما مورد اعتمادش نبود، از ریاست ستاد کل ارتش برکنار کرده و سرلشکر آق‌اولی را که مردی شریف و خوش‌نام بود اما نه اهل کارزار، به‌جای او گمارد. ولی دیگر می‌دانست که نباید راه‌حل توسل به نیروی نظامی را برای پایان کار آذربایجان کنار بگذارد. آماده‌سازی ارتش ضرورت داشت و در این زمینه، محمدرضاشاه نیز با او هم‌آهنگ بود و هر دو در نهایت امر می‌دانستند که مقابله‌ی نظامی با قوای مسلح تجزیه‌طلبان دو استان غیرقابل اجتناب خواهد شد.

۱- حمید شوکت، منبع ذکر شده، صفحه‌ی ۲۱۷.

در روز ۱۳ تیرماه ۱۳۲۵، دوم ژوئیه ۱۹۴٦، به اصرار و در حقیقت تصمیم نخست‌وزیر، سرلشکرعلی رزم‌آرا[1] به ریاست ستاد ارتش منصوب شد.

*****

سرلشکر علی رزم‌آرا تحصیلات نظامی خود را در دانشکده‌ی افسری سن‌سیر[2] فرانسه، که یکی از معتبرترین مدارس نظام جهان بود و هست، به پایان رسانده، و سپس همه مدارج ارتشی ایران را طی کرده بود. صاحب‌منصبی به غایت تحصیل‌کرده و روشنفکر محسوب می‌شد. به زبان‌های فرانسه، انگلیسی و روسی آشنایی کامل داشت، اهل مطالعه بود. به هنگام ریاست اداره‌ی جغرافیایی ارتش، یک دوره‌ی کامل جغرافیای ایران را در هشت جلد نوشت و انتشار داد. همیشه افتخار می‌کرد که خاک ایران را «وجب به وجب» بازدید کرده و می‌شناسد. بر خلاف بسیاری از افسران عالی‌رتبه‌ی ارتش، یک مغز سیاسی محسوب می‌شد و برای کشورش آرزوهای فراوان در سر داشت که بعضی آن‌ها را می‌پسندیدند و بعضی دیگر در او یک دیکتاتور بالقوه می‌دیدند و از او بیم داشتند.

دوستان و دشمنانش، که هر دو دسته فراوان بودند، در دو نکته اتفاق‌نظر داشتند: نخست آن‌که مردی پاکدامن، صاحب‌نظر و پرکار است. دیگر آن‌که در فنون نظامی مهارت کامل دارد که این نکته را درکارزار آذربایجان و غائله فارس به‌خوبی نشان داد.

سرلشکر رزم‌آرا به قوام ارادت می‌ورزید و به او اعتماد داشت[3] و

۱- رزم‌آرا در سال ۱۲۸۰ خورشیدی در محله‌ی سرچشمه‌ی تهران متولد شده بود، ولی چون در شب عید قربان چشم به جهان گشود او را حاج‌علی می‌خواندند.
برای اطلاع از زندگی و مسیر سیاسی او نگاه کنید به دکتر مصطفی الموتی، منبع ذکر شده، صفحات ۱۲۰ الی ۱٦٦.

2- Saint Cyr

۳- چند تن از صاحب‌منصبان عالی‌رتبه و سالخورده‌ی ارتش شاهنشاهی که سرلشکر رزم‌آرا را می‌شناختند و دوران خدمت و روابطش را با احمد قوام درک

این اعتماد متقابل بود. شاید به علت استقلال رأی و اعتمادی که به خود داشت و آن را پنهان نمی‌کرد، محمدرضاشاه گویا به او حساسیت داشت. اما تصمیم قوام و پیشنهاد سپهبد امیراحمدی وزیر جنگ را پذیرفت و در مقام فرمانده کل قوا او را به ریاست ستاد منصوب کرد.

نقش او در نجات آذربایجان و حُسن‌ختام غائله‌ی فارس، که در فصل بعد به آن خواهیم پرداخت، بسیار مهم بود. اندکی بعد در بحبوحه‌ی بحران نفت به ریاست دولت منصوب شد و پس از چند ماه به دست یکی از افراد گروه تروریست فداییان اسلام به قتل رسید.

انتصاب رزم‌آرا به ریاست ستاد ارتش را می‌توان نقطه‌ی آغاز آماده‌سازی سریع نیروهای مسلح برای رودررویی با قوای تجزیه‌طلبان آذربایجان و کردستان دانست.

*****

چند روز پس از اعلام بنیان‌گذاری یک جنبش جدید سیاسی، حزب دموکرات ایران،[1] که در حقیقت یکی از مهره‌های اصلی بازی بزرگ سیاسی قوام برای پایان دادن به تجزیه آذربایجان و در هم شکستن نفوذ شوروی‌ها در ایران محسوب می‌شود، رئیس دولت به عادت همیشگی خود قدمی در جهت مخالف، یعنی برای جلب‌رضایت و اعتماد مسکو، برداشت:

در نهم مرداد ماه ۱۳۲۵، ۳۰ ژوئیه ۱۹۴۶، هیات وزیران به منظور ترمیم کابینه به‌طور دسته جمعی استعفا دادند و سه روز بعد، ۱۲

کرده بودند، به من گفتند که او خود را در سیاست، همیشه «شاگرد مکتب قوام» می‌دانست. از جمله معتقد بود که شاه باید سلطنت کند و اداره‌ی امور مملکت به دست مسئولان حکومتی باشد، چون قوام در سیاست خارجی معتقد به رعایت رویه‌ی موازنه میان شرق و غرب بود.

۱- در فصل دیگری به این جریان خواهیم پرداخت.

مردادماه، احمد قوام در کاخ سعدآباد ده تن وزیران دولت جدید را به شاه معرفی کرد. سه تن از آن‌ها از اعضای حزب توده بودند: دکتر فریدون کشاورز وزیر فرهنگ، دکتر مرتضی یزدی وزیر بهداری و شاهزاده قاجار ایرج اسکندری وزیر بازرگانی و پیشه و هنر، اللهیار صالح، که بارها در دولت‌های قبلی سمت‌های مهمی داشت به عنوان نماینده حزب ایران، که مؤتلف با حزب توده و در حقیقت از اقمار آن بود به وزارت دادگستری منصوب شد.
درباره‌ی عضویت این چهارتن و بخصوص سه تن وزیر توده‌ای، قوام مستقیماً با سادچیکوف سفیر کبیر شوروی در تهران مذاکره کرده و درباره آن به توافق رسیده بود! مقصودش آن بود که در معنای حضور آنان به عنوان «نمایندگان» سیاست شوروی در دولت و ضامن صمیمیت او نسبت به مسکو تردیدی نباشد.[۱] تا آن‌جا که سفیر شوروی در سمتی که به هر وزیر توده‌ای تفویض می‌شد دخالت داشت.[۲] و حتی در این مورد، چند دقیقه قبل از معرفی وزیران جدید به شاه که همه با لباس رسمی در اقامتگاه نخست‌وزیر جمع شده بودند به آنان امر و نهی می‌کرد.[۳]

برگزیدن سه شخصیت توده‌ای اتفاقی نبود. قوام می‌خواست افراد قابل معاشرت و مبادی آداب در دولت خود داشته باشد، ولو

۱- نگاه کنید به خاطرات دکتر فریدون کشاورز، منبع ذکر شده، صفحه ۷۵: «قوام برای این که حسن‌نیت خود را نسبت به استالین و شوروی نشان داده باشد حزب توده ایران وحزب ایران را که یک حزب روشنفکران میهن‌پرست و مؤتلف حزب توده بود به دولت دعوت کرد.»

۲- نگاه کنید به خاطرات دکتر فریدون کشاورز، منبع ذکر شده، صفحات ۷۶ تا ۸۰ و نیز خاطرات سیاسی ایرج اسکندری، به اهتمام بابک امیرخسروی و فریدون آذرنور، چاپ پاریس، نشر جنبش توده‌ای‌های مبارز انفصالی، پاییز ۱۳۶۶، جلد دوم، صفحات ۱۲۶ تا ۱۲۸.

۳- همین دو منبع، به ترتیب صفحات ۷۷ و ۱۲۷.
دکتر فریدون کشاورز و ایرج اسکندری در جزییات این مذاکرات تلفنی و مداخله سادچیکوف اتفاق‌نظر ندارند و هر یک به خود نقش بهتری می‌دهند. اما در واقعیت ماجرا متفق‌الرأی هستند.

آن‌که توده‌ای باشند! ایرج اسکندری فرزند یحیی‌میرزا را از دیر باز می‌شناخت و او را مرد قابل تحمّلی می‌دانست. دکتر فریدون کشاورز فرزند یکی از وکلای دوران اول و دوم مجلس، تحصیل‌کرده اروپا و پزشکی سرشناس بود. دکتر مرتضی یزدی فرزند یکی از روحانیون نامدار آزادی‌خواه صدر مشروطیت و بخصوص مورد عنایت و محبت حکیم‌الملک بود. روس‌ها می‌خواستند عبدالصمد کامبخش را به او تحمیل کنند. قوام زیر بار نرفت. می‌دانست که او مثل وزیران توده‌ای دیگر «نماینده» شوروی‌ها خواهد بود ولی به احتمال قریب به یقین مطلع بود که علاوه بر توده‌ای بودن، رابط مستقیم سفارت شوروی و عامل سازمان‌های اطلاعاتی آن کشور است که دیگر این را نمی‌پذیرفت.[1]

شاه با انتصاب وزیران توده‌ای شخصاً موافق نبود، ولی چاره‌ای جز پذیرفتن و توشیح فرمان‌های آنان نداشت و با احتمال قریب به یقین بازی سیاسی قوام را تائید می‌کرد. با این حال نارضایی خود را نشان داد. ایرج اسکندری می‌نویسد:

> «شاه که آمد با وزرای دیگر دست داد، به ما که رسید دست داد ولی صورتش را به طرف دیگر گرفت و به این طریق در واقع عدم‌موافقتش را با شرکت ما در دولت نشان داد.»[2]

بخش مهمی از افکار عمومی و دست‌اندرکاران سیاست کشور از حضور وزیران توده‌ای در دولت نگران بودند. ابوالحسن ابتهاج رییس بانک ملی که مورد اعتماد قوام و مشاور او در امور مالی و اقتصادی کشور بود، موضوع را در ملاقاتی مطرح می‌کند:

> «قوام السلطنه گفت آن‌ها را بر کنار خواهم کرد و اضافه

۱- همه‌ی رهبران حزب توده در خاطرات خود که در سال‌های اخیر انتشار یافته این نقش عبدالصمد کامبخش را به تفقصیل توضیح داده‌اند.

۲- ایرج اسکندری، منبع ذکر شده، صفحه‌ی ۱۳۲.

کرد این وزیران جدید هیچ‌گونه اختیاراتی نخواهند داشت تـــا بتوانند مزاحمتی ایجاد کنند و به طور کلی موضوع را به قدری کوچک و بی‌اهمیت تلقی کرد که باعث شـــگفتی من شد...»[۱]

حسن وثوق (وثوق‌الدوله) برادر ارشد قوام نیز از این جریان سخت نگران شـــده بود. امیرخسرو افشـــار دیپلمات جوان را که همکار قوام بود فراخواند و از او خواســـت کـــه مراتب اضطراب او را به برادرش گوشزد کند.

«قوام‌السلطنه لبخندی زد و گفت خاطر برادرم را آسوده کنید من می‌دانم چه می‌کنم ولی از ایشـــان تعجب می‌کنم که در کاردانی من شک و تردید دارند.»[۲]

*****

حضور وزیـــران توده‌ای در کابینه، اندکی بیـــش از دو ماه ادامه داشت. قوام آن‌ها را در ۲۵ مهرماه ۱۳۲۵ (۱۷ اکتبر) از کار برکنار کرد. در دولت جدیدش سپهبد امیراحمدی هم‌چنان وزیر جنگ بود و خود قوام وزارت کشور و وزارت امورخارجه را به عهده داشت. غائله‌ی فارس در این میان آغاز شده و با قدرت و تدبیر قوام پایان یافته بود. شـــوروی‌ها ایران را کاملاً تخلیه کردند. قاضی محمد رئیس حکومت تجزیه‌طلب کردستان به تهران آمد و پس از یک هفته مذاکره بی‌نتیجه به مهاباد بازگشت. دو حکومت جدایی‌طلب تبریز و مهاباد فرماندهی نظامی واحدی را تشـــکیل دادند و غلام یحیی افسر قفقازی ســـرویس‌های اطلاعاتی شـــوروی به عنوان ژنرال غلام یحیی دانشیان فرماندهی و مسئولیت آن را به عهده گرفت.[۳]

۱- خاطرات ابوالحسن ابتهاج، جلد اول، چاپ لندن، ۱۳۷۰، ۱۹۹۱، صفحه‌ی ۲۲۷.

۲- روایت امیرخسرو افشار به نویسنده‌ی این کتاب.

۳- «او مردی اســـت بی‌ســـواد، خون‌خوار، فاســـد و در فراهم کردن وســـایل قتل پیشه‌وری شریک بود». دکتر فریدون کشاورز، منبع ذکر شده، صفحه‌ی ۴۹.

سیل اسلحه روسی به سوی این دو منطقه سرازیر بود و پیشه‌وری هر روز سخنان تندتری ایراد می‌کرد. شعار «مرگ هست اما بازگشت نیست» دستورالعمل حکومت فرقه دموکرات آذربایجان شده بود.
قوام و شاه می‌دانستند که زمان زورآزمایی فرارسیده است.

ارنست بوین وزیر امورخارجه بریتانیا در مجلس عوام آن کشور گفت:

«ایران اکنون لحظات خطرناکی را می‌گذراند. زیرا منافع دولت‌های بزرگ در این کشور با هم اصطکاک پیدا کرده و مشکلات بزرگی در این سرزمین به وجود آورده است».

به‌راستی همین نیز بود. در این روزهای دشوار که ایران در آستانه‌ی یک جنگ داخلی بود دو واقعه - که اندک ارتباطی با یکدیگر نداشتند - در تعیین مسیر سرنوشت کشور مؤثر افتادند: نخست - در ۱۴ آبان ماه ۱۳۲۵، ۷ نوامبر ۱۹۴۶ درگذشت آیت‌الله عظمی سیدابوالحسن اصفهانی مرجع تقلید شیعیان جهان در نجف. سیدابوالحسن اصفهانی چنان‌که از همه‌ی شواهد و روایات پیدا است، نه تنها از لحاظ مذهبی برای شیعیان ایران مقامی محترم و والا داشت، مردی میهن‌پرست و سخت نگران اوضاع کشورش بود و از تلاش‌های آیت‌الله عظمی بروجردی در قم تا می‌توانست پشتیبانی می‌کرد.

درگذشت او ناگهان موجب و بهانه‌ای برای نمایش قدرت وحدت ملی و حرکت یک‌پارچه مردم ایران شد که طی ده‌ها سال پیش از آن هرگز دیده نشده بود و شاید بعد از آن هم نظیری نیافت. بدون هیچ تصمیم رسمی دولتی سرتاسر ایران به حال تعطیل درآمد، صدها هزار تن در همه‌ی شهرها و روستاها با وقار و آرامش و ابهتی که در سرتاسر جهان انعکاس یافت به سوگواری پرداختند.

همه‌ی مردم ایران به جز توده‌ای‌ها، در این تظاهر ملی یگانه شده بودند. نه تنها شیعیان و اهل سنت بلکه ایرانیان مسیحی، یهودی و زرتشتی و همه‌ی احزاب و گروه‌های سیاسی و صنفی.[۱]

رئیس دولت در روز ۱۶ آبان مجلس ختمی در مسجد شاه تهران برای آیت‌الله ترتیب داد. محمدرضاشاه پهلوی در آن شخصاً حضور یافت. مردم به او و قوام که در کنار یکدیگر بودند احساسات عمیقی نشان دادند. تجلیل از رهبر مذهبی که رخت از جهان بسته بود با بیان احساسات ملی و میهنی و نمایش وحدت ایرانیان همراه شد. توده‌ای‌ها که این‌جا و آن‌جا تظاهراتی به نفع تجزیه‌طلبان آذربایجان و کردستان به راه می‌انداختند، ناگهان به صورت اقلیت بی‌مقدار و کوچکی درآمدند که در مقابل قدرت مردم دیگر وزنی برای‌شان باقی نمانده بود.
دولت با مهارت از بازتاب‌های سیاسی این سوگواری ملی، که در روز هفتم و سپس چهلم مرگ سیدابوالحسن تجدید شد، استفاده کرد که به دنیا نشان دهد رأی ملی در کدام کفه‌ی ترازو است.

دو روز بعد هاری ترومن رئیس جمهوری ایالات متحده که رودررویی سیاسی جهانی را با رویه‌ی توسعه‌طلبی و جهان‌خواری استالین آغاز کرده بود، پیامی برای دیکتاتور شوروی فرستاد و او را از هر گونه مداخله‌ی مستقیم نظامی در امور داخلی ایران و بحران آذربایجان برحذر داشت و یادآور شد که چنین حرکتی را بدون عکس‌العمل نخواهد گذاشت.

۱- به عنوان مثال، جمعیت عامیون، که پیش‌تر در متن کتاب به آن اشاره رفت، که حزبی کوچک ولی دارای نفوذ سیاسی بسیار بود، علی‌رغم مخالفت اصولیش با اختلاط دیانت و سیاست، تمام نفوذ و شبکه ارتباطات خود را برای تجهیز مردم جهت شرکت در این نمایش بزرگ وحدت‌نظر ملت ایران بکار انداخت. هدف نشان دادن قدرت ملی به دنیا و مخصوصاً شوروی‌ها بود.

مسکو در آن موقع هنوز به سلاح اتمی مجهز نبود و نمی‌دانست که آمریکایی‌ها بعد از بمباران دو شهر ژاپن فقط یک بمب اتمی در اختیار دارند و نه بیش‌تر. استالین که تنها زبان قدرت و خشونت را می‌دانست و می‌فهمید، کفه ترازو را به نفع خود ندید. رهبران شوروی هنوز به نیروی نظامی تجزیه‌طلبان آذربایجان و کردستان و امکان اغتشاش و براندازی به وسیله‌ی توده‌ای‌ها در بقیه‌ی نقاط کشور امید داشتند. قوام هنوز به‌آنان اطمینان می‌داد که پس از حل مساله‌ی آذربایجان و انجام انتخابات، به نفت شمال کشور دسترسی خواهند یافت.[۱]

گمان او بر این بود که استالین به طمع نفت شمال لااقل از مداخله‌ی مستقیم در تصادم غیر قابل اجتناب نظامی با تجزیه‌طلبان آذربایجان و کردستان اجتناب خواهد کرد. او با وجود ضعف نسبی ارتشش آن روز ایران به پیروزی آن اطمینان داشت. در ملاقاتی با جرج آلن سفیر ایالات متحده آمریکا در ایران به او گفت:

> «اگر شوروی بتواند به هدف‌هایش یعنی نفت و آذربایجان دست یابد چنین خواهد کرد. اما اگر مجبور باشد بین این دو یکی را انتخاب کند، اطمینان دارم که آذربایجان را قربانی خواهد کرد.»[۲]

۱- در همین روزها بود که حسین علاء سفیر ایران در واشنگتن به دستور دولت به دیدار رئیس‌جمهور آمریکا رفت، طبق روایتی که بسیاری آن را طی سال‌ها، در ایران از او شنیدند به توضیح و توجیه نقطه‌نظرهای دولت متبوع خود پرداخت. گویا ترومن از جای خود برخاست، علاء را به سوی کره بزرگی که در دفتر ریاست‌جمهوری ایالات متحده وجود داشت (و گویا هنوز در آن‌جا هست) هدایت کرد. ایران را به او نشان داد. مرزهای ایران و شوروی را نشان داد و نیز خلیج فارس و منابع نفتی را. به علاء گفت وقت خودتان و مرا تلف نکنید. می‌دانم که نباید به استالین اجازه بدهم بر ایران یا قسمتی از ایران دست بیاندازد، نیاز به توضیح دیگری نیست. اگر هم این روایت دقیقاً درست نباشد، نشان‌دهنده‌ی سیاست امریکا است و قدرت تصمیم‌گیری و بینش سیاسی ترومن.

۲- گزارش جرج آلن G.Allen مورخ ٦ سپتامبر ۱۹٤٦، به وزارت امور خارجه ایالات متحده‌ی امریکا، اسناد دیپلماتیک وزارت امور خارجه این کشور مربوط به ۱۹٤٦، جلد هفتم. جرج آلن که یکی از برجسته‌ترین دیپلمات‌های امریکایی بود، چه در سمت

اما واکنش شوروی را هم نفی نمی‌کرد و ضرورت مقابله با آن را در حمایت سازمان ملل می‌دید. به حسین علاء سفیرکبیر ایران که در واشنگتن که نمایندگی در سازمان ملل را نیز داشت، نوشت:

> «قریباً قوای کافی به تبریز فرستاده خواهد شد و چون متصدیان امور آذربایجان با این تصمیم جداً مخالفند، ناچار مبارزه و زدوخورد پیش خواهد آمد. بدیهی است تا قوای مورد اطمینان به آذربایجان نرسد، انتخابات به صورت قانونی انجام نخواهد شد و دولت برای برقراری اقتدار خود در آذربایجان در اجرای این تصمیم مقاومت خواهد کرد.»[۱]

در نتیجه به علاء دستور داد که مسأله‌ی ایران را در دستور شورای امنیت سازمان ملل نگاه دارد. بینش رئیس دولت ایران در هر دو مورد درست بود.

*****

در نخستین روز آذرماه، به دستور رئیس ستاد ارتش (سرلشکر رزم‌آرا) ارتباط تلفنی و تلگرافی و کلیه‌ی خطوط ارتباطی قزوین با نقاط دیگر قطع گردید و مراکز حساس شهر از جمله ایستگاه راه‌آهن در اختیار ارتش قرار گرفت. در همین روز سه ستون نظامی به سوی زنجان به حرکت درآمدند.

در همین روز نخست‌وزیر طی اعلامیه‌ای درباره‌ی اوضاع آذربایجان تجاوزات فرقه دموکرات را «به جان و مال و ناموس مردم زنجان» محکوم کرد و اعلام داشت که قوای نظامی برای اخراج «متجاسرین» از این شهر به حرکت درآمده‌اند.

استاندار آذربایجان، سلام‌الله جاوید، که در واقع دست نشانده

سفارت در تهران و چه پس از آن که به مقامات عالی رسید همواره دوستی و علاقه خود را نسبت به ایران نشان داد و در بحران آذربایجان نقش مثبتی بازی کرد.

۱- تلگرام رمز احمد قوام به حسین علاء اسناد تاریخی وزارت امور خارجه، ۱۳۲۵/۹/۱۲.

و منصوب حکومت تبریز و عضو فرقه دموکرات بود در تلگرافی نگرانی خود را از پیشرفت نیروهای ارتش به اطلاع نخست‌وزیر رساند. پاسخ قوام روشن بود، «انتخابات آذربایجان باید تحت‌نظر بازرسان مخصوص اعزامی دولت، هم‌چنین قوای انتظامی که از تهران به آذربایجان فرستاده خواهند شد در نهایت آزادی صورت بگیرد.»

در روز ۱۷ آذر ۱۳۲۵، ۲۸ نوامبر ۱۹٤٦، قوام در تلگرافی به استاندار آذربایجان ابلاغ کرد که:

> «اعزام نیرو به آذربایجان برای جنگ و زد و خورد نیست و سنگربندی فرقه‌ی دموکرات در حوالی قافلانکوه انتخابات را به تأخیر خواهد انداخت. باید از ایجاد هر گونه اشکال در راه رسیدن نیروهای نظامی به آذربایجان فوراً جلوگیری شود.»

این اعلامیه‌ها در جراید تهران منتشر و در مطبوعات بین‌المللی نیز منعکس می‌شد. در حقیقت قوام پرونده‌ی ایران را برای طرح در سازمان ملل آماده می‌کرد و افکار عمومی جهان را به نفع کشور به شهادت می‌گرفت.

سه روز بعد پیام دیگری به مسئولان تبریز فرستاده شد:

> «اگر اعزام نیروی نظامی از تهران به آذربایجان با نافرمانی و مقاومت فرقه‌ی دموکرات روبرو شود عواقب وخیمی برای آن‌ها در برخواهد داشت و بدیهی است که مسئولیت هر حادثه‌ای متوجه مسئولان آن استان خواهد بود.»

روز بعد نخست‌وزیر اعلام کرد که انتخابات دوره‌ی پانزدهم مجلس شورای ملی از روز پانزدهم آذرماه در سراسر ایران آغاز خواهد شد.

> «ولی انتخابات استان آذربایجان به محض ورود قوای

انتظامی به آن استان شروع خواهد شد.»

در همین روز یک ستون نظامی به فرماندهی سرهنگ بایندر عملیات خود را برای اخراج افراد فرقه‌ی دموکرات از مناطق خمسه و گروس آغاز کرد و پس از زد و خوردهای شدید، این دو منطقه آزاد شدند.

مردم زنجان و شبکه‌های مقاومت مسلحانه که برادران ذوالفقاری، یدالله‌خان اسلحه‌دار باشی و چند تن از سران شاهسون آن را هدایت می‌کردند. این شهر و اطراف آن را قبل از رسیدن نیروهای ارتشی آزاد کردند.

در روز ۱۵ آذرماه، ٦ دسامبر محمدرضاشاه شخصاً به شهر آزاد شده‌ی زنجان آمد و در آن‌جا مستقر شد. فرماندهی مجموع نیروها طبیعتاً با سرلشکر رزم‌آرا بود و فرماندهی ستون اعزامی از زنجان به سوی تبریز با سرهنگ هاشمی (خواهرزاده باقرخان سالارملی) که بعداً به درجه‌ی سرتیپی ارتقا یافت.

اما حضور شاه در خط اول جبهه و پرواز او بر فراز نیروهای نظامی با هواپیمای کوچکی که خود هدایت می‌کرد و سرلشکر رزم‌آرا در کنارش بود، در میان مردم و ارتشیان شور و خروشی به پا کرد.

محمدرضا شاه پهلوی از خود دلیری و بی‌باکی نشان می‌داد. قوام در تهران به تدبیر و تمشیت امور سیاسی و راهبری کلی برنامه‌ی نجات آذربایجان و کردستان مشغول بود و شاه در کنار علی رزم‌آرا در خط جبهه بود و در برابر خطراتی که ممکن بود با آن‌ها روبرو شود. هر دو دقیقاً به وظیفه‌ای که در برابر مردم ایران و تاریخ کشور خود داشتند با شرافت و شجاعت عمل می‌کردند. قوام روز حرکت رسمی نیروهای ارتش ایران را به سوی تبریز تعیین کرد،[1] که شانزدهم آذرماه ۱۳۲۵ بود. طبق دستور او همان

۱- حمید شوکت، منبع ذکر شده ۲۱۸.

روز علاء رسماً از شورای امنیت خواست که اوضاع آذربایجان را دقیقاً تحت‌نظر بگیرد. شاه در کنار و در پیشاپیش ارتش مظهر این حرکت آزادی‌بخش و مجری آن بود.

«چه در آن ایام و چه بعد از آن تاریخ عده‌ای تصور کردند نجات آذربایجان در اثر اِعمال نفوذ سیاست خارجی بود و آن‌ها بودند که ما را وادار به حمله به آذربایجان کردند. من باید بگویم که این تصمیم، علی‌رغم تمام مخاطراتی که در برداشت، منحصراً از طرف قوام‌السلطنه و شاه، که در اغلب موارد اتفاق‌نظر نداشتند گرفته شد و به هیچ‌وجه سیاست خارجی در این تصمیم دخالتی نداشت.»[۱]

*****

مرحله‌ی پایانی عمر فرقه‌ی تجزیه‌طلب دموکرات آذربایجان کوتاه بود و ننگ آور.[۲]

دکتر جهانشاه‌لو آن را به تفضیل حکایت کرده است:

«فداییان» فرقه‌ی دموکرات در قافلانکوه یک خط دفاعی برای ممانعت از ورود ارتش ایران به آذربایجان به پا کردند و آن ارتفاعات را غیر قابل عبور می‌دانستند. رادیو تبریز پیاپی اعلام می‌کرد «ما تا آخرین نفس خواهیم جنگید.»، «مرگ هست اما بازگشت نیست.» به پیشه‌وری پیشنهاد شد سرتیپ آذر (سرهنگ آذر پیشین، افسر توده‌ای که به شوروی گریخته و سپس به آذربایجان آمده بود)

۱- ابوالحسن ابتهاج، منبع ذکر شده، ۲۳۲، ۲۳۳.

۲- این چند سطر خلاصه‌ای است از کتاب بسیار جالب دکتر نصرت‌الله جهانشاه‌لو افشار، ما و بیگانگان، سرگذشت. چاپ برلن، بدون تاریخ. نویسنده‌ی کتاب، معاون رئیس دولت تجزیه‌طلب آذربایجان و در همه‌ی احوال همراه پیشه‌وری بود. سپس سی سال در اتحاد جماهیر شوروی زیست و سرانجام به آلمان غربی آمد و خاطرات خود را انتشار داد. نوشته‌ی او سند موثقی محسوب می‌شود، به خصوص که به قصد اضرار به یاران پیشین نوشته نشده و صداقت از نوشته‌هایش پیدا است. این کتاب در جولای ۲۰۰٤ توسط شرکت کتاب در لوس‌آنجلس به‌طور کامل تجدیدچاپ شده است.

به فرماندهی «جبهه قافلانکوه» منصوب شود، چرا که «ژنرال» غلام‌یحیی دانشیان «در فن سربازی، مجسمه‌ی ناآگاهی است.» پیشه‌وری موافقت نکرد و پاسخ داد «شما که خوب می‌دانید غلام یحیی را من آنجا نفرستاده‌ام تا او را عوض کنم. بی‌گمان با عوض کردن غلام‌یحیی ما همگی دچار خشم روس‌ها خواهیم شد.»

غلام‌یحیی در نخستین درگیری فرار را بر قرار ترجیح داد. این اولین برخورد، با سواران شبکه‌ی مقاومت ذوالفقاری‌ها درگرفت و همان برای کسانی که شعار «مرگ هست اما بازگشت نیست» می‌دادند، کافی بود. «فداییان» دموکرات در میان راه هر چه می‌توانستند غارت کردند، در میانه، در اردبیل. بانک ملی میانه را یک‌جا غارت کردند که که با خود برده مانند خیلی چیزهای دیگر به سازمان امنیت شوروی در نخجوان تحویل دهند. سپس به سراغ ذخایر غارت شده بانک ملی تبریز رفتند که در محل امنی گذاشته بودند.

«روز ۲۰ آذر... مردم به پایگاه‌های نظامی متجاسرین حمله و تعداد زیادی تفنگ به دست آوردند و قبل از ورود ارتش به تبریز اداره امور شهر را به دست گرفتند.

برخورداریان (شاهین برخورداریان رئیس شعبه بانک ملی در تبریز که سال‌ها بعد مدیر بانک کار شد) تعدادی تفنگ از مردم گرفته و پاسبان‌های بانک را، که سال‌ها قبل از طرف فرقه دموکرات اخراج شده بودند، دوباره مسلح نمود و قبل از فرار سربازان فرقه، شعبه‌ی «آذربایجان بانکی» (بانکی که فرقه تأسیس کرده بود) را تصرف کرده و موجودی‌های نقدی و اسناد بهادار و مقداری مسکوکات طلای قدیم را بازپس گرفت.»[۱]

۱- این جریان در خاطرات دکتر جهانشاهلو افشار نیست. از خاطرات ابوالحسن ابتهاج نقل شده که در آن زمان رئیس کل بانک ملی ایران بود. ص ۲۳۲.

برخورداریان فردای آن روز کامیونی را که متعلق به غلام‌یحیی بود و پول و اشـــیاء بانک ملی میانه را از آن‌جا به سوی مرز شوروی می‌بـــرد در راه جلفـــا توقیف کرد. به این ترتیب که رئیس شـــعبه میانه، جریان غارت شعبه‌اش را به برخورداریان گزارش داده بود و «او هم با کمک کارمندان و پاسبانان بانک، کامیون غلام‌یحیی را با دویست و بیست هزار تومان وجه نقد و مقداری اثاث متعلق به بانک، توقیف می‌کند.»[۱]

دکتر جهانشاه‌لو می‌نویسد:

> «نیروی ارتش از قافلانکوه گذشـــت و به سوی تبریز پیش می‌آمد. مردم میهن‌پرور تبریز که ازبیگانه‌پرستان به تنگ آمده بودند، به پا خاستند.»[۲]

بدین‌سان نیروهای ارتش به شهری وارد شدند که به دست مردمش آزاد شده بود. در این قیام ملی، روحانی وطن‌پرستی که سیدکاظم شـــریعتمداری نام داشت و مورد احترام خاص و عام بود، نقشی اساســـی بازی کرد. وی ســـپس به قم آمد و همان آیت‌الله عظمی سیدکاظم شریعتمداری است که سال‌ها بعد شهرتی ملی و جهانی یافت. شوروی‌ها رفتارش را در تبریز فراموش نکردند. شریعتمداری رویه‌ای در خط اصفهانی و بروجردی مراجع تقلید میهن‌خواه قبلی داشت. با نفوذی که توده‌ای‌ها در دستگاه انقلابیون اسلامی یافته بودند، انتقام خود را از او گرفتند.

در حین فرار از تبریز، شـــوروی‌ها یکی از صاحب‌منصبان ارشد خود را به آن‌جا فرستادند که سران طراز اول فرقه دموکرات را با خود به آن سوی مرز ببرد و نجات دهد.

این شـــخص که ســـرهنگ قلی‌اُف نام داشـــت چند تـــن از جمله پیشـــه‌وری، دکتر جهانشـــاه‌لو، بی‌ریا و پادگان را به سوی باکو

۱- این جریان نمونه‌ی کوچکی است از تلاش همگانی و دلیری مردم آذربایجان که استثنائاً جزئیات آن را در دسترس داریم. شاهین برخورداریان اندکی بعد از طرف شاه به دریافت نشان همایون مفتخر شد.

۲-دکتر جهانشاه‌لو، همان منبع.

برد. هنگام عبور از مرز، پیشه‌وری که سخت برآشفته بود از این‌که شوروی‌ها به کمکش نیامده‌اند گله کرد. سرهنگ قلی‌اُف در مقابل جمع به او گفت: «کسی که تو را آورده به تو می‌گوید برو» و چنین بود پایان ماجرای تجزیه‌ی آذربایجان.

رفتار سران حکومت تجزیه‌طلب مهاباد به مراتب مردانه‌تر بود و چنین صحنه‌هایی از آنان نقل نشده[1] اما بی‌نظمی‌های کردستان چند ماهی به طول انجامید و در اوایل سال ۱۳۲٦ فیصله یافت.

۱ - در روز یازدهم مردادماه ۱۳۲٦، سوم اوت ۱۹۴۷، مرگ پیشه‌وری در بادکوبه اعلام شد. بعداً معلوم شد که وی به دستور استالین که شکست مفتضحانه‌ی او را نمی‌بخشید، به قتل رسیده است. همسرش که از یک خانواده‌ی سرشناس و قدیمی ایرانی بود، در شرایطی بس دشوار در شوروی ماند. سال‌ها بعد به هنگام یک مسافرت رسمی محمدرضاشاه به مسکو در مهمانسرای محل اقامت همراهان پادشاه ایران نامه‌ای از او به دست سرلشکر دکتر ایادی، پزشک مخصوص شاه رسید که گفته بود، در همان محل مستخدمه است و زندگی نابسامانی دارد و از شاه ایران استمداد کرده بود. محمدرضاشاه شخصاً با شوروی‌ها مذاکره کرد. با مراجعتش به ایران موافقت کردند به شرطی که بدون سروصدا و تبلیغات انجام شود. شاه دستور داد که قبل از بازگشتش به تهران همسر پیشه‌وری را با یک هواپیمای نظامی به تهران بازگردانند و چنین شد. او سال‌ها در خانواده‌ی خود زیست و در کشورش درگذشت و به خاک سپرده شد.

یگانه پسر پیشه‌وری که داریوش (یا به قولی کاوه) نام داشت به عمویش که سرگرد پزشک در ارتش سرخ بود سپرده شد. او در بادکوبه تحصیل و ازدواج کرد و دارای دو فرزند شد و در سال‌های شصت میلادی درست قبل از برپا شدن دیوار برلن، توانست به آلمان غربی بگریزد. از سرنوشت او و بازماندگانش خبری نداریم. (اطلاعات مربوط به فرزند پیشه‌وری از کتاب جمیل حسنلی (منبع ذکر شده) اقتباس شده است. نگاه کنید به روزنامه‌ی کیهان چاپ لندن شماره‌ی ۷ تا ۱۳ ژوئن ۲۰۰۵.)

به دستور استالین، مرزهای شوروی به روی فراریان فرقه‌ی دمکرات گشوده شد. تقریباً همه‌ی آنان در «بهشت شوراها» سرنوشتی شوم یافتند. یا اعدام شدند یا به اردوگاه‌های سیبری و جاهای دیگر فرستاده شدند. بعد از روی کار آمدن خروشچف، بخصوص سقوط اتحاد جماهیر شوروی، خبرهایی از بعضی از آنان بدست آمد. (نگاه کنید به بابک امیرخسروی و محسن حیدریان، مهاجرت سوسیالیستی و سرنوشت ایرانیان، مهاجرین حزب کمونیست ایران، فرقه‌ی دموکرات آذربایجان، حزب توده ایران، سازمان فدائیان اکثریت، پیام امروز، تهران، ۱۳۸۱، مخصوصاً فصل دوم ۸۵-٦۵. نویسندگان تعداد این فراریان با خانواده‌های‌شان متجاوز از ۳۰۰۰۰ می‌دانند.)

علاوه بر افراد سرشناس، نزدیک به یک‌صد نفر همراه پیشه‌وری از مرز گذشتند. چهل وسیله‌ی نقلیه‌ی سواری- یک‌صد کامیون مملو از کالاهای غارت شده، سی و پنج جیپ و هفت اتوبوس کاروان پیشه‌وری را تشکیل می‌دادند.

در روز ۲۵ آذرماه، ۱٦ دسامبر، قسمتی از اسلحه و مهماتی که «فداییان» فرقه‌ی دموکرات به جای گذاشته بودند، در تبریز به تماشای نمایندگان مطبوعات داخلی و بین‌المللی گذاشته شد. از آن جمله بود پنجاه هزار قبضه تفنگ، پنج هزار مسلسل سبک و سنگین، چند صد عراده توپ ساخته‌ی شوروی، چند تانک و میلیون‌ها فشنگ و مهمات.

استالین حق داشت از عوامل خود خشمگین باشد زیرا از تسلیح آنان به بهترین ساز و برگ‌ها دریغ نکرده بود. امیدوار بود مانند کمونیست‌های یونان بتوانند سال‌ها بجنگند یا چون کره و کشورهای هندوچین قسمتی از خاک ایران را به تسلط خود درآورند. اما ایران، کشوری دیگر بود با خصایص تاریخی‌اش، کشور سیمرغ.

*****

در طی سه روز پیش از سقوط تبریز سادچیکف سفیر کبیر شوروی در ایران، همه‌ی کوشش خود را به کار برد که حرکت نیروهای ارتش به سوی آن شهر متوقف شود. خواستار ملاقات با شاه و رییس دولت شد. قوام برای استراحت به لاهیجان رفته بود و به او گفتند که با محل اقامتش ارتباط تلفنی میسر نیست و چون خواست نزد شاه برود، او نیز در جبهه و غیر قابل دسترسی بود! وزرا هم که اختیاری نداشتند.
در عصر بیستم آذر که دیگر کار از کار گذشته بود، استراحت قوام به پایان رسید و او در تهران ظاهر شد! شاه نیز به تهران

بازگشت! در کاخ اختصاصی میهمانی کوچکی برپا شد که به جشن و سرور یک پیروزی شباهت بسیار داشت.
با فروپاشی سریع حکومت تجزیه‌طلب آذربایجان و استقرار حکومت قانونی در آن خطه دور اول رودررویی با اتحاد جماهیر شوروی با پیروزی بی‌چون و چرای ایران به پایان رسید.

ایران به معنای واقعی از حضور قوای بیگانه و دست‌نشاندگان‌شان پاک شد. دیگر موجبی برای نگاه‌داشتن مساله‌ی ایران در دستور شورای امنیت باقی‌نمانده بود. قوام به علاء دستور داد که در این زمینه اقدام ضروری را انجام دهد و شکایت را پس بگیرد.
روابط این دو تن با یکدیگر هرگز خوب نبود. اما رییس دولت به کاردانی و بخصوص میهن‌دوستی سفیرش آگاه بود و به او اعتماد کرد و حق داشت اعتماد کند.
علاء بیمار و رنجور و از لحاظ مالی در تنگنا بود. قوام هنگامی که از این وضع اطلاع یافت دستور داد که فوراً ده‌هزار دلار به عنوان پاداش برای او فرستاده شود و به او دستور داد بیش‌تر به فکر سلامت و استراحت خود باشد.
علاء پس از دریافت این وجه که در آن موقع قابل ملاحظه بود آن را بین خود و سه نفر از اعضای ارشد سفارت به طور مساوی تقسیم کرد.[۱]

*****

آزادی آذربایجان و منطقه‌ی مهاباد - پیروزی ایران ناتوان بر یکی از دو ابرقدرت آن روز جهان (بریتانیای کبیر دیگر ابرقدرت محسوب نمی‌شد و موقع فرانسه از آن هم بدتر بود)، پیروزی همه‌ی ایرانیان بود که بیش و پیش از همه تدبیر و بینش سیاسی و مهارت رییس دولت، احمد قوام، موجبات آن‌را فراهم ساخت.
محمدرضاشاه و قوام هرگز با یکدیگر حُسن رابطه نداشتند. اما

۱- ابوالحسن ابتهاج، منبع ذکر شده، صفحه‌ی ۲۲۵.

در ماه‌های بحران که بــود و نبود و تمامیت ایران در خطر بود با یکدیگر یگانه شدند و با هم‌آهنگی عمل کردند.

شــاه با حضــور در خط اول جبهه، از خود بی‌باکی نشــان داد. تحرک و قدرت عمل ارتش کوچک ایران آن روز به برکت حسن تدبیر و کاردانی سرلشــکر علی‌رزم‌آرا عامل مهـم در این پیروزی بود. به‌ویـــژه که در همان روزها ارتش، چنانکه خواهیم داد، ناچار به مقابله با غائله‌ی بزرگ دیگری در جنوب کشور بود. دلاوری و از خودگذشــتگی و جانبازی شبکه‌های مقاومت مسلحانه در زنجان و خمســه طی یک‌ســالی که فرقه بر آذربایجان حکومت داشت، تجزیه‌طلبان را یک آن آسوده نگذاشت.

ســرانجام باید گفت که مقاومت منفی مردم آذربایجان در ابتدای کار و خروش و قیـــام یکپارچه‌ی آنان در روزهای آخر، زیربنای همه‌ی پیروزی‌ها بود. در این روزها، مثل همه‌ی مواردی که ایران واقعــاً در خطر بود، ایرانیان متحد بودند و متحد ماندند که بدون این اتحاد ملی، هیچ چیز میسر نمی‌شد.

بحث و مجادله درباره‌ی اینکه چه کسی آذربایجان را نجات داد از گفتگوهای بی‌حاصل است. همه در این مهم شریک بودند. هرکس به قدر مرتبت و قدرتش و بینش و تدبیرش.

اگر بنا باشد که دو تن را رو در روی یکدیگر قرار دهیم باید بگوییم که قوام بر استالین پیروز شد.

*****

مساله‌ی موافقت‌نامه‌ی مربوط به بهره‌برداری از نفت شمال باقی مانده بــود. قوام از آغاز کار طرح خــود را ریخته بود. به هنگام اقامت در مسکو روزی جهانگیر تفضّلی فرستاده‌ی «ایران ما» را نزد خود می‌خواند و به او می‌گوید:

«کاغذی به خسرو اقبال و نویسندگان ایران ما بنویسید که در هر صورت از پیشه‌وری حمایت نکنند و اگر هم دولت با

پیشـــه‌وری مدارا کرد، ایران ما از دولت در این‌باره انتقاد کند. البته به آن‌ها ننویسید که من این مطالب را گفته‌ام.»[۱]

اندیشه‌ی فریفتن شوروی‌ها و معامله با آن‌ها از آغاز کار در سرش بود.

انتخابات مجلس پانزدهم که مسکو با بی‌صبری در انتظار تشکیل آن بود، با پیروزی کامل حزب دموکرات ایران[۲]، انجام شـــد و شاه دوره‌ی جدیـــد قانون‌گذاری را با تشـــریفات معمول در ۲۵ تیرماه ۱۳۲٦ گشود.

پـــس از «آمادگی مجلس»، نمایندگان بار دیگـــر به انتصاب قوام به ریاســـت دولت در بیستم شهریور ماه ابراز تمایل کردند و شاه همـــان روز او را مأمور تشـــکیل کابینه‌ی جدید کـــرد که روز ۱۹ شـــهریور به مجلس معرفی شـــد و در ۱۲ مهر با ۹۳ رأی موافق از ۱۲۰ تن نماینده‌ی حاضر در جلسه از قوه مقننه رأی اعتماد گرفت.

در روز ۲۹ مهـــر، قوام در مجلس شـــورای ملـــی حضور یافت و گزارشی مفصل درباره‌ی شرکت مختلط نفت ایران و شوروی که تعهد به تشکیل آن کرده بود به نمایندگان داد و تقاضای تصویب آن را نمود.

حال می‌بایســـت رئیـــس دولت ترتیب رد پیشـــنهاد خود را بدهد! این ترفند بزرگ دیگر او در برابر شـــوروی‌ها بود. با بســـیاری از نمایندگان شخصاً ملاقات کرد و به یک‌یک آنان گفت که تعهد او در انعقاد این قرارداد برای کسب موافقت شوروی‌ها در مورد تخلیه‌ی ایران و تقدیم آن به قوه مقننه بود. اما آن‌ها تکلیفی در تصویب آن ندارنـــد و باید آزادانه طبق وجدان خود و در مصلحت مملکت عمل کنند.

در روز بعـــد از تقدیم گزارش به مجلـــس، قوام در مصاحبه‌ای با

۱- جهانگیر تفضلی، آینده، متن ذکر شده صفحه‌ی ۷۵٤.

۲- نگاه کنید به فصل هشتم همین بخش.

ادوارد سابلیه خبرنگار روزنامه Le Monde پاریس که مستقیماً و بدون مترجم انجام شد، سیاست خود را علنی کرد[۱]:

«وعده‌ی من به جای خود باقی اســـت. توافق اصولی من با شوروی‌ها تعهدی است که کرده‌ام و به جای خود باقی اســـت. من کسی نیســـتم که زیر امضای خود بزنم و به مردی که به وعده‌اش وفا نمی‌کند شهرت یابم.

به همین سبب تقاضای تصویب موافقت‌نامه را از مجلس خواهم کرد. اما وضع به‌کلی تغییر کرده است. نمایندگان منتخـــب مـــردم آزادی کامل در قضـــاوت و تصمیم خود دارند. ما نمی‌توانیم تصمیمی را که خلاف باور و عقیده‌ی آنان باشـــد به آن‌ها تحمیل کنیم. بنابراین ممکن است که موافقت‌نامه به تصویب قوه‌ی مقننه نرسد. من شخصاً با چنین احتمالی موافق نیستم چرا که با همسایه‌ی شمالی، ایجاد سوءتفاهم خواهد کرد»؟

ادوارد سابلیه از او پرسید:

«اگر بیان شـــما را درست فهمیده باشـــم، آیا احتمال رد موافقت‌نامه‌ی ایران و شـــوروی از طـــرف مجلس وجود دارد؟»

قوام پاسخ داد:

«مـــن چنین چیزی نگفتـــم. اما دو طرف باید به شـــرایط جدیدی که به وجود آمده توجه داشته باشند.»

مخبر لوموند اضافه می‌کند:

«آن‌چه می‌بایست گفته شود، گفته شده بود.»

ادوارد ســـابلیه در خاطرات خود می‌نویسد، «قوام از من خواست که متن کامل مصاحبه را بلافاصله و حتی قبل از آن‌که در پاریس

۱- برای ملاحظه‌ی جریان این ملاقات و متن کامل مصاحبه نگاه کنید به:
Edourd Sablier, La creation du Monde,Plon, Paris,1984, p.194 - 199

به چاپ برسد در اختیار جراید تهران بگذارم و من نیز چنین کردم. آن‌چه می‌بایست علناً به نمایندگان مجلس و به شوروی‌ها گفته شود، گفته شد و قوام با یک ترفند ایرانی موجبات ردّ قراردادی را که خود امضاء کرده بود فراهم کرد.»

سفیر انگلیس در تهران رد قرارداد نفت را «خطری بزرگ» تلقی می‌کرد. وزارت امور خارجه آمریکا نیز نوعی مصالحه را با شوروی‌ها ترجیح می‌داد که کانون جدیدی در جنگ سرد پدیدار نشود.[1]

اما جرج آلن سفیر کبیر آمریکا شخصاً با سیاست دولت خود همراه نبود و در سخنانی بر حق حاکمیت ایران تأکید کرد. قوام در دفاع از منافع ایران این بار تنها بود و پس از آن تنها ماند و بهای سنگینی پرداخت. اما از راه خود منحرف نشد. مجلس براساس طرحی که تهیه کننده‌ی آن دکتر صادق رضازاده شفق دوست نزدیک نخست‌وزیر بود، موافقت‌نامه‌ی ایجاد شرکت مختلط بهره‌برداری از نفت شمال را تقریباً به اتفاق آرا رد کرد.

بحرانی شدید در روابط ایران و شوروی آغاز شد. در روز ۱۳ آبان‌ماه ٥ نوامبر ۱۹٤۷، وزیر امورخارجه ایران رسماً رد موافقت‌نامه را به سفارت شوروی ابلاغ کرد.

پاسخ شوروی‌ها در یادداشتی که در روز ۲۱ نوامبر به دولت ایران تسلیم شد استثنائاً تند و خشن بود و جز این هم انتظاری نمی‌رفت. در روز ۱۱ آذرماه، دوم دسامبر شوروی‌ها در یادداشت دیگری رسماً ایران را تهدید کردند. قوام دستور داد که بر خلاف رسوم و آداب دیپلماتیک متن یادداشت تهدیدآمیز شوروی‌ها انتشار یابد که مردم از خطری که متوجه ایران است مطلع شوند و افکار عمومی برای دفاع از منافع کشور تجهیز گردد.

۱- نگاه کنید به ا سناد مندرج در - حمید شوکت، منبع ذکر شده صفحات ۲۲۰ تا ۲۲٥ و ملحقات آن.

باز هم به دستور او و برخلاف سنن، ابراهیم خواجه‌نوری معاون نخست‌وزیر و سرپرست تبلیغات و رادیو شخصاً در رادیو تهران با فصاحت بیانی که داشت و با لحنی شدید به گفتارهای رادیو مسکو و اعتراضات شوروی‌ها پاسخ داد و در حقیقت به حمله‌ی متقابل پرداخت.

قوام اهل تسلیم و ابراز ناتوانی هنگامی که منافع کشورش در میان باشد، نبود. اما می‌دانست که دوران حکومتش رو به پایان است. خطر دور شده بود و محمدرضاشاه دیگر سوءظن و حتی مخالفت خود را با نخست‌وزیری که ماه‌ها با قدرت در رأس امور کشور بود، پنهان نمی‌کرد. تحریکات دربار علیه او علنی شد. قدرت و نخوت رئیس دولت برای سیاست‌بازان و مجلسیان، که اکثر آنان با حمایت قوام انتخاب شده بودند، دیگر قابل تحمل نبود. همه می‌خواستند بازی‌های متعارف را از سر بگیرند و او سدّ راهشان بود.

در حالی که بحران روابط ایران و شوروی همچنان ادامه داشت، نخست‌وزیر موفق شد در آخرین روزهای حکومتش، ۲۲ آبان‌ماه ۱۳۲۶، برای همه‌ی متهمان و محکومان و کسانی که در حوادث آذربایجان و کردستان مورد تعقیب قرار گرفته بودند، یک فرمان عفو عمومی از شاه بگیرد. خشونت مردم با کسانی که متهم به هم‌دستی با فرقه‌ی دموکرات بودند طی ماه‌های بعد از آزادی آذربایجان شدید بود و بعضاً با حمایت مأموران دولت صورت می‌گرفت، گرچه هرگز به حد فجایع و جنایات و غارت‌های تجزیه‌طلبان نرسید. این عکس‌العمل‌ها به تدریج کاهش یافته بود اما قوام می‌خواست به هر قیمت اوضاع را قبل از ترک قدرت به حال عادی درآورد و موفق شد.
پایان کارش فرارسیده بود.

در روز ۱۸ آذرماه ۱۳۲۶، تقریباً یک‌سال بعد از آزادی آذربایجان و منطقه‌ی مهاباد در مجلس شورای ملی حضور یافت و پس از بیان مطالبی پیرامون اقدامات دولت تقاضای رأی اعتماد کرد. از یک صد و دوازده نفر عده‌ی حاضر فقط چهل و شش تن به دولت رأی موافق دادند. در نتیجه دولت قوام ساقط شد. اما وی تنها، یا تقریباً تنها، مرحله‌ی دوم نجات ایران را نیز به انجام رسانده بود بر سر او همان آمد که بر سر بیسمارک پس از تشکیل امپراتوری آلمان آمده بود که فدای حق ناشناسی ویلهلم دوم شد. با او همان رفتاری شد که فرانسوی‌ها با ژرژ کلمانسو ناجی فرانسه در جنگ اول جهانی و با ژنرال دوگل پس از جنگ دوم کردند. برای مجالس فرانسه این دو مرد توانا مانع بازی‌های سیاسی و تحریکات معمول بودند. هر سه مانند قوام با حق‌ناشناسی رسمی و موجی از تهمت و افترا روبرو شدند و هر سه مانند قوام از این حق ناشناسی رنج بسیار بردند.

قوام در آخرین نطق خود در مجلس گفت:
«بالاخره روزی فراخواهد رسید که مردم بی‌غرضی در این مملکت اوراق تاریخ را ورق بزنند و از میان سطور آن حقایق مربوط به زمان ما را بخوانند. من می‌روم و تاریخ ایران قضاوت خواهد کرد که به روزگار این ملت چه آمده است و به پاداش فداکاری با خادمین مملکت چه رفتاری شده است.»

قوام با تلخ‌کامی از کار کناره گرفت و عازم اروپا شد. دولت بعدی که ریاست آن با ابراهیم حکیمی وزیر پیشین خود او بود حتی از دادن گذرنامه‌ی سیاسی به او خودداری کرد و این آغاز دشمنی‌ها و پلیدی‌ها بود.

سال‌ها لازم آمد تا حتی دشمنانش نقش او را در نجات آذربایجان

و پیروزی ایران بر شوروی‌ها اذعان کنند. چنان‌که راویان و مورّخان درباره‌ی بیسمارک و کلمانسو و دوگل نیز سرانجام واقعیت را پذیرفتند.

ایرج اسکندری، یکی از دبیران کل حزب توده که طبیعتاً دشمنی خود را با او پنهان نمی‌کند، نوشت: «این پیرمرد کهنه‌کار قدیمی ایرانی، کلاه بر سر استالین گذاشت.»[۱]
شاپور بختیار دشمن و مخالف دیگرش که او را «حقه‌باز، کارچاق‌کن، نه چندان درست‌کار و فاقد اعتقاد به دموکراسی»[۲] می‌داند، اذعان دارد که در ماجرای آذربایجان

> «توفیق قوام چه از لحاظ سیاست داخلی و چه از دید سیاست خارجی قابل تردید نیست. محمدرضاشاه با او رفتاری غیرعادلانه داشت چرا که نمی‌خواست او در برابر تاریخ، بانی نجات آذربایجان باشد و می‌خواست افتخار این جریان تاریخی را به حساب خود بگذارد.»[۳]

محقق ایرانی بی‌طرفی صریح‌تر است:

> «بزرگ مرد سیاست احمد قوام قوام‌السلطنه مردی که با فداکاری و تدبیر و مهارت سیاسی آذربایجان را از حلقوم استالین بیرون کشیده و به مام وطن برگردانید.»...[٤]
> «سیاست‌مداری در ردیف و طراز تالیران‌ها و دیسرائلی‌ها... با وجودی که در مجلس اکثریت کامل داشت، یکایک نمایندگان را خصوصی ملاقات کرده از آن‌ها می‌خواهد که

۱- ایرج اسکندری، منبع ذکر شده، صفحه‌ی ۱۲۳.
2- Chapour Bakhtiar, Ma fide'lit', Paris, Albin Michel, 1982, P.44.
۳- همان منبع، صفحه‌ی ٤٥.
٤- دکتر پرویز عدل، خانه‌ی ما در فیشرآباد، خاطرات پراکنده، لس‌آنجلس، شرکت کتاب، چاپ اول، ۱۳۸۳، ۲۰۰٤، صفحه‌ی ۸۳.

به دولتش رأی منفی بدهند تا دولت سقوط کند.»[۱]

آنـــدره فونتن، مدیر پیشـــین روزنامه‌ی لوموند پاریس در کتاب معتبری که به تاریخ جنگ سرد اختصاص داده می‌نویسد:

«او چنـــان اســـتالین را فریـــب داد که هیـــچ دولت‌مرد و سیاست‌مدار دیگری به آن توفیق نیافت. او اتحاد جماهیر شوروی را با فضاحت شکست داد.»[۲]

بـــه هنگام آغاز، ادامه و پایان ماجرای آذربایجان و بحران روابط ایران و شوروی، قوام با معضل دیگری نیز روبرو شد و آن غائله‌ی فارس بود.

۱- همان منبع، صفحه‌ی ۲۷۰.

2- Andre' Fontaine, Histoire de la guerre froide, Fayard, Paris, 1965, tome I, P.333

فصل هفتم

غائله‌ی فارس

غائله‌ی فارس و شورش و نافرمانی ایلات و عشایر آن منطقه، هنگامی آغاز شد که دولت ایران با تجزیه‌طلبان آذربایجان درگیر و دچار بحران در روابط با اتحاد جماهیر شوروی بود. ارتش ایران ضعیف بود و ساز و برگش کهنه. این ماجرا خنجری بود که از پشت به دولت قانونی کشور و رئیس آن احمد قوام زده شد و قوای مسلح را مجبور کرد در دو جبهه بجنگند. آن‌چه غائله‌ی فارس خوانده می‌شود، در حقیقت بر بخش‌هایی از جنوب کشور، خوزستان و حتی اصفهان نیز که پایتخت پادشاهان دیلمی و سلجوقی و شاهنشاهان صفوی بود، سرایت داشت.

ریشه‌های این بحران را البته باید در تاریخ فارس و موقع خاص شیراز جستجو کرد[1].

۱- در باره‌ی تاریخ شیراز، رجوع به کتاب کم‌نظیر استاد دکتر حسن خوب‌نظر را با همین عنوان توصیه می‌کنم. تهران، انتشارات سخن، ۱۳۸۰، ۱۰۶۲ صفحه.

در زمان نخستین جنگ جهانی، سیاست استعماری بریتانیا نفوذ خود را در مناطق خوزستان و قسمتی از منطقه‌ی بختیاری استوارتر کرد. شیخ خزعل در خوزستان رسماً تحت‌الحمایه‌ی آنان شد و بعضی از سران ایل بختیاری که افراد آنان امنیت قسمتی از چاه‌های نفت را تامین می‌کردند، به کارگزاران لندن و شرکت نفت در منطقه، نزدیک، بلکه وابسته شدند و حتی علناً وجوهی از آنان دریافت می‌داشتند. سردارسپه به این وضع با خشونت پایان داد و قدرت حکومت مرکزی را در خوزستان و حیطه‌ی ایل بختیاری برقرار کرد.

در فارس وضع متفاوت بود. صولت‌الدوله رئیس ایل قشقایی معروف به ضدیت با سیاست بریتانیا بود و به مخالفان آن، حتی عوامل مستقیم آلمان نیز، پناه داد. تنگستانی‌ها دلیرانه با «پلیس جنوب» که زیر نظر لندن بود و قوای مسلح امپراتوری بریتانیا جنگیدند. اما در مجموع، رؤسای ایلات فارس استقرار کامل قدرت حکومت مرکزی و سلب اختیارات و اقتدار خود را نمی‌پذیرفتند و رضاشاه نیز نافرمانی آنان را برنمی‌تافت.

تنی چند از سران بختیاری و قشقایی و ایلات و عشایر کوچک‌تر در دوران قدرت رضاشاه کشته شدند و بسیاری از افرادشان در برخورد مسلحانه با نیروهای دولتی. اما امنیت در همه‌ی این مناطق برقرار و قدرت دولت مرکزی مستقر و مسجّل شد. اشغال ایران به‌وسیله‌ی قوای روس و انگلیس به این وضع پایان داد. بزرگان ایلات که یا در زندان بودند و یا خانه‌نشین و تحت مراقبت، به مناطق خود بازگشتند و نافرمانی و سرکشی و ایجاد ناامنی و تعدی و تجاوز به مردم را از سر گرفتند.

در سال‌های ۱۳۲۰ تا ۱۳۲۴ و حتی ۲۵، بی‌نظمی‌های فراوان در این

مناطق صورت گرفت. نخستین حرکت ایل قشقایی در خردادماه ۱۳۲۲، مه ۱۹۴۳، انجام گرفت. ناصر قشقایی در رأس گروهی از سرکردگان عشایر دیگر علیه دولت قیام کرد و با اسلحه و مهماتی که از طریق بنادر جنوب وارد کرده بود، چندین پایگاه نظامی کوچک را خلع سلاح کرد. لشکر فارس ناچار به مداخله شد و نخستین برخورد جدی با ایل قشقایی درگرفت، اما هیچ مساله‌ای حل نشد.

در تیرماه همان سال، هفت کامیون آذوقه و مهمات و حقوق افراد ارتش با بیست و پنج افسر و سرباز که عازم پادگان سمیرم بودند مورد حمله‌ی تعداد زیادی از افراد مسلح ایل قشقایی و بویراحمدی قرار گرفتند. مهاجمین همه‌ی افسران و سربازان را کشتند، آذوقه و مهمات و وجوه را غارت کردند و کامیون‌ها را آتش زدند. در پی آن حمله‌ی قشقایی‌ها به پادگان سمیرم آغاز شد. خسرو قشقایی در راس مهاجمین بود.

در روز یازدهم تیرماه، بعد از سه روز جنگ خونین و مقاومت پادگان، سرانجام پیروزی از آن قشقایی‌ها شد. سربازان ارتش، اسلحه، مهمات و آذوقه‌ی کافی نداشتند. تقریباً همه‌ی افسران و افراد پادگان به دست قشقایی‌ها کشته شدند. سرهنگ شقاقی فرمانده آن تا آخرین دقیقه، دلیرانه جنگید و جان باخت. بازتاب این کشتار در افکار عمومی بی‌سابقه بود و موجی از تاثر و تنفر برانگیخت. شاه و سهیلی نخست‌وزیر وقت به دو لشکر فارس و اصفهان دستور سرکوبی قشقایی‌ها و همدستان‌شان را دادند. اما ارتش ضعیف بود و فشار انگلیسی‌ها برای آنکه «ماجرایی» پدید نیاید، شدید.

در چهارم مردادماه، دولت در مجلس شورای ملی به خاطر ضعف در برابر شورشیان و پرده‌پوشی از خسارت‌ها مورد استیضاح

قرار گرفت. چند روز بعد دانسته شد که بیش از ده میلیون ریال از اموال مردم و معادل یکصد میلیون ریال از اغنام و احشام آنان به غارت رفته است. برای منطقه‌ی فقیری چون سمیرم و به مقیاس آن زمان، این ارقام حیرت‌انگیز بود.
دست دولت بسته بود و ارتش ناتوان.

سرلشکر امان‌الله جهانبانی که مشهور به تدبیر و افسری دنیادیده و کارکشته بود، به فرماندهی نیروهای جنوب منصوب شد. قوای زیادی در اختیار نداشت و ناچار از کجدار و مریز بود. در شانزده مردادماه هنگامی که می‌کوشید سر و صورتی به اوضاع بدهد، بویر احمدی‌ها، که مشهور به خشونت بودند، پادگان اردکان را به قصد خلع سلاح محاصره کردند. اما پادگان با وجود کمبود نفرات مقاومت کرد و اسلحه‌ای به دست بویر احمدی‌ها نیافتاد. در عوض مقدار زیادی از اموال دولت را غارت کردند. سران ایلات در جست‌وجوی قدرت و اسلحه و ارعاب دولت بودند و مزد افراد خود را با غارت اموال مردم، که در این میان گناهی نداشتند می‌پرداختند.

چند روز بعد، ۲۰ مرداد، سرلشکر جهانبانی که توانسته بود سر و صورتی به آرایش نیروهای خود بدهد، در نزدیکی آباده با ناصر و خسرو قشقایی رؤسای این ایل ملاقات کرد. در تهران گفته شد که ارتش آماده‌ی « قلع و قمع اشرار» شده، و رؤسای ایلات از بیم عکس‌العمل، یک پا به عقب گذاشته‌اند. مسلماً هم تهدید در کار بود و هم تطمیع. لااقل نوعی تقسیم حیطه‌ی قدرت میان دو طرف. به هر تقدیر سرلشکر جهانبانی، خسرو قشقایی گرداننده‌ی اصلی کشتار سمیرم را همراه خود به تهران آورد، وی را به دیدار سران دولت برد. این دیدارها نشانه‌ی نوعی گذشت و چشم‌پوشی در برابر اعمال او بود و بهایی که برای تامین آرامش ظاهری و موقت

منطقه پرداخت شد.

در این میان ابوالقاسم بختیاری در منطقه‌ی خود به غارت و شرارت پرداخت. این بار جهانبانی به سراغ او رفت. او هم به ظاهر آرام شد و به‌همراه فرمانده‌ی لشکر جنوب به تهران آمد و با تشریفات نزد علی سهیلی نخست‌وزیر رفت. دولت اعلام کرد که وی «قبول اطاعت دولت مرکزی» را کرده است. در حقیقت «دولت مرکزی» قدرت کافی برای آن‌که اطاعتش کنند نداشت و سران ایلات به رسم دیرین فقط در برابر تواناتر از خود سر فرود می‌آورند که بتوانند بر ناتوانان، یعنی مردم بی‌پناه و افراد ایل‌های مختلف به نوبه‌ی خود زور بگویند. سیاست بریتانیا که در منطقه نفوذ داشت، نه می‌خواست دولت مانند زمان رضاشاه قدرت واقعی قانون را در منطقه اعمال کند و نه در حالی که هنوز جنگ جهانی ادامه داشت، ناامنی و اغتشاش را در همسایگی چاه‌های نفت و خوزستان تحمل می‌کرد.

دولت سهیلی ناچار به پیروی از سیاست سازش و حفظ ظاهر بود و رؤسای ایلات با این کج‌دار و مریز، قدرت مرکز را آزمایش و خود را برای پرده‌ی بعدی نمایش آماده می‌کردند.

چند ماهی در آرامش ظاهری گذشت. تقریباً یک سال بعد از نخستین ابراز علنی نافرمانی از سوی ناصر قشقایی، بار دیگر در مناطق مختلف فارس و جنوب اصفهان، فسا، شهر کرد، روستاهای نزدیک به شیراز، کازرون و آباده، اغتشاش و غارت آغاز شد. این بار در تهران برای حفظ ظاهر، «سارقین مسلح» مسئول اغتشاش اعلام شدند. بحران روابط با شوروی بر اثر رد تقاضای امتیاز نفت شمال آغاز شده بود، حزب توده و شورای متحده‌ی مرکزی در سرتاسر کشور به ایجاد آشوب و تظاهر و دامن زدن به اعتصابات در مراکز صنعتی می‌پرداختند، که دولت‌های بر سر کار را که ضعیف بودند، ضعیف‌تر کنند و آنان را به تسلیم

در برابر توقعات مسکو وادارند. بنابراین مقامات مسئول تهران، چاره‌ای نداشتند جز آنکه بر حوادث سرپوش بگذارند. اما تحول اوضاع سریع بود و چون بحران آذربایجان آغاز شد، شرایط برای آغاز جنبشی که رؤسای ایلات در آرزوی آن بودند و از این‌سو و آن‌سو تشویق می‌شدند، آماده شده بود.

*****

در آخر مردادماه ۱۳۲۵، نابسامانی استان‌های جنوبی کشور ابعاد تازه‌ای یافت. قوام در تهران به حل مشکل آذربایجان و رودررویی با مسکو سرگرم بود که ناگهان نغمه‌ی «نهضت مقاومت جنوب» ساز شد. قشقایی‌ها با حمایت ایلات دیگر منطقه- بخصوص دو ایل به مراتب کوچک‌تر اما معروف به خشونت، حیات داوودی و ممسنی- و تائید بعضی از سران بختیاری، دست به تدارک مبارزه‌ای گسترده و مسلحانه با دولت زدند. آن‌ها در بیانیه‌ای از رئیس دولت خواستند که وزرای توده‌ای را از کابینه اخراج کند، به فارس نیز استقلال داخلی داده شود؛ تعداد نمایندگان این استان در مجلس شورای ملی افزایش یابد و نظارت بر بودجه و اعتبارات فرهنگی، اجتماعی، بهداشتی و رفاهی آن به مسئولان منتخب فارس، یعنی رؤسای ایلات واگذار گردد.

در روز ۲۹ شهریور ماه ۱۳۲۵، ناصر قشقایی در تلگرافی به نخست‌وزیر، خود را « نماینده‌ی ایلات و عشایر فارس» خواند و تقاضای خودمختاری برای فارس، شرکت در کابینه، تعویض بسیاری از مأموران دولتی و تشکیل انجمن ایالتی را کرد[1] و افزود

۱- حاج مخبرالسلطنه هدایت، پیام ناصر قشقایی را به سبک خاص خود چنین حکایت می‌کند: «... تلگرافی از شیراز رسید...» حقوق حقه‌ی خود را چنین مطالبه می‌نماید:
۱- ترمیم فوری کابینه
۲- تغییر رؤسای حساس ارتش
۳- محاکمه و مجازات عمال ناصالح در دیکتاتوری

که اگر تا غروب دوشنبه اول مهرماه، تکلیف قطعی فارس روشن نشود اتفاقات ناگواری روی خواهد داد.
طبیعتا دولت تسلیم نشد که چنین رویه‌ای از خصلت و شیوه‌ی کار قوام دور بود.
شوروی‌ها با تائید حزب توده و وزرای آن حزب و حزب ایران، به نخست‌وزیر پیشنهاد کردند که اسلحه و مهمات و مشاوران نظامی در اختیار ارتش بگذارد تا بتواند با توانایی به سرکوبی شورش فارس بپردازد.
قوام این پیشنهاد را نیز فوراً رد کرد.

*****

از سی‌ام شهریور شورش مسلحانه‌ی فارس آغاز شد.
افکار عمومی دست انگلیسی‌ها را در پشت این حرکت می‌دید. نزدیکی بعضی از رؤسای ایلات و عشایر با سیاست انگلیسی در ایران و علاقه‌ی سنتی لندن به تضعیف دولت مرکزی، این برداشت را توجیه می‌کرد. اما دلیل متقنی هم بر این‌که انگلیسی‌ها طراح و مجری این بازی بوده‌اند در دست نداریم، جز آن‌که بگوییم قوام را نمی‌پسندیدند و در نهایت امر می‌خواستند که اگر شمال یا قسمتی از شمال ایران تحت نفوذ شوروی‌ها درآید، برای خود منطقه‌ی نفوذی در جنوب فراهم آورده باشند و منابع نفتی را در پناه آن حفظ کنند. این همان نقشه‌ی دیرین تقسیم ایران به مناطق دوگانه‌ی نفوذ است که با پادرمیانی فرانسه (البته به عللی دیگر) از ۱۹۰۷ آغاز شد.

٤- واگذاری کارهای فارس از لشکری و کشوری به خود اهالی
٥- تشکیل انجمن‌های ملی
٦- تجدید نظر در تعداد نمایندگان مجلس
٧- اعطای مبلغ کافی برای اصلاح امور فرهنگی و بهداشت و طرق و شوارع
٨- تجدیدنظر در قوانین مضر که متناقض با قانون اساسی است
٩- اتصال راه‌آهن مرکز به شیراز و آسفالت جاده‌های محلی»
حاج مخبرالسلطنه هدایت، منبع ذکر شده، صفحه‌ی ٤٥٤.

بعضی دیگر از محققان نوشته‌اند که دربار برای تضعیف قوام که مورد نفرت بسیاری از اطرافیان محمدرضا شاه بود، به این حرکت با نظر مساعدی می‌نگریست[۱].

عناصر چپ قوام را متهم کردند که خود این حرکت را ساخته و پرداخته که به بهانه‌ی آن، وزیران توده‌ای را از کابینه براند و برگ تازه‌ای برای مقاومت در برابر شوروی‌ها در دست داشته باشد[۲].

واقعیت شاید ساده‌تر باشد. رؤسای ایلات در سال‌های بعد از شهریور، نفوذ خود را بازیافته بودند. در مناطق خود هر چه می‌خواستند می‌کردند و کسی را یارای جلوگیری و بازخواست نبود. قدرت آنان در شهرهای مختلف کاملاً محسوس بود و حتی مأموران عالی‌رتبه‌ی دولت در شیراز از آنان حساب می‌بردند. آن‌ها می‌خواستند با استفاده از درگیری دولت در آذربایجان، مواضع خود را در سرتاسر فارس تسجیل کنند و شاید کسانی در جاهای دیگر ایران و حتی در مراکز قدرت این حرکت را تائید می‌کردند.

قدر مسلم این است که دولت با بحرانی تازه و شدید، با شورشی مسلحانه و تقریباً جدایی‌طلب مواجه بود که قوام به رویه‌ی معمول خود از موضع قدرت به مقابله با آن پرداخت و در این رودررویی، مانند مساله‌ی آذربایجان، شاه، لااقل شخصاً، حمایت خود را از او دریغ نداشت.

*****

هنوز مهلت ٤٨ ساعته‌ی ناصر قشقایی به پایان نرسیده بود که حملات قشقایی‌ها، به حمایت حیات‌داودی‌ها و طوایف ممسنی، به پست‌های ژاندارمری نقاط مختلف فارس و حتی روستاهای

۱- حمید شوکت، منبع ذکرشده، صفحات ٢٥٤ ، ٢٥٥.

۲- ناخشنودی و خشم حزب توده از مماشات قوام با نهضت جنوب در آغاز کار و سپس انتصاب سرلشگر زاهدی برای حل بحران، به‌عنوان دلیل این برداشت تلقی شده است.

اطراف شیراز و نیز پادگان‌های بوشهر و کازرون، و دستبرد بختیاری‌ها به اطراف اصفهان آغاز شد.

«از بوشهر فریاد بلند است که اشرار (متجاسرین) دور شهر را فراگرفته‌اند...

روز شنبه ۹ مهر عشایر متجاسر به بوشهر دست یافتند و اصول دموکراسی کشتن و خراب‌کردن و اصول چاپیدن کاملاً مجری شد.

کازرون هم از چشمه‌ی دموکراسی بی‌بهره از خون دل خوردن نماند. پادگان محل بقدری که فشنگ و وسیله داشت، پایداری کرد تا از پا درآمد. کمک زمینی مقدور نبود و کمک هوایی هم درمان نشد[۱].»

این اشاره‌ای به حوادث هفته‌های اول غائله‌ی فارس است ، به قلم حاج‌مخبرالسلطنه هدایت و به سبک خاص او.

بلافاصله نخست‌وزیر به رئیس ستاد ارتش، سرلشکر رزم‌آرا دستور داد که یک ستون نظامی مرکب از نیروهای موتوریزه و چند هواپیمای جنگی به منظور جلوگیری از حوادث احتمالی راهی فارس شود.

قوام بدون کسب موافقت قبلی هیات دولت که وزیران توده‌ای در آن شرکت داشتند، سرلشکر فضل‌الله زاهدی را به عنوان نماینده‌ی تام‌الاختیار سیاسی و نظامی در مناطق جنوب تعیین کرد و نیز هیاتی مرکب از سردار فاخر حکمت استاندار کرمان و بلوچستان و سیستان؛ سرتیپ محمدعلی صفاری رئیس کل شهربانی؛ اعزاز نیک‌پی معاون نخست‌وزیر؛ علی هیئت مستشار دیوان عالی کشور و جواد بوشهری (امیرهمایون) برای مذاکره با سران شورشیان عازم شیراز شد که در محاصره‌ی قشقایی‌ها قرار گرفته بود[۲].

۱- حاج مخبرالسلطنه هدایت، منبع ذکر شده، صفحه‌ی ٤٥٤.

۲- در باره‌ی جریان مذاکرات این هیأت، نگاه کنید به خاطرات سردارفاخر حکمت،

متعاقب آن قوام بار دیگر تفویض مسئولیت فرماندهی کلیه‌ی نیروهای انتظامی ارتش، ژاندارمری، شهربانی و سرپرستی استانداری فارس را به سرلشکر فضل‌الله زاهدی تائید کرد که به قول حاج مخبرالسلطنه به رویه‌ی معمول خود که «قهر و لطف» بود[1] به غائله پایان داد. در حقیقت قوام، سرنوشت فارس را به زاهدی سپرد.

سرلشکر زاهدی به اتفاق سرتیپ همت و تحت محافظت اسکورت کوچکی، با اتومبیل عازم شیراز شد که در نزدیکی این شهر افراد قشقایی که شهر را در محاصره داشتند به آنان حمله کردند و زدوخوردی درگرفت[2]. اما او به شیراز وارد شد و مورد استقبال گرم اهالی آن که از حمله‌ی عشایر به شهر سخت بیمناک بودند، قرار گرفت. چرا که حضور نماینده‌ی تام‌الاختیار دولت و فرمانده همه‌ی نیروهای ارتشی و انتظامی در محل، ضمانتی برای امنیت آنان بود. سرانجام حضور زاهدی در شیراز، مردم این شهر را از حمله و غارت و کشتار نجات داد.

سقوط شیراز در آن روزها کاملاً ممکن بود و نه تنها به چپاول و کشتار و خسارت‌های بسیار برای آن شهر و مردم آن می‌انجامید، بلکه مسلماً تغییرات سیاسی زیادی را در تهران موجب می‌شد و قوام را وادار به کناره‌گیری می‌کرد. شاید مخالفانش در پنهان همین آرزو را داشتند. اما ورق برگشت.
ورود قوای اعزامی ارتش به شیراز، به توانایی سرلشکر زاهدی

به کوشش س. وحیدنیا، نشر البرز، تهران، ۱۳۷۹.

۱- حاج مخبرالسلطنه هدایت، همان منبع، همان صفحه.

۲- اردشیر زاهدی در خاطرات خود، جریان این مسافرت را نقل کرده است: اردشیر زاهدی، خاطرات، جلد اول از کودکی تا استعفای پدر از نخست‌وزیری، انتشارات Ibex واشنگتن، ۲۰۰۶، صفحات ٦٤ تا ٦٦. همان کتاب نسخه‌ی چاپ تهران، صفحات ٤٦ تا ٤٩، کتاب سرا، ۱۳۸۵.

افزود. وی توانست شکستی بر قوای شورشی در اطراف بوشهر وارد آورد. اما بندرهای کوچک گناوه، ریگ و دیلم همچنان در تصرف شورشیان بود و مردم این شهرها در روستاهای اطراف به سوی شهرهای بزرگ‌تر که مطمئن‌تر به نظرشان می‌رسید، گریختند و وضع دشواری پدیدار شد.

مذاکرات هیأت اعزامی با ناصر قشقایی و رؤسای ایلات به‌جایی نرسید. آنان وعده وعیدهایی دادند، اما اسلحه بر زمین نگذاشتند و جایی را تخلیه نکردند.
در حالی که رودررویی با فدائیان فرقه در آذربایجان، غیر قابل اجتناب به نظر می‌رسید، سرلشکر رزم‌آرا مجبور شد باز تعدادی سرباز و چند تانک ازآن منطقه بیرون بکشد و به سوی فارس اعزام دارد.
نخست‌وزیر در پیام دیگری به سران نهضت فارس اعلام کرد که تقاضاهای مشروع عشایر را بررسی خواهد کرد ولی اگر «از فرمانبرداری دولت خودداری کنند به ارتش دستور خواهد داد که آن‌ها را به شدت سرکوب نماید.»

در روز هفتم مهرماه، افراد پادگان کوچک کازرون تحت حمایت هواپیماهای نظامی، که آن‌ها هم از منطقه‌ی آذربایجان به فارس انتقال یافته بودند، موفق شدند که ارتفاعات اطراف آن شهر را اشغال و عشایر منطقه را موقتا متواری نمایند.
روز بعد قوام در تلگرامی به ناصر قشقایی، یادآور شد که تقاضاهای عشایر تا آن‌جا که مخالف قانون اساسی نباشد، مورد موافقت قرار خواهد گرفت. پاسخ ناصر قشقایی، اعتراض شدیدی به استفاده‌ی ارتش از نیروهای هوایی و بمباران مناطق عشایری بود. مداخله‌ی هواپیماهای نظامی موقتا کفه‌ی ترازو را به سود دولت سنگین کرد. اما پادگان بوشهر پس از پانزده روز مقاومت

در برابر دو هزار نفر عشایر حیات‌داودی و تنگستانی و مصرف کلیه‌ی فشنگ‌های خود و دادن تلفات سنگینی سقوط کرد. دو روز بعد سرنوشت کازرون از این هم بدتر شد. افراد پادگان پس از یک زدوخورد شدید و به‌کار بردن آخرین فشنگ خود، از پای درآمدند. مهاجمین حتی به چند تنی که اسیر شده بودند، رحم نکردند و آنان را به قتل رساندند. از پادگان کازرون کسی باقی نماند.

سرلشکر رزم‌آرا در اعلامیه‌ای به عشایر حیات‌داودی و تنگستانی (که در حقیقت نیروی ضربه‌ای نهضت جنوب و مشهور به شدت عمل و خشونت بودند)، اخطار کرد که «به‌زودی جنایتکاران به سزای اعمال خود خواهند رسید.»

سقوط بوشهر و کازرون و مخصوصاً کشتار دسته‌جمعی افراد پادگان این شهر که به گردن حیات‌داودی‌ها گذاشته شد، نقطه‌ی اوج نهضت جنوب بود.

در روز ۱۲ مهر، ٤ اکتبر، مجدداً چند واحد ارتشی وارد شیراز شدند و به نمایش در خیابان‌های آن شهر پرداختند. هدف، آسوده کردن خاطر اهالی بود که با هیجان و احساسات از افسران و سربازان اعزامی استقبال کردند.

سرلشکر زاهدی قوای کافی برای درهم شکستن عشایر شورشی در اختیار داشت.

در بیستم مهر، ۱۲ اکتبر، هیات دولت بدون حضور وزیران توده‌ای، به سرلشکر زاهدی اختیار تام داد که با اقدامات سیاسی و نظامی به غائله‌ی فارس پایان دهد و خود،

> «هر تصمیمی که به صلاح کشور است اتخاذ کند، به تقاضاهای مشروع سران عشایر فارس جامه‌ی عمل بپوشاند، مشروط بر این‌که عشایر جنوب، کلیه‌ی سلاح‌های خود را تحویل دهند و بار دیگر پادگان‌های

فارس در مراکز اولیه‌ی خود مستقر گردند.»

دیگر دولت در فارس، خود را به‌قدر کافی قوی می‌دید که یک معامله‌ی اساسی با عشایر انجام دهد. همان روش «قهر و لطف» حاج مخبرالسلطنه که هم شیوه‌ی قوام بود و هم شیوه‌ی زاهدی که دیگر می‌بایست به تنهایی زیر نظر رئیس دولت عمل کند و به غائله‌ی فارس پایان دهد.

رئیس ستاد که با تردستی واحدهای کوچک ارتش و هواپیماهای خود را از این سو به آن سو می‌برد، مخصوصاً نیاز به نیروی هوایی داشت که حضور آن در جبهه‌ی آذربایجان ضروری بود. استقرار قسمتی از هواپیماهای نیروی هوایی در فارس، باعث تضعیف قدرت دولت و ارتش در آذربایجان بود و مسأله‌ی تجزیه‌ی این استان و پایان دادن به آن، الویت مطلق دولت، شاه، قوام و رزم‌آرا.

سرلشکر زاهدی به تنهایی به مذاکره با سران عشایر و مخصوصاً ناصر قشقایی پرداخت که بر روی‌هم مردی سیاستمدار بود و مخصوصاً سنت‌های خانوادگی و رویه‌ی پدرش صولت‌الدوله را که مقاومت در برابر نفوذ خارجیان بود، فراموش نمی‌کرد.

در ۲۳ مهر، ۱۵ اکتبر، پس از مذاکرات طولانی زاهدی با ناصر قشقایی و سران عشایر، شورشیان اعلامیه‌ای انتشار دادند و پایان ماجرا را اعلام کردند. ناصر قشقایی در تلگرافی به احمد قوام، وفاداری خود را به دولت ابراز داشت.

برپاکنندگان غائله‌ی فارس هیچ امتیازی به دست نیاورند. دولت، بدون آن‌که رسما اعلام کرده باشد، شورش آنان و فجایعی را که مرتکب شده بودند، نادیده گرفت. سرکوبی غائله‌ی فارس مستلزم تجهیز همه‌ی ارتش ایران و عملیاتی طولانی بود. در حالی‌که تمامیت ارضی و بود و نبود ایران در برابر تجزیه‌طلبان

آذربایجان و کردستان به خطر جدی افتاده بود، مصلحت کشور در آن بود که از این درگیری اجتناب شود.
قوام با استقامت، سرلشکر زاهدی با نشان دادن قدرت دولت و مذاکره با سران عشایر از موضع قدرت، در این کار موفق شدند. مرحله‌ی حاد غائله‌ی فارس که در آخر مردادماه آغاز شده بود، اندکی کم‌تر از دوماه به طول انجامید. سرلشکر رزم‌آرا توانست قسمت اعظم قوای ارتش ایران را در مقابل تجزیه‌طلبان شمال غرب کشور آرایش دهد. سران قشقایی به تهران آمدند. ناصر به حضور شاه بار یافت و چندی بعد سناتور شد. خسرو، به نمایندگی دوره‌ی پانزدهم مجلس شورای ملی انتخاب شد.

در ماجرای ملی شدن صنعت نفت، قشقایی‌ها به سنت ضدیت خود با سیاست انگلیسی‌ها در ایران، در کنار دکتر مصدق بودند و سران ایل پس از سقوط او، از کشور خارج شدند و به مخالفت با سیاست شاه پرداختند.

زورآزمایی جدی دولت مرکزی با سران ایلات فارس، پس از شورش وسیع آنان علیه اصلاحات ارضی صورت گرفت. ارتش ایران، این‌بار توانا بود و در جای دیگر درگیری نداشت. با وجود کمک‌های وسیعی که از کلنل ناصر و حکومت مصر به شورشیان رسیده بود، آن‌ها این بار سخت شکست خوردند. سران قشقایی در خارج بودند، یا به خارج گریختند. تنها یکی از آنان، بهمن، که جوان و در حقیقت از نسل بعدی بود، اندکی پس از آن گرفتار و بعد از یک رشته محاکمات طولانی به اعدام محکوم و تیرباران شد. چند تن از سران طوائف ممسنی و حیات‌داودی به همان سرنوشت دچار شدند.

پس از آن، تحقق اصلاحات ارضی، گسترش شبکه‌ی آموزش و

برنامه‌ی مبارزه با بی‌سوادی، بهبود وسایل ارتباطی و اجرای طرح‌های عمرانی و اجتماعی، اوضاع فارس را به کلی دگرگون کرد. نه دیگر ایران، کشور سال‌های بیست و سی و چهل بود و نه فارس. خسرو قشقایی پس از انقلاب اسلامی به ایران بازگشت و از طرفداران جدی انقلاب بود. خواست قدرت دیرین رؤسای ایلات را دوباره بازپس بگیرد. توقیف شد؛ حکم به اعدامش داده شد؛ در مقابل هزاران تن از قشقایی‌ها او را تا حد مرگ شلاق زدند و سپس به دار آویختند.

ناصر قشقایی در اروپا درگذشت.

*****

پایان غائله‌ی فارس، چند نتیجه‌ی سیاسی فوری داشت: قدرت و تدبیر قوام را مسجّل کرد. در این جریان نیز شاه و رئیس دولت، با وجود تحریکات بعضی از اطرافیان، هم‌آهنگ بودند چرا که سرنوشت ایران در میان بود.

سرلشکر زاهدی که چندماه قبل از زندان انگلیسی‌ها رهایی یافته و تازه به ایران بازگشته بود، حُسن تدبیر خود را نشان داد و بدون خشونت، بدون موفقیت نظامی قطعی، که در آن زمان میسر نبود، ولی بدون کوچک‌ترین گذشتی دربرابر رؤسای ایلات و عشایر، به غائله‌ی فارس خاتمه داد.

قوام که زاهدی را در زمان نهضت جنگل آزموده بود[۱]، به او اعتماد کرد و حق داشت که اعتماد کند.

در سال‌های بعد از جنگ جهانی دوم، ارتش ایران صحنه‌ی رقابت دو افسر عالی‌رتبه بود: سرلشکر حسن ارفع و سرتیپ علی رزم‌آرا. ارفع دیگر از صحنه‌خارج شده بود و پس از آن یک‌بار وزیر و چند بار سفیر شد. رزم‌آرا در ماجرای آذربایجان و سپس در غائله‌ی

۱- نگاه کنید به قسمت سوم این کتاب

فـــارس کاردانــی خــود را در کار فرماندهی نشــان داد و ارتش نســبتاً کوچک ایران آن‌روز را به‌خوبــی هدایت کرد. اما به تدریج بلندپروازی‌های سیاسی و ملی او نیز هویدا شد.

در طی ســال‌های بعد، باز رقابت دو نظامی برجسته و بیرون از قواره‌های متعــارف، ورد همه‌ی زبان‌ها بــود؛ ولی به صحنه‌ی ارتش محدود نماند: سرلشکر فضل‌الله زاهدی نظامی سیاستمدار، یا سیاســتمداری در کســوت نظامیان و سرلشکر علی رزم‌آرا که شاید سودای قدرت سیاسی مطلق در سر داشت، طی سال‌ها هر دو از بازیگران اصلی صحنه‌ی سیاست ایران بودند.

هر دو به درجه‌ی ســپهبدی رسیدند و هر یک سرنوشتی بیرون از قواره یافتند. قوام نشان داد که در اعتماد به کفایت این دو سرباز وطن، اشتباه نکرده بود.

فصل هشتم

ناگفته‌هایی درباره‌ی احمد قوام

پس از پیروزی بر استالین، آزادی آذربایجان و منطقه‌ی مهاباد و پایان غائله‌ی فارس، احمد قوام در اوج قدرت و شهرت خود بود، می‌دانست که دوران حکومتش رو به پایان است و چنان‌که اندکی بعد خودش به مجلسیان گفت، در انتظار قضاوت تاریخ بود. تصویری که در این زمان از خود به جای گذاشت، اعتماد به نفس و قدرت تصمیم‌گیری، نخوت و بی‌اعتنایی مطلق به مخالفت‌ها و کارشــکنی‌های این و آن بود. برای کشورش آرزوهای دور و دراز در ســر داشــت و به حق یا ناحق می‌پنداشت که از همه بهتر فکر می‌کنــد و بهتر از همه می‌داند. شــاید این نقطه ضعف مهمی در رویه‌ی سیاسی او باشد.

مردی مســلط به زبان و ادب فارســی بود[1]. خوب می‌نوشــت و با

۱- در بحبوحه‌ی مذاکرات مســکو و رودررویی با اســتالین، برای تمدّد اعصاب، با همراهانش شــب‌ها به شعرخوانی و مشاعره می‌پرداخت و حتی از زندگی و اشعار

فصاحت سخن می‌گفت. متون مهمی که از او به جای مانده، بعضی از پیام‌های قاطعی که فرستاده همه به انشای خود اوست.
به تاریخ ایران آشنایی و تسلط کامل داشت و این شناسایی به وی، امتیازی بر بسیاری از سیاست‌پیشه‌گان آن روز ایران می‌داد و حتی موجب حیرت می‌شد.
به حد وسواس مبادی آداب بود و عدم توجه به اصول نزاکت و رفتار ناشایست را نمی‌بخشید و به دیده‌ی تحقیر می‌نگریست.
خوش لباس بود. دشمنانش شهرت داده بودند که هزار دست لباس دارد، که البته اغراق‌آمیز و نادرست است. ولی اطرافیانش و روزنامه‌نویسان آن دوران نوشته‌اند که هفته‌هایی می‌گذشت بدون آن‌که لباسی را دوباره بر تن او ببینند. اقامتگاه‌های مجلل را دوست می‌داشت. سه خانه‌ای که از او به جای مانده و اکنون یکی از آن‌ها موزه‌ای زیبا و مجلل است، نشان از حسن سلیقه‌ی او در معماری دارد. گویا با دقتی حرفه‌ای، نقشه‌هایی را که مهندسان معمار سرشناس وقت برایش تهیه می‌کردند مورد بررسی قرار می‌داد و بر پیشرفت ساختمان‌ها نظارت می‌کرد[۱].
مقید بود که اقامت‌گاهش با قالی‌های ایرانی گرانبها و اشیای زیبا و فاخر، که به ارث برده بود و یا از این‌جا و آن‌جا می‌خرید مزین باشد.
در رفتارش با دیگران از هر گونه ابتذال تنفر داشت و فاصله‌ی خود را حتی با نزدیکانش نگاه می‌داشت و در برابر خارجیان با نخوت و تکبر رفتار می‌کرد، چرا که از کوچکی‌های بعضی ایرانیان و حتی رجال سیاسی در برابر مأموران و شخصیت‌های خارجی، در جوانی و همه‌ی دوران زندگی‌اش بسیار رنج برده بود.
قوام می‌کوشید در مواقعی که بر سر کار نبود، اگر میسر باشد،

شاعرانی گم‌نام گفتگو می‌کرد. جهانگیر تفضلی، متن ذکر شده.

۱- روایت مهندس عبدالعزیز فرمانفرمائیان که خانواده‌اش با قوام‌السلطنه، روابط نزدیک و دوستانه داشت.

ایران را ترک کند و لااقل در تهران نماند. کشور مورد علاقه‌اش در اروپا، فرانسه بود و زندگی در پاریس را بسیار دوست می‌داشت. هتل رافائل، یکی از مهمان‌سراهای اشرافی پاریس، محل اقامت معمول او در این شهر بود[1]. و چون زبان فرانسه را به حد کمال می‌دانست، از زندگی در پایتخت فرانسه لذت می‌برد. غالباً سری به سوئیس یا جنوب فرانسه می‌زد ولی زود، به پاریس شهر دلخواهش بازمی‌گشت. گشاده دست بود، اما نه ولخرج.

همسرش از خانواده‌ی دولو، بنابراین قجر و نه قاجار بود. با وی با ادب بسیار رفتار و همواره «خانم» خطابش می‌کرد، چه در حضور و چه در غیاب. از ازدواجش فرزندی نیافت. با «اجازه‌ی خانم» با دختر روستایی جوانی به نام زهرا از رعایای خود ازدواج کرد و صاحب پسری شد که نام او را حسین نهاد و تربیتش را به «خانم» سپرد. سپس همسر دوم را طلاق داد که از سرنوشت او روایتی در دست نیست. متأسفانه حسین قوام، پس از مرگ پدرش زندگی منظمی نداشت و در جوانی در سوئیس درگذشت. علت آن شاید فاصله‌ی سنی زیاد با پدر (نزدیک به هفتاد سال) و درگذشت خانم قوام باشد که او را با ثروتی قابل ملاحظه، بی‌سرپرست گذاشت.

قسمت عمده‌ی ثروت کلان قوام، املاکی بود (باغ چای و برنج‌زار) که در منطقه‌ی لاهیجان داشت. املاکی که به او ارث رسیده و خود نیز حدود آن را توسعه داده بود. مانند بسیاری از بزرگ مالکان طراز اول دیگر، در اداره‌ی آن‌ها دخالت مستقیم نداشت. برادران چهاردهی (اسمعیل و قنبر) پیشکاران او در شمال بودند و املاکش را با سختگیری‌های متداول آن زمان، اداره می‌کردند که غالباً مورد انتقاد هم قرار می‌گرفت.

۱- روایت مهندس عبدالعزیز فرمانفرمائیان.

این ثروت و استقلال ناشی از آن، زندگی اشرافی و گشاده دستی‌های قوام را برایش میسر می‌ساخت. ثروت او از بسیاری از بزرگ‌مالکان آن‌روز ایران و حتی گیلان کم‌تر بود، اما نحوه‌ی زندگی فاخر و تشخصی که داشت، آن را جلوه‌گر و چشم‌گیر می‌کرد و سبب شد که روزنامه‌های خارجی از او چون یک «آریستوکرات ثروتمند و پرنخوت» سخن بگویند.

*****

تاریخ ایران و مورخان خارجی از احمد قوام به عنوان ناجی آذربایجان و مردی که بر استالین با مهارت و تدبیر پیروز شد، یادکرده و خواهند کرد. البته بعضی از دشمنانش نیز هرگز پیروزی او را بر استالین نبخشیدند و نخواهند بخشید و بعضی دیگر نمی‌خواستند و نمی‌خواهند که این افتخار، از آن او باشد و به نام او در تاریخ جاودانه شود.

در ترازنامه‌ی زندگی سیاسی قوام، مخصوصاً طی دو سالی که علی‌رغم همه‌ی دشواری‌ها عملاً در ایران قادر مطلق بود، نکات دیگری هم هست که ناگفته یا تقریباً ناگفته مانده‌اند.
در کم‌تر دورانی در تاریخ دویست ساله‌ی قرن نوزدهم و بیستم ایران به قدر دو سالی که قوام رئیس دولت بود، با بحران‌های شدید داخلی و خارجی مواجه شده بود. در این ماه‌ها حتی تمامیت ارضی کشور در خطر بود. ایران هرگز در طول این دو قرن، در برابر حریف توانایی چون روسیه‌ی شوروی و رهبرش استالین، ناچار به ایستادگی نشده بود.
مساله‌ی بود و نبود کشور و رودررویی با مخاطرات خارجی، همه‌ی نیروها و تلاش‌ها را به خود معطوف می‌داشت. با تمام این دشواری‌ها، هرگز قوام اندیشه‌های اصلاحی خود را از یاد نبرد.
نتیجه آن‌که، در طی دو سال حکومتش پایه‌ی بسیاری از تغییرات بنیادی دهه‌های بعد ریخته شد. از این لحاظ، دوران حکومتش را

می‌توان با زمامداری دولتمرد دیگری که قوام از بسیاری جهات با او شباهت دارد، مقایسه کرد: بیسمارک[1] در تاریخ آلمان به عنوان بانی وحدت آن کشور و ایجاد امپراتوری آن و مردی که ناپلئون سوم را به زانو درآورد و مراسم تاج‌گذاری پادشاهش ویلهلم اول را در کاخ ورسای ترتیب داد، شناخته شده . او نیز بعد از درگذشت ویلهلم اول- نخستین قیصر و امپراتور آلمان، با حق‌ناشناسی ویلهم دوم مواجه شد و از کار کناره رفت و با تلخ‌کامی درگذشت.

در تواریخ کم‌تر نوشته می‌شود که بیسمارک، چه به سبب اعتقادات شخصی خود و چه به ضرورت جلوگیری از گسترش اندیشه‌ها و نهضت‌های سوسیالیستی، نخستین مصلح بزرگ اجتماعی در اروپا بود. نخستین قوانین کار و بیمه‌های اجتماعی اروپا را بیسمارک که همه او را مرتجع و راست‌گرا و مستبدالرأی می‌خواندند، به تصویب و اجرا گذاشت، بانی صندوق‌های بازنشستگی و مقررات تضمین کارگران در برابر حوادث کار، او بود. پس از او در همه‌ی کشورهای اروپای غربی، جنبش‌های ترقی‌خواه و موسوم به چپ‌گرا، همان مقررات را به نام ابتکار و اندیشه‌ی خود به مرحله‌ی اجرا درآوردند و تقریباً هرگز نامی از بانی اصلی اجرای این طرح‌های اصلاح‌طلبانه‌ی اجتماعی برده نشد.

یکی از نخستین تصمیمات دولت قوام، تشکیل شورای عالی کار در بهار ۱۳۲۵، آوریل ۱۹٤٦، تهیه و تدوین قانون کار به منظور تنظیم روابط کارگر و کارفرما و تضمین حقوق کارگران و تعیین چهارچوب روابط مالک و زارع بود. به دنبال مطالعات این شورا، احمد قوام دو تصمیم اساسی گرفت. نخست ایجاد وزارت کار و دیگر تصویب و ابلاغ قانون کار و پایه‌گذاری سازمان بیمه‌های

1- Otto von Bismarck (1815 -1898).

اجتماعی کارگران.
بدین ترتیب ایران یکی از نخستین کشورهای منطقه است که بنیاد روابط متعادل بین کارگران و کارفرمایان را ریخت و سازمانی را مسئول ومباشر اجرای آن قرار داد.
متعاقب این تصمیم، دولت با تصویب نامه‌ای سهم زارعان (رعایا) را در انواع مختلف (سنتی) پیمان‌های رسمی و غیررسمی با مالکان افزایش داد.

در خردادماه همین سال، تصویب‌نامه‌ی دیگری دایر بر تقسیم اراضی مزروعی متعلق به دولت (خالصه) از هیات وزیران گذشت. این تصویب‌نامه در حقیقت نخستین قدم و سنگ بنای اصلاحات ارضی در ایران بود. پس از آن به وزارت کشاورزی دستور داده شد که به تشکیل نخستین شرکت‌های تعاونی روستایی اقدام کند که این کار، البته در مقیاسی کوچک، آغاز شد.
تشکیل دو سازمان دیگر نیز که در آینده‌ی اقتصاد ایران نقش مهمی ایفا کردند، از تصمیمات و ابتکارات قوام و دولت او بود:
نخست، برنامه‌ریزی اقتصادی و تشکیل سازمان برنامه:
اندیشه‌ی تهیه‌ی «یک نقشه‌ی اقتصادی» برای آینده‌ی کشور، برای نخستین بار در سال ۱۳۱۶، در زمان نخست‌وزیری محمود جم مطرح شد و به این منظور جلساتی در حضور شاه تشکیل شده بود. یکی دو بار هم به این طرح، در کابینه‌ی دکتر احمد متین دفتری توجه شد. ولی شروع جنگ جهانی دوم و به‌خصوص سرایت آن به ایران، همه چیز را متوقف کرد.

طبق خاطرات ابوالحسن ابتهاج[۱]، قوام از نخستین روزهای تشکیل دولتش و با وجود همه‌ی مشکلاتی که داشت، با وجود همه‌ی مسائلی که می‌بایست با آن روبرو شود، از روی دوراندیشی،

۱- منبع ذکز شده، جلد اول، صفحات ۳۰۸ به بعد.

تصمیم به احیای این طرح که از وجود آن اطلاع یافته بود، گرفت. نخستین جلسه‌ی کارشناسان تهیه‌ی «نقشه‌ی اقتصادی» در روز پنج‌شنبه ۸ فروردین ۱۳۲۵، ۲۸ مارس ۱۹٤٦، در دفتر سهام‌السلطان بیات وزیر دارایی تشکیل شد.

فکر تشکیل سازمان برنامه و تهیه‌ی برنامه هفت ساله‌ی توسعه‌ی اقتصادی در این جلسات به وجود آمد که در خردادماه همان سال به قوام پیشنهاد شد و بی‌درنگ مورد موافقت او قرار گرفت.

در مردادماه ۱۳۲۵، اوت ۱۹٤٦، به تصویب دولت، هیات عالی برنامه و سپس سازمان برنامه به وجود آمد. دکتر مشرف نفیسی، وزیر دارایی فروغی، که در آن موقع در امریکا ماموریتی داشت، به سمت نخستین رئیس سازمان برنامه تعیین شد و کار را آغاز کرد.

دنباله‌ی ماجرا به این کتاب مربوط نیست. ابتکار اندیشه‌ی برنامه‌ریزی و تشکیل سازمان برنامه را باید بی‌چون و چرا در ترازنامه‌ی خدمات احمد قوام به ایران نوشت.

تصمیم مهم دیگر، تأسیس بانک توسعه‌ی صنعتی و معدنی ایران به منظور کمک به ایجاد و گسترش بخش خصوصی در فعالیت‌های تولیدی بود که به تدریج به صورت یکی از عوامل مهم توسعه‌ی اقتصادی کشور درآمد. این بانک در ۱٤ خردادماه ۱۳۲۵، ٤ ژوئن ۱۹٤٦، رسماً کار خود را آغاز کرد. دکتر علی امینی نخستین رئیس آن بود.

*****

با وجود همه‌ی محدودیت‌های مالی، نخستین تدابیر بازسازی اقتصاد ایران که طی سال‌های جنگ جهانی دوم به وضع دلخراشی دچار شده بود، در زمان حکومت قوام اتخاذ شد.

یکی از مهم‌ترین این تدابیر، خرید یک کارخانه‌ی بزرگ مولد برق برای پایتخت بود که در ۲۷ مردادماه ۲۵، ۱۸ اوت ۱۹٤٦ به بندر

خرمشهر رسید. قراردادی نیز برای تهیه‌ی واحدی بزرگ‌تر با یک شرکت اروپایی به امضاء رسید که سال‌ها بعد بهره‌برداری آن آغاز شد.

در ششم شهریور، ۲۸ اوت همان سال، هیات وزیران تصویب کرد که به منظور تامین هزینه‌ی بازسازی و آسفالت راه‌های کشور، پنج درصد از بهای وسایل نقلیه‌ی سواری و باری نو، و پنجاه دینار از هر لیتر بنزین به عنوان عوارض دریافت شود. اندکی بعد، از محل همین اعتبار محدود، مرمّت و نوسازی تدریجی راه‌های کشور که در دوران حضور قوای متفقین در ایران به حالی اسفناک افتاده بود، آغاز شد.

نخستین برنامه‌ی وسیع خانه‌سازی در پایتخت کشور، موسوم به طرح «چهارصد دستگاه» در همین ماه‌ها فراهم شد و اجرای آن به بانک رهنی ایران محول گردید. محمدرضا شاه پهلوی با حضور نخست‌وزیر و طی تشریفاتی که منظور آن جلب نظر افکار عمومی به اراده و سیاست دولت در زمینه‌ی نوسازی کشور بود، نخستین کلنگ بنای این خانه‌ها را در روز هفتم شهریور به زمین زد. هرگز تا آن زمان برنامه‌ی خانه‌سازی به این اهمیت در کشور اجرا نشده بود.

در روز ۲۷ آبان‌ماه، ۱۸ نوامبر، تحقق یکی از آرزوهای دیرین مردم پایتخت که از صدر مشروطیت همواره عنوان می‌شد و مقدمات آن در زمان رضاشاه فراهم و سپس فراموش شده بود، یعنی لوله‌کشی آب آشامیدنی تهران، آغاز شد. شهردار تهران قرارداد آن را با شرکت انگلیسی سرالکساندر گیپ امضاء کرد. اندکی بعد شاه و نخست‌وزیر مرکز اداری و عملیاتی سازمان آب تهران را افتتاح کردند و اجرای طرح، اندک اندک آغاز شد.

در روز ۱۸ آذرماه، ۹ دسامبر ۱۹٤٦، محمدرضا شاه و نخست‌وزیر، ساختمان کاخ دادگستری راکه در زمان رضاشاه آغاز و سپس به حالت تعطیل درآمده و طی ماه‌های اول حکومت قوام به سرعت از سر گرفته شده بود افتتاح کردند. کاخ مجللی که از شاهکارهای معماری جدید ایران است.

روز بعد، دولت قرارداد خرید و نصب شبکه‌ی یازده هزار تلفن جدید را در تهران و حومه با شرکت آمریکایی جنرال الکتریک امضاء کرد.

به این دو واقعه، اهمیت تبلیغاتی بسیار داده شد، چرا هر دو، در حالی که بحران آذربایجان و رودررویی با تجزیه‌طلبان به اوج خود رسیده بود، نشان می‌داد که دولت، نوسازی و توسعه‌ی اقتصادی کشور از سر گرفته.

دانشگاه تهران، مورد علاقه‌ی خاص احمد قوام بود. هم او بود که در دوران نخستین حکومتش بعد از کودتای سوم اسفند، مدرسه عالی فلاحت (دانشکده کشاورزی) را در کرج بنیان نهاد. ادغام این واحد بزرگ آموزش عالی در دانشگاه تهران، یکی از درخواست‌های همیشگی استادان و مدرسان آن از یک طرف، و دانشگاهیان از طرف دیگر بود که بر اثر عدم توافق میان وزارت کشاورزی و مقامات وزارت فرهنگ و دانشگاه، همیشه با اشکال روبرو می‌شد. دولت قوام، مشکل را با تصمیمی قاطع حل کرد و در اواخر فروردین ۱۳۲۵، دانشکده‌ی کشاورزی به دانشگاه تهران تحویل شد.

در آذرماه همان سال مرکز چشم‌پزشکی (بیمارستان) فارابی که ایجاد و تأسیس آن هم در زمان رضاشاه آغاز شده و سپس به حالت تعطیل درآمده بود، با حضور شاه و نخست‌وزیر افتتاح شد. این مرکز سپس به صورت یکی از مهم‌ترین مراکز تحقیق و درمان در خاورمیانه درآمد و شهرت و اعتبار فراوانی یافت.

در بعضی از این مراسم، مسائل کم و بیش مشکل تشریفاتی نیز به‌وجود می‌آمد. رسم بر آن بود که همه مدعوین قبل از رئیس مملکت (شاه) در محل حاضر باشند و از او استقبال کنند. قوام گرچه مبادی آداب و اهل تشریفات بود، غالباً بعد از شاه می‌رسید. ظاهراً عذر می‌خواست که گرفتار بوده ولی گمان همه بر آن بود که نمی‌خواهد منتظر شاه شود و می‌خواهد او را در انتظار بگذارد. در آن روزها این ماجرا همیشه بگو مگوهایی را در دربار و محافل سیاسی تهران به وجود می‌آورد، به خصوص که مسئولان، برای شروع تشریفات منتظر قوام می‌ماندند و محمدرضا شاه چشم به راه رئیس توانای دولت ناچار به انتظار بود.

شاید هم این اتفاقات در سردی و تشنج روابط میان آن دو، که تا پایان ماجرای آذربایجان و حل مساله‌ی نفت شمال بر آن پوشش می‌گذاشتند، بی‌اثر نبود.

*****

در روز ۸ تیرماه ۱۳۲۵، ۲۹ ژوئن ۱۹٤٦، قوام همه‌ی مردم ایران و محافل سیاسی را غافلگیر کرد و در یک پیام رادیویی، تشکیل حزب دموکرات ایران را اعلام نمود. این بار اول در تاریخ مشروطیت ایران بود که رئیس دولت، دست به چنین اقدامی می‌زد. آن‌هم در محیط پرتشنج آن موقع کشور که حزب توده و شورای متحده‌ی مرکزی کارگران، که رسماً شعبه‌ی آن بود، با اتکا به‌حضور ارتش سرخ در ایران، نیرویی شکست ناپذیر به نظر می‌رسیدند. تنها حزب سیاسی کشور که اندک نام و نشانی داشت، حزب ایران بود که حرکتی در خط و مشی سیاسی دکتر مصدق به نظر می‌رسید، ولی این خط و مشی چندان روشن نبود.

دکتر مصدق با شجاعت آنچه به نفع ایران می‌دانست می‌گفت و به ویژه با نفوذ انگلستان در ایران مبارزه می‌کرد. او می‌دانست که چه نمی‌خواهد اما نمی‌دانست که چه می‌خواهد. و این نقطه ضعف

اصلی سیاست او تا پایان کارش بود. حزب ایران اندک‌اندک به صورت یکی از اقمار حزب توده درآمد. در برابر تجزیه‌طلبان آذربایجان رویه‌ای غیر قابل دفاع داشت و سرانجام با توده‌ای‌ها به ائتلاف بدفرجامی دست زد.
در آن موقع همه‌ی احزاب کمونیست جهان می‌کوشیدند گروه‌های سیاسی کوچکی را به دور خود جمع کنند و با تشکیل این قبیل «جبهه‌ها» قدرت را به دست بگیرند، که همه جا بعد از تسلط به حکومت، این احزاب اقماری را منحل کردند و گاه با خشونت به فعالیت‌شان خاتمه دادند. احزاب کوچک دیگری، چون عدالت و پیکار و...، همه متکی به یک یا چند شخصیت بودند. نه برنامه‌ی روشنی داشتند و نه نفوذ سیاسی واقعی. می‌آمدند و می‌رفتند.

اعلام تشکیل حزب دموکرات ایران، به یک‌باره صورت مساله‌ی روابط نیروهای سیاسی را در کشور تغییر داد[1].
حزب دموکرات سریعاً یک برنامه‌ی سیاسی واقعی ارائه داد: از آن جمله بود اصلاحات ارضی (که دولت قوام آغاز کرد)، اجرای دقیق قانون کار و توسعه‌ی بیمه‌های اجتماعی (دولت قانون کار را تصویب کرده و برای نخستین بار در منطقه، سازمان بیمه‌های اجتماعی، اصل حداکثر ٤٨ ساعت کار در هفته و یک‌روز تعطیل اجباری به مرحله‌ی اجرا درآمده بود).
حزب دموکرات برابری حقوق زنان و مردان و شرکت زنان را در انتخابات و در راهبری امور کشور در برنامه‌ی خود قرار داده بود که می‌بایست در مجلس پانزدهم، قانون آن به قوه‌ی مقننه تقدیم

۱- در مورد این حزب نگاه کنید به:
E. Sutton, Political Parties in Iran, Middle-East Journal 3.1, Janvier 1949, P.4562-
Firouzeh Nahavandi, Aux Sources de la Revolution Iranienne, Etude Socio-politique, Preface de Claude Javeau, L'Harmattan, Paris; 1988, P.137156-
Firouzeh Nahavandi, L'èvolution des Partis Politiques Iraniens, 19411978-, Civilisations, Volume XXXIV, 1984, No 12.

شود، ولی پس از انقلاب سفید جامه‌ی عمل پوشید.
مبارزه‌ی جدی با بی‌سوادی، توسعه‌ی آموزش، اصلاح وضع بهداشت همگانی و توسعه‌ی خدمات درمانی و... همه‌ی این‌ها در برنامه‌ی حزب دموکرات ایران به صراحت منظور شده بود.
هدف قوام، چنان‌که در پیام خود گفت ایجاد یک حرکت سیاسی «برای ایران آزاد و آباد و دموکراتیک» بود. می‌خواست تسلط فکری حزب توده را بر اندیشه‌ی روشنفکران ایران در هم شکند و نیرویی در مقابل این حزب، که درخدمت خارجیان بود، به وجود آورد و همه‌ی جناح‌های جامعه را در این راه تجهیز کند. در مقیاس تفکر سیاسی آن‌روز (و حتی امروز) برنامه‌ی حزب دموکرات ایران، یا به اصطلاح آن زمان «مرام‌نامه»ی آن، ترقی‌خواهانه بود و مطلقاً «ارتجاعی» چنان که دشمنان می‌گفتند محسوب نمی‌شد.

بی‌درنگ پس از اعلام و تشکیل حزب، به تشویق و ابتکار رئیس دولت، اتحادیه‌ی سندیکاهای کارگری ایران به رهبری مهندس خسرو هدایت که در آن موقع از رؤسای بنگاه راه‌آهن دولتی ایران بود، بنیان گرفت و خیلی زود توانست به نیروی قابل ملاحظه‌ای در برابر شورای متحده‌ی مرکزی وابسته به حزب توده و رهبرش رضا روستا، که بعداً دبیر کل این حزب او را عامل و رابط مستقیم سفارت شوروی معرفی کرد[۱]، تبدیل شود. خسرو هدایت مردی مدیر و مردم‌دار و خونسرد بود که بعداً به مقامات عالی از جمله سفارت و ریاست سازمان برنامه رسید و سال‌ها قائم مقام شرکت ملی نفت ایران بود. در همه جا مصدر خدمات شایسته به کشور خود شد و خاطره‌ی خوب به جای گذاشت.

اعتبار و محبوبیت و قدرت قوام از یک سو و بیم بسیاری از مردم ایران از نفوذ شوروی‌ها و حزب توده، سبب گرویدن انبوهی از

۱- ایرج اسکندری، خاطرات سیاسی، جلد دوم، صفحه‌ی ۴۰

طبقات مختلف جامعه به حزب دموکرات شد. یکصد روز بعد از اعلام تشکیل‌اش، این حزب توانست در سرتاسر کشور تظاهرات وسیعی برپا کند.

متأسفانه با همه‌ی حُسن نیت و دورنگری قوام و استقبال مردم، حزب دموکرات نقاط ضعف بسیار هم داشت و یا به تدریج پیدا کرد. در میان گردانندگان آن (از جمله احمد آرامش، خسرو هدایت، دکتر منوچهر اقبال، حسین مکّی، مظفر بقائی، ملک‌الشعرای بهار، سردار فاخر حکمت، حسن ارسنجانی و یا مظفر فیروز) وجوه مشترک فکری و سیاسی جز ستایش از «رهبر کل» حزب و تائید سیاست او که تا آن موقع موفقیت‌آمیز بود، وجود نداشت.

بسیاری از اعضای حزب تنها به امید ترقی سیاسی به آن گرویده بودند و بسیاری دیگر فقط برای مقابله با خطر کمونیسم و توده‌ای‌ها. در میان فعالان حزب، مثل همه‌ی گروه‌های سیاسی دیگر که بسط و توسعه می‌یابند، «پادوهایی» نه چندان خوش‌نام نیز بودند. قوام این را می‌دانست و عادت داشت بگوید «در هر ساختمانی همه چیز لازم است حتی...». برای تامین هزینه‌های الزامی، چند وزارتخانه با تائید یا اطلاع رئیس دولت یا لااقل با چشم‌پوشی او، جوازهایی برای قطع اشجار یا بهره‌برداری از چند معدن صادر کردند و در مقابل آن وجوهی به صندوق حزب ریخته شد.

حزب دموکرات از خارجی‌ها کمک نمی‌گرفت، سرمایه‌دارانی که توانایی تامین همه‌ی هزینه‌های آن را داشته باشند، یا نبودند یا حاضر به همکاری نبودند. «اعتبارات سری» دولت نیز که سال‌ها بعد منبعی برای تامین هزینه‌های حزب‌های سیاسی شدند، ناچیز بود، چرا که دولت آن روز توانایی مالی نداشت. توسل به این نوع «راه‌حل»، که متأسفانه در بیشتر یا همه‌ی کشورهای «دموکراتیک» مرسوم بوده و هست، برای خروج از این بن‌بست

مالی و به راه انداختن سریع دستگاه بزرگ حزب، راه‌چاره‌ای به نظر آمد که بعداً مورد انتقاد بسیار قرار گرفت. اما هیچ‌کس نگفت که قوام شخصاً از آن استفاده کرده است.

در نهایت امر، تشکیل حزب دموکرات ایران، در کوتاه مدت طرحی موفقیت‌آمیز بود. نیرویی بزرگ در برابر حزب توده و شورای متحده‌ی مرکزی به‌وجود آورد و به موازات آزادی آذربایجان و منطقه‌ی مهاباد، به ناکامی کامل دست نشاندگان مسکو در ایران، کمک کرد. هم‌چنین به پیروزی هواداران دولت در انتخابات دوره‌ی پانزدهم مجلس، صورتی دنیاپسند داد، چرا که یک حزب سیاسی بزرگ اکثریت کرسی‌ها را بدست آورده و گروهی به‌ظاهر منسجم تشکیل داده بود.

اما دور شدن قوام از زندگی سیاسی و کاهش قدرت او، به فروپاشی تدریجی حزب انجامید و رهبران آن هر یک به سویی رفتند که ردپای آنان را در همه‌ی حرکت‌های سیاسی بعدی مخصوصاً در جبهه‌ی ملی یا احزابی چون ملیون و مردم می‌توان یافت.

*****

روابط محمدرضا شاه و قوام، از نکاتی است که درباره‌ی آن کمتر گفتگو شده. داوری‌هایی که در دست داریم غالباً بی‌طرفانه به نظر نمی‌رسد. اما در بعضی از نکات تردید نیست:

نخست آن‌که شاه و قوام، هرگز با یکدیگر روابط دوستانه و آمیخته به اعتماد نداشتند، که شاید هم چنین روابطی در سطوح بالای قدرت فراوان نباشد. محمدرضا شاه نسبت به قوام سوءظن داشت، از او بیمناک بود و قدرت‌طلبی او را که گاه در تشریفات رسمی نیز دیده می‌شد، به سختی تحمل می‌کرد. متقابلاً قوام، که به مقام سلطنت احترام می‌گذاشت، به شخص محمدرضا پهلوی و کفایت سیاسی او اعتمادی نداشت.

دوم آن‌که، در زمان بحران آذربایجان و غائله‌ی فارس و حل مساله‌ی واگذاری اجازه‌ی بهره‌برداری از نفت شمال به شوروی‌ها، شاه و قوام قضاوت‌های شخصی خود را نسبت به یکدیگر کنار گذاشتند و از روی میهن‌دوستی با هم‌آهنگی عمل کردند.
و بالاخره، چون خطر درگذشت، اختلافات و تضادها آشکار شدند. با وجود نیروی سیاسی حزب دموکرات ایران و اعتبار و محبوبیت قوام، قدرت و نفوذ شخصی او کاهش یافت، مخالفانش سربلند کردند و حتی علناً برای سر قوام جایزه گذاشتند[۱].

تحریکات دربار نیز که شاهدخت اشرف در مرکز آن بود[۲]، علیه رئیس دولت آشکار شد. از آن پس شاه، به موازات افزایش قدرت و نفوذ خود، همواره می‌کوشید که اعتبار آزادی آذربایجان و کوتاه شدن دست شوروی‌ها از ایران - که البته در آن سهم غیر قابل انکاری نیز داشت-، انحصاراً به حساب شخص او گذاشته شود؛ و این رویه، ستیز با قوام را زیاد و زیادتر می‌کرد.

*****

اسناد انکارناپذیر تاریخی نشان می‌دهند که قوام هرگز در صدد کنارگذاشتن محمدرضا شاه بر نیامد، گرچه فرصت و امکان آن را داشت. پیش از او به محمدعلی فروغی آخرین نخست وزیر رضا شاه (و نخستین رئیس دولت در زمان محمدرضا شاه)،

۱- «من یک میلیون ریال جایزه‌ی از بین بردن قوام‌السلطنه را به خود او یا وارث معدوم‌کننده‌ی او می‌پردازم و این پول از فروش خانه‌ی من خواهد بود. خانه‌ای که شش سال است از دست این جنایتکاران شش شب در آن استراحت نکرده‌ام.»
محمد مسعود، مرد امروز، شماره‌ی ۱۲۷، مهرماه ۱۳۲۶.
محمد مسعود نویسنده‌ای چیره‌دست اما دریده و بی‌نزاکت بود. مرد امروز، آن موقع در ایران و بخصوص در پایتخت، خوانندگان بسیار داشت. سرانجام توده‌ای‌ها او را به قتل رساندند که آن ماجرای دیگری است.
۲- حمید شوکت، منبع دکر شده، صفحات ۲٦٦ به بعد.

پیشــنهاد اعلام جمهوری و تصدی ریاســت آن، از جانب متفقین شــده بود که او نپذیرفت؛ چنان‌که محمد ســاعد هم که هنوز در راس دولت نبود، طرح برکناری شــاه و قبول نیابت سلطنت را که آن هم از جانب لندن و مســکو عنوان شــده بود، رد کرد. پس از برکناری قوام، چنان‌که خواهیم دید، هم دکتر مصدق و هم سپهبد زاهدی در برابر این انتخاب قــرار گرفتند، اما قدم فراتر ننهادند. فروغی، قوام، مصدق و زاهدی، هر یک در زمان خود و در شرایط سیاســی آن روز ایران و جهان، بقای سلطنت را عاملی در وحدت ملی و جلوگیری از نشیب و فرازهای سیاسی می‌دانستند، اما هر چهار تن معتقد بودند که قدرت شــاه باید کاملاً محدود باشد و او سلطنت کند نه حکومت. فروغی که کوچک‌ترین جاه‌طلبی سیاسی نداشــت و مردی مطلقاً وارســته و دور از سودای قدرت بود، زود درگذشت و به هرحال در برابر جوانی بی‌تجربه بود. شاید یکی از علل اصلی اختلاف و تصادم سیاسی سه تن بعدی با محمدرضا شاه پهلوی، در اعتقاد اصولی آنان در مورد جدایی مطلق سلطنت و حکومت باشد.

گویا، در بحبوحه‌ی پایان ماجــرای آذربایجان، که قدرت و نفوذ قوام و نیز سپهبد علی رزم‌آرا رئیس ستاد ارتش به اوج خود رسیده بــود و رزم‌آرا نیــز دیگر بلندپروازی‌های سیاســی خود را پنهان نمی‌کرد، مســاله‌ی برکناری شاه مطرح شــده و یکی از نزدیکان قوام به رئیس ستاد پیشنهاد می‌کند که با:
«یک کودتا حکومت را به دست بگیرد و قوام رئیس جمهور و او رئیس دولت و مرد مقتدر ایران بشــود. رزم‌آرا پاسخ داده که این کار بســیار آسانی است و دو ساعت بیش‌تر طول نخواهد کشید و در ایران آب از آب تکان نخواهد خورد ولی شرط این است که خود قوام دستور این کار را بدهد.»
راوی حکایت می‌کند:

«من گفته رزم‌آرا را به قوام گفتم و این پیرمرد به من گفت هنوز زود است و باید قدری صبر کرد.[۱]»

سال‌ها بعد، پس از ماجرای سی تیر با وجود بی‌حرمتی‌های فراوانی که به قوام شده و او را بار دیگر از شاه دلگیر کرده بود، هنگامی که در هشتم اسفند ۱۳۳۱، به او اطلاع می‌دهند که بر اثر فشار دکتر مصدق، محمدرضا شاه و ملکه ثریا قصد ترک ایران را دارند، از این جریان سخت نگران شده از مخفی‌گاه خود به بسیاری از دوستانش تلفنی توصیه کرد که برای جلوگیری از این حرکت، شبکه‌های ارتباطی خود را تجهیز کنند.

در آخرین ساعات روز هشتم تیر، هنگامی‌که این خبر تائید شد، پیامی برای آیت‌الله سیدمحمد بهبهانی روحانی متنفذ و باقدرت پایتخت فرستاد:

«با این که دل خوشی از شاه ندارم و او را لایق سلطنت و مملکت‌داری نمی‌دانم، خروج او را از ایران در شرایط فعلی خطرناک می‌دانم و ممکن است زیاده‌روی مصدق و اطرافیانش که حُسن نیت ندارند، پس از رفتن شاه استقلال مملکت را بر باد دهد. عین مطالبی که به شما می‌گویم به عرض آقا برسانید (پیام به‌وسیله‌ی سید جعفر بهبهانی پسر آیت‌الله فرستاده شده بود) و از ایشان استدعا کنید هر کاری از دست‌شان برمی‌آید برای جلوگیری از خروج شاه انجام بدهند[۲].»

گله‌ی قوام از شاه تنها به سبب سی‌ام تیر نبود.

او چند روز بعد از کناره‌گیری از ریاست دولت به اروپا رفت. در غیابش بعضی روزنامه‌های تهران که برخی وابسته به گروه‌های

۱- نگاه کنید به دکتر مصطفی الموتی، منبع ذکر شده، صفحات ۱۴۰ و ۱۴۱

۲- متن پیام و مأخذ آن در نگاهی به کارنامه‌ی سیاسی دکتر محمد مصدق، جلال متینی، لوس‌آنجلس، شرکت کتاب، ۲۰۰۵ - ۱۳۸٤، صفحه‌ی ۳۲۳.

تند و چپ‌رو بودند و برخی دیگر از دربار الهام می‌گرفتند، حملات شدیدی را به قوام آغاز کردند و از جمله ماجرای جوازهایی را که گفته می‌شد به سود صندوق حزب دموکرات ایران صادر شده است، پیش کشیدند.

در فروردین ۱۳۲۷ محمد سروری وزیر دادگستری دولت حکیم‌الملک، با استفاده از اختیارات قانونی خود به دادسرای دیوان عالی کشور دستور داد که به پرونده‌ی این جوازها رسیدگی کند.

قوام به محض آگاهی از این اقدام حکیم‌الملک و سروری که نمی‌توانست بدون اشاره و یا موافقت شاه باشد، به تهران بازگشت. با وجود آن‌که «مغضوب» بود، در فرودگاه از او استقبالی پرشکوه به عمل آمد. انبوهی از وکلای مجلس، روزنامه‌نگاران، بازاریان و اعضای حزب دموکرات ایران نسبت به او ابراز احساسات گرم و شدیدی کردند.

این استقبال، یک اخطار سیاسی به کسانی محسوب می‌شد که زندگی سیاسی قوام را پایان یافته می‌دانستند یا می‌خواستند به آن پایان دهند. ملاقاتی طولانی میان شاه و نخست‌وزیر پیشین روی داد. متعاقب آن هیات رسیدگی به اتهامات وارده، قرار منع تعقیب قوام را صادر کرد و مجلس نیز آن را تائید نمود و پرونده‌ی این حرکت سیاسی- قضایی ناشایست بسته شد و قوام به اروپا بازگشت.

چند ماه بعد، بحران دیگری در روابط شاه و قوام پیش آمد:

روز پانزدهم بهمن ۱۳۲۷، ۲ فوریه‌ی ۱۹۴۹- سوءقصدی به محمدرضا شاه که برای شرکت در جشن سال‌روز استقلال دانشگاه به دانشکده‌ی حقوق دانشگاه تهران رفته بود، صورت گرفت.

ضارب شخصی به نام ناصر فخرآرایی بود که خیلی زود دانسته شد از اعضای حزب توده است. سال‌ها بعد همه‌ی رهبران حزب توده، مسئولیت سوءقصد را پذیرفتند، اما ابتکار آن‌را هر یک به دیگری نسبت داد. پنج گلوله به سوی محمدرضا شاه شلیک شد که خوشبختانه هیچ یک مهلک نبود و به جراحات سطحی منتهی شد.

شاه را به بیمارستان شماره‌ی یک ارتش در یوسف‌آباد انتقال دادند که بعد از درمان و زخم‌بندی به کاخ اختصاصی مراجعت کرد. در هیجان بعد از وقوع سوءقصد، ناصر فخرآرایی به دست محافظان کشته شد. اما حرکتی وسیع در افکار عمومی به هواداری از شاه و برای ابراز نفرت نسبت به این سوءقصد آغاز شد که محمدرضا پهلوی با مهارت از آن استفاده کرد.

حزب توده، به پیشنهاد دولت و تصویب قوه‌ی مقنّنه، غیرقانونی اعلام شد و تنی چند از سران آن بازداشت و بقیه یا مخفی شدند یا به روسیه‌ی شوروی گریختند.

چند روز بعد، به ابتکار گروه‌های پارلمانی که در حقیقت از دربار الهام یافته بودند، تصمیم به دعوت و تشکیل مجلس موسسان برای اصلاح قانون اساسی و افزایش اختیارات رئیس مملکت گرفته شد.

روز هشتم اسفند، سردار فاخر حکمت رئیس مجلس، به حضور شاه رفت و تصمیم نهایی قوه‌ی مقننه را در این مورد، رسماً به‌استحضارش رساند. روز بعد، نهم اسفند، ۲۸ فوریه، فرمان تشکیل مجلس موسسان و آغاز انتخابات آن، به محمد ساعد نخست‌وزیر وقت ابلاغ شد و رأی‌گیری در سرتاسر کشور از روز ١٤ فرودین ۱۳۲۸، ۳ آوریل ۱۹٤۹ آغاز گردید.

محمدرضا شاه روز اول اردیبهشت، اجلاس موسسان دوم را در کاخ دادگستری گشود. هفده روز بعد، به تصمیم نهایی این مجلس، اختیارات مقام سلطنت، به میزان قابل ملاحظه‌ای افزایش داده شد.

مهم‌ترین تصمیم، اصلاح اصول چهل و هشتم و چهل و نهم قانون اساسی و تفویض حق انحلال مجلسین به شاه بود. در این میان مجلس شورای ملی نیز نظام‌نامه‌ی انتخابات مجلس سنا را که از صدر مشروطیت تا آن موقع، اصولاً تشکیل نشده بود، به تصویب رساند. به این ترتیب از یک سو با اصلاح قانون اساسی و افزودن یک ماده به متمم آن، راه برای تغییرات بعدی گشوده شد، و نیز با تفویض حق انحلال به شاه، قدرت او افزایش یافت و از سوی دیگر، با تشکیل مجلس سنا که نیمی از نمایندگان آن انتصابی بودند و نه انتخابی، وسیله‌ای برای نفوذ رئیس مملکت در قوه‌ی مقننه، فراهم آمد.

بسیاری از مردم ایران، با این تغییرات موافق نبودند و آن را قدمی به سوی استقرار حکومت فردی و بر هم زدن تعادل میان قوای سه‌گانه تلقی می‌کردند. بسیاری نیز این تغییرات را مفید می‌دانستند. چرا که عدم ثبات دولت‌ها و مداخلات دائم نمایندگان در امور اجرایی، یکی از علل اساسی بی‌نظمی در امور مملکت و فقدان ثبات سیاسی لازم، برای بسط و توسعه‌ی اقتصادی و حفظ و صیانت استقلال ملی به‌شمار می‌آمد.

قوام، جزء گروه اول بود و از این فرصت، برای بازگشتی پرسروصدا به صحنه‌ی سیاست ایران استفاده کرد. در تاریخ ۲۶ اسفند ۱۳۲۸، ۱۷ مارس ۱۹۵۰ در نامه‌ای به محمدرضا شاه، با نزاکت و رعایت آداب، اما با تندی و بی‌پروا، از طرح اصلاح و

تکمیل قانون اساسی انتقاد کرد[1].

«... بنده از نظر پنجاه سال تجربه و سابقه‌ی خدمت‌گزاری، صریحاً به عرض می‌رسانم که برای مملکت هیچ خطری بزرگ‌تر و لطمه‌ای عظیم‌تر از این نیست که تنها وثیقه‌ی ایران یعنی قانون اساسی، دستخوش تغییر و تبدیل گردد...

باید اعلیحضرت قبول فرمایند که ماحصل قانون اساسی که حاوی حقوق ملت ایران است در این اصل ٤٩ مندرج شده... اعلیحضرت پادشاه فقید نیز در طی بیست سال سلطنت با قدرت مطلقه، به هیچ وجه تغییر مواد مربوط به حقوق ملت ایران را در مخیله‌ی خود راه ندادند...

اعلیحضرت همایونی که حفظ و صیانت قانون اساسی را بر عهده گرفته و سوگند یاد فرمودند، چگونه امر می‌فرمایند این وثیقه‌ی محکم را که در دست مردم ایران است از ریشه و بنیان برهم زنند و قوانین مصوبه‌ی مجلس شورای ملی را که از... مجالس سنا هم با اشکالات متصوره گذشته، قابل تعویق و یا تعلیق یا توقیف گردانند و توجه نفرمایند که وقوع چنین فکر در حکم تعطیل قوانین و محو و الغای مشروطیت است...

برای بنده فرض است به حکم تجربیات گذشته و خدمتگزاری طولانی در این موقع که چنین اراده‌ای فرموده‌اند، علناً و بالصراحه به عرض برساند که این

۱- متن کامل این نامه و نامه‌ی بعدی قوام به وزیر دربار شاهنشاهی، ابراهیم حکیمی (حکیم‌الملک)، در خاطرات علی وثوق، چهار فصل، تهران، ۱۹۸۲، آمده است. علی وثوق اظهار داشته که پیش‌نویس این نامه‌ها را به خط خود قوام در اختیار دارد. در سال‌های اخیر، متن این دو نامه و همچنین پاسخ وزیر دربار به نخستین آن دو، در بسیاری از کتب مربوط به تاریخ معاصر ایران انتشار یافته. از جمله نگاه کنید به دکتر پرویز عدل، خانه‌ی ما در فیشرآباد، و حمید شوکت، در تیررس حادثه، زندگی سیاسی قوام‌السلطنه.

تصمیم از هر جهت مضر و خطرناک و بر خلاف مصالح عالیه‌ی کشور است...

...در قانون اساسی ایران طبق اصل ۲۴، شخص پادشاه را از مسئولیت مبری دانسته‌اند و در نتیجه‌ی همین عدم مسئولیت است که تمام مواردی که مربوط به فرماندهی کل قوا و عزل و نصب وزرا و سفرا و اعلام صلح و جنگ و صحّه و امضای فرامین و آن‌چه از این قبیل هست، عموماً دارای جنبه‌ی تشریفاتی می‌گردد و این حقوق فقط و فقط ناشی از ملت ایران است که بودجه‌ی عمومی مملکت را از دسترنج و محرومیت‌های خودپرداخته و تمامی این حقوق را در محیط اختیار و اقتدار نمایندگان خود گذارده است...

...استدعا دارد به گفته‌های مغرضین و متملقین توجه نشود و از چنین تصمیم خطرناک، تا زود است انصراف فوری حاصل فرمایند زیرا قوانینی که از مجلس شورای ملی می‌گذرند، به مجلس سنا خواهد رفت. در سنا که نیمی از اعضای آن از طرف اعلیحضرت تعیین می‌شود، مراقبت لازم را نسبت به حدود مسئولیت خود خواهد نمود.

فدوی مکلف است به عرض برساند و خاطر مبارک را متوجه کند که تغییر اصل ۴۹ قانون اساسی که عملاً انشاء وقانون‌گزاری را موقوف و به دست قوه‌ی مجریه می‌سپارد، کار ساده‌ای نیست... این فکر، در حکم بازگشت حکومت مطلقه در ایران است که در زمان محمدعلی میرزا نیز جرات پیشنهاد و تصویب آن را نداشته‌اند. این تعطیل مشروطیت، هنگام بسط و توسعه‌ی آزادی، در دنیا نتایجی را در بر خواهد داشت که از مشاهده‌ی دورنمای وحشت‌زای آن، لرزه بر اندام دوستداران مقام سلطنت می‌افتد...

دیری نخواهد گذشت که ملاحظه خواهند فرمود این عمل، موقتی و زودگذر و نتایج آن هم بسیار وخیم و بی‌شبهه به خشم و غضب ملی و مقاومت شدید عامه، منتهی خواهد گردید و آن روز است که سرنیزه و حبس و زجر مدافعین حقوق ملت، علاج پریشانی‌ها و پشیمانی‌ها را نخواهد کرد.»

قوام متن نامه را در اختیار جراید گذاشت که در آن موقع از آزادی کامل برخوردار بودند و انتشارش دادند. در این انشای دبیرانه که قطعا تراوش فکر و سبک و نوشته‌ی خود قوام است، او برداشت خود از قانون اساسی و جدایی سلطنت و حکومت و ضرورت عدم مداخله‌ی رئیس مملکت در امور اجرایی را به صراحت و بلکه با خشونت بیان می‌کند.

برای محمدرضا شاه، قطعاً هم صراحت و خشونت بیان قوام غیرقابل تحمل بود و هم انتشار نامه به‌وسیله‌ی جراید. آن را ضربه‌ای از جانب مردی بانفوذ و توانا، بر آغاز کوشش و تلاش خود برای حکومت (ونه تنها سلطنت) بر کشور تلقی می‌کرد و چنین نیز بود. به‌خصوص که بازتاب نامه‌ی قوام بسیار بود و بر روی‌هم با حُسن استقبال افکار عمومی مواجه شد و تشکیل مجلس مؤسسان را تحت‌الشعاع قرار داد.

حکیم‌الملک وزیر دربار، پاسخی طولانی به این نامه داد که مسلماً مفاد آن یک اشتباه بزرگ سیاسی بود. چرا که بیشتر جنبه‌ی دشنام و هتاکی داشت. نوشته شده بود که قوام «حال می‌بایستی به کیفر سیئات اعمال خود در پنجه‌ی عدالت مقهور و گرفتار باشد و بقیه‌ی ایام زندگانی پلید خود را در گوشه‌ای از زندان سپری نماید.» او را متهم کرده بودند که با «خیانت‌ورزی»، «نقشه‌ی تحویل

آذربایجان به پیشه‌وری» را داشته است.

توضیحاتی که در ضرورت اصلاح و تحول قانون اساسی داده شده بود، منطقی به نظر می‌رسید. تمدید مدت مجلس و افزایش تعداد نمایندگان واقعاً خطری برای مشروطیت نبود و درخواست رسیدگی احتمالی مجدد به قانونی که از تصویب گذشته باشد، در بسیاری از قوانین اساسی «ممالک مترقی» به صورت مشروط و مقید وجود دارد. اما این توضیحات بخش کوچکی از نامه بیش نبود و نظر مردم را جلب نکرد.

حکیم‌الملک در پایان نامه‌ی خود نوشت:
«به شما نصیحت می‌کنم که... اگر فعالیتی می‌خواهید ابراز کنید، در مقام برائت خود از اتهامات و اعلام جرم‌ها برآئید... و چون خود موجب شده‌اید که پرده از روی اعمال و افعال مفسدت‌آمیز شما برداشته شود و بالطبیعه صلاحیت داشتن خطاب جناب اشرف را فاقد می‌شوید. بدین جهت بر حسب فرمان مطاع مبارک از این تاریخ عنوان مذکور از شما سلب می‌شود.»

قوام در زندگی سیاسی خود هرگز در جست‌وجوی وجهه‌ی ملی و عوام‌فریبی نبود. اما این نامه به وی محبوبیتی غیر منتظر داد. به ویژه که ایرانیان حق‌ناشناسی را قدر نمی‌نهند و سلب عنوان جناب اشرف باعث تمسخر شد.
قوام اهل تسلیم نبود.

به هنگام انتشار پاسخ وزیر دربار شاهنشاهی، در لندن تحت عمل جراحی قرار گرفته بود. در اردیبهشت‌ماه متن آن را در لندن خواند و پاسخی تندتر و خشن‌تر به آن داد:

«...از مدلول جواب واضح بود که آن‌چه را شرح داده‌اند بر حسب ابتکار شخصی ایشان نبوده، چه عمری است با ایشان رفاقت و خصوصیت داشته‌ام و در تمام این مدت کلمه‌ای بر خلاف نزاکت و احترام از ایشان نسبت به خود نشنیده‌ام.

پس آن‌چه را ایشان امضاء نموده‌اند، ابلاغ فرمایشات همایونی بوده و بنابراین روی سخن و عرض جواب به پیشگاه ملوکانه است، نه به جناب آقای ابراهیم حکیمی. و چون در خاتمه‌ی نامه ابلاغ نموده‌اید که حسب‌الامر در آتیه از عرض عرایض به حضور همایونی خودداری شود، ناچار جواب تقریرات را به‌وسیله‌ی جراید و رجال خیرخواه به عرض می‌رسانم تا بر خلاف اراده‌ی مبارک، عمل و اقدامی نکرده باشم...

اگر اعلیحضرت همایونی اندک صرف وقت نموده به تاریخ اخیر ایران مراجعه فرمایند توجه خواهند فرمود که دوران زمامداری فدوی، از جهاتی مشکل‌ترین و هولناک‌ترین ازمنه‌ی تاریخ ایران بوده و اگر فدوی به وظیفه‌ی میهن‌پرستی جرات نموده و قبول مسئولیت کرده‌ام و مرتکب خیانت گردیده یا مصدر خدمت بوده‌ام، تاریخ ایران و بلکه تاریخ دنیا قضاوت آن‌را کرده و خواهد کرد و جای تعجب و تأسف است که اعلیحضرت که حامی و نگهبان مقام و احترام خدمتگزاران کشور هستند، به جای تشویق و تقدیر می‌فرمایند بقیه‌ی زندگانی پلید خود را باید گوشه‌ی زندان سپری نمایم...

از جوابی که امر به صدور فرموده‌اند، جا دارد تصور شود که اوضاع امروز ایران با هفتصد سال قبل فرقی نکرده است، چنانکه شیخ سعدی می‌گوید «از تلون طبع پادشاهان بر حذر باید بود که وقتی به سلامی برنجند و

دیگر وقت به دشنامی خلعت دهند.»

قوام که دیگر حکیمی را کنار گذاشته، خود را در سطح شاه قرار داده و مستقیماً با او روبرو شده بود، اشاره‌ای تهدیدآمیز به یک نامه‌ی خصوصی محمدرضا شاه می‌کند:

«به خدای لایزال قسم روزی که تقدیرنامه‌ی اعلیحضرت به خط مبارک به افتخار فدوی رسید که ضمن تحسین و ستایش، فرموده بودند که سهم مهم اصلاح امور آذربایجان به وسیله‌ی فدوی انجام یافته است، متحیر بودم که چگونه افتخار ضبط و قبول آن‌را‌حائز شوم. زیرا غیر از خود، برای احدی در انجام امور آذربایجان، سهم و حقی قائل نبودم و فقط نتیجه‌ی تدبیر و سیاست این فدوی بود که به حمدالله مشکل آذربایجان حل شد....»

قوام در نامه‌ی خود مفصلاً به اتهامات مربوط به فروش جواز و سوءاستفاده، پاسخ‌های قانع‌کننده داده و افزود: «اگر در تمام اوقات حکومت، فدوی اهل رشوه و استفاده بوده‌ام یا اندوخته و ذخیره‌ای در بانک‌های داخله یا خارجه دارم، تمام دارایی خود را به دولت تقدیم می‌نمایم».

نتیجه‌گیری نامه، اخطار و نصیحتی بود به شاه:
«در این موقع انتظار عمومی از پیشگاه مبارک این است که حقوق ملت ایران، طبق قانون اساسی موجود محفوظ بماند و امور کشور به مبعوثین ملت و وزرای مسئول واگذار شود و دولت‌ها مانند همیشه با رأی و تمایل مجلس انتخاب شوند و اعلیحضرت همایونی طبق روح قانون اساسی سلطنت فرمایند و آن‌چه بر خلاف این منظور در

بیست سال سلطنت شاهنشاه فقید معمول بوده از جزئی و کلی منسوخ و متروک گردد.
... چنان‌که حقوق مردم نادیده گرفته شود و دل‌ها شکسته و مجروح گردد، جز یاس کلی و ناامیدی عمومی که موجب بغض و عناد و مقدمه‌ی مقاومت و طغیان است، نتیجه‌ای نمی‌توان انتظار داشت[۱].»

دربار، زود متوجه شد که در زورآزمایی مطبوعاتی با رئیس پیشین دولت، توفیقی به دست نیامده است و دیگر پاسخی به قوام داده نشد.
قوام، پس از طی دوران نقاهت به ایران بازگشت و در بحبوحه‌ی بحران نفت، مجلسیان او را تنها مرد قادر به نجات کشور دانستند. محمدرضا شاه با آن‌که به هیچ‌وجه موافق نبود، او را مأمور تشکیل دولت کرد و ماجرای سی‌ام تیر پیش آمد[۲]. در فرمان انتصاب به ریاست دولت، مجدداً به قوام، جناب اشرف خطاب شده بود و بدین ترتیب لقبی را که از او گرفته بودند بازپس دادند.

*****

پس از بیست و هشت مرداد، قوام که آخرین ماه‌های زندگی خود را می‌گذراند، در امنیت نسبی بود. تا موقعی که سپهبد زاهدی بر سر کار بود، دولت پاس حرمتش را نگاه می‌داشت و چون مجلس افتتاح شد، به قید فوریت قانونی گذراندند و اموالش را به او مسترد کردند. البته غرامتی برای آن‌چه به غارت رفته بود،

۱- دکتر پرویز عدل، پس از نقل این نامه‌ها، و با اشاره به پیام «صدای انقلاب شما را شنیدم» که در آن محمدرضا شاه را پنج بار وادار به قبول عدم رعایت قانون اساسی کردند، می‌نویسد: «ای کاش قبل از آن که صدای انقلاب مردم را بشنوند، گوش شنوا به اندرزهای دولتمردان خیراندیش می‌دادند». منبع ذکرشده. صفحه‌ی ۹۷.

۲- نگاه کنید به بخش دوم این کتاب.

پرداخت نشد که احتمالا میسر هم نبود.
سیاست محمدرضا شاه و خانواده‌ی پهلوی درباره‌ی او رعایت سکوت کامل بود. مخصوصاً نمی‌بایست کسی به سهم او در نجات آذربایجان و منطقه‌ی مهاباد، و ایستادگی موفقیت‌آمیزش در برابر شوروی‌ها اشاره کند.
شاه قوام را دوست نداشت و این را همه می‌دانستند و رعایت می‌کردند.

در بهار ۱۳۵۷، هنگامی که به امر و خواست خود اعلیحضرت، ریاست دفتر مخصوص شهبانو را بر عهده داشتم، در یکی از شرفیابی‌های معمول به استحضارشان رساندم که کار تعمیر ساختمان و تجهیز و تزئین موزه‌ی آبگینه به انجام رسیده و آماده‌ی افتتاح شده است، و استدعا کردم که به اتفاق شهبانو موزه را افتتاح کنند.
از زمان ریاست دانشگاه تهران، فضای گفتگوی من با شاه اندکی آزادتر شده بود و چه بسا اتفاق می‌افتاد که در مسائلی که مستقیماً در مسئولیت من نبود، گفتگو کنیم. شاه، به دانشگاهیان احترام می‌گذاشت و این رعایت، شامل حال من هم شده و آن را چندبار آزموده بودم.
نمی‌دانستم شاه می‌داند یا نه، ولی چنان رفتار کردم که نمی‌داند. به ایشان عرض کردم که موزه‌ی آبگینه در ساختمانی که قبلاً سفارت مصر، و پیش از آن اقامتگاه و منزل شخصی قوام‌السلطنه بود، مستقر گردیده، که البته در آن تغییرات داخلی قابل ملاحظه‌ای نیز داده شده و مرکزی زیبا و آبرومند، در شأن پایتخت ایران فراهم آمده است. شاه به همه‌ی این توضیحات بدون عکس‌العمل گوش داد.
پرسیدم آیا برای افتتاح تشریف خواهید آورد؟ پاسخ داد البته. تاریخ آن را با تشریفات تعیین کنید. در این‌جا به‌اصطلاح دل به

دریا زدم و پرسیدم آیا اجازه می‌فرمایید در نقطه‌ی مناسبی از ساختمان، پلاک کوچکی نصب و یادآوری شود که آن‌جا اقامتگاه احمد قوام (گفتم قوام‌السلطنه) نخست‌وزیر پیشین اعلیحضرت بوده است؟ ناگهان شاه با تندی گفت «به هیچ وجه».
طبیعتاً من هم نمی‌توانستم اصرار کنم. احساس کردم که حتی تحمل شنیدن نام قوام را ندارد.

در زمستان سال ۱۳۵۷، اندکی پیش از پایان شاهنشاهی ایران و توفیق انقلاب اسلامی، محمدرضا شاه در جستجوی راهی برای خروج از بحران بود.
با پادرمیانی چند تن از نزدیکانش، مظفر بقایی را برای چاره‌جویی به دربار خواست[۱] شاه «با چشمان بی‌فروغ و رخسار زرد» از بقایی پرسید «به نظر شما کی می‌تواند این اوضاع را در دست بگیرد؟ گفتم یک کسی که قدرت قوام‌السلطنه را داشته باشد. این تنها جایی بود که چشم‌های شاه برق زد. این کلمه تکانش داد. خوش‌آمدن و بد آمدنش را نمی‌توانم بگویم. ولی تکانش داد[۲]»

محمدرضا شاه در خاطراتش[۳]، طبیعتاً به بحران آذربایجان اشاره کرده و از نخست‌وزیر آن زمان احمد قوام، نام برده. اما برای او سهمی در نجات این منطقه‌ی کشور و پیروزی بر استالین قائل نشده.

۱- در این مورد نگاه کنید به دکتر هوشنگ نهاوندی، آخرین روزها، پایان زندگی و درگذشت شاه، ترجمه‌ی بهروز صوراسرافیل و مریم سیحون، چاپ دوم، لوس‌آنجلس، شرکت کتاب، ۲۰۰۵، صفحه‌ی ۲۹۸ الی ۳۰۱، متن اصلی این کتاب به فرانسه است و به زبان‌های انگلیسی و لهستانی نیز ترجمه شده و انتشار یافته و در دسترس می‌باشد.
۲- مصاحبه‌ی مظفر بقایی، تاریخ شفاهی ایران، دانشگاه هاروارد. حمید شوکت، ژوئن ۱۹۷۸.
۳- محمدرضا پهلوی، پاسخ به تاریخ، صفحات ۵۵ تا ۵۹.

شهبانو فرح نیز که شخصاً در زمان بحران آذربایجان و قدرت قوام، خردسال بود در خاطرات خود به این دوران اشاره کرده، او را «یک دیپلمات نابغه» خوانده است.[1]

شصت سال پس از ماجرای آذربایجان، شاهپور غلامرضا پهلوی در خاطراتش با انصاف و واقع‌بینی از احمد قوام یاد کرده... «مجلس خردمندی آن‌را یافت که دولتمردی مدبر و دارای کفایت استثنائی، یعنی احمد قوام را به ریاست قوه‌ی مجریه برگزیند. شاه بی‌درنگ این انتخاب را تائید کرد، گرچه به اتفاق نظر همه‌ی راویان و مفسران آن زمان، این شخصیت پرنخوت، با فرهنگ، سخت میهن‌دوست اما قدرتمند و تأثیرناپذیر را دوست نمی‌داشت و نسبت به او سوءظن داشت.

احمد قوام در ابتدا موافقت لازم را برای مذاکره‌ی مستقیم با مسکو به منظور فراهم آوردن شرایط تخلیه‌ی ایران از ارتش سرخ به‌دست آورد. موافقتی که ابراهیم حکیمی نخست‌وزیر قبل از او توفیق تحصیل آن را نیافته بود. در اینجا قوام نبوغ سیاسی واقعی خود را نشان داد و ثابت کرد که یک دولتمرد بزرگ واقعی است.

درست مانند ژنرال‌دوگل، در همان زمان برای مذاکره‌ی مستقیم به مسکو رفت و سه وزیر کمونیست را نیز وارد کابینه‌ی خود کرد. او به مسکو پیشنهاد کرد که قوای سرخ، ارتش ایران را تخلیه کنند و در مقابل، امتیاز بهره‌برداری از منابع نفت شمال کشور به شوروی‌ها واگذار شود. البته می‌بایست واگذاری امتیاز این بهره‌برداری به تصویب مجلس برسد.

شوروی‌ها پذیرفتند. آن‌ها تصور می‌کردند که خواهند

1- Farah Pahlavi, Memoires, XO, Paris, 2003, P. 37.

توانســـت با عوامل دیگری که در دست داشتند، از جمله دو «جمهوری خودمختـــار دموکراتیک» که در آذربایجان و کردســـتان به وجود آورده بودند، بر ایران تسلط یابند، چنان‌که در چند کشـــور اروپای شرقی نیز به همین شیوه عمل کرده و توفیق یافته بودند.

در این میان خواهرم شاهدخت اشرف نیز به مسکو رفت و با استالین دیدار کرد، پیام شخص شاه را به او تسلیم و نظر مساعدش را نسبت به نقطه نظرهای ایران جلب نمود.

احمد قوام تواناتر از رهبران سیاســـی کشـــورهایی چون چکسلواکی یا لهستان و دیگر ممالک اروپای شرقی، و به احتمال قریب به یقین، در مبارزه با کمونیســـم استوارتر بـــود. چون ایران از قوای ارتش ســـرخ تخلیه شـــد، دیگر شتابی برای تصویب موافقت‌نامه‌ی واگذاری امتیاز نفت شمال به شـــوروی‌ها از از جانب دولت دیده نشد. قوام، وزیـــران کمونیســـت را از کابینه بیرون کـــرد و ارتش که بـــرادرم فرماندهی آن را به عهده داشـــت، برای آزادی و رهایی آذربایجان عازم آن منطقه شـــد و سرانجام مجلس قرارداد نفت را رد کرد...»[۱]

*****

در حالی که محققان و مفسّـــران خارجی هیچ‌یک در نقش و سهم عمـــده و تعیین کننده‌ی قـــوام در آزادی آذربایجـــان و پیروزی بر اســـتالین تردید نکرده و نمی‌کنند، تا پایان دوران سلطنت پهلوی، در ایران، او قربانی ســـکوت مقامات رسمی و خودداری اجباری مورخان و نویسندگان از یادآوری خدماتش بود.

روشنفکران چپ‌گرای ایرانی نیز که هرگز پیروزی او را بر استالین نبخشیده بودند، و نمی‌بخشند بیهوده بر آن بوده و هستند که نام

1- Gholam Reza Pahlavi, Mon Pere, Mon Frère, les Shahs d'Iran, Editiors Normant, Paris, 2004, P.P 137 - 138.

وخدماتش را «زیر آوار هولناک سی‌تیر» مدفون کنند. حال آن که «اهمیت سیاسی-تاریخی اقدام قوام‌السلطنه در مذاکرات نفت با شوروی‌ها و خروج سربازان روسی از ایران و در نتیجه نجات آذربایجان کمتر از اهمیت ملی‌کردن صنعت نفت نیست.»[1]

یک داوری واقع‌بینانه، بی‌طرفانه و دور از تعصّب درباره‌ی قوام نشان می‌دهد که او نه تنها در یکی از حساس‌ترین و دشوارترین دوران‌های تاریخ ایران - عامل اصلی نجات آذربایجان و جلوگیری از تجزیه‌ی کشور شد، که قبول آن نقش و سهم دیگران را نفی نمی‌کند- بلکه دولتمردی دوراندیش و اصلاح‌طلب بود.
بسیاری از خط‌مشی‌های بزرگ اصلاحی کشور در دهه‌های بعد، چون برنامه‌ریزی اقتصادی، اصلاحات ارضی، بیمه‌های اجتماعی، کمک به بخش خصوصی در صنایع و معادن یا اجرای طرح‌های وسیع خانه‌سازی، در زمان حکومت پرنشیب و فراز و دشوار او آغاز شدند. شک نیست که اجرای آن‌ها در سال‌های بعد و از جمله در دوران انقلاب سفید مرهون ثبات سیاسی بازیافته کشور بود. اما نقش بنیان‌گذار او را نباید فراموش کرد.

او استاد مسلم رویارویی با مشکلات خطیری بود که کسی یارای چیرگی بر آن‌ها را نداشت. او مردی با فرهنگ، ایران‌شناس و ایران‌دوست، دارای اعتماد به نفسی بی‌نظیر، بی‌باک، مدیر و مدبّر بود و مثل هر انسان دیگر نقاط ضعفی نیز داشت. این واقعیت‌ها را امروز حتی سرسخت‌ترین دشمنانش نیز نفی نمی‌کنند.

آخرین روزها

۱- علی میرفطروس. برخی منظره‌ها و مناظره‌های فکری در ایران امروز، مونتره‌آل، نشر فرهنگ، چاپ دوم - ۲۰۰۵، صفحه‌ی ۱۵۱.

پس از سی‌ام تیر ۱۳۳۱، قوام بیش از یکسال پنهان و دربدر بود و وضع سلامتش روزبروز بدتر می‌شد. تنی چند از اقوام نزدیک و دوستانش به دیدار او می‌رفتند. گویا دکتر مصدق که رسماً و علناً همه‌ی بدرفتاری‌ها و بی‌قانونی‌هایی را که نسبت به او صورت می‌گرفت، تایید کرده بود، از محل اقامتش اطلاع داشت و به رئیس کل شهربانی دستور داده بود که از دور مراقبش باشند که عوامل آیت‌الله کاشانی و حزب توده صدمه‌ای به او وارد نیاورند.

در روز سی‌ویکم تیر ۱۳۳٤، ۲۳ ژوئیه‌ی ۱۹۵۵، قوام که هفتاد و هشت سال داشت، پس از چند روز پر رنج و درد، دیده از جهان فرو بست.
دولت اعلامیه‌ای در اعلام درگذشت این دولتمرد بی‌باک، میهن‌دوست و دوراندیش انتشار نداد. از خانواده و نزدیکانش خواسته و یا به آنان تکلیف شد که به برگزاری مراسمی ساده و کاملاً خصوصی اکتفا کنند. همه‌ی کوشش‌ها بر آن بود که ناجی آذربایجان به دست فراموشی سپرده شود.

احمد قوام در همه‌ی دوران زندگی سیاسی‌اش، خدمتگزار صدیق و تقریباً همیشه موفق ایران بود.

۲۸ اسفند

فصل اول

از ولادت تا وزارت

دکتر محمد مصدق، طبق یادداشـــتی که به خط خود اوســـت در ۲۹ اردیبهشت ۱۲۶۱ خورشـــیدی مطابق با ۲۰ مه ۱۸۸۲ میلادی[۱] در تهران چشـــم به جهان گشود.[۲] پدرش میرزاهدایت وزیردفتر از

۱- یادداشـــت ولادت مصدق به خط خود او به نقل از کتاب مصدق و مسائل حقوق و سیاست، به کوشش ایرج افشار- تهران، زمینه، ۱۳۵۸. در مورد تاریخ تولد دکتر مصدق روایات مختلف (حتی به گفته و نوشته‌ی خود او) وجود دارد ما در این کتاب آخرین آن‌ها را که به خط خود او ســـالی چند قبل از مرگش نوشـــته شـــده، اختیار کرده‌ایم.

۲ - در باره‌ی زندگی دکتر محمد مصدق مقالات و تحقیقات و کتب بســـیار انتشـــار یافته از آن جمله‌اند:

Homayoun Katouzian, Mussadig and his struggle for power in Iran, IB Tauris, London, 1999

Mark Y, Gaisiorowski, Mohammad Mossadeg and the 1953 coup in Iran, Malcom Byrne editor, Syracuse university Press, 2004

و به فارسی، نورمحمد عســـکری، شاه، مصدق، سپهبد زاهدی، آرش، استکهلم - ۱۳۷۹. فواد روحانی زندگی سیاســـی مصدق در متن نهضت ملی ایران، انتشارات

مســـتوفیان سرشـــناس آن دوران بود و سمت استیفای خراسان را داشـــت. مادرش، شاهزاده خانم نجم‌السلطنه دختر فیروزمیرزا نصرت‌الدوله و نوه‌ی عباس‌میرزا نایب‌الســـلطنه، بنابراین خواهر عبدالحسین‌میرزا فرمانفرما بود. میرزاهدایت وزیردفتر در حقیقت همســـر دوم نجم‌الســـلطنه بود چرا که وی به رســـم آن زمان در دوازده‌ســـالگی به عقد ازدواج مرتضی‌قلی‌خان وکیل‌الملک حاکم وقت کرمان درآمده بود که مردی علیل و تقریباً نابینا بود.

پس از درگذشـــت همســـر اولش با میرزاهدایـــت ازدواج کرد، یا درســـت‌تر بگوییم به همســـری او برگزیده شد. همسر دومش نیز مردی ســـال‌خورده بود. ظاهراً به هنگام ازدواج، شـــاهزاده خانم نجم‌الســـلطنه بیست و دو ســـاله بود و میرزاهدایت بیش از هفتاد سال داشـــت و دوازده یا سیزده سال پس از آن نیز در قید حیات بود.

پس از درگذشـــت میرزاهدایت وزیردفتر، پادشـــاه قاجار به پسر

نهضت مقاومت ملی ایران - پاریس - ۱۳۶۶.

مصطفی الموتی، بازیگران سیاســی از مشروطیت تا سال ۱۳۵۷، روزشمار زندگی نخست وزیران ایران، جلد دوم، صفحات ۱۶۶ تا ۲۶۰.

عبدالمجید حجتی، مصدق مرد ســال، مرد ســده، مرد هزاره‌ها، ســیمای فرهنگ، تهران، ۱۳۸۴ به نظر نویســنده‌ی کتاب ســه ابرمرد تاریخ ایران عبارتند از کورش، فردوسی و مصدق.

مهدی شمشــیری، راه‌آهن سرتاســری ایران، رضاشــاه بــزرگ و محمد مصدق، نشریه‌ی پارس، هیوستون (تگزاس) ۱۳۸۴.

مصطفی اســلامیه، فولاد قلــب، زندگینامه‌ی دکتر محمد مصــدق، نیلوفر، تهران، ۱۳۸۱.

دکتر جلال متینی، نگاهی به کارنامه‌ی سیاسی دکتر محمد مصدق، شرکت کتاب، لس‌آنجلس، ۲۰۰۵ میلادی کتاب پانصد و سی و هشت صفحه‌ای استاد جلال متینی، دقیق‌ترین و مســتندترین تحقیقی اســت که تا امروز در باره‌ی دکتر مصدق انتشار یافته.

جزوات مختلف و نیز کتب خاطرات بسیاری در باره‌ی دکتر مصدق نوشته شده (از جملــه خاطرات و تألمات مصدق، به قلم یا نقــل از گفته‌های خود او) که جابجا به آن‌ها اشاره خواهد شد.

ارشد او میرزامحمد، لقب مصدق‌السلطنه داد و وی را به استیفای خراسان برگزید. بنا به نوشته‌ی عبدالله مستوفی، شاهزاده عبدالحسین میرزا فرمانفرما که در دربار نفوذ بسیار داشت، در این انتصاب بی‌تأثیر نبوده[۱]. ولی به سبب خردسالی «میرزامحمد»، شخص دیگری به مباشرت استیفای خراسان گمارده شد و سال‌ها گذشت تا خود مصدق‌السلطنه بتواند به تصدی این شغل، که در حقیقت نخستین مسئولیت اداری و حکومتی او بود، بپردازد.

در مورد دوران تحصیلش در ایران، مصدق‌السلطنه مطالب متضادی اظهار داشته از جمله آن‌که در «مدارس قدیم» درس می‌خوانده، که ظاهراً درست نیست و «هرگز در مدارس طلبگی درس نخوانده است.»[۲]
رفتن به مکتب‌خانه مخالف شئون فرزند یک خانواده‌ی اشرافی بود، بنابراین باید پذیرفت که وی مانند همه‌ی جوانان مشابه، زیر نظر معلمان سرخانه درس خوانده. گویا از سن شانزده یا هفده سالگی اندک‌اندک به تصدی استیفای خراسان پرداخت. اما از نام‌نویسی در مدرسه‌ی سیاسی تهران که به ابتکار میرزاحسن‌خان مشیرالملک (مشیرالدوله پیرنیای بعدی) تأسیس شده بود[۳] خودداری کرد و چند سال بعد برای ادامه‌ی تحصیل عازم اروپا شد.
مصدق‌السلطنه در سال ۱۹۰۸ میلادی برای تحصیل عازم اروپا شد. اگر ۱۸۸۲ را به عنوان سال تولد او بپذیریم، در این موقع ۲۶ سال داشت. از شانزده یا هفده سالگی، به تدریج به امور استیفای خراسان پرداخت.

۱- عبدالله مستوفی، شرح زندگانی من، تاریخ اجتماعی و اداری دوره قاجاریه، جلد دوم، تهران، زوار، ۱۳۶۰، صفحه‌ی ۳۲۲.
۲- جلال متینی، کارنامه‌ی سیاسی دکتر محمد مصدق، منبع ذکر شده، صفحه‌ی ۶.
۳- نگاه کنید به چنگیز پهلوان، مدرسه‌ی علوم سیاسی، در مجموعه‌ی تهران، روشنگران ۱۳۷۱، صفحات ۴۱ الی ۵۰، عبدالله مستوفی، منبع ذکر شده ۶۷-۷۹.

هنگامی که به اروپا رفت دو سال از پیروزی انقلاب مشروطیت می‌گذشت. در نهضت مشروطه، مشارکتی از او روایت نشده. فقط می‌دانیم که در دو انجمن «جامع آدمیت» و «مجمع انسانیت» که منتسب به فراماسونری آن زمان در ایران بودند، عضویت داشت و نیابت ریاست انجمن دوم را پذیرفت.

در نخستین دوره‌ی قانون‌گزاری، از جانب اعیان و اشراف اصفهان به نمایندگی مجلس برگزیده شد. اما به علت صغر سن و عدم سکونت در اصفهان، نتوانست به مجلس راه یابد. در دوره‌ی استبداد صغیر که محمدعلی شاه با خشونت مجلس را تعطیل کرده و در مقام تجدید حکومت مطلقه بود، از طرف شاه و ظاهراً به توصیه‌ی حشمت‌الدوله والاتبار (که برادر ناتنی مصدق‌السلطنه بود) به عضویت «دارالشورای کبری» برگزیده شد. مجلس دولتی که سلطان‌قاجار برای تظاهر به مشورت با شخصیت‌های سیاسی برگزیده‌ی خودش، در امور مملکتی تأسیس کرده بود و جنبه‌ی تشریفاتی داشت.

مصدق‌السلطنه در این مجلس نیز مشارکت مؤثری نداشت و سرانجام با کسب اجازه از شاه و پس از ملاقات با او که شرح آن‌را در کتاب خاطراتش آورده، راهی پاریس شد که در مدرسه‌ی علوم سیاسی آنجا به تحصیل بپردازد.

در این هنگام مصدق‌السلطنه گرچه هیچ مدرک تحصیلی برای ورود به یک مدرسه‌ی عالی نداشت، ظاهراً زبان فرانسه را به‌خوبی فرا گرفته بود و از اطلاعات سیاسی و حقوقی بی‌بهره نبود که نه زبان فرانسه را می‌توانست در «مدارس قدیمه» و «مکتب‌خانه‌ها» آموخته باشد و نه مبادی علم سیاست و حقوق را. بنابراین تردید نمی‌توان داشت که از محضر معلمان و مدرسان شایسته‌ی زمان، به‌طور خصوصی بهره‌مند شده بود.

نام‌نویسی در مدرسه‌ی علوم سیاسی پاریس، مستلزم داشتن گواهینامه‌ی تحصیلی بود که مصدق‌السلطنه فاقد آن بود. اما به لطف مستوفی‌الممالک، معرفی‌نامه‌ای از دولت برای تحصیل در این مدرسه عالی گرفت که راه را بر ثبت نامش گشود و پس از یک‌سال و نیم موفق شد از آن موسسه معتبر آموزش عالی، تصدیق‌نامه‌ای بگیرد.

رساله‌ی او برای اخذ این مدرک تحصیلی تحت عنوان «مسئولیت دولت برای اعمال خلاف قانونی که از مستخدمین دولتی در موقع انجام وظیفه‌شان صادر می‌شود و قاعده عدم تسلیم مقصرین سیاسی»، در چهل و سه صفحه موجود است که با عنوانی که ذکر کرده‌ایم، به فارسی ترجمه و در اواخر دوره‌ی قاجاریه در تهران چاپ و منتشر شده است.

به هنگام تحصیل در پاریس و احتمالا به قصد اخذ درجه‌ی دکتری، مصدق‌السلطنه در دانشگاه لیژ بلژیک ثبت نام کرد. ثبت نام او در این دانشگاه مسلم است، اما بر خلاف آن‌چه بعضی مولفان نوشته‌اند، اثری از تحصیل او در این دانشگاه نیست.[۱] بنابراین می‌توان حدس زد که این ثبت‌نام جنبه‌ی پیش‌بینی داشته که پس از خاتمه‌ی تحصیل در پاریس به آن‌جا برود ولی بعداً از آن انصراف حاصل کرده.

پس از پایان تحصیل در مدرسه‌ی علوم سیاسی پاریس، مصدق‌السلطنه که خسته و بیمار شده بود، از راه روسیه و بندرانزلی (پهلوی) به تهران بازگشت و بعد از قریب ۵ ماه اقامت در ایران این بار به اتفاق همسرش شاهزاده خانم ضیاءالسلطنه[۲]

۱- نگاه کنید به محسن حقیقی، دکتر مصدق در لیژ (بلژیک)، آینده، سال شانزدهم شماره‌های ۹ -۱۲ آذر - اسفند ۱۳۶۹/ ۱۹۹۰

۲- دختر ناصرالدین شاه قاجار. محمد مصدق‌السلطنه که از این پس در تاریخ از او به نام دکتر مصدق یاد می‌شود، از این ازدواج صاحب چهار دختر و دو پسر شد. یکی از دخترانش در کودکی درگذشت، دومی (خانم ضیاءالشرف) با خویشاوند

به قصد تکمیل تحصیلات عازم سوئیس شد و بعد از چهار سال به اخذ درجه دکتری از دانشگاه نوشاتل نایل آمد و در سال ۱۹۱٤ به تهران بازگشت.

رساله‌ی دکترای او تحت عنوان «وصیت در فقه اسلامی (مذهب تشیع) مُصَدَّر به مقدمه‌ای در منابع فقه اسلامی» در سال ۱۹۱٤ در پاریس انتشار یافت و قسمتی از آن با عنوانی که ذکر کردیم در سال ۱۳۰۲ خورشیدی توسط احمد متین‌الدوله دفتری، علی معتمدی و نصرالله انتظام به فارسی ترجمه شد و در تهران انتشار یافت.

پس از مراجعت به تهران، طی چند سالی دکتر مصدق کتب و رسالات مختلف در مسائل حقوقی و سیاسی تالیف کرد و همه‌ی آن‌ها را به هزینه‌ی خود چاپ و منتشر نمود که در مجموع دلالت بر تسلط او به این رشته‌ها دارد. ترجمه‌ی رساله‌ی دکترای او به فارسی، هیاهویی در میان برخی از روحانیون و متشرعین برانگیخت و او را متهم به بی‌دینی و اهانت به «شرع مقدس» کردند، که این انتقادات پس از مرگ او تا سال‌های اخیر نیز ادامه یافت.[1]

*****

با بازگشت به ایران، زندگی سیاسی و ملی دکتر مصدق آغاز می‌شود. این «اشراف‌زاده‌ی ثروتمند»،[2] نخستین ایرانی دکتر در علم حقوق بود و تقریباً با همه شخصیت‌ها و خاندان‌های

نزدیکش عزت‌الله بیات ازدواج کرد و سومی (منصوره) با برادرزاده‌ی مصدق یعنی پسرعم خود احمد متین‌الدوله (دکتر احمد متین‌دفتری). دختر دیگرش بنام خدیجه به سبب بیماری از ایام جوانی در یکی از بیمارستان‌های سوییس بستری شد و در همان‌جا درگذشت. پسران دکتر مصدق یکی دکتر غلامحسین متخصص سرشناس امراض زنان و زایمان و دیگری احمد مصدق مهندس راه و ساختمان است که به معاونت وزارت راه و ریاست بنگاه راه‌آهن دولتی ایران نیز رسید. شاهزاده خانم ضیاء السلطنه سال قبل از مرگ شوهرش دیده از جهان فرو بست.

۱- نگاه کنید به مصدق و مسائل حقوق و سیاست، منبع ذکر شده.
۲- مصطفی الموتی، منبع ذکر شده.

حکومت‌گــر آن روز ایران که بعداً «طبقه‌ی حاکمه» نامیده شــدند خویشاوندی نزدیک داشت.
نسبش از مادر به عباس‌میرزا و فتحعلی‌شاه می‌رسید، داماد شاه بود و همســر خواهر شــاهی دیگر. ثروتی کلان داشت. بنابراین می‌توان گفت که همه‌ی اســباب ترقی او فراهم بود و به آســانی می‌توانست به بالاترین مقامات مملکتی برسد که رسید.
اما دکتر محمد مصدق، با نقاط ضعفی که داشت و با اشتباهات سیاســی فراوانی که مرتکب شــد، دارای صفاتی بود که او را از بسیاری از دولت‌مردان و رهبران آن دوره، متمایز می‌سازد: عفت، تقویٰ و نیز ناســازگاری با نفوذ سیاســت‌های خارجی در امور کشــور. تنی چند از رجال سیاسی قرون نوزدهم و بیستم، عمــلاً و گاهی علناً در خدمت ابرقدرت‌های آن روز جهان، به‌ویژه امپراتوری بریتانیا بودند. بســیاری که در میهن‌دوســتی و تقوی و صداقت آنان تردیدی نبوده و نیســت، مســامحه و ســازش با سیاســت‌های خارجــی را ناگزیر می‌دانســتند و این دوســتی و همکاری نزدیک را در خدمت حفظ مصالح ملی به کار می‌گرفتند. چرا که ایران، ناتوان و از هر ســو در خطر بــود و بلندپروازی و خشونت با ابرقدرت‌ها آسان نبود.

مصدق، مانند قــوام، از جمله دولت‌مردانی بــود که هرگز گردن به خواســته‌های سیاســت‌های خارجی ننهادند. قوام در جریان بحــران آذربایجــان و پیدایش خطر تجزیه‌ی ایــران و مصدق به هنگام ماجرای نفت و رودرویی با سیاســت امپراتوری بریتانیا فرصت‌هایی اســتثنایی برای نشان دادن شــخصیت سیاسی و میهن‌دوســتی خود یافتند و بدین‌ســان در تاریخ ایــران مقامی استثنایی به دست آوردند.

****

پس از اخذ درجه‌ی دکتری و بازگشــت به ایران، دکتر مصدق به

تدریس در مدرسه علوم سیاسی پرداخت. اندکی بعد به ریاست کمیسیون «توفیر جمع و خرج» و کمیسیون «تطبیق حواله‌جات» (دیوان عالی محاسبات بعدی) منصوب شد.

در نخستین کابینه‌ی وثوق‌الدوله به معاونت وزارت مالیه و ریاست کل محاسبات انتخاب شد. قوام‌السلطنه وزیر مالیه بود. به نوشته‌ی دکتر مصدق رابطه‌ی نزدیک مادرش شاهزاده خانم نجم‌السلطنه با مادر همسر قوام‌السلطنه و دوستی نزدیک خود او با قوام‌السلطنه «سبب شد که این کار را قبول کند.»[۱]

در کابینه‌ی صمصام‌السلطنه نیز که برای مدتی کوتاه جانشین وثوق‌الدوله شد، این سمت را حفظ کرد و بر روی‌هم چهارده ماه متصدی آن بود. با دشواری‌های بسیار روبرو شد. خواست دست به اصلاحاتی بزند و از بعضی سوءاستفاده‌ها جلوگیری کند.
مخالفین آشوبی به راه انداختند و حتی به استناد مطالبی که در رساله‌ی دکتری خود نوشته بود دست به تکفیرش زدند! مقاومت کرد و حتی به خرج خود چند سوار مسلح استخدام نمود که در حین عبور و مرور در شهر محافظ او باشند. احمدشاه از جانب انگلیسی‌ها برای عقد قراردادی که ایران را عملاً تحت‌الحمایه امپراتوری بریتانیا قرار می‌داد تحت فشار بود. لندن در عقد این قرارداد شتاب داشت که جلوی سرایت انقلاب بلشویکی را بگیرد. صمصام‌السلطنه زیر بار قرارداد نمی‌رفت.

در دوران فترت همیشه رسم بر آن بود که رؤسای دولت هر بار که ادامه‌ی حکومت‌شان را غیرممکن می‌دیدند، خود نزد شاه رفته استعفا می‌دادند، یا پادشاه از آنان می‌خواست که استعفا بدهند و آنها می‌پذیرفتند. بدین ترتیب سیزده‌بار دولت‌ها آمده و رفته بودند

۱- خاطرات و تالمات، انتشارات علمی، چاپ هفتم، تهران، ۹۶-۹۷.

و مملکت دچار بی‌نظمی و عدم ثبات سیاســی بود که بر آشفتگی اوضاع می‌افزود.

صمصام‌السلطنه زیر بار استعفا نرفت. گروهی از سیاسیون وقت یا به ســبب دوســتی با خان بختیاری و یا به علت مخالفت با طرح قراردادی که احســاس انعقاد آن می‌شد، از او حمایت می‌کردند. احمد شــاه ناگزیــر با فرمانــی رئیس‌الوزرا را عــزل و بار دیگر وثوق‌الدوله را به جای او منصوب کرد.

برای نخستین بار در تاریخ مشروطیت ایران، شاه به استناد نص قانون اساســی رئیس دولت را برکنــار می‌کرد. در پی آن مدت‌ها صمصام‌السلطنه زیر بار نرفت و حقانیت دولت بعدی را منکر شد.

دکتر مصدق‌السطنه وزیر نبود و مشمول اصل مسئولیت مشترک وزراء نمی‌شــد. با این حال در ابتدای کابینــه‌ی وثوق‌الدوله، که هنوز انعقاد قرارداد ۱۹۱۹ قطعی و رسمی نشــده بود، به کار خود در سمت معاونت وزارت مالیه و ریاست کل محاسبات ادامه داد. ماجرایی که در ســی و سه ســال بعد، یعنی در مرداد ماه ۱۳۳۲ پیش آمد، بی‌شــباهت بــه این جریان نبــود. در حالی که مجلس تعطیل بود، شــاه نخســت‌وزیری را (که خود مصدق بود) از کار برکنار کرد و کس دیگری را (سرلشــکر فضل‌الله زاهدی) به جای او منصــوب نمود. ولــی مصدق این عزل و نصــب را نپذیرفت و غیرقانونی دانست. به هر تقدیر، همکاری دکتر مصدق با کابینه‌ی دوم وثوق‌الدوله به علت عقد قرارداد ۱۹۱۹ کوتاه بود.

به سبب مخالفت با این قرارداد استعفا داد و به همراه پسرش احمد و دخترش ضیاءاشرف رهسپار اروپا گردید و در سوئیس اقامت گزید. مخالفت مصدق با سیاســت بریتانیــا در ایران از این پس علنی گشــت. کمیته‌ای تشکیل داد و برای اعتراض به این قرارداد به این سو و آن سو نامه نوشت.

ایرانی میهن دوســت دیگری- علی‌اکبــر داور، که در ژنو محصل

دوره‌ی دکتـــری حقوق بود در همین راه قدم برمی‌داشــت. فریاد مصـــدق و داور طبیعتاً به جایی نمی‌رســید. اما لااقل نشـــان از مخالفت ایرانیان با تحت‌الحمایگی کشورشان داشت.

مصدق بیش از یک‌ســال در ســوئیس ماند. چنان از وضـع ایران دلســرد و ناامید بود که در صدد اقامت دائم در ســوییس برآمد، امتحانــات مربوط بـه اخــذ پروانه‌ی وکالت دادگســتری را در آن کشــور را گذراند و حتی به فکر اخذ تابعیت بود.[1] ســرانجام تحت فشار افکار عمومی ایرانیان و قیام یکپارچه‌ی مردم علیه دولت، وثوق‌الدوله ناچار به کناره‌گیری شــد و احمدشاه شــخصیتی وجیه‌الملـه و محتـرم، حسن پیرنیا، مشیرالدوله را به ریاست دولت برگزید. نخســتین تصمیم وی تعلیق قرارداد ۱۹۱۹ بود تا مجلس تشکیل شود و رسماً تکلیف را معین کند. مشیرالدوله، دکتر مصدق را به تصدی وزارت عدلیه دعوت کرد و او بلافاصله پذیرفت. مســافرت از راه روســیه و بادکوبه و انزلی بــه علت ناامنی‌های ناشی از انقلاب بلشویکی و جنگ داخلی در آن کشور میسر نبود. پس مصدق از بندر مارســی در جنوب فرانســه عــازم بمبئی در هندوستان شد و از آنجا با کشتی دیگری راهی بوشهر گشت که از راه شیراز به تهران برسد.

در بمبئی تلگرافی ده هزار روپیه از دایی خود شاهزاده عبدالحسین میرزا فرمانفرما که در آن موقع والی فارس بود قرض کرد و بعد از خرید یک دســتگاه اتومبیل سواری و استخدام یک راننده‌ی هندی عازم بوشهر گشت.

دکتر مصدق از طریق بوشهر به شیراز رفت. شاهزاده عبدالحسین میرزا به ســبب گســترش ناامنی در فارس و نارضایی فزاینده‌ی مردم، که حتی انگلیس‌ها را نیز نگران کرده بود، ناچار به استعفا

۱- همه‌ی اینها را خود او به تفصیل در خاطرات و تالمات حکایت کرده است.

شده و شیراز را ترک کرده بود.

در شیراز صولت‌الدوله رئیس ایل قشقایی، قوام‌الملک شیرازی و نصیرالملک برادرش که سرجنبان‌های منطقه بودند از مصدق خواستند که انتصاب به والی‌گری فارس را بپذیرد. آنها کسان خود را به تلگراف‌خانه فرستادند که انتصاب او را از مشیرالدوله بخواهند. رئیس دولت از اغتشاش اوضاع فارس نگران بود و به مصدق اعتماد داشت. لذا تقاضای آنها را پذیرفت و وزیر منصوب عدلیه‌ی خود را به آن شغل گمارد.

دکتر مصدق شش ماه در این سمت باقی ماند تا کودتای سوم اسفند ۱۲۹۹ سیدضیاءالدین (طباطبائی) و رضاخان (سردارسپه) روی داد و مرحله‌ای تازه در زندگی سیاسی او گشود.

*****

در روز چهارم اسفند ماه ۱۲۹۹ فرمان احمدشاه دایر به انتصاب «جناب میرزا سیدضیاءالدین» به نخست‌وزیری (ریاست وزراء) و «تفویض اختیارات تامه به معزّی‌الیه» از تهران به همه‌ی ایالات و ولایات کشور مخابره شد.

دکتر مصدق‌السلطنه والی فارس به مبارزه‌ی علنی با این انتصاب برخاست که پس از مخالفت او با قرارداد ۱۹۱۹ و استعفاء از معاونت وزارت مالیه در دولت وثوق‌الدوله، در حقیقت دومین رودررویی علنی او با سیاست امپراتوری بریتانیا در ایران به‌شمار می‌آید.

در روز ششم اسفند در یک پیام تلگرافی به احمدشاه چنین نوشت:

«دستخط جهان‌مطاع تلگرافی به وسیله تلگرافخانه مرکزی زیارت شد. در مقام دولت‌خواهی به عرض خاکپای مبارک می‌رساند که این تلگراف اگر در فارس انتشار یابد باعث بسی اغتشاش و انقلاب خواهد

شــد و اصلاح آن مشــکل خواهد بود. چاکر نخواست در دولت‌خواهی موجب این انقلاب کشــور شــود و تا کنون آن را مکتوم داشــته. هرگاه تلگراف مزبور بر حسب امور ملوکانه و انتشــارش لازم اســت امر جهان‌مطاع مبارک صادر شود که تلگرافخانه انتشار دهد.»

پاسخ والی فارس، همچون عکس‌العمل قوام‌السلطنه والی خراسان یک سرپیچی علنی از شاه و دولت بود. پاسخ تلگرافی رئیس‌الوزرا به والی فارس، در تاریخ دهم اســفند از تهران به شــیراز مخابره شد.

«آگاهــی یافته‌ام اکل از قفا تلگراف تصدی مرا به شــغل ریاســت وزراء انتشــار نــداده و گفته‌ایــد کــه از حدوث اشــکالات احتراز نموده‌اید. این خبر به این جانب مســلم داشت که حضرتعالی از وضعیات بی‌اطلاع و افق طهران را همان‌طور تصور کرده‌اید که قبلاً دیده‌اید و عیناً مشاهده کرده‌اید. نه، چنین نیست. دوری مسافت و بی‌اطلاعی از جریان حضرتعالی را از اطلاعات مفیده محروم داشــته اســت... این حکومت به کســانی که در معبــر او ایجاد اشکالات نمایند جز مشت چیزی نشان نمی‌دهد و در لحظه واحد جان، مال و عائله و علاقه اشکال کنندگان به عنوان زمینه‌ی صداقت آن‌ها در معرض تهدید گزارده می‌شود. این زبری و خشونت نه برای مصالح شخصی است بلکه برای مصالح وطنی است که هر اقدامی را مجّوز و مشروع می‌ســازد... تشــکیل این دولت وطنی و اصلاح کننده را هیچ‌کــس جز خیانتکار نمی‌توانــد تردیــد کند. آن هم فوراً تنبیه می‌شود.
من در اینجا تمــام رجال پوســیده و دروغین را توقیف

کردم... . هر مانع و مشکلی را به هیچ می‌شمارم. حضرتعالی اگر می‌خواهید نماینده چنین دولتی باشد با جسارت قدم برداشته اصلاحات را در خطه ماموریت خودتان شروع کنید... . راست و بی‌پرده همان‌طور که عادت من است به حضرتعالی سابقه می‌دهم که نسبت به شخص شما خیلی خوشبین و خیلی مایلم که از چون حضرت عالی شخص شایسته‌ای را در اصلاحات فارس استفاده کنم و به طور متقابل لازم است از صداقت و صمیمیت حضرت عالی آگاه گردم.
بنابراین منتظرم خودتان برای خودتان تعیین تکلیف نمایید... . امیدوارم به نام وطن و به نام اصلاحات، حضرت‌عالی از آن فاصله بعید آغوش گشوده مرا برادرانه در بغل گرفته و مظاهرت خودتان را به احترام منافع ملی به من اهداء نمائید... .»

متنی است به انشاء و به اسلوب شخص سیدضیاءالدین، هم تحبیب و هم تهدید. والی فارس در طی شش ماه حکومت خود بر آن منطقه، حسن شهرتی یافته بود. در پایتخت نیز علاوه بر وابستگی نزدیک به قاجاریه، به عنوان شخصی با فضل و دانش و پاکدامن شناخته می‌شد. رئیس‌الوزرای کودتا نمی‌خواست وی را در شمار مخالفان خود قرار دهد. اما سرپیچی و مخالفت او را نیز تحمل نمی‌کرد.

دکتر مصدق‌السلطنه به بی‌اعتنایی خود نسبت به سیدضیاءالدین ادامه داد و حتی از پاسخ به پیام او اجتناب ورزید. در روز شانزدهم اسفند در تلگرافی به شاه استعفای خود را از والی‌گری فارس اعلام داشت. دو هفته بعد احمدشاه به او پاسخ داد:
«استعفای شما از ایالات فارس به تصویب جناب

رئیس‌الوزراء قبول شد. لازم است کفالت امور ایالتی را به قوام‌الملک تفویض نموده فوراً حرکت نمایید.»

پس از این ماجرا، سیدضیاء دستور توقیف مصدق‌السلطنه را داد و او به ایل بختیاری پناه برد که تا سقوط کابینه‌ی کودتا میهمان رؤسای آن بود. در مجموع از قوام‌السلطنه سرنوشت بهتری یافت. ناگفته نماند که بر خلاف پیش‌بینی او و هشداری که داده بود هیچ «اغتشاش و انقلابی» در فارس پدید نیامد و آب از آب تکان نخورد.

*****

دو دهه پس از این ماجرا، در انتخابات دوره‌ی چهاردهم قانون‌گزاری دکتر مصدق به نمایندگی تهران انتخاب شد و سیدضیاءالدین طباطبائی به نمایندگی شهر محل تولد خود یزد. به‌هنگام طرح اعتبارنامه‌ها، دکتر مصدق و دو تن از نمایندگان گروه پارلمانی (فراکسیون) حزب توده با اعتبارنامه‌ی سیدضیاءالدین طباطبایی مخالفت کردند. مصدق از وکلای حزب توده خواست که مخالفت خود را پس بگیرند تا شبهه‌ی تبانی و هم‌داستانی میان او و حزب توده عنوان نشود. آن‌ها نیز پذیرفتند.

مناظره‌ای که میان این دو پهلوان سیاسی، که هر دو ناطقین مبرز و توانایی بودند، درگرفت از صحنه‌های ماندگار تاریخ سیاسی و پارلمانی ایران است و تا حد زیادی تکرار مطالبی که بیست و چند سال پیش از آن به اختصار در پیام‌های بین تهران و شیراز عنوان شده بود:

در آغاز سخنش مصدق گفت:

«من می‌خواهم در راه وطن شربت شهادت را بچشم. من می‌خواهم در راه وطن بمیرم. من می‌خواهم در قبرستان شهدای آزادی دفن شوم. من تا آخر عمر برای دفاع از وطن حاضر می‌باشم.»

وی سپس دلایل مخالفت خود را با اعتبارنامه‌ی سیدضیاء که بیش‌تر متکی به مسئولیت او در کودتای سوم اسفند و نقش انگلیسی‌ها در این کودتا بود بیان داشت و او را «مأمور و دست‌نشانده انگلیس‌ها» خواند و نتیجه گرفت که (اگر) «مجلس می‌خواهد ثابت کند که طلیعه آزادی است کار آقا (سید ضیاءالدین طباطبایی) بسیار دشوار است. به عقیده من آقا باید از خود رفع زحمت کند و از مجلس برود و غیر از این راه دیگری ندارد.»

سیدضیاءالدین پاسخی تند و خشن به مصدق داد...
«یکی از افتخارات من این است که مقدماتی را فراهم کردم تا روزنامه‌نویس رئیس‌الوزرا بشود و ایران از دست شما سلطنه‌ها و دوله‌ها و ملک‌ها نجات پیدا کند.
ایران در دوره‌ی مشروطه هم اسیر سلطنه‌ها و دوله‌ها و ملک‌ها بوده است. درباره‌ی بازداشت‌های زمان رئیس‌الوزرائی خود باید بگویم که هزارها ایرانی بدبخت که قرن‌ها در محبس این دوله‌ها و سلطنه‌ها بودند فهمیدند که می‌شود دوله‌ها و سلطنه‌ها را هم گرفت و حبس کرد...
این که من می‌خواستم شما را بگیرم و حبس کنم به خاطر خیانتی بود که کردید. برای این بود که می‌خواستید عشایر را بشورانید و خواستید که برادرکشی به راه بیاندازید. ولی نمی‌خواستم که با حبس شما به شما شخصیتی بدهم. در آن موقع از شما گردن کلفت‌ترها را هم گرفتم و حبس کردم و می‌توانستم شما را هم بگیرم ولی نخواستم. تمام اهالی ایران هیچ جا با من مخالفتی نکردند. جز سرکار ... . در پیشگاه تاریخ مسئولید. نتیجه‌ی کودتا نجات ایران بود.»
و نتیجه گرفت:

«اگــر من به علت کودتا، صلاحیــت نمایندگی مجلس را نداشته باشم تمام تشکیلات از کودتا تا به‌حال باید مورد تجدید نظر قرار بگیرد و مقام سلطنت متزلزل می‌گردد ... شــما مرا مسئول و مســبب بدبختی ایران می‌دانید. مثل این‌که مسئول شهادت حسین‌ابن علی را در کربلا، پیغمبر اکرم بدانیم و بگوییم که اگر پیغمبر اســلام نیاورده بود، بنی‌امیه و معاویه پیدا نمی‌شــدند و حسین‌ابن علی کشته نمی‌شد.»

بار دیگر مصدق به ســیدضیاء پاســخ داد و سرانجام سیدضیاء به مصدق. دکتر مصدق، ســیدضیاءالدین طباطبایی را متهم کرد که در موقع فرار (بعد از عزل از ریاســت وزرا) به «خزانه مملکت دستبرد زده» و پرسید:

«در این ۲۳ سال خارج از ایران از چه محل تحصیل عواید نمودیــد؟ این ســرمایه هنگفت را که حــالا دارید از کجا آورده‌اید؟»

ســید ضیاء متقابلا وی را متهم کرد که ثــروت خود را از «طریق خرید خالصه‌جات» افزایش داده. مصدق به او گفت:
«مــن اگر خالصه‌ای خریــده‌ام، دزدی نکرده‌ام، از مالیه مملکت چیزی بــه جیب نزده‌ام. مگر ســایر مردم املاک خالصه را نخریده‌اند؟»

در انتقاد از ســید ضیاءالدین، دکتر مصدق شــدیدا به رضاشاه حمله کرد و به دفاع از سلطان احمدشاه قاجار نیز پرداخت:
« دیکتاتور با پول ما و به ضرر ما راه‌آهن کشید و بیست سال برای متفقین امروز تدارک مهمات دید. عقیده و ایمان و رجــال مملکت را از بین برد، املاک مــردم را ضبط و

فساد اخلاق را ترویج و اصل ۸۲ قانون اساسی را تفسیر نمود و قضاوت دادگستری را متزلزل کرد. برای بقاء خود قوانین ظالمانه وضع نمود. چون به کمیت اهمیت می‌داد بر عده مدارس افزود و به کیفیت عقیده نداشت سطح معلومات تنزل کرد. کاروان معرفت به اروپا فرستاد و نخبه آن‌ها را ناتوان و معدوم کرد. اگر به تدریج که دختران از مدارس خارج می‌شدند حجاب رفع می‌شد چه می‌شد؟ رفع حجاب از زنان پیر و بی‌تدبیر چه نفعی برای ما داشت؟ اگر خیابان‌ها آسفالت نمی‌بود چه می‌شد؟ اگر عمارت‌ها و مهمان‌خانه‌ها ساخته نشده بود به کجا ضرر می‌رسید؟ من می‌خواستم روی خاک راه بروم و وطن را در تصرف دیگران نبینم. خانه‌ای در اختیار داشتن به از شهری است که دست دیگران است... بر فرض که بگوییم دیکتاتوری به مملکت خدمت کرد و در مقابل آزادی از ما سلب نمود برای ما چه کرد؟»

و سپس افزود...

«در سلسله‌ی سلاطین قاجار هفت نفر سلطنت نموده که از آنها فقط دو نفر پادشاه نامی شده‌اند. اول مظفرالدین شاه است که در سلطنت او آزادی نصیب ملت شد و بعد احمدشاه است که تن به اسارت نداد و از سلطنت گذشت. ای کاش این پادشاه جوان‌بخت به کودتا تسلیم نمی‌شد و زودتر مقام سلطنت را ترک می‌کرد.»

سرانجام به اعتبارنامه‌ی سیدضیاءالدین طباطبایی رأی گرفته شد. عده‌ی حاضر ۸۶ نفر بود. اعتبارنامه با ۵۸ رأی تصویب شد. رأی مخفی بود.[۱]

*****

۱- شرح مذاکرات مجلس در روزنامه‌ی رسمی، در جراید آن روز تهران، کم و بیش در تمام کتب و تحقیقات که در باره‌ی این دوران انتشار یافته، به طبع رسیده است.

برگردیم به داستان عزل دکتر مصدق و پناهندگی او به ایل بختیاری که تا صدور فرمان برکناری سیدضیاءالدین طباطبایی از ریاست دولت و انتصاب قوام‌السلطنه به جای وی ادامه یافت. بلافاصله بعد از انتصاب قوام‌السلطنه، دکتر مصدق تلگرام گرم و محبت‌آمیزی به وی مخابره کرد و به او تبریک گفت. روابط این دو با یکدیگر بسیار دوستانه بود. قوام مصدق را به وزارت مالیه برگزید. رضاخان سردارسپه در این کابینه وزیر جنگ بود.

برای بار دوم در تاریخ مشروطیت ایران، شاه، رئیس‌الوزرایی را رأساً عزل کرده بود. نخستین مورد صمصام‌السطنه بود که هرگز زیر بار نرفت و مدت‌ها خود را رئیس قانونی دولت می‌دانست. این بار عزل رئیس‌الوزراء، چنان‌که دیدیم[۱] با خشونت انجام شد و او را مستقیماً راهی خارج از کشور کردند که پس از استعفای رضاشاه به ایران بازگشت.
دکتر مصدق‌السلطنه وزارت کابینه‌ی قوام را بدون تردید پذیرفت و شکی در حقانیت عزل سیدضیاءالدین به وسیله‌ی شاه، بدون این‌که از او استعفا نامه‌ای گرفته باشند، ابراز نداشت.

سی و دو سال بعد خود وی با همین وضع روبرو شد. دو مجلس در حال تعطیل بودند، بالاترین مرجع قوه‌ی قضائیه، دیوان عالی کشور، منحل شده بود و محمدرضا شاه به استناد نصّ قانون اساسی دکتر مصدق را از نخست‌وزیری برکنار کرد و به نام مصالح عالیه‌ی کشور نخست‌وزیر دیگری را (فضل‌الله زاهدی) به‌جای او برگزید که دکتر مصدق این عزل و نصب را خلاف قانون اساسی و سنن مشروطه خواند.
پس از عزل سیدضیاءالدین و انتصاب قوام‌السلطنه، دکتر مصدق به تهران آمد و سررشته‌ی کارها را در وزارت مالیه به دست گرفت.

۱- نگاه کنید به قسمت اول این کتاب.

این نخســتین تجربه‌ی بزرگ سیاســی او و نخستین برخوردش با رضاخان سردارسپه بود.
در مذاکــرات خود با رئیس دولت، مصدق خواســته بود که برای اصلاح وضع مالیه و مبارزه با فســاد اختیارات تام داشته باشد که پذیرفته شــد. اخذ این اختیارات منوط به تصویب قوه‌ی مقننه بود. در اول تیرماه ۱۳۰۰، ۲۲ ژوئن ۱۹۲۱ احمدشاه دوره‌ی چهارم تقنینیــه را افتتاح کرد و به این ترتیب دوران فترت طولانی مجلس که همراه با فراز و نشــیب‌های سیاســی بسیار در مملکت بود به پایان رسید. قوام‌السلطنه کابینه‌ی خود را به مجلس معرفی کرد و رأی اعتماد گرفت و راه برای اخذ اختیارات قانونی باز شد.

دولت ماده‌ی واحده‌ای در این زمینه تقدیم مجلس کرد:

> «قوانین راجع به تشــکیلات ادارات وزارت مالیه از تاریخ تصویب این قانون تا مدت ســه ماه موقوف‌الاجرا شده و وزیر مالیه مجاز اســت کــه ادارات مربوطه به آن قوانین منحل کرده و ادارات را که صلاح می‌داند تشکیل و قوانین مربوطــه به آن ادارات را که باید به مجلس شــورای ملی پیشــنهاد نماید، به طور نظام‌نامه برای تجربه و آزمایش در ادارات وزارت مالیــه به جریان انداخته و بعد از تجدید نظر، آن‌ها را به صورت لوایح قانونی به مجلس شــورای ملی پیشنهاد نماید.»

این لایحه با مخالفت شدید تعدادی از وکلا مواجه شد، تا آن‌جا که یک‌بار در حیــن مذاکرات، مصدق پس از ایراد نطق تندی بیهوش شد. اما لایحه سرانجام به تصویب رسید.
ظاهراً در این جریان مصدق از پشــتیبانی سردارسپه برخوردار بود[1] که شخصاً به خانه‌ی او آمد و گفت می‌خواهد در وزارت جنگ

۱ - آن‌چه در مورد روابط سردارســپه و مصدق‌السلطنه تا پایان سلطنت قاجاریه می‌نویسیم مستند به روایت شخص دکتر مصدق است (خاطرات و تالمات) و هر جا

اصلاحاتی به عمل آورد و از او خواست که مالیه را به صورتی درآورد که وی (سردارسپه) بتواند با داشتن امکانات مالی از کار و عمل او به نفع اصلاح مملکت استفاده نماید.

دکتر مصدق با استفاده از اختیارات قانونی خود که در جلسه‌ی سی‌ام آبان ماه ۱۳۰۰ (۲۱ نوامبر ۱۹۲۱) مجلس به تصویب نهایی رسیده بود دست به یک رشته اقدامات اصلاحی و اتخاذ تدابیری برای مبارزه با عوامل فساد زد که سرانجام یکی از علل و عوامل سقوط کابینه‌ی قوام‌السلطنه بود. مجلسیان نه قدرت‌نمایی رئیس دولت را می‌پذیرفتند نه اعتلای روزافزون سردارسپه را و نه اقدامات خشن دکتر مصدق را.

در بهمن‌ماه ۱۳۰۰، ژانویه ۱۹۲۲، حسن پیرنیا مشیرالدوله جانشین قوام‌السلطنه شد. ظاهراً به دکتر مصدق پیشنهاد شرکت در دولت را کرده و او که سخت از کارشکنی وکلا دل‌شکسته و حتی به نوشته‌ی خود در اندیشه‌ی مهاجرت از ایران بود، عذر خواست.

قضیه‌ی لاهوتی در تبریز که عده‌ای ژاندارم علیه دولت مرکزی قیام کرده و به قتل و غارت پرداخته و به تحریک مسکو قصد اعلام تجزیه‌ی آذربایجان را داشتند، سبب شد که بار دیگر مصدق به صحنه‌ی سیاست بازگردد.

مشیرالدوله رئیس‌الوزرای وقت، از اعتلاءالسلطنه وزیر پست و تلگراف خواست که از جانب او با مصدق‌السلطنه تماس بگیرد و برای انتصابش به والی‌گری آذربایجان با او وارد مذاکره شود. پاسخ مصدق مشروط بر آن بود که فرمانده لشکر آذربایجان زیرنظر او کار کند و نه وزارت جنگ.

منبع دیگری باشد به ماخذ و حواشی رجوع داده شده.

فردای روز ملاقات مصدق‌السلطنه و اعتلاءالسلطنه، رضاخان سردارسپه وزیر جنگ شخصاً به دیدار او رفت و اظهار داشت که کلیه‌ی نیروهای انتظامی آذربایجان را تحت نظر وی قرار خواهد داد و با توجه به اختلال امور منطقه «دیگر جای عذر نیست.»

«هر چه زودتر حرکت کنید و امنیتی را که در این ایام در آن حدود مختل است برقرار نمایید.»

مصدق پذیرفت. این جریان نشانگر حُسن رابطه و اعتماد متقابل میان مرد توانای آن روز ایران و مصدق السلطنه است که در راه تبریز، هم در قزوین و هم در زنجان، با استقبال شایان و ادای احترام نظامیان روبرو و با جلال و حشمت خاص به پایتخت آذربایجان وارد شد.

اندکی پس از ورود والی جدید به تبریز، ارتشیان و طرفداران سرداد سپه در سر تا سر کشور نخستین سال‌روز کودتای سوم اسفند را گرامی داشتند. اعلامیه‌ی سردارسپه از این لحاظ شایان توجه است.

«اکنون که یکسال از کودتا گذشته است، عده‌ی زیادی سوال می‌کنند که مسبب و بانی اصلی کودتای سوم حوت (اسفند) چه کسی است؟ آیا با حضور من در این مملکت جستجو برای یافتن مسبب اصلی کودتا مسخره نیست؟ با کمال افتخار و شرف اعلام می‌کنم که مسبب کودتا منم. سوم حوت کودتایی بود که به وسیله‌ی من انجام یافت و فکر آن دفعتاً و یکباره به مغز من خطور نکرد. بلکه دیدن حال زار برادران و خواهران ایرانی خصوصاً نفرات قشونی مرا وادار کرد که دست به کودتا بزنم...»[۱]

---

۱ - متن این بیانیه در همه‌ی کتب مربوط به تاریخ این دوران انتشار یافته، و نیز در گاهنامه‌ی پنجاه سال شاهشاهی پهلوی، جلد اول صفحه ۱۳.

در حقیقت این ادعا تامل جایز است چرا که سردارسپه عامل اصلی و بازوی اجرایی کودتا بود اما مسبب و طراح اصلی آن نبود، که جای تجزیه و تحلیل آن در این‌جا نیست. اما با اعلامیه‌ای به این صراحت و قاطعیت و ادعای مسئولیت انحصاری کودتا، برای کسانی که بعداً خود را مخالف آن دانستند، موقعی خاص به وجود آورد. دکتر مصدق‌السلطنه بعد از شهریور ۱۳۲۰ خود را مخالف کودتا و وقوع آن‌را تجاوزی علنی به قانون اساسی عنوان کرد. اما در آن زمان به همکاری و دوستی خود با کسی که خود را مسبب و عامل آن می‌دانست، احتمالاً از روی وطن‌دوستی، ادامه داد.

مأموریت مصدق‌السلطنه در آذربایجان شش ماه به طول انجامید و در مجموع موفقیت‌آمیز بود. غائله‌ی لاهوتی فیصله یافت و وی به روسیه گریخت. مصدق با اعمال قدرت مشکل کمبود نان در شهر تبریز که موجب نارضایتی بسیار اهالی آن شهر شده بود حل کرد. به دستور او عشایر منطقه خلع سلاح شدند تا آن‌جا که سردارسپه در پیامی از او اظهار تقدیر و سپاسگزاری کرد.

در پایان دوره‌ی شش ماهه، فرمانده لشکر شروع به سرپیچی از فرامین و دستورات مصدق‌السلطنه کرد و او که بیمار و رنجور هم شده بود، از شغل خود استعفا داد. تصور می‌کرد که رفتار فرمانده قشون به دستور سردارسپه بوده. اما در مراجعت به تهران دریافت که تحریکات محمدحسن میرزا ولیعهد سبب این تغییر رویه بوده است. در راه بازگشت همه جا ارتشیان با تشریفات لازم وی را بدرقه کردند و یک اسکورت صد و بیست نفری از سواران مسلح تا تهران همراهش بودند.
دوستی او با سردارسپه ادامه یافت. مرد توانای ایران یک قبضه «موزر» به عنوان تقدیر و تشکر به او هدیه داد و مصدق‌السلطنه

در پاسخ یک جفت قالیچه‌ی گرانبها به سردارسپه.
بعد از مشیرالدوله، قوام‌السلطنه بر سر کار آمد و هشت ماه مصدر امور بود و سپس مستوفی‌الممالک که پنج‌ماه در راس دولت ماند. در این فاصله مصدق‌السلطنه برای معالجه به اروپا رفت و بعد از چندی بازگشت. چنان‌که خودش نوشته حُسن رابطه‌اش با سردارسپه هم چنان ادامه داشت.

پس از کناره‌گیری مستوفی‌الممالک بار دیگر مجلس به مشیرالدوله ابراز تمایل کرد و مشیرالدوله، از خرداد ماه ۱۳۰۲ (ژوئن ۱۹۲۳) تا آبان ماه همان سال (اکتبر) بر سر کار بود. از مصدق‌السلطنه خواست که وزارت امور خارجه را بپذیرد که پذیرفت و ظاهراً سردارسپه نیز در این کار اصرار داشت. وی از همان موقع در اندیشه‌ی ریاست دولت بود و به گفته‌ی مصدق‌السلطنه می‌خواست که او را در کابینه‌ی خود در همان مقام نگاه دارد.

در روز چهارم آبان‌ماه ۱۳۰۲، ۲٦ اکتبر ۱۹۲۳، احمدشاه که در مسافرت به اروپا شتاب داشت، سردارسپه را به ریاست دولت برگزید و «برای معالجه و تغییر آب و هوا» عازم فرانسه گردید.
در کابینه‌های اول و دوم و سوم سردارسپه، مصدق‌السلطنه سمتی نداشت. اما در این میان به نمایندگی تهران در مجلس پنجم انتخاب شد. گویا سردار در کابینه‌ی سوم خود از مصدق‌السلطنه خواسته بود که وزارت امور خارجه را بپذیرد و ظاهراً او پذیرفت. رئیس دولت که با محمدحسن میرزا ولیعهد و نایب‌السلطنه رابطه‌ی خوبی نداشت، به مصدق که وزیر ارشد کابینه محسوب می‌شد تکلیف کرد که وزرا را به او معرفی کند. مصدق‌السلطنه پذیرفت و این کار را انجام داد. اما سرانجام به وزارت امور خارجه نرفت و مشارالملک به جای او به این سمت برگزیده شد.

*****

در مجلس پنجم، سه گروه سیاسی متمایز وجود داشت. اکثریتی که سخنگوی سرشناس آن سلیمان‌میرزا اسکندری بود، از سردارسپه حمایت می‌کرد. اقلیتی به‌رهبری سیدحسن مدرس با او مخالف بود. چند تن از شخصیت‌های سیاسی سرشناس چون مشیرالدوله، مستوفی‌الممالک، موتمن‌الملک، مصدق‌السلطنه، تقی‌زاده و معین‌الوزرا (حسین علاء بعدی) جانب حزم و احتیاط را نگاه می‌داشتند. نه با سردارسپه مخالف بودند، چرا که در مقام اصلاح امور از هم گسیخته کشور و محبوب اکثریت مردم به‌خصوص جوانان بود و نه علناً در برابر مدرس که به حق یا ناحق، وابسته به سفارت انگلیس تلقی می‌شد، جبهه می‌گرفتند. شاید هم حفظ و ادامه‌ی وجهه‌ی ملی چند تن از آنان در همین میانه‌روی و احتیاط سیاسی بود.

برای قاجاریه دیگر رمق و حیثیتی باقی نمانده بود. در نظر همه‌ی مردم ایران، پادشاهان این سلسله مسئول انحطاط طولانی کشور و شکست‌ها و حقارت‌های پیاپی آن در برابر سیاست‌های استعماری بودند. کسی به دفاع از آنان برنمی‌خاست و دیگر در میان آنان کسی نبود که پرچمدار رستاخیز ملی شود. پایان عمر قاجاریه محتوم بود و در برابر جز استقرار و اعلام جمهوری، چنان که در ترکیه شده بود، راه حلی به نظر نمی‌رسید. پس نهضت جمهوری‌خواهی و حرکت جمهوری‌خواهان بالا گرفت و طبیعتاً نگاه‌ها متوجه سردارسپه، مرد توانای بی‌رقیب شد. فشار افکار عمومی و ارتشیان چنان بود که چهل تن از نمایندگان مجلس طرحی در «تغییر سلطنت به جمهوریت» به مجلس دادند که در جلسه‌ی ۲۷ اسفندماه ۱۳۰۲ رسماً قرائت و مطرح شد. سیدمحمد تدین نایب رئیس اول مجلس شورای ملی، در آخرین روز سال طی سخنانی گفت که مردم» در نقاط مختلفه‌ی ایران منتظر تصمیمات

مجلس شورای ملی هستند که مجلس نفیاً و یا اثباتاً هر چه زودتر تکلیف آن‌ها را معین کند. در اغلب نقاط شـــروع به تعطیل شده و یک مملکتی را به حالت تزلزل و هیجان انداخته‌اند... برای این که به این هیجانات و تظاهرات خاتمه داده شـــود بهتر این اســـت که مجلس تصمیم قطعی خود را امـــروز بگیرد و عیدی بدهد به ملت ایران»، یعنی جمهوریت را اعلام کند.

همه منتظر اعلام جمهوری در نخستین روز بهار بودند. اما مخالفت سیدحسن مدرس که هم با احمدشاه در مکاتبه بود و هم با شیخ خزئـــل تحت‌الحمایه‌ی رسمی انگلیس‌ها در خوزســـتان مشـــغول توطئه، و در حقیقت خود می‌خواســـت نفـــر اول مملکت و زمامدار اصلی باشـــد، هیاهویی برپا کرد و این کار انجام نشد. در جریان فروردین‌ماه ۱۳۰۳، «علمای اعلام» و «مراجع تقلید» از قم و نجف در این مساله دخالت کردند. آن‌ها به هر راه حلی رضایت می‌دادند جز یک حکومت جمهوری به‌مانند ترکیه که حکم بر جدایی مذهب و سیاست دهد و برای همیشه به مداخلات آنان در اداره امور مملکت خاتمه بخشد.

در حقیقت روحانیت، رضاخان سردارســـپه را به ســـوی سلطنت ســـوق داد. ســـردار به قم رفت و پـــس از ملاقات‌هایی با «علمای اعلام» اعلامیه‌ای صادر کرد که:

> «به تمـــام وطن‌خواهان و عاشـــقان ایـــن منظور مقدس نصیحت می‌کنـــم که از تقاضـــای جمهوریت صرف‌نظر کرده و برای نیل به مقاصد عالی که در آن متفق هستیم با من توحید مساعی نمایند.»

راه برای نیل او به مقام ســـلطنت گشـــوده شـــده بود. اما حالت بلاتکلیفی و انتظار حاکم بر افکار عمومی همچنان ادامه داشـــت.

در روز ۱۸ فروردین ۱۳۰۳، (۷ آوریل ۱۹۲٤)، رضاخان سردارسپه از کلیه‌ی مشاغل نظامی و غیرنظامی کناره گرفت و استعفای خود را به مجلس شورای ملی- و نه به احمدشاه قاجار که هنوز رسماً پادشاه بود- فرستاد. سردارسپه علت استعفای خود را «تحریکات مفسدین و دسائس عمال بیگانه (بر ضد خود) و ایجاد دلسردی» اعلام نموده و اندکی بعد رهسپار بومهن شد.

آیا رضاخان واقعاً قصد ترک صحنه‌ی سیاست و کناره‌گیری از همه‌ی مشاغل خود را داشت و راست می‌گفت یا دست به یک تظاهر و بازی سیاسی ماهرانه برای پایان دادن به تردیدها و گشودن راه سلطنت زده بود؟
هر دو نظر مطرح شده است. سلیمان بهبودی که از روزهای بعد از کودتا تا پایان سلطنت و سپس در تبعید در کنار رضاخان سردارسپه (و رضا شاه پهلوی) بود، در خاطراتش[1] روایت کرده که سردارسپه شیخ‌مهدی نجم‌آبادی سردفتر معروف تهران را احضار کرد و به وسیله‌ی او وکالتی رسمی به سرهنگ کریم آقاخان بوذرجمهری (سرلشکر بوذرجمهری بعدی) برای اداره‌ی امور و اموالش داد. به اطرافیانش گفته بود که برای زیارت به کربلا خواهد رفت و سپس در یکی از کشورهای خارجی مستقر خواهد شد که شاید اشاره‌اش به ترکیه بود.
در مقابل، استعفای سردارسپه بهت و حیرت و هیجان فوق‌العاده‌ای در میان طرفداران او، که اندک نبودند، برانگیخت. در همه‌ی نقاط کشور فرماندهان واحدهای نظامی به این هیجان دامن زدند. از هر سو از او تقاضا می‌شد که استعفایش را پس بگیرد و مجدداً

---

۱ - سلیمان بهبودی، خاطرات، طرح نو، تهران، این کتاب بعد از پایان سلطنت خاندان پهلوی در تهران انتشار یافت، طبق تحقیقاتی که کرده‌ایم در متن آن کوچک‌ترین تغییر و تحریفی انجام نشده است. این نکته را از جمله جناب مهرداد پهلبد که متن اصلی آن را خوانده بودند، تأیید کردند. خاطرات سلیمان بهبودی را می‌توان متنی دقیق و بی‌طرفانه در باره‌ی حوادث دوران قدرت رضاشاه دانست.

مقام‌ها و مسئولیت‌های نظامی و سیاسی خود را قبول کند.

یک اشتباه سیاسی احمدشاه کار را بر سردارسپه آسان کرد. او از فرانسه طی تلگرافی حسن مستوفی (مستوفی‌الممالک) را به ریاست دولت برگزید، مشیرالدوله پیرنیا را به وزارت جنگ و سرتیپ امان‌الله میرزاجهانبانی را به کفالت امور ارتش. در حقیقت نوعی کودتـای تلگرافی صورت گرفته بود، چرا که مجلس دایر و در حال تشکیل و در نتیجه تنها مرجعی بود که حق حکمیت در مورد بحران و اتخاذ تصمیم نهایی را داشت. طبق سنت آن زمان، مجلس می‌بایست تکلیف استعفای رئیس دولت را معین کند و در صورت اقتضاء، به شخصیت دیگری ابراز تمایل نماید. مداخله‌ی سلطان احمدشاه بی‌جا بود.
مستوفی‌الممالک، مشیرالدوله و امان‌الله میرزا وقعی به دستورهای تلگرافی احمدشاه نگذاشتند. شاهی که بساط خود را جمع و با اموال و خدمه و خانواده‌اش ایران را ترک کرده بود، دیگر اعتباری نداشت. تنها سیاستمداری که می‌توانست حریف میدان سردارسپه باشد، یعنی قوام‌السلطنه، قبلاً ناچار به ترک ایران شده بود و کسی محمدحسن میرزا ولیعهد و نایب‌السلطنه را که سخت منفور بود به بازی نمی‌گرفت.

سه روز بعد از حرکت سردارسپه به بومهن و استقرارش در ملک کوچکی که به تازگی خریده بود، هیاتی از نمایندگان مجلس مشتمل بر مستوفی‌الممالک، مشیرالدوله، مصدق‌السلطنه، سردار فاخر (رضا حکمت)، سلیمان میرزا اسکندری و سیدمحمد تدین به بومهن رفتند و رئیس‌الوزرای مستعفی را به پایتخت بازگرداندند. موتمن‌الملک پیرنیا رئیس مجلس، مقید به رعایت اصول و احترام به نص و روح قانون اساسی بود. استعفای سردار را دریافت کرده بود، از انتصاب مستوفی‌الممالک به ریاست دولت نیز رسماً

مطلع شــده بود گرچه به آن وقعی نمی‌گذاشت. سپس، از مجلس برای تعیین رئیس‌الوزرای جدید رأی تمایل خواست که به اکثریت نــود و دو رأی به انتصاب مجدد سردارسپه ابراز تمایل شــد. رئیس مجلــس این رأی را در یک پیام تلگرافی به اطلاع ســلطان احمدشاه رسانید. دو روز بعد پاسخ شاه به رئیس مجلس واصل شد. «مجلس شورای ملی، با این که قانون اساسی به ما حق می‌داد که سلب اعتماد خودمان را از رئیس‌الوزراء وقت بنماییم، معذالک صلاح‌اندیشی مجلس شورای ملی را رد نکرده به ولیعهد امر شد اعلام دهد کابینه را تشــکیل و معرفی نمایند. شاه». احمدشاه در پیام خود حتی از ذکر نام رئیس‌الوزراء خودداری کرده بود!

در روز بعد سردارسـپه وزیران خود را تعیین و معرفی کرد. نزد محمدحسن میرزا نرفت و از مصدق‌السلطنه که برای وزارت امور خارجه تعیین شده بود خواست که به‌جای او مراسم معرفی دولت را به نایب‌الســلطنه انجام دهد، که مصـدق چنین کرد اما سمت وزارت خارجه را در نهایت امر نپذیرفت.

رفتار مصدق‌السـلطنه در این جریان شایان توجه است: چه قبل از قبول مسـئولیت کودتای سوم اسفند و چه بعد از آن دوستی و حسن رابطه‌ی خود را با سردارسپه حفظ کرد. مصلحت مملکت، در تقویت تنها شخصیتی بود که داشت به اوضاع سر و صورتی می‌داد و مخصوصاً در برابر انگلیس‌ها ایستادگی می‌کرد. مصدق با ســردار عداوت و خصومت شــخصی نداشت و ظاهراً به حکم وجدان و خیر و صلاح کشور رفتار می‌کرد.

اندکی قبل از ماجرای استعفا از سمت‌های نظامی و سیاسی‌اش، رضاخان یک «هیات مشــورتی» برای رأی‌زنــی در امور مملکتی تشکیل داد که «در تمام امور» به او نظر بدهند.

اعضای این هیات عبارت بودند از مشیرالدوله، مستوفی‌الممالک،

مصدق‌السلطنه، حاج‌میرزا یحیی دولت‌آبادی، سیدحسن تقی‌زاده، ذکاءالملک (محمدعلی فروغی) معین‌الوزراء (حسین علاء) و حاج مخبرالسلطنه هدایت.
جلسه‌ی اول در اقامتگاه رئیس‌الوزرا و جلسه‌ی دوم در منزل مصدق‌السلطنه و جلسه‌ی سوم در خانه‌ی مشیرالدوله تشکیل شد و نشست‌های بعدی در منازل اعضای دیگر هیات. بحران سیاسی که بعداً پیش آمد و استعفای سردار به تعطیل کار هیات انجامید و طبق اظهار مصدق، سردارسپه از او تقاضا کرد که پایان فعالیت مشاورانش را به اطلاع آنان برساند، که این نشان از حسن رابطه میان دو شخصیت دارد. او در حقیقت واسطه‌ی رئیس دولت با سیاستمداران مختلف بود.

در جریان نهضت جمهوری‌خواهان، مصدق کوچک‌ترین مخالفتی با آن ابراز نداشت. شاید پایان کار قاجاریه را غیرقابل اجتناب می‌دانست و قلباً مخالف جمهوری نبود. هنگامی که در کابینه‌ی سوم خود سردارسپه به نافرمانی شیخ خزعل در خوزستان پایان داد[1] و بساط این تحت‌الحمایه‌ی رسمی امپراتوری بریتانیا را برچید، مصدق‌السلطنه از او حمایت کرد و سیدحسن مدرس تنها کسی بود که به دفاع و حمایت از خزعل برخاست، که نه حمایت مصدق از سردارسپه جای تعجب است و نه دفاع مدرس از شیخ.
پس از ختم غائله‌ی خوزستان، سردارسپه قدمی دیگر در راه قدرت مطلق و یا لااقل حصول به مقام سلطنت برداشت و خواست که با رأی قوه‌ی مقننه به فرماندهی کل قوا، که در قانون اساسی مختص «مقام سلطنت». بود، برگزیده شود. قبول تقاضای سردار با بحث و تردید بسیار روبرو شد. گروهی در مجلس آن‌را مخالف قانون اساسی می‌دانستند. اما سرانجام راه حلی یافته شد و در ۲۵ بهمن‌ماه ۱۳۰۳ (۱٤ فوریه ۱۹۲۵)، مجلس شورای ملی در

۱ - نگاه کنید به قسمت سوم این کتاب.

جلسه‌ای که ریاست آن‌را موتمن‌الملک پیرنیا بر عهده داشت طی ماده‌ی واحده‌ای فرماندهی کل قوای دفاعی و تامینیه‌ی مملکت را با اختیارات تام به رضاخان تفویض کرد.

مصدق از کسانی بود که در یافتن «راه حل قانونی» برای این تصمیم شرکت داشت و به آن رأی موافق داد که به قول حاج مخبرالسلطنه هدایت «این اختیار در واقع یعنی خلع سلاح سلطنت از قاجاریه بود.»[۱]

*****

برخی از زندگی‌نامه‌نویسانِ دکتر مصدق، تحت تأثیر «سیطره و سیادت ایدئولوژی‌های فریبا» و قربانی نوعی «تاریخ ایدئولوژیک»[۲]، یا پیش داوری‌های شخصی خواسته‌اند از این دوران چهارساله، از مسیر سیاسی او بگذرند و آن را نادیده بگیرند. به استناد نوشته‌ها و خاطرات خود مصدق و روایات کسانی چون حاج مخبرالسلطنه هدایت، عبدالله مستوفی، حاج میرزا یحیی دولت‌آبادی و نیز تجزیه و تحلیل محققان اخیر چون دکتر جلال متینی و دکتر علی میرفطروس که از دیدگاه نقد بی‌طرفانه‌ی تاریخی بر سال‌های ۱۳۰۰ تا ۱۳۰٤ نگریسته‌اند، می‌توان و باید گفت که از تشکیل نخستین کابینه‌ی قوام‌السلطنه بعد از عزل سیدضیاءالدین طباطبایی، تا طرح ماده‌ی واحده‌ی انقراض قاجاریه در آبان‌ماه ۱۳۰٤، مصدق و رضاخان سردارسپه نه تنها رو در روی یکدیگر نبوده‌اند، که در همه تصمیمات اساسی و مملکتی همراهی و هماهنگی داشته‌اند.

مصدق‌السلطنه، چون قوام‌السلطنه (و حتی شاهزاده عبدالحسین میرزا فرمانفرما که البته در این ردیف نبود) کودتای سوم اسفند

۱ - حاج مخبرالسلطنه هدایت، خاطرات و خطرات، منبع ذکر شده، صفحه ۳٦۲.

۲- این اصطلاحات را از تجزیه و تحلیل فاضلانه‌ی دکتر علی میرفطروس در باره‌ی بعضی از حوادث تاریخ معاصر ایران، از جمله زندگی دکتر مصدق، گرفته‌ایم. نگاه کنید به برخی منظره‌ها و مناظره‌های فکری در ایران امروز، نشر فرهنگ، کانادا، چاپ دوم، ۲۰۰۵، صفحه‌ی ۱۵۱.

۱۲۹۹ را نپذیرفتند و با آن به مخالفت و مقاومت برخاستند.

قوام‌السلطنه، در بعضی موارد با سردارسپه مدارا و از او پشتیبانی کرد. اما هرگز مؤید رویه‌ی کلی و حرکتش به سوی احراز قدرت مطلقه نبود، با آن به مخالفت پرداخت و تن به تبعید از وطن داد. رفتار مصدق‌السلطنه با سردارسپه از ۱۳۰۰ تا ۱۳۰٤ دوستانه بود و نشان از همراهی و همکاری داشت. شاید فریفته‌ی نظرات اصلاح‌طلبانه و ملی‌گرای او بود، قطعاً موضع« ضد انگلیسی» وی را تائید می‌کرد. از جمله در سرکوبی و پایان نافرمانی و شورش شیخ خزعل. به هنگام طرح ماده واحده انقراض قاجاریه، باز هم با سردارسپه به مخالفت شخصی نپرداخت، چرا که پس از آن حُسن رابطه‌ی آنان ادامه یافت. این‌ها یک رشته وقایع و حقایق مستند تاریخی است. مخالفان و منتقدان مصدق، آن‌ها که انحصاراً به قصد اضرار به وی نوشته‌اند و تعدادشان، به دلایل مختلف و غالباً متضاد، در سال‌های اخیر افزایش یافته، ممکن است این رویه‌ی او را دال بر فرصت‌طلبی سیاسی بدانند.
مداحان حرفه‌ای او این همراهی او را نادیده گرفته‌اند که ناشی از همان بینش«سیاه و سپید دیدن شخصیت‌ها» و قراردادن «یزدان» (مصدق) در برابر «اهریمن»[۱] (رضاشاه) است.

واقع‌بینی و بی‌طرفی تاریخی حکم می‌کند که چون ملک‌الشعراء بهار بگوییم که ایران و ایرانیان «در آن زمان حکومت مشت و عدالت را که متکی به قانون و فضیلت باشد»، می‌خواستند، که رضاخان پهلوی برخاست و بسیاری به این «مرد تازه رسیده و شجاع و پرطاقت اعتقادی شدید» یافتند.[۲] آیا مصدق را که

۱ - دکتر علی میرفطروس، همان منبع، همان صفحه.
۲- محمد تقی بهار، تاریخ مختصر احزاب سیاسی، جلد اول ، تهران، ۱۳۵۷. به نقل از دکتر علی میرفطروس به منبع ذکر شده، صفحه‌ی ۱۱۹.

میهن‌دوست و ملی‌گرا بود نباید از این جمله دانست؟

فصل دوم

در برابر رضاشاه

نهضت جمهوری بر اثر مداخله‌ی مراجع شیعه در نجف و قم، که بیم داشتند ایران ترکیه‌ی دیگری شود و سردارسپه آتاتورک دوم، به بن‌بست رسید و خروش جمهوری‌خواهان به اشاره‌ی رضاخان خاموش شد.
ادامه‌ی سلطنت قاجاریه دیگر ممکن و حتی متّصور هم نبود. احمدشاه عملاً گریخته بود. محمدحسن میرزا ولیعهد و نایب‌السلطنه، منفور مردم بود و چنان‌که مدارکی که اخیراً انتشار یافته نشان می‌دهد، به توطئه با شیخ خزعل تحت‌الحمایه‌ی انگلیس‌ها و سیدضیاءالدین مشغول.

با سلب فرماندهی کل قوا از احمدشاه، مقام سلطنت دیگر محتوایی نداشت و دیگر کسی هم در ایران احمدشاه قاجار را نمی‌خواست.

بر اساس قانون جدید ثبت احوال و الزام گزینش نام خانوادگی، رضاخان سردارسپه شاید در سودای سلطنت و گویا به توصیه‌ی داور و سردار معظم خراسانی (تیمورتاش)، نام پهلوی را که نشان از تاریخ جاودانه‌ی ایران داشت، بر خود نهاده بود. دکتر مصدق‌السلطنه، دکتر مصدق شده بود، قوام‌السلطنه، قوام و برادران وجیه‌الملهٔ آن زمان، مشیرالدوله و موتمن‌الملک، نام پیرنیا را اختیار کرده بودند، که پیرنیا اشاره‌ای بود به یکی از اجدادشان که در نائین پیر یک طریقت صوفیان بود...
برای تغییر سلطنت و انقراض قاجاریه دیگر مانعی وجود نداشت و سردارسپه، رضاخان پهلوی، با همه‌ی جاه‌طلبی‌ها و بلندپروازی‌هایش در انتظار آخرین مرحله‌ی صعودش به قله‌ی قدرت روزشماری می‌کرد.

در سرتاسر کشور حرکتی برای انقراض قاجاریه پدیدار شده و در حال گسترش بود. مأموران عالی‌رتبه‌ی دولت در ایالات و ولایات و بخصوص ارتشیان از این حرکت حمایت می‌کردند. گروهی از نمایندگان ماده‌ی واحده‌ای در این زمینه تهیه کردند. حتی چند تن از برجستگان وکلای مجلس به اقامتگاه شخصی سردارسپه دعوت شدند که طرح را امضاء کنند.[۱] که بعضی چون سیدحسن تقی‌زاده و حسین علاء سرباز زدند.
طرح انقراض قاجاریه در روز نهم آبان‌ماه ۱۳۰۴، ۳۱ اکتبر ۱۹۲۵

---

۱ – جریان تغییر سلطنت، از انقراض قاجاریه تا اعلام سلطنت پهلوی بوسیله‌ی مجلس موسسان، به تفصیل در همه‌ی کتب و تحقیقات مربوط به این واقعه‌ی مهم تاریخی نقل شده. از جمله نگاه کنید به جلال متینی، نگاهی به کارنامه‌ی سیاسی دکتر محمد مصدق متن ذکر شده در صفحه ۶۰ به بعد که نطق دکتر مصدق را ذکر کرده و به ویژه حسین مکی، انقراض قاجاریه و تشکیل سلسله‌ی دیکتاتوری پهلوی، چاپ جدید، تهران، امیرکبیر، ۱۳۵۷. حُسن این کتاب در بی‌طرفی آن نیست، در درج کامل بعضی از اسناد و از جمله مذاکرات مجلس در این مورد است که به طور کامل از مشروح مذاکرات استنساخ و درج شده.

در مجلس مطرح شـد. در این هنگام ریاست مجلس شورای ملی با حسن مستوفی (مسـتوفی‌الممالک) بود. وی در جلسه حضور نیافت و حتی استعفای خود را از ریاست مجلس تقدیم نمایندگان کرد که به عقیده‌ی بعضی از مفسـران بـرای عقـب انداختن طرح موضوع در جلسه‌ی علنی بود.

هنگامی که ماده‌ی واحده‌ی انقراض قاجاریه طرح شـد، «سه تن وجیه‌الملـه» مسـتوفی‌الممالک (که به دیدار سردارسپه رفته بود)، مشیرالدوله و موتمن‌الملک در جلسه حضور نداشتند.

مجلس، اندکی پیش از ظهر روز شنبه نهم آبان به ریاست سیدمحمد تدین نایب رئیس اول، مذاکرات خود را آغاز کرد. بعد از گفتگوهای مقدماتی، از جمله طرح صورت مذاکرات جلسه‌ی قبل و اشاره به استعفای مسـتوفی الممالک که فرصتی برای اعتراض و مخالفت مقدماتی سیدحسن مدرس با انقراض سلطنت قاجار پیش آورد و او جلسـه را ترک کرد، طرح پیشنهادی تعدادی از وکلای مجلس که تقدیم «مقام ریاست» شده بود به این شرح قرائت شد:

«نظر به این‌که عدم رضایت از سلطنت قاجاریه و شکایاتی که از این خانواده می‌شـود به درجه‌ای رسیده که مملکت را به مخاطره می‌کشاند. نظر به این‌که حفظ مصالح عالی مملکت مهم‌ترین منظور و اولین وظیفه‌ی مجلس شـورای ملی اسـت و هر چه زودتر به بحران خاتمــه باید داد ما امضاء کنندگان با قید دو فوریت پیشنهاد می‌کنیم مجلس شورای ملی تصمیم ذیل را اتخاذ نماید:
ماده‌ی واحده: مجلس شـورای ملی به نام سعادت ملت انقراض قاجاریه را اعـلام نموده و حکومت موقتی را در حدود قانون اساسـی و قوانین موضوعـه‌ی مملکتی به شــخص رضاخان پهلوی واگذار می‌نماید. تعیین تکلیف

حکومت قطعی موکول به نظر مجلس موسسان است که برای تغییر مواد ۳۶ و ۳۷ و ۳۸ و ۴۰ متمم قانون اساسی تشکیل می‌شود.»

پس از گفت و گوهای فراوان، سرانجام «اصل موضوع» مطرح شد. چند تن از نمایندگان برای ابراز مخالفت یا موافقت ثبت‌نام کرده بودند.

آغاز سخن با سیدحسن تقی‌زاده بود که بعد از مقدمه‌ی مفصلی گفت...

«با کمال صمیمیت و فداکاری خدا را شاهد می‌گیرم که این حرف را که می‌گویم محض خیرخواهی مملکت و خیرخواهی همان شخص است که زمام امور مملکت را در دست دارد و من خیر او را می‌خواهم و از جان خودم بیشتر او را می‌خواهم... ولی ترجیح می‌دادم که (ماده‌ی واحده) رجوع شود به کمیسیون چون ممکن است راه حل بهتر و قانونی‌تری پیدا شود که هیچ خدشه و وسوسه در کار پیدا نباشد. از قراری که می‌شنوم این مقبول نخواهد شد. در این صورت بنده شخصاً یک نفر در مقابل خدا و در مقابل این ملت که مرا انتخاب کرده و در مقابل مملکت و در مقابل تاریخ خودمان و در مقابل نسل‌های آینده این ملت می‌گویم که این وضع مطابق با قانون اساسی نیست و صلاح هم نیست برای این مملکت. بنده می‌گویم، بعد از آن اکثریت قطع می‌کند... بیشتر از این حرف زدن هم صلاح نیست. همه می‌دانند، آن‌جا که عیان است، چه حاجت به بیان است.»

تقی‌زاده این‌ها را گفت و از مجلس خارج شد.

سپس سید یعقوب (انوار) به عنوان موافق نطقی طولانی ایراد کرد.

«... ملتی که می‌خواهد زندگی کند باید حیات تازه پیدا کند و برای نیل به سعادت تازه ناچار است که درخت کهنه را بکند و دور اندازد. نظر به این مسئله آتش بلند شد تا این‌که از تمام مملکت سر بیرون آورده. از آذربایجان، از کرمان، از فارس و گیلان، محمّره و طهران همه جا آتش بلند است. مگر نمی‌بینید که چه خبر است؟ حکومت با خود ملت و تعیین سلطنت با ملت است و اولین وظیفه‌ی مجلس خاتمه دادن به انقلاب است. کجا این مساله مخالف قانون اساسی است؟ ... پس در جواب فرمایش‌های تقی‌زاده (که) می‌فرمایند این مسئله برخلاف قانون اساسی است با این‌که نهایت عقیده را به ایشان دارم لازم است عرض کنم که این مسئله خلاف قانون اساسی نیست، بلکه عین قانون است.»

مخالف دوم علائی (حسین علاء) بود که چند کلمه‌ای گفت و نتیجه گرفت:

«این طرح را بنده به‌کلی مخالف قانون می‌دانم، این پیشنهاد را مخالف صلاح مملکت می‌دانم، زیرا یک بابی مفتوح خواهد شد که برای مملکت مضر خواهد بود.»

عبدالله یاسائی به عنوان موافق پاسخ کوتاهی داد و پیشنهاد کرد که:

«مجلس موسسان که از اشخاصی انتخاب خواهد شد که دارای حس وطن‌پرستی خواهند بود».

اصلاحات تکمیلی دیگری نیز در قانون اساسی به‌عمل آورد.

سرانجام نوبت به دکتر مصدق رسید. نطق او طولانی‌ترین و کامل‌ترین استدلالی است که در مخالفت با انقراض قاجاریه، به

صورتــی کــه طــرح شــده بــود، ایــراد شــده و از نقــاط عطف زندگی سیاسی وی به شمار می‌آید. بعد از مقدمه‌ای طولانی او گفت:
«اول لازم اســت کــه بنده یــک عقیده‌ای نســبت به شــخص آقای رئیس‌الوزراء اظهار کنم. بعد نســبت به ســلاطین قاجار و بعد هم عقیده‌ی خودم را درباره‌ی اصول و قانون اساسی عرض کنم.
اولاً راجــع بــه ســلاطین قاجــار بنده عــرض می‌کنم که کاملاً از آن‌ها مایوس هســتم زیرا در این مملکت خدماتی نکرده‌انــد کــه بنده بخواهم در اینجــا از آن‌ها دفاع کنم و گمان هم نمی‌کنم کســی منکر این باشــد. همین سلطان احمدشــاه قاجار، بنده را در فارس گرفتار ســه هزار و پانصد پلیس جنوب کرد... بنده مدافع اشخاصی که برای وطــن خودشــان کار نمی‌کننــد و جرات و جســارت حفظ مملکت‌شان را نداشــته باشــند و در موقع خوب از مملکت استفاده بکنند و در موقع بد غایب بشوند نیستم...»
بنابرایــن دکتر مصدق قاجاریه را «اگر قــوم و خویش خودم هم باشــد» بی‌چون و چرا محکوم کرد و غیبت ســلطان احمدشاه را از کشــور مذمــوم دانســت. درباره‌ی سردارسپه، دکتر مصدق به صراحت گفت:
«نســبت به آقای رضاخان پهلوی بنده نسبت به شخص ایشان عقیده‌مند هستم و ارادت دارم... اینکه ایشان یک خدماتی به مملکت کرده‌اند گمان نمی‌کنم بر احدی پوشیده باشد. وضعیت این مملکت وضعیتی بود که همه می‌دانیم. اگر کسی می‌خواست مسافرت کند اطمینان نداشت. اگر کسی مالک بود امنیت نداشت. اگر یک ده‌ی داشت بایستی چند تفنگچی داشته باشد تا بتواند محصول خود را حفظ کند. ولی ایشان از وقتی که زمام امور مملکت را در دست گرفته‌اند یک خدماتی نسبت به امنیت مملکت کرده‌اند که

گمـان نمی‌کنم بر کسی مسـتور باشـد...». این هم راجع به آقای رئیس‌الوزراء.
دکتــر مصدق حُســـن نظــــر و قضاوت مثبــت خــود را دربـاره‌ی سردارسـپه، که بر کســی هم پوشــیده نبود، با صراحت تکرار می‌کند.
سپس به اصل مطلب می‌پردازد:
«آقای رئیس‌الوزراء ســـلطان می‌شوند و مقام سلطنت را اشغال می‌کنند. آیا امروز در قرن بیستم هیچ‌کس می‌تواند بگوید یک مملکتی که مشروطه است پادشاهش هم مسئول اســـت... اگر سیر قهقرایی بکنیم و بگوییم پادشاه است، رئیس‌الوزراء حاکم همه چیز است. این ارتجاع و استبداد صرف است...

«در مملکت مشروطه رئیس‌الوزراء مهم است نه پادشـــاه... مـا قانون اساســی داریم. ما مشـروطه داریم. ما شـــاه داریم. ما شــاه غیرمســئول داریم که بــه موجب اصل چهل و پنجم قانون اساســی از تمام مسئولیت مبرا است و فقط وظیفه‌اش این اســـت که هــر وقت مجلس رأی عدم اعتماد خودش را به موجب اصل ۲۷ قانون اساســـی بــه یــک رئیس دولت یا یک وزیری اظهار کرد آن وزیر می‌رود توی خانه‌اش می‌نشـــیند. آن وقت مجدداً اکثریت مجلس یک دولتی را ســـر کار می‌آورد... . اگر (رضاخان پهلوی) شاه بشوند بدون مسـئولیت این خیانت به مملکت است برای این‌که یک شـــخص محترم و یک وجود مؤثری است که امروز این امنیت و آســـایش را برای ما درست کرده و این‌صورت را امروز به مملکت داده است، برود بی‌اثر شود معلوم نیســت کی به جای او می‌آید؟... بنده به عقیده‌ی خـودم خیانت صرف می‌دانم که شــما یک وجود مؤثری را بلااثــر کنید. پس خوب اســت یک کســی را که بتواند

قائم‌مقام او بشود معلوم کنید. بعد این کار را بکنید. اول چاه را بکنید بعد مناره را بدزدید.»
«شما که می‌خواهید آقای رئیس‌الوزراء را شاه بکنید ایشان یک وجود مؤثری هستند که می‌خواهید بلااثر کنید. خدایا تو را به شهادت می‌طلبم که آنچه گفتم عقیده‌ی خودم بود و آنچه در خیر مملکت است می‌گویم و اینجا عتبه‌ی آقایان را می‌بوسم و مرخص می‌شوم.»
ناطق سپس مجلس را ترک گفت.
استدلال دکتر مصدق دقیقاً مستند به قانون اساسی بود و همان مسئله‌ی جدایی سلطنت را از حکومت مطرح می‌کرد که سال‌ها بعد میان قوام و سپس خود او و سپس زاهدی با محمدرضا شاه پهلوی به میان آمد.

به دکتر مصدق که از موضع قانون و به عنوان حقوقدان سخن گفته بود، علی‌اکبر داور، شخصیتی در حد او پاسخ داد:
«بنده می‌خواهم اظهار تأسف بکنم از این مساله که آقای دکتر مصدق‌السلطنه در اینجا تشریف ندارند که جواب‌های بنده را بشنوند...
تمام گفتگوهای ایشان در قسمت اول راجع به این بود که من برخلاف مصالح مملکت نمی‌خواهم رأی بدهم. البته هیچ کس نباید حاضر شود که برخلاف مصالح مملکت رأی بدهد.
منتهی صحبت در تشخیص است. ایشان ممکن است همچو تشخیص بدهند که یک چنین پیشنهادی برخلاف مصالح مملکت است و بنده هم خدا را شاهد می‌گیرم و عرض می‌کنم که این تغییر و این پیشنهاد موافق مصالح مملکت است. مگر اینکه یک کسی پیدا شود و بگوید فکر و سیاست من به درجه‌ای قوی و عالی است که تمام مردم و

وکلا باید تابع فکر و سیاست و نظر من بشوند...
تصور نمی‌کنم که هیچ‌کس در مملکت باشد که فکرش آن‌قدر کوچک و عقب‌افتاده باشد که تصور بکند دادن یک اختیار به دست یک نفر بدون هیچ حدی و هیچ قانونی یعنی یک نفر به‌قول ایشان شاه یا رئیس‌الوزراء باشد، رئیس عالی کل قوا باشد وزیر جنگ باشد، یک همچون چیزی نه تنها یک مسئله‌ای است که همه به او خواهند خندید بلکه مسئله‌ای است بقدری واضح و مسلم که هیچ‌کس زیر بار این نمی‌رود.
بنده تعجب می‌کنم چطور ایشان که مدتی در مجلس هستند و غالب ما هم را می‌شناسند درجه‌ی فهم رفقای پارلمانی خودشان را آن‌قدر کوچک تصور کردند که ممکن است این طور فکر کنند...»

علی‌اکبر داور با اشاره به ممالک دموکراسی غربی گفت: «ایشان (دکتر مصدق) در نقاط دیگر دنیا هم زندگی کرده‌اند و می‌دانند که بعضی مملکت‌هاست که شاه‌های خوب دارند و بعضی جاها شاه‌های لایق دارند. بعضی جاها یک شخص فوق‌العاده لایقی سلطنت می‌کنند و آن وقت خودشان می‌دانند که چقدر آن شاه فوق‌العاده غیرمسئول وجودش مؤثر است و البته یک شاهی که علاقه داشته باشد و میل داشته باشد مملکتش بزرگ شود و عظمت پیدا کند، در ردیف ممالک بزرگ عالم گذاشته شود و تشخیص هم بدهد که چطور باید این کار را کرد و هر قدر که قانوناً غیرمسئول باشد حتماً در عمل منتهی درجه تأثیر را خواهد داشت...».

داور توضیحات مفصل دیگری هم داد. عصاره‌ی استدلالش این بود که وظیفه‌ی اصلی شاه جدید که جانشین قاجاریه شود، «که

هیچ کس نیست بگوید من طرفدارم» این است که امنیت کامل و رهبری صحیح در مملکت ایجاد کند که دولت‌های مسئول در مقابل قوه مقننه بتوانند به وظایف خود در توسعه و ترقی مملکت عمل نمایند، چنان‌که در دموکراسی‌های سلطنتی آن موقع جهان عمل می‌شد.

دکتر مصدق آن‌چه را که نمی‌پسندید و عقیده داشت که نباید بشود به صراحت بیان کرد و داور آن‌چه را که می‌پنداشت در خیر و صلاح مملکت است و در آرزوی آن بود برای نمایندگان ترسیم نمود. نطق دکتر مصدق انتقادی و منفی بود. او از ایجاد یک حکومت استبدادی که همه‌ی اختیارات در دست یک نفر باشد بیم داشت. اندیشه‌ی داور و همه‌ی اصلاح‌طلبانی که هوادار رضاخان سردارسپه بودند، ایجاد یک دموکراسی پارلمانی به شکل اروپایی بود که یک رییس مملکت (شراه) ضامن ثبات سیاسی و امنیت ملی باشد که در سایه‌ی آن رجالِ کاردان و دولت‌های مسئول بتوانند سرانجام ایران را از انحطاط و پریشانی که دچار آن بود نجات دهند.

گذشت زمان نشان داد که هر دو به نحوی حق داشتند. اما این داستان دیگری است. پس از پایان سخنان طولانی دکتر مصدق و داور، چنین به نظر می‌رسید که همه چیز گفته شده.

بسیاری از نمایندگان پیشنهاد کفایت مذاکرات کردند. اما سیدمحمد تدین نایب رئیس مجلس شورای ملی بدون آن که پیشنهاد را به رأی بگذارد مخالفت کرد و اظهار داشت «بنده عقیده‌ام این است که آقایان تامل بفرمایند تا تمام آقایان موافقین و مخالفین صحبت خودشان را بکنند.» او می‌خواست جلسه به‌طور عادی ادامه یابد و به پایان برسد و احساس فشار و تحدید آزادی بیان پدیدار نشود.

مخالف بعدی حاج میرزا یحیی دولت‌آبادی بود. از تاریخ مشروطیت ذکری کرد و سپس به احمدشاه پرداخت:

«... به ایران که مسافرت کردم (او مدت‌ها در استانبول بود) دیدم شاه‌بازی غریبی است و شاه در فرح‌آباد نشسته است و یک دستکش به دست کرده است. وقتی کاغذ به دستش می‌دادند می‌گفت بگذار آن‌جا. کتاب که به دستش می‌دادند می‌گفت بگذار آن‌جا، مبادا، میکرب به دست‌شان برود و دیگر قضیه‌ی جنس بود که همین آقای قضیه‌ی جنس را به بنده فرمودند و اظهار دلتنگی کردند که دست آخر بنده از جیب خودم پول گذاشتم و دادم به مردم خوردند برای این‌که پادشاه حاضر نشد جنس را خرواری ده تومان کم‌تر بفروشد[۱]. این قضایا را تاریخ ثبت می‌کند... . تا به حال بنده همیشه می‌دانستم که این سلطنت از ابتدا اساسی نداشته و حالا هم ندارد... . ما دچار گرفتاری‌ها و ابتلائات و پریشانی‌ها و کشمکش‌ها بودیم تا خدا خواست و شخص آقای پهلوی در این مملکت پیدا شد... . دیدم مردی که علاقه به مملکت دارد و دلش می‌خواهد مملکت ترقی کند و جرات و قدرت هم داشته باشد همین آدم است... . این آدم خودش را به جایی رسانیده که مردمی که علاقه به مملکت دارند و دل‌شان می‌خواهد این مملکت هم‌رنگ دنیا شود و دل‌شان می‌خواهد که از این ذلت و کثافت بیرون بیاید متوسل شده‌اند به او می‌گویند آقا بیا و به بدبختی ما خاتمه بده و یک چاره‌ای برای ما بکن... .

مخالفت بنده در این لایحه نه از بابت قاجار است. قاجار را رفته و منقرض شده می‌دانم و نه از نقطه‌نظر رضاخان پهلوی است. او رئیس مملکت است و از خدا می‌خواهم سی چهل سال عمر کند و همیشه رئیس مملکت باشد و کار این مملکت را بکند... . فقط باید یک قدری بیش‌تر

۱- اشاره است به احتکار گندم که سلطان احمد شاه متهم به آن بود.

در اطرافش فکر کرد که ناخوشی ذات‌البعد پیدا نکند. این عرایض بنده و دیگر عرضی ندارم.»

دولت‌آبادی پیشنهاد و نظر خاصی نداشت. ظاهراً فقط با شتاب در تصویب ماده‌ی واحده مخالف بود، یا آن‌که تصمیم به انقراض قاجاریه را در صلاحیت مجلس موسسان می‌دانست.

نظر اکثریت مجلس جز این بود. سلطنت طبق قانون اساسی «ودیعه»ای بود که از طرف ملت به خانواده‌ی قاجار تفویض شده بود. نمایندگان ملت ودیعه را باز پس می‌گرفتند. رأی به کفایت مذاکرات گرفته شد. چرا که دیگر سخنرانی در دستور نبود.

اخذ رأی کتبی به عمل آمد. هشتاد تن در جلسه حاضر بودند. ماده‌ی واحده به اتفاق آراء حاضران به تصویب رسید. نوزده تن با اجازه‌ی قبلی غایب بودند. سیزده تن بدون اجازه که دکتر مصدق از جمله آنان بود. چهار تن با کسب اجازه غیبت کرده بودند، از جمله ملک‌الشعراء بهار و هفت تن بدون اجازه از جمله مؤتمن‌الملک پیرنیا. حسین مکی پس از بررسی صورت اسامی همه‌ی کسانی که در دادن رأی شرکت نداشتند، تعداد «مخالفان واقعی» انقراض قاجاریه را بیست و دو تن می‌داند.[۱] به این ترتیب سلسله‌ی قاجاریه منقرض شد.

در پایان روز نهم آبان، هیات رئیس مجلس تصمیم قوه‌ی مقننه را به «والاحضرت اقدس پهلوی» که دیگر رئیس موقت مملکت بود ابلاغ کرد و چند ساعت بعد محمدحسن میرزا ولیعهد از کاخ گلستان اخراج و راهی مرز عراق شد که از آن‌جا به بغداد رفت.

در روز ۱۵ آبان ۱۳۰۴، ٦ نوامبر ۱۹۲۵، سلطان احمدشاه قاجار که در پاریس به سر می‌برد، اعلامیه‌ای صادر کرد و در آن خود را «پادشاه قانونی و مشروطه ایران» دانست که البته کار از کار گذشته و سه روز قبل از آن، وزارت داخله دستور انتخابات مجلس

۱- حسین مکی، انقراض قاجاریه... صفحه‌ی ٤٦٦.

موسسان را صادر کرده بود.
به مناسبت این تغییر و تحول و به تقاضای مجلس، کلیه‌ی زندانیان سیاسی، که گویا نزدیک به نود تن بودند، از زندان آزاد شدند و حکومت نظامی، که در تهران و بعضی از شهرهای کشور برقرار بود، موقوف و لغو گردید.

*****

در انتظار تشکیل مجلس موسسان، بعضی از رجال سیاسی ایران، از جمله سلیمان میرزا اسکندری، نظر به برقراری اصل «سلطنت انتخابی» داشتند و نه موروثی.
گویا سردارسپه نیز صراحتاً مخالفتی با این فکر نشان نداده بود. اما پس از قطعی شدن انقراض قاجاریه، اخراج محمد حسن میرزا و اعلامیه‌ی بی‌حاصل سلطان احمدشاه، تغییر عقیده داد و یا فکر باطنی خود را ظاهر کرد و خواستار سلطنت موروثی شد.

به همین لحاظ هنگامی که مجلس موسسان تشکیل شد شاهزاده سلیمان‌میرزا که قبلاً وزیر سردارسپه و نیز در مجلس شورا از موافقین جدی و فعال انقراض قاجاریه بود، در جلسات موسسان تقریباً با سردارسپه و سلطنت موروثی او ابراز مخالفت کرد[۱] و به طور ضمنی از طرح سلطنت انتخابی که محدود به خود سردارسپه رضاخان پهلوی باشد جانبداری نمود.[۲]
در روز ۱۵ آذرماه ۱۳۰۴، ٦ دسامبر ۱۹۲۵ ، والاحضرت اقدس پهلوی مجلس موسسان را افتتاح کرد. ریاست سنی نخستین جلسه را شیخ حسین یزدی، یکی از روحانیون آزادی‌خواه صدر مشروطیت، به عهده داشت. سپس مستشارالدوله (صادق-

۱- حسین مکی، همان منبع، صفحات ٤۷۹-٤۸۰.
۲ -همان منبع صفحات ٥۲٦ - ٥۲۷ که نطق سلیمان میرزا نقل شده مشروح کامل مذاکرات مجلس موسسان از آغاز تا پایان در کتاب فوق الذکر حسین مکی آمده است. صفحات ٤۸۷ تا ٥۸٦ . همچنین نگاه کنید به نادر رستگار، مجلس موسسان ۱۳۰٤ و مخالفان آن، آینده، شماره‌ی ۹ - ۲، سال شانزدهم، آذر - اسفند ۱۳٦۹-۱٤۹۰.

صادق) به ریاست مجلس انتخاب شد.

مذاکرات مجلس موسسان یک هفته به طول انجامید. مطالعه‌ی مشروح مذاکرات نشان می‌دهد که گر چه در اصل مطلب یعنی تفویض سلطنت موروثی به رضاخان پهلوی، اختلاف نظری نبود اما در جزئیات مسائل و تدوین متن و این‌که عنوان رئیس مملکت شاه باشد یا شاهنشاه، گفتگوهای فراوان صورت گرفت و برخلاف آن‌چه گاهی گفته یا نوشته شده، فشار و تحمیلی بر نمایندگان احساس نمی‌شد. سرانجام در روز ۲۱ آذر ماه اصول چهارگانه ۳۶-۳۷-۳۸ و ۴۰ متمم قانون اساسی اصلاح و سلطنت ایران به رضاشاه پهلوی تفویض شد.[۱]

در این فاصله مجلس پنجم هنوز قانوناً دایر بود و ذکاءالملک (محمدعلی فروغی) کفالت امور دولت را داشت. چهار نماینده‌ی معروف به وجیه‌المله - برادران پیرنیا - مشیرالدوله و موتمن‌الملک، مستوفی‌الممالک، حسن مستوفی و مصدق‌السلطنه دکتر محمد مصدق از حضور در جلسات خودداری می‌کردند. اما پس از

۱- طبق بررسی‌های شجاع‌الدین شفا (پرتو ایران، چاپ کانادا، مارس ۱۹۹۷) از آغاز سلسله‌ی ماد تا پایان سلطنت پهلوی، ٤٤٦ پادشاه بر تمام یا قسمتی از ایران سلطنت کردند.

لازم به یادآوری است که از بنیان‌گذاری شاهنشاهی ایران بوسیله‌ی کورش بزرگ (٥٥٦ قبل از میلاد مسیح) تا حمله‌ی عرب و قتل یزدگرد سوم در سال ٦٦٢ میلادی فقط سه دودمان بر ایران سلطنت کردند. هخامنشیان از ٥٥٦ تا ۳۳۱ قبل از میلاد، اشکانیان از ۲٤۹ قبل از میلاد تا ۲۲٤ میلادی و ساسانیان از سال ۲۲٤ تا قتل یزدگرد. قاجاریه در ۱۷۹٦ به سلطنت رسیدند. بنابر این دوران پادشاهی آنان یک‌صدو سی سال به طول انجامید.

چهار تن آخرین پادشاهان ایران، محمدعلی شاه و احمدشاه قاجار، رضاشاه و محمدرضاشاه پهلوی همه در تبعید فوت کردند. دو تن اول و محمدرضا شاه در خارج از ایران به خاک سپرده شده‌اند. ظاهراً در آخرین روزهای قبل از انقلاب اسلامی جنازه‌ی رضاشاه از آرامگاهش در شهر ری به محل امنی در داخل ایران منتقل و در آنجا دفن شده.

پایان کار مجلس موسسان و تفویض سلطنت به رضاشاه پهلوی، بار دیگر در مجلس حضور یافتند.

*****

دکتر مصدق در دوره‌ی ششم تقنینیه از تهران به نمایندگی مجلس شورای ملی انتخاب شد. در مجلس همواره نقش مخالف دولت و انتقاد از قوانین پیشنهادی را بازی می‌کرد و گاهی با تندی و بی‌باکی سخن می‌گفت. اما روابط دوستانه، یا لااقل مسالمت‌آمیزش را، با رضاشاه حفظ کرد. گاهی به مراسم سلام و شرفیابی‌های دسته جمعی وکلا نمی‌رفت و گاهی می‌رفت. گاهی به دربار احضار می‌شد و به دیدار رضاشاه می‌رفت. گاه خود تقاضای شرفیابی می‌کرد. همه‌ی این‌ها را در خاطرات سیاسی و یادداشت‌هایش نقل کرده.[۱]

هنگامی که رضاشاه مستوفی‌الممالک را به نخست‌وزیری برگزید (۱۵ خرداد ۱۳۰۵-٦ ژوئن ۱۹۲٦)، رئیس دولت با موافقت شاه[۲] به وی پیشنهاد تصدی وزارت امور خارجه را کرد که او عذر خواست و سیدحسن تقی‌زاده به این سمت برگزیده شد. در ملاقاتی، شاه به او پیشنهاد ریاست دولت را کرد که نپذیرفت اما رفت و آمدهایش با دربار و ملاقات‌هایش با شاه همچنان ادامه داشت. یکسال بعد به هنگام اجرای قانون اصلاح عدلیه، از او خواستند که ریاست دیوان عالی تمیز را قبول کند که باز هم زیر بار نرفت.[۳]
اصولاً رضاشاه به رجال خوش‌نام و کاردان دوران قاجار احترام می‌گذاشت. چاره‌ای هم جز این نبود. نخست‌وزیرانش همه از رجال سرشناس عصر قاجار بودند: ذکاءالملک فروغی،

۱- مصدق و مسائل حقوق و سیاست، منبع ذکر شده، صفحات ۱۱۳ تا ۱۳۳.
۲- همان منبع صفحه‌ی ۱۱٤.
۳ - همان منبع، صفحات ۱۲۹ - ۱۳۰.

مستوفی‌الممالک، حاج مخبرالسلطنه هدایت، مدیرالملک جم.
دوران نخست‌وزیری متین‌الدوله (دکتر احمد متین‌دفتری) که او هم دست پرورده‌ی همان زمان بود اما سرشناس نبود، طولی نکشید و سلطنت رضاشاه با نخست‌وزیری شخص دیگری از همان دوران که از رجال طراز اول قاجار نبود، یعنی علی‌منصور (منصورالملک)به پایان رسید.

همه‌ی سرشناسان این دوران، به خصوص وقتی بر سر کار نبودند، گهگاه سری به «دربار» می‌زدند. از آنان پذیرایی می‌شد. گاه رضاشاه هم می‌آمد. با این و آن تخته بازی می‌کرد و به گفتگو می‌پرداخت.[۱] او برای مستوفی‌الممالک مقام و احترام خاصی قائل بود. چه در حضور و چه در غیاب او را آقا خطاب می‌کرد. هنگامی که مستوفی‌الممالک در ٦ شهریور ۱۳۱۱ (۲۸ اوت ۱۹۳۲) در ۸۵ سالگی پس از ۱۱ بار ریاست بر دولت، به علت سکته‌ی قلبی درگذشت، به امر رضاشاه مراسم تشییع جنازه‌ی رسمی، باجلال و تشریفاتی که تا آن موقع سابقه نداشت برگزار شد. اعضای هیات دولت و همه‌ی نمایندگان مجلس و شخصیت‌های مملکتی در آن شرکت کردند و در مسیر حمل جنازه- چند بار مراسم تجلیل از او به عمل آمد.

رفتار دکتر مصدق خاص خودش بود. هم در مجلس با همه‌ی قوانین و پیشنهادها مخالفت می‌کرد. هم با رضاشاه حُسن رابطه داشت تا آن‌جا که به وی مسولیت‌های مهم پیشنهاد می‌شد که نمی‌پذیرفت. پس از پایان مجلس ششم مشیرالدوله و موتمن‌الملک، دو وجیه‌الملـه‌ی دیگر، به کلی از زندگی سیاسی و رفت و آمد با دربار کناره گرفتند. برای اجتناب از هرگونه برخورد، با کسی کاری نداشتند و کسی را با آنان کاری نبود. در این دوران بود که

۱ - همه‌ی اینها را حاج مخبرالسلطنه هدایت در خاطرات خود حکایت کرده.

مشیرالدوله اثر ماندگار خود «تاریخ ایران باستان» را به رشته‌ی تحریر درآورد که برتر از هر خدمتی به ایران بود.

روش دکتر مصدق طی دوره‌ی ششم مجلس که در مردادماه ۱۳۰۷ به پایان رسید شایان توجه است. او با همه چیز مخالف بود: درباره‌ی پیشنهاد اختصاص اعتباری برای تعمیر زندان‌ها و ساختمان بازداشتگاه‌های جدید گفت:

«خوب حالا باید دویست هزار تومان خرج کنیم که در واقع محل دزدهای خودمان را شبیه به محل دزدهای اروپایی کنیم. آیا ممکن است که یک مخارجی را تصویب کنید که مردان صحیح‌العمل این مملکت، مردمان درست این مملکت، مردمان وطن‌پرست این مملکت را هم مثل سایر ممالک بکنید؟»[1]

هنگامی که اعتباری برای تعمیر قصور سلطنتی تقاضا شده بود اظهار داشت:

«اگر مقصود تعمیرات قصوری است که ملک شخص پادشاه باشد خودش از عهده تعمیرات بر می‌آید و به عهده‌ی ملت نیست. اگر مقصود تعمیر و احداث قصوری است که مربوط به دولت است آن وقت مداخله‌ی وزیر دربار که شخص غیرمسئولی است مورد ندارد. به نظر من وقتی مردم مسکن و ماوایی ندارند، صلاح نیست که برای شاه قصر بسازند. ما باید با این ۱۳۵ هزار تومان کارخانه قند یا کاغذسازی تأسیس کنیم که برای مردم مملکت کار پیدا شود. عقیده‌ی من این است که اگر شاه و ولیعهد و رئیس‌الوزراء و وزراء در اتاقی بنشینید که چکه کند بهتر است. این قصور را نباید گذاشت خراب بشود و

---

۱ - ١٤ دی ۱۳۰٦ / دکتر جلال متینی صفحه‌ی ۸۵.

این مبلغ را هم باید صرف کاری کرد که چهار نفر متمتع بشوند.»[۱]

به هنگام طرح قانون تفویض اختیارات به علی‌اکبر داور وزیر عدلیه برای بنیان‌گزاری دادگستری نوین ایران، که اثر ماندگار داور و یکی از مهم‌ترین اقدامات اصلاحی تاریخ معاصر ایران به‌شمار می‌رود، دکتر مصدق نه تنها با اصل تغییرات و اصلاحات مورد نظر مخالفت می‌کرد که اعطای اختیارات به وزیر عدلیه را نیز مخالف قانون اساسی و اصول حقوقی دانست. حال آن‌که خود او در حکومت اول قوام‌السلطنه، اختیارات مشابهی برای اصلاح امور مالیه‌ی مملکتی از مجلس چهارم اخذ کرده بود.

«مجلس شورای ملی نمی‌تواند به دولت اجازه قانون‌گزاری بدهد. چرا؟ برای این‌که مثل این است که یک کسی اجازه‌ی اجتهاد خودش را به کس دیگری بدهد. اجتهاد غیرقابل انتقال است و ما هم وکیل در توکیل نیستیم که به دولت بگوییم برو قانون وضع کن.»[۲]

«اساساً قانون‌گزاری را از مختصات وظایف مجلس شورای ملی می‌دانم. اگر بنا باشد که مجلس به وزراء اجازه بدهد که بروند قانون وضع کنند، پس وظیفه‌ی مجلس شورای ملی چیست؟»[۳]

*****

مهم‌ترین مساله‌ای که در دوره‌ی ششم، دکتر مصدق به‌طور مستمر و اساسی با آن به مخالفت برخاست، احداث راه‌آهن در ایران بود.[٤] که از صدر مشروطیت و حتی از زمان ناصرالدین شاه

۱ – الموتی، صفحه‌ی ۱۸۱.

۲– ۱۸ خرداد ۱۳۰٦/ دکتر جلال متینی صفحه‌ی ۱۰٤.

۳ – ۲۵ خرداد ۱۳۰٦/ همان منبع، همان صفحه.

٤ – نگاه کنید به مهدی شمشیری، راه آهن سرتاسری ایران، رضاشاه بزرگ و محمد

قاجار از آرزوها و برنامه‌های همه‌ی میهن‌دوستان و اصلاح‌طلبان ایران بود و از مبانی توسعه‌ی اقتصادی کشور به شمار می‌آمد. در جلسه‌ی ۲۹ فروردین ۱۳۰۶ اظهار داشت:

«بنده با راه‌آهن مخالف نیستم. به این جهت که راه‌آهن حقیقت واقعش یک چیزی است که در هر جا رفته باعث آبادی شده. ولی با موقعش و طرز خرجش مخالفم...

اگر ما این چهارده میلیون پول موجودی را خرج کارخانه قند در نقاط مختلف بکنیم هم قند ارزان‌تر می‌شود و هم ما مستغنی از فرستادن پول به خارج می‌شویم...

اگر بخواهیم خط آهن بکشیم چهل میلیون پول‌مان به خارج می‌رود، که سالی چهار میلیون حداقل منفعت آن است و سالی چهار میلیون هم بودجه راه‌آهن است...

پس این ضررش برای ما از هر چیز زیادتر است. در صورتی که اگر سرویس کامیون را در این مملکت دایر کنیم به این ترتیب که پنجاه کامیون بیاوریم که یکی از تهران حرکت کند برود به بوشهر و یکی هم برعکس، مسافرین در راه بوشهر روزی پنج نفر هم نخواهد بود و به این ترتیب ما می‌توانیم مسافرت راه بوشهر تا اینجا را با کامیون تامین کنیم و اگر ما پنجاه اتوبوس مسافرتی داشته باشیم می‌توانیم در پنج نقطه ایران خط ابتدایی و انتهایی درست کنیم و بعد هم یک عده کامیون که بنده

مصدق. هوستون، تگزاس، پارس، ۱۳۸٤ خورشیدی، ۲۰۰۵ میلادی. قسمت‌های مفصلی از این کتاب به زندگی خصوصی دکتر مصدق ارتباط دارد و قسمت‌های دیگر به مسائل حاشیه‌ای. صفحات ۲۳۷ تا پایان کتاب (صفحه ۳٤۳) به رویه‌ی دکتر محمد مصدق در باره‌ی احداث راه‌آهن در ایران اختصاص یافته که حاوی دقایق و اسناد جالبی است.

همچنین: جلال متینی، ایران‌شناسی، سال یازدهم، شماره ۱ بهار ۱۳۷۸ و نورمحمد عسکری، شاه، مصدق، زاهدی. منبع ذکر شده، فصل بیست و یکم صفحات ۱۱۵ تا ۱۲۵

شنیدم امروزه در اروپا هست که با بخار حرکت می‌کند و مخارج سوختنش هم خیلی کم است، آن‌ها را بیاوریم برای حمل و نقل.
البته اگر امروز شروع به کشیدن راه‌آهن کنیم تا ده سال دیگر راه‌آهن فایده‌ای ندارد و البته تا ده سال دیگر هر چه خرج کنیم بی‌فایده است و بعد از ده سال هم به ترتیبی که بنده عرض کردم مملکتی که هر کیلومتر مربعش، پنج نفر جمعیت دارد گمان نمی‌کنم فایده داشته باشد.»

دکتر مصدق به طور کلی با احداث راه‌آهن در هر مسیری در ایران مخالف بود، ولی اگر دولت به کشیدن راه‌آهن اصرار داشت می‌گفت مسیر راه‌آهن باید از غرب به شرق باشد نه از جنوب به شمال»[۱]. چنین به نظر می‌رسد که او گمان می‌برد که «اگر از غرب (تبریز) به شرق (مشهد) باشد به بهشت وارد می‌شویم (وگر نه) به جهنم وارد می‌شویم». آیا اشاره به مسیر تاریخی راه ابریشم بود، یا سخنی برای خوشایند عوام که اول راه‌آهن به مشهد، مرقد امام هشتم شیعیان برسد؟
محمدرضاشاه پهلوی، خواهرش شاهدخت اشرف و غالب مخالفان دکتر مصدق او را متهم کرده‌اند که در این نظر از سیاست و خواسته‌ی دولت بریتانیا الهام گرفته. البته صحیح است که لندن با راه شمال به جنوب (از دریای خزر تا خلیج فارس) به جهات مختلف مخالف بود.
ولی مسیری را که به دولت ایران توصیه می‌کرد (از خانقین در مرز عراق به همدان و از آن‌جا به تهران)، تشابهی با پیشنهاد و نظر دکتر مصدق نداشت و این اتهام اساسی ندارد.[۲]

۱- دکتر جلال متینی، نگاهی به کارنامه سیاسی دکتر محمد مصدق، منبع ذکر شده، صفحه‌ی ۱۰۷.
۲- برای ملاحظه‌ی عین این اسناد و ترجمه‌ی فارسی آنها نگاه کنید به دکتر جلال متینی کتاب فوق‌الذکر صفحات ۳۸۴ تا ۴۰۷، مهدی شمشیری، راه‌آهن سرتاسری...

*****

رویه‌ی سیاسی دکتر مصدق در مجلس ششم برای بسیاری از مفسران غیرقابل توجیه به نظر می‌رسید: با تفویض اختیارات موقت به علی‌اکبر داور مخالفت کرد. حال آن‌که شش سال پیش از آن خود با حمایت قوام اختیارات مشابهی از مجلس چهارم برای تصفیه و اصلاح مالیه‌ی عمومی گرفته و به تحقق تغییرات قابل ملاحظه‌ای نیز توفیق یافته بود.

مجموعه‌ی قوانین تجاری، مدنی، آیین دادرسی مدنی... و ایجاد عدلیه‌ی نوین ایران را در ردیف ممالک مترقی جهان قرار می‌داد و سبب قطع نفوذ روحانیون در حل و فصل دعاوی و اداره‌ی محاکم، یعنی در حقیقت جدایی مذهب از سیاست می‌شد. تحقق این هدف‌ها نمی‌توانست مورد تائید مصدق که حقوق‌دانی برجسته بود، نباشد. بعداً هم نشان داد که دخالت معممان و مدعیان شریعت را در راهبری امور مملکتی تحمل نمی‌کند.

قوانین اصلاحی و انقلابی داور، که بدون حمایت رضاشاه تحقق‌پذیر نبودند، راه را بر الغای کاپیتولاسیون، حق قضاوت مأموران قنسولی خارجی در ایران، که با قرارداد ترکمانچای به کشور ما تحمیل شده بود، گشود. الغای کاپیتولاسیون طی چند دهه از هدف‌ها و آرزوهای اصلی همه‌ی میهن‌دوستان و اصلاح‌طلبان در ایران بود. خود دکتر مصدق نیز در کتاب کوچکی که بعد از پایان تحصیل و مراجعتش به ایران، به آن اختصاص داده[1]، با استدلال حقوقی و سیاسی کاپیتولاسیون را محکوم می‌کند:

منبع ذکر شده، صفحه ۲۷٤ تا ۲۷۹.

۱- دکتر محمد مصدق کاپیتولاسیون و ایران، آبان ۱۲۹۳، این جزوه عیناً در کتاب مصدق و مسائل حقوق و سیاست به طبع رسیده (صفحات ۱ تا ۳٤). که ما چند جمله آن را نقل کردیم.

«در حقوق جزایی تمام یکسان هستند. دولت موظف است که در خاک خود حافظ نظم باشـــد. دولتی که نتواند نظم خود را حفظ نمایـــد آن را دولت نمی‌توان گفت. پس چون دولت حافظ نظم است، ساکنین هر دولتی مطیع به قواعد و قوانین محلی هستند و باید هر طوری که نسبت به اتباع داخله رفتار می‌نمایند در باره اتباع خارجه هم دولت مقتدر باشد که همان قواعد مجری دارد»... . «این امتیازات (حق قضاوت مأموران قنسولی) را دول ضعیف نمی‌توانند فسخ نمایند. مگر این‌که لوازم فسخ آن‌ها فراهم نموده باشند.»

یکـــی از قوانیـــن اصلاحـــی داور، فراهـــم آوردن «لوازم فســـخ کاپیتولاســـیون» بود که بلافاصله این مهم انجام و لکه‌ی ننگ آن زدوده شد. پس چرا دکتر مصدق با این پیشنهاد مخالفت می‌کرد؟ پاســـخ به این پرسش آســـان نیســـت و بیش‌تر نظراتی که ابراز شـــده متکی به عقاید و پیش‌داوری‌ها اســـت نه مبتنی بر منطق و تحلیل صحیح. گروهی از مفسران نیز اصولاً این دوران از زندگی سیاســـی دکتر مصدق را که بر مخالفت او با ساختمان راه‌آهن و اصلاحات عدلیه شامل می‌شود به سکوت برگزار کرده‌اند.

*****

پس از پایان دوره‌ی ششـــم تقنینیه، مرداد ۱۳۰۷، مصدق انزوای سیاســـی را برگزید گرچه یکی‌دوبار با رضاشاه ملاقات کرد. در ســـال ۱۳۰۹، به هزینه و تشویق او کتاب تمدن قدیم تالیف فوستل دوکولانژ توسط نصرالله فلسفی به فارسی ترجمه و انتشار یافت. خودش می‌نویسد:

«در این مدت اغلب در احمدآباد از دهستان ساوجبلاغ به فلاحت مشغول و خیالم ناراحت و از آتیه‌ی خود بی‌نهایت نگران بودم و گاه می‌خواستم با پای خود به زندان قصر

بروم و در آن‌جا روحاً و جسماً هر دو مقید بمانم.»[۱]

در سال ۱۳۱۵، مسافرتی طولانی به خارج از کشور کرد. از راه عراق به لبنان رفت و از آن‌جا با کشتی به اروپا و از جمله سی و پنج روز برای معاینات طبی و معالجه در آلمان بود. مزاحمتی برای خروج وی از کشور فراهم نشد. در بازگشت چنان‌که خودش نوشته قسمت مهمی از اوقات را در احمدآباد «به فلاحت» می‌گذراند و تابستان‌ها را در خانه ییلاقی خود در باغ فردوس شمیران.
در همین محل بود که در تیرماه ۱۳۱۹ مأموران شهربانی وی را به دستور رضاشاه جلب و توقیف کردند. به هنگام توقیف، بی‌هوش شد، عارضه‌ای که گه‌گاه دچار آن می‌شد، و مأمورین با دشواری بسیار (و شاید به عنف) او را در اتومبیل شخصی خودش مستقر کردند. او را از آن‌جا به بیرجند انتقال دادند:

«در بین راه و در زندان دوبار اقدام به خودکشی کردم و پس از شش ماه تحمل سختی باز مرا به احمدآباد آوردند و تحت نظر مأمورین شهربانی تا شهریور ۱۳۲۰ بودم.»[۲]

یقین است که زندان شهر کوچکی چون بیرجند، آن‌هم در گرمای تابستان، محلی بسیار نامناسب و فاقد وسایل اولیه‌ی آسایش بود و به دکتر مصدق بسیار سخت گذشت.

*****

بازداشت و تبعید و سپس آزادی دکتر مصدق، یکی از مراحل مهم زندگی سیاسی اوست که بعضاً به اجمال برگزار شده، یا حتی جزئیات آن مورد تحریف واقع شده است.
علت بازداشت ناگهانی مصدق چه بود؟ به نوشته محمدرضا شاه پهلوی:

---

۱ - یادداشت‌های سیاسی مصدق، مندرج در کتاب مصدق و مسائل حقوق و سیاست، منبع ذکر شده صفحه‌ی ۱۲۲.
۲ - همان منبع، همان صفحه.

«... پدرم مصدق را به اتهام همکاری با یک دولت خارجی توقیف کرده بود»[۱].

پس از شـــهریور ۱۳۲۰ و حتی در زمـــان حکومتش، دکتر مصدق کوشـــش کرد که در شـــهربانی کل پرونده‌ی خود را بیابد و علت بازداشـــتش را دریابد. گویا به او گفته بودند که کســـی گزارشی نادرست علیه وی داده بود. اما هیچ چیز یافته نشد.

با توجه به تاریخ بازداشت و وضع سیاسی آن‌روز که لندن، تهران را تحت فشار گذاشـــته، متهم به نزدیکی و حتی همکاری با آلمان و ایتالیـــا می‌کرد و با توجه به نفوذ سیاســـی و اقتصادی این دو کشور، به‌خصوص آلمان، در ایران، می‌توان فرضیه‌ی دیگری را تصور کرد: کم‌تر از یک‌سال قبل، رضاشاه دکتر احمد متین‌دفتری را که، به حق یا ناحق مشهور به نزدیکی به سیاست آلمان شهرت داشـــت به ریاســـت دولت برگزیده بود، که حتـــی متفقین پس از استقرار قوای‌شـــان در ایران مدتی متین دفتری را به همین اتهام بازداشت و زندانی کردند.

در آن موقع افکار عمومی ایرانیان، به ســـبب کینه و دشـــمنی با سیاســـت اســـتعماری بریتانیا، در مجموع طرفدار آلمان‌ها بود. شکســـت فرانسه در ژوئن ۱۹۴۰، انگلیس‌ها را در برابر آلمان نازی و متحدش ایتالیا تنها گذاشـــته بود و کم‌تر کسی در راس حکومت ایران بختی برای پیروزی امپراتوری بریتانیا قائل بود.

رضاشـــاه که می‌دانســـت لندن بـــا وی دشـــمنی دارد و در برابر سیاســـت بریتانیا از آغاز ســـلطنتش مقاومت می‌کرد، احتمالا با انتصاب دکتر متین دفتری به ریاســـت دولت می‌خواست، اشاره دوستانه‌ای به آلمان‌ها کرده باشد و به برلین نزدیک شود.

شـــاید چند ماه بعد رضاشـــاه از سیاســـت نزدیکی با آلمان‌ها و

---

۱ - محمدرضا پهلوی، ماموریت برای وطنم، بنگاه ترجمه و نشر کتاب، چاپ سوم، تهران، ۱۳۴۷، صفحه‌ی ۱۰۹-۱۱۰ .

عواقب آن نگران شـــد و خواســـت قدم‌هایی در تعدیل آن بردارد. متین دفتری «برای استراحت» از کار برکنار و حتی مدت کوتاهی بازداشـــت شـــد (٤ تیر ۱۳۱۹- ۲۵ ژوئن ۱۹٤۰). علی‌اصغر حکمت وزیر کشـــور که او نیز مشتهر به دوستی با انگلیس‌ها نبود «برای معالجه» از خدمت معاف گردید.

بازداشت دکتر مصدق یک روز بعد از برکناری دامادش از ریاست دولـــت صورت گرفت. او را نیز لنـــدن به عنوان مخالف خود تلقی می‌کرد و حق داشـــت. در همان روز بازداشت دکتر مصدق، علی منصور (منصورالملک) معروف به دوســـتی بـــا انگلیس‌ها، وزیر پیشه و هنر کابینه‌ی متین دفتری به نخست‌وزیری منصوب شد.

یک هفته بعد، ۱۲ تیر- ارباب کیخســـرو شاهرخ نماینده‌ی پرنفوذ مجلس و پـــدر بهرام شـــاهرخ متصدی و گوینـــده‌ی برنامه‌های فارســـی رادیو برلن که گفتارهای خشن ضدانگلیس‌اش در ایران شنونده‌ی بسیار داشت، شبانگاه در خیابان به هنگام بازگشت از یک مهمانی- ظاهراً به علت سکته‌ی قلبی- درگذشت.
بســـیاری از مردم درگذشـــت ناگهانی او را که گویا مســـبوق به سابقه‌ی بیماری خاصی نبود غیرعادی دانستند و شهربانی متهم شد. حاج مخبرالسلطنه هدایت در خاطراتش نوشت «ظاهراً روابط با ســـفارت آلمان به حکم ســـابقه‌ی انشـــا در آن سفارت» موجب برکناری متین دفتری شده[1].
یاداشت‌های حاج‌مخبرالسلطنه، بازگوینده‌ی همه‌ی اخبار منتشر نشده و شایعات شهر تهران آن دوران است. آیا این همه وقایع که در مدتی کم‌تر از ده روز رخ داد، اشاره‌ای برای تسکین لندن نبود؟

نحوه‌ی بازداشـــت دکتر مصدق و رفتاری که بعداً با او شد نشان

۱ - خاطرات و خطرات، متن ذکر شده، صفحه‌ی ٤۱٦.

می‌دهد که رضاشـــاه قصد کینه‌توزی با وی نداشته و شهربانی نیز تا حدی رعایت نزاکت و ملایمت را در طی دوران بازداشـــتش معمول می‌داشته است: وی را با اتومبیل خودش به بیرجند انتقال دادند و اجازه داده شد که مستخدم مخصوصش (موسوم به جواد) غذایش را تهیه کند و به زندان ببرد. بیماری معمولش (حالت غش و ضعــف اعصاب) در زندان شـــدت یافت (که عجیب نبود). دکتر قوام نصیری رئیس بهداری بیرجند که طبیبی حاذق بود و بعداً به معاونت دانشگاه فردوسی مشهد نیز رسید، ماموریت یافت که در زندان به عیادتش برود[۱].

*****

درباره‌ی رهایی مصدق از زندان بیرجند مطالب مختلف و گاه ضد و نقیض نوشته شده، به نوشته‌ی دکتر غلامحسین مصدق:

«در اواســـط آذرماه (۱۳۱۹) ارنست پرون (دوست ولیعهد محمدرضا پهلوی) به علت شـــدت یافتن ناراحتی کلیه در بیمارســـتان نجمیه بستری شـــد. چند روز بعد پروفسور عدل روی کلیه‌ی او عمل جراحی موفقیت‌آمیزی انجام داد. هنگامی که پرون بستری بود، محمدرضا ولیعهد دو سه بار از او عیادت کرد. پرون که از ماجرای زندانی شـــدن پدرم اطلاع داشت و تحت تأثیر مراقبت‌های پزشکی بعد از عمل جراحی، که منجر به بهبود سریع او شده، قرار گرفته بـــود، در آخرین دیداری که ولیعهد از او در بیمارســـتان به عمل آورد، مســـاله‌ی گرفتاری پـــدرم را عنوان کرد و درخواســـت آزادی او را نمود. پرون این موضوع را به من و به پروفسور عدل اطلاع داد»[۲]

۱ - جزییات این دوران، از بازداشت دکتر مصدق در ۵ تیرماه ۱۳۱۹ تا بازگشت وی به تهران در ۲۳ آذرماه همان ســـال، یعنی اندکی بیش از ۵ ماه، به استناد مدارک و اسنادی که یا از یادداشت‌های دکتر مصدق استنساخ شده یا از اطرافیان و نزدیکان او است. در کتاب دکتر جلال متینی آمده است.(صفحات ۱۱۷ الی ۱۳۳)

۲- دکتر غلامحسین مصدق، متن ذکر شده (صفحات ۵۶ - ۵۷).

بـرای رفع هرگونه بحث و تردید، بهتر اسـت به نقل عین نطق او در جلسه بیسـت و هفتم از دوره شانزدهم[۱] مجلس شورای ملی، هنگامی که علی منصور مجدداً نخست‌وزیر بود اکتفا کنیم:

«وقتی که من در زندان در نهایت بدبختی بودم، هیچ‌کس قادر نبود که از من کوچک‌ترین توسطی بکند. جناب آقای منصور نخست‌وزیر بودند، وعده دادند ولی جرات این‌که یک مذاکرات جدی بکنند نداشـتند (نخسـت‌وزیر- مذاکره کردم) عرض می‌کنم جرات نداشـتید، اگر جرات داشتید من از زندان بیرجند آزاد می‌شدم و حوادث سوم شهریور پیش نمی‌آمد[۲].

من لم یشـکرالناس لم یشـکرالله. من خوبی و محبتی که ارنسـت پرون در حقـم نموده اسـت، هیچ‌وقت فراموش نمی‌کنم. ایشـان اهل سـوئیس و اوقاتی که اعلیحضرت همایون شاهنشـاهی در آن‌جا تحصیـل می‌فرموده‌اند با دربار مربوط شـده اسـت. آقای پرون ناخوش شد و در مریض‌خانه‌ی نجمیه بسـتری شـده اسـت و خوب شد. وقتی خواسـت برود از پسرم تشکر نمود. پسرم گفت اگر می‌خواهید از من تشکر کنید بروید پدر مرا که زندان است مرخص بکنید. گفت چشم. خدا شاهد است هیچ‌کس قادر نبود نزد شاه فقید از من شفاعت بکند مگر این شخص که رفـت به اعلیحضرت (ولیعهد آن موقع محمدرضا پهلوی) عرض کرد تمـام خدمات و زحمت‌هایی که در راه شـما

۱ - جلسـه‌ی پنج‌شـنبه چهارم خرداد ۱۳۲۹، روزنامه‌ی مشروح مذاکرات مجلس شورای ملی. از همکار دانشگاهی عزیزی که از مشروح مذاکرات چند جلسه‌ی مهم مجلس در این دوره در کتابخانه‌ی مرکزی دانشگاه تهران عکس‌برداری کرده و آن‌ها را برایم فرستادند، کمال تشکر و امتنان را دارم. نقل متن کامل این سخنان به همه‌ی بحث‌ها در این مورد خاتمه می‌دهد.

۲ - مفهوم این عبارت ناطق روشن نیست.

کشیدم به این مصالحه می‌کنم که یک زندانی را خلاص کنید. شاه فرمودند از او بد نشنیده‌ام و می‌روم از او وساطت می‌کنم.
رفتند حضور پدر تاجدارشان از من توسط فرمودند. شاه امر کرد یک قدری تامل بکنید و بالاخره بعد از بیست روز دستور دادند که مرا از زندان بیرجند به احمدآباد منتقل کنند.
موقع تشرّف به پیشگاه اعلیحضرت عرض کردم من این خوبی را تا آخر عمر دارم فراموش نمی‌کنم (نمایندگان: احسنت) و تا عمر دارم کمر به خدمت ملوکانه بسته‌ام... از اعلی‌حضرت، هیچ‌کس با حسن نیت‌تر نیست (صحیح است) شاهنشاه وطن خود را دوست دارد (صحیح است) اعلیحضرت بقدری علاقه‌مند به اصلاحات این مملکت است که من تصور نمی‌کنم کسی از شاهنشاه بیشتر علاقه‌مند به مملکت باشد (صحیح است)... ما که خیرخواه شاه هستیم باید برای شاه ایجاد محبوبیت کنیم (صحیح است)...»

در تاریخ یازدهم آذر ۱۳۱۹، تحت شماره ۶۶۹۶ محرمانه مستقیم دکتر مودب نفیسی پیشکار ولیعهد وقت نامه زیر را به سرپاس مختاری رئیس کل شهربانی ارسال داشت.

«حسب‌الامر مبارک والاحضرت همایونی ولایتعهد ابلاغ می‌نماید که قدغن فرمایید محل محمد مصدق را از بیرجند به احمدآباد ساوجبلاغ منتقل نمایند. نتیجه را هم اعلام دارند که به عرض پیشگاه مبارک برساند.»

پاسخ این نامه در تاریخ ۲۵ آذرماه ۱۳۱۹ به شرح زیر تحت شماره‌ی ۶۶۹۷/۴۹۶۱۵ محرمانه مستقیم به «پیشکاری والاحضرت همایون

ولایتعهد» ارسال شد:

«معطوفاً به ابلاغیه‌ی مطاع مبارک شماره ٦۹۹٦ راجع به انتقال محمد مصدق به احمدآباد به عرض می‌رساند: به امتثال فرمان مطاع مبارک، مشارالیه از بیرجند به احمدآباد اعزام گردید. چون احمدآباد در ۱۰۸ کیلومتری تهران و جزء حوزه‌ی مسئولیت امنیه می‌باشد، متمنی است مراتب را از شرف عرض پیشگاه مبارک والاحضرت همایون ولایتعهد گذرانیده، هر گاه مشارالیه باید تحت مراقبت قرار گیرد، نسبت به مراقبت مشارالیه وسیله‌ی مأمورین امنیه فرمان مطاع مبارک را ابلاغ فرمایند. رئیس اداره کل شهربانی- سرپاس مختاری»

به این ترتیب دکتر مصدق بار دیگر با اتومبیل شخصی خود به تهران عودت داده شد به ملک شخصی خود احمدآباد رفت و از آذر ۱۳۱۹ تا ۲۱ شهریور ۱۳۲۰ در آن‌جا تحت نظر مأمورین امنیه اقامت داشت. البته نه آن توقیف قانونی بود و نه این اقامت اجباری در احمدآباد.

دراین تاریخ فرماندار نظامی تهران، سپهبد امیراحمدی نامه‌ی زیر را به او نوشت: شماره‌ی ۵۵ مورخه ۲۱ شهریور ۱۳۲۰

«به فرمان بندگان اعلیحضرت همایونی شما آزاد بوده و در هر قسمت کشور بخواهید می‌توانید متوقف باشید. در آتیه مزاحمتی برای شما نخواهد بود.»

البته دستور از رضاشاه نبود که در این موقع گرفتاری‌ها و دل‌مشغولی‌های بسیار دیگر داشت و اداره‌ی همه‌ی امور کشور با محمدعلی فروغی بود.

مصدق بار دیگر وارد صحنه‌ی سیاست ایران شد.

فصل سوم

نماینده‌ی مردم در تهران

پس از پایان سلطنت رضاشاه و تبعید او از ایران، دکتر مصدق دیگر آزادی عمل کامل یافته بود، ولی رسماً و علناً به صحنه‌ی سیاست بازنگشت. بیش‌تر اوقات در احمدآباد اقامت داشت و گاهی در تهران، یا در خانه‌ی ییلاقی خود در باغ فردوس شمیران. شهرت و اعتبار ملی او چنان بود که نمایندگان طبقات مختلف از سیاست پیشه‌گان، بازاریان، اصناف... به دیدارش می‌رفتند. نامه‌های بسیار دریافت می‌کرد که همه‌ی آن‌ها را ولو به اختصار، با رعایت آداب پاسخ می‌داد.

مانند بسیاری از رجال هم‌عصر خود مقید به تشریفات بود، از جمله آن‌که به «بازدید» بسیاری از کسانی می‌رفت که به دیدارش می‌آمدند. طبیعتاً این ادب و نزاکت برای او در میان مردم محبوبیت بسیار به‌وجود آورده بود.

بســیاری از رجال و رهبران سیاسی دوران قاجار و عصر پهلوی بار دیگر به صحنه‌ی سیاست بازگشته بودند. وکیل، وزیر، سفیر و اســتاندار بودند. یا در مقام نیل به مسئولیت‌های مهم. زندگی سیاســی چه در ایران و چه در ممالک دیگر همواره چنین بوده و هست. در میان این شخصیت‌ها سه تن، هر یک به دلیلی ممتاز و شاید برتر از دیگران بودند یا لااقل تلقی می‌شدند: قوام‌السلطنه که وارد کارزار سیاست شد و چنان‌که دیدیم مرد عمل، در جستجوی قدرت و احتمالاً تنها سیاســتمدار نســل خود بــود که برنامه‌ی سیاسی و طرح‌های حکومتی روشن و درازمدت داشت.

در نخســتین سال‌های بازگشت حکومت پارلمانی به ایران، دو تن از شــخصیت‌های مملکتی به عنوان ذخایر ملی محســوب و نام برده می‌شدند: حسین پیرنیا، موتمن‌الملک و دکتر محمد مصدق، مصدق‌السلطنه.

مؤتمن‌الملک خود را از هر فعالیت سیاسی به دور نگاه می‌داشت، اظهار نظری نمی‌کرد و بنابراین مخالفی هم نداشت. «وجیه‌المله» و «ذخیــره ملی» به تمام معنای کلمه بود: عادت داشــت هر وقت می‌توانست روزی نیم‌ساعت یا بیش‌تر در خیابان‌ها قدم بزند. در این صورت همیشــه مستخدمی پشت ســرش راه می‌رفت، غالب مردم که او را می‌شــناختند راه را برایش باز می‌کردند و اکثرا با فرود آوردن ســر یا گذاشتن دست راست بر روی سینه به او ادای احترام می‌کردند.[1] اما کسی به خود اجازه نمی‌داد نزدیکش شود، ســرصحبت باز کند و ایجاد مزاحمت نماید. یک بار که بیمار شد و خبر آن در شــهر پیچید، محمدرضا شاه شخصاً به عیادت وی

۱- من شخصاً چند بار شــاهد این صحنه بودم، در سال‌های پس از جنگ جهانی دوم و تخلیه‌ی ایران از قوای متفقین ســاعات مراجعت من و چند تن از دوســتانم از دبیرســتان به خانه با ســاعات پیاده‌روی مؤتمن‌الملک تقریباً یکی بود و قسمتی از مسیر ما مشــترک، نحوه‌ی رفتار و احترام مردم نسبت به این شخصیت ملی برایم فراموش ناشدنی است.

رفت که این در عادات شاه و رسوم دربار نبود، اما نشان از احترام و اعتبار استثنایی موتمن‌الملک داشت.

دکتر مصدق نیز «ذخیره‌ی ملی» بود. اما فعّال و قطعاً در جستجوی قدرت و نفوذ و البته به شیوه و روش خود. بنابراین موافق و مخالف بسیار داشت.

*****

دوره‌ی دوازدهم مجلس شورای ملی اندکی پس از انتقال سلطنت از پهلوی اول به فرزند و ولیعهدش محمدرضا شاه به پایان رسید و مجلس سیزدهم، که نمایندگان آن در دوره‌ی رضاشاه انتخاب شده بودند، به مدت دو سال دایر بود. قوای متفقین در ایران بودند، جنگ جهانی همه‌ی مسایل را در دنیا تحت‌الشعاع قرار داده بود.

دولت مرکزی در تهران ضعیف بود، شاه، جوان و بی‌تجربه بود و نفوذی نداشت. اما نخست‌وزیرانی که بر اثر مداخلات خارجیان و بازی‌های سیاسی و خارجی می‌آمدند و می‌رفتند، در حفظ حرمت و منزلت او می‌کوشیدند، نقطه‌ی ثابتی بود در محیطی متشنج و در حال تغییر و تحول دائم، و چون در امور مداخله‌ای نداشت و نمی‌توانست داشته باشد، یا به عبارت دیگر فقط سلطنت می‌کرد نه حکومت، در میان مردم مخالفی نداشت و محبوب بود.

انتخابات مجلس چهاردهم در زمان حکومت دوم علی سهیلی انجام گرفت (۲۸ بهمن ۱۳۲۱، ۱۷ فوریه ۱۹۴۳ تا ۲۳ آذرماه ۱۳۲۲، ۱۵ دسامبر ۱۹۴۳) فرمان انتخابات مجلس به موقع صادر شد و اخذ رأی به تدریج و با دشواری‌های بسیار صورت گرفت. روس‌ها و انگلیس‌ها در انتخابات نظر داشتند اما رسماً و علناً دخالت نمی‌کردند. در بسیاری از شهرستان‌ها، رشته‌ی کار به دست متنفّذان محلی، مخصوصاً بزرگ مالکان، بود که غالباً از حمایت مأموران دولت بهره‌مند بودند. خرید و فروش آراء غیرعادی نبود.

گه‌گاه صندوق‌ها را عوض می‌کردند. کسی رأی آورده بود و کس دیگری سر از صندوق درمی‌آورد.

در بسیاری از نقاط نیز وکلای طبیعی و حقیقی مردم برگزیده شدند. مجلسی که انتخاب شد، آینه‌ی تمام‌نمای کشوری پرآشوب و جامعه‌ای ناآرام بود. هشت تن نماینده از حزب توده (هفت نفر از شمال و یک نفر از اصفهان) و چند نماینده‌ی نزدیک به آن حزب به مجلس راه یافتند. حزب کوچکی به نام ایران که منبعث از کانون مهندسین بود که بسیاری از آنها دانش‌آموختگان دانشگاه‌های اروپا و یا دانشجویان پیشین آنان بودند، پنج نماینده داشت. مهندس غلامعلی فریور سردسته‌ی آن بود. حزب ایران خود را سوسیالیست می‌خواند و می‌دانست و اندکی بعد با حزب توده ائتلافی بدفرجام کرد که در جای دیگر به آن اشاره کردیم. در این میان انتخابات تهران، اهمیت و وضع خاصی داشت و با آزادی کامل (لااقل در مقیاس آن روز) انجام گرفت. تهران مرکز و تجلّی‌گاه همه‌ی مسائل ایران بود و طبق قانون اساسی نمایندگان آن می‌توانستند در مواقع استثنایی جایگزین مجلس شورای ملی شوند.

رأی‌گیری در دوم آذرماه ۱۳۲۲ آغاز شد و دوازده تن نمایندگان پایتخت برگزیده شدند. دکتر مصدق از جانب گروه‌ها و طبقات مختلف مردم نامزد شد. به سبک و شیوه‌ی خود فعالیت کرد و با بیش از شانزده هزار رأی نماینده اول تهران شد. نماینده‌ی دوم سید محمدصادق طباطبایی، فرزند سیدمحمد طباطبایی روحانی بزرگ و آزادی‌خواه صدر مشروطیت بود که سال‌ها پیش عبا و عمامه را کنار گذاشته، لباس فرنگی پوشیده و حتی یک‌بار در زمان رضاشاه به سفارت کبرای ایران در ترکیه منصوب شده بود. در بازار وجهه‌ای داشت و شبکه‌ای از اصناف از او حمایت

می‌کردنـد. مؤتمن‌الملک داوطلب وکالـت نشـده بود و حتی اعلام داوطلبی را دون شــان خود می‌دانسـت، در تمام مدت انتخابات سـکوت اختیار کرد ولی نزدیک به پانـزده هزار تن از مردم به او رأی دادنـد و نماینده‌ی منتخب سـوم تهران شـد. افکار عمومی در انتظـار آن بود که او به مجلس بــرود، مانند ادوار قبل از آغاز سلطنت رضاشاه به ریاست آن انتخاب شود و نقطه امید و اتکای مردم و سبب حرمت و اعتبار و ضامن استقلال مجلس گردد. اما با وجود اصرار فراوان مردم مؤتمن‌الملک نپذیرفت و نفر سیزدهم از منتخبین به جای او به مجلس رفت.

در ششم دی‌ماه ۱۳۲۲ (۲۸ دسامبر ۱۹۴۳) علی سهیلی نخست‌وزیر اعلام کرد که شــاه مجلس را در روز شــنبه اول بهمن‌ماه رسماً خواهد گشود. اما این کار میسر نشد حتی به راه انداختن مجلس در آن شرایط کار دشواری بود. قبل از آن‌که مجلس شروع به کار کند گروه‌های پارلمانی مختلف تشکیل شده و با یکدیگر به رقابت پرداخته بودند.

سرانجام مجلس در ششــم اسفندماه ۱۳۲۲ با تشریفات متعارف افتتاح شد و کار خود را آغاز کرد. در ۲۳ اسفند سید محمدصادق طباطبایی به اکثریت چهل و چهار رأی از هشتاد تن حاضران در جلسـه به ریاسـت مجلس انتخاب شد. جواد عامری و امیرتیمور کلالی نیز در چهاردهم فروردین به نیابت ریاست برگزیده شدند. مجلس جدید به نخسـت‌وزیری محمد سـاعد ابــراز تمایل نمود، شــاه او را مامور تشـکیل کابینه کرد و زندگی سیاسی و پارلمانی جدیدی در تاریخ ایران آغاز شــد. نخسـتین دولت ساعد در روز ششم فروردین ۱۳۲۲ معرفی شد. اما به سبب تحریکات مجلسیان یازده روز بیش‌تــر دوام نیافت و پس از جابجا کردن چند وزیر و افزودن دو نفر، ساعد کابینه‌ی دوم خود را در روز ۱۷ فروردین به

مجلس معرفی کرد. بار دیگر در نیمه‌ی تابستان مجبور به تغییر و تبدیل وزیران خود شد و سرانجام تا اواسط آبان ۱۳۲۳، بر سرکار ماند، یا بهتر بگوییم توانســـت در مقابل طوفان حوادثی که ایران دچار آن بود، با دلیری و مردانگی دوام بیاورد.

*****

محمدســـاعد، ســـاعدالوزراه، که ســـه ســـال پیش از این دوران پیشنهاد متفقین را برای قبول سمت نیابت سلطنت و کنار گذاشتن محمدرضـــا پهلوی نپذیرفته بود، در طی چند ماه حکومت خود با یکی از دشوارترین بحران‌های سیاسی و بین‌المللی تاریخ معاصر ایران مواجه شد و با شهامت و شجاعت از منافع کشور در مقابل توقعات و فشـــارهای همسایه‌ی نیرومند شـــمالی که نیروهایش در قسمت مهمی از کشور مســـتقر بودند و نیز در برابر تظاهرات خشونت‌آمیز عوامل مسکو، مقاومت کرد و تسلیم نشد.

شـــوروی‌ها هیاتی را به ریاســـت کافتارادزه معاون ارشد وزارت امور خارجه برای اخذ امتیاز نفت شمال به تهران فرستادند. خبر اعزام این هیات در پانزدهم شهریور ۱۳۲۳، ۱٤ سپتامبر ۱۹٤٤، به دولت ایران «ابلاغ» شد.

نخســـتین ملاقات کافتارادزه با محمد ســـاعد کـــه سمت وزارت امورخارجه را نیز به عهده داشـــت، در روز ۲۳ شـــهریور صورت گرفت و دو روز بعد وی به اتفاق سفیر کبیر شوروی به دیدار شاه رفت و دیگر فشـــار شوروی‌ها برای تحمیل قراردادی در این زمینه به ایران قطع نشد و روزافزون بود.

حتی در روز سیزدهم مهرماه کافتارادزه یک مصاحبه‌ی مطبوعاتی تشکیل داد و توقعات خود را علنی کرد. در روز ۲۷ مهرماه، ساعد به مجلس رفت و گزارشـــی از مذاکرات خـــود به نمایندگان داد و اظهار داشت که:

«هیات وزیران قبل از روشن شدن وضع اقتصادی و مالی جهان و استقرار صلح عمومی در دنیا، اعطای هیچ امتیازی را به کمپانی‌های خارجی مقتضی نمی‌داند؟»

در روز دوم آبان‌ماه، کافتارادزه، در مصاحبه‌ی مطبوعاتی دیگری رسماً و علناً و برخلاف همه‌ی موازین حاکم بر روابط بین‌المللی، به تهدید دولت ایران پرداخت. چهار روز بعد ساعد به نوبه خود در یک مصاحبه‌ی بزرگ مطبوعاتی که اکثر وزیران نیز در آن شرکت داشتند به معاون ارشد وزارت خارجه شوروی پاسخ داد و بار دیگر موضع سیاسی ایران را که عدم اعطای امتیاز و حتی انجام مذاکرات نفتی با خارجیان قبل از پایان جنگ جهانی باشد تکرار کرد.

در حالی که دولت تحت فشار شدید سیاسی شوروی‌ها بود، عمال آنان در داخل کشور به تظاهرات وسیعی علیه شخص نخست‌وزیر به منظور مجبور ساختن او به اعطای امتیاز بهره‌برداری نفت شمال به مسکو پرداختند.
در تهران، اصفهان، تبریز، مناطق نفتی جنوب و شهرهای شمال کشور، حزب توده و شورای متحده‌ی مرکزی هیاهو و اغتشاش شدید برپا کردند. در پایتخت، کامیون‌های ارتش سرخ از ستون‌های تظاهرکنندگان توده‌ای علناً حفاظت می‌کردند. ایران روزهای دشواری را می‌گذراند، اما ساعد تسلیم نشد. حتی یک‌بار پیاده به‌میان گروهی از تظاهرکنندگان که در مقابل محل حزب توده در خیابان فردوسی فریاد «مرگ بر ساعد» می‌کشیدند رفت و به ترکی آذربایجانی به آنان به شوخی و گفت‌وگو پرداخت.
سپس در جلسه‌ی علنی مجلس گفت:
«من آن قدر معروف نیستم که مردم مرا بشناسند. اگر با

ماشین نخست‌وزیر بروم سنگسارم می‌کنند.»[۱]

*****

آغاز کار مجلس چهاردهم با حکومت محمد ساعد و کابینه‌های سه‌گانه‌ی او مصادف بود. دکتر مصدق در نخستین نطق خود در مجلس، رویه‌ی سیاسی خود را بیان داشت:

«اکنون که قبول وکالت کرده‌ام، اگر حرف حساب در این مجلس اثر نکند، اگر ما در سیاست عالیه‌ی مملکت آزاد نباشیم، چرا من عِرض خود را ببرم و زحمت آقایان را فراهم کنم؟ . . . .

باید همه چیز را برای خیر وطن خواست. اگر وطن‌پرستی بد است، چرا دول بزرگ هر چه خوب است برای وطن خود می‌خواهند؟ اگراصول دموکراسی خوب نیست چرا در کشورهای خود اجرا می‌نمایند؟ اگر آزادی جراید مضر است، چرا در آن ممالک متعرض جراید نمی‌شوند؟ امیدوارم ما نمایندگان دوره‌ی چهاردهم ثابت کنیم که ملت ایران طالب استقلال است و آن‌را به هیچ قیمت از دست نمی‌دهد. ملت می‌خواهد که خارجی از این مملکت برود و در امور ما دخالت نکند و انتظار دارد که خارجی‌ها استقلال ما را محترم بشمارند»[۲]

در مورد رویه‌ی او نوشته‌اند:

۱- مصطفی الموتی این جریان را به شکلی اندک متفاوت حکایت کرده: «...یک روز ساعد خبردار می‌شود که در میدان فردوسی توده‌ای‌ها میتینگ بزرگی علیه او ترتیب داده‌اند. بدون اطلاع به خیابان رفته یک ماهی و مقداری مواد غذایی خریده و آن را به دست می‌گیرد و از کنار میتینگ‌دهندگان عبور می‌کند. فریاد مرگ بر ساعد مرتب به گوش او می‌خورد. نزد اجتماع کنندگان رفته به زبان ترکی از یکی از آن‌ها می‌پرسد ساعد کیست که به او فحش می‌دهند؟ یکی از تظاهر کنندگان می‌گوید نمی‌دانم، خیال می‌کنم برادر فرانکو باشد» (منبع ذکر شده، صفحات ۳٦ و ۳۷)

۲- روزنامه‌ی رسمی مشروح مذاکرات مجلس.

«از شهریور ۲۰ که بار دیگر دکتر مصدق وارد گود سیاست شد، بهترین سنگر را برای خود کرسی مجلس می‌دانست. از آن‌جا با نطق‌های تند خود پشت دولت‌ها را می‌لرزاند. دانشگاهیان و اصناف و بازاری‌ها و طبقات دیگر هم از او حمایت می‌کردند. به همین جهت با پشتوانه‌ی محکم مردمی دولت‌ها را می‌کوبید. ولی کاری به کار رژیم نداشت فقط می‌گفت شاه بماند و سلطنت کند.»[1]

در مجلس، مصدق رهبر اقلیت بود و طبیعتاً مخالف شدید دولت ساعد. ولی هنگام رو در رویی نخست‌وزیر با کافتارادزه این مخالفت را کنار گذاشت. در نطق مهمی که در مجلس ایراد کرد به مصاحبه‌ی کافتارادزه پاسخ داد:

«در این پیش‌آمد دولت اتحاد جماهیر شوروی می‌تواند به دو طریق عمل کند... اول... بگوید شرط دولت کامل‌الوداد چنین اقتضا می‌کند که امتیاز معادن شمال را هم دولت ایران به دولت شوروی بدهد. در این‌جا باید گفت که جناب آقای کافتارادزه دیر تشریف آورده و زود می‌خواهند تشریف ببرند. آن زمان که دولت امتیاز نفت جنوب را داد، نفت آن اهمیتی که امروز در عالم داراست نداشت... دوم دولت اتحاد جماهیر شوروی به نفت احتیاج دارد و دولت ایران هم در عالم مجاورت نباید نفت خود را با دیگران معامله کند. من تصور می‌کنم که در این مجلس چنین پیشنهادی بگذرد. یعنی دولت ایران متعهد شود که در مدت معلوم در قرارداد، مازاد نفت معادن شمال را به نرخ متوسط بین‌المللی که در هر سال معین می‌شود به دولت شوروی بفروشد.»[2]

---

۱ - مصطفی الموتی، بازیگران سیاسی... منبع ذکر شده، صفحه‌ی ۱۹۱ .

۲ - روزنامه‌ی رسمی، مشروح مذاکرات مجلس.

روزنامه‌های حزب توده تا آن موقع رعایت دکتر مصدق را می‌کردند و حتی از او پشتیبانی می‌نمودند. پس از این سخنان تغییر رویه دادند. نام مصدق، به اسامی ساعد و سیدضیاءالدین به عنوان آماج حمله‌های شدید و دشنام‌های آنان، افزوده شد. مصدق را «سمبل اشرافیت پوسیده» «سیاستمدار مرتجع و کهنه‌پرست و عامل امپریالیسم» نامیدند.[۱]

ناگفته نماند که سیدضیاءالدین طباطبایی نیز در این جریان، شجاعانه به مقاومت در مقابل توقعات مسکو برخاست. اعلامیه‌ی ۲۷ آذرماه ۱۳۲۳ او استدلال جامع و محکمی در این زمینه است.

*****

دکتر مصدق، در جلسه‌ی ۱۱ آذرماه ۱۳۲۳، پس از خطابه‌ای مبسوط و سخنانی تند و میهن‌دوستانه پیشنهاد کرد که مفاد تصویب‌نامه‌ی دولت ساعد، دایر به ضرورت امتناع از هر گونه مذاکرات نفتی و اعطای امتیاز به خارجیان تا زمانی که قوای بیگانه ایران را ترک نکرده باشند، تبدیل به ممنوعیت قانونی شود. این طرح و ماده واحده‌ای که به قانون تحریم مذاکرات نفت مشهور است، به نام او در تاریخ ماندگار خواهد بود و در حقیقت قدم اول در زمینه‌ی نهضت ملی کردن نفت به شمار می‌آید.

ماده‌ی اول طرح این بود که تا تخلیه‌ی کامل خاک ایران از قوای خارجی «هیچ نخست‌وزیر و اشخاصی که کفالت از مقام آنها می‌کنند، نمی‌تواند راجع به امتیاز نفت با هیچ یک از نمایندگان رسمی و غیررسمی دول مجاور و غیرمجاور و یا نمایندگان شرکت‌های نفت و هرکس غیر از این‌ها مذاکراتی که اثر قانونی دارد بکند یا این که قراردادی امضا نماید.» الی آخر

دکتر مصدق افزود:

۱- نگاه کنید به علی میرفطروس، برخی منظره‌ها و مناظره‌های فکری،...، متن ذکر شده، صفحه ۱۴۰.

«ایــن بود طرح من و این فکــر را دو روز بعد از نطقی که راجع به امتیاز نمودم، یکی از آقایان نمایندگان محترم که اجازه ندارم نامش را بگویم به من داد... هیچ‌کس نمی‌تواند غیر از مجلس در مال ملت دخالت کند... تا مجلس متفرق و تحت تأثیر واقع نشــده باید آن را تصویب کنیم. هرگاه امروز این کار نشــد دیگر جلسه‌ای منعقد نخواهد شد که این طرح تصویب شود.»[۱]

مصدق تقاضــای دو فوریت برای طرح پیشــنهادی خود کرد که تصویب شــد. در تقاضای دو فوریت حق با او بود. می‌دانســت شــوروی‌ها و دست‌نشاندگان‌شــان قادر به ایجاد چه آشوبی در سرتاسر کشور هستند و بیم داشت که مبادا مانع تشکیل جلسات مجلس شوند.
مجلس به اکثریت قریب به اتفاق (جز نمایندگان حزب توده و چند تن وابســتگان به آن حزب) این طرح قانونــی را تصویب کرد که بلافاصله به توشــیح شــاه رســید و قدرت اجرایی یافت. به این ترتیب ســد قانونی محکمی در برابر فشارها و توقعات خارجیان برای دست‌اندازی به منابع نفتی ایران به وجود آمد. آن «نماینده‌ی محترم» که فکر طرح را به مصدق داد که بود؟

دکتر جلال متینی در کتاب خود، نام سیدضیاءالدین طباطبایی یا تنی چند از نمایندگان اکثریت آن روز مجلس را به اســتناد مدارک مهمی که انتشار داده نفی نمی‌کند.[۲]
چرا خــود بانی یا بانیان طرح آن‌را به مجلــس تقدیم نکردند؟ از روی بیــم و احتیاط و محافظه‌کاری بود یا از تصویب آن اطمینان نداشــتند؟ هیچ کس نمی‌داند و با گذشت زمان دیگر پاسخ دقیقی

۱- روزنامه‌ی رسمی، مشروح مذاکرات.
۲- جلال متینی، نگاهی به ... صفحات ۱۵۸ تا ۱۶۵.

هم به این پرسش نمی‌توان داد.
قدر مسلم این است که شجاعت و شهامت این کار را فقط مصدق داشت و این طرح به نام او در تاریخ ماندگار خواهد بود. چنان‌که هوشیاری، خونسردی و پایداری محمد ساعد نخست‌وزیر وقت در برابر شوروی‌ها نیز هرگز فراموش نخواهد شد.
در این بحران بزرگ هر دوی آن‌ها خدمتگزاران راستین ایران و منافع ملی ایرانیان بودند. پایداری محمد ساعد و دلاوری دکتر مصدق با پشتیبانی اکثریت نزدیک به اتفاق مردم و نمایندگان مجلس از آن‌ها، مانع تحقق نقشه‌ی مسکو برای تسلط بر منابع نفتی شمال ایران شد که این پیروزی بزرگی برای کشور ما بود.
در حالی که هنوز نیروهای ارتش سرخ در شمال و شمال غربی کشور مستقر بودند و حزب توده با حمایت آنان در اوج قدرت و نفوذ خود بود، ادامه‌ی حکومت ساعد که شخصاً این رودررویی نابرابر با یکی از ابرقدرت‌های جهان خسته و فرسوده شده بود، نه ممکن بود و نه مصلحت.

در روز ۱۸ آبان‌ماه ۱۳۲۳ (۹ نوامبر ۱۹۴٤)، ساعد به حضور شاه رفت و استعفای دولت خود را تقدیم داشت. در همان روز شاه بر طبق سنت آن زمان، محمدصادق طباطبایی، رئیس مجلس شورای ملی را احضار کرد و نظر نمایندگان را نسبت به نخست‌وزیر آینده خواستار شد. تشتت آراء در میان مجلسیان چنان بود که بعد از چهل و هشت ساعت گفتگو و رفت و آمد نام شانزده تن از رجال سیاسی کشور را به عنوان نامزدهای نخست‌وزیری به شاه پیشنهاد کردند! شاه مجدداً از مجلس نظر و تمایل صریحی خواست و سرانجام در ۲۳ آبان‌ماه، مجلس به نخست‌وزیری دکتر مصدق ابراز تمایل کرد و او مامور تشکیل کابینه شد. وی ریاست دولت را «بدون اخذ حقوق» پذیرفت، مشروط بر آن‌که هرگاه از کار کناره گرفت یا برکنار شد بتواند به «خدمت ملی»، یعنی نمایندگی مجلس

شـــورای ملی بازگردد.[۱] شـــاه که نه می‌خواست و نه می‌توانست تصمیم بگیرد، پیشنهاد را برای اخذ تصمیم به مجلس ارجاع کرد. روز بعد نمایندگان به اکثریت آراء شرایط نخست‌وزیر منصوب را مغایر اصل سی‌و دوم قانون اساسی دانسته و رد کردند.

بحران سیاســـی ادامه یافت. در آن شـــرایط دشـــوار یافتن کسی که لااقل بتواند آرامشـــی به وجود آورد و بحران با اتحاد جماهیر شوروی را تسکین بخشد، آسان نبود. سرانجام در روز ۲۹ آبان‌ماه، مجلس شورای ملی از میان دو رجل سیاسی که مناسب‌تر به نظر می‌رســـیدند، مرتضی‌قلی بیات، خواهرزاده‌ی دکتر مصدق و مرد مورد توجه او، و صادق صادق که گفته می‌شد شوروی‌ها با وی مخالفتی نخواهند داشـــت. بیات را با پنجاه رأی در مقابل چهل و پنج رأی برای صادق صادق، برگزید و شـــاه او را مامور تشکیل دولـــت کرد و نظر به بحرانی بـــودن اوضاع تاکید نمود که وزیران خود را هر چه زودتر معرفی و آغاز به کار کند.
دو هفته بعد، ۱۳ آذرماه ۱۳۲۳، ٤ دسامبر ۱۹٤٤، مجلس با هفتاد و سه رأی موافق و تائید ضمنی دکتر مصدق، به دولت بیات رأی اعتماد داد.

*****

پس از آن‌که بیات از مجلس رأی اعتماد گرفت، کافتارادزه، مجدداً به تهران آمد و نغمه‌ی اخذ امتیاز نفت شمال را تجدید کرد. قانونی که از تصویب مجلس گذشته و به توشیح شاه رسیده بود، راه را بر ادعاهای او بسته بود. مدتی در تهران ماند، حزب توده هیاهوی بسیار در تائیدش به راه انداخت، اما سرانجام به مسکو بازگشت. بحران با روسیه شوروی صورتی دیگر یافت که در قسمت اول این کتاب به آن پرداختیم. بیات تقریباً پنج ماه بر سر کار ماند. در ۲۸

---

۱ - نامه‌ی نخســـت‌وزیر منصوب، دکتر محمد مصدق به شـــاه، مورخ ۲۳ آبان ماه ۱۳۲۳.

فروردیـــن ۱۳۲٤، ۱۷ آوریل ۱۹٤۵ مجلس به او رأی اعتماد نداد که ناچار به استعفا شد.

جنـگ جهانی دوم رو به پایان بود و اوضـــاع داخلی ایران رو به آشـــفتگی بیش‌تر و یافتن شـــخصیتی که بتواند سر و صورتی به پریشانی امور مملکت بدهد آسان نبود.
دو هفته بعد از استعفای بیات، مجلس ابراهیم حکیمی، حکیم‌الملک، را برگزید و او در دوازدهم اردیبهشـــت مأمور تشکیل کابینه شد. یک هفته طول کشید تا بتواند وزیران خود را تعیین کند. سه هفته بعد مجلس به وی رأی عدم اعتماد داد و حکیمی کناره گرفت.

نزدیک به یک هفته لازم آمد که مجلس بر سر نخست‌وزیر جدیدی توافق حاصل نماید و یک هفته‌ی دیگر برای آن‌که محســـن صدر، (صدرالاشراف) که برگزیده شده بود، وزیران خود را (که بیش‌تر همان اعضای دولت قبلی بودند) به مجلس معرفی کند.
مســـاله‌ی دیگر این بود که هر چه زودتـــر موجبات تخلیه‌ی قوای متفقین از ایران فراهم شود. اما همه جا اغتشاش و ناامنی رو به افزایش بود و در تهران دولت با «ابسترکسیون» اقلیتی که مصدق رهبر آن بود و مانع کارش می‌شد، درگیر.

در روز دوم تیرماه، شـــاه ناگزیر شد پنج تن از نمایندگان اکثریت و پنج تن از برگزیدگان اقلیت را به دربار احضار کند و حساسیت اوضاع سیاســـی و اقتصادی کشور و لزوم تعیین تکلیف دولت را به آنان گوشـــزد نماید. شاید این نخســـتین مداخله‌ی علنی او در تمشـــیت امور مملکت بـــود. او بحثی را آغاز کرد که ســـال‌ها بعد اساس یک بحران بزرگ سیاسی داخلی گردید:

«انتخاب نخست‌وزیر با ما است و اگر من تمایل مجلس را استفسار می‌کنم، به منظور همکاری مجلس با دولت است

و رئیس دولت نیز در انتخاب وزیران آزاد اســت و مجلس حق ندارد در کار قوه‌ی مجریه دخالت نماید»[۱]

اخطار شـــاه ضمانت اجرایی نداشت و به جایی نرسید. طی پنج ماه، دولت صدر با شورش نظامیان توده‌ای در خراسان، اغتشاش در مازندران، ناامنی در کردستان و فارس، آغاز مقدمات تجزیه‌ی آذربایجان و سوءنیت شوروی‌ها در تخلیه‌ی ایران، همواره درگیر بود. بدون آن‌که رأی اعتماد گرفته باشد! سرانجام نخست‌وزیر نزد شاه رفت و کناره گرفت.

مجلـــس در آخر مهرماه ۱۳۲٤، به ابراهیم حکیمی، که چندماه قبل بـــه او رأی عدم اعتماد داده بود، ابراز تمایل کرد و شـــاه او را در دوم آبان‌ماه مامور تشکیل کابینه‌ی جدید خود نمود. برای اجتناب از مشکلات، حکیمی مجبور شد برای تعیین وزیرانش در جلسه‌ی خصوصی از مجلس کسب تکلیف کند! سرانجام در دهم آبان آن‌ها را به شاه و مجلس معرفی کرد. آشوب تجزیه‌طلبان در آذربایجان و کردستان بالا می‌گرفت. شـــوروی‌ها بر خلاف تعهدات خود از تخلیه‌ی ایران خودداری می‌کردند. فارس ناآرام بود.
دولت در مقابله با دشواری‌ها ناتوان بود. اما آن‌قدر پافشاری کرد تا شکایت ایران از شوروی در دستور شورای امنیت سازمان ملل متحد قرار گیرد.

*****

رویـــه‌ی دکتر مصدق در ایـــن ماه‌ها قابل توجه اســـت: در راس اقلیتـــی کم و بیـــش ثابت، به دولت‌هـــای ناتـــوان می‌تاخت. اما برخلاف «اقلیت‌های ثابت» در مجالس مقننه‌ی کشـــورهای دیگر، پیشـــنهاد و برنامه‌ی خاصـــی ارائه نمی‌داد. از پشـــتیبانی افکار عمومی برخوردار و بازگو کننده‌ی همه‌ی نارضایتی‌ها، شکوه‌ها،

۱- گاه‌نامه‌ی پنجاه سال شاهنشاهی پهلوی، جلد اول، صفحه‌ی ۳۳۰.

دلخوری‌ها و عقده‌ها بود. در میان جوانان دانشگاهی و روشنفکران محبوبیت خاص داشت و این محبوبیت را بزرگ‌ترین سرمایه‌ی خود می‌دانست، تا آن‌جا که مخالفانش وی را به عوام‌فریبی و عوام‌بازی متهم می‌کردند.

طرح «منع مذاکرات نفتی» او، نشان داد که به هنگام احساس خطر جدی برای ایران می‌تواند رویه‌ای مثبت داشته باشد و حتی با دولت همراهی کند. وی هنگامی که ماجرای اختیارات دکتر میلیسپوی آمریکایی و مستشارانش پیش آمد، که بی‌پروا در همه‌ی امور داخلی ایران به نام اداره‌ی امور وزارت دارایی، دخالت می‌کردند و حتی به خود اجازه‌ی عزل و نصب بعضی مقامات مملکتی از جمله (رئیس بانک ملی) را می‌دادند، عامل مؤثری در لغو این اختیارات بود و نشان داد که اتهام انتصاب وی به سیاست آمریکا، که کم‌کم زمزمه می‌شد، درست نیست.[1]

در مورد بحران آذربایجان که دل‌مشغولی اصلی مردم و مجلس در آخرین ماه‌های دوره‌ی چهاردهم قانون‌گزاری بود (دوره‌ی چهاردهم در بیستم اسفند ۱۳۲٤، ۱۱ مارس ۱۹٤٦ به پایان رسید و دوره‌ی فترت آغاز شد)، مخالفانش رویه‌ی او را مورد انتقاد قرار داده و می‌دهند.
درست است که وی با دولت حکیمی که با دشواری بسیار در برابر

۱- ابوالحسن ابتهاج در خاطرات خود (متن ذکر شده صفحات ۱۱۱ الی ۱۵۵) ماجرای ماموریت دکتر میلیسپو و مداخلات او را در اموری که به وی ارتباطی نداشت به تفصیل ذکر کرده متن نطق دکتر مصدق را هم در مورد او در ضمیمه‌ی کتاب انتشار داده است. در آن روزگار، مخالفت با دکتر میلیسپو و یا مقاومت در برابر او که از حمایت سفارتخانه‌های آمریکا و بخصوص انگلیس و اکثریت مجلس برخوردار بود، کاری آسان نبود. در این کتاب می‌خوانیم که از میان رجال سیاسی ایران، قوام و ساعد (و حتی موتمن الملک گر چه خود را از سیاست برکنار نگاه می‌داشت) با او سخت مخالف بودند و چون سرانجام عذرش خواسته شد، شاه نیز از این جریان اظهار خوشوقتی کرد.

شوروی‌ها مقاومت می‌کرد، به شدت مخالفت می‌ورزید. هنگامی که توده‌ای‌ها در تهران دار و دسته پیشه‌وری در تبریز نغمه‌ی خودمختاری و تشکیل دولت فدرال را ساز کردند، گفت:

«من هیچ مخالف نیستم که مملکت ایران دولت فدرالی شود. شاید فدرالی بهتر باشد که یک اختیارات داخلی داشته باشند، بعد هم با دولت مرکزی موافقت کنند»[1]

از تشکیل انجمن‌های ایالتی و ولایتی هم که در قانون اساسی مصرّح بود حمایت کرد. اما افزود که قانون اساسی اجازه‌ی تشکیل حکومت خودمختار و نظام «فدرال» را نمی‌دهد. بنابراین هرگونه اقدامی را در جهت ارضای درخواست‌های توده‌ای‌ها و پیشه‌وری مشروط به تشکیل مجلس موسسان و تغییر قانون اساسی می‌دانست، یعنی در شرایط آن روز تعلیق به محال.

در جلسه‌ی علنی دیگری،[2] هفتاد و هشت فقره اعلام جرم علیه دولت حکیمی درباره‌ی تخلفات مأمورین دولتی در آذربایجان تقدیم مجلس نمود که این اقدام پافشاری نخست‌وزیر و دولتش را در زمینه‌ی مبارزه با تجزیه‌ی کشور، آسان نمی‌کرد.

پس از آن‌که کار تجزیه‌طلبان به موفقیت رسید و پرچم استقلال برافراشتند، دکتر مصدق در مجلس گفت «با آذربایجان نباید جنگ کرد، بلکه باید از آن‌ها رفع شکایت نمود» و بلافاصله افزود «تا مطیع مرکز شوند»[3]

نمی‌دانیم اگر خود او ریاست دولت را پذیرفته بود و ناچار به رودررویی با این بحران می‌شد، چه می‌کرد. شاید هم به همین سبب نپذیرفت. اما استناد منقدان به قسمتی از سخنان او و اجتناب از ذکر همه‌ی آن، منصفانه نیست.

---

۱ - مذاکرات مجلس شورای ملی، ۱۸ آذر ماه ۱۳۲٤.

۲ - ۲۷ آذرماه ۱۳۲٤.

۳ - ۲۸ آذرماه ۱۳۲٤.

پس از تشـــکیل دولت قوام، شاید به سبب اطمینانی که به حُسن تدبیر او داشت، مصدق رویه‌ی روشـــن‌تری اتخاذ کرد: با اشاره به عدم تخلیه‌ی خاک ایران از قوای شـــوروی گفت « نه فقط خاک کشـــور ما از نیروهای بیگانه تخلیه نشـــده است، بلکه نغمه‌هایی برای ما ســـاز کرده‌اند که موجودیت و تمامیت و همه چیز آینده‌ی مـــا را تهدید می‌کند و ما را به طـــرف تجزیه و جنگ‌های داخلی و برادرکشی سوق می‌دهند و به جای احترام به استقلال و تمامیت و وحدت، نقشه‌ی قیمومیت و تفرقه ما را می‌کشند»[1]

ســـه دولت بزرگ پیشـــنهاد کرده بودند که نمایندگان آنان هیاتی برای نظارت بر حل مســـاله‌ی آذربایجـــان و رفع بحران منطقه‌ای تشکیل دهند. طبیعتاً دولت ایران و مردم (به استثنای توده‌ای‌ها) با آن شدیداً مخالف بودند. مصدق به این مساله نیز اشاره کرد گفت «تازه برای قانون اساســـی ما غم‌خواری می‌کنند و اظهار تأسف می‌نمایند که اگر قانون اساســـی ما در قسمت انجمن‌های ایالتی و ولایتی اجرا شـــده بود، ایران به شکل یک کشور متحده‌ای درآمده بود. تازه دارند برای ما موضوع زبان و اقلیت را پیش می‌کشـــند. مگر فرانســـه و بلژیک مطابق قانون اساسی‌شـــان انجمن ایالتی و ولایتی ندارند؟ آیا هرگز این دو کشـــور را کســـی کشور متحد خوانده اســـت؟ مگر در این دو کشـــور به زبان‌های محلی از قبیل زبان فلامان و زبان فرانســـه و یا زبان برتن و ساکســـون و غیره تکلم نمی‌شـــود؟ آیا هرگز کسی به عنوان این زبان‌ها برای این دو کشور موضوع اقلیت را مطرح کرده است؟»
این آخرین نطق او در مجلس چهاردهم بود.

*****

قوام‌السلطنه، چنان که دیدیم، توفیق یافت مساله‌ی آذربایجان را حـــل کند. ایران تمامیت ارضی و حاکمیـــت ملی خود را بازیافت.

۱- ۱۲ اسفندماه ۱۳۲۴.

موافقت‌نامه‌ی مربوط به بهره‌برداری نفت شمال در مجلس پانزدهم به تصویب نرسید و به این ترتیب شوروی‌ها و دست‌نشاندگان در همه‌ی صحنه‌ها شکست خوردند.

پس از رد موافقت‌نامه با شوروی‌ها، مجلس دولت را مکلّف ساخت که پرونده‌ی روابط با انگلیس‌ها را در زمینه‌ی بهره‌برداری از منابع نفت جنوب مجدداً مطرح سازد و برای احقاق حقوق حقّه‌ی ایران اقدام کند.

مساله‌ی نفت بار دیگر در راس همه‌ی مسائل ایران قرار گرفت و با آن فرصتی پدید آمد که دکتر محمد مصدق به صورت شخصیتی تاریخی درآید.

فصل چهارم

تلافی

مجلس چهاردهم هنگامی به پایان رسید که ایران با بحران آذربایجان و خطر تجزیه روبرو بود. در طول این دوره‌ی قانون‌گزاری، دکتر مصدق با همه‌ی دولت‌ها شدیدا مخالفت می‌کرد، از موضع وجهه‌ی ملی خود به نخست‌وزیران و وزیران می‌تاخت و بازگوکننده‌ی نارضایتی‌های مردم از همه کس و همه چیز بود، ولو آن‌که دولت‌ها غالباً در این زمینه، مسئولیت و سهم عمده‌ای نداشتند و اصولاً در آن شرایط کاری هم از دست‌شان برنمی‌آمد. اما قانوناً مسئول بودند و پاسخگو.

تنها هنگامی که مساله‌ی بود و نبود ایران و وحدت ملی پیش آمد، مصدق، بدون آن‌که در حملات سیاسی خود به دولت‌ها تعدیل کند، در دفاع از تمامیت ارضی کشور و ضرورت قدرت حکومت مرکزی و حفظ و صیانت زبان فارسی به عنوان یکی از عوامل

تاریخی همبستگی ایرانیان، تردیدی به خود راه نداد. در آخرین روزهای مجلس چهاردهم، او بیش‌تر یک دولتمرد بود، کسی که مصالح ملی را بر احساسات شخصی ترجیح می‌دهد، تا یک سیاست‌پیشه‌ی در جستجوی محبوبیت و خوش‌آیند این و آن. لایحه‌ی قانونی تحریم مذاکرات نفتی، اندیشه‌ی اصلی آن از هر که بوده، به نام وی در تاریخ ثبت خواهد شد و نیز هیچ‌کس در آن زمان پروا نکرد که با صراحت و خشونت او به ادعای واهی تجزیه‌طلبان آذربایجان درباره‌ی رسمیت دادن به یک گویش محلی که تیشه به ریشه‌ی وحدت فرهنگی ایران می‌زد، بتازد و آن‌را محکوم کند.

طی آخرین ماه‌های مجلس چهاردهم بود که در حقیقت مصدق از شمار سیاستمداران سنتی ایران به در آمد و در میان مردان سرنوشت‌ساز تاریخ قرار گرفت.

مخالفت او با سیدضیاءالدین طباطبایی، رهبر کودتای سوم اسفند، مسلماً فاقد اهمیت نیست. اما چند تن دیگر، به‌خصوص قوام‌السلطنه، با صراحت و قدرت بیش‌تری با حرکت سید که از لندن الهام گرفته بود، مخالفت کردند و در برابر آن بهای گران‌تری نیز پرداختند.

در سال های بعد، چه به هنگام تصدی وزارت و چه در ولایت آذربایجان مصدق با سردارسپه حسن رابطه و حتی همراهی و همکاری نزدیک داشت. سردار برای اعاده‌ی وحدت و قدرت ملی و بازسازی ایران می‌کوشید و قطعاً مصدق هم جز این هدفی نداشت.

در انقراض قاجاریه، او تنها نماینده‌ی مخالف نبود، گر چه بیش از دیگران سخن می‌گفت. به ویژه آن‌که کوشید تا تائید و تجلیل شخص سردارسپه را از مخالفت با اختلاط سلطنت و حکومت، که به مصلحت نمی‌دانست و بیم پیدایش آن را

داشت، جدا کند.

پس از آن چند سالی با رضاشاه حسن رابطه داشت تا آنجا که وزارت امور خارجه، ریاست دیوان عالی کشور و نخست‌وزیری به او پیشنهاد شد. در این سال‌ها مصدق سیاستمداری محبوب و سخنگوی اقلیت مجلس بود ولی نخستین اشتباهات بزرگ رویه و زندگی سیاسی خود را نیز مرتکب شد، یعنی مخالفت با ساختن راه‌آهن در ایران و اصلاحات بنیادی عدلیه. این رویه‌ی او با آرمان‌گرایی ملی که سخنگوی آن بود، تضاد کامل داشت.

تردید نیست که سال‌های گوشه‌گیری از سیاست و خانه‌نشینی، برای او مانند هر مرد سیاسی دیگر، آسان نبود و چند ماهی که طی دو سال آخر سلطنت رضاشاه در زندان و سپس اقامت اجباری در احمدآباد به سر برد، هم غیرقانونی بود و هم دشوار.

در حقیقت، مصدق در جریان بحران نفت و ملی کردن منابع نفتی کشور با شکستن طلسم تسلط انگلیس‌ها بر صحنه‌ی سیاست ایران قدم به جایگاه مردان تاریخی گذاشت. سپس به سبب ناتوانی در خروج از این بحران، دچار شکستی بزرگ شد. رفتاری که پس از آن با او شد، این شکست را به دست فراموشی سپرد و از او به حق یا ناحق، که این دیگر یک قضاوت شخصی است، یک «مظلوم»، یک «قهرمان» و در نهایت امر یک «افسانه» ساخت. او نیز مانند قوام، قربانی حق‌ناشناسی بسیار شد و اکنون، مانند قوام و چندتن دیگر باید ارج و منزلت تاریخی خود را با واقع‌بینی و تجزیه و تحلیل عینی و بی‌طرفانه حوادث بازیابد.

****

دوران سرنوشت‌ساز زندگی دکتر مصدق، برای خود او و برای

ایران، تقریباً یک دهه به‌طول انجامید. تصویری که در تاریخ از او به جای مانده، یا می‌ماند، مانند هر شخصیت دیگری، چند گونه و گاه متضاد است.[۱]

---

۱ - گذشته از منابعی که ذکر شده و یا خواهد شد، در معرفی دکتر مصدق، از مذاکرات طولانی خود در سال‌های گذشته با چند تن از یاران نزدیک و یا همکاران موثق وی بهره گرفته‌ام. نخست، دکتر محمد نصیری رییس کل بانک ملی ایران در زمان حکومت دکتر مصدق که بر اثر آن چند سالی مغضوب و خانه‌نشین و به تدریس در دانشکده‌ی حقوق و علوم سیاسی و اقتصادی دانشگاه تهران سرگرم بود و سپس مدتی هم ریاست یک بانک نوبنیاد خصوصی (بانک پارس) را پذیرفت. در کابینه‌ی شادروان حسن‌علی منصور در اسفند ۱۳۴۱ به اصرار او و تأیید محمدرضاشاه که هر دو می‌خواستند دوستان غیرافراطی مصدق را به حکومت نزدیک کنند، وزارت مشاور را پذیرفت و در کابینه‌های اول و دوم امیرعباس هویدا نیز همین عنوان را داشت، گرچه اظهار نظرهای آزادانه‌اش در بعضی مسائل سبب شد که دیگر «مشاوره‌ای» با او نشود و سرانجام کنارش گذاشتند.
از نخستین روزهای بازگشت به ایران پس از پایان تحصیلات عالیه‌ام در اروپا (۱۳۳۷)، من بخت آشنایی با آن شادروان را یافتم که این دوستی تا آخرین روزهای پیش از انقلاب اسلامی و پس از آن ادامه یافت. هنگامی که به ریاست دانشگاه تهران برگزیده شدم به من این افتخار را داد که ریاست دانشکده حقوق و علوم سیاسی را بپذیرد و تا سن بازنشستگی این مسئولیت را عهده‌دار بود. دکتر محمد نصیری مردی فوق‌العاده دقیق و آشنا به روحیات سیاستمداران ایران و محیط سیاسی کشور بود. از مصدق (که او را همیشه در مذاکرات خصوصی «آقای دکتر» می‌نامید) خاطرات بسیار نقل می‌کرد. شخصیت او را می‌ستود و نقاط ضعفش را می‌دانست و گاهی باز می‌گفت.
دیگر، دکتر غلامحسین صدیقی، استاد دانشگاه تهران، بنیادگذار موسسه‌ی تحقیقات و مطالعات اجتماعی آن دانشگاه که وزیر پست و تلگراف و تلفن و سپس وزیر کشور و نایب نخست‌وزیر در کابینه‌ی مصدق بود. او ستایش‌گر بی‌قید و شرط دکتر مصدق بود (و همیشه او را در گفتگوهای خصوصی «آقا» می‌خواند) و دستوراتش را ولو خلاف قانون بی‌چون و چرا اجرا می‌کرد.
در بقیه‌ی فصول این کتاب از خاطراتش در مورد وقایع ۲۵ و ۲۸ مرداد استفاده کرده‌ام و نکاتی را که بطور خصوصی از مصدق می‌گفت به یاد دارم.
سوم، دکتر ابراهیم عالمی استاد دانشگاه تهران و وزیر کار در سال آخر حکومت دکتر مصدق. در گروه بازرگانی بین‌المللی، موسسه‌ی تحقیقات اقتصادی (دانشگاه تهران)، در سال‌های ۳۸ و ۳۹ با ایشان (که مدیر گروه بود) همکاری داشتم. اقتصاددانی برجسته و مردی شریف بود. هر گاه تنها بودیم با ستایش و بی‌تکلّف از مصدق («آقا») صحبت می‌کرد. مخصوصاً تجزیه و تحلیلی دقیق از علل شکست

مردی بسیار ثروتمند بود. در تمام دوران خدمتش، چه در مجلس، چه در دولت هرگز دستمزد و حقوقی دریافت نداشت. چند سالی نیز حقوق وکالت خود را به کتابخانه‌ی دانشکده حقوق و علوم سیاسی دانشگاه تهران اهدا کرد که از محل آن کتب تازه خریداری و در دسترس دانشجویان و محققان گذاشته شود. در دو سفر رسمی مهمی که به خارج کرد (ایالات متحده‌ی آمریکا و سپس مصر، و بعداً لاهه) که هر دو مربوط به پرونده‌ی نفت بودند، هزینه‌ی شخصی خود و همراهان خصوصی‌اش را پرداخت و دیناری از خزانه‌ی عمومی دریافت نداشت.

بر خلاف بسیاری از رجال و اشراف‌زادگان هم عصرش، زندگی خصوصی منزه و ساده‌ای داشت و هرگز شایعه‌ای درباره او شنیده نشد. تا جایی که می‌دانیم فقط یک بار ازدواج کرد. در تحصیل فرزندان خود مراقبت خاص داشت و از پسران خود متوقع بود که رفتاری شایسته داشته باشند.

در باره‌ی بیماری او بسیار گفته و نوشته‌اند. در این‌که از حدود چهل‌سالگی و شاید پیش‌تر مبتلا به بیماری غش و ضعف اعصاب بوده تردیدی نیست. جملگی روایات و راویان متفقند که گاهی در «بازی سیاسی»اش از تظاهر به بیماری اجتناب نداشت و بستری بودن دائم، یکی از روش‌های حکومت او بود که همه‌ی این‌ها را مخالفانش شدیداً مورد انتقاد قرار داده‌اند. «گاه می‌کوشید جلب ترحم کند، گاه شوخی می‌کرد. گاه با خشونت سخن می‌گفت»[۱]

سیاست نفتی دکتر مصدق داشت که در جای خود به آن اشاره خواهد شد.

و بالاخره، عبدالحسین مفتاح، کفیل وزارت امور خارجه در ماه‌های آخر حکومت مصدق. پس از انقلاب اسلامی، در جنوب فرانسه چند بار مفصلاً فرصت دیدار این دیپلمات برجسته و وطن‌پرست را داشتم. خاطراتی که از آن زمان نقل می‌کرد و بسیاری را در کتاب خود، راستی بی‌رنگ است، آورده بسیار جالب و ذی‌قیمت است.

۱- محمدرضا پهلوی، پاسخ به تاریخ، منبع ذکر شده، صفحه‌ی ۷۶.

در باره‌ی بیماری دکتر مصدق نگاه کنید به نورمحمد عسکری، شاه، مصدق، سپهبد

جز در ماه‌های آخر حکومتش که روابط آنان عملاً قطع شده بود، نسبت به شاه، با ادب و نزاکتی در شان دربار پُر تکلّف قاجاریه که خود دست‌پرورده‌ی آن بود رفتار می‌کرد. اما در عقیده‌ی ثابتش که شاه طبق قانون اساسی غیرمسئول است و باید سلطنت کند نه حکومت، هرگز تغییری حاصل نشد. وسواسش در رعایت نزاکت درباری به رسم قدیم نسبت به شاه گاه شگفت‌انگیز بود:

مطابق اصول تشریفاتی دربار، نخست‌وزیر و نیز سفیران کشورهای خارجی (که نمایندگان رؤسای ممالک خود هستند) می‌توانستند با اتومبیل وارد محوطه‌ی کاخ سلطنتی شوند و تا پای پله آن بروند که در آن‌جا پیش‌خدمتی در اتومبیل را برای‌شان باز می‌کرد و احیاناً یکی از صاحب‌منصبان تشریفات از آنان استقبال می‌نمود.

شاه و ملکه ثریا در آن زمان از اوائل پاییز تا اواخر بهار در کاخ شهری واقع در خیابان کاخ اقامت داشتند که نزدیک به خیابان و مسیر ورودی آن آسفالت و رسیدن به آن آسان بود. اما چهار ماه در سال در کاخ سفید سعدآباد می‌زیستند که دور از در ورودی محوطه، و مسیر آن سربالایی و مفروش از سنگ‌ریزه بود. مصدق هرگز قبول نکرد که با اتومبیل وارد محوطه‌ی کاخ شود، می‌گفت خلاف نزاکت نسبت به اعلیحضرت است. حتی شاه از او خواست و نپذیرفت و همین جواب را داد. با سختی و عصازنان از در ورودی باغ تا کاخ پیاده می‌رفت.[۱] رفتارش با ملکه ثریا فوق‌العاده مودبانه و آمیخته با مهربانی بود. شاید فراموش نمی‌کرد که در روزهای نخست بعد از کودتای سوم اسفند که سیدضیاء دستور بازداشتش را داده بود، بختیاری‌ها به وی پناه دادند و به طرزی

زاهدی، منبع ذکر شده، صفحه‌ی ۱۰۴ تا ۱۰۹ که روایات و شهادت‌های مختلف در آن نقل شده، خود دکتر مصدق در خاطرات و تالمات و دکتر غلامحسین مصدق در خاطراتش مکررا به این موضوع اشاره کرده‌اند.

۱- روایت چند تن از درباریان به نویسنده.

شایان از او پذیرایی نمودند. ملکه ثریا نیز گرچه رویه‌ی سیاسی مصدق را نمی‌پسندید و شاه را به مقاومت در برابرش تشویق می‌کرد، به وی احترام و محبت خاص نشان می‌داد و در خاطراتش همواره از او به عنوان «شیر پیر» یاد می‌کند.

مصدق با دشمنان و مخالفانش خشن و بی‌پروا بود. به آسانی، از روی عصبانیت یا به‌طور حساب شده، به آنان نسبت «عامل اجنبی» می‌داد، که در نظر او «اجنبی» اصلی، دولت بریتانیا و دست‌نشاندگان آن بودند. دو بار در جلسه‌ی علنی مجلس شورای ملی نخست‌وزیران را رسماً تهدید به مرگ کرد. (منصورالملک، سپهبد رزم‌آرا). در ابتدای حکومتش به شهربانی دستور داده بود که اگر در جراید انتقاداتی درباره‌ی شخص او نوشته شود مطلقاً متعرّض نویسنده‌ی مقاله یا مقالات و مدیران مسئول روزنامه‌ها نشوند و در ابتدا این دستور دقیقاً رعایت می‌شد. اما به تدریج که مخالفت با وی اوج گرفت و اوضاع رو به نابسامانی رفت، شدت عمل مأموران دولت با مخالفان و منتقدان نیز افزایش یافت و به حد خشونت رسید.

با استقرار حکومت نظامی همیشه مخالفت می‌کرد، ولی در تمام مدت حکومتش فقط یک روز، حکومت نظامی در پایتخت برقرار نبود و در ماه‌های آخر، قانون امنیت اجتماعی را به تصویب رساند که مقررات آن بسیار شدید بود و مقدمه‌ی ایجاد سازمان امنیت و اطلاعات کشور (ساواک) در سال‌های پس از آن شد.

به تصدیق موافقان و مخالفان و همه‌ی راویان و وقایع‌نگاران، دکتر مصدق ناطقی زبردست بود. در مجلس چهاردهم تنها حریف او سیدضیاءالدین طباطبایی به شمار می‌رفت. در مجلس شانزدهم، ناطقان زبردست دیگری در شمار طرفداران او بودند، از جمله مظفر بقائی که سرانجام به جمع مخالفان و بلکه دشمنان

او پیوست. همه‌ی صاحب‌نظران اتفاق رأی دارند که حقوق‌دان برجسته‌ای بود و به اصول حقوق اسلامی و احکام شرع نیز تسلط داشت، چنان‌که در بسیاری موارد برای پیشرفت کار و تائید نظراتش به آن‌ها استناد می‌کرد. از جمله در مورد قتل سپهبد رزم‌آرا، او و هوادارانش برای نخستین بار، اصلاح «مهدورالدم» و به‌خصوص «مفسد فی‌الارض» را عنوان کردند که تا آن موقع کسی جز کارشناسان حقوق اسلامی به آن‌ها آشنایی نداشت و از «اصطلاحات سیاسی» نبود.

به هنگام محاکمه‌اش نیز گاهی برای توجیه بعضی از اقداماتی که از دید دادستان ارتش مباین قوانین مملکتی و از جمله قانون اساسی بود، به قوانین شرع استناد کرد. ولی باید افزود که در تمام عمر سیاسی‌اش هوادار جدایی دیانت از سیاست و رعایت قوانین مدنی و اصل حاکمیت ملی بود. آن‌هایی که از نزدیک او را می‌شناختند متفق‌الرای هستند که مداخله‌ی روحانیون را در امور سیاسی تحمل نمی‌کرد، ولو آن‌که گاه ناگزیر به تظاهر به خلاف آن بود و از نفوذ روحانیون یا روحانی‌نمایان برای پیش‌برد هدف‌های سیاسی‌اش بهره‌برداری می‌نمود، حال آن‌که بر روی‌هم با آن‌ها میانه‌ای نداشت.

برخلاف بعضی از رجال سیاسی نسل خود، چون قوام‌السلطنه یا مشیرالدوله، اهل شعر و ادب و هنر و تاریخ نبود. جزوات و نوشته‌هایی که از او به جا مانده، از جمله مقالات حقوقی‌اش، از نثری روان و بی‌غلط برخوردار نیست. سخنرانی‌هایش که گاهی هم از روی نوشته ایراد می‌شد، پرشور بود و به دل عوام می‌نشست. اما نشانی از نثر منسجم و دبیرانه‌ی بعضی دیگر از سیاستمداران آن عصر در آن‌ها دیده نمی‌شود. گه‌گاه در سخنانش اصطلاحات عربی ذکر می‌کرد. ولی، برخلاف بسیاری از ایرانیان

اهل ادب و حتی مردم عادی، اســتناد به اشعار و ادبیات فارسی یــا جملات بزرگان ادب ایران در آن‌ها به چشــم نمی‌خورد. حتی شنیده شده که در ایام تبعیدش در احمدآباد که غیر از «فلاحت»- چنان‌که خود می‌گفت- بیش‌تر به مطالعه می‌پرداخت، کتاب‌های حقوقی و نوشته‌های طبی را به آثار ادبی و تاریخی ترجیح می‌داد و بســیاری از این نوشــته‌ها به زبان فرانسه بود که به آن تسلط کامل داشت.

*****

بحــران نفت، که مصــدق را در صحنه‌ی تاریخ قــرار داد، با رد موافقت‌نامه‌ی نفتی ایران و شــوروی به‌وسیله‌ی مجلس پانزدهم آغاز شــد[۱] و به‌خصوص با تصویــب لایحه‌ی قانونی متعاقب آن که به الهام قوام، دکتر صادق رضازاده شــفق، آن را پیشــنهاد کرده بود و مقرر می‌داشــت که «در کلیه‌ی مواردی که حقوق ملت ایران نســبت به منابع ثروت کشور مورد تضییع واقع شده است، به خصوص راجع به نفت جنوب به منظور اســتیفای حقوق ملی» مذاکرات و اقدامات لازمه به عمل آید. (۲۹ مهرماه ۱۳۲۶- ۲۲ اکتبر ۱۹٤۷)

این طرح که به «قانون اســتیفای حقوق ملت ایران از نفت جنوب» مشــهور است، سرآغاز نهضت ملی شدن نفت و رودررویی ملت ایران با سیاست استعماری امپراتوری بریتانیا، به شمار می‌رود.

پس از رد موافقت‌نامه‌ی ایران و شوروی و سقوط قوام، بار دیگر فکر انتصاب دکتر مصدق به ریاست دولت مطرح شد. در مجلس گروهی از نمایندگان که سردســته‌ی آنان حسین مکی بود، از این فکر طرفداری می‌کردند. ولی نمایندگان در جلسه‌ی خصوصی ۲۲ آذر ۱۳۲۶ (۱۷ دســامبر ۱۹٤۷) با اکثریت ۷۲ رأی به رضا حکمت

۱- نگاه کنید به قسمت اول این کتاب.

(سردار فاخر) ابراز تمایل کردند. مصدق ۳۱ رأی بیش‌تر نداشت. سردار فاخر پس از سه روز تامل و مشاوره از قبول این مسئولیت سرباز زد و ریاست مجلس را ترجیح داد. هفت روز بعد (۲۹ آذر- ۲۱ دسامبر) مجدداً رأی‌گیری به عمل آمد. این بار ابراهیم حکیمی ۵٤ رأی داشت و دکتر مصدق ۵۳ رأی و حکیم‌الملک مأمور تشکیل کابینه شد. وی اکثر وزیران خود را در ششم دی‌ماه به شاه معرفی کرد و دو هفته بعد، سه تن دیگر را که باقر کاظمی در سمت وزارت امورخارجه، یکی از آنان بود.

در دولت حکیمی مذاکرات نفت آغاز شد و به موازات آن بحران سیاسی داخلی، که جلسات پُرتشنج، بازتاب آن بود- اوج گرفت. دکتر مصدق بیشتر اوقات در احمدآباد به سر می‌برد و هرگاه که به تهران می‌آمد به دید و بازدیدهای سیاسی می‌پرداخت و چهار بار درباره‌ی مسائل مختلف مملکتی نامه‌هایی به نمایندگان مجلس نوشت که در صورت مذاکرات مندرج است.

در دوران نخست‌وزیری حکیم‌الملک، گس، از کارشناسان عالی‌رتبه‌ی امور نفتی و مشاور شرکت نفت در بریتانیا (صاحب امتیاز نفت جنوب) به ایران آمد و نخستین دور مذاکرات درباره‌ی «استیفای حقوق ملی» در این زمینه آغاز شد. انگلیس‌ها تجدیدنظر در قرارداد ۱۹۳۳ را پذیرفتند. گس به لندن بازگشت و دولت حکیمی در ۱۸ خرداد ۱۳۲۷، ۸ ژوئن ۱۹٤۸ سقوط کرد.

پنج روز بعد مجلس به نخست‌وزیری عبدالحسین هژیر رأی تمایل داد و او مامور تشکیل کابینه شد. یک هفته طول کشید تا بتواند وزیران خود را تعیین و به شاه و مجلس معرفی کند.

در دوران حکومت هژیر، نابسامانی و پریشانی اوضاع سیاسی داخلی، مشکلات اقتصادی و مالی تا آن‌جا که دولت قادر نبود بودجه‌ی سالیانه‌ی مملکتی را به تصویب مجلس برساند و

نارضایتی مردم از نحوه‌ی رهبری امور ادامه یافت. فعالیت حزب توده نیز که پس از سقوط حکومت تجزیه‌طلب پیشه‌وری در آذربایجان کاهش یافته بود، بار دیگر گسترش یافت و مخصوصاً در میان دانشجویان دانشگاه تهران و حتی در دبیرستان‌ها محسوس بود.

در این میان شاه مسافرتی رسمی به انگلستان و از آن جا به فرانسه و ایتالیا کرد. می‌توان حدس زد که در لندن، مساله‌ی مذاکرات درباره‌ی نفت جنوب در گفتگوهای وی با مقامات انگلیس مطرح شده است. اما او هنوز سلطنت می‌کرد و نه حکومت و مرکز بحران و کوشش برای حل مساله در تهران بود.

دولت هژیر به تماس با مقامات انگلیسی در مورد نفت جنوب ادامه داد، گزارشی در ۲۵ مهرماه ۱۳۲۷، ۱۷ اکتبر ۱۹۴۸ به مجلس تسلیم داشت. ولی کار به جایی نرسید و سرانجام در ۱۵ آبان‌ماه، او که دوران حکومتش ۵ ماه بیش‌تر نبود، کناره گرفت و مجلس به محمد ساعد رأی تمایل داد.

ده روز بعد ساعد، دولت خود را به شاه و سپس به مجلس معرفی کرد. علی‌اصغر حکمت که معروف به دوستی با سیاست بریتانیا نبود، سمت وزارت امورخارجه را داشت. سپهبد امیراحمدی وزیر جنگ بود و عباسقلی گلشائیان، یکی از دست‌پروردگان و همکاران علی‌اکبر داور، که بعداً مخالفانش او را متهم به دوستی با انگلیس‌ها کردند، وزیر دارایی یعنی مسئول مذاکرات نفتی. دولت ساعد در هفدهم آذرماه ۱۳۲۷، ۸ دسامبر ۱۹۴۸، با پنجاه و شش رأی موافق از مجلس رأی اعتماد گرفت.

ساعد بر روی هم تا فروردین ۱۳۲۹ بر سر کار بود، سه دولت تشکیل داد. او بارها وزیران خود را تغییر داد، جز گلشائیان که تا پایان متصدی وزارت دارایی باقی ماند.

دوران نخست‌وزیری نسبتاً طولانی ساعد پر نشیب و فراز بود. مذاکرات نفت ادامه یافت. در اغاز، دولت فهرستی مشتمل بر ۲۵ ماده از درخواست‌ها و شکایت‌های ایران تسلیم مقامات انگلیس کرد.

علاوه بر نکات فنی و مالی، شاه‌بیت این تقاضاها، حق نظارت بر امور فنی و حساب‌های نفت جنوب بود که دولت ساعد آن را اساسی و غیرقابل بحث می‌دانست. همانند ونزوئلا که این حق را از آمریکائی‌ها گرفته بود و عربستان سعودی که شرکت‌های نفتی بر همین زمینه مشغول مذاکره و در شرف توافق با دولت آن بودند، ایران متقاضی اصل تنصیف (۵۰-۵۰) بود که انگلیس‌ها زیر بار نرفتند. چندی بعد، در اواخر دوره‌ی شانزدهم دکتر مصدق اظهار داشت:

«اگر شرکت سابق نفت در دوره‌ی پانزدهم همین پنجاه درصد که الان حاضر است به ایران بدهد، قبول کرده بود، من یقین دارم که هیچ اختلافی بین شرکت و ملت ایران نبود. ولی شرکت نفت سماجت‌هایی کرد».

ساعد تنها درگیر مساله‌ی نفت نبود. هر روز در تهران یا گوشه‌ای از کشور تظاهرات شدیدی بر ضد دولت صورت می‌گرفت. در ۱۵ بهمن ۱۳۲۷ ناصر فخرآرایی، یکی از اعضای حزب توده به دستور آن حزب در دانشگاه تهران به شاه سوءقصد کرد که به دنبال آن حزب توده منحل و ممنوع شد، سیدابوالقاسم کاشانی و خالصی‌زاده که آن‌ها نیز به آشوب‌ها دامن می‌زدند، دستگیر و تبعید شدند، به اشاره‌ی شاه مجلس موسسان دعوت و تشکیل شد که به او اختیار انحلال مجلسین را داد.

در گیرودار با انگلیسی‌ها، برای نخستین بار واشنگتن به طور علنی از موضع سیاسی و درخواست‌های ایران حمایت می‌کرد.

آمریکائی‌ها از خطر نفوذ کمونیسم و دولت شوروی در ایران سخت بیمناک و نگران بودند. آن‌ها اصلاحات اقتصادی و اجتماعی و اجرای سریع برنامه‌های عمرانی را شرط لازم برای تحکیم موقعیت کشور و مقاومت در برابر فشارهای مسکو می‌دانستند و به لندن یادآور می‌شدند که بدون امکانات مالی کافی هیچ دولتی در ایران قادر به تحقّق این اصلاحات و برنامه‌ها نخواهد بود، پس باید درآمدهای نفتی را که تنها منبع ثروت کشور است افزایش داد تا بتوان به این هدف‌ها رسید. اما هنوز طرز تفکر کهنه‌ی استعماری بر فضای سیاسی لندن حکمفرما بود و هر تحول مثبتی در ایران غیرقابل تحمل به نظر می‌رسید.

سیاست بریتانیا همیشه متکی بر آن بود که ایران (مثل سایر کشورهای تحت نفوذ قدرت‌های بزرگ غربی) بهتر است عقب‌افتاده و نیازمند باقی بماند تا فرمانبردار باشد. لندن این سیاست را در زمان امیرکبیر آغاز کرده بود و هنوز به آن ادامه می‌داد. ایرانیان نیز دیگر دست انگلیس‌ها را خوانده بودند و کاسه‌ی صبرشان لبریز شده بود.

علاوه بر این اصل سیاسی، واشنگتن با تقویت درخواست‌های ایران، در جهت منافع شرکت‌های بزرگ نفتی آمریکا نیز اقدام می‌کرد. آن‌ها در ونزوئلا و سپس در عربستان سعودی تنصیف را پذیرفته بودند، حال آنکه، رقبای انگلیسی سهم بیشتری از منافع حوزه‌های خود می‌بردند. واشنگتن می‌خواست «تعادل» را برقرار کند.

دکتر هانری گریدی- که مردی خوش‌نیت و ایران‌دوست بود، به سفارت امریکا در تهران منصوب شد و در ۱۱ تیرماه ۱۳۲۹، ۲ ژوئیه ۱۹۵۰، اعتبارنامه‌های خود را به محمدرضاشاه تسلیم کرد. او مبشر سیاست همراهی آمریکا با تمایلات ملی ایرانیان بود و در تحولات بعدی بحران نفت نقشی مهم و مؤثر ایفا کرد.

مرحلــه‌ی اصلی مذاکرات نفتی با انگلیس‌هــا در بهمن‌ماه ۱۳۲۷ (فوریه ۱۹۴۹) شــروع شد. طی جلســات متعدد که چندبار تعطیل و تجدید شــد و پس از رفت و آمدهای نمایندگان شــرکت نفت به لندن، ســرانجام در تیرماه ۱۳۲۸، طرحی متضمن تفاهم و توافق در راه‌حل‌هایی برای رفــع اختلافات و تامین نظریات دولت ایران به امضا رسید کــه تحت عنوان «قــرارداد الحاقی» (بــه قرارداد اصلی ۱۳۱۲، ۱۹۳۳) به مجلس تقدیم گردد. در اذهان عمومی این «قرارداد الحاقی» بیشتر به موافقت‌نامه یا قرارداد گس- گلشائیان معروف اســت کــه امضاکنندگان آن بودند. در مقام مقایســه با قرارداد ۱۹۳۳، موافقت‌نامه‌ی گس - گلشــائیان در بســیاری از موارد شــرایط و امکانات و در نتیجه درآمد بیشتری برای ایران تامین می‌کرد.

شــاید هم در آن زمان، تحصیل امتیازات بیشــتر و بهتری برای ایران میســر نبود. اما افکار عمومی به تدریج علیه آن تجهیز شد. مسلم است، چنان‌که خود دکتر مصدق اظهار داشت، در آن زمان قبــول اصل ۵۰-۵۰ ایرانیان را راضی می‌کرد و از پیدایش بحرانی که عواقب ملی و بین‌المللی فراوان در بر داشت جلوگیری می‌نمود. اما سیاست استعماری بریتانیا نخواست امتیازات کافی به ایران بدهد و بهای گران آن‌را نیز بعداً پرداخت.

قرارداد الحاقی در اواخر دوره‌ی پانزدهم (که در ششــم مردادماه ۱۳۲۸- ۲۸ ژوئیه ۱۹۵۰ خاتمه یافت)، به مجلس تقدیم شد. فرصت کافی برای بررسی آن نبود. ولی در آخرین روزهای مجلس، دکتر مصدق که نماینده نبود، نامه‌ای به وکلا نوشت (۳۰ تیر- ۲۱ ژوئیه) و مخالفت خود را با آن اعلام داشت:

«حضرات آقایان نمایندگان دوره‌ی پانزدهم شــما که به اســتناد قانون اینجانب (اشاره است به طرح قانونی منع

مذاکرات نفتی در زمان حضور قوای بیگانه در ایران) قرارداد قوام- سادچیکف را رد کردید حق این بود که در موقع شور قرارداد «ساعد گس» مرا به عنوان یک عضو مشاور در کمیسیون‌ها دعوت می‌کردید که نظرات خود را اظهار و ثابت کنم که ضرر قرارداد دارسی از نظر مدت برای این ملت هزار درجه کم‌تر است. این کار را نتوانستید بکنید. گله هم ندارم. در صورتی که باید بگذرد، اگر می‌توانید درباره‌ی ماده‌ی واحده توضیح دهید که شش شلینگ حق‌الامتیاز، لیره‌ی طلاست که به نرخ روز لیره کاغذی پرداخت می‌شود یا کلاه کاغذی است. چون در مضمون نامه‌های هژیر وزیر دارایی وقت و وزیر دربار فعلی به کمپانی، که جزو اسرار اداری است، اطلاع ندارم و فعل و انفعالاتی هم تا سال ۱۹٤٦ بین وزارت مالیه و کمپانی شده که قرارداد الحاقی در این باب سکوت کرده است، بدا به حال شما اگر از درج این توضیح خودداری کنید.»

مفاد نامه روشن نیست. از اندیشه‌ی ملی‌شدن نفت در آن صحبتی نشده. حتی دکتر مصدق رد قرارداد را نخواسته. بلکه در موارد مالی و اقتصادی و مساله‌ی تسعیر لیره انتقاداتی ابراز داشته. نامه را حسین مکی، که در آن روزها نزدیک‌ترین یار سیاسی دکتر مصدق بود در مجلس خواند.[1] کسی به جزئیات آن توجه نکرد. مردم دانستند که قرارداد گس- گلشائیان مورد موافقت دکتر مصدق نیست و این قرارداد (که حتی در شرایط آن روزی جهان منافع ایران را تامین نمی‌کرد) در اذهان عمومی محکوم شد.

دو روز قبل از پایان دوره‌ی پانزدهم، چهارتن از نمایندگان اقلیت، دولت ساعد را در مورد «عدم استیفای حقوق ایران (در مساله‌ی

۱- ۳ مرداد ماه ۱۳۲۸.

نفت) و «دخالت در قوه مقننه» استیضاح کردند.[1] این استیضاح به علت فقدان فرصت قابل طرح نبود. ولی اقدامی «احتیاط‌آمین»[2] و احتمالا برای ثبت در تاریخ به شمار می‌آید. امضاکنندگان می‌خواستند قبل از پایان مجلس، قرارداد الحاقی را متزلزل کنند و از مخالفت خود، که بازگوینده‌ی افکار عمومی بود اثری به جای گذارند.

*****

دوره‌ی فترت که از ششم مردادماه تا بیستم بهمن‌ماه ۱۳۲۸، یعنی برروی‌هم شش ماه و نیم به طول انجامید، یکی از پرحادثه‌ترین دوران‌های تاریخ معاصر ایران است.

دولت ساعد به انجام انتخابات مجلسین اقدام کرد. سی تن از نمایندگان مجلس سنا بدون مشکل انتخاب شدند و شاه سی تن دیگر را طبق قانون اساسی شخصاً منصوب کرد.

اما انتخابات مجلس شورای ملی این‌جا و آن‌جا، مخصوصاً در پایتخت که حساس بود و بیش از هر جای دیگر جنبه‌ی سیاسی داشت، با اشکالات فراوان روبرو شد. این دشواری‌ها همراه با اعتراضات وسیعی همراه بود که در همه جا علیه شرکت نفت ایران و انگلیس (که دیگر همه شرکت غاصبش می‌نامیدند)، بر ضد توافق گس-گلشاییان و برای «احقاق حقوق حقه‌ی ایران» در این زمینه صورت می‌گرفت.

توده‌ای‌ها نیز هر جا که می‌توانستند، تقاضای لغو قرارداد با شرکت نفت ایران و انگلیس را داشتند به این امید که شاید راهی برای امتیازات مشابه به همسایه‌ی شمالی باز شود. در حقیقت

---

۱ - ۳ مرداد ماه ۱۳۲۸، امضا کنندگان عبارت بودند از حسین مکی، مظفر بقایی، سیدابوالحسن حائری‌زاده و عبدالقدیر آزاد، هر چهار تن اندکی بعد در میان بنیان‌گذاران جبهه‌ی ملی و سپس در شمار سرسخت‌ترین مخالفین و منتقدان دکتر مصدق قرار گرفتند.

۲- جلال متینی، نگاهی ...، متن ذکر شده، صفحه‌ی ۲۰۰.

بهایی که آن‌ها برای سکوت می‌خواستند اعطای این امتیاز بود. حرکت ملی برای احقاق حقوق ایران در نفت جنوب، با محکومیت شدید و موجه سیاست استعماری بریتانیا در ایران همراه بود که مردم آن را تنها عامل وجود مسائل اقتصادی و فقر عمومی و عقب‌افتادگی ایران می‌دانستند. از زمان سلطنت محمدشاه قاجار و به خصوص با عزل و قتل امیرکبیر در آغاز سلطنت ناصرالدین شاه، مسلماً انگلیس‌ها در عقب‌افتادگی ایران، سهم عمده داشتند، اما عامل انحصاری نبودند ولی در فضای پرهیجان آن روز کشور کسی را فرصت استدلال و تجزیه و تحلیل سیاسی و تاریخی نبود و احساسات ملی بر رفتار دسته جمعی حکومت می‌کرد.

در جریان تجزیه‌ی آذربایجان وضع متفاوت بود، چون قوای بیگانه در ایران حضور داشتند، حزب توده که عامل شوروی‌ها بود قدرتی به مراتب بیش‌تر داشت و قوام‌السلطنه که مظهر مقاومت ملی در برابر خارجیان بود، اهل برانگیختن احساسات عامه نبود و تدابیر سیاسی را ترجیح می‌داد که توفیق هم یافت.

این‌بار حرکت یک‌پارچه مردم بیش‌تر و بهتر امکان تجلی داشت. «دشمن» در هر جای ایران پایگاهی داشت و به چشم می‌خورد، هر مرکز فروش مواد نفتی، نمایش‌گر تسلط و استثماری غیر قابل تحمل بود و به حق یا ناحق بسیاری از سیاست پیشه‌گان ایران عوامل سیاست بریتانیا محسوب می‌شدند یا لااقل مظنون به ضعف و سازش با این سیاست بودند.

در چنین جوّ پرتشنج سیاسی، جایی برای منطق وجود نداشت. شور و احساسات ملی فراگیر بود و دکتر مصدق با زبردستی خاص و قدرت بیانی که داشت سخن‌گو و مظهر این حرکت ملی شد.

*****

نخستین درگیری بزرگ در مورد جریان انتخابات تهران پیش آمد که طی آن ظن تقلب در بعضی شعب رأی‌گیری و حتی مداخله‌ی

دولت و تعویض چند صندوق (از جمله در لواسانات) پدیدار شد. دکتر مصدق در ۲۲ مهرماه ۱۳۲۸، به عنوان نبودن آزادی انتخابات در راس نزدیک به دویست تن از روشنفکران و شخصیت‌های مختلف دانشگاهی، سیاسی و سردسته‌گان بازار به دربار شاهنشاهی رفت و با استفاده از رسم دیرین «تحصن» اعلام داشت که تا موجب رفع «سوء جریانات» فراهم نشود آنجا را ترک نخواهد کرد.

نامه‌ای که به محمدرضاشاه نوشت از هر لحاظ قابل توجه است:

«پیشگاه اعلیحضرت همایون شاهنشاهی، سوء جریانات انتخابات دوره‌ی شانزدهم و مداخلات نامشروع مأمورین و مقامات ذی‌نفوذ از نظر شاهانه پنهان نیست. برای مردمی که مورد تجاوز و تعدی قرار می‌گیرند جز توسل به ذات مبارک شاهنشاهی ملجاء و پناهی نیست... از پیشگاه همایونی استدعا دارند که بذل عنایت فرمایند که حقوق از دست رفته مردم به آن‌ها بازگردد.

این کار میسر نخواهد بود مگر این‌که یک هیات مورد احترام و توجه افکار عمومی زمام امور را در دست گیرد و مسئول صحت انتخابات باشد و مخصوصا وزارت کشور را یکی از رجال مجرب و کارآزموده و صالح که طرف اطمینان عامه است عهده‌دار شود. ...فدوی و جماعتی که برای عرض شکایت قصد تحصن دارند، این عریضه را که به منزله‌ی فهرستی از درخواست‌های آنان است به پیشگاه همایونی تقدیم و استجازه می‌طلبد که تا صدور اوامر موکده و اخذ نتیجه به حال تحصن در دربار همایون شاهنشاهی بمانیم»[۱]

عریضه به هژیر وزیر دربار داده شد که آن را به استحضار شاه

۱- سالنامه‌ی پارس، ۱۳۲۹ صفحات ۱۴۵ - ۱۴۶.

برساند. یک ساعت بعد شاه پاسخ محبت‌آمیزی داد:

«... تصور نمی‌کنم اساسا احتیاجی به تحصن باشد. لکن اگر باز مایل باشید، برای تحصن مانعی در کار نخواهد بود. علاوه بر این چنانچه نماینده‌ی آقایان بخواهد مرا ملاقات کند، آماده هستم».

تحصن چند روزی طول کشید و حتی یکی دو روزی با امساک در صرف غذا همراه بود ولی سرانجام به جایی نرسید. در روز ۲٦ مهرماه مصدق و همراهانش به تحصن خود خاتمه دادند و او همان روز در ۲٦ مهرماه نامه‌ی زیر را به «جناب آقای هژیر وزیر دربار سلطنتی» نوشت.

«... هیات متحصنین نسبت به انتخابات طهران بالاخص نظری ندارند و می‌دانند که مرجع شکایت بعد از خاتمه‌ی انتخابات، مجلس شورای ملی است. ولی اعلیحضرت همایون شاهنشاهی منشاء عمومی اصلاحات می‌باشند و غرض عمده از تحصن این بود که در این دوره‌ی فترت که تعیین نخست‌وزیر محتاج به تمایل مجلس نیست، دولتی روی کار بیاورند که وجهه‌ی نظر خود را فقط حفظ مصالح سلطنت و ملت قرار دهد و در عصر چنین پادشاهی، مملکت صاحب مجلسی شود که به اصلاحات اساسی قادر باشد و از فقر و بیچارگی مردم بکاهد و کشور را قرین آسایش و رفاهیت نماید. اگر فقر و بیچارگی مردم نتیجه‌ی اعمال هیات‌های حاکمه نیست، خوب است آن جناب بفرمایند علت بدبختی‌های این جامعه چیست؟ ...»[۱]

---

۱ – روزنامه‌ی شاهد، ۲۷ مهرماه ۱۳۲۸، شاهد به مدیریت مظفر بقایی انتشار می‌یافت که در آن زمان از نزدیک‌ترین یاران و مشاوران دکتر مصدق بود. این روزنامه معمولاً به عنوان بازگوینده‌ی غیررسمی مواضع سیاسی مصدق تلقی می‌شد.

طی سال‌های بعد که موضوع قانونی بودن یا نبودن عزل دکتر مصدق از نخست‌وزیری در سال ۱۳۳۲ مطرح شد، بسیاری از مفسران و صاحب‌نظران به این دو نامه اشاره و استناد کردند. در نامه‌ی نخستین، مصدق از شاه، که بعداً او را «غیرمسئول» دانست، تقاضای مداخله در امور اجرایی را می‌کرد و در نامه‌ی دوم، رسماً از او در غیاب مجلس، درخواست عزل رئیس دولت را داشت.

در روز ۳ آبان ۱۳۲۸ (٤ نوامبر ۱۹۴۹)، هژیر وزیر دربار شاهنشاهی- در مراسم عزاداری دربار به مناسبت روز عاشورا که در مسجد عالی سپهسالار برگزار می‌شد به دست حسین امامی قاتل کسروی (که تحت فشار بعضی از روحانیون و متشرعین از مجازات رسته و آزاد شده بود) مورد اصابت گلوله قرار گرفت و روز بعد در بیمارستان شماره ۲ ارتش درگذشت.
حسین امامی بلافاصله بازداشت شد، تحت بازجویی قرار گرفت و به گناه خود اعتراف کرد. اما بار دیگر از زندان رهایی یافت و سرانجام بعد از ۲۸ مرداد به سزای اعمال خود رسید.
بعد از قتل هژیر دولت در تهران و حومه اعلام حکومت نظامی کرد و بازداشت چهل و چند تن که مسبب یا محرک این واقعه تلقی می‌شدند رسماً اعلام گردید.
قتل عبدالحسین هژیر نتیجه‌ی غیرمستقیم دیگری هم داشت. در ۱۸ آبان‌ماه انجمن نظارت مرکزی انتخابات تهران، ابطال آن‌را اعلام کرد و آراء قرائت شده رسماً باطل اعلام گردید.
بعدها بعضی از یاران نزدیک دکتر مصدق بر این قتل صحه گذاشتند. محمود نریمان در مجلس گفت:

> «تیری که از اسلحه‌ی مرد رشید و فداکار و مسلمان به عمر مداخله کننده در امر انتخابات تهران خاتمه داد و صندوق‌هایی که به دستور هژیر با آراء قلابی پر کرده

بودند؛ طعمه حریق قرار داد...»[۱].

سیدابوالحسن حائری‌زاده اظهار داشت:

«دو نفر خائن را دو قاتلین هژیر و رزم‌آرا در سایه‌ی ابراز احساسات به دیار عدم فرستادند...»[۲]

در روز ۲۲ آبان سرلشکر فضل‌الله زاهدی که هم نزدیک به جبهه‌ی ملی بود[۳] و هم مشهور به مخالفت علنی با سیاست بریتانیا در ایران به ریاست شهربانی کل کشور برگزیده شد و مامور حفاظت صندوق‌های رأی و ضمانت آزادی و صحت انتخابات گردید. یکی از تدابیر زاهدی این بود که دانشجویان دوره‌ی افسری شهربانی را که جوان و مورد محبت مردم بودند به حفاظت صندوق‌ها بگمارد.

سرانجام انتخابات تهران مجدداً انجام شد. هیچ کس به درستی جریان آن اعتراض نکرد.

در ۲۲ فروردین ماه ۱۳۲۹ قرائت آراء مردم به پایان رسید و در این انتخابات مجدد اشخاص زیر به ترتیب تعداد آراء به نمایندگی تهران انتخاب شدند. دکتر محمد مصدق، مظفر بقایی، حسین مکی، سیدابوالحسن حائری‌زاده، آیت‌الله سیدابوالقاسم کاشانی، عبدالقدیر آزاد، جمال امامی، دکتر علی شایگان، محمود نریمان، سیدمحمدصادق طباطبایی، جواد مسعودی و میرسیدعلی بهبهانی.

در حالی که پایتخت در گیرودار هیجانات انتخاباتی بود، شاه سفری چهل و هشت روزه به آمریکا کرد و پس از مراجعت در ۲۰ بهمن ماه ۱۳۲۸، ۹ فوریه ۱۹۵۰ نخستین دوره‌ی مجلس سنا و شانزدهمین دوره‌ی مجلس شورای ملی را بدون حضور نمایندگان

۱- ۲۳ تیرماه ۱۳۳۰.

۲- دوم آبان ماه ۱۳۳۰.

۳- نگاه کنید به قسمت سوم این کتاب.

تهران گشود.
از نمایندگان منتخب تهران که بلافاصله در مجلس حاضر شدند. هفت تن عضو شورایی بودند بنام جبهه‌ی ملی که هنگام تحصن دکتر مصدق و یارانش در دربار شاهنشاهی شکل گرفته و رسمیت یافته بود. سیدابوالقاسم کاشانی که در مجلس حضور نیافت در این زمان همراه آنان بود و چهار تن دیگر، جمال امامی، سیدمحمد صادق طباطبایی، جواد مسعودی و بهبهانی در شمار منفردین محسوب می‌شدند. پس از ورود نمایندگان تهران به مجلس، گروهی بنام «فراکسیون جبهه‌ی ملی» در مجلس تشکیل شد و دکتر مصدق را به ریاست خود انتخاب کرد. اللهیار صالح نیز که از کاشان انتخاب شده بود، به عضویت این گروه که در تحولات سیاسی بعدی نقش تعیین کننده‌ای ایفا کرد، درآمد.

*****

جبهه‌ی ملی یک حزب سیاسی نبود و مصدق هرگز سودای تشکیل یک حرکت منسجم را با یک برنامه‌ی سیاسی، یا به اصطلاح آن روز مرامنامه، در سر نداشت[۱].
پایه‌گذاران نخستین جبهه‌ی ملی علاوه بر دکتر مصدق عبارت بودند از حسین فاطمی، حسین مکی، محمدرضا جلالی‌نایینی (وکیل دادگستری و مدیر روزنامه کشور) مهندس احمد زیرک‌زاده (از حزب ایران)، دکتر علی شایگان، محمود نریمان، شمس‌الدین امیرعلائی، مظفر بقایی، عبدالقدیر آزاد، دکتر کریم سنجابی، (او هم از حزب ایران) سیدابوالحسن حائری‌زاده، عباس خلیلی (مدیر روزنامه اقدام)، احمد ملکی (مدیر روزنامه ستاره)، ابوالحسن

۱ – در باره‌ی تاریخچه‌ی جبهه‌ی ملی نگاه کنید به احمد ملکی تاریخچه‌ی جبهه‌ی ملی. چرا جبهه‌ی ملی تشکیل شد؟ چگونه جبهه‌ی ملی منحل گردید؟ با مقدمه‌ی دقیق و جالبی از سعید رهبر، انتشارات ارش، استکهلم، ۲۰۰۵ انتشار این کتاب طی چند دهه در ایران ممنوع بود. احمد ملکی، مانند بسیاری دیگر از یاران دکتر مصدق در آغاز نهضت ملی، از او جدا شد و جبهه‌ی ملی را ترک کرد.

عمیدی نوری (مدیر روزنامه داد)، دکتر کاویانی، اللهیار صالح (از حزب ایران)، مهندس کاظم حسیبی (احتمالاً او هم از حزب ایران)، ارسلان خلعتبری (وکیل دادگستری)، آیت‌الله غروی...
جبهه‌ی ملی در طی سال‌های بعد تغییر و تحولات بسیار یافت. ولی خود دکتر مصدق بعد از انتصاب به نخست‌وزیری دیگر در جلسات آن شرکت نکرد.

*****

پس از افتتاح مجلس، ساعد استعفای خود را به شاه تقدیم کرد. بار دیگر اکثریت نمایندگان به او رأی تمایل دادند و در ششم اسفندماه ۱۳۲۸ (۲۵ فوریه ۱۹۵۰) رسماً مامور تشکیل کابینه شد.

شاه به سفری طولانی به پاکستان رفت. ساعد حتی از مجلسین رأی اعتماد نگرفت. سخت فرسوده شده و هیجان مردم بر ضد شرکت نفت و اعتراض همه جانبه نسبت به قرارداد الحاقی ادامه‌ی حکومتش را دشوار و بلکه غیرممکن ساخته بود. در پایان سال ۱۳۲۸ از کار کناره گرفت و در روز دوم فروردین ۱۳۲۹ علی منصور (منصورالملک) بر مسند ریاست دولت نشست. نمایندگان تهران هنوز در مجلس شرکت نداشتند در ۲٤ فروردین وکلا به اتفاق آراء به دولت منصور رأی اعتماد دادند و دو روز بعد سناتورها با چهل رأی از چهل و شش تن عده‌ی حاضر در جلسه.
با ورود نمایندگان تهران به مجلس، دوران آسودگی خاطر نخست‌وزیر جدید به پایان رسید. در مدت کوتاه عمر دولت، یک بار در چهارم اردیبهشت محمدعلی وارسته و بار دیگر در سی و یکم خرداد ماه یعنی کم‌تر از دو ماه بعد، دکتر محمد سجادی به سمت وزارت دارایی و مسئول کار مذاکرات نفتی و تعیین تکلیف قرارداد الحاقی تعیین شدند. سجادی حتی یک هفته هم بر سر کار نماند. بحران نفت ابعادی یافت که با تغییر و تبدیل وزرای مسئول قابل حل نبود. حریفی چون دکتر مصدق، که دیگر رهبر بلامنازع

ملی تلقی می‌شد در برابر منصور قرار داشت. منصورالملک توان رودر رویی با شخصیتی چون مصدق را نداشت و حتی متمایل به آن هم نبود. حملات شدید رهبر جبهه‌ی ملی را با خونسردی تلقی می‌کرد. احساس می‌شد که او رییس یک «دولت محلل» است و نه بیش‌تر. به هر حال می‌بایست تکلیف «قرارداد الحاقی» روشن شود. نخست‌وزیر بر رعایت سنن پارلمانی تقاضای «طرح» آن را کرد.

مصدق از او پرسید «شما موافق قرارداد هستید یا مخالف؟» منصور که نه موافق به نظر می‌رسید و نه مخالف و شاید «مسلوب‌الاختیار» بود پاسخ داد:

«دولت قبلی لایحه‌ای به مجلس داده، اینک مجلس باید در باره‌ی آن تصمیم بگیرد. دولت مجری مصوبات مجلس است. در هر حال مجلس باید تکلیف لایحه را تعیین نماید».

سرانجام برای خروج از بحران و جستجوی راه حلی برای تعیین تکلیف «قرارداد الحاقی» که از دیدگاه افکار عمومی محکوم و مردود بود، مجلس تصمیم به ارجاع آن به یک کمیسیون مخصوص گرفت که به «کمیسیون نفت» معروف شد. اعضای آن که در روز سی‌ام خرداد ماه برگزیده شدند عبارت بودند از: دکتر محمد مصدق، جمال امامی، دکتر علی شایگان، اللهیار صالح، جواد گنجه‌ای، هدایت‌الله پالیزی، ناصر ذوالفقاری، جواد عامری، علی‌اصغر سرتیپ‌زاده، عبدالرحمن فرامرزی، دکتر حسن علوی، میرسیدعلی بهبهانی، خسرو قشقایی، دکتر نصرت‌الله کاسمی، دکتر محمدعلی هدایتی، سید ابوالحسن حائری‌زاده، فقیه‌زاده و حسین مکی.

در میان این گروه حتی یک اقتصاددان قادر به تجزیه و تحلیل بازارهای بین‌المللی و مسائل اقتصاد نفتی دیده نمی‌شد. دکتر هدایتی و دکتر شایگان از استادان مبرز دانشکده‌ی حقوق بودند.

دکتر شایگان که در تدریس حقوق مدنی شهرتی داشت در سخنان خود، چند بار اصول آن را با روابط بین‌المللی و اقتصاد حاکم بر مساله‌ی نفت منطبق دانست! دکتر حسن علوی چشم پزشکی معروف بود و همه انتخاب او را به علت تحصیلاتش در انگلستان و آشنایی به زبان انگلیسی می‌دانستند. دکتر کاسمی طبیب بود و شاعری خوش‌قریحه، فرامرزی از روزنامه‌نگاران توانا که سر مقاله‌هایش در کیهان خوانندگان را به هیجان می‌آورد. تنها اللهیار صالح به علت سوابقش در وزارت دارایی، اندک آشنایی به پرونده‌ی نفت داشت. انتخاب این کمیسیون و ترکیب آن، نخستین قدم در زمینه‌ی اشتباهات اقتصادی و فنی بود که به ناکامی بعدی نهضت ملی ایران در ماجرای نفت منتهی شد.
کمیسیون نفت در نخستین جلسه‌ی خود، دکتر مصدق را به ریاست برگزید و حسین مکی را به سمت مخبر انتخاب کرد[۱].

*****

آغاز کار کمیسیون نفت و مذاکرات طولانی آن با تظاهرات وسیعی در سرتاسر کشور همراه بود. دانشگاه تهران و حتی بعضی از دبیرستان‌ها در هیجان بودند. هر هفته جبهه‌ی ملی، آیت‌الله کاشانی که تازه از تبعید به تهران بازگشته بود، فدائیان اسلام که خود را پیرو او اعلام می‌کردند... در تهران و سرتاسر کشور اجتماعات بزرگی برای انتقاد از دولت (که خود نمی‌دانست چه می‌خواهد)، اعتراض به قرارداد الحاقی و مخصوصاً انتقاد شدید

۱- در مورد جریان بحران نفت، مقالات و کتب بسیار به زبان‌های مختلف، بخصوص انگلیسی و فرانسه و طبیعتاً به فارسی نوشته شده. تجزیه و تحلیل مساله از دیدگاه فنی و اقتصاد نفت مقصود و در حوصله‌ی این کتاب نیست. از جمله نگاه کنید به فواد روحانی، زندگی سیاسی مصدق در متن نهضت ملی ایران، منبع ذکر شده، ابراهیم صفایی، اشتباه بزرگ: ملی شدن نفت، تهران، کتاب سرا ۱۳۷۱، مصطفی فاتح، پنجاه سال نفت ایران چاپ دوم، تهران، پیام، ۱۳۵۸، دکتر محمدعلی موحد خواب آشفته‌ی نفت، دکتر مصدق و نهضت ملی ایران، ۲ جلد تهران، ۱۳۷۸.

از سیاست بریتانیا در ایران ترتیب می‌دادند. احساسات ملی و میهنی و حس انتقام‌جویی، یا تلافی، نسبت به آنچه به گمان افکار عمومی سیاست استعماری بریتانیا از آغاز قرن نوزدهم بر سر ایران آورده بود، بر فضای سیاسی کشور حاکم بود. همه می‌خواستند سرانجام طلسم تسلط لندن را بر صحنه سیاست ایران بشکنند. تا آن زمان اکثر مردم تسلیم قضا و قدر بودند هر چه را در ایران می‌شد به «انگلیس‌ها» نسبت می‌دادند. جنگ جهانی دوم و تنزل بریتانیا به ردیف یک قدرت درجه دوم، استقلال هندوستان و پاکستان و پایان امپراتوری و آغاز نهضت ضد استعماری در قاره‌ی افریقا، تغییری در این گمان مردم نداده بود.

اما در بهار سال ۱۳۳۰، ناگهان جو سیاسی و احساسی در ایران تغییر یافت. این باور در میان ایرانیان پدیدار شد که «می‌توان کاری کرد» که امپراتوری بریتانیا، دشمن تاریخی آنان، شکست‌ناپذیر نیست، که یک «معجزه ملی» قابل تحقّق است و می‌تواند به اراده‌ی آنان جامه‌ی عمل بپوشد. مصدق، شاید از آغاز بدون آن‌که خود به وسعت حرکتی که آغاز شده بود کاملاً واقف باشد، بیش از هر کس دیگر الهام‌بخش این نهضت بود و در مدتی کوتاه سخن‌گو و سرانجام رهبر آن شد.

دولت منصورالملک وقت می‌گذراند، شاه برای مدتی طولانی عازم پاکستان شد. تنها عکس‌العمل مسئولان حکومت در برابر موجی که از همه جای کشور برمی‌خاست، تغییر رییس کل شهربانی بود که به او اطمینان نداشتند. سرلشکر فضل‌الله زاهدی از کار برکنار و سیاست‌پیشه‌ای، مهدی فرخ (معتصم‌السلطنه)، به جانشینی او برگزیده شد. برای اول بار در تاریخ اخیر کشور، ریاست شهربانی که مسئولیت نظم و امنیت عمومی را داشت به یک «غیرنظامی» تفویض شد.

«فشارهای داخلی و شاید بیم خارجی برای برکناری زاهدی از ریاست شهربانی ثمر تلخی به بار آورد[۱]». دکتر مصدق در مجلس گفت: «آقای زاهدی افسری بودند که از بی‌طرفی خارج نشدند و به افکار عمومی نهایت احترام را گذاشتند. ولی معلوم نشد چرا دولت ایشان را عوض کرده است[۲]»

تغییر رییس شهربانی هم اشاره‌ی دوستانه‌ای به گردانندگان سیاست بریتانیا بود که شخصی را که مورد اعتماد آن‌ها باشد در رأس امور امنیتی کشور می‌خواستند و هم رفع مانعی در راه انتصاب افسر دیگری به ریاست دولت که با زاهدی از دیرباز میانه‌ی خوشی نداشت.

*****

هیجان افکار عمومی و بی‌تکلیفی در مورد بحران نفت به اوج خود رسیده بود. منصورالملک نه قدرت مقابله با این بحران را داشت، نه اراده‌ی آن‌را و نه در حد رو در رویی با شخصیتی وجیه‌المله و ناطقی زبردست چون دکتر مصدق بود.

او سه ماه بعد از انتصابش به ریاست دولت، نزد شاه رفت و استعفای خود را تقدیم داشت (۵ تیر ماه ۱۳۲۹ - ۲۶ ژوئن ۱۹۵۰). دیگر کاری از او ساخته نبود و مقابله با توفانی که برخاسته بود نیاز به مردی دیگر، با قدرتی استثنایی داشت.

امریکایی‌ها در این موقع از توسعه‌ی نفوذ شوروی در ایران بیم داشتند و تشکیل دولتی مقتدر اما مصلح و منزه را به شاه و محافل سیاسی ایران توصیه می‌کردند.

انگلیس‌ها در جستجوی شخصیتی بودند که قادر به حل مساله‌ی نفت باشد و نظم و امنیتی در ایران برقرار کند. از مجموع روایات و اسنادی که در دست است، می‌توان دریافت که سیدضیاءالدین

---

۱ - مصطفی الموتی، منبع ذکر شده، صفحه‌ی ۳۱۷.

۲ - چهارم خرداد ماه ۱۳۲۹.

طباطبایی، رهبر کودتای سوم اسفند، مرد مورد علاقه‌ی آنان بود. نام قوام‌السلطنه نیز بر سر زبان‌ها بود، اما شاه او را بر نمی‌تافت. در این میان سپهبد علی رزم‌آرا رییس توانا، دانشمند، درست‌کار و خوش‌نام ستاد ارتش نیز داوطلب ریاست دولت بود. اما با اندیشه‌های دور و دراز در باره‌ی ایران و بلند پروازی‌هایی که هم شاه را نگران می‌ساخت و هم بسیاری از مردان سیاسی سنتی و محافل آزادی‌خواه را که به جبهه‌ی ملی و مصدق گرویده بودند.

رزم‌آرا هنگامی که به ریاست دولت رسید، پنجاه سال داشت[۱] در بهترین و معروف‌ترین مدرسه نظام فرانسه (سن سیر) تحصیل کرده بود. سخنرانی نسبتاً قابل بود[۲]، خوش‌پوش، متواضع، با اطرافیانش مهربان و بسیار خونسرد بود. نظرات سیاسی‌اش را پنهان نمی‌کرد. در مجموع افکار عمومی او را مردی وطن‌پرست و جاه‌طلب و درستکار می‌شناخت. گروهی از ایرانیان امیدوار بودند که با نخست وزیری وی سرو صورتی به اوضاع کشور که پریشان بود داده شود. بسیاری دیگر که صحت عمل و قدرت تصمیم‌گیری او را انکار نمی‌کردند، عقیده داشتند که به راه

۱- نگاه کنید به مصطفی الموتی، بازیگران سیاسی، ... جلد دوم صفحه ۱۲۰ الی ۱۶۵. در این صفحات روایات و مدارک جالبی در باره‌ی خلقیات و زندگی و هدف‌های سیاسی و ملی رزم‌آرا نقل شده.

۲ - خود من در طی سال‌هایی که سپهبد رزم‌آرا رییس ستاد ارتش بود، دانش‌آموز دبیرستان فیروزبهرام بودم. انجمن ادبی دبیرستان هر سال دو یا سه شخصیت سیاسی یا فرهنگی را به منظور ایراد سخنرانی برای دانش آموزان دوره‌ی دوم، دبیران و اولیاء دانش‌آموزان دعوت می‌کرد. پسران رزم‌آرا در دبیرستان فیروز بهرام تحصیل می‌کردند. به این سبب اقلاً دوبار از او برای سخنرانی در این مجالس دعوت شد که هر بار جمعیتی انبوه حضور داشتند. رزم آرا بدون یادداشت به آسانی و با سادگی سخن می‌گفت و رفتاری توأم با تواضع و محبت با مدعوین داشت. به یاد دارم که هر بار با لباس شخصی و پیاده به دبیرستان فیروزبهرام آمد. اگر هم محافظینی داشت دیده نمی‌شدند. گر چه در آن زمان سوءقصدهای سیاسی در کشور عادی بود که خود وی چندی بعد قربانی آن شد. ظاهراً بیمی نداشت.

سردارسپه خواهد رفت. قدر مسلم این است که بلندپرواز بود، قدرت اجرایی و فکری و برنامه‌ی سیاسی لازم برای یک کودتای نظامی را داشت و گه‌گاه آن را پنهان نمی‌کرد. آیا جمهوری‌خواه بود، یا به قول بعضی از راویان می‌خواست فرانکوی ایران باشد و یا آن‌که مانند قوام، مصدق، زاهدی و بعضی دیگر معتقد بود که شاه باید سلطنت کند و رییس دولت، حکومت؟ پاسخ دقیقی به این پرسش‌ها نمی‌توان داد.

نخست‌وزیری سپهبد رزم‌آرا، تفویض امور کشور به مردی نیرومند بود. شاه در فرمان انتقالش، بعد از عبارات متعارف، به او تکلیف کرد که:

> «مطابق برنامه‌ی جدیدی که اصول حکومت ملی را کاملاً تامین نماید، با کمال جدیت و فعالیت، تحولات اجتماعی را که منظور نظر است به موقع اجرا بگذارید»[۱]

در روز ٦ تیر ماه ۱۳۲۹، ۲۷ ژوئن ۱۹۵۰ سپهبد رزم‌آرا وزیران خود را به شاه معرفی کرد و سپس برای معرفی آنان به مجلس شورای ملی رفت.

نمایندگان جبهه‌ی ملی به هنگام معرفی دولت جنجال شدیدی که در تاریخ سیاسی ایران سابقه نداشت، برپا کردند.

نخست‌وزیر با قیافه‌ی خندان و لباس غیرنظامی همراه وزیرانش وارد تالار مجلس شد، تعظیمی به رییس مجلس و تعظیم دیگری به نمایندگان کرد و بر جای خود نشست.

آشتیانی‌زاده، نماینده‌ی معروف به نزدیکی با حزب توده، با لحن تمسخرآمیزی فریاد کشید «ایست، خبردار». نمایندگان جبهه‌ی ملی بر روی دسته صندلی‌های خود آنقدر کوبیدند که چند پیش‌دستی شکسته شد. حسین مکی نامه‌ای به رییس مجلس نوشت که جبهه‌ی ملی هزینه‌ی تعمیر پیش‌دستی‌ها را تقبل می‌کند!

---

۱ - ۵ تیرماه ۱۳۲۹.

نمایندگان جبهه‌ی ملی دسـته جمعی فریاد می‌کشیدند «مرگ بر دیکتاتور، ملت زیر بار دیکتاتوری نمی‌رود»

قبل از آن‌که رزم‌آرا به مجلس بیاید، دکتر مصدق در یک نطق قبل از دستور اعلامیه‌ی جبهه‌ی ملی و سپس اعلامیه‌ی سید ابوالقاسم کاشانی را بر ضد دولت خوانده و گفت:

> «من دولتی به این گندی ندیده‌ام. این دولت نمی‌تواند کار کند مگر با شـلاق و سـر نیزه. من آرزو می‌کنم به دست این دولت کشـته شـوم که جزو شهدا باشـم. نه این که به دسـت مردمی که فردا بیایند و بگویند این آقا ملاک و محتکر بود»[1]

مظفّر بقایـی به او گفت «ما دیکتاتـور نمی‌خواهیم»، «ملت ایران تسلیم دیکتاتوری نمی‌شود»

دکتر علی شایگان: «ما تسلیم دیکتاتور نمی‌شویم». «محال است. محال است که، تسلیم دیکتاتوری شویم»، «مشروطه نیست» ...

به هر حـال در میان هیاهوی اقلیت و تأییـد اکثریت و مداخله‌ی تماشاچیان که برای نخسـت‌وزیر کف می‌زدند (که رییس مجلس دستور اخراج آنان را داد) رزم‌آرا وزیران خود را معرفی کرد و چند کلمه‌ای در مورد برنامه‌اش توضیح داد.

دو روز بعد به بهانه‌ی یک اخطار نظامنامه، دکتر مصدق گفت:

> «به وحدانیت حق خون می‌کنیم. می‌زنیم و کشته می‌شویم. اگر شما نظامی هستید من از شما نظامی‌ترم، می‌کشم، همین جا شما را می‌کشم»[2]

ماه‌ها بعد، نواب صفوی رهبر گروه تروریسـت فداییان اسلام که سپهبد رزم‌آرا به دست یکی از اعضایش، خلیل طهماسبی، به قتل رسـیده بود، در مصاحبه‌ای گفت «بعد از این‌که به تمایل مصدق

۱ - جلسه‌ی ٦ تیرماه ۱۳۲۹.

۲ - ۸ تیرماه ۱۳۲۹.

رزم‌آرا به قتل رسـید. آیت‌الله کاشانی آهسـته به من گفت: «باید هفت نفر دیگر که اسامی‌شـان را برد کشته شوند ولی اسم من و تو در میان نباشـد».[۱] به نظر می‌رسـد که این مصاحبه در زمان نخست‌وزیری دکتر مصدق و به قصد آلوده کردن وی انجام گرفته باشـد. ولی بهانه‌ای به دسـت مخالفانش برای انتقاد از او داد[۲]. بخصوص که بعداً لایحه‌ی عفو خلیل طهماسبی به مجلس هفدهم داده شد و به تصویب رسید.

سرانجام در جلسـه‌ی ۱۳ تیرماه مجلس شـورای ملی، به دولت رزم‌آرا در میان هیاهوی اقلیت با ۹٤ رأی از ۱۰٦ نفر حاضران رأی اعتماد داد. در روز ۱۹ تیرماه مجلس سنا نیز با سی و پنج رأی از چهل و نه نفر عده حاضر به دولت سپهبد رزم‌آرا ابراز اعتماد کرد.

تقریباً شش دهه بعد از این ماجرا نگاهی بی‌طرفانه به ترازنامه‌ی دولت رزم‌آرا بی‌فایده نیست. او توانست با قدرت و سرعت بعضی طرح‌های عمرانی را در چند شهر بزرگ از جمله تهران به مرحله‌ی اجـرا درآورد. قوانین جالبی به مجلـس تقدیم کرد. از جمله برای تشکیل انجمن‌های ایالتی و ولایتی که وجود آنها در قانون اساسی مصّـرح بود ولی هرگـز تحقق نیافته بود. به هنـگام تقدیم طرح، دکتـر مصدق فریاد زد «این طرح تجزیه‌ی ایران اسـت»[۳] مخالفت پرهیاهوی اقلیت مانع تصویب قانون شـد. دولت از مجلس برای اصلاح تعرفـه‌ی گمرکی اختیارات محدودی خواسـت که بر اثر مخالفت جبهه‌ی ملی آن هم معوق ماند.

در زمینه‌ی روابط بین‌المللی، رزم‌آرا سیاستی متعادل و موفقیت‌آمیز داشـت. اندک‌اندک بحرانی را که پس از شکسـت شوروی‌ها در

۱ - مجله‌ی ترقی، شماره ٤۳۵، اردیبهشت ماه ۱۳۳۰.

۲- از جمله نگاه کنید به سـیاوش بشیری، آیا مصدق قاتل بود؟ انتشارات پرنگ، پاریس، ۱۳٦۱.

۳- ۲۲ تیرماه ۱۳۲۹.

مسـاله‌ی آذربایجان بین مسـکو و تهران به وجود آمده بود فرو نشاند. شوروی‌ها تعداد زیادی از افسران و درجه‌داران و سربازانی را که طی برخوردهای مرزی به اسارت گرفته بودند آزاد کردند و به دولت ایران پس دادند و یک قرارداد مودّت و بازرگانی بین دو کشور امضا شد که آن هم در مجلس شورای ملی با مخالفت شدید اقلیت روبرو شد.[۱] ولی سرانجام به تصویب رسید.

در ۲۷ مهرماه ۱۳۲۹ (۱۹ اکتبر ۱۹۵۰) نخسـتین قرارداد مربوط به فعالیت‌های اصل چهـار و کمک‌های فنی ایالات متحده امریکا به ایـران به امضای نخسـت‌وزیر و دکتر هانری گریدی سـفیرکبیر امریکا رسـید. در همان روز موافقت‌نامه‌ای نیز در مورد همکاری امریکایی‌ها با برنامه‌های اصلاحات روستایی بین دو دولت امضا شد. با این وجود، رزم‌آرا از ادامه‌ی کار «صدای امریکا» در ایران جلوگیری کرد، برای رفت و آمد مأموران امریکایی در داخل کشور محدودیت‌هایی قایل شـد و به خدمت چند مستشار امریکایی در سازمان برنامه خاتمه داد.

کوچک‌ترین اقدام دولت با هیاهوی اقلیت مجلس روبرو می‌شـد. در سرتاسـر کشور، به ویژه در پایتخت تظاهرات کوچک و بزرگ بر ضد قـرارداد الحاقی، علیه دولت رزم‌آرا کـه هوادار آن وانمود می‌شـد که درسـت نبود، بر ضد شخص نخسـت‌وزیر که هدف همه‌ی تهمت‌ها قرار می‌گرفت و در نهایت امر بر ضد انگلسـتان و سیاست اسـتعماری بریتانیا جریان داشت. به سرعت رزم‌آرا به عنوان مدافع اصلی سیاسـت لندن در ایران معرفی شد، که البته حقیقت نداشت.
هیجان و احساسـات بر افکار عمومی حاکم بود و مردم به بدون آن‌که چگونگی آن روشن باشد، دفع شر نفوذ بریتانیا را که مسبب

۱ - ۳۰ شهریور ماه ۱۳۲۹.

اصلی همه‌ی عقب افتادگی‌ها و مسائل و مشکلات کشور دانسته می‌شد، خواستار بودند.
«قرارداد الحاقی» و مساله‌ی نفت همچنان در کمیسیون نفت مجلس مورد بحث و گفتگو بود و مردم جریان مذاکرات را به دقت تعقیب می‌کردند.

در ششم مهرماه ۱۳۲۲ چند تن از نمایندگان - دکتر مصدق، حائری‌زاده، اللهیار صالح، دکتر محمدعلی هدایتی، دکتر حسن علوی و حسین مکی -دولت رزم‌آرا را به علت «تعلل در استیفای حقوق ملت ایران»، استیضاح کردند که در ۲۷ مهرماه مجلس آن را مسکوت گذاشت.
مصدق در جلسه‌ی علنی اظهار داشت:

> «از مذاکرات دیروز آقای رزم‌آرا در مجلس سنا این طور برمی‌آید که او را برای اجرای قرارداد ساعد و گس آورده‌اند و امیدوارم که نمایندگان حساس و وطن‌پرست دست رد بر سینه این نامحرم بزنند»[۱]

چند روز بعد نخست‌وزیر به‌طور غیرمستقیم به دکتر مصدق پاسخ داد:

> «آقایان باید قرارداد الحاقی را بررسی کنند. آن مواردی را که می‌گویند استیفای حق نشده نشان دهند. وقتی گزارش آقایان به مجلس آمد، مجلس تکلیفی برای دولت معین می‌کند و آن روز کار ما آسان‌تر خواهد شد و دولت می‌تواند با جدیت بیش‌تر برای اصلاح قرارداد یا تنظیم قرارداد جدیدی با کمپانی وارد گفتگو شود».[۲]

سخنان سپهبد رزم‌آرا غیرمنطقی نبود، اما یک اشتباه بزرگ سیاسی بود. مردم انتظار داشتند که دولت به صراحت قرارداد

---

۱ - ۲۷ مهرماه ۱۳۲۹.
۲- ۱۳ آبان ماه ۱۳۲۹.

الحاقــی را محکوم کند و آن را مخالف مصالح ملی ایرانیان بداند. رزم‌آرا چنــان رفتــار می‌کرد که اوضــاع عادی اســت و التهابی در افکار عمومی وجود ندارد و کار را باید با خونسردی و گام به گام به پیش برد.

سرانجام کمیسیون نفت در جلسه‌ی ۸ آذرماه تصمیم به رد قرارداد الحاقی گرفت. در همین جلســه بود که طرحی به امضای پنج تن از نماینــدگان قرائــت و به اصرار دکتر مصــدق ضمیمه گزارش کمیسیون شد.

«به نام ســعادت ملت ایران و به منظــور کمک به تامین صلح جهانــی، امضاءکنندگان ذیل پیشــنهاد می‌نماییم که صنعت نفت در تمام کشــور بدون استثناء ملی اعلام شود، یعنی عملیات اکتشاف، استخراج و بهره‌برداری در دست دولت قرار گیرد.» دکتر مصدق، حائری‌زاده، اللهیار صالح، دکتر شایگان، حسین مکی.

در ایــن روز ۸ آذر ۱۳۲۹ - ۲۹ نوامبــر ۱۹۵۰ و با این پیشــنهاد، نهضت ملی ایران شِــعار سحرآمیز خود را یافت: ملی شدن نفت، که هنوز کسی دقیقاً محتوای آن‌را نمی‌دانست. همه در آن حرکتی برای انتقام از سیاست استعماری بریتانیا می‌دیدند و آن‌را مظهر یک تلافی می‌دانستند.

*****

فکر ملی شــدن نفت از که بود؟ یک ســال بعــد دکتر مصدق طی سخنانی در مجلس اظهار داشت:

«یکی از شــب‌ها خواب دیدم که شخصی نورانی به من گفت: دکتر مصدق برو و زنجیرهایی که به پای ملت ایران بســته‌اند باز کن. این خواب سبب شد که مثل همیشه من به حفظ جان خود کوچک‌ترین اهمیتی ندهم. وقتی که به اتفاق آراء، ملی شــدن صنعت نفت در کمیسیون گذشت

قبول کردم که حرف آن شـــخص نورانی غیر از الهام چیز دیگری نبوده است»[۱].

از آن پس کسان دیگری چون حسین فاطمی، دکتر کریم سنجابی، حســین مکی، اصل فکر را به خود نسبت دادند. گفته شد که این طرح در جلســه‌ای در خانه‌ی محمود نریمان شکل گرفته.[۲] همه‌ی این‌ها ممکن اســت درست باشــد. به خواب دیدن «مرد نورانی» نیز از ترفندهای معمول سیاســتمداران شــرقی و ایرانی است و طبیعتاً باید به جنبه‌ی احساسی آن توجه داشت. از دیدگاه تاریخ، در نظر ایرانیان، در جهان ســوم و در همه‌ی کتب و اسناد، دکتر مصدق بانی و مبتکر این طرح معرفی شــده. اگر هم بانی و مبتکر آن نبــوده، قطعاً مظهر آن بوده اســت. در این حرکت بزرگ ملی، همــه‌ی ایرانیان، جز اعضای حزب توده و چند تن وابســتگان به سیاست شــوروی یا عمّال بریتانیا، در کنار و مؤید دکتر مصدق بودند. نهضت ملی شــدن نفت یک حرکت اصیل ملی بود و دکتر مصدق، مظهر و سخن‌گوی آنان.

«نام دکتر مصدق به عنوان کســی کــه نفت ایران را ملی اعلام کرد و در نبردی کاملاً نابرابر روی در روی انگلستان و شرکت نفت انگلیس و ایران ایستاد، بی‌تردید در تاریخ معاصر ایران و کشورهای خاورمیانه ثبت شده و ماندگار است... اگر دکتر مصدق پس از تصویب قانون ملی شدن نفت در مجلس شورای ملی و سنا، مقام نخست‌وزیری را نمی‌پذیرفت و انجام این مهم را به دیگری واگذار می‌کرد، و یا پس از سی تیر که با قیام یکپارچه‌ی ملت ایران برای بار دوم به نخست‌وزیری برگزیده شد، از قبول خدمت عذر

۱- ۲۲ اردیبهشت ماه. ۱۳۳۰.

۲- جلال متینی، نگاهی به ... ، «فکر ملی کردن نفت از آن کیست؟»، صفحات ۲۲۸ تا ۲۳۶.

می‌خواست، این امر چیزی از منزلت وی نمی‌کاست.[۱]»
سه سال بعد، در مخالفت با محاکمه‌ی مصدق، سپهبد زاهدی نیز که دیگر بر مسند ریاست دولت نشسته بود، چیزی جز این نگفت:[۲]

«مگر همه‌ی ما، از جمله خود اعلیحضرت، در تلاش برای ملی شدن نفت در کنار مصدق نبودیم؟»[۳]

در حالی که حرکت ملی شدن نفت ایران‌گیر شده بود، دولت رزم‌آرا اشتباه سیاسی دیگری مرتکب شد و آن تصمیم به «پس گرفتن لایحه‌ی قرارداد الحاقی» بود.

پیشنهاد ملی شدن نفت در جلسه‌ی ۲۶ آذرماه ۱۳۲۹ به امضای یازده تن از نمایندگان، تقدیم مجلس شورای ملی شد.
دکتر تقی نصر وزیر دارایی که مسئول مذاکرات نفتی بود به عنوان مأموریت ایران را ترک کرد و از ایالات متحده امریکا استعفای خود را برای نخست‌وزیر فرستاد. رزم‌آرا با شتاب غلامحسین فروهر را به وزارت دارایی منصوب و معرفی کرد.
ممکن بود، رد علنی و رسمی قرارداد الحاقی، آرامشی در افکار عمومی به وجود آورد. به‌خصوص که استرداد قرارداد الحاقی در حالی انجام گرفت که سپهبد رزم‌آرا محرمانه به مذاکراتی موفقیت‌آمیز در مساله‌ی نفت سرگرم بود و می‌توانست پس از آن، موافقت‌نامه‌ی جدید را به قوه‌ی مقننه تقدیم نماید.

وزیر دارایی جدید در مجلس مفصلاً به نمایندگان اقلیت پاسخی داد[۴]:

---

۱ – همان منبع صفحه ۲۳۱.
۲ – نگاه کنید به قسمت سوم این کتاب.
۳– نگاه کنید به بررسی مستند نورمحمد عسکری در این باب، شاه، مصدق، سپهبد زاهدی، متن ذکر شده. صفحات ۲۳۸ به بعد.
٤ – ٥ دی‌ماه ۱۳۲۹.

«بعضی از آقایان خواستند ثابت کنند که نفت ایران متعلق به ایران اســت. این توضیح واضحات است. زیرا کلیه‌ی منابع طبیعی مملکت، متعلق به ایران است. مساله‌ی نفت طوری شده که هر دقیقه و هر ساعت از سوی اقلیت نغمه‌ی جدیدی ساز می‌شود. طرح ملی شدن نفت را که هیچ‌گونه مطالعــه‌ای درباره‌ی آن نکرده‌انــد، بــرای بازارگرمی پیشنهاد می‌کنند و مسئولین امور را مورد حمله قرار داده از هیچ‌گونــه تهمت و توهین خــودداری نمی‌کنند... وزیر دارایی اسبق (عباس‌قلی گلشاییان) که بر حسب اجازه‌ی دولت، قــرارداد الحاقی را امضا کرده، مرتکب چه گناهی شده که باید از پشت این تریبون او را خائن بگویید... نظر به این که کمیسیون نفت قرارداد الحاقی را جهت استیفای حقوق ایران کافی ندانســته، دولت این لایحه را مســترد می‌نماید تا مطابق قانون ۲۶ مهرماه ۱۳۲۶ در اســتیفای حقــوق ایران اقدام و نتیجه را به عرض مجلس شــورای ملی برساند»

این ســخنان در محیط متشــنج و مملو از تهدید و ســخنان درشت ایراد شــد. عبدالقدیر آزاد خطاب به وزیــر دارایی گفت: «خیانت کردند. خائن‌ها هفت‌تیر می‌خواهند، گلوله می‌خواهند».

مظفر بقایی و مکی با خشــونت کلام، منکر حق استرداد قرارداد الحاقی از طرف دولت شــدند، که رییس مجلس اعتراض آنان را نپذیرفت و تأیید کرد که «پس گرفتن لایحه حق دولت است». دکتر مصدق در این جلسه حضور نداشت. هر سه نماینده‌ای که در خشونت کلام افراط کردند، در ماه‌های بعد از او روی برگرداندند و همین درشت سخن‌ها را در باره‌ی او بکار بردند!

سوءتأثیر سخنان فروهر در اذهان عمومی چنان بود که او مجبور شــد خود را مخفی کند و هر روز و شــب در جایی بماند. رزم‌آرا، تقاضای تشکیل جلسه‌ی خصوصی مجلس را کرد و در گفته‌های

خود بر ناتوانی ایرانیان در کار ملی شدن نفت تاکید کرد. اما این سخنان محرمانه نماند، در جراید منعکس شد و حتی او را متهم کردند که گفته است که البته نگفته بود «ایران یک لولهنگ نمی‌تواند بسازد تا چه رسد به استخراج نفت».

همه‌ی محققان در اوضاع این دوران اتفاق نظر دارند که

در مذاکرات مستمر خود با مقامات انگلیسی و با حمایتی که سفیر آمریکا از نقطه نظرهای ایرانیان می‌کرد، طرح جدیدی را بر اساس تنصیف (۵۰-۵۰) درآمدهای نفتی تنظیم کرده و حتی امتیازات اضافی به دست آورده بود، از جمله پرداخت بلاعوض بیست و هشت میلیون و نیم لیره انگلیس به دولت در طی سال ۱۳۳۰ و سپردن ده میلیون لیره از جانب شرکت نفت به بانک ملی ایران، که گشایشی در افزایش حجم انتشار اسکناس بوجود آورد و به این ترتیب دست و بال دولت در اجرای برنامه‌های اقتصادی و اجتماعی باز شود[۱].
چرا این طرح را به مجلس نداد و لااقل علنی نکرد؟ آیا می‌خواست محیط آرام شود (که دیگر غیرممکن بود) و سپس مذاکرات خود را آشکار سازد؟ آیا چنان‌که بسیاری نوشته‌اند در صدد انجام یک کودتای نظامی و به دست گرفتن قدرت مطلق بود (که امکان فنی و عملی آن را داشت) و می‌خواست پس از توفیق، این برگ برنده را علنی کند؟ همه‌ی پاسخ‌هایی که به این فرضیات داده شده مبتنی بر روایات ضد و نقیض و برداشت‌های شخصی است. قدر مسلم این است که «با قتل خود، رزم‌آرا اسراری را به گور برد»[۲].

---

۱ - ابراهیم صفایی، محمود فاتح، مصطفی الموتی، جلال متینی، فواد روحانی، منوچهر فرمانفرماییان.

۲ - مطفی الموتی، بازیگران سیاسی، متن ذکر شده، صفحه‌ی ۱۴۷.

*****

در روز ۱۶ اسفند ۱۳۲۹، ۷ مارس ۱۹۵۱، سپهبد رزم‌آرا هنگامی که برای شرکت در مجلس ختم آیت‌الله فیض وارد مسجد شاه می‌شد، از طرف شخصی به نام خلیل طهماسبی، عضو جمعیت فداییان اسلام، هدف گلوله قرار گرفت و در دم جان سپرد. قاتل او بلافاصله دستگیر شد.

تشنج محیط و رعب و وحشت حاکم بر فضای سیاسی، چنان بود که مراسم خاک‌سپاری و مجلس ترحیم نخست‌وزیر، تقریباً به طور محرمانه انجام گرفت. شاه بی‌درنگ خلیل فهیمی (فهیم‌الملک) را احضار کرد و چون وضع بحرانی بود و امکان فوری مشاوره با مجلس وجود نداشت، او را به سرپرستی امور دولت و کفالت نخست‌وزیری برگزید و خواست که در تشکیل کابینه‌ی جدیدی نیز مطالعه کند. خلیل فهیمی یک ماه و چند روز قبل (۱۲ بهمن ماه) از جانب رزم‌آرا به سمت وزیر مشاور معرفی شده بود و ظاهراً یک ماموریت سیاسی داشت که از حُسن رابطه‌ی خود با اکثر سیاست‌مداران بانفوذ وقت استفاده کند و آرامشی در محیط بوجود آورد، شاید هم موجبات دیدار و مذاکره‌ای را میان دکتر مصدق (که با او دوستی قدیم داشت) و نخست‌وزیر فراهم سازد. همه‌ی اینها بی‌نتیجه ماند.

در باره‌ی قتل رزم‌آرا بسیار نوشته‌اند. حتی محمدرضاشاه یا دربار را متهم کرده‌اند که عامل یا آمر این جنایت بودند. بعضی دیگر نیز «دست انگلیس‌ها» را در آن می‌بینند که به این ترتیب مانع تقدیم طرح ۵۰-۵۰ شوند که خود با آن موافقت کرده بودند! همه‌ی اینها افسانه‌ای بیش به نظر نمی‌رسد.

شاه قطعاً از قدرت رزم‌آرا و بلندپروازی‌های سیاسی او بیمناک بود، تا آنجا که در زمان حکومتش رابطه‌ی خود را با رهبران جبهه‌ی ملی گرم‌تر کرد و حتی یک‌بار به مصدق پیشنهاد نمود

که ریاست دولت را به عهده بگیرد[1]. امروز دیگر ریشه و چگونگی همه‌ی سوءقصدهای سیاسی که بعد از جنگ جهانی دوم در ایران صورت گرفت به طور غیرقابل تردید روشن شده است و افسانه‌ی پیشین در باره‌ی نقش این و آن در آن‌ها که متأسفانه هنوز ادامه دارد، شایسته نیست. نه شاه در قتل رزم‌آرا دست داشت و نه مصدق. شادی و سرور رهبران جبهه‌ی ملی پس از این حادثه و سپس قانون عفو و اعاده‌ی حیثیت خلیل طهماسبی در زمان حکومت مصدق، هیچ یک موجب افتخار و مباهاتی نبوده و نیست[2].

*****

پنج روز پس از قتل سپهبد رزم‌آرا، در حالی که کوشش‌های خلیل فهیمی رییس موقت دولت برای تشکیل کابینه به جایی نرسیده

---

۱ - خاطرات و تالمات، صفحات ۳۶۲-۳۶۱ «قاتل رزم‌آرا هر کس که بود رفع زحمت از اعلیحضرت کرد چون که چند روز قبل از این واقعه می‌خواستند مرا به جای او نصب فرمایند که زیر بار نرفتم و معذرت طلبیدم و قاتل کار خود را کرد» دکتر مصدق در عبارت «قاتل رزم‌آرا هر کس که بود؟ شرط انصاف را رعایت نمی‌کند. او این سطور را بعد از دوران حکومتش نوشته که در مجلس لایحه‌ی عفو و اعاده‌ی حیثیت قاتلِ مورد اشاره به تصویب رسیده بود! اظهار نظر فواد روحانی به یادداشت مصدق بسیار نزدیک است: «قاتل رزم‌آرا عضو و مامور فداییان اسلام و دشمن سرسخت شاه بود. جای تردید باقی نمی‌ماند که دستوردهنده، رهبر فداییان اسلام بود نه شاه، ولی احتمالا شاه از وقوع قتل ناخشنود نبود» فواد روحانی، زندگی سیاسی مصدق در متن نهضت ملی ایران، منبع ذکر شده، صفحه ۹۲.

۲ - در روز ۱۷ اسفند اجتماع بزرگی در میدان بهارستان به مناسبت قتل رزم‌آرا تشکیل شد. حسین مکی و دکتر بقایی ضمن سخنانی کشتن او را به ملت ایران تبریک گفتند . در همان روز مجتبی نواب صفوی رهبر گروه فداییان اسلام اعلامیه‌ای خطاب به «ای پسر پهلوی» انتشار داد و اخطار کرد که «اگر حضرت خلیل طهماسبی آزاد نشود، عده‌ی زیادی از رجال دچار سرنوشت رزم‌آرا خواهند شد.»

و نیز در همان روز سید ابوالقاسم کاشانی طی مصاحبه‌ای قتل رزم‌آرا را از دیدگاه شرعی واجب دانست و خلیل طهماسبی را «منجی ملت ایران» معرفی کرد.

در ۲۸ اسفند دکتر عبدالحمید زنگنه رییس دانشکده حقوق و علوم سیاسی دانشگاه تهران و وزیر پیشین به دست شخصی به نام نصرت‌الله قمی در محل کار خود به قتل رسید. در آن زمان هیجان و تشنج افکار عمومی به حدی بود که این جنایت تقریباً عکس‌العملی نداشت. قاتل ظاهراً وابسته به فداییان اسلام نبود.

بود، در ۲۱ اسفند ۱۳۲۹ مجلسین به نخست‌وزیری حسین علا، ابراز تمایل کردند و شاه او را مامور تشکیل دولت و معرفی وزیران جدید کرد.

در ۲٤ اسفند ۱۳۲۹، ۱۵ مارس ۱۹۵۱، پیشنهاد ملی شدن صنعت به اتفاق آراء به تصویب مجلس شورای ملی رسید و کمیسیون نفت مامور تعیین نحوه‌ی اجرای آن گردید. ده روز پیش از آن حتی تصور چنین تصمیمی دشوار بود.
هنگامی که رأی مجلس اعلام شد، تماشاچیان به وکلا ملحق شدند، کف زدند و ابراز شادی کردند، سپس به درون محوطه‌ی مجلس ریختند و سرو صورت نمایندگان را از هر دسته و گروه غرق بوسه ساختند. در ظرف مدتی کوتاه، مردم تهران و سپس شهرستان‌ها از این تصمیم اطلاع یافتند و جشن و سرور و چراغانی و پایکوبی و تظاهرات ملی سرتاسر کشور را فرا گرفت.

در روز ۲۹ اسفند ۱۳۲۹، مجلس سنا نیز به اتفاق آراء ملی شدن صنعت نفت را تصویب کرد. چند ساعت بعد قانون، به توشیح شاه رسید و قدرت اجرایی یافت. همان موقع تصمیم گرفته شد که روز بیست و نهم اسفند، روز ملّی شدن نفت شناخته شود.
نوروز ۱۳۳۰ برای ایرانیان، نوروزی تاریخی و سرشار از هیجان و امید و شادی بود. گمان می‌بردند که یک آرزوی دیرین ملی که پیروزی بر سیاست استعماری بریتانیا باشد، جامه‌ی عمل پوشیده.

در ۲٦ فروردین مجلس سنا و در بیست و هفتم مجلس شورای ملی به حسین علاء رأی اعتماد دادند. اعتصابات کارگری در مناطق نفتی همراه با اغتشاش و بی‌نظمی و خرابکاری گسترش یافت. بهانه‌ی رسمی عدم پرداخت قسمتی از دستمزد بوسیله‌ی شرکت نفت بود. انگلیس‌ها تحریکات خود را آغاز کرده بودند.

حزب توده که در ظاهر «منحله» اما هنوز توانا بود به این آشوب‌ها دامن می‌زد. کارگران اصفهان به پشـــتیبانی از همکاران مناطق نفتی خود به اعتصابیون پیوستند. در تهران حزب توده، جمعی از دانش‌آموزان دبیرستان‌ها را به خیابان‌ها ریخت. در آبادان و بندر معشــور تعداد زیادی از تظاهرکنندگان زخمی و تنی چند کشـــته شدند. در میان عده‌ی اخیر سه تن انگلیسی نیز بودند که بهانه‌ای برای ســـفارت انگلیس جهت اعتراض شدید به ناامنی در مناطق نفتی شد. آن‌چه «اتحاد توده -نفتی» خوانده شد دیگر علنی بود. دولت در تهران و مناطـــق نفت‌خیز و آبادان و اصفهان با موافقت مجلس حکومت نظامی اعلام کرد. از اصفهان و لرســـتان و اهواز واحدهای نظامی به آبادان اعزام شـــدند که پالایشگاه آن شهر را حفاظـــت کنند. قدرت‌نمایی ارتش در آبادان، ســـریعاً به اعتصاب بیست و هفت هزار نفر کارگران پالایشگاه خاتمه داد. اما آرامش موقت بود و آتش در زیر خاکستر.

در روز ٦ اردیبهشـــت، علاء که دولتـــش حتی دو ماه نپاییده بود، فقـــط ده روز بعد از اخـــذ رأی اعتماد از مجلس نزد شـــاه رفت و استعفا داد. از او دیگر کاری ساخته نبود. سال ۱۳۳۰ با بحران و نابسامانی آغاز شد.

در روز هفتم اردیبهشـــت‌ماه ۱۳۳۰، جلســـه‌ی خصوصی مجلس برای مشاوره پیرامون انتخاب نخست‌وزیر جدید تشکیل شد. اکثر مردم و عده زیادی از نمایندگان مصدق را می‌خواســـتند. اما نام ســـیدضیاءالدین هم بر ســـر زبان‌ها بود و ظاهراً انگلیس‌ها از او حمایت می‌کردند و انتظار داشـــتند که با قاطعیت و خشونت عمل کند و بحران را به نفع آنها خاتمه دهد. حتی گفته می‌شد که سید در دربار نشســـته و منتظر رأی تمایل اســـت که نزد شاه برود و

فرمان نخست‌وزیری بگیرد.[۱]
سرانجام جمال امامی که قبلاً از طرف شاه با مصدق تماس گرفته بود که نخست‌وزیری را بپذیرد، مجدداً این پیشنهاد را عنوان کرد. مصدق هم برخلاف انتظار به قول خودش «بلاتأمل»[۲] پذیرفت. نمایندگان کف زدند. رأی مخفی گرفته شد و از صد نفر عده‌ی حاضر ۷۹ تن به مصدق رأی تمایل دادند. این بار دیگر چاره‌ای جز قبول مسئولیت نداشت. اما آن‌را موکول به تصویب طرح نُه ماده‌ای اجرای قانون ملی شدن نفت کرد که در همان روز به تصویب مجلس و روز بعد به تصویب سنا رسید.

در روز ۸ اردیبهشت ۱۳۳۰، ۲۹ آوریل ۱۹۵۱، شاه دکتر مصدق را به کاخ مرمر، محل کارش احضار و مامور تشکیل کابینه کرد.
دو روز بعد «قانون طرز اجرای اصل ملی شدن صنعت نفت و تشکیل شرکت نفت ملی ایران» که تصویب نهایی آن شرط پذیرش ریاست دولت از جانب مصدق بود، به توشیح شاه رسید و روز ۱۱ اردیبهشت ۱۳۳۰، ۲ مه ۱۹۵۱، نخست‌وزیر جدید وزیران خود را معرفی کرد.

---

۱ - دکتر مصدق در خاطرات و تالمات خود به این نکته اشاره کرده.
۲ - همان متن، صفحات ۱۷۷-۱۷۸.

فصل پنجم

پیروزی‌ها و دشواری‌ها

وزیران دولت مصدق عبارت بودند از باقر کاظمی (مهذب‌الدوله) وزیر امور خارجه، سپهبداصغر نقدی وزیر جنگ، سرلشکر فضل‌الله زاهدی وزیر کشور، محمدعلی وارسته وزیر دارایی، علی هیئت وزیر دادگستری، دکتر کریم سنجابی وزیر فرهنگ، یوسف مشار (مشار اعظم) وزیر پست و تلگراف و تلفن، جواد بوشهری (امیر همایون) وزیر راه، حسن‌علی فرمند (ضیاءالملک) وزیر کشاورزی، دکتر حسن ادهم (حکیم‌الدوله) وزیر بهداری، امیرتیمور کلالی وزیر کار.

چند روز بعد، نخست‌وزیر مهندس احمد زنگنه را به سمت مدیر عامل سازمان برنامه (که هنوز عنوان وزارت نداشت) و شمس‌الدین امیرعلایی را به سمت وزیر اقتصاد ملی به حضور

شاه معرفی کرد.
تاملی در ترکیب نخستین گروه از همکاران رده‌ی اول مصدق مفید و ضروری است.
اکثر آنان از رجال قدیمی کشور و دارای سوابق ممتد و مکرر تصدی مقامات مهم بودند. تنها چهره‌ی نسبتاً تازه‌ی دولت، دکتر کریم سنجابی رییس دانشکده‌ی حقوق و علوم سیاسی و اقتصادی دانشگاه تهران بود. او و یوسف مشار از اعضا و وابستگان جبهه‌ی ملی محسوب می‌شدند. مهذب‌الدوله کاظمی و ضیاءالملک فرمند از اعضای شاخص جمعیت (حزب) عامیون بودند که تقی‌زاده، حکیم‌الملک و نجم‌الملک رهبران آن به شمار می‌آمدند.

همه‌ی وزیران مصدق، مشتهر به درستی و صحت عمل بودند. یکی از خصایص اصلی وزیران همکار وی تا پایان کارش این بود که هیچ یک از آنان متهم به فساد نبود و نشد و در پاکدامنی ایشان کسی تردید نکرد.
از میان این گروه سه تن تا پایان کار مصدق به او وفادار ماندند: کاظمی، گرچه دولت را ترک کرد و به سفارت پاریس رفت، سنجابی و شمس‌الدین امیرعلایی.
یوسف مشار دوستی شخصی خود را با مصدق نگاه داشت اما از برداشت‌ها و تصمیمات سیاسی او فاصله گرفت و در جریان محاکمه‌اش، چنان‌که خواهیم دید، با پادرمیانی بین او و شاه، کوشید که از محکومیتش جلوگیری شود که اگر توفیق یافته بود مسلماً خدمتی به دستگاه سلطنت می‌بود. ولی ظاهراً سوءظن و عدم اعتماد متقابل دو حریف (یعنی شاه و مصدق) مانع شدند که تلاش مشاراعظم به نتیجه برسد.

مصدق دو سال و سه ماه و چند روز بر سر کار بود. او بیش از

هر نخست‌وزیری در سال‌های بعد از استقرار مشروطیت، وزیران خود را تغییر و تبدیل داد و کابینه‌های خود را ترمیم کرد.[۱]
یکی از وزیران مورد اعتماد خاص او، سرلشکر زاهدی که وزارت کشور یعنی امور استان‌ها و مسئولیت ژاندارمری و شهربانی را به وی سپرده بود، بعد از چندی رهبر اصلی مخالفان وی و سرانجام جانشینش شد.

برنامه‌ی دولت دکتر مصدق در دو ماده خلاصه می‌شد.
۱ - اجرای کامل قانون ملی شدن صنعت نفت در سرتاسر کشور.
۲ - اصلاح قانون انتخابات مجلس شورای ملی و شهرداری‌ها.
به هنگام بحث در باره‌ی برنامه‌ی دولت، آشتیانی‌زاده که معروف به نزدیکی با نقطه نظرهای حزب توده بود، اظهار داشت:

> «من با اعضای فراماسون و قزاق در این کابینه مخالفم. من با وزیر کشوری که نظامی باشد و بالاخره با دیکتاتوری مخالفم. نباید رفقای تقی‌زاده در کابینه باشند. من یک رأی سفید به دکتر مصدق و یک رأی کبود به دولت او می‌دهم»[۲]

دولت با نود و نه رأی موافق از مجلس شورای ملی و سپس با چهل و هشت رأی از مجلس سنا رأی اعتماد گرفت.

تلاش مصدق آغاز شد.

محمدرضا پهلوی که با او در نهایت امر نظر خوبی نداشت و از بیان قضاوت‌های منفی در نقاط ضعف او دریغ نمی‌کرد، در باره‌ی او می‌نویسد:

> «مصدق رسماً بیانگر احساسات ملی ضد استعماری و

۱ - نگاه کنید به احمد سمیعی، سی و هفت سال، چاپ چهارم، تهران، شباویز دی ماه ۱۳۶۷، صفحات ۲۱ تا ۳۲ و ۸۳ تا ۸۸. و مصطفی الموتی، منبع ذکر شده، صفحه‌ی ۱۷۱.
۲ - ۱۵ اردیبهشت ۱۳۳۰.

میهن‌دوستانه‌ی ایرانیان بود و اعلام می‌داشت که باید از اعطای هر گونه امتیاز به خارجیان اجتناب کرد و این رویه را سیاست موازنه‌ی منفی می‌نامید»[۱] و می‌افزاید «ناطقی زبردست بود، اما میان گفته‌ها و کردارش هم‌آهنگی وجود نداشت و به آن‌چه می‌گفت عمل نمی‌کرد. گاه دچار شوق و التهاب و هیجان بود و گاه دستخوش سرخوردگی و افسردگی و نومیدی کامل. در سخنرانی‌هایش می‌گریست، فریاد می‌زد، دچار اغماء می‌شد»[۲]

روابط محمدرضا شاه با دکتر مصدق قابل تامل بسیار است. تردید نمی‌توان داشت که وی مصدق را دوست نمی‌داشت و مصدق روز به روز نسبت به او سوءظن بیش‌تری یافت. اصولاً محمدرضا شاه، مانند بسیاری دیگر از رجال سیاسی جهان، شخصیت‌هایی را که بتوانند وی را در زمان حکومتش یا در تاریخ تحت‌الشعاع قرار دهند، برنمی‌تافت و در نهایت امر بهای گران این رویه را پرداخت. که این داستان دیگری است.

محمدعلی فروغی، یکی از شخصیت‌های بزرگ تاریخ معاصر ایران که رضاشاه ولیعهدش را به دست او سپرد و اجباراً ایران را ترک کرد، هنگامی که به قدرت رسید، سخت بیمار و در آخرین ماه‌های زندگی‌اش بود که توانست هم ایران را نجات دهد و هم سلطنت و محمدرضا شاه را. او هرگز مرد سیاسی و دولتمرد جاه‌طلبی نبود. گوشه‌ی عزلت و تحقیق را بر مراکز قدرت و مناصب مهم ترجیح می‌داد، دار و دسته‌ای نداشت. در چند ماه قدرتش می‌توانست چنان‌که متفقین از او خواسته بودند، شاه را کنار بگذارد و بر منصب ریاست جمهوری بنشیند. محمدرضا

۱- محمد رضا پهلوی، پاسخ به تاریخ، صفحه‌ی ٦٧.
۲ - همان متن، صفحه‌ی ٦٨.

شــاه جوان، بی‌تجربه و بی‌قدرت، جز او و چند تن دیگر کســی را نداشت که حفظش کنند.

پس از مرگ فروغی نسبت به وی و خانواده‌اش ابراز قدرشناسی کرد. ولی نمی‌خواســت که کســی به نقش تاریخی او و اشــاره‌ای بکند، نمی‌خواســت بدانند که ســلطنت خود را مدیون او یا محمد ساعد است که سمت نیابت سلطنت را نپذیرفت. اما جریان کار با قوام‌السلطنه و سپس مصدق و به شکل دیگری با سپهبد رزم‌آرا و سرانجام با فضل‌الله زاهدی متفاوت بود. نه قوام طرفدار جمهوری بود نه مصدق. هر دو می‌خواستند شاه سلطنت کند، مظهر وحدت ملی و اســتمرار تاریخ باشــد، اما کاری به کار حکومت نداشته باشــد. قوام‌الســلطنه ناجی آذربایجان بود و با دست خالی، به اتکای درایت و کفایت سیاسی خود بر استالین پیروز شد.

محمدرضا شــاه می‌خواســت این پیروزی در تاریخ، انحصاراً به نام او ثبت شــود. در کوتاه‌مدت توفیق یافت و در درازمدت موفق نشــد. گرچه در نجات آذربایجان سهم و نقشی بزرگ ایفا کرد؛ با این حال تردید نیست که در برابر خطر تجزیه‌ی ایران، هر دو، نقار و ســوءظن‌های متقابل را فراموش کردند. شــاه از قوام، در اوج شــدت بحران، مردانه حمایت کرد و قــوام از این حمایت مدبرانه بهــره گرفت. اما قوام، برخلاف فروغی، دولتمردی با برنامه‌های وســیع سیاســی بود. قدرت را دوست می‌داشــت و از ظواهر آن دوری نمی‌جست. می‌خواست شاه را در مقام تشریفاتی خود نگاه دارد و خود حکومت کند و نقشــه‌هایش را جامه‌ی عمل بپوشاند، که نگذاشتند.

در دهه‌ی اول بعد از شهریور ۱۳۲۰، روابط محمدرضا شاه با دکتر مصدق همواره دوســتانه بود و چون نهضت ملی شدن نفت پیش

آمد و مصدق به ریاست دولت رسید، در ابتدای کار از او و از پیشرفت نهضت ضداستعماری مردم ایران پشتیبانی کرد.
برخلاف آنچه گه‌گاه گفته و نوشته شده، دکتر مصدق دشمن انگلستان نبود، به انگلیس‌ها احترام می‌گذاشت و حتی از زمان ولایت فارس با تنی چند از آنان روابط دوستانه داشت. او نسبت به سیاست بریتانیای کبیر در ایران سوءظن داشت و سیاست استعماری بریتانیا را محکوم می‌کرد و می‌خواست که ایران را از سلطه‌ی نفوذ آن به در آورد. لندن را دشمن خود می‌دانست و گاه در نتایج این عداوت و دشمنی زیاده‌روی می‌کرد.
محمدرضا پهلوی نیز نسبت به سیاست بریتانیای کبیر رویه‌ای کم و بیش مشابه داشت. شاه بود و خوب می‌دانست که باید بر احساسات شخصی خود غلبه کند. اما نه مخالفت دائم سیاست استعماری بریتانیا را با پدرش فراموش کرده بود، نه تبعید او را، نه مخالفت انگلیس‌ها را با سلطنت خودش، نه رفتار موهن و تحقیرآمیز چرچیل را به هنگام کنفرانس تهران که به دیدارش نرفته بود-گرچه شخصیت بزرگ چرچیل را انکار نمی‌کرد -و نه دخالت‌های دائم سفارت انگلیس را در امور ایران.

هنگامی که مصدق برای احقاق حقوق ملی ایران و ایرانیان برخاست و به قول خودش خواست «زنجیرهای اسارت ملت ایران را پاره کند» محمدرضا شاه از او صمیمانه حمایت کرد. به قول یک مورخ معروف فرانسوی، «برای لندن مشکل اصلی این بود که در آن زمان، شاه شاهان محمدرضا پهلوی استثنائاً با نخست‌وزیرش موافق بود گرچه شخصاً از او نفرت داشت»[1]

در اوج بحران نفت، شاه و مصدق، مرتباً و مکرراً با یکدیگر دیدار و مذاکره داشتند و این هم‌آهنگی موجب خوش‌آیند افکار مردم و

---

1 - A. Conte, le Reveil de l' Islam, Paris Match, 23 september 1983.

نشانه‌ی وحدت ملی بود.[۱]

احتمالاً محمدرضا پهلوی خوشحال بود که مصدق آن‌چه را خود او نمی‌توانست و نمی‌بایست بگوید، بطور علنی اظهار می‌دارد و در مقابل انگلیس‌ها ضعفی نشان نمی‌دهد. مصدق هم با افراط در رعایت تشریفات و به خاطر نشان دادن وحدت نظرش با شاه، می‌کوشید که ظن هر نوع اختلافی را از میان ببرد:

در سیزده تیرماه ۱۳۳۰، شاه در بیمارستان بانک ملی تحت عمل جراحی آپاندیسیت قرار گرفت و نیز برجستگی شانه‌ی چپ وی که بر اثر سوءقصد پانزدهم بهمن ماه پدید آمده بود، برداشته شد. هنگامی که چهار روز بعد وی می‌خواست بیمارستان را ترک کند. دکتر مصدق به اتفاق همه‌ی وزیران و چند تن از شخصیت‌های مملکتی که فراخوانده بود، با لباس رسمی (ژاکت) به بیمارستان بانک ملی رفتند. مصدق به ملکه ثریا ابراز ادب و محبت خاص کرد. می‌گویند شاه از حضور تمام اعضای دولت و رسمیتی که به خروجش از بیمارستان داده شده بود، هم بسیار متعجب شد و هم خشنود[۲]. به هر حال حرکت محبت‌آمیزی از جانب رییس دولت نسبت به او بود. متأسفانه این هم‌آهنگی، با وجود کوشش دو طرف در حفظ ظواهر، اندک‌اندک کاهش یافت و به بروز بحران‌ها و تنش‌هایی انجامید که کشور بهای گران آن را پرداخت.

روابط دکتر مصدق با حزب توده که به ظاهر «منحله» و عملاً بیش از همیشه فعال بود و رویه‌ی این حزب نسبت به سیاست وی،

---

۱ - به عنوان نمونه، در ۲۵ شهریور ۱۳۳۰، شرفیابی مصدق دو ساعت به طول انجامید. فردای آن‌روز، یک ساعت و نیم، هم چنین سی و یکم شهریور و دوم مهرماه ... شرفیابی اول آذرماه او، پس از بازگشت از سفر امریکا، شش ساعت طول کشید!

۲ - پروفسور یحیی عدل غالباً این جریان را حکایت می‌کرد، تصاویر زیادی از این مراسم غیرمنتظره در جراید ایرانی و خارجی انتشار یافت.

نکته‌ی قابل تأمل مهم دیگری است.
حزب توده که در اوایل مجلس چهاردهم نسبت به مصدق ابراز احترام و گه‌گاه با رویه‌ی سیاسی او همراهی می‌کرد، پس از طرح ممنوعیت مذاکرات نفتی با خارجیان تا زمانی که قوای بیگانه در ایران حضور داشته باشند، او را هدف دشنام‌ها و حملات شدید و گاهی زننده قرار داد، و با ملی شدن نفت نیز که برای همیشه مانع دست‌اندازی شوروی‌ها به منابع شمال کشور می‌شد شدیداً مخالف بود و از هیچ کارشکنی در این زمینه خودداری نکرد.[۱]

ایرج اسکندری، یکی از رهبران و بنیان‌گذاران حزب توده، در سپتامبر ۱۹۵۹ (۱۳۳۸) در توجیه این رویه چنین نوشت:

> «ما در جریان کشمکش برای ملی کردن صنعت نفت ایران از مصدق که بی‌شک نماینده‌ی منافع بورژوازی ملی بود، دفاع نکردیم. طرز تفکر ما از این قرار بود: مصدق برای ملی کردن نفت ایران مبارزه می‌کند. اما امپریالیست‌های امریکایی پشتیبان این جنبش هستند. یعنی آن را رهبری می‌کنند. بنابراین ما به اشتباه چنین نتیجه گرفتیم که کمونیست‌ها نباید از نهضت ملی پشتیبانی کنند و به این ترتیب خودمان را از توده‌هایی که پیرو بورژوازی بودند و نه پیرو حزب ما، جدا کردیم»[۲]

از این جمله پردازی‌ها که نشانه‌ی نوعی انجماد فکری و ناتوانی علمی و سیاسی در تجزیه و تحلیل تحولات اجتماعی است که بگذریم، واقعیات حوادث، بیانگر یک مخالفت بنیادی کمونیست‌ها با نهضت ملی آن روز ایران است. در سال‌های اخیر این واقعیت

۱ - در مورد روابط حزب توده با دکتر مصدق نگاه کنید به نورمحمد عسکری، شاه، مصدق، سپهبد زاهدی، منبع ذکر شده، فصول هفتم، دوازدهم و هجدهم، و نیز فواد روحانی، زندگی سیاسی مصدق ...، منبع ذکر شده صفحات ۹۵ تا ۱۲۲.

۲ - ایرج اسکندری «معنی بوژوازی ملی چیست؟» ... به نقل از فواد روحانی، زندگی... .صفحه‌ی ۹۶.

در نوشته‌های بسیاری از مولفان و محققان یا به اجمال برگذار شده و یا اصولاً، و البته عمداً ذکر نشده است: روشنفکران و نویسندگان چپ‌گرا، وابسته به حزب توده و یا نزدیک به عقاید آن، سعی کرده و می‌کنند که از این مخالفت و کارشکنی که لکه‌ی ننگی برای جنبش سیاسی آنها است سخنی نگویند و آن‌را به دست فراموشی بسپارند. نویسندگان دیگری که شمار آنان اخیراً رو به افزایش نهاده، دکتر مصدق را متهم به همکاری و همراهی با کمونیست‌ها و حتی آلت دست آنان قلمداد کرده و می‌کنند و در نتیجه مخالفت حزب توده را با سیاست او نادیده می‌گیرند.

حقایق و واقعیات پیچیده‌تر و البته جز این است:
در هنگامی که حرکت ملی کردن نفت آغاز شد، حزب توده به مخالفت با آن برخاست. توجیه آن هر چه بود، در واقعیت این رویه تردیدی نیست. اعتصابات وسیعی که در هفته‌های حکومت علاء به تحریک شرکت نفت و به ابتکار حزب توده ابتدا در مناطق نفت‌خیز و سپس در شهر کارگری اصفهان روی داد، جز تضعیف حرکت ملی چیز دیگری نبود.
در این دوران روزنامه‌ی به سوی آینده، عملاً ناشر رسمی افکار حزب توده بود. حکومت نظامی مرتباً آن را توقیف می‌کرد و هر روز به نام دیگری با استفاده از امتیازهایی که قبلاً گرفته شده بود مجدداً انتشار می‌یافت.

«کلیه‌ی مردم شرافتمند و میهن‌دوست ایرانی، نسبت به دار و دسته مصدق که به مبارزه‌ی ملی مردم ایران خیانت کرده‌اند، انزجار خود را ابراز می‌دارند. جبهه‌ی ملی که به دفاع از منافع ملت ایران تظاهر می‌کرد، اکنون به همراه دیگران یعنی جناح‌های ننگین هیات حاکمه علناً به مصالح ملی ایران خیانت می‌ورزد»[1]

۱- پرچم صلح، به سوی آینده، ۲۶ فروردین ۱۳۳۰.

«جبهه‌ی ملی و لیدر آن دکتر مصدق در این آزمایش تازه‌ی مبارزه به طور جدی شکست خوردند»[۱]

«دست جبهه‌ی ملی به خون کارگران شهید خوزستان و اصفهانی آغشته است»[۲]

«جبهه‌ی ملی به درجه‌ی پست‌ترین دشمنان ملت ایران تنزل کرده است»[۳]

در روزهای اول اردیبهشت و چهارده تیرماه ۱۳۳۰ توده‌ای‌ها در تهران تظاهرات خونینی علیه جبهه‌ی ملی و دکتر مصدق به‌راه انداختند که وی به این ترتیب ناگزیر بود در چند جبهه بجنگد، اما از پشتیبانی کامل اکثریت مردم برخوردار بود و هنوز شاه از او حمایت می‌کرد.

*****

شدیدترین بحران روابط حزب توده با دکتر مصدق در تیرماه ۱۳۳۰ روی داد:

از یازدهم اردیبهشت- تشکیل دولت مصدق- تا آن زمان، گام‌های بزرگی در راه تحقق مالکیت و نظارت دولت و ملت ایران بر منابع و تأسیسات نفتی برداشته شده بود: تشکیل کمیسیون مختلط مجلسین برای نظارت بر اجرای قانون ملی شدن نفت؛ تشکیل شرکت ملی نفت ایران و تعیین هیات مدیره‌ی موقت آن؛ اعزام هیات اجرایی خلع ید از «از شرکت سابق» به جنوب کشور و خلع ید از «کمپانی» در میان شور و هیجانی بی‌سابقه. در سرتاسر ایران مردم سرمست پیروزی ملی بودند و هنگامی که در سی‌ام خرداد ماه (۲۱ ژوئن) تابلوهای شرکت نفت جنوب از عمارت مرکزی آن در تهران و همه‌ی شعب شرکت در سرتاسر کشور پایین آورده شد و پرچم ایران بر فراز آنها به اهتزاز درآمد، میلیون‌ها ایرانی، از

۱ - مجمربه جای به سوی آینده، ۲۹ فروردین ۱۳۳۰.

۲ - همین نشریه، ۳۰ فروردین ۱۳۳۰.

۳ - هدایت بجای به سوی آینده، ٤ اردیبهشت ۱۳۳۰.

کوچک و بزرگ به تظاهر و شادمانی پرداختند. شاید سال‌ها بود که چنین احساس و ابراز غرور ملی در میان مردم دیده نشده بود. هنوز کسی در اندیشه دشواری‌ها نبود. مساله برای مردم جنبه‌ی احساسی داشت نه اقتصادی. طلسم شکسته بود.

طبیعتاً لندن در برابر این شکست، که در سرتاسر جهان انعکاسی بیرون از انتظار داشت و ضربه‌ای بزرگ به پیکر متزلزل امپراتوری بریتانیا وارد آورد، عکس‌العمل نشان داد. از یک طرف به دیوان دادگستری لاهه شکایت کرد و از طرف دیگر به نشان دادن قدرت نظامی و تهدید ایران پرداخت، تیپ شانزدهم چتربازان بریتانیایی در قبرس به حال آماده‌باش درآمد و ناوگان انگلیس در خلیج فارس به نمایش قدرت و تهدید پرداخت. لندن اعلام داشت که قوای نظامی خود را در سر حد ایران و عراق متمرکز ساخته است. مطبوعات جهان از حمله‌ی قریب‌الوقوع انگلیس‌ها به ایران سخن می‌گفتند.

ایرانیان نیز ساکت ننشستند. به نیروی دریایی کوچک ایران در جنوب، فرمان آماده‌باش داده شد. چند واحد نظامی به خوزستان و منطقه‌ی کرمانشاه اعزام شدند. روزنامه‌های تهران نوشتند که در صورت تجاوز قوای انگلیس به ایران، شاه، یعنی فرمانده کل قوا به خوزستان خواهد رفت و فرماندهی مدافعان وطن را به عهده خواهد گرفت. بسیاری از مردم اشک شوق و هیجان می‌ریختند و تصور می‌کردند که هنگام رو دررویی و زورآزمایی با «دشمن تاریخی» کشور فرا رسیده است:

«دولت بریتانیا رزمناو مورتیزیوس را به نزدیکی بندر آبادان اعزام داشت و قوای خود را در سر حد عراق و چتربازان را در قبرس متمرکز کرد و به تهدید ایرانیان برخاست. در آن موقع من سفیر بریتانیای کبیر را احضار

کــردم و به وی گفتم باید بدانیــد که در صورت تجاوز به خاک ایران، من پیشــاپیش ســربازانم به دفاع از کشور برخواهم خاست»[۱].

ظاهراً در واشــنگتن، احتمال بروز یک تشنج جدی میان دو کشور که هر دو از یاران و هم‌پیمانان ایالات متحده در جنگ سرد بودند جدی تلقی شــد. مخصوصاً بیم آن می‌رفــت که در صورت اقدام نظامی بریتانیا بر ضد ایران، قوای شــوروی به اســتناد قرارداد ۱۹۲۱ وارد ایران شــوند و بدین ترتیب بحرانی در ابعاد بین‌المللی پدیدار شــود. برای اجتناب و جلوگیری از بروز این بحران، هاری ترومن رییس جمهور امریکا تصمیم گرفت. یکی از برجســته‌ترین شخصیت‌های سیاســی و بین‌المللی آن کشور، آورل هاریمان را برای میانجی‌گری به تهران بفرستد.
هاریمــان پیش از آن، مدیر اجرایی برنامــه‌ی وام و اجاره (کمک امریکا به متفقین در زمان جنگ)، ســفیر آن کشــور در مســکو و لندن، وزیر بازرگانی و بعداً متصدی برنامه‌ی مارشال (برنامه‌ی بازسازی اروپا) بود. شخصیتی مشتهر به خونسردی و ذکاوت و تدبیر و کاردان در مذاکرات دشوار.[۲]
آورل هاریمان در ساعت ۹ بعد از ظهر روز ۱۴ ژوئیه ۱۹۵۰ (۲۲ تیر

---

۱ - محمدرضا پهلوی، پاسخ به تاریخ، صفحات ۷۰ تا ۷۱.

۲ - اورل هاریمان که می‌دانست دکتر مصدق به زبان فرانسه تسلط کامل دارد و در مذاکرات سیاســی از این زبان استفاده می‌کند، به ورنن والترز که در آن موقع مقام سرهنگی داشت و از معاونان فرماندهی نیروهای پیمان آتلانتیک شمالی بود تکلیف کرد که به عنوان مترجم و مشاور همراه وی باشد. والترز که بعداً تا مقام ارتشبدی ارتقا یافت و به مقامات عالی سیاسی و نظامی و امنیتی رسید، پس از بازنشستگی خاطرات خود را انتشــار داد که فصل یازدهم آن به این مذاکرات و به شخص دکتر مصدق اختصاص دارد و ســندی بسیار جالب به شمار می‌آید. از ترجمه‌ی فرانسه کتاب بهره گرفته‌ایم.
Vernon A. Walters Services discrts Paris, Plon, 1979
عنوان متن اصلی کتاب Silant Missions است.

ماه ۱۳۳۰) با هواپیمای شخصی خود از پاریس عازم ایران شد و فردای آن روز ۳ تیرماه به تهران رسید.

مسکو، مسافرت آورل هاریمان را به ایران، به عنوان مداخله‌ی آشکار واشنگتن در بحران نفت تلقی کرد و حزب توده مأمور شد که به این مناسبت غائله‌ای برپا سازد و وضع حادی به وجود آورد. روز بیست و سوم تیرماه (۱۵ ژوئیه) که هاریمن به تهران رسید. حزب توده توفیق یافت نزدیک به بیست‌هزار نفر را[۱] به خیابان‌های تهران بکشد. بسیاری از آنان به اسلحه سرد و تنی چند به سلاح‌های گرم مسلح بودند. تظاهرات از خیابان‌های اسلامبول و فردوسی و شاه‌آباد آغاز شد و شرکت کنندگان به بسیاری از مغازه‌ها حمله بردند و دست به غارت و تخریب زدند. شعارها شدیداً جنبه‌ی ضد امریکایی داشت. از جمله «هاریمان به خانه‌ات برگرد». در میدان بهارستان چند سخنران، دربار، مجلس و بیش از همه دولت را متهم نمودند که در گسترش نفوذ سیاست امریکا در ایران سهیم و شریک هستند. تظاهرکنندگان با چوب و سنگ شروع به تعرض به مجلس کردند. در برابر کاخ بهارستان تعدادی از اعضای حزب زحمتکشان ملت ایران (که مظفر بقایی و خلیل ملکی رهبران آن بودند) و حزب ایران به طرفداری از دولت شعارهایی دادند. تعداد آنان اندک بود و تظاهرکنندگان به داخل مجلس هجوم بردند که «نمایندگان طرفدار امریکا» را از مجلس بیرون بیاندازند. ناگزیر گارد مجلس به مقاومت پرداخت. اما آمادگی این کار را نداشت و از شهربانی کل کمک خواسته شد. ماموران شهربانی هنگامی سر رسیدند که تظاهر کنندگان در باغ بهارستان بودند و سنگ‌اندازی به سوی عمارت آغاز شده بود. به دستور سرلشکر بقایی رییس کل شهربانی ابتدا تیراندازی هوایی صورت گرفت و چون کارساز نشد. چند تیر به سوی مردم

۱ - فواد روحانی، زندگی سیاسی مصدق، صفحه‌ی ۱۰۳.

شلیک شــد. از داخل جمعیت نیز به ماموران اننظامی تیراندازی شــد. عده‌ای کشته و زخمی شــدند ولی سرانجام از حمله به کاخ بهارســتان و غارت آن که طبیعتاً جنبه‌ی فاجعه‌ای جبران‌ناپذیر می‌یافت جلوگیری شد.
دکتر مصدق شخصاً، اجازه‌ی برگزاری این تظاهرات را داده بود، ولی قطعاً پیش‌بینی ابعاد بعدی آن را نمی‌کرد.

> «دکتر مصدق فقط یک طرف قضیه مورد نظرش بود و آن این‌که هریمن قبول کند که حزب کمونیســت در ایران چه قدرتی دارد. و هرگز توجه به آن روی دیگر ســکه نداشت و شــاید هم به آن بی‌اعتنا بود که چنین نمایشــی علاوه بر تلفات جانی ممکن اســت مردم هیجان‌زده را به منظور غارت و در هم ریختن مجلس شــورا، به داخل آن بکشــد که اگر چنین شــده بود، حزب توده حداکثر استفاده را در چپاول و بردن اسناد از مجلس می‌نمود»[1]

عکس‌العمل توده‌ای‌ها فوری و شدید بود:

> «دولت ضد ملی دکتر مصدق در راه ملت‌کشی، فاشیسم، دروغ‌گویی، و اطاعت از سیاست استعماری امریکا، گام نهاده اســت. دکتر مصدق برای این‌که محیــط را آماده برای مذاکره‌ی تسلیم‌آمیز و چاکرانه با نماینده‌ی استعمار امریکا سازد، لازم دانسته است ملت را به گلوله ببندد»[2]

در مذاکرات خود با آورل هاریمان، مصدق خطر کمونیســم را در ایران پیش کشید: «دست چپی‌ها در ایران روی کار خواهند آمد و تمام دوستی ما را با دنیای غرب از بین خواهند برد». فرستاده‌ی رییس جمهوری امریکا به او گفت: «اما خود شما نخستین قربانی

۱ – نورمحمد عسکری، شاه، مصدق ... صفحه‌ی ۴۱.
۲ – نشریه شجاعت به جای به سوی آینده ۲٦ تیرماه ۱۳۳۰.

آن‌ها خواهید بود» و مصدق قهقهه‌ای زد پاسخ داد: «و ضرر آن اول به خود شما خواهد رسید»[۱].

دکتر مصدق در برابر این جریان بسیار ناگوار سیاسی عکس‌العملی حیرت‌انگیز از خود نشان داد. از یک طرف برای نمایش قدرت، حتی قبل از تصویب هیات دولت، دستور برقراری حکومت نظامی را در پایتخت داد. از طرف دیگر بدون اطلاع وزیر کشور، تصمیم به عزل سرلشکر بقایی رییس کل شهربانی گرفت که خود به هنگام آغاز ریاست دولت دستور انتصابش را به وزیر کشور داده بود.
نه تنها سرلشکر بقایی معزول شد، بلکه برکناری او را بدون اطلاع خودش و حتی رییس مستقیم‌اش یعنی سرلشکر زاهدی وزیر کشور، از رادیو اعلام کردند و نخست‌وزیر مقرر داشت محاکمه شود که البته هرگز این تصمیم اجرا نشد.

نه عزل سرلشکر بقایی که دقیقاً به وظیفه‌ی خود در دفاع از مجلس عمل کرده بود، توده‌ای‌ها را آرام کرد و نه تظاهر به محاکمه‌اش. وزیر کشور، این رفتار را بر نتافت و در جلسه‌ی هیات دولت که همان شب برای تنفیذ برقراری حکومت نظامی تشکیل شده بود، به نخست‌وزیر اعتراض کرد و برای نشان دادن عدم توافق خود تصمیم به استعفا گرفت. اما با تأیید نخست‌وزیر قرار شد اعلام این کناره‌گیری تا پایان سفر هاریمان معوق بماند که موجب تضعیف دولت نشود.
این ماجرا، مرحله‌ی نخست در تضاد و مخالفت میان دکتر مصدق و سرلشکر زاهدی بود.
با این حال، وزیر کشور، دو روز بعد در جلسه‌ی پرتشنج مجلس حضور یافت و با مخالفان دولت و شخص نخست‌وزیر با مردانگی رو در رو شد.

---

۱ - Vernon A. Walters متن ذکر شده، صفحه‌ی ۱۴۵.

در این جلسه، جمال امامی که سخنگوی اصلی اقلیت بود گفت: «چرا (دولت) که قبلاً اطلاع داشت اعلان نکرد که اگر بیرون بیایید می‌زنم؟... دولت که مطلع بود آن‌ها بیرون می‌آیند مسلح هستند و این جریان برپا خواهد شد... چرا اعلان نکرد؟

عبدالقدیر آزاد که تا اندکی قبل از آن عضو جبهه‌ی ملی و هوادار دکتر مصدق بود با شدت به دولت و شخص مصدق تاخت:

«من در چند روز قبل در نطق قبل از دستور خود گفتم که کابینه‌ی آقای دکتر مصدق کابینه‌ی هو و جنجال است... از سالیان دراز که من به طرز فکر و سلیقه‌ی آقای دکتر مصدق آشنایی دارم که ایشان در کارهای مثبت عاجزند و در سیاست منفی و میتینگ و نطق و مقاله استاد و مهارت فوق‌العاده دارند. ایشان یک منتقد بسیار خوب و عالی هستند. ولی صد دینار از ایشان کار مثبت ساخته نیست.

در نمایشی که روز یک‌شنبه دادند در السنه افواه افتاده بود که حزب توده نمایش خواهند داد و احتمال دارد چندین قتل به وقوع بپیوندند... آقای دکتر مصدق که همیشه با حکومت نظامی مخالفت می‌کرد، با توقیف روزنامه‌ها بدون محاکمه، عصبانیت نشان می‌داد، برای کشته شدن مردم به دست نظامی و پلیس گریه و زاری می‌نمود، چطور شده که حالا که خودشان نخست‌وزیرند زن و مردم را به آتش مسلسل می‌بندند، حکومت نظامی اعلام می‌کنند. روزنامه‌ها را ده تا بیست تا می‌بندند و بدون محاکمه توقیف می‌نمایند. گویا آقای دکتر مصدق این کارهای زشت را برای دیگران بد می‌دانند و برای خودشان خوب».

سرلشکر زاهدی که هنوز کسی از استعفایش خبر نداشت در پاسخ نمایندگان معترض گفت:

«حادثه‌ی دو روز قبل از لحاظ دولت بیشـــتر از این جهت تأسـف‌آور بود که علـی رغم تمایل ما منتهـی به اعلام حکومت نظامی گردید. آقایان نمایندگان محترم مستحضر هســتند که جنـاب آقای دکتـر مصدق همـواره یکی از مخالفان سرسخت حکومت نظامی بوده‌اند. همه گفته‌های ایشـان را به یاد دارند کـه خیانت‌های بزرگ به این ملت در مواقعی صورت گرفته که کشور دارای حکومت نظامی و یـا در فترت پارلمانی بوده اسـت. حکومت حاضر که همواره مستظهر به افکار عمومی بود، حکومت نظامی را به منزله‌ی سم می‌داند و توسل موقت به آن فقط به عنوان آخرین دارو و برای تسکین درد و جلوگیری از اغتشاش و بی‌نظمی بوده است.»

در ابراز عکس‌العمل به سخنان وزیر کشور مهدی پیراسته گفت:

«آقای سرلشـکر زاهدی می‌خواهد با این کارها دولت را ساقط کند و خودش نخسـت‌وزیر بشود. با دکتر مصدق کسـی مخالف نیسـت. خودش می‌خواهد نخسـت‌وزیر بشود»... وزیر کشـور با خشکی پاسخ داد: «بنده خیلی متأسفم، بنده به آقایان نمایندگان محترم مجلس گزارش می‌دهم. با وکیل ساوه طرف نیستم»[۱].

ماجرای ۲۳ تیر، ضربتی سنگین به دولت بود. سیاست تضعیف و تخریب حزب توده نسـبت به حرکت ملی شدن نفت و مخالفت با رویه‌ی دکتر مصدق و دولتش همچنان ادامه یافت و محیط تشنج و رعب و وحشتی را ایجاد کرد که یکی از عوامل اصلی سقوط وی و حوادث ۲۵ و ۲۸ مرداد به شـمار می‌آید. کناره‌گیری سرلشـکر

---

۱ - مذاکرات مجلس شورای ملی ۲۵ تیرماه ۱۳۳۰.
مهدی پیراسته نماینده‌ی ساوه بود.

زاهدی نیز که یکی از وزنه‌های کابینه بود، نتایج نامطلوبی برای دولت داشت و در حقیقت نخستین شکاف در یک‌پارچگی آن بود. چند دهه‌ی بعد از این جریان‌ها اکثر رهبران آن روز حزب توده که دیگر در قید دستورات مسکو و «مسلوب الاختیار» نبودند، این واقعیت تاریخی، یعنی اشتباه یا خیانت بزرگ سیاسی خود را پذیرفتند. ولو آن‌که بسیاری از مفسران و محققانی که از افکار آن حزب الهام گرفته بودند یا می‌گیرند، هنوز می‌کوشند که تا ممکن است این رویه را در بوته‌ی اجمال بگذارند، باشد که به دست فراموشی سپرده شود.

*****

پیش از آن‌که هاریمان به ایران بیاید، دولت بریتانیا ضمن اعتراض به ملی شدن نفت و بخصوص عملیات خلع ید از دولت ایران، خواسته بود که اختلاف میان دو کشور به حکمیت ارجاع شود و چون دولت دکتر مصدق این پیشنهاد را رد کرد، انگلیس‌ها و شرکت نفت جنوب علیه ایران به دیوان بین‌المللی لاهه شکایت کردند (٤ خردادماه ۱۳۳۰، ٢٦ مه ۱۹۵۱). در چهاردهم تیرماه (٦ ژوئیه)، دیوان لاهه رأی به اتخاذ «تدابیر موقت» و «اقدامات تامینی» داد که لندن را راضی می‌کرد ولی نه ایران را. از روز شانزدهم تیرماه در سرتاسر کشور تظاهرات شدیدی برای اعتراض به این رأی آغاز شد. در همان روز مجلس شورای ملی آن را «غیرعادلانه» خوانده «بی‌ارزش» اعلام کرد.

در این گیر و دار مذاکرات بی‌حاصلی میان نمایندگان شرکت نفت و دولت ایران صورت گرفت. کمیسیون مختلط نفت مجلسین[1] برای

---

۱ - اعضای این کمیسیون عبارت بودند از سناتورها: دکتر احمد متین‌دفتری، محمد سروری، دکتر صادق رضازاده شفق، ابوالقاسم نجم (نجم‌الملک) و مرتضی‌قلی بیات (سهام‌السلطان) و نمایندگان مجلس شورای ملی: اللهیار صالح، دکتر عبدالله معظمی، علیقلی اردلان، دکتر علی شایگان، حسین مکی، مهندس کاظم حسیبی که از این پس سمت «متخصص رسمی نفت» دولت را به خود اختصاص داد. به عنوان قائم‌مقام وزیر دارایی عضو این کمیسیون بود.

مذاکرات نظارت می‌کرد.
لندن انتظار داشت که ایران رأی دادگاه لاهه را اجرا کند. ولی مقاومت دولت ایران به بحران میان دو کشور ابعاد تازه‌ای داد. متعاقب این جریان‌ها، حادثه‌ی دیگری به تیرگی روابط دو کشور افزود و آن ماجرای «اسناد خانه سدان» رییس انگلیسی شرکت نفت بود. پس از اجرای قانونی ملی شدن نفت و خلع ید از شرکت، سدان «محل رسمی» کار خود را به اقامتگاهش انتقال داد.

در روز هشتم تیرماه ۱۳۳۰، ۳۰ ژوئن ۱۹۵۱، ماموران دادسرا و شهربانی کل به دستور دولت وارد اقامتگاه این شخص شدند و کلیه‌ی اوراق و پرونده‌هایی را که بعد از تغییر محل کار او به آنجا آورده شده بود، ضبط کردند. به دستور دکتر مصدق هیاتی به ریاست مظفر بقایی نماینده مجلس، مامور بررسی این اسناد شد که گفتگو در باره‌ی محتویات آنها تشنجات سیاسی زیادی به وجود آورد.

سفارت انگلیس مدعی شد که سدان از مصونیت ماموران سیاسی برخوردار است، که از دیدگاه حقوقی درست نبود و نیز ورود ماموران را به خانه او نوعی تجاوز به حقوق فردی و انسانی وی اعلام کرد. دولت ایران این اعتراض را نیز نپذیرفت چرا که انتقال رسمی اسناد و محل کار رییس (یا نماینده‌ی ارشد) شرکت نفت به اقامتگاهش، آنجا را از صورت خانه و اقامتگاه شخصی وی خارج کرده و تبدیل به دفتری از دفاتر «شرکت سابق» نموده و بنابر این مشمول قانون خلع ید ساخته بود.

به هر حال این هیاهو بیش‌تر مربوط به سیاست داخلی ایران بود. کار به مجلس کشید. در ۱۸ تیرماه نخست‌وزیر ناچار شد رسماً گزارشی به مجلس بدهد و نمایندگان مقرر داشتند که نتایج «رسیدگی به اسناد مکشوفه‌ی شرکت سابق» به آنان گزارش شود که هرگز این مصوبه اجرا نشد و سرانجام اسناد مورد اشاره در

سال‌های ۱۳۵۸ و ۱۳۵۹ در تهران انتشار یافتند[۱].

******

ورود هاریمان نماینده مخصوص رییس جمهوری امریکا به ایران و متعاقب آن اعزام هیاتی از لندن به ریاست ریچارد استوکس مهردار سلطنتی و وزیر کابینه‌ی بریتانیا که در ۱۲ مرداد ماه، ٤ اوت به تهران رسیدند، آغاز مرحله‌ی جدیدی در تحول بحران نفت بود.

از هاریمان در کاخ صاحبقرانیه پذیرایی می‌شد. امیرهمایون بوشهری وزیر راه که ظاهراً دوست و مورد اعتماد مصدق بود، میهمان‌دار رسمی او شد. علاوه بر ملاقات‌های مکرر و رسمی او با شاه و به خصوص دکتر مصدق، حضورش در جلسه‌ی خصوصی مجلس سنا، نشست با اعضای کمیسیون مختلط نظارت بر صنعت نفت، هاریمان چندبار نیز با شاهپور علیرضا که به دیدارش می‌آمد به گفتگو نشست.

مصدق برای نخستین بار آورل هاریمان را در روز ۲٤ تیرماه، ۱٦ ژوئیه به حضور پذیرفت. دکتر گریدی سفیر آمریکا و سرهنگ والترز مترجم و مشاور مخصوص، همراه فرستاده‌ی مخصوص رییس جمهوری ایالات متحده بودند. نخست‌وزیر ایران در تختخواب خود دراز کشیده بود. با دو دست به فرستادگان امریکا تعارف کرد و به فرانسه به هاریمان با عبارات گرمی خیر مقدم گفت.[۲] و شرحی مفصل از ناکامی‌های ملت ایران در قرون نوزدهم و بیستم و در اظهار تأسف از اینکه کشورش دیگر نمی‌تواند نقش بزرگ بین‌المللی را که سابقاً ایفا می‌کرد داشته باشد، بیان داشت.

با اشاره به انگلیس‌ها گفت:

---

۱ نگاه کنید به اسناد خانه سدان، تهران، ۱۳۵۸، بنگاه ترجمه و نشر کتاب، ٤۰۱ صفحه، و نیز مظفر بقایی، شناخت حقیقت - تهران، ۱۳۵۹.

۲ - Vernon Walters، متن ذکر شده صفحه‌ی ۱٤۲.

«شـــما نمی‌دانید آنها چــه نیرنگ‌بازانی هســـتند، به چه مفاســـدی قادرنـــد، به هر چه دســـت بزننـــد آن‌را ملوث می‌کنند»... هاریمان به او پاسخ داد که: «انگلیس‌ها مانند همه ملل دیگر هســـتند در میان آنها خوب و بد هســـت و اغلب آنها نه خوبند و نه بد، آدم‌های عادی»[۱].

در طی ملاقات‌های بعدی، هاریمان که دیگر یک مشاور عالی مقام امور نفتی والتر لِوی را نیز به همراه خود داشت، کوشید پیچیدگی مســـائل نفتی و بازار جهانی را بـــرای دکتر مصدق توضیح دهد. ظاهراً مصدق نمی‌پذیرفت که شـــرکت نفت ایران و انگلیس غیر از ایران منابع نفتی دیگری هم دارد و هنگامی که صحبت از پرداخت غرامت پیش آمد، پای احساسات را به میان کشید و گفت:

«سوءاســـتفاده‌ها و عواید ناحق انگلیس‌هـــا در ایران به مراتب بیش از غرامات احتمالی است»[۲]

در روزی دیگر مصدق به هاریمان گفت:

«مسبب تمام مسائل و مشکلات، خارجیان هستند و این بدبختی‌ها با حمله‌ی اسکندر به ایران آغاز شده»[۳].

برای امریکایی‌ها قابل فهم نبود که چگونه یک ایرانی می‌تواند به حوادث بیست و چند قرن پیش اشاره کند و خود را وارث تاریخی پر از نشیب و فراز بداند.

در طی اقامت خود، هاریمان سفر کوتاهی به لندن کرد و سرانجام انگلیس‌ها را واداشـــت که اصل ملی شـــدن نفت را بپذیرند و این مطلب در ۱۱ مرداد ماه ۱۳۳۰، ســـوم اوت ۱۹۵۱ ضمن یادداشـــتی به اطلاع دولت ایران رســـید. اما چون مذاکرات هاریمان و سپس اســـتوکس با دکتر مصدق و نمایندگان ایران ســـرانجام به جایی

---

۱ - همان منبع، همان صفحه ۱۴۳.

۲ - همان منبع، صفحه‌ی ۱۴۴.

۳ - همان منبع، صفحه‌ی ۱۴۵.

نرسید، هر دوی آنها تهران را ترک کردند. اقامت هاریمان شش هفته به طول انجامید. از آن نتیجه‌ای گرفته نشد. اما مصدق شخصاً خاطره‌ای مطلوب در هیات امریکایی به جای گذاشت. و لااقل امریکایی‌ها به جنبه‌های عاطفی، احساساتی و ملی موضع ایران پی بردند.

شکست مذاکرات تهران، به شدت عمل انگلیس‌ها در صحنه‌ی بین‌المللی افزود. شرکت‌های بزرگ نفتی اعلام کردند که تدابیر لازم را برای جبران کمبود مواد نفتی اتخاذ کرده‌اند و قطع صدور نفت ایران لطمه‌ای به بازارهای جهان نخواهد زد. این یک شکست بزرگ اقتصادی برای ایران بود.

مقامات رسمی لندن اعلام کردند که «نفت ایران متعلق به شرکت نفت انگلیس است و هر گونه معامله‌ای که دولت ایران برای فروش نفت انجام دهد عمل غاصبانه‌ای خواهد بود و دولت انگلیس از آن جلوگیری خواهد کرد»[1].

ایران عملاً در محاصره‌ی اقتصادی قرار گرفت. نخستین دشواری‌های اقتصادی و مالی ناشی از قطع درآمدهای نفتی در کشور پدیدار شدند. مخالفان دولت که تا آن موقع محدود به توده‌ای‌ها بودند، اندک‌اندک سر بلند کردند. اقلیتی در مجلس به رهبری جمال امامی و در سنا به رهبری ابراهیم خواجه‌نوری، که هر دو در اذهان عمومی نزدیک به دربار تلقی می‌شدند، رسماً و علناً شروع به مخالفت با دولت و شخص دکتر مصدق کردند. دکتر مصدق در مجلس سنا گفت:

«هرکس مخالف دولت است، مخالف ملی شدن نفت است و من اجازه نخواهم داد نمایندگانی که نماینده‌ی هیچ کس جز خودشان نیستند اظهاراتی خلاف مصالح ایراد نمایند.

---

۱ - فواد روحانی، زندگی سیاسی ... ، منبع ذکر شده، صفحه‌ی ۲۵۳.

تا وقتی که قضیه‌ی نفت حل نشده، نمی‌توانم سنگر نخست‌وزیری را خالی کنم»[۱]

وضع اقتصادی کشور وخیم و وخیم‌تر می‌شد. ولی دولت هم دست روی دست نگذاشته بود. ایران به حضور کارشناسان و مهندسان انگلیسی در تأسیسات نفتی پایان داد. در سرتاسر جهان گفته شد که ایرانی‌ها قادر به استخراج، تصفیه و حتی توزیع نفت در داخل کشور نیستند. اما مهندسان و کارگران ایرانی با کفایت لازم همه‌ی این کارها را انجام دادند. استخراج نفت قطع نشد، پالایشگاه‌های کرمانشاه و آبادان در حد ضرورت به کار خود ادامه دادند، توزیع نفت در داخل کشور به کوچک‌ترین اشکالی برنخورد. این یک پیروزی بزرگ برای ایرانیان و دولت بود.
مقامات مسئول دولت، خود را برای مقابله با اقتصاد بدون نفت آماده کردند و تدابیری در این زمینه اتخاذ شد که البته نمی‌توانست جنبه‌ی اساسی و بنیادی داشته باشد اما بی‌اثر هم نبود:

در سیزدهم مرداد ماه، دولت قانون اجازه‌ی انتشار دو میلیارد ریال اوراق قرضه‌ی ملی را به تصویب مجلس رساند. اوراق قرضه یک‌صد ریالی بود که هر کس قادر به خرید آن باشد. همه‌ی این اوراق در مدتی کوتاه و در میان هیجان عمومی به فروش رفت. این یک موفقیت روانی و سیاسی برای دولت بود.

چهار روز بعد، در هفدهم مرداد ماه، دولت اجازه دریافت بیست و پنج میلیون دلار وام از بانک صادرات و واردات امریکا را به تصویب قوه‌ی مقننه رساند. هنوز امریکایی‌ها در سیاست تقویت از حرکت ملی شدن نفت و کمک به دولت دکتر مصدق تغییر اساسی نداده بودند و این وام گر چه راه حلی برای مشکلات

---

۱ - ۱۳ شهریور ماه ۱۳۳۰.

اقتصادی نبود لااقل گشایشی را میسر ساخت.
هم چنین دولت اجازه گرفت که دوازده میلیون دلار از پشــتوانه‌ی اسکناس را مصروف مخارج ارزی کشور نماید.

****

شکست مذاکرات تهران با هاریمان و استوکس، گرچه هنوز هر دو طرف ابراز علاقه به یافتن راه حلی برای بحران می‌کردند، ناکامی لنــدن در تظاهر به اعمال قــدرت و مقاومت مصدق و مردم ایران در برابر آنان، دولت بریتانیــا را وادار به اقدام دیگری کرد که آن مراجعه و شکایت به شورای امنیت سازمان ملل بود. این شکایت در پنجم مهر ماه ۱۳۳۰ تسـلیم شورا شد و در هشتم مهرماه (اول اکتبر ۱۹۵۱) شورای امنیت صلاحیت خود را در مورد رسیدگی به مساله‌ی نفت ایران اعلام کرد.

دکتر مصدق، بلافاصله تصمیم گرفت شخصاً برای پاسخ‌گویی به شکایت انگلیس و دفاع از حقوق ایران در راس هیاتی به سازمان ملل برود.[۱] ایــن تصمیم برای مردم ایــران حیرت‌انگیز بود، چرا که کسـی انتظار آن را نداشـت. از این پس مساله‌ی نفت ایران، برای مدتی طولانی در راس اخبار جراید بین‌المللی قرار گرفت. در

---

۱ - اعضای هیات عبارت بودند از اللهیار صالح، دکتر علی شایگان، سهام‌السلطان بیات، دکتر احمد متین‌دفتری (هر چهار تن اعضای کمیسیون مختلط مجلسین بودند) امیرهمایون بوشهری وزیر راه، دکتر کریم سنجابی و مظفر بقایی نمایندگان مجلس شـورای ملی، حسین فاطمی (معاون سیاسی و پارلمانی نخست‌وزیر) حسین نواب وزیر مختار ایران در هلند، دکتر عیسی سپهبدی و محسن اسدی استادان دانشگاه تهـران به عنوان مترجمان فرانســه و انگلیس، عباس مســعودی و دکتر مصطفی مصباح‌زاده، مدیران اطلاعات و کیهان، ســیف‌پور فاطمی خبرنگار باختر امروز و شــجاع‌الدین شــفا رییس کل تبلیغات و رادیو. در امریکا نصرالله انتظام سفیرکبیر ایران در واشنگتن، دکتر علیقلی اردلان نماینده‌ی ایران در سازمان ملل و دکتر جلال عبده معاونش به هیات پیوسـتند. دکتر غلامحسـین مصدق و خانم ضیاءاشــرف مصدق (بیات) فرزندان نخست‌وزیر همراه پدر خود بودند. به هر یک از اعضای هیات روزانه شصت دلار خرج سفر پرداخت می‌شد. نخست‌وزیر کلیه‌ی هزینه‌ی شخصی خود و فرزندانش را به عهده گرفت.

داخل کشور، نمایندگان اقلیت در مجلسین، «به حکم سنت دیرین و نیاکانی» اعلام کردند که تا پایان این ماجرا اختلاف خود را با دولت کنار خواهند گذاشت... تا دولت را که با یک دولت خارجی در کار نفت اختلاف دارد، تضعیف نکنند.

در چهارده مهر ماه، هیات نمایندگی ایران راهی نیویورک شد و باقر کاظمی وزیر امور خارجه کفالت امور دولت را به عهده گرفت. «مصدق در راس هیاتی وارد نیویورک شد. آمده بود تا حقانیت ملی کردن نفت را در محضر شورای امنیت که نمادی از کل جامعه‌ی بین‌الملل بود توجیه کند. ورود هیات در مطبوعات بازتابی گسترده یافت. قیافه‌ی موقر و ساده‌ی مصدق در حالی که تبسمی محزون بر لب و بر عصایی تکیه داشت در اکثر روزنامه‌ها به چشم می‌خورد»[1]

در روز ۲۲ مهر ماه ۱۳۳۰، ۵ اکتبر ۱۹۵۱، دکتر مصدق و همراهانش در جلسه‌ی شورای امنیت سازمان ملل حضور یافتند. نخست‌وزیر ایران ابتدا با «صدایی لرزان و قیافه‌ای محزون»[2] و به زبان فرانسه به شرح رنج‌ها و محنت‌های ملت ایران، مداخلات نامشروع سیاست استعماری بریتانیا در امور داخلی کشور، و بی‌عدالتی‌هایی که جهان سوم با آن مواجه است، پرداخت. پس از او اللهیار صالح به مدت دو ساعت به زبان انگلیسی، متن دقیقی را که در دفاع از حقوق ایران تهیه شده بود، قرائت کرد. هر دو متن در تهران آماده شده بود و در نیویورک کارشناسان نمایندگی ایران در سازمان ملل با کمک یکی از اعضای ایرانی دبیرخانه

۱- فریدون زندفرد، خاطرات خدمت در وزارت امور خارجه، سیمای دیپلماسی نوین ایران، تهران، نشر آبی، ۱۳۸۳(۲۰۰۵)، صفحه‌ی ۳۸.
2-New york Times, 16 oct. 1951.

سازمان، علی آقاسی، در آن تغییرات کوچکی دادند.[۱]
انگلیس‌ها همه‌ی کوشش خود را بکار برده بودند که پرونده‌ی ایران در برابر افکار عمومی جهانیان محکوم شود، که دکتر مصدق به عنوان یک عامل سیاست شوروی و یک یاغی در برابر رأی دادگاه لاهه معرفی گردد. مصدق توفیق یافت که خود و کشورش را به صورت قربانیان سیاست استعماری بریتانیا نشان دهد. جلسه‌ی شورای امنیت، دکتر مصدق را تبدیل به یک قهرمان جهان سوم و دفاع از حقوق ملت‌های ستمدیده‌ی جهان و آزادی آنان از یوغ سیاست‌های استعماری آن روز درآورد. حتی قبل از آن‌که شورای امنیت اتخاذ تصمیم کند، بریتانیای کبیر شکست خورده بود:

> «مباحثات شورا موفقیت بی‌چون و چرایی برای ایران به ارمغان آورد. در جمع اعضای دائمی شورای امنیت شوروی، چین و تا حدودی فرانسه در صف موافقین ایران جای داشتند. ترکیب اعضای غیردائمی شورا نیز به نحوی بود که اکثراً پشتیبان موضع ایران بودند. سخنان شیوا و ارزنده‌ی نمایندگان اکوادور و یوگسلاوی جوی مساعد به نفع تلاش ایران در صحن شورا پدید آورد»[۲]

گویا سخنان سرگلادوین جب نماینده‌ی دائمی انگلیس، سرد و خشک و مبتنی بر تعصبات دوران دیگری، زمان تفوق سیاست استعماری بریتانیا، بود. امریکایی‌ها با احتیاط و دوپهلو بازی کردند. سرانجام با پادرمیانی فرانسه، شورا تصویب کرد که تا پایان رسیدگی به این پرونده در دادگاه لاهه، مسأله را معلق بگذارد و حتی از ادامه‌ی درج آن در دستور جلسات خود امتناع کند. ایران پیروز شد و انگلیس‌ها شکست خوردند. بعداً آنتونی ایدن در خاطرات خود این شکست را «سهمگین و مصیبت‌وار»

---

۱ - فریدون زند فرد، خاطرات ... همان صفحه.

۲ - همان منبع، صفحه‌ی ۴۰.

خواند.[1]

در روز ۲۷ مهرماه ۱۳۳۰، ۲۰ اکتبر ۱۹۵۱، شاه پیامی به این مضمون به دکتر مصدق مخابره کرد که در کلیه‌ی جراید منتشر شد ولی بعد از ۲۸ مرداد از روایات رسمی تاریخچه‌ی ملی شدن نفت حذف گردید:

«از شنیدن خبر موفقیت ایران در شورای امنیت بسیار خرسند بوده و موفقیت شما را در این امر مهم تبریک می‌گویم. در این هنگام با اشتیاق کامل رضامندی خاطر خود را در قبال مساعی و مساعدت‌هایی که در مساله‌ی نفت به عمل آورده‌اید ابراز نموده و ضمناً از اطلاع از وضع مزاجی و تندرستی شما خشنود خواهم شد. شاه»

دکتر مصدق چنین پاسخ داد:

«پیشگاه اعلیحضرت همایون شاهنشاهی - تهران

دستخط تلگرافی ذات مبارک شرف وصول بخشید و بیش از آن‌چه تصور شود موجب سرافرازی و تشکر گردید. از خداوند سلامتی و طول عمر و موفقیت روزافزون اعلیحضرت همایون شاهنشاهی را همواره آرزو کرده‌ام و هر موفقیتی در هر جا و در هر مورد تحصیل شده، مرهون توجهات و عنایت ذات اقدس ملوکانه است که همه وقت دولت را تقویت و رهبری فرموده‌اند. به طوری که وسیله‌ی جناب آقای وزیر دربار به عرض مبارک رسیده، روز دوشنبه به فیلادلفیا و صبح سه‌شنبه به واشنگتن می‌روم و جریان را از همان‌جا به پیشگاه مبارک معروض خواهم داشت. اجازه می‌طلبد یک بار دیگر از عنایات و توجهات خاصه‌ی شاهنشاه جوان‌بخت خود سپاسگزاری

۱ - ملی شدن صنعت نفت و مصدق در خاطرات ایدن، از خرسند اشکان، ماهنامه‌ی حافظ، شماره ٤۸، اسفند ۱۳۸٦.

نماید. دکتر مصدق»

هم شاه و هم مصدق می‌کوشیدند که ظواهر را حفظ کنند. اهمیت پیروزی غیرمنتظره‌ی ایران در سازمان ملل بر هیچ‌کس پوشیده نبود و در ایران موجی از شادی و احساسات ملی برانگیخت. طبیعتاً شاه می‌بایست همراهی و پشتیبانی خود را نشان دهد و با مردم هم آواز شود، ولو آن‌که در همان موقع در دربار کسانی به دور شاهدخت اشرف، شاهپور علیرضا و به احتمال قریب به یقین حسین علاء (گرچه او فطرتاً مردی محتاط و محافظه‌کار بود) عناد خود را با مصدق پنهان نمی‌کردند و از تشویق مخالفانش در مجلس و مطبوعات امتناع نمی‌ورزیدند.

*****

مصدق پس از پایان مذاکرات شورای امنیت و پیروزی ایران رهسپار واشنگتن شد که مستقیماً و بدون واسطه با مقامات امریکایی و شخص هاری ترومن رییس جمهوری مذاکره کند. امریکایی‌ها از چگونگی تحول اوضاع داخلی ایران سخت نگران بودند و بیم داشتند که با استفاده از آشفتگی فزاینده‌ی اوضاع و نابسامانی اقتصاد کشور، مسکو موجبات دست‌اندازی خود را به این کشور فراهم سازد، به‌خصوص که حزب توده علیرغم ممنوعیت ظاهری روز به روز تقویت می‌شد و در سرتاسر مملکت آشوب و اعتصاب به راه انداخته بود. واشنگتن مایل بود که معضل نفت هر چه زودتر حل و فصل شود و با استفاده از منابع ثروت ملی خود ایران بتواند به اجرای برنامه‌های اصلاحی و اجتماعی بپردازد. دوران ریاست جمهوری ترومن رو به پایان بود و او علاقه داشت که پیش از ترک کاخ سفید به این بحران خاتمه دهد.

مصدق و همراهانش با راه‌آهن به واشنگتن رفتند. گرچه مسافرت

آنان رسمی نبود و الزام تشریفاتی وجود نداشت، در ایستگاه دین آچسن وزیر امور خارجه امریکا در راس هیاتی به استقبال نخست‌وزیر ایران آمده بود. وقتی مصدق می‌خواست از قطار پیاده شود حالت پیرمردی ناتوان و بیمار را داشت که بر بازوی پسرش تکیه می‌کرد. هنگامی که در برابر آچسن قرار گرفت، راست ایستاده و عصای خود را به دست یکی از همراهان داد. جراید امریکا این رفتار را دال بر تظاهر و دورویی دانستند، ولی در حقیقت مصدق با نزاکت شرقی و ایرانی رفتار می‌کرد و نمی‌خواست در مقابل وزیر خارجه بزرگ‌ترین قدرت دنیا، حالت ضعف از خود نشان دهد. درک ظرایف فرهنگ و آداب ایرانی همواره برای غربی‌ها و به خصوص امریکایی‌ها دشوار بود و امروزه نیز هست.

دکتر مصدق و همراهانش ۲۵ روز در واشنگتن اقامت کردند. ترومن به افتخار نخست‌وزیر ایران ضیافتی مجلل داد. جرج مک‌گی معاون ارشد وزارت امور خارجه‌ی امریکا مامور مذاکره با او شد و ورنن والترز مجدداً نقش مترجم و مشاور را به عهده گرفت. مک‌گی دیپلماتی کارکشته و صبور بود که «در همان ملاقات اول مورد محبت خاص و اعتماد مصدق قرار گرفت»[۱]. بعداً نوشته شد که «مصدق وی را شخصی خیرخواه و مهربان و مانند برادر صمیمی خود می‌شناخت»[۲]. مک‌گی بیش از بیست بار در ۲۵ روز اقامت نخست‌وزیر ایران در واشنگتن به دیدارش رفت، گاهی نیز ورنن والترز را که می‌توانست به فرانسه با وی مذاکره کند، نزد او اعزام داشت ولی نتیجه‌ای حاصل نشد.

هنگامی که دکتر مصدق به دیدار رییس جمهوری امریکا به کاخ سفید رفت، نصرالله انتظام سفیر ایران در واشنگتن همراهش بود.

---

۱ - Vernon Walters. متن ذکر شده، صفحه‌ی ۱۵۰.

۲- جلال متینی، نگاهی به ...، صفحه‌ی ۲٦٦ که دو منبع را در این مورد ذکر کرده.

هنگام ورود به دفتر ترومن، خطاب به انتظام گفت: «شما اینجا تشریف داشته باشید». مقصودش این بود که بدون حضور انتظام با رییس جمهور ملاقات کند.
رفتار مصدق به انتظام گران می‌آید و اظهار می‌کند: «پس بهتر است به تهران برگردم» که چنین شد. دکتر فریدون زندفرد که این ماجرا را حکایت کرده، در باره‌ی انتظام اضافه می‌کند:

> «از لحاظ شناخت خصوصیات اخلاقی انتظام، شاید ذکر این نکته خالی از فایده نباشد که وی به تحقیق تنها و یا حداقل از معدود کارگزاران سیاسی بود که دست و پا بسته تسلیم دستورات تهران نمی‌شد»[۱]

دکتر مصدق از ترومن تقاضای یک وام صد و بیست میلیون دلاری کرد که تا به راه انداختن مجدد صنعت نفت نیازهای اقتصادی و مالی کشور را تامین کند. اما توفیق نیافت. همچنین قبل از ترک امریکا، در آخرین نامه‌ی خود به ترومن با تکیه بر «خطر استیلای کمونیست‌ها بر ایران»، بار دیگر درخواست یک کمک فوری برای رفع نیازهای کشور کرد. امریکایی‌ها در حل مساله‌ی نفت شتاب داشتند و بر این گمان بودند که کمک مالی به ایران باعث تأخیر در این تصمیم‌گیری خواهد شد و درخواست مصدق پذیرفته نشد.

*****

سرانجام اقامت طولانی نخست‌وزیر ایران در واشتگتن که قسمت مهمی از آن را در بیمارستان نظامی والترز رید اقامت داشت. بدون نتیجه‌ی مثبت به پایان رسید. اما در طی آن با پادرمیانی سفیر پاکستان و تأیید امریکایی‌ها مقدمات جستجوی راه حل دیگری،

۱- همان منبع، همان صفحه، من که خود بخت آشنایی با نصرالله انتظام را داشتم نظر آقای فریدون زند فرد را در باره‌ی این دیپلمات برجسته، میهن‌خواه و استثنایی که از افتخارات ایران بود و به ریاست مجمع عمومی سازمان ملل نیز رسید، تصدیق می‌کنم. شاید به سبب همین استقلال رأی، سال‌ها از سیاست برکنار ماند. او بعد از انقلاب در زندان جمهوری اسلامی در پی رفتاری که با وی شد جان سپرد.

از طریق بانک بین‌المللی ترمیم و توسعه، مطرح شد. معاون بانک، گاردنر، ملاقاتی با نخست‌وزیر ایران داشت و قرار گذاشتند که بانک طرحی در این زمینه به دولتین ایران و انگلیس بدهد.

در روز ۲۸ آبان ماه ۱۳۳۰، ۲۰ نوامبر ۱۹۵۱، مصدق در راه بازگشت به تهران، به دعوت نحاس پاشا نخست‌وزیر مصر وارد قاهره شد. نحاس پاشا در مبارزه با سیاست استعماری بریتانیا و قرارداد ۱۹۳٦ که استقلال سیاسی و اقتصادی کشورش را محدود می‌کرد و منطقه‌ی ترعه‌ی سوئز را در اشغال نظامی قوای انگلیس قرار داده بود، موضعی مشابه موضع مصدق داشت. هر دو کشور دارای هدف‌ها و منافعی مشترک بودند. پس از پیروزی در شورای امنیت، دکتر مصدق در جهان سوم شهرت و محبوبیتی خاص یافته بود. چندین صد هزار تن از مردم قاهره از او به هنگام ورودش به پایتخت مصر استقبال کردند. مذاکرات گرمی میان نخست‌وزیران ایران و مصر صورت گرفت. تصاویر آن در جراید جهان انتشار یافت. اما همه‌ی این‌ها کمکی به حل مسائل ایران نمی‌کرد. در روز سی‌ام آبان‌ماه، دو دولت اعلامیه‌ی مشترکی در اعلام همبستگی و مبارزه‌ی مشترک خود انتشار دادند. روز بعد مصدق به تهران بازگشت. مردم از او به گرمی استقبال کردند.
از فرودگاه مستقیماً به کاخ سلطنتی رفت. ملاقاتش با شاه شش ساعت به طول انجامید دشواری‌های بسیار در انتظار دولت و مردم ایران بود.

*****

پیروزی بر لندن در شورای امنیت سازمان ملل، شهرت جهانی مصدق به عنوان قهرمان دفاع از جهان سوم و ملت‌های دربند، استقبال حیرت‌انگیزی که در مصر از او شد، ایران و رییس دولتش را در موضع قدرت قرار می‌دادند. اشتباه سیاسی بزرگ مصدق آن بود که نتوانست یا نخواست از این موقعیت استفاده کند و به

بحران نفت خاتمه دهد. در آخرین ساعات اقامتش در واشنگتن به ورنن والترز که برای خداحافظی به دیدارش رفته بود، گفت: «تصور نکنید که چون دست خالی به ایران برمی‌گردم، تضعیف شده‌ام. بر عکس، از همیشه قوی‌ترم چرا که موافقت‌نامه‌ای در دست نداریم که ناچار باشم که آن را به هوادارانم بقبولانم»[1]

ورنن والترز اضافه می‌کند: «متوجه شدم که در آن موقع علاقه‌ای به توافق در مورد مساله‌ی نفت ندارد»[2]. جلال متینی عقیده دارد که «با حل مشکل نفت، مصدق به اتهام سازش با انگلستان، طرفداران خود را از دست می‌داد و بر «وجاهت ملی» او که به آن بیش از هر چیز پای‌بند بود، لطمه‌ای جبران‌ناپذیر وارد می‌آمد»[3]. برداشت دکتر متینی نادرست نیست. این توهم دکتر مصدق بود که تا پایان کار، مانع حل مشکل نفت به دست او شد که بهتر از هر کس دیگر قادر به آن بود. ولی آیا در این صورت واقعاً محبوبیت خود را از دست می‌داد؟ در پاسخ مثبت به این پرسش درنگ بسیار باید کرد.

به موازات این تحولات، در صحنه‌ی سیاست بین‌المللی تغییراتی حاصل شد که به تدریج موضع و موقع ایران را دشوارتر ساخت. در اواخر سال ۱۹۵۱، پس از انتخابات مجلس عوام چرچیل بار دیگر در انگلستان به سر کار آمد. قهرمان جنگ جهانی دوم، هنوز سودای تجدید نفوذ و قدرت امپراتوری بریتانیا را در سر داشت و هوادار اعمال قدرت در برابر ایران و ایرانیان بود. آنتونی ایدن وزیر امور خارجه‌اش نیز طرز تفکری مشابه داشت و از «دزدی نفت

---

۱ - Vernon Walters، متن ذکر شده، صفحه‌ی ۱۵۱.
۲ - همان منبع، همان صفحه.
۳ - جلال متینی، نگاهی به ... صفحه‌ی ۲۷۲.

متعلق به انگلیس به وسیله‌ی مصدق» ۱ سخن می‌گفت. همچنین در ماه‌های آخر حکومتش، دکتر مصدق با یک رییس جمهوری جدید در ایالات متحده (ژنرال آیزنهاور) و وزیر خارجه‌اش (جان فوستر دالس) روبرو بود. لوی هندرسن، در تهران جای دکتر گریدی ایران‌دوست را گرفته بود و با تمام ظرافت سیاسی و خونسردی که داشت و روابط حسنه‌ای که تا آخرین روز با مصدق حفظ کرد، سخنگوی رویه‌ای خشن‌تر بود. امریکایی‌ها، ایران را در معرض خطر تسلط کمونیسم می‌پنداشتند و اشتباه نمی‌کردند. مایل بودند وضع داخلی ایران آرامش یابد و این کشور هم‌پیمان آنان، بار دیگر مهره‌ای قابل اعتماد در صف‌آرایی جنگ سرد و برابر اتحاد جماهیر شوروی و سودای جهانگیری آن باشد.

انگلیس‌ها حل مساله‌ی نفت را تا زمانی که مصدق بر سر کار باشد غیرممکن می‌دانستند. دولت امریکا در زمان ریاست جمهوری ترومن، در حل مساله‌ی نفت شتاب داشت، اما ترجیح می‌داد که این معضل به دست مصدق گشوده شود و احساسات ملت ایران جریحه‌دار نشود. چرچیل امریکایی‌ها را متقاعد کرد که اگر تفاهم با مصدق میسر نشد باید در جستجوی راه حلی دیگر برآمد.

احتمالاً در مراجعت از امریکا، مصدق حداکثر امتیازاتی را که می‌توانست از حریفان غربی خود به دست آورد. ارزیابی کرده و پیشاپیش تصمیم گرفته بود دیگر به هر پیشنهادی جواب منفی دهد که مخالفانش نتوانند روزی او را متهم به ضعف و تسلیم در مقابل انگلیس‌ها نمایند. چنانکه خود او طی سال‌های پیش در مورد تقی‌زاده و رزم‌آرا کرده بود. بنابراین اندیشه (یا «تز») اقتصاد بدون نفت را پیش کشید. در مجلس شورای ملی گفت: «از مساعی ما برای جلب موافقت دیگران نتیجه‌ای حاصل

۱- ملی شدن صنعت نفت و مصدق در خاطرات ایدن، منبع ذکر شده.

نشــد. اکنون وظیفه‌ی مردم اســت که دامن همت به کمر بزنند و به اصلاح امور خود بپردازند...»[١]

و در جلسه‌ی دیگری اظهار داشت:

«ما نمی‌بایســت تصور کنیم عایــدات نفت داریم. ما باید بگوییم این مملکت نفت ندارد. این مملکت هم مثل افغانستان دارای نفت نیســت. ما باید مخارج خود را بکاهیم و ملت ایران دوران پرمشــقتی را تحمل کند تا طوق بندگی را به گردن خــود نگذارد. ما نباید تصــور کنیم که درآمد نفت داریم»[٢]

چند هفته بعد، نخســت‌وزیر تنی چند از نمایندگان منتخب دوره‌ی هفدهــم مجلس را به اقامتگاه خود دعوت کرده به آنها گفت: «من خیال می‌کردم که انگلیس‌ها پس از یکی دو ماه می‌آیند و تســلیم می‌شوند و چون تصور نمی‌کردم که این کار این قدر طول بکشد. برنامه‌ای هم نداشــتم. اکنون بیایید با هم بنشــینیم و برنامه‌ای تنظیم کنیم»[٣] انتشار این سخنان در مطبوعات، بازتاب نامطلوبی داشت. ولی باز هم دلیل بر آن بود که مصدق در ذهن خود، فصل مذاکرات نفتی را بسته و در اندیشه‌ی اقتصاد بدون نفت است.

فرصت بزرگ بهره‌برداری از پیروزی ایران در سازمان ملل برای نیل به توافق مناسبی در زمینه‌ی نفت، بدین ترتیب از دست رفت.

*****

پس از مراجعت نخســت‌وزیر به تهران، ناآرامی‌های فزاینده‌ای در سرتاسر کشور آغاز شد که عملاً تا ٢٨ مرداد ماه ١٣٣٢ ادامه یافت. البته زیربنای همه‌ی نابسامانی‌ها وضع نامطلوب اقتصادی بود،

---

١ – ٣ آذر ماه ١٣٣٠.

٢ – ١٩ آذر ماه ١٣٣٠.

٣ – نگاه کنید به خاطرات سیاســی عبدالحســین مفتاح، راســتی بی‌رنگ اســت. انتشارات پرنگ، پاریس – ١٩٨٤، صفحه‌ی ١٨.

بیکاری، تورم، تعطیل اجرای طرح‌های عمرانی که قبلاً با دشواری و کوشش بسیار آغاز شده بود. ناامنی در شهرها و روستاها، کسادی بازار. دولت می‌کوشید که به همه‌ی اینها با توسل به برقراری حکومت نظامی پاسخ دهد. ولی ابعاد بحران بزرگ‌تر از آن بود که بتوان با بازداشت مخالفان و توقیف بی‌حاصل جراید یا تهدید به تعطیل مجامع و احزاب بر آنها فائق آمد. با وجود کوشش مصدق و شاه که ناهم‌آهنگی‌های خود را رسماً پنهان نگاه دارند، اختلافات میان آنان دیگر بر هیچ کس پوشیده نبود. شاه معتقد بود که باید با غربی‌ها کنار آمد و مصدق را به اتخاذ رویه‌ای مسالمت‌آمیز تشویق می‌کرد. نخست‌وزیر با اتکاء به محبوبیت خود که کاهش یافته اما هنوز چشم‌گیر بود، زیر بار نمی‌رفت:

> «من عقیده داشتم که باید (بر اساس قانون ملی شدن نفت) با انگلیس‌ها به مذاکره پرداخت. مصدق با این امر مخالف بود و عقیده داشت که از طرفی اقتصاد بریتانیا و جهان غرب بدون نفت ایران فلج خواهد شد و از طرف دیگر ایران کاملاً قادر است که نفت خود را به بازارهای دنیا صادر کند. به همین سبب دولت مصدق با همه پیشنهادهایی که به منظور بهره‌برداری و صدور نفت ایران شد، چه پیشنهاد هیات اعزامی به ریاست استوکس و هاریمن، چه پیشنهاد بانک بین‌الملل، چه پیشنهاد حکمیتی که چرچیل و ترومن ارائه دادند مخالفت ورزید»[۱].

ناآرامی‌های داخلی، سبب دیگری هم داشت و آن نزدیکی پایان دوره‌ی شانزدهم تقنینیه و آغاز انتخابات دوره‌ی هفدهم بود. بعضی از نمایندگان عقیده داشتند که دوره‌ی مجلس شانزدهم تمدید شود، یا انتخابات به تعویق افتد. دکتر مصدق قبول نکرد. جلسات مجلس شورای ملی هر بار صحنه‌ی برخوردهای شدیدی

---

۱ - محمدرضا پهلوی، پاسخ به تاریخ، صفحه ٦٨.

میان نمایندگان طرف‌دار و نمایندگان مخالف دولت بود. چند بار تماشاچیان به داخل صحنه‌ی مجلس ریختند و با وکلا به زد و خورد پرداختند. مکرراً صورت‌های خون‌آلود و لباس‌های پاره‌پاره شده این و آن در صحنه‌ی مجلس دیده شد و طبیعتاً تصاویر آن در مطبوعات انتشار یافت. هر بار میدان بهارستان صحنه‌ی تظاهراتی شدید و زد و خوردهایی بین موافقان و مخالفان بود. کلمات رکیک با بلندگو خطاب به نمایندگان این یا آن دسته در صحنه‌ی مجلس شنیده می‌شد. حزب توده که با مخالفان دولت هم صدا بود، به آتش دامن می‌زد.

در روز چهاردهم آذرماه ۱۳۳۰ دویست نفر از طرفداران مصدق به سردستگی شخصی به نام شعبان جعفری که از تاریخ پانزده آبان‌ماه همان سال با حقوق ماهی سه هزار ریال به استخدام شهربانی درآمده بود[۱] به ادارات روزنامه‌های مخالف دولت حمله بردند، دفاتر آنها را غارت کردند و در چند جا آتش‌سوزی‌هایی به پا کردند.
به تماشاخانه‌ی سعدی (که یکی از مراکز هنری شهر تهران ولی کاملاً در اختیار حزب توده بود) و «خانه‌ی صلح» و یکی دو مرکز دیگر وابسته به گروه‌های چپ افراطی نیز حمله شد و خرابی‌های فراوان به بار آمد.

در روز شانزدهم آذر، گروهی از مدیران جراید به عنوان نداشتن امنیت، در مجلس شورای ملی متحصن شدند و اعلامیه‌ای شدیداللحن بر ضد دولت انتشار دادند. یک روز بعد قریب به بیست نفر از نمایندگان مجلس (اقلیت) نیز به جمع متحصنین افزوده

۱- متن ابلاغ استخدام شعبان جعفری در تاریخ ۱۹ آذرماه ۱۳۳۰ به وسیله جمال امامی رهبر اقلیت آن روز در جلسه‌ی علنی مجلس شورای ملی خوانده شد و در جراید انتشار یافت.

شدند. در میان هر دو دسته بسیاری از طرفداران سابق دکتر مصدق و تنی چند از بنیان‌گذاران جبهه‌ی ملی هم چون عمیدی نوری و عبدالقدیر آزاد دیده می‌شدند.
حوادث ۱۴ آذر، که کشته و زخمی نیز داشت، عکس‌العمل شدیدی به وجود آورد و بی‌شباهت به تظاهرات خونین ۲۳ تیر نبود. آن بار نخست‌وزیر، سرلشکر بقایی را که خود به ریاست شهربانی کل منصوب کرده بود مقصر دانست، معزولش کرد، دستور به محاکمه‌ی او داد و انتظار داشت وزیر کشور سرلشکر زاهدی نیز با او هم آواز شود که نشد و از سمتش کناره گرفت. این بار نیز رییس کل شهربانی، سرلشکر منصور مزین منصوب شخص نخست‌وزیر بود و وزیر کشور امیرتیمور کلالی از بنیان‌گزاران جبهه‌ی ملی، دولت با سکوت خود عملاً مهر تأیید بر لجام گسیختگی‌ها زد.

در جلسه‌ی ۱۹ آذر مجلس شورای ملی که نخست‌وزیر برای پاسخ به اعتراضات نمایندگان و رفع سوءتفاهمات، قصد شرکت در آن را داشت، جمال امامی رهبر اقلیت گفت:

> «این تیمسار سرتیپ شعبان بی‌مخ است که خانه‌ی مردم را غارت می‌کرده است و در مقابل این خدمات با ماهی ۳۰۰۰ ریال در شهربانی استخدام شده است. آخر دولت احتیاج به شعبان بی‌مخ ندارد. شعبان بی‌مخ شما، قوای تامینیه و نظامی شما است. شما پاسبان و پلیس دارید. پول دارید، بودجه دارید، آخر شما چه احتیاجی به چاقوکش دارید؟ اگر خانه‌ی صلح یا تآتر سعدی برخلاف قانون است چرا باید تشکیل شود و دولت بعد برود و آنجا را آتش بزنند»[1].

ناگفته نماند که کسی تا آن موقع شعبان جعفری را نمی‌شناخت و لقب «بی‌مخ» که بر وی نهادند، از ابداعات جمال امامی است.

---

۱ - ۱۹ آذرماه ۱۳۳۰.

شعبان جعفری بعداً به شمار مخالفان دکتر مصدق پیوست.

سرانجام در این جلسه‌ی ۱۹ آذر ماه که مجلس صحنه‌ی زورآزمایی و فحاشی بین موافقان و مخالفان دولت شده بود، پس از اظهاراتی در باره‌ی مساله نفت، نخست‌وزیر اشاراتی هم به حوادث خونین چهاردهم آذر کرد و از موضع قدرت سخن گفت:

«در هر مملکتی ممکن است اتفاقاتی بیافتد. دولت نمی‌تواند در تمام مملکت، یک قوای تامینیه برای همیشه بگذارد. در هر شهری ممکن است سرقت‌هایی پیش بیاید، به دولت نمی‌توان گفت که چرا بعدازظهر روز پنجشنبه (١٤ آذر) یک عده‌ای رفته‌اند و یک جاهایی را غارت کرده‌اند».

در حالی که این آشوب‌ها ادامه داشت، در روز دهم دی‌ماه ۱۳۳۰، اول ژانویه ۱۹۵۲، هیات اعزامی بانک بین‌المللی برای ارائه‌ی پیشنهاداتی در مورد بهره‌برداری از منابع نفت جنوب به ایران آمد و با نخست‌وزیر ملاقات کرد.

در تاریخ ۲۱ دیماه، ۱۲ ژانویه، به تصمیم نخست‌وزیر کلیه‌ی کنسولگری‌های انگلیس در ایران تعطیل شد. لندن شدیداً به این عمل اعتراض کرد و در پاسخ این اعتراض، وزارت امور خارجه ایران اسناد و مدارک متعددی در مورد مداخلات مأموران کنسولی انگلیس در امور داخلی کشور انتشار داد و چند روز بعد، دولت تصمیم گرفت که از این پس از پذیرفتن سفرای خارجی که سابقه‌ی خدمت در مستعمرات را داشته باشند، خودداری خواهد کرد.

در بیستم بهمن ماه، فهرست اسامی نمایندگان منتخب تهران در مجلس شورای ملی از طرف انجمن نظارت مرکزی انتخابات به وزارت کشور ارسال گردید[1].

۱ – منتخبان به ترتیب تعداد آراء عبارت بودند از حسین مکی، مظفر بقایی، آیت‌الله

در بیست و یکم بهمن ماه، نایب رییس بانک بین‌المللی برای مذاکره در بـــاره‌ی بهره‌برداری از نفت جنوب به هیاتی که از یک‌ماه پیش از آن در ایران بود ملحق شد و با شاه و نخست‌وزیر ملاقات نمود.

در روز ۲۵ بهمن ماه، در مراسم پنجمین سال قتل محمد مسعود در مراسمی که در آرامگاه ظهیرالدوله برپا شـــده بود جوانک چهارده ساله‌ای به حسین فاطمی، یار و مشاور نزدیک مصدق سوءقصد کرد. او عضو گروه تروریست فداییان اسلام بود. حسین فاطمی به بیمارســـتان منتقل شـــد و برای چند ماه از صحنه‌ی پرتشنج سیاســـت ایران به دور ماند! این سوءقصد محیط سیاسی کشور را متشنج‌تر کرد.

در روز ۲۹ بهمن، دوره‌ی شانزدهم مجلس به پایان رسید و دورهٔ فترت آغاز شد.

نوروز ۱۳۳۱، برای مدتی بس کوتاه، آرامشـــی در کشور به وجود آورد. اما از نخســـتین هفته‌ی فروردین، بار دیگر پایتخت و سایر شهرهای بزرگ کشور دستخوش تظاهرات شدید توده‌ای‌ها برضد دولت و حضور نمایندگان بانک بین‌الملل در ایران شد. هر روز بین موافقین دولت (که در احزاب زحمت‌کشان و ایران متشکل بودند) و مخالفیـــن، زد و خوردهای شـــدید روی مـــی‌داد. درگیری‌های خیابانی در مرکز شـــهر تهران و معابر پر رفت و آمد چون شـــاه، نادری، اسلامبول، شـــاه‌آباد، اطراف مجلس و دانشگاه و میدان ســـپه، عملاً کســـب و کار مردم را تعطیل کرده بـــود و ناامنی بر

کاشـــانی، سیدابوالحســـن حایری‌زاده، دکتر علی شایگان، محمود نریمان، حسین فاطمی، مهندس احمد زیرک‌زاده، مهندس کاظم حسیبی، یوسف مشار، علی زهری، حسین‌علی راشد، تنها نفر آخر (واعظ معروف پایتخت) از طرف جبهه‌ی ملی نامزد نشده بود. شش تن از این نمایندگان در طی دوره‌ی هفدهم از شمار هواداران دولت به گروه مخالفان او پیوستند.

پایتخت حکومت می‌کرد. تقریباً هر روز تعدادی کشته و زخمی می‌شدند. مداخلات مأمورین انتظامی و اجرای مقررات حکومت نظامی کارساز نبود. هنوز اکثریت مردم خواهان پیروزی نهضت ملی، معتقد به وطن‌دوستی و خیرخواهی نخست‌وزیر و امیدوار به حل مشکلات بودند. اما موج نارضایتی افکار عمومی، اندک‌اندک بالا می‌گرفت و نومیدی گسترش می‌یافت. افق سیاسی کشور تاریک و آینده‌ی نزدیک نامعلوم بود.

در چنین شرایطی، اکثریت نمایندگان مجلس انتخاب شدند (هشتاد تن از صد و سی و شش نفر). دکتر مصدق اعلام داشت که «هشتاد درصد نمایندگانی که به مجلس می‌روند نمایندگان حقیقی ملت خواهند بود»[1]. اما چون دولت احساس می‌کرد که شمار مخالفانش رو به افزایش است، به بهانه‌ی طرح پرونده‌ی ایران در دادگاه بین‌المللی لاهه و عزیمت قریب‌الوقوع نخست‌وزیر به آن شهر، ادامه‌ی عملیات رأی‌گیری را در شهرستان‌ها متوقف ساخت. اما اکثریت نمایندگان انتخاب شده بودند و افتتاح مجلس به رعایت قانون اساسی الزامی بود.

در تاریخ ۷ اردیبهشت ۱۳۳۱، ۲۷ آوریل ۱۹۵۲، شاه طی مراسم متعارف، دوره‌ی هفدهم قانون‌گزاری را افتتاح کرد. مصدق به بهانه‌ی بیماری در این مراسم شرکت نکرد.
نخست‌وزیر قبلاً (۲۳ فروردین) بیش‌تر نمایندگان منتخب را در اقامتگاه خود پذیرفته و دشواری‌های روزافزون کشور را به آنان گوشزد کرده بود. همچنین در شرفیابی ۲۷ فروردین خود از شاه خواسته بود که «اوامر همایونی در مورد حمایت مجلسین از دولت، شرف صدور یابد»[2]. اما کار رسیدگی به اعتبارنامه‌ها و

---

۱ - پیام نوروزی ۱۳۳۱.
۲ - مطبوعات پایتخت.

گفتگوهای داخلی برای تعیین هیات رییسه‌ی مجلس، بیش از حد متعارف و معمول به طول انجامید. رسیدگی به پرونده‌ی شکایت انگلیس از ایران، در دادگاه لاهه آغاز شـده بود. مصدق تصمیم گرفت که شخصاً برای دفاع از حقوق کشور، به لاهه برود. در روز ۳۱ اردیبهشـت به مجلس رفت و این بار در محیطی آرام، تصمیم خود را دایر به مسافرت به لاهه، به اطلاع نمایندگان رساند و بار دیگـر باقر کاظمی را به کفالت امور دولـت معرفی کرد و در روز هفتم خرداد، به اتفاق اعضای هیات نمایندگی ایران عازم پایتخت بلند شد.

دکتر کریم سنجابی، به عنوان قاضی ایرانی قبلاً به لاهه رفته بود. پروفسـور هانری رولن بلژیکی نیز به عنوان وکیل ایران انتخاب شـد. دکتر علی شـایگان، مظفر بقایی، مهندس کاظم حسیبی و چند تن دیگر در این سـفر همراه نخست‌وزیر بودند. پسرش دکتر غلامحسین مصدق هم در کنارش بود.

در لاهه قـرار بود هیات نمایندگی ایران و شـخص دکتر مصدق در یک میهمان‌خانه معروف و قدیمی به نام هتـل دزند Hôtel des Indes (مهمان‌سـرای هندوسـتان) اقامت نمایند. بر اثر مداخله‌ی کمپانی نفتی شل، شریک دیرین کمپانی نفت ایران و انگلیس، این مهمان‌سـرا از پذیرفتن آنان خودداری کرد[1]. سـرانجام اعضای هیات نمایندگی ایران در مهمان‌خانه‌ی بزرگ دیگری (هتل پالاس) مستقر شدند[2].

۱ - Vernon Walters، متن ذکر شده، صفحه‌ی ۱۴۹. والترز مامور شده بود که بار دیگر به دیدار دکتر مصدق برود که در پایتخت هلند با او مذاکره کرد و گزارشی در این مورد به دولت امریکا داد.

۲ - خاطرات سیاسـی عبدالحسین مفتاح، متن ذکر شده، صفحه‌ی ۱۹. عبدالحسین مفتاح که در آن هنگام سرکنسول ایران در هامبورگ بود، در لاهه به همراهان دکتر مصدق پیوست و اندکی بعد به معاونت و سپس کفالت وزارت امور خارجه برگزیده

هنگامی که خبر مسافرت مصدق به لاهه نشر یافت، عده‌ی زیادی از دانشجویان ایرانی مقیم اروپا برای دیدارش عازم پایتخت هلند شدند و خواستند که به هنگام سخنرانی وی در جلسه‌ی دادگاه حضور داشته باشند. مسئولان اداری دادگاه با مشکل کمبود جا در داخل تالار مواجه شدند. اما مصدق اظهار داشت که اگر همه دانشجویان ایرانی حق حضور نیابند، در جلسه شرکت نخواهد کرد. سرانجام همه صندلی‌ها در اختیار ایرانیان گذاشته شد. هنگام ورود نخست‌وزیر ایران، همه به پا خواستند و با کف زدن از او استقبال کردند و تا موقعی که در جایگاه خود مستقر نشده بود همچنان ایستاده بودند، که این سنت احترام ایرانی و شرقی در جراید منعکس و سبب تعجب شد. مصدق در پایان روز، همه‌ی ایرانیان را به مهمان‌سرای محل اقامت خود دعوت کرد و با گرمی از آنان تشکر نمود.[۱]

سخنرانی یک ساعته‌ی مصدق در لاهه به زبان فرانسه ایراد شد و اساس آن بر اثبات حق دولت و ملت ایران در ملی کردن نفت و جنبه‌ی داخلی این تصمیم بود. پروفسور رولن در دفاعیات استادانه‌ی خود موفق شد نشان دهد که شرکت نفت ایران و انگلیس ولو آن‌که سهام‌دار اصلی آن دولت بریتانیا باشد، یک شخصیت حقوقی خصوصی است و اختلاف دولت ایران با یک شرکت خصوصی، نمی‌تواند در صلاحیت دادگاه بین‌المللی لاهه باشد.

*****

در روز سوم تیرماه ۱۳۳۱، ۲۴ ژوئن ۱۹۵۲ نخست‌وزیر و همراهانش

شد. حسین فاطمی وزیر امور خارجه در بیش‌تر دوران وزارت خود در خارج از کشور به سر برد.

۱ - روایتی در این مورد در کتاب مصطفی الموتی، منبع ذکر شده، آمده است، صفحات ۲۴۵ و ۲۴۶.

به تهران بازگشــتند. مصدق یک سره به کاخ اختصاصی رفت و گزارش مسافرتش را به شاه داد.

در روز دهــم تیرماه، نمایندگان مجلس، آیت‌الله دکتر سیدحســن امامی، امام جمعه تهران را به ریاســت مجلــس برگزیدند. روز چهاردهم تیر رییس و هیات رییســه‌ی مجلس نزد شــاه رفتند و آمادگی مجلس هفدهم را به استحضارش رساندند.

در همان روز، به رعایت سنن پارلمانی، نخست‌وزیر شرفیاب شد و استعفای دولت را تقدیم داشت.

فصل ششم

سی‌ام تیر و نهم اسفند

پس از «اعلام آمادگی مجلسین»، شاه از آنان خواست که نظر خود را نسبت به نخست‌وزیر آینده اعلام نمایند. از قول او رسماً در جراید اعلام شد: «هر دولتی که روی کار بیاید باید از نهضتی که آغاز شده است پیروی کند و قوانین مربوط به ملی شدن صنعت نفت را با کمال جدیت و مراقبت تعقیب نماید». اشاره‌ی شاه به «هر دولتی که روی کار بیاید» در حقیقت نوعی راهگشایی علنی برای تغییر مصدق بود و عدم اصرار وی را به تجدید انتصابش نشان می‌داد.

مجلس شورای ملی با اکثریت پنجاه و دو رأی به نخست‌وزیری مصدق ابراز تمایل کرد، ولی در مجلس سنا از سی و شش نفر عده‌ی حاضر در جلسه‌ی خصوصی، فقط چهارده نفر به او رأی دادند و اکثریت انتصاب نخست‌وزیر را منوط به «اراده‌ی ملوکانه»

دانستند.
در ۱۹ تیرماه فرمان نخست‌وزیری مصدق توشیح و او رسماً مامور تشکیل کابینه‌ی جدید شد.

سه روز بعد، ۲۲ تیرماه، نخست‌وزیر در جلسه‌ی خصوصی مجلس شورای ملی حاضر شد و اظهار داشت که برای مدت شش ماه، اختیارات تام مالی و اقتصادی از مجلسین خواهد خواست و معرفی وزیران، منوط به قبول این تقاضا است.
در روز ۲۵ تیر این تقاضا را طی یک شرفیابی طولانی به اطلاع شاه نیز رساند. و علاوه بر آن خواستار شد که وزیر جنگ را نیز خودش تعیین کند و مسئولیت فرماندهی نیروهای مسلح، با رییس دولت باشد. که ظاهراً این تقاضا پذیرفته نشد.
در پایان همین روز مصدق، انصراف خود را از قبول سمت ریاست دولت به اطلاع شاه رساند:

> «پیشگاه مبارک اعلیحضرت همایون شاهنشاهی چون در نتیجه‌ی تجربیاتی که در دولت سابق به دست آمده، پیشرفت کار در این موقع حساس ایجاب می‌کند که پست وزارت جنگ را فدوی شخصاً عهده‌دار شود و این کار مورد تصویب شاهانه واقع نشد و البته بهتر آن است که دولت آینده را کسی تشکیل دهد که کاملاً مورد اعتماد باشد و بتواند منویات شاهانه را اجرا کند، با وضع فعلی ممکن نیست مبارزه‌ای را که ملت ایران شروع کرده، پیروزمندانه خاتمه دهد. فدوی دکتر مصدق».

شاه نمی‌خواست این استعفانامه منتشر شود تا بتواند راه حلی برای خروج از بحران پیدا کند. اما به دستور مصدق روزنامه‌ی باختر امروز که حسین فاطمی مدیریت آن‌را داشت، متن آن را انتشار داد. او می‌خواست شاه را در مقابل مسئولیت‌های خودش

بگذارد و او را مسبب استعفا و کناره‌گیری خود معرفی کند. در هر حال انتشـــار متن نامه‌ی مصدق همه را در مقابل عمل انجام شده قرار داد.
محمدرضاشاه نیز بعداً جریان را تقریباً به همین صورت حکایت کرده:

«مصدق که از آینده نامطمئن و پریشـــان خاطر بود، تحت تأثیــر اطرافیانش از من خواســـت که فرماندهی کل قوا و وزارت جنـــگ را به وی تفویض کنیم. من صراحتاً با این تقاضـــا مخالفت کردم و در نتیجـــه وی در تاریخ ۲۵ تیر ۱۳۳۱ استعفا کرد»[۱]

به دنبال کناره‌گیری مصدق، شـــاه بار دیگر از مجلسین نظرشان را استفسار کرد.
نماینـــدگان طرفدار مصدق که اقلیتی بیـــش نبودند، از حضور در جلسه‌ی سری خودداری کردند. از ۴۲ نماینده‌ی حاضر ۴۰ نفر به زمام‌داری احمد قوام ابراز تمایل کردند. بعد از نظر موافق ســـنا، شاه فرمان نخست‌وزیری قوام را صادر کرد و چنان که دیدیم، بار دیگر او را در این فرمان «جناب اشـــرف» خواند، لقبی که خود به وی داده و پس گرفته بود:

«من شخصاً اللهیار صالح را که یکی از سران جبهه‌ی ملی و مردی منطقی و معقول بود برای تصدی نخســـت‌وزیری مناســـب‌تر می‌دانســـتم. اما اکثریت مجلس به احمد قوام ابراز تمایل کرد. قوام‌السلطنه گرچه سیاستمداری مجرب بود، اما در آغاز مرتکب اشتباهاتی جبران‌ناپذیر شد و با ملی کردن نفت مخالفت ورزید»[۲].

۱ - محمدرضا پهلوی، پاسخ به تاریخ، صفحه ۷۱.
۲ - همان منبع، همان صفحه.

واقعیت این است که شـاه گرچه، چنان‌که خــود بعد از آمادگی مجلســین اعلام داشــته بــود، تمایلی به نخست‌وزیری مصدق نداشــت و آن را دیگــر پنهان نمی‌کرد، قــوام را نیز برنمی‌تافت و احتمالاً حتی مصدق را به او ترجیح می‌داد. نام‌های کسانی چون منصورالملک، حکیم‌الملک، علاء، سیدضیاءالدین طباطبایی و حتی ابوالحســن ابتهاج بر ســر زبان‌ها بود و البته نام اللهیار صالح و گاه حسین مکی.

درباریان و شاهدخت اشــرف، مصدق را نمی‌خواستند و از قوام بیم داشتند و علیه هر دو تحریک می‌کردند. شاه می‌دانست که در شــرایط عادی کســانی چون منصور و حکیمی و علاء می‌توانند رؤسای «دولت‌های محلل» باشند. اما شرایط عادی نبود. رهبران جبهــه‌ی ملی بــدون موافقت مصدق حاضر به قبول مســئولیتی نبودنــد. اما مصدق خود را ظاهراً کنار کشــیده بود و حتی قصد عزیمت به احمدآباد را داشت.

قوام خود را مرد میدان می‌دانست و از چند ماه پیش مذاکراتی را با این و آن آغاز کرده بود. بسیاری از سیاست‌پیشه‌گان آن‌روز ایران نیز کسـی را جز او که در شرایطی مشکل‌تر بر بحرانی بزرگ‌تر فائق آمده و آذربایجان را نجات داده بود، قادر به حل معضل نفت و خروج کشور از بن بست نمی‌دیدند.

قوام به نخســت‌وزیری منصوب شــد و اعلامیه‌ی معروف خود را صادر کرد که تجزیه و تحلیل آن درســت بــود، اما لحن آن گرچه واقع‌بینانه، اما خشــن و ناهم‌آهنگ با جو سیاسی و فکری زمان به نظر آمد.

در ایــن اعلامیه قوام کوشــش‌های ناتمــام قبلی خــود را برای «اســتیفای حق کامل ایران» از شــرکت نفت ایران و انگلیس یادآور شــد و «سرســختی بی‌مانندی» را که دکتر مصدق در راه احقاق حقوق مردم از خود نشــان داده «و در مقابل هیچ فشاری از پای

ننشسته» ستود. ولی یادآور شـد که «نمی‌بایستی مطالبه‌ی حق مشروع از یک کمپانی را مبدل به خصومت بین دو ملت ساخت». وی افزود که کوشش خود را معطوف به آن خواهد کرد که «منافع مـادی و معنوی ایران کاملاً تأمین شـود. بدون آن‌که به حُســن رابطه‌ی دو مملکت، خدشه وارد آید».

قوام، شاید برای نخستین بار در تاریخ اعلامیه‌های رسمی سران دولت ایران، مساله‌ی روابط دیانت و سیاست را مطرح کرد: «به همان اندازه که از عوام فریبی در امور سیاسی بیزارم، در مسـائل مذهبی نیز از ریا و سالوس منزجرم. کسـانی که به بهانه‌ی مبارزه با افراطیون ســرخ، ارتجاع سیاه را تقویت نموده‌اند، لطمه‌ی شـدیدی به آزادی وارد سـاخته، زحمــات بانیان مشــروطیت را از نیم قــرن به این طرف بــه هدر داده‌اند. من در عین احترام به تعالیم مقدســه‌ی اســلام، دیانت را از سیاست دور نگاه خواهم داشت و از نشر خرافات و عقاید قهقرایی جلوگیری خواهم کرد».

با توجه به آن چه در ســال‌های بعد از انقلاب اسـلامی بر ایران گذشته، احتمـالاً تاریخ این چند سـطر را به عنـوان مهم‌ترین و ماندگارتریــن قســمت‌های بیانیه‌ی قوام‌السـلطنه ثبت خواهد کرد. قوام‌السلطنه گمان دیرین مردانی چون میرزاحسـین خان سپهسـالار را تکرار می‌کرد و حق داشت. همچنین تاریخ معاصر درستی تجزیه و تحلیل او را در باره‌ی خطر مشابه «ارتجاع سیاه» و «افراطیون سرخ» و ائتلاف شوم آنان نشان داد.

در پایان کلام، نخست‌وزیر جدید اراده‌ی خود را در استقرار نظم و بازگشت به حکومت قانون با صراحت بیان داشت: «چنان‌که در گذشته نشان داده‌ام، بدون ملاحظه از احدی و بدون توجه به مقام و موقعیت مخالفین، کیفر اعمال‌شان

را کنارشان می‌گذارم. حتی ممکن است تا جایی بروم که با تصویب اکثریت پارلمان، دست به تشکیل محاکم انقلابی زده، روزی صدها تبهکار را از هر طبقه به موجب حکم خشک و بی‌شفقت قانون، قرین تیره‌روزی سازم. به عموم اخطار می‌کنم که دوره عصیان سپری شده، روز اطاعت از اوامر و نواهی حکومت فرا رسیده. کشتی‌بان را سیاستی دگر آمد»[۱]

از این صریح‌تر و محکم‌تر نمی‌شد سخن گفت.

این اعلامیه‌ی خشن را قوام شخصاً نوشت. شیوه‌ی نگارش او و نثر فاخر و دبیرانه‌اش از آن به خوبی پیدا است. اما او محیط پرالتهاب آن روز ایران را فراموش کرده بود و همین اشتباه بزرگش بود. آن روز با مردم ایران می‌بایست به گونه‌ای دیگر سخن می‌گفت.

قوام از شاه خواسته بود که مجلس را منحل کند تا دست او در اقدامات تامینی و اصلاحی باز باشد. ظاهراً محمدرضاشاه نیز این تقاضا را پذیرفته بود، اما چون قوام به نخست‌وزیری رسید. از صدور فرمان انحلال خودداری کرد، یا درست‌تر بگوییم وقت گذراند، که عامل اصلی تضعیف احتمالی رییس دولتش را از بین نبرد. این بازی سیاسی دوجانبه، نه به‌سود ایران بود و در نهایت امر، نه به‌سود شاه.

البته تاریخ را نمی‌توان دوباره نوشت. اما اشتباه دیگر قوام در آن روزها این بود که فرمان انحلال را نگرفته، شروع به کار کرد و تا دقیقه‌ی آخر چشم به راه فرمانی بود که هرگز نرسید. امید و انتظار نخست‌وزیر جدید «چنان که سیر تحول وقایع نشان داد، سرابی بیش نبود»[۲].

---

۱ - عمر خوش دخترانِ رَز به سر آمد   کشتی‌بان را سیاستی دیگر آمد

۲ - حمید شوکت، در تیررس حادثه، منبع ذکر شده، صفحه‌ی ۲۸۸.

از روز ۲۸ تیرماه، سیدابوالقاسم کاشانی و اعوان و انصارش از یک سو و توده‌ای‌ها از سوی دیگر، به تجهیز مردم علیه حکومتِ در حالِ تکوینِ قوام‌السلطنه پرداختند. سیدابوالقاسم سخت‌گیری‌های گذشته قوام را فراموش نکرده بود و از او کینه‌ای سخت به دل داشت و گمان می‌کرد که زمان انتقام فرارسیده است. او قوام را می‌شناخت و اراده‌ی او را به قطع مداخله‌ی روحانیون و روحانی‌نمایان در تمشیت امور مملکت به شوخی نمی‌گرفت، بر علیه «توطئه‌ی تفکیک دین از سیاست» برخاست که آن را برای خودش خطر اصلی می‌دانست و به خبرنگاران جراید خارجی و داخلی گفت:

> «به خدای لایزال اگر قوام نرود، اعلام جهاد می‌کنم و خودم کفن پوشیده و با ملت در پیکار شرکت می‌نمایم»[1].

قوام‌السلطنه در محل ییلاقی وزارت امور خارجه (اقامتگاه تابستانی سفیر آلمان که پس از جنگ همچنان در اختیار دولت ایران باقی مانده و هنوز به آلمان‌ها مسترد نشده بود) مستقر شده و از آنجا دستوراتی می‌داد. چشم به راه انحلال موعود مجلس بود که وزیرانش را تعیین و کارها را شروع کند. مصدق در را به روی خود بسته بود و هیچ‌کس را نمی‌پذیرفت و به اصطلاح معروف برخلاف سنت سیاسی ایران «به امور جاری» رسیدگی نمی‌کرد. شاه مؤید نخست‌وزیر نبود و چنان‌که از همه‌ی روایت‌ها و شهادت‌ها برمی‌آید به مذاکره با مخالفین مشغول، یعنی در حقیقت سرگرم تضعیف او بود.

در برابر سخنان تهدیدآمیز سیدابوالقاسم، قوام خواست که به رویه‌ی معمول خود، یعنی اِعمال قدرت، متوسل شود و تصمیم به بازداشت او گرفت. چند تنی در جریان تصمیم او قرار گرفته بودند. اما قبل از آن‌که به مرحله‌ی عمل درآید، رادیو لندن آن را

۱ - همان منبع، صفحه‌ی ۲۸۳.

فاش کرد[1] و به خود کاشانی نیز اطلاع داده شد و به تقاضای او دربار خواست که از این عمل صرفنظر شود.

از همین روز بیست و هشتم تیر، تظاهرات توده‌ای‌ها در تهران و چند شهر دیگر علیه نخست‌وزیری قوام آغاز شد. مسکو شکست چند سال پیش خود را فراموش نکرده بود و به سنت دیرین دیپلماسی شوروی، فرصت انتقام را مغتنم می‌دانست. توده‌ای‌ها به هواداران آیت‌الله کاشانی پیوستند و سرانجام جبهه‌ی ملی نیز با آنان هم‌داستان شد، گرچه در اعلامیه‌اش لحنی ملایم‌تر داشت.

اوج بحران، که بعداً بسیاری آن‌را «قیام ملی» نامیدند. در روز دوشنبه سی‌ام تیر بود. هزاران نفر در خیابان‌های تهران با شعار «از جان خود گذشتیم با خون خود نوشتیم یا مرگ یا مصدق» به تظاهر پرداختند[2].
قوام در اقامتگاه خود مترصد اخبار شهر و چشم به راه تعیین وقت شرفیابی به حضور شاه بود. در این هنگام، به وی اطلاع داده شد که مأموران انتظامی به سوی تظاهرکنندگان تیراندازی کرده‌اند. او به اطرافیانش گفت:

> «چطور ممکن است فرماندار نظامی از رییس دولت استجازه نکند. شلیک به مردم و جمع کردن نیروهای انتظامی از شهر (که دستور آن داده شده بود، ولی دستوردهنده معلوم نبود) باید رسماً با اطلاع رییس دولت

---

۱ - همان منبع، صفحه ۲۹۰.

۲- دقیق‌ترین ماخذ در مورد جریان این سه روز از دیدگاه اطرافیان قوام‌السلطنه یادداشت‌های حسن ارسنجانی است که برای معاونت سیاسی و پارلمانی نخست‌وزیر در نظر گرفته شده بود و با اتفاق سرتیپ محمدعلی صفاری تقریباً همیشه در کنارش بود. این یادداشت‌ها ابتدا در هفته‌نامه‌ی ایران آزاد چاپ پاریس انتشار یافت (شماره‌های ۱۱٦ تا ۱۲۸ (۱۱ سپتامبر تا ٤ دسامبر ۱۹۸۰) و سپس مکرراً به طور جداگانه به طبع رسید. ما از این یادداشت‌ها بهره گرفته‌ایم.

باشد... معلوم می‌شود که آقایان هر چه خواستند کردند تا به حساب من بگذارند»[1]

به نخست‌وزیر گزارش شد که جیپ‌های شهربانی با بلندگو در اختیار تظاهر کنندگان جبهه ملی گذاشته شده‌اند. به سرلشکر کوپال رییس کل شهربانی تلفن و از او استفسار شد. پاسخ او دایر به موقعیت آرام شهر بود و این‌که تیراندازی مختصری روی داده و نیروهای انتظامی همه جا مراقب هستند و جای نگرانی نیست. پیدا بود که قوای انتظامی از نخست‌وزیر دستور نمی‌گیرند. آیا از جانب دولت مستعفی به آنان تعلیم داده می‌شد یا از جانب دربار؟ پاسخی در این مورد نداریم.

هنگامی که نخست‌وزیر مطلع شد که گروهی از تظاهر کنندگان (وابسته به سیدابوالقاسم کاشانی و سازمان‌های توده‌ای) به خانه‌ی او حمله کرده دست به غارت آن زده و حتی آتشی برافروخته‌اند و کسی جلوی آنها را نگرفته، متوجه وخامت اوضاع شد. خوشبختانه به محض احساس خطر، خانم قوام به اتفاق فرزند خردسال نخست‌وزیر، اقامت‌گاهشان را ترک کرده به منزل یکی از دوستانش خانم بتول فرمانفرما، همسر شاهزاده عبدالحسین میرزا فرمانفرما، واقع در ضلع جنوب غربی میدان کاخ، پناه برده بود.
به دستور خانم فرمانفرما، حاج معتضد پیشکارشان که کُردی شجاع و وفادار بود، مسلح شده ترتیب حفاظت محل را داد و به خانم قوام گفت: «راحت باشید. تا من زنده‌ام کسی وارد این خانه نخواهد شد». همسر و فرزند قوام چند روزی را در آن محل میهمان خانواده‌ی فرمانفرما بودند تا اوضاع آرام شد.[2]

---

۱ - یادداشت‌های حسن ارسنجانی، ایران آزاد.
۲ - خانم بتول فرمانفرما یکی از همسران شاهزاده عبدالحسین میرزا فرمانفرما

سرانجام در ساعت پنج بعد از ظهر روز سی‌ام تیر، نخست‌وزیر به کاخ سعدآباد احضار شد، در حالی که فریاد «مرگ بر قوام» و شعار «از جان خود گذشتیم...» سرتاسر پایتخت را به لرزه درآورده بود و مأموران انتظامی نیز پس از یک عکس‌العمل خشن دیگر کاری انجام نمی‌دادند.

قوام رفته بود که استعفا بدهد. ولی قبل از این‌که استعفایش را به شاه تقدیم دارد رادیو تهران برنامه‌های خود را قطع کرد و خبر آن‌را انتشار داد. شاید هم در آن شرایط چاره‌ای جز این نبود.

هیچ روایتی از جریان مذاکرات شاه و قوام در اختیار نداریم. این آخرین دیدار آن دو بود.

به روایت حسن ارسنجانی در تمام روز سی‌ام تیر وضع مزاجی قوام که رسماً نخست‌وزیر بود اما دیگر تسلطی بر هیچ چیز نداشت، نامطلوب بود، ولی در کاخ سعدآباد، وقار و ابهت همیشگی خود را حفظ کرده بود. از کاخ به منزل معتمدالسلطنه برادرش، که در آن نزدیکی‌ها واقع بود رفت. تنی چند از نزدیکان و اقوامش در آن‌جا بودند. یکی از حاضران از خونسردی و متانت حیرت‌انگیز او یاد می‌کند. چند تن از اطرافیان از وضعی که پیش آمده بود اظهار تأسف و حتی انزجار می‌کردند. قوام‌السلطنه که قربانی اصلی جریان بود. آنان را به آرامش و خونسردی دعوت می‌کرد.[۱]

بود که به رسم قدیم درهر شهری که به حکومت می‌رفت، دختر یکی از متنفذین آنجا را به همسری اختیار می‌کرد. وی از جانب مادر نوه‌ی شاهزاده دولتشاه فرزند فتحعلی‌شاه قاجار بود که سال‌ها در کرمانشاه حکومت می‌کرد و پدرش از ملاکین و اشراف محل بود.

روایت آقای مهندس عبدالعزیز فرمانفرماییان، فرزند شاهزاده عبدالحسین میرزا و خانم بتول فرمانفرما، عبدالعزیز فرمانفرماییان در آن روزها غالباً در کنار مادرش بود.

۱ - روایت آقای ایرج امینی، فرزند دکتر علی امینی و خانم بتول امینی دختر حسن وثوق (وثوق‌الدوله) که با عموی خود احمد قوام بسیار نزدیک و غالباً در کنارش بود. ایرج امینی در آن زمان دانشجو بود و در خانه معتمدالسلطنه حضور داشت.

*****

فردای آن روز که قوام‌السلطنه هم‌چنان میهمان برادر خود بود، یکی از اعضای ارشد سفارت امریکا با او تماس گرفت و پیشنهاد کرد که اگر بخواهد، می‌تواند به سفارت امریکا پناهنده شود. و افزود که دولت ایالات متحده، یک هواپیمای اختصاصی در اختیارش خواهد گذاشت که با آن بتواند از ایران خارج شود.
قوام پاسخ داد که ترجیح می‌دهد که به دست ایرانیان کشته شود تا این‌که به یک سفارت خارجی پناه ببرد و یا به کمک خارجیان از وطن خود بگریزد[1].

*****

تاملی در ماجرای سی‌ام تیر و چگونگی روی کار آمدن و سپس برکناری قوام، از لحاظ تاریخ سیاسی ایران و هم چنین مصایبی که بعداً به کشور گذشت، ضروری است. مصدق می‌توانست بهتر از هر کس دیگر مساله‌ی نفت را حل کند، ولی به خاطر حفظ وجهه‌ی ملی خود و به‌گمان این‌که هر توافقی با شرکت‌های نفتی، تعبیر به ضعف او در برابر خارجیان خواهد شد، این کار را نکرد و ایران، بهای گران آن‌را پرداخت.

در میان رجال سیاسی آن روز ایران، قوام‌السلطنه به تحقیق تنها کسی بود که تجربه و توانایی حل این بحران را داشت. معضل نفت نه از بحران آذربایجان دشوارتر بود و نه حریف از اتحاد جماهیر شوروی تواناتر. قبول مسئولیت ریاست دولت، نشانه‌ی شهامت بی‌نظیر او و بی‌اعتنایی به گفته‌های این و آن، و نیز احساس قدرت و اعتماد به نفس در رو در رویی با بحران بود.
او می‌خواست به یک معامله‌ی بزرگ با انگلیس‌ها دست بزند و برخلاف آن‌چه محمدرضا شاه در کتاب پاسخ به تاریخ نوشته[2]

---

۱ - یادداشت‌های ارسنجانی، ایران آزاد.
۲ - محمد رضا پهلوی، پاسخ به تاریخ، صفحه‌ی ۷۱.

و در این زمینه شرط انصاف را رعایت نکرده، وی مخالفتی با اصل ملی شدن نفت نداشت و هرگز چنین چیزی نگفت. هیچ کس مخالفتی با این اصل که در نظر ایرانیان تغییرناپذیر بود، نداشت. قوام، برخلاف دکتر مصدق، با اقتصاد بدون نفت مخالف بود و می‌خواست بر اساس مالکیت ملی بر منابع نفت کشور، راه حلی برای بهره‌برداری صحیح از این ثروت ملی پیدا کند. هیچ سند و دلیلی که خلاف این نکته باشد تاکنون دیده نشده.

نخستین اشتباه بزرگ قوام این بود که می‌بایست پیش از قبول مقام ریاست دولت، فرمان انحلال مجلس را از شاه بگیرد و خود را دست بسته، تسلیم تحریکات سیاسی نکند. بخصوص که می‌دانست محمدرضا شاه به او حسن نظر ندارد و با انتصاب وی به نخست‌وزیری موافق نبوده است.

اشتباه دیگرش، ترتیب تدوین اعلامیه‌ی «کشتی‌بان را سیاست دگر آمد» بود. او هم در ضرورت برقراری نظم و آرامش برای پرداختن به مساله‌ی نفت حق داشت و هم در هشدار به ملت ایران در مورد خطر ائتلاف میان «ارتجاع سیاه» و «افراطیون سرخ» که متأسفانه در این باره، تاریخ به وی حق داد و ایرانیان سال‌ها بعد، بهای بسیار گران این ائتلاف شوم را که انقلاب اسلامی نام گرفت پرداختند و هنوز می‌پردازند. اما لحن بیانیه‌اش با جو سیاسی و فکری زمان و با التهابی که بر افکار عمومی حاکم بود، هم‌آهنگی نداشت، و بهانه به دست دشمنانش داد که مردم را به شورش وادارند.

در تظاهرات ملی سی‌ام تیر، قوای انتظامی ابتدا عکس‌العمل نشان دادند و خیلی زود خود را از صحنه بیرون کشیدند[1]. یا حتی در

---

۱ - «من به ارتش دستور دادم که از تیراندازی به سوی مردم خودداری کند و سرانجام برای اجتناب از بروز یک جنگ داخلی، بار دیگر مصدق را به نخست‌وزیری منصوب کردم و شرایطش را پذیرفتم. محمدرضا پهلوی، همان متن، همان صفحه.

بسیاری از موارد با مخالفان نخست‌وزیر هم‌داستان شدند. همان جریانی که سیزده ماه بعد در روز ۲۸ مرداد روی داد. در حوادث بیست و هشتم تا سی‌ام تیر که حرکتی مردمی بود، طرفداران جبهه‌ی ملی، جناح افراطی روحانیت، که آیت‌الله کاشانی سخنگو و رهبر آن به شمار می‌آمد، شبکه‌ی توانای حزب توده و نیز بسیاری از مردم که متعلق به هیچ یک از این سه جناح نبودند. عملاً با تأیید شاه، به مخالفت با قوام برخاستند و توفیق یافتند که مصدق را که خود با درایت و شاید از روی احتیاط، مُهر سکوت بر لب زده بود، به ریاست دولت برگردانند. ولی جریان بعدی حوادث نشان داد که هر یک از این مهره‌ها و عوامل، به بازی خاص خویش مشغول بودند.

«ارتجاع سیاه»، مصدق و یارانش را تاثیرپذیر و قوام را غیرقابل انعطاف می‌پنداشت و چون پس از مدتی کوتاه، سرانجام مصدق نیز از اطاعت کورکورانه از توقعات بی‌حد و حساب روحانیون قشری، سر باز زد، از او روی برگرداندند و با دشمنانش هم‌آواز شدند.

محمدرضا شاه، قوام را تحمل نمی‌کرد و شاید از او نفرت داشت و مصدق را بر او ترجیح می‌داد. شاید او هم به این امید که آسان‌تر بتواند در زورآزمایی بعدی بر وی پیروز شود. توده‌ای‌ها دشمن قوام و مکلف و ملزم به زورآزمایی با او بودند که انتقام شکست مسکو را در کارزار آذربایجان بگیرند و در نهایت امر محیط را برای تسلط کمونیست بر ایران آماده سازند.

همه‌ی این حساب‌ها کم و بیش نادرست درآمد. شاید نبود تندرستی و ناتوانی بدنی قوام نیز به او اجازه و امکان پیروزی در این مبارزه بزرگ را نمی‌داد.

نتیجه آن که در مسیر تاریخ معاصر ایران، سرانجام این ماجرا به صورت فرصت بزرگ از دست‌رفته‌ای رقم زده خواهد شد.

*****

در روز سی و یکم تیر ماه مجلس شورای ملی، به اکثریت شصت و یک رأی به نخست‌وزیری دکتر مصدق ابراز تمایل کرد. همان روز، اندکی بعد از اعلام رأی تمایل مجلس به مصدق، وی به دیدار شاه رفت. ظاهراً به هنگام همین شرفیابی بود که علاء وزیر دربار شاهنشاهی مژده پیروزی ایران را در دادگاه لاهه، به رییس مملکت و رییس دولت داد. این آخرین پیروزی بین‌المللی قهرمان ملی شدن نفت بود که همراه با توفیق موافقان و هوادارانش در حرکت سی‌ام تیر، می‌توانست راه‌گشای توافقی در حل مساله‌ی نفت و خروج ایران از بحران اقتصادی و سیاسی و بین‌المللی باشد. فرصت بزرگ دیگری پدیدار شد.

در روز ٤ مرداد ماه ١٣٣١، ٢٦ ژوئیه ١٩٥٢، نخست‌وزیر هیات دولت جدید خود را که در آن چهره‌های تازه کم نبودند، به شاه و روز بعد به مجلس معرفی کرد:

وزارت جنگ، وزارت دفاع ملی نام گرفت، خود مصدق متصدی آن شد و سرلشکر احمد وثوق (که برخلاف آنچه نوشته شده نسبتی با قوام‌السلطنه نداشت) معاون و قائم‌مقام وی بود. باقر کاظمی به وزارت دارایی منصوب شد. حسین نواب وزیر مختار ایران در هلند که به هنگام مسافرت مصدق به لاهه مورد توجه خاص او واقع شده بود، از آن کشور احضار و اندکی بعد به عنوان وزیر امور خارجه معرفی گردید. دکتر غلامحسین صدیقی وزیر کشور بود که اندکی بعد به نیابت نخست‌وزیر نیز منصوب گردید.
دکتر مهدی آذر استاد دانشگاه و پزشک معروف در سمت وزارت فرهنگ، شیخ عبدالعلی لطفی از قضات دیوان عالی کشور در سمت وزیر دادگستری، مهندس داود رجبی در وزارت راه، دکتر علی‌اکبر اخوی در وزارت اقتصاد ملی، مهندس خلیل طالقانی در وزارت کشاورزی، دکتر جبار فرمانفرماییان (پسر دایی مصدق)

در وزارت بهداری و دکتر ابراهیم عالمی استاد اقتصاد دانشگاه تهران در وزارت کار. همه چهره‌های تازه دولت بودند. این بار دکتر مصدق رجال سیاسی شناخته شده را (جز مهذب‌الدوله کاظمی) کنار گذاشته و متخصصان کمتر شناخته شده‌ای را دور خود جمع کرده بود که نشان از یک تحول سیاسی داشت. این گروه نیز مانند همه‌ی وزیران قبلی او، مردانی خوش‌نام و مشتهر به درستکاری بودند.

مجلسین سریعاً به دولت رأی اعتماد دادند. در تاریخ ۱۲ مرداد ماه، ابتدا مجلس شورای ملی و چند روز بعد، مجلس سنا، اختیاراتی را که عدم اعطای آن موجب استعفای نخست‌وزیر و ماجرای سی‌ام تیر شده بود، بدون چون و چرا برای مدت شش ماه تصویب کردند. در طول زندگی سیاسی خود، مصدق همواره با تفویض اختیارات موقت قانون‌گزاری (که آن‌را حق توکیل می‌نامید) به دولت‌ها، به بعضی از وزیران و یا به وزیری (چون علی‌اکبر داور) مخالفت کرده بود.
در شرایط بحرانی آن روز، نه جای بحث در این دقایق و مسائل بود و نه کسی پروای آن را داشت. در تاریخ سیاسی ایران تفویض این قبیل اختیارات به رییس دولت بی‌سابقه نبود و بعد از مصدق نیز انجام گرفت. اشتباهات و بحران‌های پیاپی نیز، به دنبال روزهای پرالتهاب سقوط قوام و بازگشت مصدق در انتظار دولت و مردم بود.

*****

در تاریخ ششم مرداد، دو روز بعد از معرفی دولت، نخستین برخورد شدید و علنی میان آیت‌الله کاشانی که بازگشت مصدق را به حکومت مرهون و مدیون خود می‌دانست، با نخست‌وزیر جدید که به محبوبیت خود واقف بود، روی داد.
سیدابوالقاسم در نامه‌ای با سه تن از وزیران، حسین نواب (که

هنوز وارد تهران هم نشده بود)، سرلشکر وثوق و دکتر اخوی مخالفت و اعلام کرد که اگر در مورد انتصاب آنان تجدید نظر نشود «به عنوان اعتراض از شهر خارج خواهد شد». این بار مصدق پاسخی خشن به کاشانی داد و با لحنی دیگر، آن‌چه را قوام در بیانیه‌ی خود گفته بود، تکرار کرد:

«چنان‌که بخواهند اصلاحاتی بشود، باید از مداخله در امور مدنی خودداری فرمایند، خاصه این‌که هیچ‌گونه اصلاحاتی ممکن نیست مگر این که متصدی مطلقاً در کار خود آزاد باشد، اگر با این رویه موافقید بنده هم افتخار خدمت‌گزاری را خواهم داشت. والا چرا حضرت‌عالی از شهر خارج شوند. اجازه فرمایید بنده از مداخله در امور خودداری می‌کنم. والسلام‌علیکم»

انتشار این متن در جراید، سرآغاز برخورد علنی میان دکتر مصدق و جناح قشری روحانیت به رهبری سیدابوالقاسم کاشانی بود. نخست‌وزیر تسلیم نشد کاشانی هم از شهر بیرون نرفت.

بر اثر استعفای آیت‌الله دکتر سیدحسن امامی از ریاست مجلس، مساله‌ی انتخاب جانشین وی پیش آمد و کاشانی داوطلب این مقام شد. او نماینده‌ی تهران در مجلس بود، ولی هرگز در جلسات حاضر نمی‌شد. مصدق موافق با این انتخاب نبود ولی طبیعتاً نمی‌توانست علناً در امر قوه مقننه دخالت کند. با تأیید او، چهار تن از سران جبهه‌ی ملی، نزد سیدابوالقاسم رفتند که او را از این کار منصرف کنند و خطرات بروز اختلاف میان رییس دولت و رییس مجلس را به او یادآور شدند. کاشانی زیر بار نرفت و در جلسه‌ی ۱۶ مرداد ماه ۱۳۳۱ به اکثریت چهل و هفت رأی به ریاست مجلس انتخاب شد.

جریان دیگری محیط سیاسی کشور را متشنج می‌ساخت که تا پایان حکومت مصدق هم‌چنان ادامه یافت و آن چگونگی رفتار با

قوام‌السلطنه بود.

*****

پس از تقدیم استعفای خود به شاه، همچنان‌که دیدیم، قوام‌السلطنه به اقامت‌گاه برادرش معتمدالسلطنه رفت. خانه‌اش را عوامل سیدابوالقاسم و توده‌ای‌ها یا چنان‌که رسماً گفته شد اراذل و اوباش - غارت کرده به آتش کشیده بودند. همسر و پسرش به خانواده‌ی فرمانفرما پناه برده میهمان آنان بودند. منزل برادرش جای امنی نبود، چرا که چند گروه توده‌ای و چند دسته با ماموریت از جانب آیت‌الله کاشانی در سرتاسر شهر در جستجویش بودند و اگر به او دست می‌یافتند، قطعاً به وضع فجیعی کشته می‌شد. بنابراین چند بار تغییر محل داد و پس از مدتی در یک خانه‌ی اجاره‌ای واقع در خیابان ویلای تهران پنهان شد.

رهبران جبهه‌ی ملی، اطرافیان آیت‌الله کاشانی و توده‌ای‌ها، هیاهویی بی‌سابقه علیه قوام به راه انداختند.

دکتر عبدالله معظمی، نایب رییس مجلس، حقوق‌دان برجسته و مشهور به اعتدال، در مجلس بیانات مفصلی علیه قوام ایراد و از او به عنوان شخصی که «در مخالفت و لجاج و عناد نسبت به اراده‌ی ملت، سابقه‌ی بسیار ممتد و طولانی داشت» یاد کرد، کشته‌شدگان روزهای التهاب را «شهیدان در راه حق» و عمل آنان را «جهاد فی‌سبیل‌الله» شمرد.[۱]

سیدشمس‌الدین قنات‌آبادی نماینده‌ی معمّم در همان جلسه، خواستار اعدام «دوازده تن از جلادان واقعه‌ی سی تیر و در راس این جلادان آدمکش قوام‌السلطنه» شد و از نمایندگان خواست که در این انتقام و خون‌خواهی شرکت کنند.

مهندس کاظم حسیبی، متخصص رسمی نفت دولت و جبهه‌ی ملی در مجلس گفت: «خدا را باید شکر کرد که این نهضتی که به یاری خداوند متعال شروع شد، به یاری خداوند متعال هم

---

۱ - دوم مرداد ماه ۱۳۳۱.

خاتمه پیدا خواهد کرد» و در مورد قربانیان ســی‌ام تیر، «کسانی که شربت شهادت نوشــیده‌اند» اظهار داشت: «باید تقاص خون آنها را بگیریم»[۱].

وزارت دربار شاهنشاهی با چنین سخنانی هم‌آواز شد:

«وزارت دربار شاهنشاهی با ابراز این عقیده که فداکاری شــهدای ســی‌ام تیر برای همیشــه در تاریــخ جاویدان خواهــد بود، مراتب تاثر و تالــم خاطر مبارک ملوکانه را به بازماندگان شــهدای این روز اعلام و از خداوند متعال خواهان اســت که وحدت و یگانگی ملت ایران را همواره حفظ نماید»[۲].

حسین فاطمی در باختر امروز نوشت:

«قوام مقــر حکومت عین‌الدوله‌ای خــود را در باغ ییلاقی وزارت امور خارجه قرار داده بود و از آن‌جا دستور کشتار مردم آزادی‌خواه و وطن‌پرست را صادر می‌کرد»[۳].

مظفر بقایی که فعالیت سیاسی خود را در حزب دموکرات ایران و در سایه‌ی حمایت قوام‌السلطنه آغاز کرده بود. در غروب سی تیر در اشــاره به چهل تن نماینده‌ای که به قوام رأی تمایل داده بودند اعلام کرد:

«ما این چهل نفر را به چهل تیر چراغ برق آویزان خواهیم

---

۱ – همان جلسه.

۲ – در گاهنامه‌ی پنجاه سال شاهنشاهی ایران، جلد دوم، صفحه ۵۹۰، از نقل متن اعلامیه خودداری شده و آمده است: «از طرف وزیر دربار شاهنشاهی مراتب تأسف و تاثر و همدردی دربار شاهنشــاهی در مورد حوادث روز ســی تیر به بازماندگان شهدای واقعه‌ی سی تیر ابلاغ شد». برای ملاحظه‌ی متن اعلامیه نگاه کنید به حمید شوکت، متن ذکر شده، صفحه‌ی ۳۶۹.

۳ – باختر امروز، ٦ مرداد ۱۳۳۱.

کرد».[۱]

او خواستار مجازات سخت افسران و سربازان مسئول وقایع سی‌ام تیر شد و از مردم خواست که آنان را «شناسایی و قطعه‌قطعه کنند»، که «خانه‌های‌شان طعمه حریق شود» و «نسل منحوس آنان که خون ایرانی نداشتند از صحنه پاک گردد». او سال‌ها بعد اظهار داشت «واقعاً تصمیم همین بود که قوام‌السلطنه را بگیریم، بیاوریم توی بهارستان، محاکمه‌ی انقلابی و اعدام، اصلاً فوری، این واقعاً تصمیم من بود».[۲]

ماه‌ها بعد مظفر بقایی در مجلس گفت:

> «مجلس شورای ملی قوام‌السلطنه را مفسد فی‌الارض شناخته. مفسد فی‌الارض هم مطابق شرع ما مهدورالدم است. یعنی اگر کسی برود و همین الان این آدم بی‌همه چیز را بکشد، هیچ گناهی شرعاً ندارد این شخص مفسد فی‌الارض است».[۳]

مظفر بقایی در آخرین روزهای سلطنت محمدرضا شاه پهلوی، برای تشکیل دولتی که بتواند در چهارچوب قانون اساسی به بحران خاتمه دهد، مورد مشورت قرار گرفت. او دیگر طرفدار جدی جدایی دیانت از سیاست شده بود و چنان‌که خود اظهار داشت به شاه گفته بود که مملکت احتیاج به یک قوام‌السلطنه دارد.[۴] سرانجام خود او طبیعتاً به عنوان «مفسد فی‌الارض» در زندان جمهوری اسلامی زیر شکنجه کشته شد.

چرخ بازیگر از این بازیچه‌ها بسیار دارد.

---

۱ - به نقل از حمید شوکت، متن ذکر شده به صفحه‌ی ۲۹۷.

۲ - همان منبع، صفحه ۲۹۸، به نقل از خاطرات شفاهی بقایی.

۳ - ۱۱ آذر ماه ۱۳۳۱.

۴ - نگاه کنید به قسمت اول این کتاب.

تقریباً همه‌ی سران جبهه‌ی ملی در این دعوت به خونریزی کورکورانه و مبارزه‌ی تبلیغاتی با مردی که دیگر قادر به دفاع از خود نبود و از پنهان‌گاهی به پنهان‌گاه دیگر می‌رفت، به رقابت با یک‌دیگر پرداختند و با سیدابوالقاسم کاشانی و توده‌ای‌ها هم‌داستان شدند. رفتار، گفتار، شعارها، اصطلاحات و روحیه‌ای که سال‌های اول انقلاب اسلامی را به‌یاد می‌آورد که کم و بیش همین گروه‌ها بر سرنوشت ایران حاکم بودند.

به دنبال موج تبلیغاتی وسیعی که ترتیب یافته بود، «جلسه‌ی ۷ مرداد ماه ۱۳۳۱ طرح ماده واحده‌ای از جانب چند تن از نمایندگان در باره‌ی احمد قوام به مجلس داده شد و به تصویب رسید.

> «چون احمد قوام، یکی از عوامل مؤثر قتل و فجایع اخیر که منتهی به کشتار دسته‌جمعی روز سی‌ام تیر ۱۳۳۱و قیام مسلحانه علیه ملت شده است، تشخیص و مفسد فی‌الارض شناخته شده، علاوه بر تعقیب و مجازات قانونی، به موجب این قانون کلیه‌ی اموال و دارایی منقول و غیرمنقول احمد قوام از مالکیت او خارج می‌گردد».

در میان امضا کنندگان این طرح قانونی، که با هیچ یک از موازین حقوقی تطبیق نمی‌کرد، مداخله‌ی مستقیم قوه مقننه در قوه قضاییه بود و برای اول بار در تاریخ مشروطیت ایران به جرم «مفسد فی‌الارض» اشاره می‌نمود (که بعد از انقلاب اسلامی ده‌ها هزار تن به این عنوان به قتل رسیدند). دو تن از برجسته‌ترین حقوق‌دانان ایران دکتر علی شایگان و دکتر کریم سنجابی نیز بودند. این طرح در جلسه‌ای به تصویب رسید که ریاست آن‌را حقوق‌دان برجسته‌ی دیگری، دکتر عبدالله معظمی به عهده داشت. متعاقب آن ماده واحده‌ی دیگری به این شرح، به تصویب مجلس شورای ملی رسید:

«مجلس شورای ملی به وزارت دادگستری اجازه می‌دهد که نسبت به وقایع بیست و ششم تا سی و یکم تیرماه ۱۳۳۱، آقای احمد قوام را مورد تعقیب قانونی قرار دهد»[۱].

پس از تصویب ماده‌ی واحده‌ی اخیر، قوام از مخفی‌گاه خود نامه‌ای به مجلس سنا فرستاد و در آن خود را «شهید واقعی» سی‌ام تیر خواند و یادآور شد که حکومت نظامی در تهران «در زمان دولت دکتر مصدق و با تصویب مجلس» برقرار شده بود و مأموران انتظامی در جلوگیری از تجمع و تظاهر مردم به وظیفه‌ی قانونی خود عمل کرده‌اند. او هم‌چنین مصادره‌ی اموالش را که «بدون مراجعه به دیوان کشور و تحقیق و رسیدگی در اصل موضوع» صورت گرفته بود، منافی با اصول ۱۶ و ۲۷ متمم قانون اساسی و منشور ملل متحد دانست و اظهار تعجب کرد که:

«چگونه ممکن است که از کسی نپرسیده و فرصت توضیح نداده، حکمی صادر و نظری اتخاذ نمایند. حق دفاع، از بدوی‌ترین حقوقات بشر است»[۲].

متعاقب این تصمیم قانونی، در ۱۶ مرداد ماه ۱۳۳۱، همان روزی که مجلس آیت‌الله کاشانی را به ریاست خود انتخاب کرد، طرح دیگری با قید سه فوریت به تصویب مجلس شورای ملی رسید: «چون خیانت حاج علی رزم‌آرا و حمایت او از اجانب بر ملت ایران ثابت است، بر فرض این‌که قاتل او استاد (؟) خلیل طهماسبی باشد، از نظر ملت بی‌گناه و تبرئه‌شده شناخته می‌شود»[۳].

۱- مصوب ۱۳ آبان ماه ۱۳۳۱.

۲ - جلال متینی، نگاهی به ... متن ذکر شده، صفحه‌ی ۳۰۰.

۳ - پس از محاکمه و مجازات خلیل طهماسبی، خانواده‌ی سپهبد رزم‌آرا دسته‌جمعی به دادرسی ارتش نزد دادستان نظامی سرتیپ حسین آزموده رفتند و ضمن تشکر از «اجرای عدالت نسبت به قاتل همسر و پدرشان» به او گفتند که اثر مصوبه‌ی قانونی مجلس در باره‌ی خلیل طهماسبی برای آنان سهمگین‌تر از قتل او بوده است، روایت سپهبد حسین آزموده به نویسنده‌ی کتاب در پاریس، سرهنگ سیاوش بهزادی (سپهبد بعدی) دادیار وقت دادسرای نظامی در این دیدار حضور داشت و بعداً او

این طرح را ۲۷ تن از نمایندگان، از جمله دو استاد یاد شده حقوق دانشـــگاه تهران، دکتر علی شایگان و دکتر کریم سنجابی امضا کرده بودند.

مجلس ســـنا اندکی بعد با لوایح مربوط به محاکمه و مصادره‌ی اموال احمد قوام و عفو خلیل طهماســـبی مخالفت کرد. اما دولت هر دو لایحه را فوراً به مرحله‌ی اجرا گذاشـــت که تخلف از قانون اساسی بود. خلیل طهماســـبی پس از آزادی از زندان نزد آیت‌الله کاشانی رفت که دست نوازش بر سر و صورتش کشید و مطبوعات از این صحنه عکس برداشـــتند و تا ۲۸ مرداد از احترامات خاص برخوردار بود. سپس همراه با تروریست‌های دیگر متعلق به گروه فداییان اسلام مجدداً توقیف، محاکمه و سرانجام اعدام شد.
ناگفته نماند، که در تمام این ماجراها نخست‌وزیر که البته از اظهار تأســـف و تاثر در مورد قربانیان حوادث ۲۶ الی ۳۰ تیر خودداری نمی‌کـــرد، پیرامون تصمیماتی که در باره‌ی قوام‌الســـلطنه گرفته شـــده بود، کلمه‌ای نگفت. عفو خلیل طهماســـبی را نیز علناً تأیید نکـــرد، اما دولت برخلاف قانون، دســـتور آزادی او را داد. اندکی بعد به سرلشـــکر کمال که به جای سرلشکر کوپال به ریاست کل شهربانی منصوب شده بود. شخصاً دستور داد که ترتیب مراقبت و حفاظت قوام را (که ظاهراً از مخفی‌گاهش اطلاع داشت) بدهد.

*****

در روز بیســـت و دوم مهرمـــاه، دولـــت به اقدامـــی حیرت‌انگیز و غیره‌منتظره دست زد: طرحی به قید سه فوریت به تصویب مجلس شـــورای ملی رســـید که بر طبق آن مدت نمایندگی در هر دوره‌ی قانون‌گذاری، چه در مجلس و چه در ســـنا، به دو ســـال محدود گردد (دوره‌ی ســـنا چهار ســـاله بود) و چون در آن تاریخ بیش از

نیز جریان آن‌را تأیید کرد

دو سال از افتتاح آن دوره‌ی سنا می‌گذشت. طبعاً مجلس مذکور «منحله» تلقی شد.

عجب آن‌که یک هفته قبل از آن محمدرضا شاه دوره‌ی جدید فعالیت سنا را بعد از تعطیل تابستانی، با تشریفات خاص و حضور اعضای دولت گشوده و طی آن از نخست‌وزیر تجلیل کرده بود.

«تلاش خستگی‌ناپذیر و پافشاری جناب نخست‌وزیر با پشتیبانی ما و مجلسین در ملی کردن صنعت نفت و حفظ حقوق ملت ایران طبق قانون مصوبه، مورد تقدیر است»[1].

احتمالاً، مخالفت مجلس سنا با لوایح مربوط به قوام‌السلطنه و خلیل طهماسبی و نیز بیاناتی که سناتور سرلشکر زاهدی وزیر پیشین مصدق در ۲۳ مهر ماه ۱۳۳۱، ۱۵ اکتبر ۱۹۵۲ در برابر همکاران خود ایراد کرد و عملاً او را به صورت رهبر و مظهر مخالفین مصدق درآورد[2]، علل اصلی این تصمیم بود که از لحاظ انطباق با قانون اساسی سئوالات زیادی را مطرح کرد.

به محض تصویب قانون، رییس مجلس شورای ملی (سیدابوالقاسم کاشانی) «حکم کرد»[3] که دیگر سناتورها را به محل کار خود (که در آن موقع همان کاخ بهارستان بود) راه ندهند. آن‌ها در منزل نظام‌السلطنه مافی جمع شدند و رییس مجلس سنا را به نزد شاه فرستادند تا از او بخواهد از توشیح لایحه خودداری کند. شاه به تقی‌زاده گفت: «یک ساعت قبل مصدق‌السلطنه آمد و مرا مجبور کرد که امضا بکنم»[4].

بدین ترتیب، مجلس سنا تعطیل شد.

در حالی که مذاکرات نفت همچنان ادامه داشت، دکتر مصدق و دولتش وارد یک دوران دایم بحران و تلاطم سیاسی شدند.

---

۱ - ۱۴ مهر ماه ۱۳۳۱.

۲- نگاه کنید به قسمت سوم این کتاب.

۳ - عبارتی است که رییس مجلس سنا، سیدحسن تقی‌زاده، به کار برد.

۴ - جلال متینی، نگاهی به ... صفحه‌ی ۳۰۳.

مجلس شورای ملی هنوز به صورت نیم‌بند به کار خود ادامه می‌داد. از یک صد و سی و شش نماینده‌ی آن، فقط هشتاد تن قبل از تعطیل انتخابات، معین شده بودند. تقریباً سی تن از آنان به طور مسلم و مستمر طرفدار دولت بودند و تقریباً همان تعداد مخالف. با وجود پیروزی سی‌ام تیر و تصویب لایحه‌ی اعطای اختیارات قانون‌گذاری به مصدق، هر آن ممکن و متصور بود که نخست‌وزیر و دولت با رأی عدم اعتماد یا نوعی دیگر مخالفت اکثریت مجلس روبرو شوند.

توقعات و تحریکات آیت‌الله کاشانی که عنوان ریاست مجلس را هم یافته بود، هر روز زیادتر می‌شد و تنی چند از وکلای مجلس که هنوز در شمار موافقین دولت محسوب می‌شدند به دنبال او می‌رفتند و یکی از این توقعات که تنی چند از روحانیان و جبهه‌ی ملی نیز با آن هم‌صدا شدند، منع مصرف مشروبات الکلی و اجرای «حدود شرعی» در مورد متخلفین و شلاق زدن به آنان بود! دکتر مصدق که هر چه بیشتر به بن‌بست کامل نزدیک می‌شد، با مهارت سیاسی که داشت و با استظهار به حمایت بخشی از افکار عمومی، کوشید که در چند جبهه‌ی مختلف با بحران فزاینده روبرو شود.

از یک طرف به تعداد و آهنگ ملاقات‌های خود با شاه که خواه ناخواه خود او و اطرافیانش را مرکز بالقوه‌ی مقاومت می‌دانست افزود و سعی کرد که به نوعی تفاهم با او متظاهر شود. شاه نیز در کوتاه‌مدت، مصلحت و نفع خود را در قبول این «بازی» می‌دانست. تاریخ و مدت بعضی از این دیدارها معلوم و جالب است:

دهم مرداد، سه ساعت؛

نوزدهم مرداد، به مناسبت معرفی وزیر امور خارجه‌ی جدید حسین نواب، ملاقاتی طولانی؛

هشتم شهریور، ملاقاتی طولانی که اعلام شد به مذاکره در مورد راه حل‌های مساله‌ی نفت اختصاص داشت؛

در دهم و هجدهم شهریور، دکتر مصدق در مراسم سلام عید قربان و سپس عید غدیر شرکت کرد و به این مناسبت مجدداً با شاه به طور خصوصی ملاقات داشت؛

بیست و سوم شهریور، سه ساعت؛

سیزدهم مهر، ملاقاتی طولانی پیرامون مساله‌ی نفت؛

پانزدهم مهر، ملاقاتی سه ساعته در همین زمینه؛

بیست و دوم مهر، باز ملاقاتی طولانی در باره‌ی مساله‌ی نفت؛

بیست و چهارم مهر، در ملاقاتی با شاه، نخست‌وزیر تصمیم دولت را دایر به قطع روابط سیاسی با دولت بریتانیا به اطلاع وی رساند و سپس این تصمیم رسماً، اعلام شد. با وجود مخالفت وزارت امور خارجه (گرچه در این میان حسین نواب برکنار شده یا استعفا داده و حسین فاطمی جای او را گرفته بود)، دکتر مصدق شخصاً دستور داد که معاون وزارت امور خارجه و رییس کل تشریفات تا کرج به بدرقه‌ی میدلتن کاردار سفارت انگلیس در تهران بروند[1] که علت این تصمیم غیرعادی، روشن نیست.

هفدهم آبان، ملاقاتی دیگر. رسماً اعلام شد که موضوع تعقیب قوام و مصادره‌ی اموال او و آزادی خلیل طهماسبی مطرح بوده است.

در روز ۱۶ بهمن ماه، برای اول بار باقر کاظمی نایب نخست‌وزیر به جای او شرفیاب شد و مهندس داود رجبی را به عنوان وزیر مشاور در امور صنایع و مهندس جهانگیر حق‌شناس را به سمت وزیر راه به شاه معرفی کرد. با این حال چند روز بعد اعلام شد که در پنجم اسفند نخست‌وزیر به دیدار شاه رفته و محمدرضا

---

۱ - برای جریان این ماجرا نگاه کنید به عبدالحسین مفتاح، خاطرات سیاسی... منبع ذکر شده، صفحات ۲۹ تا ۳۲.

شاه «مراتب علاقمندی خود را به توفیق دولت در مبارزه‌ی مربوط به نفت» به او یادآور شده است.
به احتمال قریب به یقین این آخرین دیدار خصوصی شاه و مصدق است. آیا همان «شرفیابی چهار ساعته‌ای»[1] است که نخست‌وزیر بعداً به آن اشاره کرد و در آن کوشید شاه را به ترک ایران تشویق کند؟
می‌توان پنداشت که خبر این «شرفیابی»هایی که برخلاف ترتیبات معمول در تشریفات دربار ایران -رسماً اعلام می‌شد، دیدارهای دیگری میان رییس دولت و رییس مملکت در این چند ماه رخ داده باشد.
هر دو طرف می‌خواستند به مردم بگویند که لااقل در چگونگی حل مساله‌ی نفت با یکدیگر اختلافی ندارند. هر دو می‌خواستند در صورت بروز اختلافی علنی، افکار عمومی را به نفع خود به شهادت گرفته باشند که هر چه ممکن بوده برای اجتناب از این اختلاف و تضاد انجام داده‌اند.

پیش از آن، در دی ماه، با وجود مخالفت جمعی از سران جبهه‌ی ملی چون مظفر بقایی، حسین مکی، یوسف مشار، سیدابوالحسن حایری‌زاده و نامه‌ی رسمی که رییس مجلس، آیت‌الله کاشانی در تأیید آنان نوشت و انتشار داد، نخست‌وزیر از مجلس خواست که اختیارات قانونی او برای مدت یک‌سال دیگر تمدید شود که پس از بحث‌های بسیار متشنجی، به تصویب رسید و شاه نیز آن را تنفیذ و توشیح کرد.
در حالی که مصدق می‌کوشید، روابط خود را با محمدرضا شاه عادی نشان دهد، تصمیمات شدیدی برای تحدید اختیارات و امکانات دربار اتخاذ کرد: دستور داد «دفاتر» والاحضرت‌ها منحل شود، شاهدخت اشرف را که کم و بیش از عوامل اصلی مخالفت

---

۱ - پیام رادیویی، ۱۷ فروردین ۱۳۳۲.

بــا وی بود، وادار به ترک ایران کـرد، معاونان وزارت دفاع ملی (جنگ ســابق) و مقامات ارتشی، از شــرفیابی به حضور شاه و دادن گزارش مستقیم به وی منع شدند.

به موازات این تصمیمات که حتی در جو سیاســی آن روز، خشن به نظر می‌رسید و شاه نیز از اظهار نارضایی علنی در باره‌ی آن‌ها اجتناب می‌کرد، به دســتور مصدق و به اســتناد مقررات حکومت نظامی، تعداد زیادی از مخالفان دولت و افســران بازنشسته که شمار آنان روز به روز افزایش می‌یافت، بازداشت شدند و توقیف روزنامه‌های مخالف دولت نیز هم‌چنان ادامه داشت.
سرلشکر فضل‌الله زاهدی که از اواخر مهرماه دیگر به صورت رهبر اصلی مخالفان دولت درآمده بود، وضع خاصی پیدا کرد که بعداً به آن اشاره خواهیم کرد.
چنین به نظر می‌رسید که به تدریج «جبهه‌ی داخلی» یعنی رودررویی با مخالفان دولت و درهم شکســتن آنان، «جبهه‌ی خارجی» یعنی مذاکرات نفتی را تحت‌الشعاع قرار داده است.

با تمام این احوال محمدرضاشــاه نیز می‌کوشــید تــا می‌تواند «موجودیت سیاسی» خود را حفظ کند و از یاد مردم نرود: به چند نقطه‌ی کشور سـفر کرد. برای بازدید طرح‌های عمرانی در دست اجرا، محلات فقیرنشــین پایتخت، مراسم ورزشی و تشریفاتی، خود را به مردم نشــان می‌داد. او نیز می‌خواست درجه‌ی حمایت مردم را از خود بســنجد و این در حالی بود که تظاهرات مخالف دولت در پایتخت و شهرستان‌ها هر روز توسعه می‌یافت، زدوخورد میان موافقان و مخالفان، امری عادی شده و آمار کشته‌شدگان و مجروحین رو به افزایش بود.

چند ماه بعد از ســی‌ام تیر، وضع ایران به کشــتی توفان‌زده‌ای

می‌ماند که ناخدایش، که مصدق بود، سکان هدایت آن را از دست داده و با وجود تلاش‌های فراوان، نه می‌دانست چه می‌خواهد و نه می‌دانست به کجا می‌رود. کشتی‌نشینان نیز به جان یکدیگر افتاده بودند و اندک‌اندک وجه مشترک اصلی نهضت بزرگ خود را که مبارزه با استعمار بریتانیا و پایان غارت ثروت ملی به دست کمپانی نفت بود، فراموش می‌کردند.

در این گیرودار بود که مجله امریکایی «تایم» مصدق را به عنوان مرد سال برگزید: «مردی که با اشک‌های خود، امپراتوری بریتانیا را به زانو درآورد». این شاید آخرین پیروزی بزرگ مصدق در برابر افکار عمومی جهانیان بود و آخرین بار که ایرانیان از نهضت بزرگ خود، احساس رضایت و شعف کردند. مسائل دیگری در انتظار دولت و مردم بود و این بار روابط شاه و دکتر مصدق در مرکز آن‌ها قرار گرفت.

****

در روز ۹ اسفند ۱۳۳۱، ۲۸ فوریه ۱۹۵۳، ناگهان در تهران شایع شد، ولی رسماً اعلام نشد که شاه و ملکه ثریا درشُرُف ترک ایران هستند. این موضوع در ملاقات پنجم اسفند نخست‌وزیر و شاه قطعیت یافته بود. اما هر دو طرف می‌خواستند آن را تا دقیقه‌ی آخر محرمانه نگاه دارند.

دکتر مصدق و ظاهراً پیش از او چند تن از اطرافیان تندروی وی، دربار را مانع کار و پیشرفت برنامه‌ها می‌دانستند. با تصویب قانون اختیارات و سپس تمدید آن، مجلس شورا عملاً کاری نداشت؛ مجلس سنا تعطیل شده بود؛ شاهدخت اشرف و تنی چند از نزدیکان شاه به خارج رفته بودند؛ بودجه‌ی دربار، به حداقل تقلیل یافته و حتی شاه، از داشتن رابطه با دیپلمات‌های خارجی بدون حضور وزیر امور خارجه، ممنوع شده بود؛ معذالک حضور شاه در ایران، نقطه‌ی تمرکز و توسل همه نارضایی‌های

فزاینده از دولت شـده و گمان مصدق و طرفدارانش برای این بود که تا قدرت مطلق نداشته باشند، حل رضایت‌بخش مساله‌ی نفت، میسر نخواهد بود.

رییس دولت می‌خواست که شاه را محترمانه و بدون سر و صدا از ایران دور کند. اگر به گزارش‌های سـفیر امریکا در تهران استناد کنیم[1]، در روز ششـم اسـفند، علاء وزیر دربار شاهنشـاهی در ملاقات محرمانه‌ای که با او داشته به وی می‌گوید:

«مصدق در ملاقات دیروز خود با شاه گفته بود که شاید بهتر باشد شاه مدتی در خارج از کشور بماند، تا اوضاع آرام گیرد. شـاه از پیشـنهاد مصدق اسـتقبال نموده و پرسـیده بود کی می‌تواند از کشور خارج شود؟ مصدق گفته بود، همین شنبه ۲۸ فوریه (۹ اسفند ۱۳۳۱)».

شـاه نیز، به گفته‌ی علاء به هندرسـن (سـفیر ایالات متحده)، «اعصابش چنان خراب است که نمی‌خواهد در تهران بماند». تفاهم دو طرف بر این بود که شـاه بی‌سـرو صـدا و با اتومبیل تهران را ترک کند. او از تظاهرات طرفدارانش بیم داشت که مانع حرکتش شـوند و مصدق نیز نمی‌خواست حرکت او موجبی برای هیاهوی مخالفان دولت شود.

به دستور رییس دولت، گذرنامه‌های شاه و ملکه ثریا و همراهان در وزارت خارجه آماده شـده و حسین فاطمی وزیر امور خارجه آن‌ها را شخصاً امضا کرده بود. بانک ملی ایران نیز «وجوه قابل ملاحظه‌ای» به ارزهای خارجی فراهم و برای نخست‌وزیر ارسال داشـته بود. ملکه ثریا در خاطرات خود بـه رقم یازده هزار دلار اشاره کرده[2].

---

۱ - جلال متینی، نگاهی به ... صفحه‌ی ۳۳۳.
۲ - خاطرات ملکه ثریا
Le palais des solitudes, Michel Lafon, Edition no 1, Paris 1991, P.140.

در آخرین ساعات روز هشتم اسفند، احتمال حرکت شاه و ملکه از تهران در بعضی از محافل سیاسی فاش شده بود. قوام‌السلطنه، با وجود همه‌ی گله‌هایی که از شاه داشت، از مخفی‌گاه خود پیامی برای آیت‌الله میرسیدمحمد بهبهانی فرستاد که مانع این مسافرت شود و مخاطرات آن را برای کشور یادآور شد.[۱] شبانگاه نماینده‌ای از سوی آیت‌الله کاشانی که هر چه بیش‌تر در صف مخالفان دکتر مصدق قرار می‌گرفت، نزد ملکه ثریا رفت و از او خواست که از نفوذ خود برای انصراف شاه از این سفر استفاده کند. ثریا پیام او را به همسرش رساند که او را خشمگین ساخت: «من از کسی دستور نمی‌گیرم»[۲]. محمدرضا پهلوی مصمم به ترک ایران بود.

صبح روز نهم اسفند، اوضاع با آرامی آغاز شد و به سرعتی غیرقابل تصور، تغییر و تحول یافت.
نخست‌وزیر به اتفاق همه‌ی اعضای دولت، برای خداحافظی و بدرقه، نزد شاه آمدند. مصدق خود را سخت متأثر نشان می‌داد و در تعارفات افراط می‌کرد[۳]. در همین گیرودار، جمعی از اعضای هیات رییسه‌ی مجلس با پیامی از سیدابوالقاسم کاشانی سر رسیدند:

> «خبر مسافرت غیرمترقبه‌ی اعلیحضرت همایون شاهنشاهی موجب شگفتی و نگرانی فوق‌العاده‌ی قاطبه‌ی اهالی پایتخت شده و هیات رییسه‌ی مجلس شورای ملی، با استحضار آقایان به عرض می‌رساند که در موقع کنونی

ملکه ثریا، از مصدق بیمناک بود، اما به وی احترام می‌گذاشت و حتی با محبت از او (که شیر پیرش می‌خواند) صحبت می‌کرد. خاطرات وی سال‌ها بعد از جدایی از محمدرضا شاه نوشته شده و در صداقت آن تردید نمی‌توان داشت. به هر حال منبعی است مستقیم از قول کسی که شاهد دست اول بسیاری از حوادث بوده.

۱ – نگاه کنید به قسمت اول این کتاب.

۲ – ثریا Le palais des solitudes ، منبع ذکر شده، صفحه‌ی ٤۱.

۳– همان منبع ، همان صفحه.

به هیچ وجه مصلحت و صواب نمی‌داند که اعلیحضرت همایونی مبادرت به مسافرت فرمایند، زیرا ممکن است در تمام کشور تأثیرات عمیق و نامطلوب حاصل نماید. به این لحاظ از پیشگاه همایونی استدعا می‌شود که قطعاً در این مورد، تجدیدنظر فرموده و تصمیم به مسافرت را به موقع دیگری در سال آینده تبدیل فرمایند. رییس مجلس شورای ملی سیدابوالقاسم کاشانی»[۱].

ظاهراً شاه به آنان جواب منفی داد،[۲] ولی خبر مسافرت، در تهران منتشر شد. تا نزدیکی ظهر کلیه‌ی دکاکین بازار تعطیل شد... عده‌ی زیادی در بازار فریاد می‌زدند بجنبید، مملکت از دست رفت...[۳]

به تدریج افراد وابسته به حزب زحمتکشان که خود مظفر بقایی در پیشاپیش آنان بود، افسران بازنشسته (از جمله سپهبد امیراحمدی، سپهبد شاه‌بختی، سرلشکر گرزن)، ورزشکاران باشگاه تاج... به اطراف کاخ اختصاصی آمدند و آن‌جا را در محاصره گرفتند.

از منزل آیت‌الله کاشانی در پامنار، گروهی که بعضی از آنان کفن پوشیده بودند، به رهبری چند معمّم از جمله روح‌الله موسوی (خمینی) که از نزدیکان کاشانی بود، به سوی کاخ اختصاصی روان شدند.[۴] و به جمع تظاهرکنندگان پیوستند.

۱ - به نقل از مهدی شمشیری، گفته نشده‌ها در باره‌ی روح‌الله خمینی، پارس، هوستون، تگزاس، ۱۳۸۱، صفحه‌ی ۷۰. در این کتاب مدارک و روایات دیگری هم در این مورد انتشار یافته.

۲ - جلال متینی، نگاهی به ... صفحه‌ی ۳۳۴.

۳ - کیهان، ۱۰ اسفند ۱۳۳۱.

۴ - شاهد، ۱۰ اسفند ۱۳۳۱.

روح‌الله موسوی خمینی (آیت‌الله بعدی) سال‌ها جزو اطرافیان سیدابوالقاسم کاشانی بود و حتی در مذاکرات سیاسی او نیز گاهی حضور داشت. اردشیر زاهدی در خاطرات خود نقل کرده که یکی از روزهایی که در آن زمان به دیدار کاشانی رفته بود. «یکی از اشخاصی که آن روز در آن اتاق نشسته بودند، همین آیت‌الله خمینی

اندکی بعد از ظهر آیت‌الله میرسیدمحمد بهبهانی، به رسم سنتی بعضی از روحانیون شیعه، خود به اتفاق پسرش سیدجعفر، در رأس انبوهی از بازاریان و طلاب علوم دینی پیاده عازم کاخ شد که مانع حرکت شاه شود. ورود آیت‌الله بهبهانی که بلافاصله به نزد شاه رفت، نقطه‌ی عطف اوضاع ان روز بود و کفه ترازو را به سود مخالفان مسافرت شاه سنگین کرد.

خیابان‌های اطراف کاخ اختصاصی مملو از جمعیت بود. روزنامه‌های تهران تعداد آنان را بین ده تا بیست هزار نفر نوشتند. خروج شاه و ملکه از کاخ که کاملاً در محاصره‌ی جمعیت بود، دیگر امکان نداشت. دکتر مصدق و چند تن از وزیران ناچار شدند از در یک کاخ مجاور، محل را ترک کنند. نخست‌وزیر بیم جان خود را داشت و به خانه‌اش نرفت، بخصوص که در همان ساعات شعبان جعفری که دیگر در سلک هواداران سیدابوالقاسم کاشانی و مخالفان مصدق درآمده بود، سعی کرد با جیپی که می‌راند، در بزرگ ورودی اقامتگاه نخست‌وزیر را با چند ضربه بشکند. در مذکور فلزی و بسیار محکم و مقاوم بود و او توفیق نیافت. لوی هندرسن سفیر امریکا نیز در گزارش خود بدون ذکر نامی به این جریان اشاره کرده است.[1]

*****

بوده است» خاطرات اردشیر زاهدی، جلد اول، آیبکس، واشنگتن ۲۰۰٦، صفحه‌ی ۱۰۱.

۱- شعبان جعفری متعاقب این حرکت توقیف شد و تا فردای ۲۸ مرداد زندانی بود. علی رضایی (سناتور بعدی) که در آن زمان جوانی سی و دو ساله بود، در این تظاهرات شرکت داشت و روایت دیده‌های خود را برای نویسنده‌ی این کتاب ارسال داشته. هندرسن سفیر ایالات متحده نیز در گزارش خود از جریان نهم اسفند به حمله‌ی نافرجام جیپ به در ورودی اقامتگاه نخست‌وزیر اشاره کرده ولی نامی از شعبان جعفری نبرده، جلال متینی، نگاهی به ...، صفحه‌ی ۳۳٦. در گاهنامه‌ی پنجاه سال شاهنشاهی پهلوی شمار تظاهرکنندگان، صدها هزار نفر ذکر شده. جلد دوم، صفحه‌ی ٦۱»

سرانجام در حدود ساعت چهار بعد از ظهر، محمدرضاشاه از کاخ خارج شد، به میان مردم رفت و اظهار داشت «حالا که شما نمی‌خواهید و مایل نیستید که برای معالجه از کشور خارج شوم، من نیز ناچار انصراف خود را از این مسافرت اعلام می‌کنم»[۱]

نهم اسفند ۱۳۳۱، نقطه‌ی عطفی در تحول سیاسی این دوران از تاریخ به شمار می‌آید. حرکتی که برای جلوگیری از مسافرت شاه و ملکه به خارج شد، مردمی و خودجوش بود و هیچ‌گونه زمینه و رهبری تشکیلاتی نداشت. هر دسته و گروهی از جانب خود و به تصمیم خود به راه افتادند و در نهایت امر به یک‌دیگر ملحق شدند و شاه را که جداً مصمم به ترک ایران بود و مصدق را که مایل بود او برود و همه‌ی وسایل آن را فراهم کرده بود، وادار به عقب‌نشینی کردند.
ذکر رقم «صدها هزار نفر تظاهرکننده» در تواریخ رسمی دوران پهلوی، همان قدر اغراق‌آمیز است که اشاره‌ی مصدق به «عده‌ای اوباش و مزدور»[۲] دور از انصاف.

مخالفان مصدق دریافتند که تظاهرات خیابانی را می‌توان به عنوان اهرم سقوط او به‌کار گرفت و حکومت بر کوچه و خیابان و بهره‌برداری از احساسات مردم، در انحصار موافقانش نیست. دولت بر شدت عمل نسبت به مخالفان افزود و دست از گذشت و مسامحه در برابر آنان برداشت.

دکتر مصدق دیگر به دیدار شاه نرفت و از آن پس او و محمدرضاشاه، با وجود رعایت حداقل تشریفات، در روابط میان دولت و رییس مملکت، کوششی برای حفظ ظواهر نکردند و

---

۱ - گاهنامه‌ی پنجاه سال ...، صفحه‌ی ۶۱۱.
۲ - در خاطرات و تالمات، متن ذکر شده.

در برابر یکدیگر قــرار گرفتند. جناح فعال روحانیت نیز در برابر نخســـت‌وزیر و هوادارانش جبهه گرفت. کـــه این هر دو، ضربه‌ای بزرگ به یک‌پارچگی نهضت ملی ایران بود.

بحران سیاســـی ایران، چـــه در زمینه‌ی داخلی و چـــه در روابط بین‌المللی و مذاکرات پیرامون مساله نفت، اوج گرفت و اندک‌اندک تصادم میـــان دو قطب قانونی رهبری کشــور، غیرقابل اجتناب گردید.

فصل هفتم

بُن‌بست

تظاهرات نهم اسفند، توفیقی برای مخالفان دولت بود، گرچه شاه نیز در برابر فشار مردم ناگزیر از عقب‌نشینی شده و از حرکت به خارج از کشورش چشم پوشیده بود.
فــردای آن روز، ۱۰ اســفند ۱۳۳۱، اول مــارس ۱۹۵۳، تظاهرات شدیدی در تهران علیه شــخص نخست‌وزیر صورت گرفت. دکتر مصــدق پس از حمله به اقامتگاهش، بــه مجلس رفته و در آنجا متحصن شده بود. به همین سبب عده‌ای از تظاهرکنندگان عازم منزلش شدند و گروه دیگری راهی مجلس. دیگر خود مصدق هدف اصلی بود. ارتش و قوای انتظامی، با خشونت عمل کردند. کلیه‌ی خیابان‌های اطراف مجلس و خانه‌ی نخست‌وزیر مسدود و به سوی مردم تیراندازی شد. یک نفر کشته و بیست نفر زخمی شدند.
روز یازدهم اسفند، تظاهرات، این بار در میدان بهارستان، از سر

گرفته شد. بین تظاهرکنندگان و قوای انتظامی برخوردی شدید روی داد. باز هم یک نفر کشته شد و تعدادی زخمی شدند.

به دستور نخست‌وزیر عده‌ای از مخالفان دولت، از جمله جمال امامی و غلامحسین فروهر، سپهبد شاه‌بختی، سرلشکر معینی، سرتیپ گیلان‌شاه و نیز گروهی از مدیران جراید، به استناد مقررات حکومت نظامی بازداشت شدند. دولت دستور توقیف یک صد و هفتاد تن دیگر را داد.

تظاهرات، در روز دوازدهم اسفند ادامه یافت و به صورت جنگ و گریز در خیابان‌های پایتخت درآمد. تعداد زخمیان فراوان بود، ولی خوشبختانه کسی کشته نشد.

به علت شورش ابوالقاسم‌خان بختیار، از رؤسای بانفوذ ایل بختیاری، که عادت به سرکشی در برابر حکومت مرکزی را داشت، منطقه‌ی چهارمحال و قسمت‌هایی از خوزستان دستخوش ناامنی شد. عملیات نظامی با مداخله‌ی نیروی هوایی در این مناطق گسترش یافت.

مقارن این احوال وزارت امور خارجه طی یادداشتی به سفارت عراق، نسبت به فعالیت عوامل انگلستان در خاک آن کشور که به صورت پایگاه فعالیت‌های ضد ایرانی درآمده بود، شدیداً اعتراض کرد. از این پس عراق و آنچه در آنجا می‌گذشت بر دل‌مشغولی‌های دولت افزوده شد.

تعطیلات نوروزی، در سرتاسر کشور آرامش موقت پدید آورد. ملکه ثریا به اصرار همسرش راهی اروپا شد و شاه به اقامتگاه اختصاصی خود در رامسر رفت.

از دهم فروردین ۱۳۳۲ به بعد یک گروه هشت نفری از نمایندگان مجلس برای رفع اختلافات میان نخست‌وزیر، رییس مجلس و شاه به پادرمیانی پرداختند. هر سه در سخنان خود نسبت به پیشرفت

نهضت ملی ابراز علاقه کردند. اما هیچ چیز حل نشد.

در روز چهاردهم، مصدق علناً از شاه گله کرد و به نافرمانی ارتش اشاره نمود.

در روز نوزدهم، حسین علاء که هنوز وزیر دربار شاهنشاهی بود به او پاسخ داد که «افسران و سربازان در نهضت ملت ایران و اجرای قانون ملی شدن صنعت نفت و خلع ید از شرکت سابق نفت سهم بزرگی داشته‌اند». وزیر دربار در قسمت دیگری از سخنان خود گفت: «شاهنشاه در دوران سلطنت خود از هیچ دولتی به اندازه دولت حاضر پشتیبانی نفرموده‌اند و این امر بارها مورد تأیید نخست‌وزیر قرار گرفته است».

از این پس، جلب حمایت افکار عمومی در زورآزمایی سیاسی که آغاز شده بود، یکی از هدف‌های اصلی دو حریف، یعنی شاه و نخست‌وزیر بود.

روز بیستم فروردین بار دیگر در میدان بهارستان تظاهراتی علیه دولت صورت گرفت که منجر به دخالت مأموران انتظامی گردید. تعداد زیادی زخمی و تنی چند بازداشت شدند.

ناامنی بر پایتخت مستولی بود. بحران اقتصادی بازار را که تا آن زمان مرکز اصلی حمایت از دولت به شمار می‌رفت فلج کرده بود و زد و خوردهای متوالی مزید بر علت شد. کار به آنجا رسید که سیدابوالقاسم کاشانی رییس مجلس از دولت خواست که به «نمایندگان اقلیت» (گر چه دقیقاً معلوم و روشن نبود که چه کسانی نماینده‌ی اقلیت و اکثریت هستند) اجازه‌ی حمل اسلحه داده شود که بتوانند از خود دفاع کنند!

در روز ۲۱ فروردین، ۱۰ آوریل، ابوالقاسم‌خان بختیار در تلگرافی

به نخست‌وزیر آمادگی خود را برای «تسلیم به دولت» اعلام داشت. روز بیست و چهارم، محمدرضاشاه برای زیارت عازم مشهد شد و در ضمن از بیمارستان گوهرشاد و موزه‌ی آستان قدس و چند موسسه‌ی دیگر بازدید کرد. او نیز در جستجوی نشان دادن محبوبیت خود و جلب افکار عمومی بود و گویا از مشهد راضی بازگشت.

روز بیست و پنجم، بار دیگر در تهران تظاهراتی علیه دولت صورت گرفت. موافقان و مخالفان نخست‌وزیر (که دیگر می‌شد آنان را مخالفان و موافقان شاه نیز خواند)، به زد و خورد پرداختند. گروهی عکس‌های مصدق را در دست داشتند و گروهی دیگر عکس‌های شاه و سیدابوالقاسم کاشانی را. دو دستگی در میان مردم گسترش می‌یافت. ارتش، برای اعاده‌ی نظم با خشونت در تظاهرات دخالت کرد. یك نفر کشته شد و عده‌ای زخمی شدند. مخالفان دولت «قربانیان» را متعلق به خود می‌دانستند. چه مخالف یا موافق مصدق، چه موافق و مخالف شاه همه‌ی این قربانیان ایرانی بودند. یك‌پارچگی نهضت مردم ایران در مبارزه با استعمار دیگر به پایان رسیده بود.

در ٢٦ فروردین ١٣٣٢، ١٥ آوریل ١٩٥٢، شهر شیراز صحنه‌ی تظاهرات خونینی شد. مخالفان و موافقان دولت به زد و خورد پرداختند. مغازه‌های بسیاری به آتش کشیده شد. گروهی نیز (ظاهراً فعالان حزب توده) به اداره‌ی اصل چهار ترومن حمله بردند، اثاثه‌ی آن را غارت کردند و ساختمان را به آتش کشیدند. تظاهرات، روز بعد با شدت بیش‌تری ادامه یافت. به شعبه‌ی دیگری از اصل چهار و چند اقامت‌گاه خصوصی حمله شد و اثاثه‌ی آنها به غارت رفت. تظاهرکنندگان ساختمان مرکزی حزب ایران را نیز غارت کردند و آتش زدند. در آن روز یك تن کشته و

طبیعتاً عده‌ای زخمی شدند.

دولت تصمیم گرفت در شیراز و حومه حکومت نظامی اعلام کند و به تصمیم نخست‌وزیر فرماندار شیراز، فرمانده لشکر و رییس شهربانی استان از کار برکنار شدند.

در همین روز در دزفول، تظاهرات شدیدی علیه دولت صورت گرفت و بر اثر تیراندازی مأمورین چهار تن کشته شدند. شمار زخمی‌شدگان چهل و پنج تن اعلام شد. در آن‌جا نیز دولت تصمیم به برقراری حکومت نظامی گرفت.

بر اثر نابسامانی‌های فزاینده در مناطق کردنشین، که دولت تحریکات عوامل انگلیسی را علت آن می‌دانست، در کرمانشاه نیز مقررات حکومت نظامی به مرحله‌ی اجرا درآمد. ایلات و عشایر جوان‌رودی متهم به توطئه علیه دولت شدند.

در روز ۳۱ فروردین، سرتیپ افشارطوس رییس کل شهربانی در یکی از خیابان‌های تهران به دست چند تن ربوده شد. شش روز بعد جنازه‌ی وی در ارتفاعات لشکرک کشف گردید. مخالفین دولت متهم به این جنایت شدند، حکومت نظامی یازده تن را به این عنوان توقیف و دولت از مجلس تقاضای سلب مصونیت از مظفربقایی را کرد که او نیز جزء متهمان به شرکت در توطئه بود.

روز دوم اردیبهشت، دولت دستور به توقیف سرلشکر زاهدی داد که اندکی قبل از زندان آزاد شده بود. کسی که دیگر رهبر اصلی مخالفین محسوب می‌شد با تأیید سیدابوالقاسم کاشانی رییس مجلس به کاخ بهارستان رفت و در آنجا متحصن شد.

در چهاردهم اردیبهشت، کارگران دخانیات به سبب عدم پرداخت حقوق و اضافات‌شان دست به اعتصاب و تظاهر زدند و پنجاه و یک نفر از آنان بازداشت شدند.

دو روز بعد، اعتصاب به تعداد زیادی از مراکز صنعتی پایتخت سرایت کرد و تظاهرات کارگران آن‌ها به عنوان همدردی با کارگران دخانیات، مزید بر ناامنی‌های تهران شد.

در ۲۰ اردیبهشت ۱۳۳۲، ۱۰ مه، پس از هفته‌ها تعطیل، مجلس شورای ملی تشکیل جلسه داد. بین مخالفین و موافقین دولت مشاجره و سپس زد و خورد روی داد. تماشاچیان در برخوردها شرکت کردند و نایب رییس مجلس که اداره‌ی جلسه را به عهده داشت، دستور به تخلیه‌ی تالار جلسه و تعطیل آن داد.

در ۲۹ اردیبهشت، در برابر کاخ دادگستری، دو تن از مستشاران امریکایی مورد حمله گروهی از تظاهرکنندگان قرار گرفتند و سخت کتک خوردند و زخمی شدند.

در پانزده خردادماه تظاهرات خونینی در مهاباد روی داد. دولت عوامل حزب توده را متهم کرد. در زد و خورد بین مأموران انتظامی و تظاهر کنندگان عده‌ای مجروح شدند و کودک خردسالی کشته شد.

دو هفته بعد، ۲۹ خرداد ماه، در شهر بابل تظاهراتی در مخالفت با دولت صورت گرفت و بر اثر مداخله‌ی مأموران انتظامی پنج تن کشته و عده‌ای زخمی شدند.

روز ششم تیرماه، چهل هزار نفر کارگران کوره‌پزخانه‌های تهران، به منظور دریافت بیست درصد اضافه حقوق و تقاضای شمول مقررات بیمه‌های اجتماعی بر آنان، دست به اعتصاب و تظاهر در خیابان‌های پایتخت زدند.

روز سی‌ام تیرماه، تظاهرات وسیعی در تهران و شهرهای دیگر

برای تجلیل از قربانیان حوادث سال گذشته، انجام شد. دکتر مصدق شخصاً به آرامگاه شهدای سی‌ام تیر رفت و تاج گلی نثار کرد. در همان روز وزارت دربار نیز اعلامیه‌ای صادر کرد و «مراتب تاثر و تالم خاطر شاهنشاه را به مناسبت سالروز سی‌ام تیرماه به بازماندگان شهدای این روز» اعلام داشت.

روایت‌های مختلفی که از تظاهرات صبح و بعد از ظهر سی‌ام تیر انتشار یافته نشان می‌دهد که شماره‌ی تظاهرکنندگان متعلق به حزب توده (سازمان جوانان دمکرات، طرفداران صلح، جمعیت مبارزه با بیسوادی، جمعیت مبارزه با استعمار) دو برابر طرفداران جبهه‌ی ملی بوده[۱].

تظاهرات سی‌ام تیر و انسجام و قدرت گروه‌های وابسته به حزب توده، موجب دیگری برای تشویش اکثریت مردم شد. مخالفان دولت بر کوچه و بازار تسلط داشتند، سیاست حزب توده نیز این بود که با نمایش قدرت تشکیلاتی (که برای نخستین بار در سالگرد سی‌ام تیر آشکار ساخت)، دولت را به گروگان سیاسی بگیرد و محتاج به خود نشان دهد. سیاستی که چند هفته بعد به تغییر اوضاع و سقوط حکومت دکتر مصدق کمك کرد.

به این ترتیب، به تدریج بر نارضایی فزاینده‌ی مردم از بحران اقتصادی و کسادی بازار، که معلول قطع درآمد نفت بود و استیصال آنان از ناامنی مستمر شهرها خاصه تهران، تشویش دیگری نیز اضافه شد و آن، خطر تسلط کمونیست‌ها بر ایران بود.

*****

در این گیرودار، نخست‌وزیر در زورآزمایی خود با محمدرضاشاه و مخالفان به چند توفیق سیاسی مهم دست یافت. حسین علاء وزیر دربار شاهنشاهی که مصدق او را برنمی‌تافت، ناچار به کناره‌گیری شد و ابوالقاسم امینی به کفالت وزارت دربار انتخاب گردید.

---

۱ - جلال متینی، نگاهی به ... صفحات ۳۵۰-۳۵۱.

در ۱۹ اردیبهشت، شاه فرمانی امضا کرد که به موجب آن کلیه‌ی املاک سلطنتی به دولت انتقال یافت.

روز دهم تیر، بر اثر تشنجات پیاپی مجلس، آیت‌الله کاشانی از ریاست مجلس کناره گرفت و دکتر عبدالله معظمی که مشهور به اعتدال و مسالمت و حسن رابطه با شاه بود به ریاست مجلس برگزیده شد.

چند روز بعد،[1] سیدابوالقاسم طی اعلامیه‌ای مصدق را «صیاد آزادی ایران» نامید که کوشش می‌کند کشور را به دوران قبل از مشروطیت بازگرداند و گفت:

«من به شما مردم به خلاف آن یاغی طاغی (مصدق) که در کشور مشروطه ایران به خیال خداوندگاری افتاده است می‌گویم: مشروطیت ایران هرگز نخواهد مرد».

به دنبال این اعلامیه‌ی خشن، در روز دهم مردادماه ۱۳۳۲، اول اوت ۱۹۵۳، یک جلسه‌ی سخنرانی که در اقامتگاه کاشانی تشکیل شده بود، شب هنگام با انفجار بمب کوچکی به هم خورد و سپس آن محل مورد حمله‌ی مخالفان او (طرفداران دولت، یا توده‌ای‌ها؟) قرار گرفت یک نفر کشته شد و عده‌ای زخمی شدند.

*****

در این گیرودار «طرح» حیرت‌انگیزی در سطوح بالای تصمیم‌گیری، دولت مطرح شد:

روز جمعه پنجم تیرماه ۱۳۳۲، ۲۶ ژوئن ۱۹۵۳ در ساعت شش بعدازظهر، نخست‌وزیر، کفیل وزارت امور خارجه عبدالحسین مفتاح را احضار کرد و شخصاً به او دستور داد که در جلسه‌ی محرمانه‌ای که فردای آن روز ساعت ۱۲ در دفتر وزیر کشور

۱- ۱۵ تیرماه ۱۳۳۲.

تشکیل می‌شود، حاضر شود[1]. مفتاح که از احضار خود در پایان یک روز تعطیل و این دستور حضوری که می‌توانست با تلفن یا با نامه ابلاغ شود سخت متعجب شده بود، موضوع را پرسید. دکتر مصدق پاسخ داد: «موضوع را در آن‌جا خواهید فهمید». و در پاسخ به پرسش دیگر که آیا باید پرونده و یا اسنادی را فراهم کرد، باز گفت: «در آن‌جا خواهید فهمید» و با اشاره دست با او خداحافظی نموده به ملاقات پایان داد.

از نظر مفتاح، موضوع می‌بایست استثنائاً مهم و محرمانه بوده باشد که مصدق برای ابلاغ ضرورت حضور وی، شخصاً احضارش کرده. روز بعد با نگرانی بسیار به دفتر دکتر غلامحسین صدیقی وزیر کشور و نایب نخست‌وزیر رفت. سرتیپ ریاحی رییس کل ستاد ارتش نیز در جلسه حضور داشت.
به نوشته‌ی مفتاح، وزیر کشور:

«شرح مبسوطی از اقداماتی که دولت تاکنون کرده و راه‌هایی که برای رسیدن به مقصود باید انتخاب کرد، بیان داشت و بالاخره به این نتیجه رسید که برای رسیدن به مقصود، افراد و موانع زیادی جلوی پای دولت هستند و نمی‌گذارند که نتیجه گرفته شود بخصوص جاسوسان بیگانه، و اکنون کاری باید کرد که لانه و کانون جاسوسان کوبیده و نابود شود تا دولت بتواند از خدمات و زحمات خود نتیجه بگیرد»[2].

بعد از بحث مفصلی در باره‌ی روش‌های مبارزه با مداخلات مأموران اجنبی در امور داخلی ایران، مفتاح متوجه شد که مقصود کشور عراق است «که در جراید نیز به آن اشاره می‌شد مکرر به سفیر عراق اعتراض کرده بودم و او هم مکرر با لحن جدی این

---

۱ - عبدالحسین مفتاح، خاطرات سیاسی...، منبع ذکر شده صحفات ۵۳ تا ۵۷.
۲ - همان منبع، صفحه‌ی ۵۴.

انتشارات را تکذیب می‌کرد» و بحث در باره‌ی یك ضربه‌ی نظامی به عراق درگرفت.
به نوشته‌ی مفتاح وی به تفصیل خطرات این مداخله‌ی نظامی را که از یك طرف درگیری با قوای نظامی انگلستان در عراق (کشوری که عملاً تحت‌الحمایه‌ی بریتانیا بود) و از طرف دیگر مداخله‌ی نظامی شوروی‌ها به استناد قرارداد ۱۹۲۱ بود، به نایب نخست‌وزیر و رییس ستاد که سخنی نمی‌گفت و یادداشت برمی‌داشت، یادآور شد. دکتر صدیقی در حالی که با عصبانیت «دست‌های خود را بلند کرده و تکان می‌داد گفت: «آقای مفتاح بالاخره ما باید برای مردم خوراك روحی تهیه کنیم»[۱].

در جلسه، تصمیم خاصی گرفته نشد. ساعت پنج بعداز ظهر نخست‌وزیر کفیل وزارت امورخارجه را مجدداً به اقامت‌گاه خود احضار کرد و وی چون به آن‌جا رسید، بلافاصله به اتاق رییس دولت هدایت شد. مصدق پرسید: «به این کمیسیون وزارت کشور که گفته بودم رفتید؟ خوب چه شد؟» مفتاح گفت: «مگر آقای رییس ستاد نیامدند و گزارش نکردند؟» مصدق با نگاهی آمیخته به محبت به اوی پاسخ داد: «من با شما هم‌عقیده هستم و نظر شما را پسندیدم» و بعد از عبارت دیگری مجدداً افزود: «فقط خواستم به شما بگویم که من نظر شما را پسندیدم. نظر صحیحی است و دیگر عرضی ندارم»[۲].

خاطرات عبدالحسین مفتاح در سال ۱۳۶۳ انتشار یافت. هفت سال بعد از آن که دکتر غلامحسین صدیقی درگذشته بود. شرحی که او در پاسخ به عبدالحسین مفتاح نوشته بود در مجله‌ی آینده چاپ تهران انتشار یافت. صدیقی نوشته‌های عبدالحسین مفتاح را

---

۱ - همان منبع، صفحه‌ی ٥٥.
۲ - همان منبع صفحه‌ی ٥٧.

«بی‌اساس و بدیهی‌البطلان» دانست[1].

دکتر صدیقی علاوه بر جلسه‌ی پنجم تیرماه به دو نشست دیگر در همین زمینه که عبدالحسین مفتاح نیز به حسب وظیفه در آن‌ها شرکت داشته اشاره نموده و در مجموع سخنان کفیل وزارت امورخارجه را «پریشیده و گزاف که وصف سبکی آن ورای حد تقریر است» دانسته و نیز مفاد خاطرات سرهنگ منصور رحمانی رییس وقت هیات نظامی ایران در عراق را که او نیز گویا در همین زمینه مطالبی نوشته بود به «خیال‌پردازی و بلندپروازی» تعبیر کرده.

بر اثر تصمیم عاقلانه‌ی مصدق، طرح ضربه‌ی نظامی به عراق اجرا نشد که در وضع آن روز ایران حتی قابل تصور هم نبود. اما پرداختن به چنین مطالبی در سطوح بالای تصمیم‌گیری دولت و اختصاص جلساتی طولانی به آن‌ها نشان می‌دهد که دلمشغولی‌های بعضی از مسئولان با مسائل واقعی مملکت در آن روز، گه‌گاه هم‌آهنگی نداشته است.

*****

در طی یك سال، از بیستم مردادماه ۱۳۳۱ (۱۱ اوت ۱۹۵۲) تا ۲۵ مردادماه ۱۳۳۲ (۱٦ اوت ۱۹۵۳)، دولت دکتر مصدق به مدد اختیاراتی که مجلسین به نخست‌وزیر تفویض کرده بودند، حکومت کرد.

در این که آیا این اختیارات منطبق با قانون اساسی و اصل تفکیك قوا بوده یا نبوده، بحث و گفتگوی زیادی شده که هنوز هم ادامه دارد. شك نیست که مصدق شخصاً در چند مورد تفویض چنین اختیاراتی را به قوه مجریه محکوم کرده بود. اما تردید هم نمی‌توان داشت که توسل به چنین شیوه‌ای در بسیاری از

۱- دکتر غلامحسین صدیقی، داوری امان‌ناپذیر تاریخ، آینده، ۱۳۷۰، آذر، اسفند ۱۳۷۰.

حکومت‌های پارلمانی و دموکراسی مرسوم بوده و هست. گذشته از این، اوضاع آن روز ایران بحرانی و استثنایی بود و برای مقابله با مشکلات و مسائل قدرت کافی ضرورت داشت.

> چنان که مصدق در خاطرات خود یادآور شده، بر اساس این اختیارات که به تأیید قوه مقننه و تنفیذ و توشیح شاه رسیده بود، متجاوز از دویست لایحه‌ی قانونی از تصویب گذشت:

«اگر تعداد این لوایح قانونی را نیز فقط دویست لایحه در نظر بگیریم، نه بیشتر، به طور متوسط در هر چهل ساعت یك لایحه قانونی به تصویب دکتر مصدق رسیده و به موقع اجرا گذاشته شده است»[۱].

> «من نمی‌گویم که لوایح قانونی‌ام، جامع تمام محاسن و فاقد تمام معایب بود ولی می‌خواهم این را عرض کنم که تنظیم‌شان علتی جز احتیاجات مملکت نداشت و در تصویب‌شان نظریات شخصی به کار نرفته بود. با این اختیارات بود که توانستم با محاصره‌ی اقتصادی و نبودن عایدات نفت به کار ادامه دهم»[۲].

تاکنون بررسی دقیق و تجزیه و تحلیلی در باره‌ی این لوایح قانونی انجام نگرفته. بسیاری از آن‌ها مستقیماً ارتباطی با «محاصره‌ی اقتصادی و نبودن عایدات نفت» ندارند و نشان‌دهنده‌ی نظرات و پیشنهادهای اصلاحی گروهی از مشاوران و هواداران نخست‌وزیر به شمار می‌آیند. قدرمسلم این است که برخورداری از این اختیارات به کشور امکان داد که بتواند بیش از یك‌سال در برابر

۱ - جلال متینی، نگاهی به ... صفحه‌ی ۳۱۱.

۲ - خاطرات و تالمات، متن ذکر شده، صفحات ۲۵۳-۲۵٤.

فشارهای بین‌المللی ایستادگی کند. وضع اقتصادی دشوار، خزانه تهی و درآمدهای ارزی ناچیز بودند. اما برخلاف انتظار بسیاری از مخالفـــان دولت در داخل و خارج، نه تنها اقتصاد ایران به کلی واژگون نشـــد، بلکه بر اثر همین محاصـــره‌ی اقتصادی، بعضی فعالیت‌ها در داخل توسعه یافت، صادرات غیرنفتی رو به افزایش نهاد و نوعی تعادل در بازرگانی خارجی طی ســـال‌های ۱۳۳۱ و ۱۳۳۲ به وجود آمد[1]. مسلماً ادامه‌ی آن وضع، یعنی اقتصاد بدون نفت، به یك ساختار اقتصادی تقریباً بسته و جامعه‌ای فقیر منتهی می‌شد. اما در کوتاه‌مدت سیاست دولت تا حدی کارساز بود و از فروپاشی کامل اقتصاد ملی جلوگیری کرد. انتقاداتی که از قانون تفویض اختیارات شده و می‌شود بیش‌تر جنبه‌ی سیاسی دارد تا منطقی و حقوقی.

بعضـــی از لوایـــح قانونی که بـــه تصویب دکتر مصدق رســـید می‌توانست منبع تغییرات مثبت و اصلاحاتی در امور کشور باشد. مانند لایحه‌ی مربوط به بهبود روابط مالك و زارع، لایحه‌ی اصلاح قانون شهرداری‌ها، مقررات مربوط به مالیات‌ها...، ولی فرصتی برای اجرای آن‌ها نبود و سنجش نتایج احتمالی‌شان میسر نیست. بعضی دیگر به گفتگوهای فراوان منتهی شد که هنوز هم در مقالات و کتب مربوط به آن دوران ادامه دارد:
نخستین آن‌ها لایحه‌ی قانونی امنیت اجتماعی مشتمل بر نه ماده اســـت که در آبان ۱۳۳۱ بـــه تصویب رییس دولت رســـید. هدف لایحه، جلوگیری از فعالیت مخالفین دولت و همه‌ی کسانی بود که مخل نظم و آرامش تلقی می‌شدند. ظاهراً قصد دولت آن بود که با

---

۱ - دکتر انور خامه‌ای که در ابتدا از سران و نظریه‌پردازان حزب توده بود و سپس در شـــمار «انشـــعابیون» آن درآمد و از طرف‌داران دکتر مصدق محسوب می‌شود، در جلد ســـوم خاطرات خود صفحات جالبی بـــه ترازنامه‌ی اقتصادی حکومت وی اختصاص داده و بر جنبه‌های مثبت آن تاکید کرده است. انور خامه‌ای، خاطرات، جلد سوم از انشعاب تا کودتا، تهران، سازمان انتشارات هفته، صفحات ۴۲۴ الی ۴۳۴.

تصویب این لایحه، مقررات حکومت نظامی را که در آن زمان عملاً در سرتاسر کشـــور برقرار و موجب انتقادهای فراوان شده بود، لغو کند.[۱] اما در عمل چنین نشده در بسیاری از موارد اختیارات و امکاناتی که در این لایحه به ماموران دولتی داده شـــد، به مراتب بیـــش از آن بود که بعداً در قانون ۱۳۳۵ به ســـازمان اطلاعات و امنیت کشـــور (ســـاواک) تفویض گردید و انتقادات بسیار و غالباً بجا برانگیخت.

ماده‌ی اول لایحه، در باره‌ی تعقیب کسانی است که:

«تحریك به اعتصاب و عصیان و نافرمانی و تمرد و اخلال در نظم و آرامش می‌کنند» و مقرر می‌دارد که چنین افرادی باید دستگیر و به مدت سه ماه تا یك‌سال تبعید شوند.

ماده‌ی دوم، مقرر می‌داشت:

«هـــر کس، کارمندان ادارات دولتی را وادار به اعتصاب و یـــا تحریك به اخلال در نظم و آرامش و یا تمرد و عصیان نماید و هم‌چنین کســـانی که در ادارات دولتی، موسسات عمومی و دادگاه‌ها و دادســـراها برخلاف نظم و آرامش و انتظامات داخلـــی رفتار و یا با جنجال و داد و فریاد و یا به منظور توهیـــن و ارعاب و تحت تأثیر قرار دادن مراجع قضایـــی و اداری و یا برای جلوگیـــری از اجرای قانون و مقررات، ازدحام و یا تحصن و یا هر گونه تظاهری نمایند، فوراً بازداشت و مجازات در ماده‌ی قبل یعنی محکومیت از سه ماه تا یك‌سال تبعید برای آن‌ها تعیین می‌گردد. همین مجازات در باره‌ی توطئه و مواضعه‌کنندگان برای اعمال مزبور، در این ماده معمول خواهد شـــد و هر گاه کارمند دولت باشد در مدت محکومیت به تبعید و اقامت اجباری

---

۱ - نگاه کنید به سیاوش بشیری، قصه ساواک، انتشارات پرنگ، پاریس، چاپ اول ۱۳۶۶- ۱۹۸۷، فصل دهم این کتاب (صفحه‌ی ۱۰۷ تا ۱۱۸) به لایحه‌ی قانونی امنیت اجتماعی اختصاص یافته است.

از اخذ مزد محروم خواهد بود».

طبق مادهی پنجم «گزارش مسئولین موسسات عمومی و رؤسای ادارات دولتی و مراجع قضایی و همچنین مأمورین انتظامی معتبر است مگر اینکه خلافش ثابت شود». به این ترتیب علاوه بر سلب حق اعتراض و شکایت و استیناف از هر کسی که مورد اتهام یك مامور دولتی قرار گیرد عموم متصدیان «موسسات عمومی» و «ادارات دولتی» در ردیف ضابطین دادگستری قرار گرفتند و به اصل تفکیك میان اختیارات قوه مجریه و قوه قضاییه توجهی نشده.

گرچه تصویب این لایحه به وسیلهی رییس دولت به آن رسمیت بخشیده بود، در مجلس اعتراضات شدیدی برانگیخت. مظفر بقایی، که دیگر یکی از پر سر و صداترین مخالفان نخستوزیر بود، آن را «مقررات آزادیکش» نامید.

> «به جای این که این قانون کوچكترین فایدهای برای ملت ایران و ملیّون ایران داشته باشد. یك حربهی برنده به دست دشمنان این ملت با این قانون داده شده»[1].

همین نماینده در جلسه دیگری اظهار داشت:

> «...آقا از برای خدا بروید یزید را زنده کنید و فرماندار حکومت نظامیاش کنید و شمر را هم دادستان حکومت نظامی بکنید ولی اسم این قانون را نیاورید»[2].

مطالعهی مشروح مذاکرات مجلس در آن زمان نشان میدهد که این اعتراضات با تأیید («صحیح است») نمایندگان مواجه میشده. لایحهی قانونی امنیت اجتماعی، کوچكترین تأثیری در جلوگیری از موج فزایندهی مخالفت با دولت نداشت. چه در آن زمان و چه

---

١ - ١١ آبان ١٣٣١.
٢ - ٢٥ دیماه ١٣٣١.

در گفتگوهای بعدی راجع به دوران حکومت دکتر مصدق، کسی به توجیه آن برنخاست.

چنان‌که در برنامه‌ی دولت مطرح بود. نخست‌وزیر با استفاده از اختیارات خود، لایحه‌ی قانونی جدیدی را در مورد مطبوعات به تصویب رساند که آن هم موجب اعتراضات بسیار چه در محافل سیاسی و چه در مجلس شد. مظفر بقایی اظهار داشت:

«این قانون یك ماده کم دارد و آن ماده این است که هر کس روزنامه بنویسد بلافاصله تیرباران می‌شود»[1].

نادعلی کریمی که او هم از هواداران دکتر مصدق بود در مجلس گفت: «تاکنون توقیف روزنامه‌ها به نظر دادگاه واگذار شده بود و اینك در اختیار دادستان است به علاوه حداقل و حداکثر مدت حبس مدیران جراید در این قانون از تمام قوانین قبلی بیش‌تر است»[2].

دکتر مصدق دوبار در متن این لایحه‌ی قانونی تجدید نظر کرد. ولی مخالفان و منتقدان آرام نشدند و موافقانش نیز هرگز به دفاع از آن برنخاستند و در نهایت امر این تدبیر نیز جز تشدید جو ملتهب روز نتیجه‌ای نداشت.

لایحه‌ی قانونی بحث‌انگیز دیگر این دوران، مربوط به تجدید سازمان دادگستری است. عبدالعلی لطفی وزیر دادگستری، پس از تشکیل کمیسیون‌های متعدد در این زمینه، به موجب اختیاراتی که نخست‌وزیر به وی تفویض کرده بود به تصفیه‌ی دستگاه‌های قضایی، انفصال، اخراج، انتقال و یا تنزل درجه‌ی قضات دست زد و سرانجام دیوان عالی کشور و دادگاه عالی انتظامی قضات، یعنی بالاترین مراجع سلسله مراتب قضایی مملکتی را منحل کرد و گروه‌های ساخته و پرداخته‌ی خود را در سایه‌ی قدرت سیاسی

---

۱ - جلال متینی، نگاهی به ...، صفحه‌ی ۳۲۰.
۲ - همان منبع، همان صفحه.

و به امضای دکتر مصدق جایگزین آنان ساخت که البته در میان آن، اشخاص خوش‌نام نیز کم نبودند.

این برنامه نیز به جایی نرسید و دیری نپایید. اما اکثریت قضات دادگستری را علیه دولت و نخست‌وزیر شوراند و سرانجام مشکلی بر مشکلات افزود. شیخ عبدالعلی لطفی که به حداکثر از اعتماد مصدق استفاده یا در حقیقت سوءاستفاده کرده بود، در دادگاه او رفتاری بسیار ناشایست داشت که بعداً به آن اشاره خواهد شد. در حالی که در عرصه‌ی سیاست داخلی، نخست‌وزیر، دولت و مملکت با دشواری‌های روزافزون درگیر بودند، که احتمالاً مشکلات اقتصادی و بحران نفت زیربنا و یا لااقل مهمترین عامل آن‌ها به شمار می‌آمدند، مراحل مختلف مذاکرات نفت نیز به بن‌بست منتهی شد.

در طول مدت نخست‌وزیری دکتر مصدق پنج پیشنهاد رسمی و علنی برای حل و فصل دعوای نفت و پایان دادن به آن مطرح و ارائه شد[1]. زیربنای سیاسی همه‌ی این پیشنهادها یکی پذیرش اصل ملی شدن صنعت نفت بود (که دولت حزب کارگر بریتانیا آن را علناً پذیرفت) و دیگر علاقه‌ی دولت ایالات متحده امریکا، لااقل در یک‌سال اول بحران، به این که معضل به دست مصدق و یا لااقل به وسیله‌ی دولتی که منبعث از جبهه‌ی ملی باشد، حل و فصل شود. طبق اسناد و مدارک موجود (از جمله گزارش‌های سفیر کبیر دولت ایالات متحده، هندرسن) تا خرداد ۱۳۳۲، یعنی دو ماه پیش از برخورد نهایی میان شاه و مصدق، محمدرضا پهلوی نیز، علیرغم مخالفت علنی خود با مصدق ترجیح می‌داد که دولت مصدق یا کابینه‌ای که از حمایت او برخوردار باشد به این

۱- علاوه بر منابعی که قبلاً ذکر شده، خاصه کتب دکتر موحد و فواد روحانی و جلال متینی نگاه کنید به مقاله‌ی دکتر همایون کاتوزیان، آیا در دوران نخست‌وزیری دکتر مصدق هیچ راه حل مطلوبی برای حل بحران نفت وجود نداشت: مصدق و پیشنهاد بانک جهانی، نشریه مهرگان، بهار. سال ۱۳۷۲، مه ۱۹۹۳.

بحران خاتمه دهد. اما همه‌ی این ملاحظات به جایی نرسید. جای بحث دقیق اقتصادی و فنی در باره‌ی این پیشنهادها و مقایسه‌ی منافع و مضار آن برای ایران و تحلیل دیدگاه‌های دکتر مصدق و دولت ایران درباره‌ی هر یك از آن‌ها در این‌جا نیست.

فواد روحانی، در تجزیه و تحلیل دقیق خود از همه‌ی این پیشنهادها، دومین پیشنهاد مشترك امریکا و انگلیس را ارجح تشخیص داده:

> «البته بزرگ‌ترین مزیت این ترتیب این بود که تسلط ایران بر اداره‌ی صنعت نفت خود را قطعاً تامین می‌کرد. علت تأسف از رد این پیشنهاد گذشته از ادامه وضع نابسامان اقتصادی و سیاسی کشور (در آن زمان) این است که اولاً رد این پیشنهاد بالمآل باعث سقوط حکومت ملی گردید و ثانیاً امکان قرار گرفتن صنعت نفت در دست دولت ایران از میان رفت»[۱].

دکتر محمدعلی موحد، کارشناس موجه دیگر نفت، با فواد روحانی هم عقیده است:

> «به نظر می‌رسد که موضع منفی مصدق در برابر پیشنهاد تجدیدنظر شده‌ی امریکا - بریتانیا اشتباه بود. بنابر این پیشنهاد، بریتانیا از کنترل اداره‌ی عملیات در ایران و انحصار فروش در خارج که همیشه بر آن اصرار می‌ورزید. چشم می‌پوشید و این کارها در نهایت امر بر عهده‌ی یك کنسرسیوم بین‌المللی گذاشته می‌شد که بریتانیا در آن سهیم بود ولی صاحب امتیاز منحصر آن نبود»[۲].

---

۱ - فواد روحانی، زندگی سیاسی مصدق در متن نهضت ملی ایران، متن ذکر شده، صفحه‌ی ۳۸۰.

۲ - دکتر محمدعلی موحد، خواب آشفته نفت، منبع ذکر شده، جلد دوم، صفحه‌ی ۶۷۲.

نظر متخصص دیگری، دکتر پرویز مینا نیز همین است:

«به عقیده من بزرگ‌ترین خطایی که دولت مصدق کرد همین بود. چون اگر واقعاً آن پیشنهاد پذیرفته می‌شد. رسیدن به هدف نهایی ملی شدن نفت بیست سال زودتر در ایران عملی می‌شد»[1].

دکتر همایون کاتوزیان، طرح پیشنهادی بانک جهانی را ارجح تشخیص داده. در این باره خود دکتر مصدق پس از بازگشت از سفر امریکا به مجلس گفت:

«در اثنایی که با ژرژ مك گی مذاکره می‌کردیم. بانك بین‌المللی هم به وسیله‌ی سفارت کبرای پاکستان با من داخل مذاکره شد. بانك بین‌المللی اظهار می‌کرد که من (بانك) برای این که کار نفت راه بیفتد حاضرم پولی، وجهی بیاورم، من (بانك) به هیچ وجه طالب امتیاز نیستم. من فقط می‌خواهم که کار نفت راکد نماند و در بازار بین‌المللی جریان پیدا کند. من (مصدق) هم با این قسمت موافقت کردم و بانك بین‌المللی بانکی نیست که ظاهراً مربوط به یکی از دول باشد و بانك بین‌المللی نمی‌خواهد از ما تعهداتی بگیرد. بانك بین‌المللی می‌خواست موقتاً کار نفت را در جریان بیندازد تا تکلیف این امر به کلی روشن شود»[2].

بانك پیشنهاد می‌کرد[3] که با تأیید اصل ملی شدن نفت، برای مدت دو سال به عنوان یك عامل بی‌طرف اداره‌ی تولید و صادرات

۱ - دکتر پرویز مینا، به نقل از جلال متینی، نگاهی به ... ، صفحه‌ی ۳۴۲.

۲ - ۱۹ آذر ۱۳۳۰.

۳ - نگاه کنید به دکتر همایون کاتوزیان ... مصدق و پیشنهاد بانك جهانی، متن ذکر شده و فواد روحانی.

نفت ایران را در دست بگیرد و چون نه دولت ایران امکانات مالی داشت و نه کمپانی سابق نفت حاضر به قبول چنین هزینه‌هایی بود، بانك می‌پذیرفت که تا از تولید و فروش نفت عوایدی به دست نیامده، مخارج بهره‌برداری را نیز به عهده بگیرد و بابت خدماتی که انجام می‌دهد حق‌الزحمه‌ای دریافت ندارد و برای سرمایه‌ای که به کار انداخته بهره‌ای مطالبه نکند.
درآمد حاصل از فروش نفت طی این دو سال به سه بخش تقسیم شود. بخشی از آن به ایران، بخش دیگری به شرکت (سابق) نفت پرداخت گردد و بخش دیگری در حساب مخصوصی نگاهداری شود تا پس از حصول توافق بین طرفین بر سر غرامت، بر اساس آن توافق بین آن‌ها تقسیم شود.
پس از گفتگوها و رفت و آمدهای بسیار دولت ایران از قبول این پیشنهاد سرباز زد و اعلامیه‌ی مشترکی صادر شد که نمایندگان بانك حاضر خواهند بود دوباره به ایران بیایند به آن شرط که پیشنهادهای دیگری ممکن باشد.
برخی از مشاوران مصدق موافق و برخی مخالف قبول این طرح بودند که سرانجام نخست‌وزیر نظر مخالفان را پذیرفت و فرصت بزرگ دیگری از دست رفت.

در آن هنگام نهضت ملی ایران هنوز یك‌پارچه بود، شاه و مصدق هم‌آواز بودند و مردم به عاقبت کار خوش‌بین. پیشنهاد بانك جهانی به قول دکتر کاتوزیان[۱] نوعی «آتش‌بس» میان طرفین بود از فروپاشیدن اقتصاد ایران و توسل به تدابیر استثنایی، که همان اختیارات استثنایی مصدق باشد اجتناب می‌شد. انتخابات دوره‌ی هفدهم مجلس در محیطی آرام‌تر صورت می‌گرفت. حوادث سی‌ام تیر و نهم اسفند که تفرقه‌ای میان مردم بوجود آورد، روی نمی‌داد و در نهایت امر دولت، به ریاست مصدق یا هر کس دیگر، فرصت

۱ - متن ذکر شده.

می‌یافت به توافقی به مراتب سودمندتر در مورد نفت برسد، به احتمال قریب به یقین بهتر از پیشنهاد دوم انگلیس و امریکا و به هر حال در شرایطی مناسب‌تر.

محمدرضا شاه یک‌بار به من گفت:

«ما سال‌ها زحمت کشیدیم تا توانستیم آن‌چه را آن پیرمرد لجوج (او تقریباً هرگز نام دکتر مصدق را نمی‌برد و همیشه از او به این عنوان سخن می‌گفت) می‌توانست در زمان حکومتش به دست بیاورد، تحقق بخشیم»

و بعد از پایان سلطنتش نوشت «در سال ۱۹۷۳ بود که سرانجام توفیق یافتیم قرارداد خود را با شرکت‌های عامل نفت به کلی دگرگون سازیم و مالکیت کامل و مطلق ایران را بر منابع و تأسیسات نفت بی‌چون و چرا مستقر نماییم. در حقیقت در این زمان بود که قانون ملی شدن نفت پس از تقریباً یک ربع قرن تلاش ایران و من به نتیجه نهایی خود رسید و آرزوی ما جامه‌ی عمل پوشید»[1]

البته تاریخ را نمی‌توان دوباره نوشت، ولی تردید نیست که اگر گره از معضل نفت به دست مصدق گشوده می‌شد، تحول سیاسی ایران به مسیری دیگر می‌رفت.

*****

مسئولیت بُن بست با کیست؟

متأسفانه باید پذیرفت که رهبران سیاسی ایران در آن زمان برداشت درستی از وضع بازار جهانی نفت نداشتند و شاید اصولاً کشور ما کارشناسانی در این سطح نداشت و تجزیه و تحلیل دقیقی از معادلات بین‌المللی در این زمینه به عمل نیامد.

---

۱ - محمدرضا پهلوی، پاسخ به تاریخ، صفحه‌ی ۸۳، همین توفیق را شرکت‌های بزرگ نفتی و حامیان آنان هرگز نبخشیدند و ایران و خود شاه بهای گران آن را با فاجعه‌ای که انقلاب اسلامی نام گرفت، پرداختند و هنوز می‌پردازند.

نخست‌وزیر با مصطفی فاتح، نایب رییس ایرانی شرکت نفت ایران و انگلیس در تهران، که ظاهراً کارشناسی مجرب در این زمینه بود، مشورت کرد. «اما به او سوءظن داشت و به نظرهایش وقعی ننهاد[١]». با حاج محمد نمازی، بازرگان معروف مقیم ایالات متحده که در سطح جهانی فعالیت و روابط گسترده داشت، مشورت کرد. او متخصص نفت نبود اما بر اساس نظرخواهی از کارشناسان طرح جامعی در مورد معضل نفت و راه و روش‌های حل آن به نخست‌وزیر و رونوشتی از آن را از طریق وزیر دربار شاهنشاهی به شاه تسلیم کرد.

ولی چنان‌که دکتر غلامحسین مصدق بعداً نوشته‌ی پدرش او را نیز از عمال انگلستان می‌دانست تا آنجا که به هنگام سفر به امریکا، اعضای هیات ایرانی را از رفت و آمد به اقامتگاه او که همیشه به روی ایرانیان گشوده بود، منع کرد که البته آن‌ها وقعی نگذاشتند.[٢]

١- نگاه کنید به مصطفی فاتح، پنجاه سال نفت ایران، انتشارات پیام، تهران، ١٣٥٨.

٢ - دکتر غلامحسین مصدق، در کنار پدرم، خاطرات دکتر غلامحسین مصدق، ویرایش و تنظیم از سرهنگ غلامرضا نجاتی، موسسه‌ی خدمات فرهنگی رسا، تهران، ١٣٦٩ صفحات ٨٣، ٨٩ و ٩٠. من شخصاً از زمانی که افتخار ریاست دانشگاه پهلوی را یافتم (شهریور ١٣٤٧) و تا پایان عمر زنده‌یاد حاج‌محمد نمازی، سعادت آشنایی و سرانجام دوستی با او را داشتم. شهر شیراز را به هزینه‌ی خود لوله‌کشی کرد و درآمد سازمان آب شیراز را وقف بیمارستان بزرگی نمود که با عشق و دقت فراوان ساخته و تجهیز کرده بود که تا انقلاب اسلامی یکی از بهترین مراکز درمانی در خاورمیانه و شرق مدیترانه محسوب می‌شد و بیماران زیادی از همه جای منطقه و همچنین دانشجویان دوره‌های تخصصی پزشکی حتی از امریکا به آنجا می‌آمدند. این بیمارستان یك مرکز آموزشی وابسته به دانشگاه پهلوی بود. درهای اقامتگاه حاج‌محمد نمازی در شیراز (معروف به ویلای شماره ١) حتی به هنگام غیبت او همواره به روی میهمانان گشوده بود و میهمان‌نوازی او ورد زبان خاص و عام. او مردی به حد افراط و شاید تعصب میهن‌پرست و میهن‌دوست بود و با وجود دلشکستگی که از رفتار دکتر مصدق با خود داشت، همواره شجاعت وی را در مبارزه با سیاست استعماری بریتانیا می‌ستود و از او به نیکی یاد می‌کرد. او نیز عقیده داشت که مصدق بهتر از هر کس دیگر قادر به حل مشکل نفت بود و این کم کاری او را یك اشتباه بزرگ سیاسی می‌دانست.

سوءظن مصدق، وی را از توجه به اظهار نظرهای بسیاری از کارشناسان بازمی‌داشت و کم‌تر توجه می‌کرد که چه می‌گویند.

هنگامی که طرح بانک جهانی به دولت ایران تسلیم شد، بسیاری از همکاران و نزدیکانش عقیده داشتند که باید بر آن اساس به تفاهمی در حل مساله‌ی نفت رسید:

«دکتر مصدق شخصاً، مایل بود راهی برای سازش با بانک پیدا شود، ولی در مراحل نهایی در مقابل نظر مشاورین خود که پیشنهادهای بانک را غیرقابل قبول می‌دانستند تسلیم گردید»[۱].

دکتر محمد نصیری رییس کل بانک ملّی و دکتر ابراهیم عالمی وزیر کار از جمله موافقان قبول راه حلی بر اساس پیشنهادهای بانک بین‌المللی بودند. دکتر مصدق به هر دوی آن‌ها گفته بود که این طرح را معقول می‌داند. اما اگر آن‌را بپذیرد، دشمنانش وی را متهم به تسلیم در مقابل انگلیس‌ها خواهند کرد و تاریخ او را نخواهد بخشید[۲]. باید گفت که در آن زمان گروهی از یارانش از جمله اطرافیان سیدابوالقاسم کاشانی که سپس در حساس‌ترین مواقع به جمع دشمنانش پیوست. او را متهم به ضعف می‌کردند و حزب توده اعلام می‌داشت که «نقاب از چهره‌اش برداشته شده و چهره‌ی خیانت‌کار او را همه دیده‌اند»[۳].

«در شرایطی که حزب توده، مصدق را عامل امپریالیسم انگلیس و امریکا می‌خواند و احزاب دیگر او را هم‌گام آگاه یا ناآگاه کمونیسم می‌نامیدند، گروه‌های رادیکال نیز با تهدیدهای تلویحی او را به سرسختی و پایداری و عدم خیانت و سازش دعوت می‌کردند. دکتر مصدق مسلماً

---

۱ - حسین مکی، به نقل از دکتر همایون کانوزیان، منبع ذکر شده.

۲ - روایت هر دو به نویسنده‌ی این کتاب.

۳ - نشریه‌ی تعلیماتی شماره ۱۲ حزب توده، به نقل از دکتر همایون کاتوزیان، منبع ذکر شده.

عوام‌فریب نبود. اما به قول خلیل ملکی او فریفته‌ی عوام بود. لذا توجه به افکار عمومی پایه‌ی اساسی وجاهت ملی به شمار می‌رفت.

فریفتگی یا دلبستگی مصدق به وجاهت ملی تا حدود زیادی آزادی عمل او را در مذاکرات مربوط به نفت محدود ساخت به‌طوری که نتوانست از پیشنهادات منطقی، معقول و متناسب بانک جهانی در حل اختلافات با شرکت نفت انگلیس بهره‌برداری کند»[۱].

مصدق از مشاوران نفتی خود به سه تن اعتماد داشت. یکی فواد روحانی که حقوق‌دان بود و ظاهراً در مسائل اقتصادی نفت، نظری نمی‌داد. دیگری دکتر علی شایگان استاد مسلم حقوق مدنی و نه وارد به مسائل نفتی و سومی مهندس کاظم حسیبی، فارغ‌التحصیل مدرسه‌ی معروف پلی‌تکنیک پاریس، استاد آبیاری در دانشکده‌ی فنی دانشگاه تهران که متخصص رسمی نفت دولت شده بود و گویا بیشتر در عالم توهمات خود بود.

گارنر نایب رییس بانک بین‌المللی گفته بود که:

«وقتی با هیات اعزامی ایران و مهندس حسیبی برای حل مساله‌ی نفت در واشنگتن مذاکره می‌کردم. هر راه حلی را که من و متخصصین بانک جهانی برای حل این مساله پیشنهاد می‌کردیم، حسیبی با آن مخالفت می‌کرد و هیچ پیشنهادی را نمی‌پذیرفت... بالاخره من به ستوه آمدم و به حسیبی گفتم که آن‌چه به عقل ما می‌رسید طی مذاکرات طولانی، چه در تهران و چه در اینجا به شما گفته‌ایم و شما تمام آنها را رد کرده‌اید. دیگر چیزی در چنته‌ی ما باقی نمانده است. بنابر این شما بگویید چه می‌خواهید. حسیبی گفته بود که ما چیزی نمی‌خواهیم و اطمینان

---

۱ – علی میرفطروس، برخی منظره‌ها و مناظره‌های فکری در ایران امروز، منبع ذکر شده صفحات ۱۲۳ و ۱۲٤.

داریم این مساله به نفع ایران تمام خواهد شد. (گارنر از او پرسید) از چه جهت اطمینان دارید که کار به نفع ایران تمام خواهد شد؟ (حسیبی به او گفت:) «من خواب دیده‌ام که این کار درست می‌شود»[۱].

ابوالحسن ابتهاج که در آن هنگام سفیر ایران در پاریس بود، می‌نویسد: «ضعف بزرگ دکتر مصدق، و شاید بدبختی ایران، در این بود که اطرافیان او اشخاصی نبودند که در آن ایام بحرانی بتوانند فکرهای مثبت و سازنده‌ای به او بدهند تا نهضت عظیمی را که با ملی کردن صنعت نفت به حرکت درآورده بود به بهترین وجه به نفع ملت ایران به نتیجه برساند»[۲]. مهندس حسیبی در سر راه واشنگتن، در پاریس متوقف شده و ملاقاتی با ابوالحسن ابتهاج داشت و گویا باز داستان خواب‌نما شدن را حکایت کرده بود «متخصص فنی او (دکتر مصدق) مهندس حسیبی بود که برای حل مساله‌ی نفت به خواب و خرافات متکی بود»[۳].
از مجموع بررسی‌هایی که انتشار یافته و مطالعه‌ی اظهارات دکتر مصدق و بسیاری از همکارانش چنین برمی‌آید که آنان برداشتی نادرست از اهمیت نفت ایران در بازارهای جهانی داشتند و گمان می‌بردند که قطع جریان آن به خارج، امپراتوری بریتانیا را به زانو درخواهد آورد. اما به سرعت، کمبود نفت حاصل از صادرات ایران با افزایش تولید و صدور نفت در کویت، عربستان‌سعودی و ایالات متحده جبران شد. فروش سالی یک صدهزار تن نفت به افغانستان و صدور دو محموله به‌وسیله‌ی کشتی، که آن‌ها هم یکی در عدن و دیگری در یکی از بنادر ژاپن به‌وسیله‌ی انگلیس‌ها توقیف شد، راه حلی برای صدور نفت نبود و در آغاز سال ۱۳۳۲

---

۱ - نقل از رابرت گارنر **Robert Garner**، خاطرات ابوالحسن ابتهاج، جلد اول متن ذکر شده، صفحه‌ی ۲۷۷.

۲ - همان منبع، صفحه‌ی ۲۹۰.

۳ - همان منبع، همان صفحه.

که بحران داخلی کشور نیز به اوج خود رسیده بود، با وجود توفیق درخشان ایرانیان در صحنه‌های سیاسی بین‌المللی و کامیابی آنان در بهره‌برداری و توزیع نفت در داخل، شکست کشور در مرحله‌ی مثبت و سازنده‌ی نهضت ملی کردن نفت محتوم به نظر می‌رسید.

مسکو می‌توانست با خرید قسمتی از تولیدات نفت ایران، کمکی در این زمینه باشد. ولی از دیدگاه سیاست آن روز دولت شوروی و تحلیل رهبران آن، نهضت ملی ایران «یک حرکت بورژوازی ملی» و محکوم بود. آن‌ها در انتظار آن بودند که با تشدید بحران به‌وسیله‌ی حزب توده که روز به روز تقویت می‌شد و شبکه‌ی نظامی نیرومند آن که چندی بعد کشف شد، بر همه‌ی ایران، یک‌باره و یک‌جا دست بیاندازند و طرحی را که چند سال پیش در اجرای آن موفق نشده بودند، به مرحله‌ی تحقق درآورند. بنابر این نه تنها از هر گونه همراهی با دکتر مصدق و حرکت ملی ایران خودداری کردند، بلکه از طریق حزب توده حداکثر خرابکاری ممکن را در پیشرفت آن انجام دادند.

*****

در آستانه‌ی برخورد نهایی، هنگامی که دیگر کوشش امریکا و انگلیس، تمایل شاه و فشار جناح‌های مخالف برای جایگزینی مصدق بر هیچکس پوشیده نبود و شایعه‌ی احتمال یک کودتای نظامی گسترش می‌یافت. بیم دولت از مجلس بود که با استیضاحی مواجه و به رأی منفی اکثریت نمایندگان از کار برکنار شود. برای مقابله با این وضع نمایندگان طرفدار جبهه‌ی ملی، قطعاً به اشاره‌ی دکتر مصدق، از وکالت مجلس مستعفی شدند و چند تن دیگر را به دنبال خود کشیدند. با کناره‌گیری پنجاه و دو تن از هشتاد نماینده‌ی مجلس هفدهم دیگر قوه‌ی مقننه موجودیت خود را از دست داده بود.

در پانـزده مرداد ماه ۱۳۳۲، دکتر عبدالله معظمی رییس مجلس شـورای ملی هم از ریاست مجلس و هم از نمایندگی استعفا داد. فردای آن روز دولت تصمیم گرفت مجلس شـورای ملی را که در عمل تعطیل بود با مراجعه به آرای عمومی منحل نماید. بسیاری از اطرافیان رییس دولت با این ترتیب مخالف بودند و عقیده داشتند که مراجعه به آرای عمومی (رفراندوم) در قانون اساسی پیش‌بینی نشـده. دکتر صدیقی وزیر کشـور و نایب نخست‌وزیر بیم داشت که شـاه در غیاب مجلس، نخست‌وزیر را با فرمانی از کار برکنار کنـد. مصدق به وی گفت: «جرأتش را نـدارد». خلیل ملکی رهبر نیروی سوم به مصدق اظهار داشت «این راهی که شما می‌روید به جهنم ختم می‌شود ولی ما تا جهنم به دنبال شما خواهیم آمد». در پاسخ اظهار نظر تردیدآمیز دکتر کریم سنجابی پیرامون جنبه‌های حقوقـی مراجعـه بـه آرای عمومی، مصدق پاسخ داد: «معلوم می‌شـود جنابعالی امروز صبح چرس کشیده‌اید». دکتر معظمی که دیگر نه رییس مجلس بود و نه نماینده، تهران را ترک کرد و به زادگاه خود گلپایگان رفت.[1]

وزیر کشور که خود ابتدا در مورد درستی مراجعه به آرای عمومی تردید فراوان داشـت در پیروی از تصمیم مصدق، سریعاً ترتیب آن را داد. ایـن بار اعضای حزب توده مخالفتی نکردند. در تهران ۱۵۵۵۴۴ نفر رأی موافق دادند و ۱۱۵ تن رأی مخالف. صندوق‌های موافقان و مخالفان از یکدیگر جدا بود. برای شروع رأی‌گیری، چند تن، خری را به صندوق مخالفان آوردند و در برابر فیلم‌برداران و عکاس‌ها از جانب او رأی می‌دادند!

رأی‌گیری در شهرسـتان‌ها در روز نوزدهم مرداد ماه انجام شد. جمع کل آرا در سرتاسـر کشـور نزدیک به دو میلیون بود، از آن

---

۱ - برای مأخذ این گفته‌ها نگاه کنید به جلال متینی نگاهی به ... صفحه‌ی ۳۵۲.

جمله ۷۱۰ رأی مخالف، رسماً چند تن (یا حداقل چهار نفر، ولی در هرج و مرج آن روزها، هیچ چیز به دقت روشن نشد) در جریان رأی‌گیری و زد و خوردهایی که روی داد کشته شدند و تعداد زیادی زخمی.

پس از پایان تشریفات، نخست‌وزیر در یک پیام رادیویی به ملت ایران گفت: «... اظهارات بعضی از سیاست‌مداران خارجی به این مضمون که این امر به وسیله عواملی غیر از قاطبه‌ی ملت ایران انجام گرفته صرفاً برای این است که حقیقت را مکتوم کنند و ممالک بی‌طرف دیگر متوجه نشوند که ملت ایران با یک صدا و یک دل و یک جهت نفوذ خارجی را محکوم کرده است»[1].

در پی این پیام، مصدق «اعلامیه»ی انحلال مجلس را صادر کرد.
در روز هفتم مرداد فردای روزی که این پیام ایراد و اعلامیه صادر شد، شاه و ملکه ثریا، رسماً برای استراحت تهران را ترک کرده، به رامسر و از آنجا به کلاردشت رفتند.

در کلاردشت، محمدرضا شاه درخواست مصدق را دایر به صدور «فرمان» انحلال مجلس دریافت کرد. نخست‌وزیر از رییس مملکت خواسته بود که فرمان انتخابات مجلس هجدهم را صادر کند، که البته شاه چنین نکرد. همه چیز به بن‌بست رسیده بود.

در روز ۲۳ مردادماه، در کلاردشت فرمان عزل مصدق از ریاست دولت به توشیح شاه رسید و او در فرمان دیگری «جناب فضل‌الله زاهدی» را به نخست‌وزیری منصوب کرد.

---

۱ - پیام ۲۳ مرداد ماه ۱۳۳۲.

۲۸ مرداد

فصل اول

نظامی و سیاستمدار

سـپهبد فضـلالله زاهـدی[1] در سـال ۱۲۷۲ خورشـیدی (۱۸۹۳

۱ - در باره‌ی زندگی سپهبد فضل‌الله زاهدی نگاه کنید به:
ابراهیم صفایی، زندگی‌نامه‌ی سپهبد زاهدی، تهران، انتشارات علمی، ۱۳۷۳.
مصطفی‌الموتی، بازیگران سیاسـی از مشروطیت تا سال ۱۳۵۷، روزشمار زندگی نخست‌وزیران ایران، جلد دوم از علی سهیلی تا دکتر علی امینی، لندن، پکا، ۱۳۷٤، ۱۹۹۵، صفحات ۲٦۱ تا ۳۲۵.
نورمحمد عسکری، شاه مصدق، سپهبد زاهدی، استکهلم، آرش، ۱۳۷۹.
دکتر عزت‌الله همایونفر، از سـپاهی‌گری تا سیاسـتمداری، زندگی‌نامه‌ی سـپهبد فضل‌الله زاهدی، ژنو، ۱۹۹۷.
اردشـیر زاهدی در جلد اول خاطرات خود، خاطرات اردشیر زاهدی، شامل اسناد و عکس‌ها، از کودکی تا استعفای پدر، واشنگتن ۲۰۰٦، نکات فراوانی از زندگی پدرش را نقل کرده.
و نیز: منصوره پیرنیا و داریوش پیرنیا، اردشـیر زاهدی، فرزند توفان، انتشـارات مهـر ایران پوتوماک (ایالات متحده) ۱۳۸٤، ۲۰۰۵، قسـمت اعظم کتاب به اردشـیر زاهدی اختصاص دارد ولی قسـمتی مهم از آن به خانواده‌ی او و بنابراین سـپهبد زاهدی و ماجراهای پایان حکومت دکتر مصدق و ۲۵ و ۲۸ مرداد.

میلادی) در همدان متولد شد[۱]. پدرش میرزانصرالله خان ملقب به «بصیردیوان» از ملاکین مهم منطقه بود و با خاندان قره‌گزلو که در آن هنگام عملاً پرنفوذترین بزرگ مالکان آنجا و منتسب به دربار قاجاریه بودند حسن رابطه داشت و از حمایت آنان برخوردار بود. مادرش «زهرا خانم» نیز همدانی بود.

از ازدواج میرزانصرالله خان بصیردیوان و زهرا خانم، یک پسر، فضل‌الله و سه دختر بجای ماندند. فضل‌الله از شش سالگی به تحصیل در مدارس سنتی و به خصوص نزد معلم سرخانه پرداخت و در حد متداول و میسر آن دوران درس خواند. از نوجوانی اسب‌سواری و تیراندازی را با فرزندان امیرافخم قره‌گزلو فرا گرفت و گویا با وجود خردسالی، در این قسمت استعداد فراوان از خود نشان داد.

فضل‌الله ده سال[۲] یا اندکی بیش‌تر داشت که پدرش، هنگامی که با چند سوار برای میانجی‌گری در برخورد دو طایفه‌ی منطقه که کارشان به جنگ و جدال کشیده بود، رفته و پس از انجام مقصود

پری اباصلتی و هوشنگ میرهاشم، اردشیر زاهدی و اشاراتی به رازهای ناگفته انتشارات راه زندگی، لس‌آنجلس، ۱۳۸۰، ۲۰۰۲ این کتاب مشتمل است بر مجموعه‌ای از مصاحبه‌ها و سخنرانی‌های اردشیر زاهدی و مقالات و توضیحات مفصلی در باره‌ی خانواده‌ی او، از جمله سپهبد زاهدی.

جلال‌الدین اندرمانی‌زاده، زاهدی‌ها در تکاپوی قدرت، مجموعه‌ی تاریخ معاصر ایران، تهران ۱۳۷۷، نسخه‌ای که از تهران برای من فرستاده شده به صورت فتوکپی است و نام ناشر معلوم نیست. مانند بسیاری از کتاب‌ها و مقالاتی که در ایران انتشار می‌یابند، اسناد و مطالب منتشر شده را باید با احتیاط تلقی کرد. اظهار نظرهای این کتاب از قصد اضرار به سپهبد زاهدی دور نیست. اما اسناد و مدارک آن شایان توجه است و با احتیاط لازم در صحت آنها، می‌توانند مورد استناد قرار گیرند.

۱ - ابراهیم صفایی تاریخ تولدش را ۱۲۷۵ نوشته، منبع ذکر شده صفحه‌ی ۱۴، اندرمانی زاده به استناد پرونده‌ی استخدامی سپهبد زاهدی در وزارت جنگ، تاریخ ۱۲۸۲ را تأیید کرده، منبع ذکر شده صفحه‌ی ۱۲۲.

۲ - خاطرات اردشیر زاهدی، منبع ذکر شده، صفحه‌ی ۱۳.

مشـــغول استراحت و کشیدن قلیان بود، شاید اتفاقاً، تیر خورد و در دم جان سپرد.

بصیردیوان، طبق شـــجره‌نامه‌هایی که در خانواده‌ی وی موجود اســـت[۱]. خود را از تبـــار تاج‌الدین ابراهیم معروف به شـــیخ زاهد گیلانی عارف بزرگ قرن هشـــتم هجری می‌دانســـت[۲] و به همین ســـبب هنگامی که قانون ثبت احوال به تصویب رســـید و داشتن شناســـنامه الزامی گردید، خانواده‌اش نـــام زاهدی را برای خود برگزیدند.

پـــس از مرگ بصیردیوان، چند قریه بـــه نام‌های دمق، خوربنده، چایـــان، قره‌بلاب و وی‌یر، از او به ارث مانـــد،[۳] که ابتدا زیر نظر همســـرش و ســـپس به تدبیر فضل‌الله جوان (که لقب پدرش یعنی بصیر دیـــوان به او داده شـــد) تحت نظر مباشـــرین بهره‌برداری می‌شد که «تا پایان زندگی سپهبد زاهدی قسمت عمده‌ی مصارف زندگی وی و پســـرش از این طریق و نیز فـــروش املاکش تامین

۱ - برای ملاحظه‌ی شجره‌نامه‌های مربوط به خانواده‌ی زاهدی نگاه کنید، منصوره پیرنیا، داریوش پیرنیا، اردشیر زاهدی، فرزند توفان، منبع ذکر شده.

۲ - شـــیخ زاهد گیلانی به ســـال ۱۲۹٦ میـــلادی (بنابر این در ســـال‌های آخر قرن سیزدهم) در لاهیجان درگذشـــت. آرامگاهش در نزدیکی آن شهر، یکی از زیباترین بناهای تاریخی گیلان است که گویا به دست مریدان کره‌ای یا چینی وی طراحی و ساخته شد. شیخ زاهد مریدان بسیار داشت که از نقاط مختلف ایران و کشورهای دیگر برای درک محضرش به گیلان می‌آمدند. یکی از این مریدان شـــیخ صفی‌الدین اردبیلی بود (متوفی به سال ۱۳۳٤ میلادی) که دختر شیخ زاهد را به همسری اختیار کرد. صفویه، لااقل شاه‌عباس بزرگ که در این امر اصرار داشت و مرتباً به زیارت مقبره‌ی شیخ می‌رفت، خود را از احفاد این ازدواج می‌دانستند.

نگاه کنید به :

نصرالله فلســـفی، زندگانی شـــاه عباس اول، پنج جلد، چاپ دوم، انتشارات علمی، تهران، ۱۳٦٤، جلد اول

و نیز:

Houchanug Nahavandi et yves Bomati, Shah Abaas, empereur de Perse, perrim, Paris, 1998 (ouvrage couronné par l' Academie Française en 1999)

۳ - جلال اندرمانی‌زاده، زاهدی‌ها ...، صفحه‌ی ۱۲٤.

می‌شد».[۱] در سن چهارده یا پانزده سالگی، که فضل‌الله خان وارد زندگی و فعالیت شد، نه تنها جوانی دلیر، در تیراندازی و سواری و شکار ماهر، بلکه از مبادی معلوماتی که آن روز آموخته می‌شد، بهره‌مند بود. خط و انشای دبیرانه‌ای نداشت اما فارسی را خوب می‌نوشت و خطی خوانا و پاکیزه داشت. از همان زمان به شعر فارسی و شاعران ایرانی علاقه بسیار نشان می‌داد، چنان‌که غالباً در نوشته‌ها یا گفتارهایش از ذکر ابیاتی از شعرای بزرگ خودداری نمی‌کرد.

در این زمان بود که خانواده‌اش او را به ورود در کسوت سپاهی‌گری تشویق کردند. اتفاقاً رضاخان میرپنج (سردارسپه بعدی) که در رأس قسمتی از لشکر قزاق عازم کرمانشاه بود، هنگام عبور از همدان، چون مهمان‌سرایی در شهر نبود به رسم آن زمان، به‌اتفاق همسر اولش در منزل بصیردیوان فرود آمد. همسرش را به بانوی خانه (یعنی بیوه‌ی بصیردیوان و مادر فضل‌الله خان) سپرد و خود عازم ماموریت شد. در این رفت و آمد بود که مرد نیرومند بعدی ایران، فضل‌الله جوان و بی‌باک را دید و او را برای خدمت در ارتش مناسب دانست. فضل‌الله خان در یک درگیری با دزدان مسلح سخت زخمی شده و مدتی طولانی بستری بود، که آثار این حادثه تا پایان زندگی‌اش باقی ماند. ولی پس از طی دوران نقاهت به تهران رفت، وارد مدرسه‌ی قزاقخانه شد، نزد مربیان روسی این زبان را نیز آموخت و با موفقیت از عهده‌ی امتحانات مربوطه برآمد و با درجه نایب اولی به خدمت لشکر قزاق درآمد.

بعد از انقلاب بلشویکی و سقوط تزارها بیشتر افسران روسی که در لشکر قزاق خدمت می‌کردند و ضدکمونیست بودند به همکاری خود با این واحد نظامی که دیگر وابستگی با مسکو و پطرزبورگ نداشت، ادامه دادند.

---

۱ - همان منبع، همان صفحه.

تنـــی چند از صاحـــب منصبان «ارتش ســـفید»، واحدهایی که با کمونیســـت‌ها می‌جنگیدند، نیز بعداً به آنان پیوســـتند. نایب اول فضل‌الله خان بصیردیوان با آنان محشور بود و چند تن از آنها به تکمیل اطلاعات و فنون نظامی او کمک بسیار کردند.

در آستانه‌ی کودتای سوم اسفند ۱۲۹۹، فصل‌الله خان بصیردیوان که در این میان «یاور» شده بود، در حلقه‌ی اول یاران و نزدیکان رضاخان میرپنج، که او هم دیگر فرمانده لشکر قزاق بود، درآمده و به عنوان افسری تحصیل‌کرده، بی‌باک و در عین حال مدبّر تلقی می‌شد. در فاصله‌ی میان پیروزی کودتا و پایان سلطنت قاجاریه، که همواره بر نفوذ و قدرت و محبوبیت سردارسپه افزوده می‌شد، چند ماموریت حســـاس و مهم به فضـــل‌الله خان بصیردیوان، که لقبش را کنار گذاشته و چنان‌که دیدیم نام زاهدی را برگزیده بود، محول شد و او را، پیش از آن که به سی سالگی برسد، به صورت یکی از برجسته‌ترین افسران ارتش نوین ایران درآورد.

نخستین این مأموریت‌ها، پایان دادن به فتنه‌ی سمیتقو رییس ایل شـــکاک در آذربایجان غربی و بخشی از کردستان بود. او مردی شریر، اما دلیر و بی‌باک بود. اسمعیل آقا سمیتقو با افراد خود به روســـتاهای منطقه می‌تاخت و از تجاوز به مال و جان و ناموس اهالی امتناع نداشت. مرکز فرماندهی و قدرتش قله‌ی چهریق بود و طی سال‌ها هر بار که نیروهای ضعیف دولتی بر وی می‌تاختند به خاک عثمانی می‌گریخت و بعد از چندی به ایران بازمی‌گشـــت و شـــرارت را از سر می‌گرفت. ســـرانجام چون ثروت و قدرتی به هم زد، پرچم نافرمانی سیاســـی برافراشت و دم از خودمختاری و استقلال کردســـتان زد. شـــرارت و راهزنی وی تبدیل به خطر سیاسی شـــد. حتی یک‌بار در اطراف مهاباد سی‌صد تن از قوای دولتی را که در مصاف با وی کشته شده بودند، سر برید و دستور

داد سرهای آنها را در کنار جاده‌ها به معرض تماشا بگذارند تا به اصطلاح زهر چشمی از مردم و دولت بگیرد.

بعد از کودتای سوم اسفند، نخستین هدف سردارسپه برقراری نظم و امنیت در سرتاسر کشور و پایان دادن به این قبیل سرکشی‌ها و شرارت‌ها بود. در تیرماه ۱۳۰۱ تصمیم به پایان دادن به غائله‌ی سمتیقو گرفت سرتیپ امان‌الله میرزا (سپهبد جهانبانی بعدی) به فرماندهی کل قوای منطقه منصوب شد و فضل‌الله خان بصیردیوان به معاونت او. برای ارتش نوپای آن روز ایران، کاری بزرگ در پیش بود که می‌بایست قدرت حکومت مرکزی را در منطقه‌ای بین دریاچه رضائیه و مرز ترکیه و شهرهایی چون ارومیه (رضائیه) و سلماس (شاپور) و آبادی‌های اطراف آن مستقر کند و به کشتار و غارت مردم بی‌پناه پایان بخشد.

سرتیپ امان‌الله میرزا صاحب منصبی کاردان و فارغ‌التحصیل یکی از بهترین مدارس نظام روسیه (تزاری) بود. این بار مصاف با شورشیان بر اساس یک آرایش نظامی درست و استفاده از واحدهای مسلح به توپ و مسلسل سنگین، انجام شد. شش ستون از شش نقطه به طرف قله‌ی چهریق حرکت کردند و سرانجام در تاریخ بیستم مرداد ماه ۱۳۰۱ آن محل به دست نیروهای ارتش فتح و ویران شد. اسماعیل آقا بار دیگر به آن سوی مرز گریخت و چندی بعد به قتل رسید. حمله به چهریق و فتح آن به وسیله‌ی ستون تحت فرماندهی فضل‌الله خان بصیردیوان صورت گرفت. جراید آن دوران شجاعت و تهور او را ستودند. این پیروزی آغاز شهرت او بود.

در همین روز بیستم مرداد ماه ۱۳۰۱ (۱۱ اوت ۱۹۲۲)، سردارسپه نشان ذوالفقار را به عنوان «عالی‌ترین نشان قشونی» ایجاد کرد. و اعلام شد که این نشان دارای چهار درجه خواهد بود و «کسانی

استحقاق دریافت آنرا دارند که در میدان‌های جنگ رشادت فوق‌العاده‌ای از خود نشان داده باشند.»

دو ماه و نیم بعد، در پنجم آبان ماه ۱۳۰۲، پنج تن از افسران ارتش نوین ایران برای اول بار به دریافت نشان ذوالفقار مفتخر شدند. نخستین آنها سرتیپ امان‌الله میرزا (سپهبد جهانبانی بعدی) بود. فضل الله خان بصیردیوان و افسر جوان و تا آن زمان ناشناس به نام نایب دوم غلامعلی خان (بایندر) که فرماندهی یک «واحد آتشبار» را به عهده داشت، هر دو به مناسبت شجاعت در فتح قلعه‌ی چهریق، در شمار آنان بودند.[1]

فضل‌الله خان هم‌چنین به دستور سردارسپه مأمور پایان دادن به ناامنی منطقه‌ی ترکمن صحرا شد. در این مهم نیز به سرعت توفیق یافت و در همین مأموریت بود که بنیان مسابقات اسب‌دوانی ترکمن‌صحرا را نهاد که مرکزی برای، هنرنمایی سواران چابک ترکمن و اسب‌های ترکمنی شد. این مسابقات طی سال‌ها ادامه داشت. رضاشاه پهلوی هر سال به آنجا می‌رفت و از این فرصت برای بازدید از مناطق شمال کشور و مخصوصاً دشت گرگان استفاده می‌کرد. ترتیب مسابقات اسب‌دوانی ترکمن‌صحرا موجبی برای نزدیکی فرمانده ستون اعزامی با رؤسای طوایف ترکمن و دلجویی از آنان شد. علاقه‌ی فضل‌الله خان به اسب، برای ترکمن‌ها جالب بود و ترتیب این مسابقات در حضور شاه و مقامات عالی‌رتبه‌ی مملکتی را نشانی از توجه به خود دانستند و التیامی میان آنان و حکومت پدید آمد.

*****

---

۱ - غلامعلی بایندر، بعداً جزو جوانانی بود که برای تحصیل در نیروی دریایی به ایتالیا اعزام شدند. وی نخستین فرمانده نیروی دریایی ایران گردید در روز سوم شهریور ۱۳۲۰ در حین انجام وظیفه در دفاع از کشور خود به شهادت رسید.

فضل‌الله خان بصیردیوان، بر اثر این کامیابی‌ها در سی سالگی به درجه‌ی سرتیپی رسید. او به این ترتیب جوان‌ترین سرتیپ ارتش شاهنشاهی بود، اما بر اثر نشیب و فرازهای حوادث، بیست سال در این درجه باقی ماند و از ترفیع دیگری برخوردار نشد.

سال‌های بعدی زندگی سرتیپ فضل‌الله خان، که دیگر سرتیپ فضل‌الله زاهدی نامیده می‌شد و برای خوش‌آیند سردارسپه (و بعداً رضاشاه) اصرار داشت که لقب دوران قاجارش به‌کار گرفته نشود، مملو از حوادثی بود که در تاریخ معاصر ایران ضبط شده و هم‌چنین رویدادهای خوش یا ناخوشی که در زندگی و جریان خدمت وی اثرات خوب و بد بسیار گذاشت.

زاهدی دوبار مامور خدمت در منطقه‌ی گیلان شد. بار نخست چند ماه پس از کودتای سوم اسفند و در زمان حکومت قوام‌السلطنه بود. رییس دولت و سردارسپه وزیر جنگ، با سرکشی‌های متعدد در سرتاسر کشور و حرکت‌های مختلف گریز از مرکز و سوداهای خودمختاری یا استقلال در بسیاری از نقاط روبرو بودند. نهضت جنگل در گیلان یکی از آنها بود[۱]. هم نخست‌وزیر و هم وزیر جنگ، میرزا کوچک‌خان رهبر این نهضت را مردی میهن‌دوست و مؤمن می‌دانستند و حق داشتند. با او به مذاکره پرداختند، حتی مقدمات ورود محترمانه‌ی او به تهران و استقبالی شایان فراهم شد. اما در دقیقه‌ی آخر، میرزا زیر بار نرفت و دولت ناچار از اعمال قدرت و توسل به نیروی نظامی شد.

در خرداد ماه ۱۳۰۰ (ژوئن ۱۹۲۱) زاهدی به فرماندهی یک ستون از قوای ارتش، عازم گیلان و سرکوبی شورشیان شد و به دستور سردارسپه، یک ستون کمکی نیز به فرماندهی سرهنگ شاه‌بختی

---

۱ – نگاه کنید به قسمت اول این کتاب، فصل دوم.

(سپهبد بعدی) از مناطق غرب به یاری او شتافت.

قوای دولتی دوبار با افراد میرزا کوچک و یک بار با نیروی هزار نفری تحت فرمان احسان‌الله خان، از نخستین رهبران کمونیست‌های ایران، مواجه شدند و هر سه بار پیروزی یافتند. نیروهای ارتش به فرماندهی زاهدی در رشت استقرار یافتند و امنیت و آرامش به قسمت اعظم این استان بازگشت.

در این ماجرا بود که دو خصلت برجسته‌ی زاهدی در نحوه‌ی فرماندهی و عملش دانسته و شناخته شد. نخست شجاعت شخصی و از جان گذشتگی، در نخستین مصاف با افراد میرزا، هنگامی که با تیراندازی شدید یک واحد آتش‌بار جنگلی‌ها در منطقه‌ی منجیل مواجه شد، شخصاً با چند تن از افرادش به توپ‌های آنان حمله کرد، زخمی شد و اگر دلاوری یکی از سربازانش موسوم به سبزعلی که تا آخر عمر در خدمتش باقی ماند، نمی‌بود، به احتمال قریب به یقین کشته می‌شد. ولی بر افراد طرف مقابل پیروز شد، توپ‌ها را تصرف کرد. از این برخورد گلوله‌ای تا پایان عمر در بدن زاهدی باقی ماند که گویا با شوخی به نزدیکانش، آن‌را «یادگار» آن زمان می‌نامید[1]. ولی این شجاعت برای او شهرتی فراوان در میان همکاران نظامی‌اش به وجود آورد.

خصلت دیگر زاهدی در این ماجرا، مراقبت شدید وی در حُسن رفتار افراد ارتش با مردم محل بود. به آنان تفهیم کرده بود که به یک سرزمین خارجی وارد نشده، بلکه به کمک هم‌میهنان خود آمده‌اند. هر کج‌رفتاری، ولو اندک، شدیداً مورد مواخذه قرار می‌گرفت و مسئول آن تنبیه می‌شد. در نتیجه برخلاف بعضی دیگر از لشکرکشی‌های آن زمان، از جمله در صفحات غرب و لرستان یا در جنوب خراسان، کوچک‌ترین بدرفتاری از سربازان اعزامی نسبت به مردم گیلان ذکر نشده، هیچ یک از افسران و

---

۱ - دکتر عزت‌الله همایونفر، از سپاهیگری ... متن ذکر شده صفحه‌ی ۴۰.

سربازان، و طبیعتاً خود زاهدی، پیشکش و هدیه‌ای نپذیرفتند. به جان و مال و ناموس کسی تعدی نشد و تشنجی پدید نیامد.

پس از دست‌یابی به رشت و بازگشت نظام و آرامش، به پیشنهاد فرمانده ستون اعزامی و تصویب دولت، مقرر شد برای التیام خسارات قسمت اعظم عوارض و مالیات‌هایی که طی هفت سال پیش از آن پرداخت نشده بود، بخشیده شود. مالکان از مطالبه‌ی حق مالکانه‌ی هفت سال گذشته منع شدند و خاصه عفو عمومی کلیه‌ی «یاغیان و متمردان» اعلام شد و زاهدی شخصاً در حُسن اجرای این تصمیم مراقبت کرد. به میرزا کوچک نیز اخطاری شد که دست از شورش بردارد و تسلیم شود. متأسفانه او باز هم در مقام جمع‌آوری افراد برآمد و به مقاومت پرداخت. این بار سردارسپه شخصاً به تعقیب آنها رفت و شورشیان را سرکوب کرد. میرزا به کوه‌های طالش گریخت و چنان‌که دیدیم در آنجا کشته شد.

در تاریخ دهم آبان ماه ۱۳۰۰، اول نوامبر ۱۹۲۲، سردارسپه طی پیام، پایان «غائله» را به قوام‌السلطنه، رییس دولت، اعلام و گزارش کرد و از او خواست که مراتب را به «شرف عرض اعلیحضرت اقدس شهریاری» برساند که اندکی بعد مراتب «رضامندی» احمدشاه به او و ارتشیان ابلاغ شد.

مأموریت دیگر زاهدی در گیلان، در آغاز سلطنت رضاشاه در سال‌های ۱۳۰۶ تا ۱۳۰۸ بود، که به فرماندهی لشکر شمال و در عمل نمایندگی تام‌الاختیار دولت در گیلان برگزیده شد و بار دیگر در رشت مستقر گردید.

طی این دو سال، سرتیپ زاهدی بانی برنامه‌های عمرانی و فرهنگی متعدد در رشت و شهرهای دیگر گیلان شد. از آن جمله

بود تهیه طرح و آغاز اجرای ساختمان «بلدیه» و عمارات اطراف آن و میدان مرکزی شهر و همچنین طرح نخستین نقشه شهرسازی این شهر، پشتیبانی از فعالیت‌های «جمعیت معارف گیلان» به منظور نشر فرهنگ در منطقه و از جمله اختصاص یک قطعه زمین در مجاورت ساختمان «بلدیه»، شهرداری، برای ساختمان یک کتابخانه‌ی عمومی که به سرعت جامه‌ی عمل پوشید (موسوم به کتابخانه و قرائت‌خانه‌ی ملی رشت که بعداً توسعه یافت و هنوز دایر است). ایجاد یک مدرسه‌ی موسیقی به مدیریت ابوالحسن صبا (موسیقی‌دان معروف) و دعوت از کلنکل وزیری استاد سرشناس موسیقی ایرانی برای نظارت بر برنامه‌های آن، ترتیب کنسرت و برنامه‌های موسیقی و تاتر در شهر، طراحی نقشه شهری برای بندرپهلوی و ...

اجرای این برنامه‌های فرهنگی و هنری و نیز تخریب بقعه‌ای به نام «آقا سیدابوجعفر» در مجاورت محل شهرداری، نارضایتی بعضی از روحانیون و متشرعین محل را برانگیخت که رضاشاه برای آرام ساختن آنان، سرتیپ زاهدی را از گیلان فراخواند و به مأموریتی دیگر گماشت. اما همین اقدامات برای شناساندن زاهدی به عنوان فرمانده و افسری سازنده، نوآور و فرهنگ‌پرور کافی بود. شهرت یافت که هم اهل رزم است و هم اهل تدبیر و سیاست. و همین سبب بروز دشواری‌های فراوان در سال‌های بعدی خدمتش شد. چرا که به آسانی زیر بار دستورات نمی‌رفت، عقیده‌ی خود را بیان می‌کرد و مخصوصاً به گفت و شنود با مخالفان و مسالمت در امور سیاسی پای‌بند بود.

در فاصله‌ی دو ماموریتش در منطقه‌ی شمال و استان گیلان، سرتیپ فضل‌الله زاهدی در فیصله دادن به بحرانی به مراتب بزرگ‌تر و خطرناک‌تر که بازتاب‌های بین‌المللی نیز داشت، یعنی فتنه و سرکشی و در نهایت امر استقلال‌طلبی شیخ خزعل در

خوزستان، سهم و نقش عمده‌ای ایفا کرد[1].

*****

شیخ خزعل، فرزند شیخ جابر، از سال ۱۲۷۶ خورشیدی عملاً بر قسمت اعظم مناطق جنوبی خوزستان حکومت داشت.
پس از درگذشت شیخ جابر که ناصرالدین شاه به وی لقب نصرت‌الملک داده بود پسر ارشدش شیخ مزعل جانشین او شد و قدرت و نفوذ پدر را با کمک دولت بریتانیا و با استفاده از ضعف و بی‌اعتنایی دربار قاجاریه توسعه داد. خزعل از ناصرالدین شاه عنوان «خان» و لقب معزالسلطنه گرفت. وصول مالیات خوزستان به چهل هزارتومان در سال به صورت مقاطعه به وی تفویض

---

۱ - در این باره نگاه کنید به:
مصطفی‌الموتی، بازیگران سیاسی ... صفحات ۲۸۱ تا ۲۸۳.
دکتر عزت‌الله همایونفر، از سپاهیگری تا ... صفحات ۵۵ تا ۸۸.
نورمحمد عسکری، شاه، مصدق، سپهبد زاهدی، صفحات ۲۱۷ تا ۲۲۸.
ابراهیم صفایی زندگینامه ... صفحات ۳۹ تا ۴۳.
اردشیر زاهدی در خاطرات خود (منبع ذکر شده) اشارات کوتاهی از قول پدرش در این باره دارد، صفحات ۲٤ تا ۲۸.
و نیز سفرنامه‌ی خوزستان، از سردارسپه.
حسین مکی، تاریخ بیست ساله ایران، انقراض قاجاریه و تشکیل سلسله دیکتاتوری پهلوی جلد سوم، چاپ جدید، انتشارات امیرکبیر، تهران، ۱۳۵۷ صفحات ۱۵۳ الی ۳۰۳، مولف در این «چاپ جدید» که بعد از انقلاب منتشر شده است تا حدی به دفاع از شیخ خزعل و خاصه سیدحسن مدرس که با وی همداستان بود، پرداخته و حرکت معروف به «کمیته قیام سعادت» را ستوده است. در ضمن قسمت اعظم خاطرات سفر خوزستان سردارسپه نیز با چند مدرک جالب دیگر در این کتاب انتشار یافته است.
حسین مکی نوشته: «آزادیخواهان در ملحق نشدن به قیام خزعل پانزده سال تازیانه و مرگ را استقبال کردند ولی مختصر خدشه‌ای هم در خاطر آنها نگذشت که کاش با کمک فاسد رفع فسادی را کرده بودند» منبع ذکر شده، صفحه‌ی ۲۹٦ و سپس می‌افزاید «مسئولیت این امر زیاد بود و شاید به قیمت خوزستان تمام می‌شد و ملّیون و شاه هر دو بر صلاح مملکت و به ضرر خود اقدام کردند» همان منبع، همان صفحه.

شد که گاه می‌پرداخت و غالباً نمی‌پرداخت. اما با ارسال هدایای گران‌قیمت و قبول بعضی «حواله‌جات» دربار رابطه‌ی خود را با ناصرالدین شاه حفظ کرد و مورد عنایت او بود.

مقر قدرت و حکومت شیخ جابر و شیخ مزعل در محمره (خرمشهر بعدی) بود. آنان در کاخی مجلل موسوم به «قصر فیلیه» می‌زیستند. قدرت مزعل به آنجا رسید که قنسول انگلیس در محمره با کسب موافقت قبلی وی (و نه دولت مرکزی) تعیین می‌شد و کشتی‌های هندی یا انگلیسی وقتی در برابر اقامتگاهش می‌رسیدند، به احترام وی چند تیر توپ شلیک می‌کردند و توپخانه‌ی کنار دروازه‌ی قصرش به آنان پاسخ می‌داد. حکمرانان خوزستان مقیم شوشتر بودند، در مقابل نفوذ شیخ جابر و شیخ مزعل و حسن رابطه‌ی آنان با دربار ناتوان قاجار، قدرتی در منطقه نداشتند و حتی ناصری (اهواز بعدی) در تحت تسلط جابر و مزعل، و پس از آن دو خزعل بود.

در خرداد ۱۲۷۶، مزعل، هنگامی که قصد داشت بر یکی از کشتی‌هایش سوار و عازم گردش شود، به تحریک برادر کوچکترش شیخ خزعل به قتل رسید. سپس خزعل به کشتار اقوام دیگر خود پرداخت. چهارده نفر از آنان را شخصاً به قتل رساند. دو برادرزاده‌ی خردسالش را با فرو کردن آهن گداخته در چشمانشان کور کرد که سال‌ها با وضعی فجیع می‌زیستند. به دستور او تنی چند از نزدیکانش نیز مسموم شدند. خزعل تمام ثروت برادرش را نیز تصاحب کرد و در ۲۴ سالگی، جانشین بلامنازع او شد. مظفرالدین شاه این «تحویل و تحول» را به رسمیت شناخت، به شیخ خزعل لقب سردار اقدس داد و امتیازاتش را تأیید کرد. حتی خزعل یکی از دختران حسینقلی خان نظام‌السلطنه را موسوم به بتول خانم به همسری اختیار کرد و وی را به زنان

متعدد حرمسرایش افزود.
در آغـــاز بهره‌برداری از نفـــت مناطق جنوب، حمایت سیاســـت اســـتعماری بریتانیا از شیخ خزعل افزایش یافت. اراضی مناطق نفتی و پالایشـــگاه آبادان، از او خریداری شـــد و حتی به دستور انگلیس‌ها، معاملات عمده‌ی اراضی در تمام منطقه و شهر ناصری (اهواز) می‌بایســـت با اجازه‌ی قبلی وی صورت گیرد[1] که این، هم امتیاز و منبع درآمدی برای شیخ بود و هم وسیله‌ای برای مراقبت در فعل و انفعالات منطقه.

شیخ خزعل در سال‌های جنگ جهانی اول در حوزه‌ی «حکم‌رانی» خود، حافظ منافع انگلیس بود و به ســـبب همین خوش‌خدمتی به دریافت دو نشـــان مهم سنت میشل و سنت جرج از دربار بریتانیا نائل آمد. لندن قبلاً در قراردادی او را رسماً «تحت‌الحمایه»ی خود اعـــلام کرده بود[2]. به اتفاق نظر همه‌ی مورخان، خزعل مردی بود خون‌خوار، غارت‌گـــر، بی‌رحم و عیاش. به ثـــروت فراوانش، به حمایت «دولت فخیمه»، به یاران و هم‌دســـتانش در پایتخت ایران و به روابطی که با ایلات مناطق مختلف جنوب کشور ایجاد کرده بود، اتکا داشت و بسیار مغرور بود.
پـــس از پایان جنـــگ اول جهانی و تجزیـــه‌ی امپراتوری عثمانی، هنگامـــی که با حمایت انگلیس ملک‌فیصل فرزند شریف‌حســـین، امیر حجاز به سلطنت عراق و ملک‌عبدالله برادرش به امارت کشور ماوراء اردن (هاشـــمی اردن امروز) رسیدند، شیخ خزعل که خود را کم‌تر از آنان نمی‌دانست و ثروت و درآمد و نیروی نظامی کافی در اختیار داشت، به فکر استقلال کامل خوزستان افتاد. در لندن که از خطر تســـلط بلشویک‌ها بر ایران بیمناک بود، این «راه حل» که ضامن حفظ منافع و منابع نفتی امپراتوری بریتانیا در جنوب

۱ - ابراهیم صفایی، زندگینامه ... منبع ذکر شده، صفحه‌ی ۳۲.
۲ - قرارداد ۱۵ اکتبر ۱۹۱۰، میان نماینده‌ی دولت بریتانیای کبیر و شیخ خزعل.

ایران به نظر می‌رسید، مورد توجه قرار گرفت و حمایت «دولت فخیمه» از شیخ علنی‌تر گشت.

کودتای سوم اسفند ۱۲۹۹ و مخصوصاً پی‌آمدهای آن یعنی برکناری سیدضیاءالدین و آغاز اعتلای رضاخان سردارسپه، همه‌ی این معادلات را به هم زد. سید ضیاء دست نشانده‌ی انگلیس‌ها بود و مواظب تأمین هدف‌های سیاسی آنان در ایران، رضاخان سوداهای دیگری در سر داشت و به راه کمال‌آتاتورک می‌رفت. بدین ترتیب لندن دریافت که ممکن است سر نخ سیاست ایران را که بیش از یک قرن در اختیارش بود از دست بدهد و شیخ نیز متوجه شد که دیگر در تهران با قدرتی ملی و در مقام تمرکز امور مملکتی مواجه است و نگران شد. نامه‌ای که به تاریخ اول مرداد ماه ۱۳۰۱ (۱۷ شهر ذیحجه ۱۳۴۰ چنان که در اصل مراسله آمده است) به «جناب جلالت‌مآب اجل دوست محترم کپیتان والیس کنسول دولت فخیمه‌ی انگلیس دام اقباله» نوشته[1] مبین این معنی است که در پاسخ آن انگلیس‌ها به او قول مساعدت و اطمینان خاطر دادند. با این حال شیخ کوشید که نظر محبت سردارسپه را که دیگر مرد نیرومند کشور شده بود جلب کند.
در مهرماه ۱۳۰۲ نامه‌ای برای او نوشت و دو زره‌پوش انگلیسی را که به تازگی به قیمت ده‌هزار پوند خریده بود، به ارتش نوبنیاد ایران تقدیم کرد.
بروز اختلافات علنی میان سردارسپه و احمدشاه، نغمه‌ی جمهوری در پایتخت و شهرهای کشور و سرانجام حرکت شاه به اروپا، شیخ خزعل را بر آن داشت که از فرصت استفاده کند و پرچم استقلال خوزستان را برافرازد. سلطان احمدشاه در راه سفر سومش به فرنگ چند روزی میهمان شیخ بود. شرح مخالفت

۱ - تصویر و متن نامه در ابراهیم صفایی، زندگینامه ... منبع ذکر شده صفحات ۳۵ تا ۳۷.

و دشمنی‌اش را با سردارسپه شنید. تشویقش نکرد اما مخالفتی هم ابراز ننمود. شیخ این سکوت را علامت رضا دانست. خاصه آن‌که در تهران نیز محمدحسن میرزا ولیعهد در رأس مخالفان سردار قرار داشت و کسانی چون سیدحسن مدرس با وی همکاری می‌کردند. برای خزعل همه‌ی اینها علائم مساعدت اوضاع با دعوی او به سرکشی و استقلال داشت. در خوزستان «کمیته‌ی قیام سعادت» و اتحادیه‌ی عشایر جنوب اعلام وجود کرد. شیخ خزعل در رأس کمیته بود و گروهی از سران عشایر بختیاری، بخصوص یوسف خان امیرمجاهد در کنارش بودند.

لندن به این حرکت با نظر مساعدت و موافقت می‌نگریست و آن را وسیله‌ای برای تضعیف سردارسپه می‌دانست. محاسبه‌ی انگلیس‌ها روشن بود. یا خزعل توفیق کامل می‌یافت و در آن صورت اگر نه استقلال، لااقل خودمختاری خوزستان مسجل، و سردارسپه در تهران از قدرت ساقط می‌شد که این «راه حل» ضامن تأمین حداکثر منافع آنان بود. یا میان شیخ و سردار نوعی مصالحه ایجاد می‌شد و این ضربه‌ای به قدرت فزاینده‌ی رضاخان و در نتیجه بازگشت احمدشاه به صحنه‌ی سیاست ایران بود که آن هم به‌زیان انگلستان نبود. در هر صورت لندن خود را بازنده‌ی این بازی نمی‌دانست و شیخ خزعل را تشویق کرد.

کمیته‌ی قیام سعادت تشکیل شد. گروه کثیری از رؤسای عشایر جنوب، بختیاری‌ها، بویراحمدی‌ها و ممسنی‌ها به آن پیوستند، حتی زمزمه‌ی الحاق قشقایی‌ها برخاست گرچه آنان هرگز عامل چشم بسته لندن نبودند. سرهنگ رضاقلی‌خان ارغنون که از سوی سردار، از یک سال پیش در ناصری (اهواز) مأمور تشکیل یک واحد از ارتش نوین ایران شده بود، نیز به کمیته پیوست و با دریافت وجوه و پاداش کافی مأمور نظم دادن به سپاهیان کمیته‌ی

قیام سعادت شد. میان شیخ با محمدحسن میرزا ولیعهد و نایب‌السلطنه و سیدحسن مدرس و بعضی از مخالفان سردارسپه ارتباط دائمی برقرار بود. شیخ نماینده‌ای به فرانسه نزد سلطان احمدشاه فرستاد و از او خواست که به خوزستان بیاید و اطمینان داد که با نیرویی که فراهم شده راه بازگشت مظفرانه‌اش به تهران و پایان دادن به قدرت سردارسپه برایش باز خواهد بود. حساب شیخ نیز روشن بود یا با کمک احمدشاه موفق می‌شد و پاداش خود را که خودمختاری خوزستان و تجدید قدرتش بود، می‌گرفت و یا بدون کمک احمدشاه توفیق می‌یافت و خود امیر یا سلطان عربستان (خوزستان) مستقلی تحت حمایت امپراتوری بریتانیا می‌گردید. عجب آن‌که، چنان به قدرتش مغرور بود که هرگز حساب شکست را نکرد و همین غرور و کم انگاشتن اراده‌ی سردارسپه، پایان کار و فروپاشی قدرتش را محتوم ساخت.

سلطان احمدشاه پاسخی به شیخ نداد چرا که اتخاذ تصمیم قاطع در خلقیاتش نبود و منتظر حوادث ماند. بعداً موافقانش این رویه را نشانی از وطن‌پرستی او دانستند[۱] و منتقدانش آن را تعبیر به هم‌دستی باطنی با شیخ خزعل کردند. بخصوص که شیخ از حمایت محمدحسن میرزا نیز برخوردار بود[۲].

سردارسپه می‌دانست که سرنوشت سیاسی‌اش در گرو این ماجرا است و تصمیم به مقابله با شیخ خزعل گرفت. سرتیپ فضل‌الله زاهدی را به «حکومت کل» خوزستان و فرماندهی قوای نظامی مقیم و مستقر در منطقه برگزید. برخورد میان دو حریف دیگر اجتناب‌ناپذیر شده بود.
شیخ در پاسخ تلگرام محبت‌آمیز سردار که راهی برای مصالحه باز

---

۱ - چون حسین مکی.
۲ - سردارسپه در سفرنامه‌ی خوزستان.

می‌گذاشت از طریق سفارت ترکیه در تهران پیامی به او مخابره کرد که «من اصلاً شما را به ریاست دولت نمی‌شناسم شما مردی غاصب هستید. شاه قانونی و مشروطه‌ی مملکت را بی‌گناه بیرون کرده و پایتخت را اشغال نموده‌اید و غاصبانه بر قوای دولت دست انداخته‌اید»[۱].

به موازات این پیام‌ها، به تلقین شیخ، سرکردگان عشایری که به دور او گرد آمده بودند از یک طرف و گروهی از روحانیون خوزستان از طرف دیگر پیام‌هایی به مجلس شورای ملی مخابره کردند. پیام رؤسای عشایر به عربی بود! آنها اظهار داشتند:

> «ما رؤسای طوایف عربستان قرن‌ها است پدر بر پدر در این سرزمین سکونت داریم. از روزی که این بیابان بی‌آب و علف بوده تا امروز که معمور شده، ما همگی اتباع رییس معظم خود شیخ خزعل و همه رعیت دولت ایرانیم...، از حسن نیت حکومت نسبت به خودمان مشکوک شده و همگی در اطراف رییس محبوب‌مان شیخ خزعل جمع شده... با کمال صراحت منظور بزرگ و غایی خود را از مجلس می‌طلبیم، یعنی مصراً تقاضا داریم شاهنشاه معظم مشروطه‌ی ایران احمدشاه به مملکت خود برگردد و به وسیله‌ی جنابعالی از مجلس ملی جواب می‌خواهیم. اگر خدای نخواسته مفسدین نگذاشتند مجلس به عرض ما توجه کند و اگر حاجت مشروع ما برآورده نشود، ما اهالی عربستان با اتکاء به حول و قوه‌ی خداوند و با کمک ایلات وطن‌پرست و هم قسم خود تصمیم قطعی داریم که به وسیله شمشیر مقصود مقدس خود را به چنگ آوریم. بذل جان و شرف و مال برای ما در این راه ارزان و آسان

۱ - متن این پیام در همه کتب و تواریخ مربوط به این دوران ذکر شده.

است»[۱].
رییس مجلس مؤتمن‌الملک که دولتمردی به حد افراط مقید به رعایت اصول بود، پیام‌ها را قاب کرد، در سرسرای مجلس آویخت و به اطلاع نمایندگان رساند[۲]... موتمن‌الملک در پاسخ مفصل خود به سران عشایر خوزستان نوشت:

«فداکاری و مساعی جمیله که در ایام گذشته در حفظ حقوق مملکت به عمل آمده است، جای تقدیر و تمجید است و به همین لحاظ است که انتظار می‌رفت و می‌رود که آقایان تأسی به خدمات سابقه نموده و این شیوه‌ی مرضیه را از دست ندهند و به شرایط مملکت‌خواهی عمل نمایند... شرط اعظم وطن‌خواهی حفظ حقوق حکومت مرکزی و اطاعت دولتی است که طرف اعتماد مجلس شورای ملی است... اما در موضوع مسافرت و معاودت بندگان اعلیحضرت اقدس همایونی خلدالله ملکه و سلطانه باید این قضیه را خاطرنشان نمایم که اعلیحضرت همایونی به میل خود راهی معالجه به اروپا تشریف برده‌اند و هر زمانی که اراده فرمایند به مقر سلطنت خود مراجعت می‌فرمایند...»[۳]

مؤتمن‌الملک در پیام دیگر خود قاطعیت بیان بیشتری نشان داد:

«... با منش تحریک‌آمیزی که از خود بروز داده اختلال امور خوزستان را فراهم نموده‌اید. چون تظاهر به این اعمال از شرط ملت‌خواهی دور و موجب مسئولیت است... تذکر می‌دهم که از رفتار فعلی صرفنظر و نگذارید دامنه‌ی اختلال توسعه پیدا نماید... بدیهی است از

۱ - ترجمه‌ی فارسی پیام به قراری که به اطلاع مجلس رسید، حسین مکی، تاریخ بیست ساله‌ی ایران، جلد سوم، صفحات ۱۶۶-۱۶۷.
۲ - این عمل موجب گله سردارسپه شد که در سفرنامه‌ی خوزستان ابراز داشته.
۳ - تاریخ بیست ساله‌ی ایران، جلد سوم، ۱۶۷-۱۶۸.

هرگونه مخالفت و اقداماتی که ناشی از تمرد و تجاوز از امر مرکزی است خودداری خواهید نمود»[۱].

تکلیف شیخ خزعل روشن بود. او رو در روی «دولت قانونی که طرف اعتماد مجلس شورای ملی است» و قوه‌ی مقننه قرار داشت و حرکتش فاقد هر نوع وجهه‌ی ملی بود. شیخ نه میزراکوچک میهن‌دوست و ساده ولی پاک‌دل بود، نه کلنل محمد تقی‌خان. او عامل و بازیچه‌ی سیاست بریتانیا برای تضعیف ایران بود و موتلف با ولیعهد و سیدحسن مدرس که در همان جهت اقدام و عمل می‌کردند و پیاپی پیام‌های تشویق‌آمیزی برای او می‌فرستادند که امروزه منتشر شده و در دسترس است[۲].

در پانزده مهر ۱۳۰۳، ۷ اکتبر ۱۹۲۴، سردارسپه به سرتیپ زاهدی «حاکم کل خوزستان» و فرمانده قوای اعزامی دستور شروع عملیات را داد. نخستین برخورد میان دو طرف در نزدیکی بهبهان روی داد. با وجود برتری تعداد شورشیان، ستون تحت فرماندهی سرتیپ زاهدی که از شش‌صد نفر بیش‌تر نبود، با برخورداری از حمایت دو هواپیمای نیروی نوبنیاد هوایی ایران، موفق شد و شورشیان را به عقب راند. برخورد دوم در زیدون صورت گرفت و بار دیگر پیروزی نصیب سرتیپ زاهدی شد.

با این احوال، شیخ خزعل اردویی معادل شصت‌هزار نفر که قسمت اعظم آن از عشایر خوزستان و افراد ایل بختیاری به سرکردگی امیرمجاهد بودند در اطراف ناصری گرد آورده بود که در بادی امر قوه‌ای شکست‌ناپذیر به نظر می‌رسید.

در بیستم آبان ماه ۱۳۰۳، ۱۱ نوامبر ۱۹۲۴، سردارسپه که خود را در دوراهی سرنوشت می‌دید، برای یک‌سره کردن کار، از

---

۱ - همان منبع، صفحات ۱۶۹ تا ۱۷۴.

۲ - متن این یادداشت در اسناد دیپلماتیک هر دو کشور موجود است و انتشار یافته.

طریق اصفهان به سوی جنوب حرکت کرد. «می‌روم که یا آخرین نغمه‌های ملوک‌الطوایفی را از میان بردارم یا در زیر خرابه‌های شوش مدفون شوم». رضاخان می‌دانست که اگر پیروز شود، راه رسیدن به پادشاهی برایش گشوده خواهد شد و نیز می‌دانست که شکستش، نقطه‌ی پایان همه‌ی بلندپروازی‌هایش خواهد بود.

در ۲۳ آبان ماه وزیر مختار انگلیس در تهران، یادداشت اعتراض‌آمیز شدیداللحنی به وزارت امور خارجه تسلیم نمود و طی آن متذکر شد که:

«حمله قشون ایران به قوای شیخ خزعل مغایر منافع انگلستان است... و با توجه به اینکه دولت اعلیحضرت پادشاه... تعهد کرده است که از جان و مال شیخ خزعل و اتباع او حمایت کند، از این رو در صورت ادامه عملیات نظامی، دولت بریتانیا ناگزیر خواهد بود که برای دفاع از جان و مال شیخ و اتباع او هر اقدامی که لازم است به عمل آورد»[۱].

ذکاءالملک فروغی وزیر مالیه و کفیل امور دولت در غیاب سردارسپه، مفاد پیام فرستاده‌ی بریتانیای کبیر را به وی مخابره کرد. رییس دولت در پاسخ مقرر داشت که یادداشت عیناً به وزیر مختار لندن پس داده شود، چرا که موضوع مربوط به امور داخلی کشور است و یک دولت خارجی حق مداخله در آن را ندارد. مشارالملک وزیر امور خارجه نیز به دستور ذکاءالملک به همین ترتیب عمل کرد.

سه روز بعد از عزیمتش از پایتخت، سردارسپه در اصفهان بود. کنسول انگلیس به دیدارش آمد و نگرانی دولت متبوعش را از خطر بروز برخوردی در مناطق نفت‌خیز تکرار کرد.

---

۱ - متن این یادداشت در اسناد دیپلماتیک هر دو کشور موجود است و انتشار یافته.

در روز بیستم آبان، سردار راهی شیراز شد. در شیراز هم سرکنسول بریتانیا با وی ملاقات داشت و از او خواست که از ادامه‌ی مسافرتش خودداری کند. رییس دولت به وی گفت که: «بدون آن که جنگی در بگیرد خزعل را روانه‌ی تهران خواهد کرد و اگر خزعل به شیراز بیاید و از رفتارش عذرخواهی کند ممکن است از سفر به خوزستان صرف‌نظر نماید».[1]

گویا این پیشنهاد به وسیله‌ی کنسول انگیس در محمره به اطلاع خزعل رسید[2]. اما غرور شیخ و اتکای او به قوایی که در اطراف ناصری گردآورده و امکانات مالی که داشت و حمایت‌هایی که از تهران به او می‌رسید، به حدی بود که آن را نپذیرفت. همچنین او خود را برای حفظ منافع انگلستان آن قدر ضروری می‌دید که تصور نمی‌کرد لندن، از وی حمایت نکند. همان‌قدر به امکانات خود متکی بود که بر قدرت امپراتوری بریتانیا.

در روز بیست و ششم آبان سردارسپه وارد بوشهر شد که از آنجا با کشتی عازم خوزستان شود و باز در بوشهر سرکنسول انگلیس در این شهر به دیدارش آمد و همان درخواست‌ها را تکرار کرد و چون مأیوس گردید، متن تلگرافی از سرپرسی لورن وزیر مختار انگلیسی را که آن روزها در بغداد بود ارائه داد که از سردار تقاضای وقت ملاقات کرده بود. رییس دولت به وی گفت: «در ناصری یا در محمره» رضاخان دیگر قصد داشت کار را یکسره کند.

پیشروی قوای تحت فرمان سرتیپ زاهدی به سوی ناصری (اهواز)

---

۱ - سفرنامه خوزستان.
۲ - نور محمد عسکری، شاه مصدق، سپهبد زاهدی ... منبع ذکر شده، صفحه‌ی ۲۲۳.

همچنان ادامه داشت. هواداران انبوه خزعل تا آن روز جنگ واقعی ندیده بودند. تیراندازی و بمباران چند هواپیمای نیروی هوایی ایران آنها را سخت مرعوب کرده بود و دسته‌دسته به سپاهیان دولتی تسلیم می‌شدند. انگلیس‌ها از بروز ناامنی در مناطق نفتی نگران شده بودند. حساب آنان هم در باره‌ی قدرت شیخ نادرست بود و هم در باره‌ی اراده‌ی سردارسپه. همان وضعی که یک ربع قرن بعد در آذربایجان با تجزیه‌طلبان پیشه‌وری پیش آمد که آنان متزلزل و ناتوان و تنها متکی به حمایت روس‌ها بودند و قوام‌السلطنه مصمم به نجات منطقه و بازگرداندن وحدت و تمامیت ایران.

سرپرسی لورن خود را به محمره رساند و به دیدار شیخ رفت. او را نگران و وحشت‌زده و به خصوص بیمناک از ملاقاتی با سردارسپه دید. شیخ تقاضا کرد که در هر ملاقاتی با سردارسپه او (وزیر مختار انگلیسی) نیز حضور داشته باشد که البته برای رییس دولت ایران قابل قبول نبود[1]. سرانجام، گویا به توصیه‌ی فرستاده‌ی لندن، خزعل، پیامی دوستانه برای سردارسپه فرستاد. پاسخ سردار فوری و روشن بود:

> «آقای سردار اقدس. تلگراف شما را دریافت کردم. معذرت و ندامت و اظهار تأسف شما را می‌پذیرم. البته در صورت تسلیم قطعی. فرماندهی کل قوا و رییس‌الوزرا»

شیخ، پسر ارشدش سرداراجل را به دیدار رضاخان سردارسپه فرستاد. برای «فرمانده کل قوا و رییس‌الوزرا» این قدم کافی نبود. با وجود آن‌که بسیاری از تفنگچیان شیخ و افراد مسلح امیرمجاهد بختیاری، ناصری (نام سابق اهواز) را در تصرف داشتند، او با عده‌ی کمی از قوای نظامی روز سیزدهم آذرماه ۱۳۰۳ وارد

۱ - گزارش سر پرسی لورن به وزارت امور خارجه بریتانیا، منقول از نورمحمد عسکری... صفحه ۲۲۴.

اهواز شد، مستقیماً به قصر مجلل خزعل رفت و در آنجا استقرار یافت. به این ترتیب مرکز حکومت خزعل که تا چند روز پیش سودای استقلال خوزستان را داشت، تحت تصرف و تسلط فرمانده کل قوا و رییس‌الوزرای دولت مرکزی قرار گرفت و سردار عملاً و بدون خون‌ریزی در آنجا مستقر شد.

شیخ خزعل به خانه‌ی محقری در شهر فرود آمده و در انتظار رخصت «شرفیابی» بود. روز چهاردهم آذر به او اجازه داده شد که به حضور سردارسپه بار یابد. با خضوع و خشوع بسیار آمد و در حضور جمع به پای مرد توانای ایران افتاد و «استدعای عفو» کرد که پذیرفته شد. سردارسپه به او اجازه داد به اتفاق مرتضی‌قلی‌خان بختیار به کشتی‌اش برود و آنجا را محل اقامت خود قرار دهد.

سرکشی شیخ خزعل و دعوی استقلال «عربستان» و ماجرای «کمیته‌ی قیام سعادت» رسماً به پایان رسید. امیر پرنخوتی که تا اندکی پیش از آن می‌خواست با حمایت لندن، سلطان قسمتی از خاک ایران شود، سرشکسته و منفعل به کشتی خود بازگشت، اما نه تحریکات وی پایان پذیرفت و نه دلگرمی‌هایی که از سوی محمدحسن میرزا و سیدحسن مدرس و گروه مخالفان سردارسپه از تهران به او داده می‌شد.

با تأیید دولت، سرتیپ زاهدی حاکم کل خوزستان، دستور داد که نام شهرهای منطقه که از یک قرن پیش به تدریج عربی شده بود به فارسی برگردد. ناصری اهواز شد، محمّره، خرمشهر... تدریس زبان فارسی در مدارس اجباری گردید و جوان‌ها تشویق شدند که لباس‌های عربی را ترک کنند.

سرتیپ زاهدی همان روش راهبری امور را به کار برد که پیش‌تر طی مدتی کوتاه در گیلان به آن عمل کرده بود. خشونتی نسبت به اهالی به عمل نیامد. ارتش تحت فرمان او نسبت به محترمین و

معتمدین محل و کلیه‌ی اهالی با احترام و نزاکت رفتار کرد.
به مال و امنیت کسی تجاوز نشد. هیچ یک از افراد دولتی و نظامی جرأت اخاذی از مردم را نداشتند. زاهدی حتی با خزعل با احترام کامل رفتار کرد و شیخ که در صدد «خریداری» او بود، با او تظاهر به حداکثر دوستی را می‌کرد.
در بهمن ماه ۱۳۰۳، سردارسپه در تلگرامی از شیخ دعوت کرد که به تهران بیاید و در پایتخت کشور سکونت نماید. شیخ این دعوت را نپذیرفت و به اقدامات «محرمانه»اش (که در نهایت امر محرمانه نمی‌ماند) بر ضد دولت مرکزی ادامه داد. نتیجه آن‌که سردارسپه با پیام رمز به سرتیپ زاهدی دستور داد تا خزعل را جلب، بازداشت و به تهران اعزام دارد.

حاکم کل خوزستان در انتظار فرصت مناسب بود. در شب سی‌ام فروردین ۱۳۰۴ شیخ خزعل، وی و چند تن از نزدیکانش را به یک ضیافت شام و شب‌نشینی و گردش روی آب در کشتی شخصی‌اش دعوت کرد و چون مردی محتاط و طبیعتاً بدگمان بود، دستور داد تعداد تفنگداران و محافظانش را دو برابر کنند و نیز یک دسته نوازنده‌ی لبنانی و چند رقاصه، که آنان را همه‌ی راویان «زیبا» توصیف کرده‌اند، به این مجلس بزم دعوت کرد.
سرتیپ زاهدی فرصت را برای اجرای دستور فرمانده کل قوا مناسب دید. در خرمشهر شهرت داده شد که قسمت اعظم نظامیان به اهواز برخواهند گشت. زاهدی به یکی از همکارانش، سرهنگ شوکت، دستور داد که هفتاد نفر از افراد ارتش را به عرشه‌ی ناوچه‌ی جنگی خوزستان سوار کند و نزدیک غروب به سوی اهواز حرکت دهد. هنگامی که شوکت برای کسب اجازه‌ی مرخصی به نزد فرمانده خود رفت، سرتیپ زاهدی برای تودیع با او دست داد و نامه‌ی سر به مُهری را به او سپرد و گفت که چون سه میل دریایی از خرمشهر دور شد، نامه را باز کند.

«سربازان هوراکشان لنگر می‌کشند و مردم که در ساحل ایستاده بودند با همدیگر صحبت می‌کردند که عاقبت لیره‌های خزعل کار خودش را کرد. زاهدی را هم با خود همراه نمود که نظامی‌ها به تدریج محمره را ترک می‌کنند»[1].

سرهنگ شوکت طبق دستور فرمانده‌ی خود عمل کرد. دستور چنین بود که وقتی سه میلی از ساحل دور شدید، کشتی را نگاه داشته چراغ‌های آن را به کلی خاموش کنید و به نفرات هم دستور دهید که سکوت مطلق را رعایت نمایند و با نهایت سکوت، با دو قایق و بیست نفر سرباز و درجه‌دار کار کشته خود را به کشتی شیخ برسانید و فوراً همه نگهبانان و خدمه‌ی کشتی را توقیف کنید.

به این ترتیب به ابتکار سرتیپ زاهدی یک طرح ضربتی یا «عملیات کوماندویی» چنان‌که بعداً گفته شد، به مرحله‌ی اجرا درآمد. سربازان و گروهبانان سرهنگ شوکت در تاریکی وارد کشتی شیخ شدند. کارکنان کشتی سرگرم پذیرایی و نگهبانان که احساس خطر نمی‌کردند از دور به تماشای رقاصان نیمه‌لخت مشغول بودند. همه در کم‌تر از سه دقیقه، بدون سروصدا غافلگیر و خلع‌سلاح شدند. سرهنگ شوکت وارد تالار کشتی شد. شیخ و پسرش سردار اجل هر دو مست و بدون اسلحه بودند و سرتیپ زاهدی هوشیار و مسلح. خزعل و پسرش دستگیر شدند. زاهدی به آنان ابلاغ کرد که طبق دستور فرمانده کل قوا، بازداشت هستند و باید شبانه عازم تهران شوند. آنان را به ناوچه‌ی جنگی خوزستان منتقل کردند: «خوزستان» به حرکت درآمد و بعد از طی مسافت کوتاهی در نقطه‌ای که مقرر شده بود در کنار شط‌العرب پهلو گرفت. چند وسیله‌ی نقلیه آماده و منتظر بودند. پدر و پسر

---

۱ - همان منبع، صفحه‌ی ۲۲۶.

را هر یک در اتومبیلی نشـــاندند و به همراه دو افسر مسلح راهی اهواز کردند. افراد مسلح زیادی اطراف آنان را گرفته بودند که از هر پیش آمد غیرمترقبه‌ای جلوگیری شود. ولی هیچ اتفاقی نیفتاد. در این گیرودار، شـــیخ به زاهدی گفت: «مبلغ پانصدهزار تومان، یک گردن‌بنـــد مروارید و یک تفنگ دولول مرصع تقدیم می‌کنم که بگذاری فرار کنم». زاهدی نپذیرفت. چون به تهران رسیدند، خزعل تفنگ و گردن‌بند را به زاهـــدی هدیه کرد که جانش را حفظ کرده و به ســـلامت او را به پایتخت رســـانده. زاهدی تفنگ را پذیرفت و گردن‌بند را برای سردارســـپه فرستاد که او به همسرش (ملکه پهلوی آینده) عرضه داشـــت. گویا خزعل یک صندوق جواهر هم همراه داشـــته که به توصیه‌ی زاهدی آن را به نشانه‌ی حُسن نیت به سردارسپه پیشکش داد[۱].

نحوه‌ی دســـتگیری و بازداشـــت شـــیخ خزعل، کـــه پایان قطعی «مســـاله‌ی خوزستان» و بازگشـــت آرامش و امنیت به آن منطقه بود، شـــهرتی فراوان برای سرتیپ زاهدی بوجود آورد. تا آنجا که بعضی از جراید هندوســـتان از او به عنوان «فاتح خوزستان» نام بردند.

شیخ خزعل روز ۱۸ اردیبهشت ۱۳۰۴ وارد تهران شد و مورد استقبال نمایندگان سفارت انگلیس قرار گرفت که بعد از کشمکش بسیار با وزارت امور خارجه، اجازه گرفتند مرتباً به دیدارش بروند. خانه‌ی بزرگی در خیابان ژاله و باغی در جعفرآباد شمیران در اختیارش گذاشته شـــد[۲]. چندبار به دیدار رضاشاه رفت. حتی یک‌بار برای معالجه چشـــمش، متخصصی از اروپا برای وی فراخوانده شد و

۱ - دکتر عزت‌الله همایونفر، از سپاهیگری تا ... منبع ذکر شده صفحات ۸۵ و ۸۶.
۲- ابراهیم صفایی، زندگی‌نامه ، منبع ذکر شده، صفحات ٦٧ و ٦٨.

به تهران آمد. او در سال ۱۳۱۵ در تهران درگذشت[1] و جنازه‌اش در امامزاده عبدالله مدفون است.

پایان کار خزعل و کمیته قیام سعادت، پیروزی بزرگی برای سردارسپه به شمار آمد و آخرین مانع را در راه سلطنت او از میان برداشت. این ماجرا شکستی برای سیاست انگلیس در ایران بود و موجبی دیگر برای عداوت آنان با پهلوی اول. برای سرتیپ زاهدی نیز اشتهاری فراوان به وجود آورد. شاید این هم یکی از علل «دشمنی» انگلیس‌ها با او شد. «عملیات خوزستان و بازداشت شیخ خزعل را انگلیسی‌ها فراموش نکردند و نسبت به پدرم نیز اولین بذر بدگمانی در دلشان کاشته شد»[2].

*****

پس از این جریان، حکومت سرتیپ زاهدی بر خوزستان چهار ماه دیگر به طول انجامید. سردارسپه با پیامی محبت‌آمیز او را به تهران فراخواند و چنان‌که دیدیم، به حکومت گیلان و فرماندهی نیروهای شمال کشور منصوب کرد که دو سال در آنجا مستقر و در سال‌های نخست سلطنت پهلوی در آنجا بود. در طی این مأموریت بود که سرتیپ زاهدی با خدیجه پیرنیا، دختر حسین

۱ - اسلحه و مهمات، توپخانه و سه ناوچه‌ی جنگی متعلق به شیخ از طرف دولت ایران ضبط و تحویل نیروهای مسلح شاهنشاهی شد. اما دولت در اموال و املاک او مداخله‌ای نکرد. دفتری در بصره داشت که یک انگلیسی به نام ویلسن اموالش را از آنجا اداره می‌کرد. در خرمشهر و اهواز هم دفاتری برای اداره‌ی امور املاکش داشت. او تا سال ۱۳۰۷ لباس عربی می‌پوشید. در مراسم سلام نوروز ۱۳۰۷، رضاشاه به او گفت: «من از این لباس خوشم نمی‌آید» پس از آن تغییر لباس داد و کت و شلوار به تن می‌کرد و همیشه با لباس متحدالشکل» به دربار می‌رفت. نگاه کنید به ابراهیم صفایی، زندگینامه ... صفحات ۷۵ و ۷۶. بعد از پایان کار خزعل، سرهنگ ارغنون که از خشم رضاخان سردارسپه سخت بیمناک بود به عراق و سپس سوریه و از آنجا به اروپا رفت. تا پایان جنگ جهانی دوم در آن منطقه گویا به ساعت‌سازی اشتغال داشت. سرانجام به ایران برگشت و اندکی بعد در تهران درگذشت.

۲ - اردشیر زاهدی، خاطرات... جلد اول صفحه‌ی ۲۸.

پیرنیا موتمن‌الملک، ازدواج کرد. فضل‌الله زاهدی از خانواده‌ای محترم و متمکن و در طی چند سال خدمتش نام و شهرتی یافته بود و به خصوص پس از پایان ماجرای خزعل، یک شخصیت مملکتی تلقی می‌شد. ازدواج با دختر یکی از برجسته‌ترین رجال سیاسی و ملی ایران به تحکیم موقعیت اجتماعی او کمک کرد. با این حال فراموش نباید کرد که موتمن‌الملک در زمان این ازدواج دیگر عملاً خانه‌نشین بود. رضاشاه به او احترام می‌گذاشت ولی دیگر رابطه‌ای با او نداشت و می‌گویند هرگز احوالش را هم نپرسید. ازدواج با دختر چنین شخصیتی در شرایط آن روز ایران، برازنده و افتخارآمیز بود. اما می‌توانست برای رضاشاه خوشایند نباشد. ولی رضاشاه «هرگز از ازدواج زاهدی با دختر موتمن‌الملک ابراز عدم رضایت نکرد، که از خصوصیات او یکی هم این بود که به زندگی خصوصی اشخاص کاری نداشت»[1].

*****

در پایان مأموریت گیلان، سرتیپ زاهدی با اجازه‌ی شاه و برای نخستین بار به اتفاق یک مترجم و یک همراه، به مدت سه ماه عازم اروپا شد که قسمت اعظم آن را در پاریس گذراند. در مراجعت به عضویت شورای عالی نظام و چند ماه بعد در ۱۷ اردیبهشت ۱۳۰۸، ۷ مه ۱۹۲۹ به ریاست امنیه‌ی کل مملکتی (ژاندارمری) برگزیده شد.

در نخستین ماه‌های سال ۱۳۰۸، منطقه‌ی فارس که پس از پایان غائله‌ی خزعل، از آرامشی نسبی برخوردار شده بود، دچار ناامنی گردید و بار دیگر تیره‌هایی از عشایر قشقایی و کشکولی و دره‌شوری به سرکردگی صولت‌الدوله (امیر عشایر) به سرکشی و یاغی‌گری پرداختند. ظاهراً چندهزار قبضه تفنگ نیز از راه بنادر جنوب به منطقه وارد و میان آنان توزیع شده بود. مطابق معمول،

۱ - دکتر عزت‌الله همایونفر، از سپاهیگری تا ....، صفحه‌ی ۱۰۲.

همه دست انگلیس‌ها را پشت سر این ناامنی دیدند و شاید حق داشتند. سرتیپ زاهدی، فرمانده امنیه‌ی کل مملکتی به اتفاق سرتیپ محمدحسین میرزافیروز، سرتیپ محمد نخجوان فرمانده نیروی هوایی، سرتیپ پورزند، به عنوان کمیسیون فوق‌العاده‌ی نظامی عازم شیراز شدند که زیر نظر اکبرمیرزا مسعود (صارم‌الدوله) والی فارس به غائله خاتمه دهند. انتخاب زاهدی به سبب حسن رابطه‌ای بود که وی به هنگام فتنه‌ی شیخ خزعل، با سران ایل قشقایی برقرار کرده بود. «کمیسیون فوق‌العاده‌ی نظامی» کاری از پیش نبرد. قشقایی‌ها پاسگاه‌های کوچک امنیه‌ی اطراف شیراز را خلع سلاح کردند و شهر را در محاصره گرفتند. کمبود خواربار در شهر پدیدار شد و صدای شلیک گلوله‌ها حتی در مرکز شیراز شنیده می‌شد و مردم در التهاب و نگرانی بودند.

رضاشاه سخت خشمگین بود. به سرتیپ حبیب‌الله شیبانی وزیر فواید عامه، درجه‌ی سرلشکری داد و او را با عنوان فرمانده‌ی کل نیروهای جنوب، مأمور برقراری نظم در فارس کرد. سرلشکر شیبانی با سواران فوج پهلوی، یک واحد زره‌پوش و با استفاده از پوشش هوایی، رهسپار شیراز شد. از افراد پادگان‌های اصفهان و کرمان نیز مدد گرفت و سرانجام پس از چند مصاف با قشقایی‌ها و دره‌شوری‌ها، بدون اینکه توفیق نظامی چشمگیری به دست آورده باشد، وارد شیراز شد. «کمیسیون فوق‌العاده‌ی نظامی» به رضاشاه پیشنهاد کرده بود که به نحوی با قشقایی‌ها مصالحه شود. رضاشاه نپذیرفته و همه‌ی اعضای آن، از جمله سرتیپ زاهدی را به تهران احضار و حکم به بازداشت آنان داده بود. سرلشکر شیبانی قوای بیش‌تری در اختیار داشت و از موضع قدرت با قشقایی‌ها روبرو شد. اما در نهایت امر همان راه حل مصالحه را ارائه کرد. صولت‌الدوله راهی تهران شد. پسرش ملک‌منصور خان به مقام ایلخانی قشقایی رسید و آرامش به

فارس بازگشت.

ظاهراً رضاشاه متوجه شد که خشم وی بر اعضای «کمیسیون فوق‌العاده‌ی نظامی» و صارم‌الدوله درست نبوده. حکم به آزادی همه‌ی آنان داد و این بار سرلشکر حبیب‌الله شیبانی که پس از اعاده‌ی نظم و آرامش به شورشیان پیشین و نادم، بی‌علت خاص حمله برده و با این حال شکست هم خورده بود، مغضوب، به تهران احضار و روانه‌ی زندان شد!

خشم رضاشاه به این علت بود که در فرماندهی نیروها اشتباهاتی شده، خاصه آن که تعداد کثیری افسر و سرباز به قتل رسیده بودند. تصمیم گرفته شده بود که سرلشکر شیبانی تحویل دادگاه نظامی شود. اما مستوفی‌الممالک، گرچه دیگر سمتی نداشت ولی رضاشاه هرگز به وی «نه» نمی‌گفت، از او شفاعت کرد. شیبانی عازم اروپا شد و دیگر برنگشت[1].

پس از آزادی از زندان، سرتیپ زاهدی مجدداً به عضویت شورای عالی نظام برگزیده شد و اندکی بعد، در ۲۷ آذرماه ۱۳۰۹، ۱۸ دسامبر ۱۹۳۰، به ریاست نظمیه‌ی کل مملکتی (شهربانی کل کشور) منصوب گردید. او بیش از یک سال ریاست کل شهربانی را به عهده داشت. بر شمار پاسبانان افزود. لباس آنان را به رنگ طوسی درآورد که نوار زردرنگ داشت. این لباس یک کت یقه بسته و شلوار بود و شلوار را از ساق پا تا زیر زانو با مچ پیچ می‌پوشاندند و کلاه کاسکت با نشان پهن و زرد شیر و خورشید بر سر می‌گذاشتند. دکمه‌های کت‌ها از برنج شفاف و دارای نقش برجسته‌ی شیر و خورشید بود. پاسبانان به روش «فرنگ» یک باتون به کمربند خود در سمت چپ می‌آویختند. این لباس

---

۱ - سرلشکر حبیب‌الله شیبانی، که به نوشته‌ی راویان و مورخان آن دوران صاحب منصبی تحصیل‌کرده و خوش‌نام بود، در بمباران برلن (جنگ جهانی دوم) کشته شد.

متحدالشکل شهربانی تا سال‌ها بعد از شهریور ۲۰ مرسوم بود و سپس دوبار به مناسبت‌های مختلف تغییر یافت.

زاهدی در روش ارسال گزارش‌های شهربانی به شاه و نخست‌وزیر تغییراتی داد. حاج مخبرالسلطنه هدایت رییس‌الوزرای وقت نوشته: «تا محمدخان درگاهی رییس نظمیه بود راپرت یومیه برای من می‌فرستاد و جواب می‌دادم. وی وقتی به من گفت دستورات شما غالباً موافق دستور دربار بود. پس از او کوپال هم راپرت یومیه برای من می‌فرستاد. بعد از او موقوف شد»[1].

سرتیپ زاهدی نه تنها ارسال این گزارش‌ها را به رییس دولت موقوف داشت، تعداد گزارش‌های ارسالی به دربار را نیز به طور محسوس کاهش داد که سبب رنجش و شاید سوء ظن شاه شد، چرا که در آن موقع شهربانی و «تأمینات» منبع اصلی اطلاع مسئولان از مسائل محرمانه و جریان‌های «پشت پرده» محسوب می‌شدند.

> «یک روز که (سرتیپ زاهدی» برای عرض گزارش‌های جاری به حضور اعلیحضرت می‌رسد. رضاشاه با لحن گوشه‌داری می‌پرسد چه شده که از وقتی که شما به شهربانی آمده‌اید دیگر راپرتی از توطئه‌های داخلی و خارجی به ما نمی‌رسد، مثل این‌که همه سر براه شده‌اند. (سرتیپ زاهدی) می‌گوید: خیر قربان اغلب این گزارش‌ها دروغ و ساختگی است. مثلاً یکی از همین خبرچین‌ها گزارش داده بود که من در پشت در اتاق سفیر انگلیس به مذاکرات سفیر با همکارش گوش می‌کردم و شنیدم که آنها چنین و چنان گفتند. کسی را که راپرت داده بود، خواستم. گفتم تو چه کاره هستی؟ گفت: دربان سفارت. پرسیدم

۱ - حاج مخبرالسلطنه هدایت، خاطرات و خطرات...، صفحه‌ی ۴۰۲.

تو زبان خارجی می‌دانی؟ گفت: خیر. فقط در حدود سلام و علیک و چند کلمه معمولی، گفتم این حرف‌ها را چگونه از پشـت در اتاق سفیر شنیدی و فهمیدی؟ به دست و پا افتـاد و گفت قربان به ما پول می‌دهند و می‌گویند هر چه شنیدید بنویسید. ما هم اینها را از خودمان می‌سازیم!... من (زاهدی) نمی‌خواسـتم خاطر مبارک را با گزارش‌های دروغ و ساختگی مشوش کنم»۱.

به هنگام ریاسـت شـهربانی سـرتیپ زاهدی شـخصی به نام سیدفرهاد که قبلاً درجه‌دار امنیه بود و بعداً یاغی و راهزن شده و در زندان قصر محبوس شده بود، از زندان فرار کرد. رضاشاه از این جریان سخت خشمگین شد. رییس شهربانی را خواست و به وی بیست و چهار ساعت وقت داد که یاغی فراری را بگیرد و بیاورد و به زندان تحویل دهد. سرتیپ زاهدی پاسخ داد که سیدفرهاد به منطقه‌ی استحفاظی امنیه گریخته و تعقیب او از وظایف شهربانی نیست. این پاسـخ به رضاشاه گران آمد. خشمگین شد و پاگون رییس شهربانی را کند. هنوز از کاخ بیرون نیامده بود که دستور رسـید او را بازداشت و یکسـره روانه زندانش کنند. یک ماه در زندان بود، سپس آزادش کردند و بازنشسته شد.

در بعضی کتب فارسی نوشته شده که در جریان فرار سیدفرهاد، شخصی به نام پروفسـور جان جاسوس انگلستان که در لباس کشیش در آذربایجان دسـتگیر شـده بود و برای قسمت نقشه‌برداری سـتاد کل ارتش بریتانیا کار می‌کرد، نیز از زندان گریخت و علت اصلی خشـم شـاه بر رییس شـهربانی همین بود۲، چرا که این

۱- اردشیر زاهدی، خاطرات، جلد اول . صفحات ۳۰ و ۳۱.
۲ - ابراهیـم صفایـی، زندگی‌نامه ...، صفحه‌ی ۷۳، دکتر عـزت‌الله همایونفر. از سـپاهیگری تا ... صفحه‌ی ۱۱۶، هر دو نویسنده به کتابی تحت عنوان پلیس خفیه در ایران به قلم شـخصی موسوم به سـیفی قمی نصرتی استناد کرده‌اند که محل

پروفسور جان کشیش، در حقیقت کسی جز لاورنس معروف نبوده و فقط شاه و سرتیپ زاهدی از هویت واقعی او اطلاع داشته‌اند. این جریان در هیچ یک از کتاب‌ها و تحقیقات متعددی که در باره‌ی لاورنس انتشار یافته و هنوز هم هر سال منتشر می‌شود، نقل نشده، در سال‌های ۱۹۳۰، ۱۹۳۱ لاورنس که دوران واپسین عمرش را می‌گذراند، بیمار و مقیم انگلیس بود و دیگر فعالیتی نداشت تا چه رسد به این‌که با لباس مبدل و نام مستعار یک کشیش امریکایی در آذربایجان به نقشه‌برداری مشغول باشد![1]

*****

بعد از رهایی از زندان فضل‌الله زاهدی که دیگر کاری نداشت، با چند تن از دوستانش از جمله کازرونی و عیسایان بازرگانان معروف و فاضل‌الملک همراز و ابراهیم خواجه‌نوری که هر دو از وکلای سرشناس عدلیه بودند، شرکتی به نام «کازدما» تأسیس کرد که نمایندگی اتومبیل‌های فورد را در ایران داشت و دفترش در چهارراه مخبرالدوله بود.

یک سال بعد از این حوادث، شاه فضل‌الله زاهدی را به دربار احضار کرد، پاگون و درجه‌اش را شخصاً به وی پس داد و او را به ژنرال آجودانی خود منصوب کرد. بعداً به اداره کل بازرسی ارتش منتقل شد.

در این دوره سرتیپ زاهدی به چند مأموریت مهم سیاسی، اقتصادی به خارج از کشور رفت. نخست با هیاتی به ریاست مظفر اعلم رییس کل تجارت، و عضویت صمصام‌الملک بیات،

انتشار، ناشر و تاریخ طبع و منابع آن ذکر نشده. چه بسا از محصولات صنعت پررونق تاریخ سازی و جعل حوادث و اسناد باشد که فعلاً در جمهوری اسلامی بسیار رایج است.

۱ - در پاسخ به پرسش من در این باره، اردشیر زاهدی اظهار داشت که هرگز چنین ماجرایی را از تیمسار سپهبد زاهدی نشنیده.

رییس کل فلاحت، برای بررسی در امور تجاری و کشاورزی به روسیه‌ی شوروی. دیگر برای خرید اسلحه به اروپای غربی و سوم برای تهیه و خرید اسب به مجارستان که او در راس هیات بود و پانصد اسب برای ارتش از این کشور خرید که با کشتی به ایران فرستاده شد. رضاشاه از این اسب‌ها دیدن کرد و بر یکی از آنها سوار شد که قدرت و سرعت دویدن آنها را بیازماید. سپس آن اسب‌ها را میان پادگان‌های ارتشی پایتخت تقسیم کردند.

به موازات این مأموریت‌ها و وظایف ناشی از سمتش در بازرسی کل ارتش، سرتیپ زاهدی به دستور رضاشاه مأمور نظارت بر ساختمان و تهیه‌ی تجهیزات باشگاه افسران در تهران شد. به هنگام گشایش باشگاه، رضاشاه که از ساختمان و از تجهیزات و تزیینات آن (که باید گفت این عمارت از شاهکارهای معماری دوران سلطنت اوست) فوق‌العاده خشنود بود، مقرر داشت که سرتیپ زاهدی به ریاست هیات مدیره‌ی باشگاه برگزیده شود، مسئولیتی که بیش‌تر تشریفاتی و در هر حال دور از تشنجات سیاسی بود. در پایان مراسم افتتاح، رضاشاه در حضور جمع گفت: «معلوم می‌شود زاهدی هم اهل رزم است و هم اهل بزم» که بعدها غالباً این عبارت را در باره او تکرار کردند.

در چهارچوب فعالیت و اداره‌ی امور باشگاه، سرتیپ زاهدی به تأسیس کتابخانه‌ی مجهزی پرداخت و ادیب فاضل و سرشناس ذبیح بهروز را که بعداً از دوستان نزدیکش شد، به ریاست آن برگزید. با حمایت او ذبیح بهروز بسیاری از اهل دانش و ادب زمانه را در آنجا به دور خود جمع کرد، جلسات سخنرانی و بحث و تحقیق در زمینه‌ی فرهنگ و تاریخ و ادب فارسی تشکیل داد که آن محل به زودی به صورت کانونی پر رونق در این زمینه‌ها درآمد.

در همین زمان بود که رضا شاه زاهدی را احضار کرد و به وی

دستور داد که زبان فرانسه را بیاموزد. قطعاً در اندیشه‌ی آن بود که یک مسئولیت سیاسی یا دیپلماسی به وی تفویض نماید که در آن سال‌ها، آشنایی به این زبان لازمه‌ی آن بود، زاهدی با جد و جهدی که در همه کار داشت، نزد معلمی به آموختن این زبان پرداخت. کسانی که در سال‌های بعد و از جمله به هنگام ریاست دولت او را دیده و می‌شناختند. روایت کرده‌اند که فرانسه را به قدر رفع حاجت در مذاکرات می‌دانست و حتی با چند روزنامه‌نویس خارجی به این زبان مصاحبه کرد.

*****

آغاز جنگ جهانی دوم در اول سپتامبر ۱۹۳۹، نهم شهریور ۱۳۱۸، موقع و موضع سیاسی و بین‌المللی ایران را دگرگون کرد. با وجود اعلام فوری بی‌طرفی کشور در مخاصمات، واضح بود که ایران از بازتاب‌های آن برکنار نخواهد ماند. رضاشاه مطلقاً تمایلی به مشرب و عقیده‌ی نازی نداشت. اما شک نیست که مانند اکثر قریب به اتفاق ایرانیان که مخالف سیاست‌های استعماری انگلیس و روس بودند، به هر حرکتی که به تضعیف این دو سیاست بیانجامد، لااقل با نظر مساعد می‌نگریست. در مورد هیتلر از او قضاوتی روایت نشده، ولی می‌دانیم که:

> «از موسولینی و تبلیغاتی که در اواخر راجع به تسلط به شرق می‌نمود، نفرت بسیار داشت و او را مردی هوچی می‌خواند. با اتحادی که آن دو پیشوا (هیتلر و موسولینی) با هم داشتند بر رضاشاه معلوم بود که اگر هیتلر پیروز آید و خود او هم طمعی به شرق نداشته باشد، لااقل موسولینی قسمتی از آرزوهایی را که در تسخیر خاورمیانه دارد برآورده خواهد ساخت. همین مساله بر بدبینی او نسبت به هیتلر می‌افزود»[۱].

با این حال باید اذعان کرد که آلمان در اقتصاد ایران مهم‌ترین

---

۱ - نصرالله انتظام، خاطرات، منبع ذکر شده، صفحه‌ی ۹.

نقش را داشــت و ایتالیایی‌ها نیز در بســیاری از شئون از جمله تجهیز نیروی دریایی شاهنشــاهی و تربیت افسران آن، با توفیق کامل بزرگ‌ترین سهم را ایفا کرده بودند.

با آغاز جنگ و اعــلام بی‌طرفی و تدابیری که برای اثبات آن آغاز شــد، از جمله تغییر دولت متین‌دفتری که مشــتهر به نزدیکی به آلمان‌ها بود و جایگزینی او به وســیله‌ی علی منصور که معروف به دوســتی با انگلیس‌ها بود، رضاشــاه کوشید که در ضمن یک رشته تدابیر احتیاطی برای مقابله‌ی ایران با خطری که احتمال آن وجود داشــت، به مرحله‌ی اجرا درآورد. یکی از آنها که محرمانه به شــمار می‌رفت، ولی مهم و اساسی، آماده‌سازی کشور برای مقابله با مداخله‌ی نظامی خارجیان در ایران بود. سرتیپ زاهدی در راس یک هیات نظامی که ســرهنگ احمد امینی فارغ‌التحصیل مدرسه‌ی عالی سوارنظام فرانسه نفر دوم آن بود، مأمور شد که در سرتاسر مناطق شمالی کشور به بررسی امکانات دفاع کشور در مقابــل یک هجوم خارجی بپردازند. در حین بازرســی معلوم نشد که به اتومبیل زاهدی و امینی سوءقصد و تیراندازی شده، یا شــبانگاه تصادفی روی داده، اتومبیل واژگون و زاهدی زخمی و ناچار به مراجعت به تهران شــد. ولی دســتور رسید که حادثه محرمانه بماند و تا سوم شهریور کسی از آن سخن نگفت.

****

قیام مردم فلســطین به رهبری حاج امین‌الحسینی مفتی اعظم آن کشــور بر ضد انگلیس‌ها و کودتای نافرجام رشیدعالی گیلانی نخست‌وزیر عراق برای پایان دادن به تحت‌الحمایگی آن کشور، با وجود حمایت آلمان‌ها و ایتالیایی‌ها، هر دو با شکست روبرو شدند. حاج امین‌الحسینی و رشیدعالی ناچار به ایران پناه آوردند که لندن خواستار بازداشت و تحویل آنان شد. اما رضاشاه و دولت ایران این عمل را خلاف اصول اخلاق و مودت و میهمان‌نوازی دانستند. شاه، سرتیپ زاهدی را مأمور حفاظت و پذیرایی آنان کرد و مقرر

داشت که کسی از محل اختفای پناهندگان مطلع نگردد. زاهدی این کار را با توفیق کامل انجام داد. از پناهندگان به نحوی شایسته پذیرایی شد؛ حتی بعداً شهرت یافت که رشیدعالی با رضاشاه نیز دیداری داشته که ظاهراً درست نیست. سرتیپ زاهدی ترتیب مسافرت آنان را به ترکیه داد و این سفر بی‌سر و صدا انجام شد. آنها به ترکیه رفتند و از آنجا عازم برلن گردیدند.

این جریان، هم به کینه و مخالفت انگلیس‌ها با رضاشاه افزود و هم به سوءظن آنان نسبت به سرتیپ زاهدی که از آن پس در گزارش‌های سفارت انگلیس، جزو مخالفین سیاست بریتانیا در ایران به حساب آمد.

*****

با همه‌ی احتیاطاتی که شده بود، جنگ جهانی دوم به ایران سرایت کرد. در روز سوم شهریور ۱۳۲۰، ۲۵ اوت ۱۹۴۱، قوای شوروی از شمال و قوای بریتانیا از جنوب و غرب به کشور حمله آوردند. مقاومت شجاعانه‌ی ارتش کوچک ایران در اینجا و آنجا، در برابر تهاجم نیروهای دو ابرقدرت جهانی نمی‌توانست نتیجه‌ای داشته باشد. سه روز بعد، ایران تقاضای ترک مخاصمه کرد. سیاستمدار کهن‌سال، بیمار، اما دنیادیده و سرد و گرم روزگار چشیده، ذکاءالملک فروغی سرنوشت کشور را بدست گرفت. رضاشاه می‌دانست که دوران سلطنتش به پایان رسیده، ولی ایران و فرزندش را به کسی سپرد که مرد این بحران بزرگ تاریخ بود. در این گیرو دار حادثه‌ای غیرمنتظره رخ داد.

«شورای عالی ارتش»، به ابتکار سرلشکر محمد نخجوان وزیر جنگ تصمیم به مرخص کردن سربازان گرفت. ارتشی که رضاشاه با آن همه کوشش طی بیست سال به وجود آورده بود و با همه‌ی نقاط ضعفش، ضامن وحدت و امنیت کشور بود، ظرف چند ساعت با یک تصمیم غلط، یا خیانت که توجیهی منطقی برای

آن وجود ندارد، از هم فروپاشید. حتی شاه، فرمانده کل قوا و بانی این ارتش از تصمیم این شـــورا که وجود قانونی هم نداشت، مطلع نبود.

گویـــا طرح از محمد نخجـــوان کفیل وزارت جنگ و ســـرتیپ علی ریاضی بود. به سپهبد امیراحمدی، ارشد صاحب‌منصبان ارتش، سرلشـــکر ضرغامی رییس ستاد، سرلشـــکر یزدان‌پناه فرمانده سپاه مرکز و سرلشکر بوذرجمهری گفته می‌شود که این تصمیم «امر اعلیحضرت» است و آنها تمکین می‌کنند.

ســـرتیپ علی رزم‌آرا رییس رکن یکم و ســـتاد و معاون دانشگاه جنگ، سرتیپ عبدالله هدایت رییس رکن سوم و سرتیپ زاهدی نیز در این نشست شرکت داشـــتند ولی از امضای صورت جلسه به علت مخالفت با آن خودداری کردند.

رضا شاه، چون از این تصمیم آگاه شد، امضاکنندگان را به کاخ سعدآباد فراخواند، با شمشـــیر به محمد نخجوان و علی ریاضی حمله‌ور شـــد و آنان را خلع درجه و ســـپس زخمی کرد، هفت‌تیر خود را خواست که همان‌جا شخصاً آنان را سیاست کند. آرامش کردند. قرار شـــد یک دادگاه صحرایی به رفتار آنان رسیدگی کند که البته هرگز چنین دادگاهی تشکیل نشد[١].

شاه سرلشـــکر محمد نخجوان (امیرموثق) را احضار و به وزارت جنـــگ منصوب کرد و به او دســـتور داد که نزد ذکاءالملک برود و خود را به او معرفی کند.

به این ترتیب ارتش ایران از هم فرو پاشید. اما فروغی و دولتش با وجود همه‌ی ناتوانی‌ها ایران را حفظ کردند.

*****

رضا شـــاه در روز بیســـت و پنجم شهریور اســـتعفا داد و با تنی

١ - شرح این ماجرا با جزیی اختلافی در همه‌ی روایات و کتب مربوط به این روزها آمده اســت. از جمله نگاه کنید به نصرالله انتظام، خاطرات ... صفحات ٤٢ الی ٤٧. نصرالله انتظام رییس کل تشریفات شاهنشاهی و شاهد عینی این جریان‌ها بود.

چند از اعضای خانواده و اطرافیانش رهسپار اصفهان و جنوب ایران شد. او از اسارت به دست روس‌ها بیم فراوان داشت. شاه، محمدرضا پهلوی ولیعهدش را به فروغی سپرد که با کمک چند شخصیت میهن‌دوست دیگر توانست سرانجام او را به تخت سلطنت و جانشینی پدر بنشاند.

سرتیپ زاهدی و سرلشکر مرتضی یزدان‌پناه کوشیدند از روی وفاداری، خود را به شاه مستعفی برسانند. در کهریزک به او ملحق شدند. رضا شاه به چند تنی که به بدرقه‌اش آمده بودند گفت: «من پسرم را به شما می‌سپارم»[۱] و آنان را به تهران عودت داد.

چند روز بعد، در کابینه‌ی دوم فروغی که بعد از استعفای رضاشاه تشکیل شده بود، علی سهیلی وزیر امور خارجه بود، سرلشکر امیرموثق نخجوان هم‌چنان وزیر جنگ و سرلشکر امان‌الله‌میرزا جهانبانی یار دیرین سرتیپ زاهدی وزیر کشور. سرلشکر مرتضی یزدان‌پناه نیز به ریاست ستاد ارتش برگزیده شد.

جهانبانی و یزدان‌پناه، هر دو سرتیپ فضل‌الله زاهدی را می‌شناختند به قدرت فرماندهی و تدبیرش آشنایی و اعتقاد داشتند.

دولت جدید پس از بیست سال که او در درجه‌ی سرتیپی باقی مانده بود، وی را به سرلشکری ارتقاء داد و به پیشنهاد وزیر کشور، نخست‌وزیر او را به ریاست ژاندارمری کل کشور برگزید. سمتی امنیتی-سیاسی و در عین حال حساس. قوای امنیه قدرت آتش و تحرک زیادی نداشتند، اما در سرتاسر کشور که اندک‌اندک به «اشغال دوستانه» متفقین در می‌آمد، تنها نمایندگان مسلح حکومت مرکزی بودند.

سرلشکر زاهدی از دوم مهرماه تا بیست و هشتم آذرماه ۱۳۲۰ در این سمت باقی ماند. سپس به فرماندهی لشکر اصفهان برگزیده شد. سمتی که سرنوشت وی را دگرگون کرد.

۱- اردشیر زاهدی، خاطرات ... صفحه‌ی ۳۶.

فصل دوم

«خطرناک‌ترین دشمن امپراتوری بریتانیا»[1]

مأموریت زاهدی در راس ژاندارمری کل کشور کوتاه بود و دشوار. بر اثر ورود قوای متفقین به ایران بسیاری از ژاندارم‌ها محل کار خود را ترک کرده بودند. به پاسگاه‌های تهی از افراد و بی‌دفاع صدمات زیادی وارد شده بود. دولت هم در آن شرایط اعتبارات

---

۱ - توصیفی است که در چند گزارش رسمی و محرمانه به سفارت بریتانیا از تیمسار فضل‌الله زاهدی شده. نگاه کنید به گزارش سفیر کبیر بریتانیا در تهران مورخ ۳۱ مه ۱۹۵۱ شماره ۲۴۸/۱۵۱۸ که در بحبوحه‌ی بحران نفت نوشت: «زاهدی مطلقاً قابل اعتماد نیست». در مورد رویه‌ی انگلیس‌ها در برابر سرلشکر زاهدی.
همچنین نگاه کنید به مقاله‌ی دکتر همایون کاتوزیان در مورد تدارک موجبات سقوط مصدق. آینده، جلد هجدهم، شماره ۱ تا ٦، ۱۹۹۲.
و نیز، فواد روحانی، زندگی سیاسی مصدق ...، فصل ششم صفحات ۷۸ تا ۸۵
گزارش ۳۱ مه ۱۹۵۱ سفیر انگلیس در اسناد دیپلماتیک آن کشور انتشار یافته است.
در متون دیگر همه جا به اسناد رسمی مختلف دولت بریتانیا استناد شده است.
همچنین نورمحمد عسکری شاه، مصدق، سپهبد زاهدی... بخش دوم فصل بیست و یکم صفحات ۲۳۲ - ۲۳۹ و مدارک ذکر شده در آن.

کافی برای ترمیم خسارت‌ها و تقویت نیروی ژاندارمری نداشت. می‌بایست با دست خالی معجزه کرد. طی مدت سه ماه، از دوم مهر تا بیست و هشتم آذرماه ۱۳۲۰، در یکی از دشوارترین و بحرانی‌ترین دوران‌های تاریخ معاصر ایران، فرمانده‌ی منصوبِ ذکاءالملک فروغی و سرلشکر امان‌الله میرزاجهانبانی موفق شد سر و صورتی به اوضاع پریشان ژاندارمری کل کشور بدهد. برای ژاندارم‌ها لباس‌های متحدالشکل تازه‌ای فراهم و ارسال کردند. افراد جدیدی استخدام شدند، مرمت پاسگاه‌ها آغاز گردید و اینجا و آنجا اسلحه‌ی جدید برای آنان ارسال شد. در مقیاس احتیاجات کار مهمی انجام نشده بود. اما در شرایط آن روز معجزه بود. رییس دولت، وزیر کشور و در نهایت امر شاه از زاهدی ابراز رضایت کردند و حق داشتند.

*****

سرلشکر زاهدی در بیست و هشتم آذرماه ۱۳۲۰، ۱۹ دسامبر ۱۹۴۱ به فرماندهی لشکر اصفهان منصوب شد. فروغی نخست‌وزیر بود، امیرموثق نخجوان وزیر جنگ، سرلشکر مرتضی یزدان‌پناه رییس ستاد کل و سرلشکر امان‌الله میرزاجهانبانی وزیر کشور. لشکر اصفهان، یکی از واحدهای نادر ارتش به شمار می‌رفت که از خلع سلاح سربازان و هجوم متفقین کمتر صدمه دیده بودند و هنوز قوه و قدرتی داشت. گذشته از این، اصفهان، پایتخت پیشین شاهنشاهان دیلمی (آل بویه) و پادشاهان سلجوقی، شهری که به اراده و همت شاه‌عباس بزرگ به صورت یکی از پررونق‌ترین مراکز جهان آن روز درآمده و سپس دچار انحطاط و ویرانی شده بود. در خاطره و قلب ایرانیان موضع و مکان مخصوص خود را داشت. اصفهان در زمان رضاشاه رونقی دوباره یافته، مرمت آثار تاریخی آن آغاز شده و به خصوص به صورت مرکز صنعت نساجی ایران درآمده بود.

اصفهان در مرکز کشور و نزدیک به مناطق حساس و عشایرنشین

بود. ثبات و امنیت این شهر برای دولت اهمیتی استثنایی داشت و چون سرلشکر زاهدی به آنجا رسید، به خلق و خوی مدیریت و فرماندهی خود، خیلی زود به صورت مرکز قدرت در آن استان درآمد و سررشته‌ی کارها به دستش افتاد.

*****

در فاصله‌ی مأموریت دومش در گیلان که فضل‌الله زاهدی با خانم خدیجه پیرنیا دختر موتمن‌الملک ازدواج کرد، تا اعزامش به فرماندهی لشکر اصفهان تغییراتی در زندگی خصوصی او روی داد. در بیست و چهارم مهرماه ۱۳۰۸، ۱۶ اکتبر ۱۹۲۸، فرزند اول آنان اردشیر، که بعداً در زندگی سیاسی زاهدی و سپس در صحنه‌ی سیاست ایران نقش مهمی ایفا کرد، در شرایطی دشوار در تهران چشم به جهان گشود. سه سال بعد در ۱۳۱۱ فرزند دیگرشان، هما، متولد شد. اما دوران زندگی مشترک فضل‌الله زاهدی و خدیجه پیرنیا چند سال بعد به پایان رسید و به توافق دوستانه آن دو از یکدیگر جدا شدند. سرلشکر زاهدی تا پایان زندگی حسین پیرنیا (موتمن‌الملک) یعنی شهریور ۱۳۲۶، رابطه‌ی مودت و آمیخته به احترام خود را با او حفظ کرد و چنان‌که خواهیم دید، در دوران اسارت به دست انگلیس‌ها سرپرستی فرزندانش را به او سپرد.

*****

دوران یک ساله‌ی فرماندهی لشکر اصفهان برای زاهدی پر از تنش و مسائل گوناگون بود و روابطش با انگلیس‌ها که هرگز خوب نبود، آنها نه ماجرای خزعل را فراموش کرده بودند و نه داستان حاج امین‌الحسینی و رشیدعالی گیلانی را، به نقطه‌ی بحران رسید.

سرلشکر زاهدی با روسای ایلات و عشایر جنوب، بختیاری‌ها و به خصوص قشقایی‌ها، همواره روابطی دوستانه داشت. چون

عاشق سواری و شکار بود، در فرصت‌هایی که دست می‌داد برای شکار به مناطق عشایری می‌رفت و طبیعتاً نزد سران ایلات فرود می‌آمد. به این ترتیب هم مراقب اوضاع بود و هم روابط دوستانه‌ی خود را برای حفظ امنیت منطقه به کار می‌گرفت. رؤسای عمده‌ی بختیاری و قشقایی در برابر او مأخوذ به حیا بودند.

عوامل اطلاعاتی بریتانیا که در میان رؤسای ایلات کم نبودند، خیلی زود به این رفت و آمدها مشکوک شدند. زاهدی مخالف آنان بود، اما به پیروی از سیاست حکومت مرکزی که نماینده و مجری آن بود، هیچ اقدامی علیه آنها نمی‌کرد و نمی‌توانست بکند. قشقایی‌ها هرگز به سیاست بریتانیا حُسن نظر نداشتند. شهرت داشت، و ظاهراً این شهرت نادرست نبود، که عوامل آلمان در میان آنان رفت و آمد دارند.

آیا بین آنها و فرمانده‌ی لشکر اصفهان ملاقاتی روی داده بود؟ چنین شهرتی حتی در محافل سیاسی تهران وجود داشت. حاج مخبرالسلطنه هدایت که همه چیز را می‌شنید و همه را یادداشت می‌کرد نوشته: «مشهور شد که در کوه‌های اطراف اصفهان آلمان‌ها تلگراف بی‌سیم داشته‌اند و زاهدی، فرمانده‌ی نظامی محل رابط بوده است. به بهانه‌ی شکار به کوه می‌رفته و مخابره می‌شده. دستگاه جاسوسی انگلیس کشف می‌کند»[1].

دلیل و سندی که دال بر این ملاقات، یا ملاقات‌ها، باشد در دست نیست![2]

در عوض تعداد گزارش‌های مأموران کنسولی انگلیس در اصفهان و سفارت بریتانیا در تهران علیه شخص سرلشکر زاهدی و خطری که از جانب او احساس می‌کردند، فراوان است:

به وزارت خارجه بریتانیای کبیر گزارش شد که:

---

۱ - حاج مخبرالسلطنه هدایت، خاطرات و خطرات، صفحات ۴۲۵-۴۲۶.

۲ - ابراهیم صفایی نوشته: «مایر، سرجاسوس آلمانی یک بار در اصفهان شبانه و مخفیانه با زاهدی دیدار کرده بود» ... زندگینامه ... صفحه‌ی ۸۰.

«گروهی از ایرانی‌ها سازمانی را به وجود آورده‌اند و قصد قیام علیه ما (انگلیس‌ها) را دارند و می‌خواهند یک دولت نظامی بر سر کار بیاورند. تعدادی از امرای ارتش و سران ایل قشقایی از گردانندگان این گروه هستند».

در گزارش سفیر انگلیس علاوه بر سرلشکر زاهدی، از «ژنرال کوپال»، «ژنرال شاه‌بختی» و ناصر قشقایی نام برده شد.[1]

در گزارش دیگری سفیر انگلیس موافقت وزارت متبوعه‌ی خود را برای دستگیری سرلشکر زاهدی می‌خواهد و می‌افزاید:

«باید به امریکایی‌ها حالی کنیم که ما مسئول حفظ مهماتی هستیم که به روسیه فرستاده می‌شود. باید از هر جهت آزادی و قدرت تصمیم‌گیری داشته باشیم، تا بتوانیم هر اقدامی که لازم است در باره‌ی زاهدی که به ایل قشقایی اسلحه داده و با آنها همکاری می‌نماید انجام دهیم».[2]

گزارش‌هایی که کنسول وقت انگلیس در اصفهان علیه زاهدی به سفیر آن کشور در تهران می‌داد، یکی دو تا نبود.[3] تا آن‌جایی که یکبار سفیر انگلیس از کثرت و تطویل آنها و تکرار نام سرلشکر زاهدی و دسته‌بندی‌های او، اظهار خستگی کرد و اضافه نمود که «ما هم خودمان به زاهدی خوشبین نیستیم. اما گزارش‌های شما مدرک و سندی همراه ندارد».[4] در پاسخ دیگری، سفیر انگلیس به کنسول آن کشور در اصفهان می‌نویسد که:

«با نخست‌وزیر (علی سهیلی) در باب زاهدی صحبت

---

۱ - اسناد دیپلماتیک وزارت امور خارجه‌ی بریتانیا، یازدهم نوامبر ۱۹۴۲/ شماره ۳۱٤۲۰-۳۷۱.

۲ - همان منبع، اول دسامبر ۱۹۴۲ شماره ۳۱۳۷۸/۳۷۱.

۳ - برای مطالعه‌ی خلاصه‌ای (طولانی) از آنها نگاه کنید به دکتر عزت‌الله همایونفر از سپاهیگری تا سیاستمداری، صفحات ۱۵۸ الی ۱٦۸.

٤ - همان منبع، صفحه‌ی ۱۵۹.

کردم. نخست‌وزیر از سرلشکر زاهدی تعریف و تمجید کرد و از او به نام یک ژنرال لایق و مدبر نام برد»[۱].

بار دیگر، که حزب توده، با تأیید کنسول روس در اصفهان، گرمان آشورف، که در حقیقت گرداننده‌ی اصلی تشکیلات آن بود، در آن شهر اعتصابی وسیع به راه انداخت و سرلشکر زاهدی با مداخله‌ی مستقیم، از یک طرف گماردن سربازان در سرتاسر شهر از طرف دیگر مذاکره با صاحبان صنایع برای افزایش دستمزدها، به آن اعتصاب خاتمه داد، کنسول فرمانده لشکر را مسئول اصلی اعتصاب قلمداد کرد.

در گزارش دیگری معاون کنسولگری، از مسافرت سرلشکر زاهدی به صفحات لرستان به منظور آماده کردن شورشی در آن منطقه، صحبت کرده. در تاریخی که معاون کنسول به آن اشاره داشت، سرلشکر زاهدی در تهران بود و این سفر احتمالاً ساخته و پرداخته‌ی تخیلات مأموران انگلیسی یا ناشی از شایعات شهر بوده است.

از مجموع این گفت و گوها و گزارش‌های کنسولگری انگلیس در اصفهان و سفارت آن کشور در تهران چند استنباط می‌توان کرد:

- نخست، مخالفت شدید سرلشکر زاهدی، ناصرخان قشقایی و نیز گروهی از افسران طراز اول ارتش ایران باسیاست بریتانیا و ناخشنودی آنان از حضور قوای متفقین در کشور. جز همین «اسناد» انگلیس، «دلیل» متقن و موجهی بر وجود «نهضت آزادی بخش ایران» به رهبری سرلشکر زاهدی تاکنون دیده نشده. زاهدی صاحب منصبی عالی‌رتبه و معتقد به رعایت سلسله مراتب و وفادار به حکومت مرکزی بود. این که وی

۱ - همان منبع، همان صفحه.

رهبری حرکتی را برای سقوط حکومت قانونی کشور قبول کرده باشد. قابل تصور به نظر نمی‌رسد. مخالفتش با سیاست بریتانیا بر هیچ‌کس پوشیده نبود. این‌که قصد یک قیام نظامی علیه آنها داشته معقول به نظر نمی‌رسد.

- دیگر، دشمنی شخص سفیر انگلیس، سرریدر بولارد و مأمورین کنسولی آن کشور در اصفهان با ایران و ایرانیان است که از یک دیدگاه استعماری سرچشمه می‌گرفت. بولارد از آغاز حمله‌ی متفقین به ایران و حتی در قضاوت‌هایش نسبت به جریان ملی شدن نفت این موضوع را نشان داد که در کتاب خاطرات خود نیز آن را دنبال کرد.

- بالاخره، سرلشکر زاهدی در اصفهان و منطقه‌ی لشکر ۹ که فرماندهی آن را داشت، به سنت و عادت خود، سر نخ همه‌ی امور را به دست گرفت و کنسول انگلیس را از مداخله در امور شهر، و کنسول روس را از دخالت در فعالیت‌های کارگری، مانع شد. برای انگلیس‌ها که خود را در آنجا قادر مطلق می‌دانستند و می‌پنداشتند (و مأمورین غیرنظامی ایرانی نیز به حکم اجبار در آن زمان با آنها مدارا می‌کردند) این رویه قابل‌تحمل نبود، که سرانجام آن را تحمل نکردند.

هنگامی که تصمیم قطعی به جلب و بازداشت و تبعید فرمانده لشکر اصفهان از طرف انگلیس‌ها (ظاهراً با تأیید «متفقین») اتخاذ شد، آنها در جستجوی راه و روش اجرای آن برآمدند. سرلشکر زاهدی در اصفهان اقتداری داشت. بیش از سه هزار سرباز نسبتاً مجهز و منضبط در اختیارش بودند. مردم شهر قدرت‌نمایی او را در برابر انگلیس‌ها و توده‌ای‌ها ارج می‌نهادند.

نخستین «راه حل» آن بود که دولت، سرلشکر زاهدی را به تهران بخواهد و او با رضایت مقامات مملکتی بازداشت شود. از گزارش‌های سفارت انگلیس پیداست که امیدی به این رویه نداشتند.

نه شــاه، فرمانده کل قوا، ولو آن‌که در آن زمان اختیاری نداشت، ممکن بود زیر بار برود نه نخست‌وزیر و نه فرماندهان ارتش.

«راه حــل» دیگر مداخله‌ی نظامی مســتقیم و لشکرکشــی علنی بــه اصفهان برای جلب سرلشــکر زاهدی بود. بــرای انگلیس‌ها بیم مقاومت ارتش ایران می‌رفت و نیز پشــتیبانی قشــقایی‌های ضدانگلیســی که طرفدار زاهدی بودند. خطر بــروز یک برخورد نظامی جدی در مرکز ایران وجود داشت. این طرز عمل را نیز کنار گذاشــتند و ســرانجام تصمیم به جلب فرمانده لشکر با یک اقدام «ضربتی» یا به اصطلاح «کوماندویی» گرفته شــد. طرحی شبیه آنچه زاهدی در باره‌ی شیخ خزعل به کار گرفته بود. در جستجوی فرصت مناسب بودند.

مخالفت شــدید فرمانده لشــکر با مصادره‌ی غلات منطقه برای تغذیه‌ی نیروهای متفقین، عملی که باعث بروز قحطی در اصفهان و اطراف می‌شــد و برخوردهای شــدید لفظی میان او و مأموران بریتانیا در جلسات استانداری[۱]، سرانجام لندن را به اجرای فوری تصمیم خود واداشت و بر آن شدند که او را «بربایند»[۲]. یک سرهنگ انگلیســی به نام مکلین، متخصص «عملیات ویژه» از بنغازی به اصفهان فراخوانده شد. او با تأیید ژنرال ویلسن فرمانده نیروهای انگلیس در ایران و همکاری جان گلت، همان کنســول گزارشــگر دشمن فرمانده لشــکر اصفهان، طرح ربودن سرلشکر زاهدی را ریخت[۳]. «مأموران ویژه» انگلیســی اقامتگاه زاهــدی را زیر نظر

۱- که شــرح آن در گزارش‌های کنسولگری آمده و انتشار یافته، نگاه کنید به کتاب دکتر همایونفر، صفحه‌ی ۱۶۲.

۲ - اردشیر زاهدی اخیراً در مصاحبه‌ای گفت: «این‌ها (انگلیس‌ها) پدرم را دزدیدند و به فلسطین بردند»، راه زندگی، چاپ لس‌آنجلس، شماره ۱۰۸۸، ۸ سپتامبر ۲۰۰۶.

۳ - بعداً Mclean خاطرات خود را انتشار داد که به وسیله‌ی کاوه دهگان به فارسی برگردانده شده است. قسمت مربوط به بازداشت سرلشکر زاهدی عیناً در خاطرات اردشیر زاهدی جلد اول، متن ذکر شده، صفحات ۵۴ تا ۵۶ نقل شده.

گرفتند، ساعات رفت و آمدش دقیقاً بررسی شد. سرانجام کنسول به زاهدی تلفن کرد و گفت دو افسر عالی‌رتبه‌ی انگلیسی از بغداد به اصفهان آمده و تقاضای ملاقات دارند. فرمانده لشکر نهم ساعت شش بعد از ظهر روز شانزده آذر ۱۳۲۱ - ۷ دسامبر ۱۹۴۲ را تعیین کرد که در اقامتگاه خود آنان را بپذیرد.

در ساعت مقرر، مکلین با «مأمور مخصوص دیگری» که به وی لباس ژنرالی ارتش انگلیس را پوشانده بودند به اقامتگاه زاهدی رفتند. در دقایق قبل از آن، تلفن منزل زاهدی را قطع کردند و دو کامیون مملو از افراد «نیروی مخصوص» در اطراف منزلش مستقر شدند. مکلین و ژنرال قلابی در یک اتومبیل و سه مأمور مخصوص مسلح به مسلسل سبک ولی ملبس به لباس سربازان عادی به عنوان محافظ آنان، در اتومبیل دیگر به خانه‌ی زاهدی آمدند.

جلو در خانه‌ی زاهدی، سربازی که پاس می‌داد به دو افسر انگلیسی اجازه‌ی ورود داد. آنان به تالار پذیرایی اقامتگاه راهنمایی شدند. مستخدمان برای‌شان چای و شیرینی آوردند. سپس سرلشکر زاهدی با لباس نظامی برای دیدار مهمانان خود وارد سالن شد.

> «اما در آغاز همین لحظه با لوله کلت اتوماتیک مکلین روبرو گردید و مکلین آمرانه به او گفت دست‌ها بالا و بی‌حرکت، باید از این جا برویم، اگر مقاومت کنی کشته خواهی شد «این دستورالعمل لندن به مکلین بود» زاهدی دلیل این رفتار را پرسید ولی مکلین همان جمله را تکرار کرد. زاهدی که مقاومت را بی‌نتیجه و خطرناک می‌دید تسلیم شد و اسلحه‌ی کمری خود را به دستور مکلین باز کرد و به مکلین داد. مکلین که همچنان لوله کلت خود را جلوی پیشانی زاهدی گرفته بود، او را از خانه بیرون برد و سوار اتومبیل کرد. سربازان نگهبان جلوی خانه زاهدی

پیش آمدند ولی زاهدی دستور داد کنار بروند»[۱].

سرلشکر زاهدی را به این ترتیب با مراقبت سه مأمور مخصوص همراه افسران انگلیسی و دو کامیون مملو از سربازان ویژه‌ی انگلیسی به بیابانی نزدیک اصفهان بردند. یک هواپیمای نظامی در آنجا منتظر بود. فرمانده لشکر اصفهان به اراک انتقال داده شد. پس از مدت کوتاهی وی را به فلسطین بردند که تا ۳۱ شهریورماه ۱۳۲٤، ۲۲ سپتامبر ۱۹٤۵، در یک سلول انفرادی در آنجا اسیر نیروهای مسلح بریتانیا بود.

*****

پس از جلب زاهدی، در حالی که انگلیس‌ها تمام خطوط ارتباطی پادگان اصفهان را با خارج قطع کرده و محل آن را نیز در محاصره گرفته بودند، مأمورین مخصوص بریتانیا به اقامتگاه وی هجوم آوردند که اسناد و مدارکی در آن جستجو کنند. یک نقشه‌ی شهر اصفهان و چند قبضه تفنگ در آن یافتند و ضبط کردند.

قبل از پرواز از اصفهان، به سرلشکر زاهدی اجازه داده شد کارتی به صارم‌الدوله (اکبرمیرزامسعود) بنویسد و فرزندانش اردشیر و هما را که با او در اصفهان بودند، به وی بسپارد.

در همان شب شانزده آذر، صارم‌الدوله و کسانش به اقامتگاه از هم پاشیده‌ی سرلشکر زاهدی آمدند و فرزندانش را به خانه‌ی خود بردند که چند روزی آنجا بودند و سپس به تهران رفتند.

در فرودگاه اراک، سرلشکر زاهدی نامه‌ای به حسین پیرنیا (موتمن‌الملک) پدر همسر سابقش نوشت و فرزندان خود را تحت سرپرستی او قرار داد:

«بزرگ محترم

تصور می‌کنم به عقیده‌ی بنده اگر نورچشمی اردشیر و هما تحت توجه جناب عالی و حضرت علیه خانم، تحصیل و زندگانی کنند

---

۱ - این جزییات عیناً از خاطرات مکلین نقل شده.

بهتر باشد. در صورتی که موافق باشید، امر بفرمایید یک پرستار که یک زبان خارجی نیز بداند استخدام و بچه‌ها را نیز در دولت ارک منزل داده و حقوق پرستار و هزینه‌ی تحصیل هر چه لازم باشد امر بفرمایید مصطفی زاهدی از عایدات املاک تقدیم نماید. بودن آنها تابستان در حصارک یا شهر بسته به نظر مبارک است. با تقدیم احترام و عرض بندگی سرلشکر زاهدی»[۱].

در تهران، نخست‌وزیر، قوام‌السلطنه، به این رفتار انگلیس‌ها اعتراض کرد که البته بی‌فایده بود. امیرتیمور کلالی نماینده‌ی خراسان در مجلس شورای ملی، در جلسه‌ی علنی اظهار داشت: «چطور می‌شود کسی را گرفت و از مملکتش به جای دیگر برد؟». او از دولت خواست که اقدام و اعتراض کند[۲]، که البته به جایی نرسید. افراد خانواده‌ی زاهدی در ابتدا تصور می‌کردند که انگلیس‌ها وی را کشته‌اند؛ تا این که توانست خبر زندانی بودنش را در فلسطین به آنها بدهد. در بازداشتگاه اجازه‌ی ملاقات نداشت. ولی بعضی از کتاب‌هایی را که می‌خواست برایش فراهم کردند. کتب تاریخی بسیاری را مطالعه کرد، از آن جمله مجلدات تاریخ ایران باستان تالیف مشیرالدوله پیرنیا.

فرزندان زاهدی در تهران با دشواری‌های روانی متعارف، روی گرداندن بسیاری از اطرافیان، طعنه‌های دوستان و هم‌کلاسان روبرو بودند.

موتمن‌الملک چاره را در آن دید که چند بار صبح‌ها شخصاً نوه‌اش

۱ - متن این نامه که در اوراق شخصی مؤتمن‌الملک نگاه‌داری می‌شده در کتب و نشریات مختلف نقل شده است. از جمله نگاه کنید به خاطرات اردشیر زاهدی، صفحات ۶۰، ۶۱. منصوره پیرنیا، روایت خاطرات اردشیر زاهدی فرزند توفان، صفحه‌ی ۱۰۴ و ...

۲ - نقل از مصاحبه‌ی اردشیر زاهدی، راه زندگی، شماره ۱۰۸۸، ۸ سپتامبر ۲۰۰۶.

اردشیر را به مدرسه ببرد که همه ببینند و بدانند سرپرستش چه کسی است[۱].

مشاهده‌ی رجل سیاسی بزرگ و محترم ایران که نوه‌اش را به مدرسه می‌آورد، به خیلی از مشکلات او پایان داد و اندک‌اندک نحوه‌ی برخورد اطرافیان اردشیر در مدرسه با او تغییر یافت.

چند روز پس از بازگشت سرلشکر زاهدی به تهران، سرلشکر حسن ارفع رییس ستاد ارتش، حتی بدون دیدار و استمالت از فرمانده سابق پادگان اصفهان وی را بازنشسته کرد. در همان روز سرلشکر رزم‌آرا، افسر برجسته‌ی دیگر ارتش که از سال‌ها پیش رقیب ارفع در ارتش و داستان رقابت و مبارزه میان آن دو معروف خاص و عام بود، به دستور رییس ستاد، ابلاغ بازنشستگی خود را دریافت داشت. از لحاظ تشریفاتی اسامی افسران عالیرتبه‌ای که بازنشسته می‌شدند می‌بایست به تأیید فرمانده کل قوا (شاه) برسد. نمی‌دانیم تا چه حد او را، که در آن زمان اختیاری نداشت، در جریان گذاشته بودند.

برای سرلشکر زاهدی تحمل این تصمیم بسیار دشوار بود. در تهران شهرت یافت که بازنشستگی او به خواست انگلیس‌ها است که مخالف یا دشمن دیرین خود را از ارتش به دور نگاه دارند. زاهدی که طبیعتاً پس از گذراندن تقریباً سه سال در زندان انفرادی خارجی‌ها، خشمگین و متوقع نوعی حق‌شناسی و جبران مافات از جانب مقامات ایرانی بود. نارضایی خود را پنهان نمی‌کرد. دوست دیرین وی سپهبد یزدان‌پناه که همچنان از نزدیکان و وفاداران محمدرضا پهلوی بود برای التیام، از شاه برایش وقت شرفیابی خواست. زاهدی شرفیاب شد و گویا به تندی از فرمانده

---

۱ - روایت اردشیر زاهدی به نویسنده‌ی این کتاب.

کل اما کم اختیار قوا گله‌گذاری کرد[1]. سه روز بعد از این باریابی، بر اثر توصیه و فشار محمدرضا شاه، احکام بازنشستگی زاهدی و رزم‌آرا لغو شد و اعمال نفوذ یا قدرت شاه از دید ارتشیان پنهان نماند.

بعد از این ماجرا از طرف وزارت جنگ، سرلشکر زاهدی به سمت بازرس عالی ارتش منصوب شد. شغلی که جنبه‌ی تشریفاتی آن بیش از مسئولیت مستقیم و اجرایی‌اش بود. در همین زمان با خانم جوانی موسوم به تاج‌الملوک اتحادیه، دختر بازرگانی معروف و ثروتمند به نام حاج‌رحیم آقا اتحادیه ازدواج کرد. سپس به عنوان «ماه عسل» عازم بیروت شد. از آنجا به فلسطین رفت می‌خواست کشوری که در آن زندانی بود را به همسرش نشان بدهد یا لااقل آن منطقه را آزادانه ببیند، مجدداً به لبنان بازگشت و از آنجا راهی اروپا گردید و چند ماهی را در سوییس و فرانسه (که تازه آزاد شده و پر از شور و هیجان و شادی بود) گذراند. در ژنو خانه‌ای اجاره کرده بود و ایرانیان بسیاری به دیدارش می‌رفتند.

قبل از آغاز این سفر، که در بازسازی جسمی و روحی زاهدی اثرات مطلوب داشت، وی ترتیب فرستادن پسرش اردشیر را به بیروت و از آنجا (پس از بازگشت کوتاهی به ایران) به ایالات متحده‌ی امریکا داد و دخترش هما را نیز برای تحصیل روانه‌ی لوزان سوییس کرد.

اما، جریان کوچک دیگری نیز نوعی ارضای روانی و شاید سیاسی برای او فراهم آورد، سفیر انگلیس همان سرریدر بولارد که یکی از عوامل و مسببین اصلی بازداشت خشونت‌آمیز و حبس و تبعید طولانی او شده بود، «برای رفع سوءتفاهم» از وی وقت ملاقات خواست. سفیر انگلیس به او پیغام داده بود:

«به ما ثابت شده است که شما یک ژنرال شرافتمند و

۱- جراید آن زمان به این جریان اشارات مفصل داشتند. نگاه کنید به نورمحمد عسکری، شاه، مصدق ... صفحه‌ی ۲۳۷.

وطن‌پرست هستید. اما مایه‌ی تأسف است که به واسطه‌ی مخالفتی که با ما دارید، تصمیم داشتید به وسیله آلمانی‌ها متفقین را از ایران اخراج نمایید».

زاهدی به وی پاسخ داد:

«اگر تصدیق می‌کنید که من افسری وطن‌پرست و شرافتمند هستم، باید بدانید که برای من انگلیس و آلمان هیچ فرقی ندارد و هر دو بیگانه هستند. من فقط وطن خود را می‌خواهم»

و از پذیرفتن و دیدار سفیر کبیر انگلستان عذر خواست[1] که قطعاً این رویه بر عداوت لندن نسبت به وی افزود.

*****

در بازگشت زاهدی به ایران، در حالی که جنگ جهانی دوم پایان یافته و پریشانی‌های ناشی از آن اندک‌اندک رو به کاهش می‌رفت و همه‌ی کشورها، کم و بیش، بازسازی و نوسازی خود را آغاز کرده بودند، ایران به بحرانی سخت دچار بود. شورش برای تجزیه‌ی آذربایجان و بخشی از کردستان که به وسیله‌ی شوروی‌ها هدایت می‌شد، و متعاقب آن غائله‌ی فارس.

شاه ناتوان بود، مجلس در دست بازیگران سیاسی و مرشدان مختلف که کم و بیش از سفارتخانه‌های خارجی الهام می‌گرفتند و کشور دستخوش ناامنی.

دولت‌های ناتوانی می‌آمدند و می‌رفتند. محمد ساعد، مصدق (که سه روز بعد از انتصاب کناره گرفت). سهام‌السلطان بیات، ابراهیم حکیمی، محسن صدر (صدرالاشراف) و باز هم حکیمی. تا این‌که در برابر بحران فزاینده و خطر اضمحلال کشور، سرانجام

۱ - جراید آن زمان به این جریان اشارات مفصل داشتند. نگاه کنید به نورمحمد عسکری، شاه، مصدق، صفحه ۲۳۷.

سررشته‌ی کارها به دست احمد قوام سپرده شد.

برای مقابله با غائله‌ی فارس، قوام‌السلطنه که سرلشکر زاهدی را می‌شناخت و از دیرباز روش کارش را آزموده بود و به خاطر داشت، او را با اختیارات تام، مأمور آن منطقه کرد[۱]. چنان‌که دیدیم او توانست با امکانات اندک، ولی با آمیختن قدرت و سیاست، به آشوب خاتمه دهد، دو سال آنجا بود و شهرت و اعتباری یافت.

به مناسبت این مأموریت، گذشته‌های زاهدی در جراید و محافل به تفصیل بازگو می‌شد: رویه‌ی مسالمت‌آمیزش در دو مأموریت گیلان، بی‌باکی‌هایی که از خود نشان داده و از بذل جان دریغ نکرده بود، دستگیری خزعل و پایان بلوای خزعل در خوزستان و بخصوص رفتار ناجوانمردانه‌ی انگلیس‌ها با او و سه سالی که در زندان آنها گذرانده بود. او افسری عالی‌رتبه بود، با وجهه‌ی ملی و بخصوص اشتهار مسلم به ملت‌گرایی و مخالفت با سیاست بریتانیا در ایران، این خصائل را مردم می‌پسندیدند و طالب بودند.

پس از حادثه‌ی پانزده بهمن ۱۳۲۷ و سوءقصد نافرجام به جان شاه، مجلس موسسان تغییراتی در قانون اساسی داد. مجلس سنا شکل گرفت و تشکیل شد. در نخستین دوره‌ی مجلس سنا، سرلشکر زاهدی به سناتوری همدان برگزیده شد و این بار مستقیماً پا به عرصه سیاست نهاد.

*****

در بیستم بهمن ماه ۱۳۲۸، ۹ فوریه ۱۹۵۰، محمدرضا شاه نخستین دوره‌ی مجلس سنا و شانزدهمین دوره مجلس شورای ملی را گشود. نمایندگان تهران هنوز به مجلس راه نیافته بودند[۲]. انتخابات پایتخت مورد اعتراض شدید مردم بود، قتل عبدالحسین هژیر وزیر دربار شاهنشاهی هم، که اعلام خطری جدی بود، مزید شد و در ۱۸ آبان ماه ۱۳۲۸، انجمن نظارت مرکزی انتخابات

---

۱ - نگاه کنید به بخش اول این کتاب، فصل مربوط به «غائله‌ی فارس».

۲ - نگاه کنید به بخش دوم کتاب.

قرائت آراء را تعطیل کرده و آراء قرائت شده را باطل اعلام نموده بود. رأی‌گیری مجدد برای انتخاب نمایندگان تهران، مستلزم آن بود که مردم و مراجع سیاسی نسبت به صحت و امانت جریان آن اطمینان داشته باشند. به این منظور دولت، سرلشکر زاهدی را که سناتور شده اما هنوز به مجلس راه نیافته بود، به ریاست شهربانی کل برگزید. وی مورد اعتماد افکار عمومی و از جمله هوادار نهضتی بود که به رهبری دکتر مصدق علیه سیاست استعماری بریتانیا و به منظور احقاق حقوق ایران در منابع نفت جنوب تکوین می‌یافت.
در این جریان، شاه به دعوت رییس جمهور امریکا، عازم ایالات متحده بود. قدرت و نفوذ سپهبد رزم‌آرا رییس توانای ستاد ارتش و بلند پروازی‌های سیاسی او موجب نگرانی شاه بود و در میان مردم شایعه‌ی امکان وقوع یک کودتای نظامی وجود داشت. می‌بایست در غیاب شاه، انتخابات تهران با آزادی و صحت و امانت انجام شود و نیز در غیاب او قدرتی در برابر سپهبد رزم‌آرا وجود داشته و مراقب او باشد.

سرلشکر زاهدی مورد اعتماد ملّیون بود. شاه او را خطری برای خود تلقی نمی‌کرد و به تدبیر و سیاستش اطمینان داشت. انتصاب سرلشکر زاهدی به ریاست شهربانی کل، هم مردم را راضی کرد که از مراقبت در جریان انتخابات که به وی محول شده بود اطمینان حاصل کردند و هم به محمدرضا پهلوی امکان داد که با آرامش خیال رهسپار سفری طولانی به خارج از کشور شود. شاه و ملکه ثریا چهل و هشت روز در امریکا ماندند. در بازگشت آنها چنان که دیدیم، مجلسین به کار خود آغاز کردند و اندکی بعد نمایندگان تهران که یازده تن از دوازده نفرشان از جبهه‌ی ملی بودند و دکتر مصدق در راس آنها قرار داشت، به مجلس راه یافتند.

عمـــلاً از ایـــن مقطع از زمان بود که نهضت ملی شـــدن نفت آغاز شـــد. پس از افتتاح دو مجلس، محمد ســـاعد به تمایل نمایندگان مجدداً مأمور تشـــکیل کابینه شـــد و سرلشکر زاهدی همچنان در راس شـهربانی کل قرار داشت.

روزی که زاهدی به ریاســـت شـــهربانی کل منصوب شد، درست بیست سال از زمانی می‌گذشت که وی با درجه‌ی سرتیپی از طرف رضاشـــاه به همین سمت منصوب گردیـــده بود. وی با جدیت به اصلاحاتی در شهربانی دست زد: در وضع عبور و مرور وسایل نقلیه که بی‌نظمی روزافزون آن موجب شـــکایت مردم شـــده بود، ترتیبات جدیدی به مرحله اجرا درآورد. لباس متحدالشکل و حقوق و مزایای پاسبانان و درجه‌داران و افسران تغییر یافت و اونیفورم آنان به شـــکلی آبرومندتر از پوشاک مندرس و کهنه‌ای که یادگار قبل از جنگ بود درآمد. بر تعداد پاسبانان مأمور خدمت در پایتخت افزوده شـــد. او خاصه به آموزش افسران جدید شهربانی کل که آینده‌ی این سازمان بودند، توجه بسیار مبذول داشت و برای ابراز اعتماد به آنان بود که چنانکه دیدیم[۱] حفاظت صندوق‌های رأی را که جراید می‌نوشتند «ناموس ملت» است به آنان سپرد که در این کار اشتباه نکرد و نتیجه‌ی مطلوب به دست آورد.

> «نقش سرلشـــکر زاهدی رییس کل شهربانی را در توفیق دکتر مصـــدق و یارانش در انتخابات دوره‌ی شـــانزدهم مجلس شورای ملی نباید نادیده گرفت»[۲].

تـــا آنجا که پس از برکنـــاری او از سمتش، دکتر مصدق رسماً در مجلـــس به این تصمیـــم اعتراض کرد[۳] و ســـال‌ها بعد دکتر کریم سنجابی نیز اذعان نمود «سرلشـــکر زاهدی در جریان انتخابات

۱ - نگاه کنید به قسمت دوم این کتاب.

۲ - دکتر جلال متینی، کارنامه سیاسی ...، صفحه‌ی ۲۰۹.

۳ - نگاه کنید به قسمت دوم این کتاب.

دوره‌ی شانزدهم به جبهه‌ی ملی خیلی کمک کرد و در مقابل رزم‌آرا ایستاد»[۱].

در همین ماه‌ها بود که دولت ساعد با مساله‌ای غیرمنتظره روبرو شد که تنها جنبه‌ی داخلی نداشت. دولت عراق، اتباع یهودی خود را از کشورشان راند و آنان ناچار به ایران پناه آوردند. مباشرت در حفاظت، اقامت و سپس انتقال آنان به کشور نوبنیاد اسراییل به شهربانی کل سپرده شد. سازمان بین‌المللی یهودیان[۲] هزینه‌های آنان را به عهده گرفت. اما اداره‌ی این کار ظریف، و پر از دشواری بود. دولت و مردم ایران، به سنت میهمان‌نوازی دیرین خود، این گروه را پذیرا شدند و بدون سر و صدا و با نظم و ترتیب کامل، کار انتقال آنان به کشور جدیدشان انجام شد[۳].

*****

تا این زمان سرلشکر فضل‌الله زاهدی به عنوان افسر عالیرتبه‌ای شجاع و بلکه متهور اما مدیر و مدّبر و اهل مسالمت شناخته می‌شد. بازگشتش به رده اول مسئولان مملکتی و انتخابش به نمایندگی مجلس سنا، سبب شد که در جراید و محافل داستان درگیری‌اش با خزعل، عامل شناخته‌شده‌ی استعمار بریتانیا در منطقه‌ی خلیج فارس، و همچنین اسارت و تبعید طولانی‌اش به تفصیل بازگو شود. در حالی که درگیری نهضت ملی ایران با

---

۱ - همان منبع، همان صفحه، به نقل از «خاطرات شفاهی دکتر کریم سنجابی».

۲ - Agence Juive.

۳ - پس از انقلاب اسلامی، مقامات نظام حکومتی تهران و تاریخ‌سازان قلم به مزد آن، محمد ساعد را که نمونه‌ی تمام عیار پاکدامنی و بی‌اعتنایی به مادیات بود و تا پایان عمرش، با همه‌ی مقاماتی که داشت، با قناعت زیست و با نیک‌نامی چشم از جهان فروبست، متهم کردند که از سازمان بین‌المللی یهودیان رشوه‌ای برای این کار دریافت داشته! اشاره آنها به وجوهی است که این سازمان برای انتقال عراقیان یهودی رانده شده از کشورشان به فلسطین خرج کرده بود که طبیعتاً ارتباطی با نخست‌وزیر و یا مقامات دولتی ایران نداشت.

سیاست استعماری لندن و حرکت مردم برای احقاق حقوق ایران در منابع نفتی آغاز می‌شد، چهره‌ی «ضد انگلیسی» و «ملت گرا»ی رییس کل شهربانی نمی‌توانست نادیده بماند.

چنین می‌توان پنداشت که در این ماه‌ها «نظامی سیاستمدار» به «سیاستمدار»ی که در سودای مقامات دیگر و نقشی در رهبری کشور بود، تبدیل شد. رقابت او با سپهبد رزم‌آرا تا آن موقع فقط نظامی و در چهارچوب ارتش بود. هر دو صاحب‌منصبان عالی‌رتبه‌ای بیرون از قواره‌های متعارف بودند. از این پس رقابت آنان جنبه‌ی سیاسی به خود گرفت.
رهبران جبهه‌ی ملی و جناح روحانیت مخالف یا متظاهر به مخالفت با سیاست بریتانیا به او که این وجهه‌ی ملی را داشت نزدیک شدند و خود او نیز این همراهی سیاسی را پذیرا شد.

در آغاز اوج بحران نفت، دولت ساعد کناره گرفت و منصورالملک که مرد توفان نبود، برای مدتی کوتاه بر مسند ریاست دولت نشست. اما دولتش دیری نپایید و سپهبد رزم‌آرا جای او را گرفت. یکی از نخستین اقدامات سپهبد آن بود که زاهدی را وادار به کناره‌گیری از ریاست شهربانی کند و معتصم‌السلطنه فرخ را به جای او منصوب کرد. در نتیجه، شاه، سرلشکر زاهدی را مجدداً به سمت «سناتور انتصابی» برگزید. او که سخت از رزم‌آرا بیم داشت، نمی‌خواست این حریف توانای او از صحنه‌ی سیاست دور بماند. «ملّیون» نیز به این نظامی بلندپایه‌ی ضد انگلیسی و مخالف رزم‌آرا با نظر مساعد می‌نگریستند. زاهدی پس از این تغییر برای مدتی کوتاه به اروپا رفت و پس از بازگشت، در مجلس سنا در صف مخالفین دولت رزم‌آرا قرار گرفت. حتی به نوشته‌ی حسین مکی که در آن هنگام نزدیک‌ترین یار سیاسی مصدق بود.

«سرلشکر زاهدی تنها کسی بود که با جبهه‌ی ملی

همکاری می‌کرد»[۱]

روزهای سه‌شنبه‌ی هر هفته، گروهی از اعضای جبهه‌ی ملی در حصارک ناهار میهمان سرلشکر زاهدی بودند و منظماً در باره‌ی مسائل سیاسی روز مذاکره و تبادل نظر می‌کردند[۲]. اعضای «کمیته‌ی سیاسی» جبهه‌ی ملی جملگی از این گروه بودند[۳].
بدین‌سان، پس از قتل رزم‌آرا که حسین علاء در راس یک کابینه‌ی انتقالی یا «محلل» جانشین او شد، برای تسکین افکار عمومی، سرلشکر زاهدی را به وزارت کشور برگزید. در آن هنگام ژاندارمری کل کشور و شهربانی کل هر دو نه تنها قانوناً بلکه در عمل، زیر نظر وزیر کشور بودند و شهربانی تنها بازوی سیاسی و اطلاعاتی دولت محسوب می‌شد. دولت علاء کم‌تر از دو ماه بر سر کار بود. دکتر مصدق نخست‌وزیر شد و بدون کوچک‌ترین تردید آن هم با تأیید همه‌ی اعضای جبهه‌ی ملی[۴] سرلشکر زاهدی را به سمت وزیر کشور برگزید.

در ابتدا سرلشکر زاهدی، علاوه بر تصدی وزارت کشور، شخصاً بر شهربانی کل نیز سرپرستی داشت که البته نمی‌توانست بدون موافقت نخست‌وزیر باشد. در این موضع، وی در حقیقت مرد نیرومند کابینه و برخوردار از اعتماد و حمایت نخست‌وزیر بود، تا این‌که در تیرماه ۱۳۳۱، به توصیه‌ی شخص دکتر مصدق،

---

۱ خاطرات حسین مکی، به نقل از مصطفی الموتی، بازیگران سیاسی ...، صفحه‌ی ۳۱۹.

۲ - به این جلسات در کتاب احمد ملکی، تاریخچه‌ی جبهه‌ی ملی...، به تفصیل اشاره شده است و حتی نویسنده اغذیه‌ای را که در سر میز ناهار زاهدی (صفحه۱۲ متن) یا مجالس پذیرایی دکتر مصدق (صفحه ۵٦ کتاب) به میهمانان تعارف می‌شده، ذکر کرده.

۳ - سیدابوالحسن حایری‌زاده، حسین فاطمی، حسین مکی، مظفر بقایی، محمدرضا جلالی نایینی، احمد ملکی (صفحه‌ی ۲۰ مقدمه‌ی کتاب تاریخچه‌ی جبهه‌ی ملی...)

٤ - مصطفی الموتی، بازیگران سیاسی ...، صفحه‌ی ۳۱۹.

سرلشکر بقایی به ریاست شهربانی برگزیده شد و چنان‌که دیدیم، ماجرای ۲۳ تیرماه، اغتشاش و خونریزی در تهران و خشونتی که شهربانی برای جلوگیری از اشغال مجلس بوسیله‌ی تظاهرکنندگان منتسب به حزب توده نشان داده بود، به عزل سرلشکر بقایی و کناره‌گیری زاهدی از وزارت کشور انجامید.

در مرداد ماه ۱۳۳۱ سرلشکر زاهدی رهسپار همدان شد که مدتی از کشمکش‌های سیاسی پایتخت دور بماند. در همین ماه برای بار سوم محمدرضا شاه وی را به سناتوری همدان انتخاب کرد.

*****

زاهدی «نخستین وزیر کابینه‌ی مصدق بود که از وی روی برتافت و از این پس رهبری مخالفان مصدق را تا سقوط وی بر عهده داشت»[۱]. در این کلام تاملی ضروری است. می‌توان پنداشت که پس از پایان همکاری‌اش با مصدق و گوشه‌گیری کوتاهش در همدان، زاهدی، مثل هر انسان و نیز مرد سیاسی دیگر، به گذشته و آینده‌اش اندیشیده: در دوران رضاشاه البته مغضوب نبود، ولی با وجود کامیابی‌های نظامی و از جان گذشتگی‌هایش در ماجرای جنگل و در برابر شیخ خزعل و با وجود کفایتی که شاه در او می‌دید، هرگز شغل طراز اولی در ارتش نیافت و چون به ریاست نظمیه (شهربانی) و امنیه (ژاندارمری) رسید، به علت استقلال رأی و صراحت لهجه‌ای که داشت، زود برکنار شد و حتی روانه‌ی زندان گردید.

در طی این مدت، بیست سال در درجه‌ی سرتیپی باقی ماند. در شهریور ۲۰ بعضی از افسرانی که در آغاز سلطنت رضاشاه (و هنگامی که زاهدی به درجه‌ی سرتیپی ارتقاء یافته بود) نایب اول (ستوان یکم) بودند، با او هم درجه شده بودند.

بعد از شهریور بود که فروغی، به پیشنهاد و توصیه‌ی دوستان

۱- دکتر جلال متینی، نگاهی به ...، صفحه‌ی ۲۵۷.

وفــادارش امـــان‌الله میرزاجهانبانی و مرتضی‌خـــان یزدان‌پناه، بالاخره به او درجه‌ی سرلشـــکری داد و وی را مجدداً به ریاست ژاندارمری کل و ســـپس فرماندهی لشکر اصفهان منصوب کرد. پس از آن سه سال در زندان مجرد انگلیس‌ها بود که سه روز پس از آزادی و مراجعت به ایران بازنشسته‌اش کردند.
شـــکوفایی مجدد قدرت فرماندهی و کفایت سرلشـــکر زاهدی در زمان قوام‌السلطنه و در حل مســـالمت‌آمیز غائله‌ی فارس بود که به عنوان نماینده‌ی تام‌الاختیار دولت و فرمانده نیروهای مســـلح شاهنشـــاهی در جنوب، با اعمال قدرت و تدبیر توانست از وقوع حتمی یک جنگ داخلی در این منطقه جلوگیری کند.

هنگامی که نهضت ملی شـــدن نفت آغاز شـــد، سرلشکر زاهدی افسری سیاســـتمدار، مشـــتهر به مخالفت با سیاست بریتانیا و دارای وجهه‌ای غیرقابل انکار در جناح «ملّیون» و بخش بزرگی از روحانیت بود. با ایلات و عشایر جنوب کشور، روابط دوستانه‌ای داشـــت و از اعتماد برخی از رؤسای آنان، چون ناصر قشقایی، بهره‌مند بود. دوســـتانش در «بازار تهران»، مرکز اصلی سیاست آن روز در پایتخت، از نفوذ قابل ملاحظه‌ای برخوردار بودند.

زاهدی می‌دانست که شاه، که هنوز نفوذ سیاسی عمده‌ای نداشت، با او مخالف نیســـت ولی چنان که تحولات سیاســـی بعدی نشان داد، هرگـــز او را به عنوان نقطه اتکای سیاســـی اصلی خود تلقی نکـــرد، گرچه او در حســـاس‌ترین مواقع، وفاداری به ســـلطنت و شخص محمدرضا شاه را بر جاه‌طلبی‌های شخصی خود ترجیح داد و شـــاید بتوان گفت که خود را فدای شاه کرد، ولی پاداش آن را دریافت نداشت.

انگلیس‌ها که هنوز در ایران قدرتی محسوب می‌شدند، مخالف او

بودند و این مخالفت و حتی عداوت، تا پایان دوران نخست‌وزیری او ادامه یافت. امریکایی‌ها او را نمی‌شناختند و به هنگام پایان حکومت مصدق و مخصوصاً پس از رسیدنش به ریاست دولت او را شناختند.

شاید زاهدی در این مقطع از زندگی اجتماعی و سیاسی خود، از دکتر مصدق نیز دل‌شکسته و گله‌مند بود. به سهم خود در پیشرفت نهضت ملی واقف بود و به احتمال قریب به یقین توقع قدرشناسی بیش‌تری داشت.

پس از استعفای از دولت مصدق و دوران گوشه‌گیری در همدان، دیگر راه و روش سیاسی خود را انتخاب کرد. دشواری‌های روزافزون دولت را می‌دید و دریافت که می‌تواند مرد راه حل دیگری باشد.

در مراجعت از همدان، هنوز رهبر مخالفان دولت تلقی نمی‌شد. در مجلس سنا به همه‌ی لوایح قانونی دکتر مصدق، جز برقراری حکومت نظامی، رأی موافق داد. ولی در مجالس و محافل سیاسی موضع انتقادی خود را از «سیاست منفی» دولت که در جستجوی راه حل مطلوبی برای معضل بهره‌برداری نفت جنوب و استفاده از عواید سرشار آن در جهت رونق اقتصادی ملی و بهبود وضع مردم نبود، پنهان نمی‌کرد. پس مخالفین دولت، غیر از جناح چپ و توده‌ای‌ها که از جای دیگر الهام می‌گرفتند، اندک‌اندک به دورش جمع شدند. از جمله بسیاری از یاران مصدق، کم و بیش همه او را پرچمدار «سیاستی دگر» می‌دیدند. و شاید اشتباه اطرافیان مصدق، و گویا نه شخص او، این بود که سریعاً زاهدی را به عنوان هدف اصلی حملات شدید و گاهی غیرمنصفانه خود قرار دادند.

به این ترتیب او به صورت تنها رهبر مخالفان درآمد. بدون تأیید دربار، علیرغم انگلیس‌ها و در آغاز به موازات تأیید مستمر سیاست امریکا از مصدق، که در نتیجه واشنگتن نمی‌خواست به

مخالفان او پرو بالی داده شود و توجهی به وی نداشت.

در این گیرو دار، بعضی از دوستان و نزدیکان دکتر مصدق که با زاهدی نیز حسن رابطه داشتند، از جمله حسین مکی، سیدابوالحسن حایری‌زاده و حسین فاطمی، به پادرمیانی افتادند که رفع کدورت از هر دو بشود. از جانب مصدق به زاهدی پیشنهاد شد که پسرش اردشیر که چندی قبل پس از اخذ درجه‌ی مهندسی در اقتصاد کشاورزی از امریکا بازگشته و معاون اداره اصل چهار بود به ریاست بنگاه مستقل آبیاری (که ریاست آن را مهندس ابوالحسن بهنیا به عهده داشت) یا حتی به وزارت کشاورزی (که مهندس خلیل طالقانی عهده‌دار آن بود) برگزیده شود[۱]. پادرمیانی به جایی نرسید.

سرلشکر زاهدی رییس کانون افسران بازنشسته بود، در جلساتی که در کانون برپا می‌شد، انتقادات خود را از سیاست دولت پنهان نمی‌کرد و در همکاران خود گوش شنوا بسیار می‌یافت. ولی خبرچینان نیز کم نبودند و مقامات دولتی از این گفتگوها سخت آزرده خاطر شدند.

در بیست و یکم مهرماه ۱۳۳۱، به دستور دولت، گروهی از مخالفین از جمله سرلشکر حجازی، طبق ماده‌ی ۵ قانون حکومت نظامی بازداشت شدند و نیز طی اعلامیه‌ای، سرلشکر زاهدی محرک اصلی این مخالفت‌ها معرفی شد که «در ارتباط با یک سفارتخانه‌ی خارجی با استفاده از مصونیت پارلمانی» به تحریک مشغول است.

فردای آن روز زاهدی در پاسخ اعلامیه دولت، اعلامیه‌ای داد:

---

۱ - برای شرح جریان این رفت و آمدها نگاه کنید به خاطرات اردشیر زاهدی ...، جلد اول صفحات ۹۴ تا ۹۶.

«... کمال آرزوی من آن اســـت که روزی در پیشگاه ملت حقیقی ایران، من و دکتر مصدق محاکمه شـــویم تا پرده از ریاکاری‌ها بردارم و مردم ستمدیده و محروم ایران را بـــر حقایق امور آگاه و از عواقب وخیمی که مقدمات آن را جاهلانه یا مغرضانه فراهم کرده‌اند آگاه ســـازم. مگر تا قیامت می‌شود در ســـنگر نفت با حربه‌ی فرسوده «نوکر استعمار» و «خادم بیگانه» مردم را اغفال کرد؟ آیا برای زندگی مردم و رفع این آشـــوب و اصلاح اوضاع عمومی چه نقشه‌ای دارید و چه کرده‌اید؟[۱]».

سرلشکر زاهدی به این اعلامیه اکتفا نکرد و در جلسه‌ی علنی ۲۳ مهرمـــاه ۱۳۳۱، ۱۵ اکتبر ۱۹۵۲، در نطق مفصلی به عنوان «قبل از دستور» گفت[۲]:

«... من از هیچ کس و هیچ کشـــور ملاحظه نداشته و جز خدای خـــود از احدی ترس ندارم. جـــان و مال و روح و خونم فدای میهن.

منم پور ایران و بر مام خویش
مرا غیرت آید ز اندیشـــه بیش»

وی بعد از توضیح متن اتهاماتی که در اعلامیه‌ی دولت به شخص او و چند تن از افسران بازنشسته وارد شده بود گفت:

«من یقین دارم بین افســـران عالی‌رتبه و باشـــرف ایرانی کسی یافت نمی‌شـــود که برخلاف مصالح و منافع کشور خـــود، خائنانه عمل نماید. این گونه شـــایعات و کســـب اطلاع آقای دکتر مصدق بالاخره معلوم خواهد شد که از

---

۱ – متن این اعلامیه در جراید آن روز و در همه کتبی که به شرح وقایع دوران بحران ملی شـــدن نفت اختصاص دارند، درج شده. از جمله نگاه کنید به خاطرات اردشیر زاهدی ....، صفحه‌ی ۱۱٤.

۲ – مشروح مذاکرات مجلس سنا مربوط به این تاریخ.

کجا سرچشـمه می‌گیرد. ضمناً لازم می‌دانم از سابقه و روابط خودم بــا جناب دکتر مصدق مختصری به عرض برسانم...

قبل از زمامداری ایشــان و در مدت بیست و چند سال دو یا ســه مرتبه ایشــان را ملاقات کردم و هیچ‌گونه روابط دیگری نداشتیم. ولی چون سخنان ایشان و خواسته‌های رفقا و یاران ایشان را به نفع کشور تشخیص دادم و آنها را مردمان میهن‌دوست و فداکاری دانستم، تصمیم گرفتم در حدود قانون و مقررات آنها را یاری کنم...

من موقعی این تصمیم خود را عملی کردم که جناب آقای دکتر مصدق در احمدآبــاد تبعید و تحت نظر پلیس بود و اغلــب رفقای ایشــان در تهران زندانــی و یا تحت تعقیب بودند. بله، در همان موقع پرونده‌ای درســت شــد که در منزل دکتر مصدق و با حضور دوســتان و همکارانش ده قبضه اسلحه برای از بین بردن ده نفر تقسیم شده و یکی از آن ده نفــر هژیر بوده که مقتــول گردید. این پرونده با اقرار و اعتراف چند نفر از کســان خود آقایان در شــرف تکمیل بود.

من رییــس شــهربانی شــدم... شــرافت ســربازی و وظیفه‌شناسی به من اجازه نداد که بگذارم روی اغراض، چنیــن عمل خــلاف حقیقتی صــورت گیــرد... اما چرا می‌خواستند این آقایان را محکوم کنند؟ برای این بود که آنها وکیل نشوند و به مجلس راه نیابند.

... به شــهادت کلیــه‌ی اهالی محترم پایتخــت، نهایت کوشــش را کردم و نگذاشتم دستبرد و یا تغییری در آراء بدهنــد و امانت ملت آن‌چه بود و به مــن که رییس قوای انتظامی آن روز بودم سپرده شده بود، حفظ کردم تا آقای دکتر و یارانش به مجلس شورا آمدند...»

پس از شــرح جزییات مربوط به شــرکت خــود در کابینه‌ی دکتر مصدق و همکاری مشــترک ایشان و اشــاره به سبب استعفا از دولت، زاهدی گفت:

«... دشــمنان آقای دکتر القاء شــبهه نموده و آقای دکتر تصور کرده بود که من می‌خواستم حکومت را برای خودم از دســت ایشان بگیرم و چند نفر از رفقای مشترک ما را نیز در این باب متهم نموده بودند. ولی همه می‌دانســتند که در آن موقع من چنین خیالی در مخیله‌ام خطور ننموده و من برخلاف جوانمردی و شرافت می‌دانم با کسانی که خدمت می‌کنند به آنها خیانت کنم. در صورتی که کاندید نخست‌وزیری شدن نه جرم است و نه عیب...

من همیشه کمال احترام و همراهی را به آقای دکتر مصدق داشتم و فکر می‌کردم که باید دولت ایشان تقویت شود تا کار نفت را تمام کند. من خیال می‌کردم که اگر آقای دکتر موفق شــود کار نفت را تمام کند بــرای ملت ایران خیلی ارزان تمام می‌شود...

... با این همه ســابقه و کمک بــه جبهه‌ی ملی و خدمات گرانبهایی که به کشور خود کرده‌ام و به جرم وطن‌پرستی سه سال در حبس و تبعید بیگانه در خارج از کشور خود به سر بردم، چطور عصر مرا در خانه‌ی خود اغفال کردند و نامردانه مرا ربودند و سه سال در زندان نگاه داشتند. کسی از مأمورین دولت خودم و یا کسانم مرا ندیدند. حالا آقای دکتر مصدق روی چه اطلاع و گزارش‌هایی مرا متهم می‌کنند که به نفع یک سفارتخانه بیگانه مشغول اقداماتی بودم، یا می‌خواستم کودتا کنم...

چــه خوب بود که ملــت ایران به این مــدارک من و آقای دکتر رسیدگی می‌کرد و مردم نجیب ایــران بین خادم و خائن فرق می‌گذاشــت و ســرباز فداکار خود را نیز بیشتر

می‌شناخت...

من خدمتگزار صدیقی برای کشور خود بوده و هستم. مقصودم از این عرایض تعریف از خود نیست. من در کنار رود چالوس با عده‌ی قلیلی، متجاسرین را که قصد تصرف تهران را داشتند شکست دادم و پایتخت را نجات دادم. من در آذربایجان با ستون خود، سمتیقو را که ادعای استقلال می‌کرد شکست دادم، تراکمه‌ی دشت گرگان را که بیش از یک قرن از اطاعت حکومت مرکزی سرپیچی و یاغی‌گری می‌کردند، منکوب و فرهنگ و تمدن را به جای آدم‌کشی و شرارت به اهالی آنجا تحمیل نمودم و امروز هزاران جوان تحصیل کرده‌ی ترکمن در بنگاه‌های دولتی و ملی مشغول کار هستند...

خوزستان، خوزستانی را که امروز گفتگوی نفت به تنهایی آن استان، جهان را پر کرده فتح کردم... شیخ خزعل پادشاه یاغی بیحقبه را گرفتم و تحت‌الحفظ به تهران فرستادم... صدها مدرسه، بیمارستان، داروخانه، راه‌های شوسه در این کشور ایجاد کردم... پس چطور ممکن است من برخلاف مصالح کشورم قدم بردارم؟ این گونه تهمت‌ها و حمله‌های ناجوانمردانه، در پیشگاه ملت نجیب ایران قابل عفو و اغماض نیست.

دولت آقای دکتر مصدق اگر در اصلاح امور کشور توفیق نیافته، اگر کار انتخابات را با آن همه هزینه و پشتکار، مطابق دلخواه انجام نداده، در بالا بردن سطح زندگی عمومی کامیاب نگردیده، بالاخره این همه عصیان و ناامنی در کشور به وجود آورده یا آمده، تقصیر من و سایرین چیست؟ من همه چیز از این دولت، دیکتاتوری، ارعاب و تهدید، سازش با مقامات غیرصالح انتظار داشتم، ولی پرونده‌سازی را باور نمی‌کردم.

من از آقای دکتر اســتدعا می‌کنم قدری به هوش بیایند و مواظب باشند کشور ما را به خاک و خون نکشند.
چاه است و راه و دیده بینا و آفتاب...»

البته سخنان ســناتور همدان، نشانگر خشم قابل‌فهم او در برابر اتهام در همکاری با یک سفارتخانه بیگانه بود، اما به مراتب بیش از اینها بود. سرلشکر زاهدی از این روز به صورت رهبر بلامنازع مخالفــان دکتر مصــدق و داوطلب علنی قبول زمامداری کشــور درآمد.
شبکه‌ی دوستان سرلشکر زاهدی به انتشار این سخنان در جراید کشــور اکتفا نکردند. طی دو روز بعد از آن هزاران نســخه از آن جداگانه طبع و در پایتخت منتشر شد.
عکس العمل دولت در برابر بیانات زاهدی و انتشار آن در سرتاسر پایتخت، فوری و آمیخته با خشــونت بود. ســازمان اصل چهار وادار به اخراج اردشــیر زاهدی فرزند سرلشکر شد. سپس وی را بازداشــت و مدتی زندانی کردند و در زندان وی را سخت شکنجه دادند که از آثارش هنوز رنج می‌برد[1].
گروه دیگری از مخالفین نیز جلب و بازداشــت شــدند و اقامتگاه ســناتور همدان با وجود مصونیــت پارلمانی او تحت محاصره‌ی مأموران انتظامی قرار گرفت.

بعــد از تعطیل مجلس ســنا[2] دیگر مانع قانونی برای بازداشــت سرلشــکر زاهدی وجود نداشــت. وی در ششم اسفند ۱۳۳۱، ۲۵ فوریه ۱۹۵۳، به اتهام «توطئه علیه دولت»[3] بازداشت شد. سه روز بعد قضیه‌ی نهم اسفند اتفاق افتاد و گروه انبوهی جلب و زندانی

۱- خاطرات اردشیر زاهدی ...، صفحات۹۹ تا ۱۰۱.
۲ - نگاه کنید به قسمت دوم این کتاب.
۳ - اطلاعات، هشتم اسفند ۱۳۳۱.

شدند.
پس از بازجویی‌های مفصل از آنان، دولت، زاهدی و جمعی از بازداشت‌شدگان را به مناسبت فرا رسیدن نوروز ۱۳۳۲ آزاد کرد. ظاهراً دید و بازدیدهای نوروزی سبب اجتماع مداوم گروه زیادی از اهالی پایتخت، بازاریان، روحانیون و به خصوص افسران بازنشسته یا شاغل در اقامتگاه سرلشکر زاهدی گردید که برای دولت ناخوشایند بود.

در اوایل اردیبهشت ماه ۱۳۳۲، گروه انبوه دیگری از مخالفان دولت بازداشت شدند. زاهدی در اختفا می‌زیست. مأمورین برای جلب وی به خانه‌اش ریختند. او در همان نزدیکی‌ها در جای دیگر بود، ولی ترجیح داد به مجلس شورای ملی برود و در آن‌جا متحصن شود. پس از ورود به کاخ بهارستان در تاریخ ۱۴ اردیبهشت نامه‌ای به آیت‌الله کاشانی رییس مجلس نوشت:

«... خاطر مبارک مستحضر است در اسفندماه ۱۳۳۱، بدون دلیل و برخلاف قانون توقیفم کردند. از فروردین ماه (که آزاد شده بود) تا به حال سه چهار مرتبه به خانه و باغ شمیرانم، قوای مسلح نظامی در شب و بعد از نصف‌شب ریخته‌اند و سلب آزادی و امنیت از خودم و فامیلم و خانواده‌ام کرده‌اند. بعد از شکایت تلگرافی به مقامات دادگستری و یأس از حمایت قانونی آنان، ناگزیر شدم به خانه‌ی ملت پناهنده شوم و ضمناً برای اطمینان خاطر آن مقام محترم و وکلای محترم مجلس شورای ملی، عرض می‌کنم که تا به حال عملی که برخلاف مصالح کشورم باشد، ننموده‌ام و علاوه بر این سربازی فداکار و خدمت‌گزار برای میهنم بوده‌ام و هستم»[1].

۱ - دکتر عزت‌الله همایونفر، از سپاهیگری تا ... صفحه‌ی ۲۲۹.

کاشانی به دستگاه اداری مجلس دستور داد که از زاهدی محترمانه پذیرایی کنند. در نتیجه راه مخالفان دولت به عنوان دیدار و احوالپرسی به مجلس باز شد. تعداد مراجعین با وجود مراقبت شدید و مزاحمت مأموران زیاد بود.

به توصیه‌ی دکتر مصدق، مهندس احمد رضوی نایب رییس دوم مجلس به دیدار زاهدی رفت که او را از ادامه‌ی تحصن باز دارد و آسوده خاطرش سازد[۱] ولی وی نپذیرفت و اظهار داشت که دیگر اعتمادی به قول رییس دولت ندارد و هم‌چنان در مجلس متحصن ماند.

تحصن زاهدی که مساله‌ای برای دولت شده بود، تا دهم تیرماه ۱۳۳۲، اول ژوئیه ۱۹۵۳ ادامه یافت. در این تاریخ کاشانی ناچار به استعفا شد و دکتر عبدالله معظمی از یاران نزدیک مصدق، جای او را گرفت. سرلشکر زاهدی احساس می‌کرد که با تغییر رییس مجلس، با وجود حسن رابطه‌ای که با معظمی داشت و به واسطه‌ی تشدید بحران سیاسی در کشور، بهتر است به جای دیگر برود. در نهایت امر با توجه به اوضاع و احوال، در اختفا می‌توانست از آزادی عمل بیش‌تری برخوردار باشد. به علاوه اقامت وی در کاخ بهارستان برای رییس جدید مجلس نیز در برابر دوستانش ایجاد مشکل می‌کرد. سرانجام پس از مذاکراتی بین رییس جدید مجلس و سناتور پیشین، به زاهدی قول داده شد که اگر از مجلس خارج شود، کاری به او نداشته باشند. سرلشکر زاهدی با اتومبیل رسمی ریاست و پلاک پرچم سه‌رنگ مجلس شورای ملی که به آن مصونیت می‌داد، کاخ بهارستان را ترک کرد و به خانه‌ی شخصی خود برگشت[۲]. اما از روی احتیاط، ساعتی

۱ - ابراهیم صفایی، زندگینامه ...، صفحات ۱۰۲ و ۱۰۳.

۲ - پس از این جریان، سرلشکر زاهدی نامه‌ی محبت‌آمیز به رییس مجلس نوشت و از او به گرمی تشکر کرد. پیش‌نویس نامه و عین رسید دفتر مجلس شورای ملی در مرکز اسناد اردشیر زاهدی در مونترو (سوییس) موجود است. در بررسی‌هایم برای تالیف کتاب Iran, le choc des ambitions که در اواخر سال ۲۰۰۶ انتشار

بیش‌تر در آنجا نماند و به جای دیگر رفت. شبانگاه چند کامیون نظامی به اقامتگاه زاهدی ریختند که او را توقیف کنند که البته به او دست نیافتند.

از این تاریخ، ۲۹ تیرماه ۱۳۳۲، ۳۰ ژوئیه ۱۹۵۳ تا روز ۲۸ مرداد که زاهدی بر مسند ریاست دولت نشست، مرحله‌ی نهایی مبارزه‌ی او آغاز شد.

در همین روزهای اختفای زاهدی بود که فرمانداری نظامی برای «هرکس که محل سکونت سرلشکر نامبرده (را) که منجر به دستگیری وی گردد به فرمانداری نظامی اطلاع دهد» یک‌صد هزار ریال جایزه‌ی نقدی تعیین کرد[1].

دکتر مصدق که مردی زیرک بود و ارتباطات شخصی خود را داشت، در همین روزها با سردار سیف افشار (که با او دوست و در ضمن از محارم سرلشکر زاهدی بود) تماس گرفت و از او خواست به زاهدی بگوید «به شما گذرنامه‌ی سیاسی داده می‌شود و مقداری ارز هم به نرخ دولتی می‌دهیم تا به اروپا بروید و استراحت کنید... وضع خوبی ندارید، فعلا مخفی هستید و اردشیر هم در مخفی‌گاه می‌باشد. اگر بروید از این دردسرها خلاص می‌شوید» زاهدی نپذیرفت و گفت: «در این جا می‌مانم و مبارزه می‌کنم. اگر مصدق موفق شد مرا از بین ببرد. ولی اگر من موفق شدم، فقط از نخست‌وزیری کنار می‌رود و دیگر کاری به او

یافت، من بسیاری از اسناد این مرکز و از جمله این نامه را در آنجا ملاحظه و مطالعه کردم.

۱ - متن اعلامیه در، نورمحمد عسکری، شاهنشاه ...، صفحه‌ی ۱۶۹. طبق مصاحبه‌ای که نورمحمد عسکری با اردشیر زاهدی داشته، پدرش هنگامی که از رادیو متن اعلامیه را شنید، خندید و گفت: «بد نیست که بروم و خودم را معرفی کنم و ده هزار تومان را بگیرم. ولی می‌ترسم که در خزانه‌ی دولت مصدق با چنین وضعی که پیش آورده، ده هزار تومان موجود نباشد که جایزه بدهد»، همان منبع، همان صفحه.

ندارم. راهی است که رفته‌ام و تا پایان ادامه خواهم داد»[۱]. گویا مصدق از این پاسخ خیلی ناراحت شد.

از تطبیق روایات مختلف چنین برمی‌آید که در طول این مدت اختفا، سرلشکر زاهدی به ترتیب در منازل صادق نراقی، بانو زاهدی همسر بصیر همایون، خانم نراقی (هر سه از اقوام نزدیکش بودند)، امیرمنظم حمزوی، مصطفی مقدم، حسن کاشانیان، خانم ملوک‌سادات مشیرفاطمی و مدت کوتاهی هم نزد سردار سیف افشار اقامت داشت[۲].

در خانه مصطفی مقدم بود که فرمان انتصابش به ریاست دولت به وی ابلاغ شد.

---

۱ - روایت امیرخسرو افشار، فرزند سردارسیف افشار (که چهار دوره سناتور بود) به مصطفی الموتی. امیرخسرو افشار شاهد عینی این جریان‌ها بود. مصطفی الموتی، بازیگران سیاسی ... صفحات ۲۹۲ - ۲۹۳.

۲ - این نکته نشان می‌دهد که اطلاعات شخص مصدق نادرست نبود و او می‌توانست سرنخی به دست مأموران انتظامی که در جستجوی زاهدی بودند بدهد، که نداد. چنان‌که سال گذشته (۱۳۳۱) نیز پس از همه نامردی‌هایی که در حق احمد قوام شده و اقامتگاهش را غارت کرده به آتش کشیده بودند، مصدق از محل اختفای او باخبر بود و به رییس شهربانی دستور داد او را محافظت کنند.

فصل سوم

۲۵ مرداد

دو فرمـــان، یکی برکناری دکتر محمد مصدق از ریاســـت دولت و دیگری انتصاب «جناب فضل‌الله زاهدی» به این سمت، در بیســـت و ســـوم مرداد ماه ۱۳۳۲، ۱۵ اوت ۱۹۵۳ در کلاردشت به توشیح محمدرضا شاه رسید و سرهنگ نعمت‌الله نصیری (ارتشبد بعدی). فرمانده گارد، مأموریت یافت که آنها را ابلاغ کند[۱].

دو روز قبل در روز بیســـتم مرداد ماه، شـــاه و ملکه ثریا از تهران با هواپیمای اختصاصی رهســـپار رامسر شده و از آنجا به ویلای کوچک ســـلطنتی در کلاردشـــت رفته بودند. نظر محمدرضا شاه قطعاً این بود که از جریان کشـــمکش‌هایی که احتمال بروزشـــان

۱ - این تاریخ را همه‌ی مورخان همین ۲۳ مرداد نوشته‌اند. در گاهنامه‌ی پنجاه سال شاهنشاهی پهلوی جلد دوم، صفحه ٦٢٥، بیست و دوم ذکر شده، حال آن‌که در متن فرمان بیست و سوم است.

می‌رفت کنار بماند و اگر ناگزیر از ترک کشور شود، فرودگاه امنی در اختیار داشته باشد.

متن فرمان برکناری دکتر مصدق در دست نیست. اصل آن در جریان حمله به اقامت‌گاه او از بین رفت، یا ناپدید شد. پیش‌نویس آن می‌بایست قاعدتاً در بایگانی «دفتر مخصوص شاهنشاهی» موجود باشد که چند روز قبل از انقلاب اسلامی با دو هواپیمای نظامی تماماً به خارج از کشور انتقال یافت[۱] و در دسترس نیست. در فرمان انتصاب زاهدی شاید به خاطر آن که به تغییر و تبدیل، جنبه‌ی نظامی داده نشود و با توجه به آن‌که او امیری بازنشسته بود، عنوان درجه‌ی وی در ارتش ذکر نشده:

> «جناب فضل‌الله زاهدی نظر به این که اوضاع کشور ایجاب می‌نماید که شخص مطلع و با سابقه برای در دست گرفتن زمام امور مملکت تعیین نماییم، لذا با اطلاعی که به کفایت و شایستگی شما داریم به موجب این دست‌خط به سمت نخست‌وزیری منصوب شدید و مقرر می‌داریم که در اصلاح امور کشور و رفع بحران کنونی و بالا بردن سطح زندگانی مردم اهتمام و سعی کافی به عمل آورید ۲۳ مرداد ماه ۱۳۳۱، امضا»[۲].

*****

برکناری دکتر مصدق و انتصاب سرلشکر فضل‌الله زاهدی به جای او، هنوز پس از گذشت بیش از نیم قرن، موضوع بحث و گفتگوهای فراوان چه حقوقی و چه سیاسی و عقیدتی، در میان

---

۱ - روایت دکتر امیراصلان افشار، رییس کل تشریفات شاهنشاهی، که در آن روزها و تا دم واپسین در کنار محمدرضا شاه بود و موثق‌ترین شاهد عینی در مورد بسیاری از جریان‌های پشت پرده محسوب می‌شود.

۲ - اصل فرمان در بایگانی اسناد اردشیر زاهدی موجود است. متن آن در همه‌ی کتب مربوط به این دوران آمده، تصویر آن را می‌توان در صفحه‌ی ۱۴۵ اردشیر زاهدی فرزند توفان ملاحظه کرد.

ایرانیان و حتی محققان و مفسـران غیرایرانی اسـت. آیا شـاه طبق قانون اساسـی حق عزل رییس دولت را داشـت و پس از آن می‌توانست شخص دیگری را به نخست‌وزیری انتخاب کند؟[۱] این مسـاله به قول دکتر غلامحسـین صدیقی به صورت «محاکمات تاریخی»[۲] درآمده.

دکتر غلامحسـین صدیقی با اشاره به رفراندومی که دولت دکتر مصدق برای انحلال مجلس انجام داد و به مبنای حقوقی برکناری او تبدیل شد نوشته:

> «من... با رفراندومی که دولت برای انحلال مجلس انجام دهـد، انحلالی که بـا نقایص قانون اساسـی و به حکم سـوابق در تاریخ مشـروطیت خواه ناخواه هنگام نبودن مجلـس عملاً، به حق یا ناحق، به شـاه در عزل و نصب نخسـت‌وزیر، بنابر میل شـخصی یا ضـرورت واقعی، ناچار، امکان عمل می‌داد، موافقت نداشتم»[۳].

او که وزیر کشـور و نایب نخسـت‌وزیر بود، پـس از توضیحات مفصلـی در جریان چگونگی اتخاذ تصمیـم برای انحلال مجلس، می‌نویسد:

> «پیشوای فقید فرمود ... من مجلس را منحل می‌کنم. گفتم چطـور؟ گفتند با رفراندوم. من گفتـم جناب آقای دکتر، جنابعالی سـال‌ها عضو پارلمان بوده‌اید و شـهرت نام بلندتان بیش‌تر از راه نمایندگی در پارلمان حاصل شـده

---

۱ - توجه کنید به نامه‌ی دکتر غلامحسـین صدیقی که در آن هنگام وزیر کشور و نایب نخسـت‌وزیر بود و در نوشته‌ی خود دکتر مصدق را «پیشوای کمال و مقتدای رجال و دلیر سـرآمد» می‌خواند این نامه مورخ ۱۳۶۶/۴/۱۹ اسـت و خطاب به دکتر همایون کاتوزیان نوشته شده که آن را در مجله‌ی فصل کتاب، سال ۱۳۷۰ در لندن انتشـار داد و سپس در مجله‌ی ایران‌شناسی، دوره‌ی جدید، سال هجدهم، شماره ۲، تابستان ۱۳۸۵، به طبع رسید، صفحه‌ی ۳۰۹.

۲ - همان منبع، صفحه‌ی ۳۰۹.

۳ - همان منبع، صفحه‌ی ۳۱۱.

است. انتخابات مجلس فعلی در زمان زمامداری جناب عالی صورت گرفته و نسبت به آن اظهار خوش‌بینی کرده‌اید. حالا با نقایص قوانین اساسی و وجود سوابق که در حقوق اساسی و تاریخ مشروطیت ایران هنگام فترت‌های متوالی و ممتد حکم رسم و عادت پیدا کرده، آیا انحلال مجلس را که در آن اکثریت دارید، از راه اجرای رفراندوم از حیث مصالح داخلی و خارجی به صلاح مملکت می‌دانید؟ اگر پس از انحلال مجلس، شاه نخست‌وزیر دیگر انتخاب کند چه می‌کنید؟ فرمود: شاه جرأت این کار را ندارد... گفتم اگر تصمیم به رفراندوم دارید و با اتقان به این‌که در اعتقاد و ارادت من نسبت به شخص جنابعالی به سبب کارهای پایدارتان نقصانی حاصل نخواهد شد، اجازه فرمایید که استعفای خود را تقدیم دارم...»

دکتر صدیقی در جای دیگر از متن طولانی خود می‌افزاید: «من از آن‌چه می‌گذشت سخت اندیشناک بودم»[1].

*****

وزیر کشور و نایب نخست‌وزیر دولت مصدق به هنگام آخرین روزهای حکومتش، صورت مساله را که هنوز مورد بحث و گفتگو است، به روشنی خلاصه کرده.

طبق اصل ٤٦ متمم قانون اساسی، شاه، حق عزل نخست‌وزیر را

۱- همان منبع، صفحه‌ی ۳۱۲. شادروان دکتر صدیقی، سپس در مقابل تصمیم نخست‌وزیر به «سکوت رضاگونه» دست زد که آن را از روی وفاداری می‌خواند و این بیت سعدی را نقل می‌کند.

قدمی که برگرفتی به وفا و عهد یاران اگر از بلا بترسی قدم مجاز باشد.

و نیز می‌افزاید: «رییس مجلس (دکتر عبدالله معظمی) که با رفراندوم مخالف بود در یازدهم مرداد ماه ۱۳۳۲ از ریاست مجلس استعفا کرد» (همان صفحه) و در همین مدرک از قول محمود نریمان می‌گوید: «تاریخ این اشتباه ما را نخواهد بخشید» (صفحه‌ی ۳۱۳).

داشت. دکتر مصدق در توجیه این اصل اظهار داشت:

«در رژیم مشروطه و طبق قانون اساسی ایران، مقامی که می‌تواند وزرا را منصوب یا معزول کند. فقط قوه مقننه و مجلس شورای ملی است. بنابر این معنای اصل چهل و ششم متمم قانون اساسی این است که وقتی وزرا از طرف مجلس شورای ملی به وسیله‌ی رأی اعتماد منصوب و یا به وسیله رأی عدم اعتماد معزول شدند، شاه که عنوان رییس مملکت را دارد، طبق رأی مجلس فرمان نصب یا عزل وزرا را صادر می‌فرمایند»[1]

دکتر مصدق در استدلال خود سپس به اصول دیگر قوانین اساسی ایران (قانون اساسی و متمم آن) که دال بر عدم مسئولیت شاه است اشاره می‌کند. همه‌ی مفسران و محققانی که عزل او را از ریاست دولت غیرقانونی دانسته و تعبیر به کودتا کرده‌اند، بر همین استدلال تکیه داشته و دارند.

اما در این زمان، دولت مجلس سنا را تعطیل و سپس با رفراندوم، مجلس شورای ملی را منحل کرده بود. بنابر این قوه مقننه در حال فترت بود. ناچار می‌بایست به قول دکتر صدیقی به «سوابق که در حقوق اساسی و تاریخ مشروطیت ایران هنگام فترت‌های متوالی و ممتد، حکم رسم و عادت پیدا کرده» بودند رجوع کرد.

*****

۱ - مصدق در محکمه‌ی نظامی، به کوشش جلیل بزرگمهر (وکیل مدافع دکتر مصدق) نشر تاریخ ایران، ۳۲، مجموعه‌ی متون و اسناد تاریخی ۲۶، جلد اول، چاپ اول، تهران، ۱۳۶۳، صفحه ۱۴۱، دو جلد کتاب مصدق در محکمه‌ی نظامی، رونوشت کامل تمام مذاکرات دادگاه‌های بدوی و تجدید نظر نظامی است که به محکومیت مصدق بعد از عزل او انجامید و دقیق‌ترین سند و تجزیه و تحلیل در این زمینه محسوب می‌شود. این کتاب پس از انتشار در تهران، از طرف مقامات جمهوری اسلامی جمع‌آوری و ممنوع شد.

قبل از بیست و پنجم مرداد ماه ۱۳۳۲، دکتر مصدق شخصاً چند بار با چنین وضعی روبرو شده بود: از تعطیل قهری دوره‌ی اول مجلس و آغاز استبداد صغیر تا شروع دوره‌ی چهارم قانون‌گزاری، که چنان که دیدیم پس از کودتای سوم اسفند و عزل سیدضیاءالدین طباطبایی، در زمان حکومت قوام‌السلطنه مجلس چهارم افتتاح شد، مجموعاً نظام مشروطیت به مدت ده سال و دو ماه و بیست و هشت روز (از سیزده سال و پنج ماه و دو روز) در حال فترت بوده[1]. در این دوران فترت که کشور دچار نابسامانی‌های فراوان بود، چهارده بار فرمان ریاست دولت به نام دوازده تن صادر شد: شاهزاده عبدالحسین‌میرزا فرمانفرما، محمدولی‌خان سپهسالار تنکابنی، وثوق‌الدوله، علاءالسلطنه، مجدداً وثوق‌الدوله، علاءالسلطنه، شاهزاده مجیدمیرزا عین‌الدوله، مستوفی‌الممالک، صمصام‌السلطنه، باز هم وثوق‌الدوله، مشیرالدوله، سپهداررشتی، سید ضیاءالدین طباطبایی و بالاخره قوام‌السلطنه.

در کابینه‌ی صمصام‌السلطنه بختیاری، قوام‌السلطنه وزیر مالیه بود، مصدق السلطنه معاون او و خزانه‌دار کل.

هر بار این شخصیت‌ها با توافق نایب‌السلطنه (عضدالملک و سپس ناصرالملک) و بعداً احمدشاه قاجار کناره می‌گرفتند، فرمان جانشین آنها صادر می‌شد. صمصام‌السلطنه که مخالف قرارداد تحت‌الحمایگی عملی ایران بود که لندن می‌خواست به کشور ما تحمیل کند، استعفا نداد. احمدشاه او را عزل کرد و وثوق‌الدوله (عاقد قرارداد ۱۹۱۹) را به جای او منصوب کرد. اما خان بختیاری مدت‌ها خود را رییس‌الوزرا می‌دانست، که مصدق نیر در خاطرات خود به این جریان اشاره کرده[2].

در کابینه‌ی وثوق‌الدوله، قوام‌السلطنه هم‌چنان وزیر مالیه بود و

---

۱ - محاسبه از دکتر غلامحسین صدیقی است در مقاله‌ای که فوقاً به آن اشاره شد.
۲ - خاطرات و تالمات، صفحه‌ی ۲۸۹.

مصدق معاون وی. او چندی بعد شجاعانه به عنوان اعتراض به قرارداد ۱۹۱۹ استعفا داد. اما درباره‌ی عزل صمصام‌السلطنه هیچ نگفت. درست است که وزیر نبود و مسئولیت مشترک نداشت، اما این ادامه‌ی همکاری با دولتی که در آن شرایط عزل شده بود، بدون معنی نیست.

صد روز بعد از کودتای سوم اسفند ۱۲۹۹، احمدشاه که سیدضیاء را تحمل نمی‌کرد، وی را عزل کرد. قوام‌السلطنه که در زندان بود، آزاد و به جای وی برگزیده شد. مصدق‌السلطنه قبل از آن والی فارس بود و در مخالفت با حکومت سید، استعفا داده و به ایل بختیاری پناهنده شده بود. اما چون احمدشاه، گرچه چند روزی بیش‌تر به افتتاح مجلس چهارم نمانده بود، سید ضیاء را عزل کرده و قوام‌السلطنه را به ریاست دولت برگزید. مصدق‌السلطنه این پیام تلگرافی را در خرداد ۱۳۰۱ به رییس جدید دولت مخابره نمود:

> «..مژده‌ی زمامداری حضرت‌اشرف مثل این است که روحی به بدن علیل و بی‌روح بنده دمید. نمی‌دانم به مملکت یا به حضرت‌اشرف به کدام یک تبریک عرض کنم...»[۱]

او سپس به وزارت کابینه‌ی قوام‌السلطنه برگزیده شد. از لحاظ سیاسی عزل سیدضیاء را تأیید می‌کرد و شاید حق داشت. اما از لحاظ حقوقی ایرادی به آن نگرفت. سی و یک سال بعد خود با همین صورت‌مساله روبرو شد.

در پاییز ۱۳۲۷، به هنگام درگیری با دولت ساعد و تحصن در دربار شاهنشاهی، دکتر مصدق یک‌بار در پیامی به محمدرضا شاه که مقامی «غیرمسئول» بود، از او خواست که در حسن جریان انتخابات مداخله کند و چند روز بعد در نامه‌ای به عبدالحسین

۱- این تلگراف در بسیاری از کتب و مقالات نقل شده، از جمله نگاه کنید به حمید شوکت، در تیررس حادثه، متن ذکر شده، صفحه‌ی ۳۶۹.

هژیر وزیر دربار، رسماً درخواســـت کرد که شاه، نخست‌وزیر را معزول و شخص دیگری را به جای او منصوب کند. او در نامه‌ی خود تصریح کرد:

«که در این دوره‌ی فترت که تعیین نخست‌وزیر محتاج به تمایل مجلس نیست. دولتی را روی کار بیاورند که ...»[۱].

البته روی کار آوردن دولتی دیگر، مستلزم عزل دولت پیشن بود. پنج سال بعد خود با همین وضع روبرو شد.

دکتر مصدق در روزهای بین بیست و پنجم و بیست و هشتم مرداد و سپس در ســـال‌های بعد از این تاریخ، نقطه‌نظرهای گوناگون، اگر نه متضاد، در این مورد ابراز داشـــته که همه شایان توجه و تأمل است:

در جلسه‌ی سوم، مرحله‌ی بدوی محاکمه‌اش، به هنگام بحث در باره‌ی صلاحیت دادگاه نظامی گفت: «شـــاه حق عزل مرا به هزار دلیل که می‌آورم نداشـــت. پس وقتی که شاه حق عزل مرا نداشت آن ســـه روز (بین ۲۵ و ۲۸ مرداد) بنده نخست‌وزیر بودم، حالا هم می‌گویم نخست‌وزیرم...»[۲].

سال‌ها بعد در خاطراتش نوشت:

«اگر اعلیحضرت همایون شاهنشاهی حق عزل نخست‌وزیر را داشـــتند، چرا دست‌خط مبارک را آن وقت شب، آن هم با افراد مســـلح ابلاغ نمودند. چنان که روز روشـــن ابلاغ می‌نمودند، اگر اطاعت نمی‌کردم، متمرد بودم»[۳].

در این جا تاکید بیشتر بر نحوه‌ی ابلاغ است تا به اصل آن.

در مـــوارد دیگر مکرراً «در اصالت دســـت‌خط» تردید کرده[٤]. حتی

۱ - نگاه کنید به قسمت دوم این کتاب.

۲ - مصدق در محکمه نظامی، جلد اول، صفحه‌ی ۱۳۸.

۳ - خاطرات و ... صفحه‌ی ۲۹٤.

٤ - مصدق در محکمه نظامی، جلد دوم، صفحه‌ی ٦۸۱

فواد روحانی در این باره به تفاوت میان «جعل مادی» و «جعل معنوی» اشاره کرده که شاید به نظر دکتر مصدق ممکن است «نیتی به امضاکننده نسبت دهند که امضاکننده آن را نداشته باشد»[۱]. ولی در نهایت امر، بحث در باره‌ی «اصالت دست‌خط» کنار گذاشته شد و در آخرین دفاع خود سرانجام دکتر مصدق گفت: «هیچ نخست‌وزیری با حضور مجلس بدون استیضاح و رای عدم اعتماد از کار برکنار نشده...»[۲] و سپس افزود... «این‌جانب چه از نظر قانون چه از نظر صلاح مملکت نخواستم که دست از کار بکشم»[۳].

شرحی که محمدرضا شاه از این جریان می‌دهد، به نوبه‌ی خود برای تحلیل وقایعی که از بیست و پنجم تا بیست و هشتم مرداد بر ایران گذشت، شایان توجه فراوان است:

> «در مرداد ۱۳۳۲، پس از حصول اطمینان از پشتیبانی ایالات متحده امریکا و انگلیس که سرانجام سیاست مشترکی را اتخاذ کرده بودند و پس از بررسی اوضاع با کرمیت روزولت نماینده‌ی سازمان مرکزی اطلاعات ایالات متحده، بر آن شدم که برای یافتن راه حلی وارد عمل شوم. در ۲۵ مرداد ۱۳۳۲ سرهنگ نعمت‌الله نصیری فرمانده‌ی گارد شاهنشاهی را مأمور کردم که فرمان برکناری مصدق را به وی ابلاغ کند و سپهبد فضل‌الله زاهدی را که از دوستان مصدق و وزیر سابق دولت او بود، به نخست‌وزیری برگزیدم.
>
> مصدق، برخلاف نص صریح قانون اساسی ایران، به فرمان برکناری خود اعتنا نکرد و به این هم اکتفا ننموده

۱ - فواد روحانی، زندگی سیاسی... صفحه‌ی ۵۲۳ - ۵۲۴.

۲ - مصدق در محکمه نظامی... جلد دوم، صفحه‌ی ۷۷۸.

۳ - همان منبع، همان صفحه.

به یک کودتای نظامی دست زد.»[۱]

مصدق در جایی گفته که شاه حق عزل او را به هزار دلیل نداشته. در جای دیگر اظهار داشت که وی (شاه) «با حضور مجلس بدون استیضاح و رأی عدم اعتماد» مجاز به برکناری رییس دولت نبوده. برداشت اخیر با توجه به سنت درست به نظر می‌رسد. ولی مجلسین تعطیل بودند و در نتیجه این حق را برای شاه بطور ضمنی شناخته. بالاخره در بیان سوم به نحوه‌ی ابلاغ فرمان عزل خود که شبانگاه به وسیله فرمانده گارد و با پشتیبانی یک واحد نظامی انجام گرفته اشاره کرده که اگر جز آن شده بود و اگر «روز روشن ابلاغ شده بود، اطاعت» (می‌کرده).

شاه به حق خود در «عزل و نصب» وزرا استناد می‌کند، به حصول اطمینان از حمایت انگلیس و امریکا و به مشورتی که با کرمیت روزولت فرستاده‌ی سازمان مرکزی اطلاعات ایالات متحده انجام داده، در ضمن اضافه کرده که نخست‌وزیر قبلاً «برخلاف همه‌ی قوانین مملکتی به فعالیت مجلس سنا پایان داده بود»[۲]. ولی ناگفته گذاشته که خود او بر این قانون «خلاف همه‌ی قوانین مملکتی» صحه گذاشته بود.
محمدرضا پهلوی یادآور شده که نخست‌وزیر، دیوان عالی کشور را منحل کرده بود و با یک همه‌پرسی، متوسل به تعطیل مجلس شورای ملی شده بود[۳]. استناد محمدرضا شاه به کسب موافقت امریکا و انگلیس و مشاوره‌اش با کرمیت روزولت که سال‌ها بعد، خاطراتش به صورت مهم‌ترین سند برای اثبات «کودتای ۲۸ مرداد» (و نه ۲۵ مرداد) درآمد، نیز باید در نظر گرفته شود.

---

۱ - پاسخ به تاریخ، صفحات ۷۳ و ۷٤.
۲ - همان منبع، صفحه‌ی ۷۲.
۳ - همان منبع، همان صفحه.

در آخرین تحلیل، اظهارات دکتر مصدق و محمدرضا شاه هم تا حد زیادی موید و مکمل یکدیگرند و هم تا اندازه‌ای متضاد. ناچار باید در پرتو جریان حوادث به سنجش آنان پرداخت و به ویژه دو واقعه‌ی ۲۵ مرداد (ابلاغ فرمان عزل مصدق به وسیله‌ی فرمانده گارد) و ۲۸ مرداد (استقرار سرلشکر زاهدی در مقام ریاست دولت) را جداگانه بررسی کرد.

در طی نزدیک به سی سال شاه و فضل‌الله زاهدی یکدیگر را کم و بیش می‌شناختند و به مناسبت مقامات مختلفی که زاهدی داشت مکرراً ملاقات کرده بودند. اما سرلشکر زاهدی هرگز در شمار «نزدیکان» و محارم شاه محسوب نمی‌شد.

از خرداد ماه ۱۳۳۲، هم در محافل سیاسی تهران، هم در لندن و واشنگتن مساله‌ی یافتن جانشینی برای مصدق که حتی‌الامکان در چهارچوب قوانین مملکتی، قادر به حل مساله‌ی نفت و ایجاد آرامش و ثبات در ایران باشد، مطرح بود. سفارت انگلیس در تهران سیدضیاءالدین طباطبایی و منصورالملک را پیشنهاد می‌کرد. سیدضیاء چنان مشهور خاص و عام در وابستگی به سیاست بریتانیا بود که انتصابش حتی قابل تصور هم نبود و جز برانگیختن و تحریک مردم و واژگونی او نتیجه‌ای نمی‌توانست داشته باشد. منصورالملک پذیرفت، به آن شرط که وی قبلاً به زادگاهش تفرش برود. او گفت هر موقع که تحویل و تحول انجام شد و کارها سر و صورتی یافت به تهران خواهد آمد و زمام امور را به دست خواهد گرفت.[1]

شاه، شخصیتی نزدیک به جبهه‌ی ملی، چون اللهیار صالح یا دکتر عبدالله معظمی را ترجیح می‌داد، اما آن دو بدون تأیید و اجازه مصدق نمی‌پذیرفتند. در ششم خرداد ماه که دیگر اسم

---

۱ - نگاه کنید به سندی در این زمینه در: دکتر عزت‌الله همایون‌فر از سپاهی‌گری تا ... صفحه‌ی ۲۲۴.

سرلشکر زاهدی بر سر همه‌ی زبان‌ها و او پرچم‌دار علنی جبهه‌ی مخالفان مصدق بود، لوی هندرسن سفیرکبیر امریکا در تهران نظر شاه را در مورد وی سئوال می‌کند. شاه او را مردی «نه چندان هوشمند» می‌خواند و می‌گوید:

«اگر به وسیله‌ی پارلمان برای این مقام پیشنهاد گردد، خواهد پذیرفت»[۱].

*****

در هفته‌های قبل از بیست و پنجم مرداد، دیگر کسی جز سرلشکر زاهدی در میدان نبود و او بخصوص بعد از اختفا که از خانه‌ای به خانه‌ی دیگر می‌رفت و برای دستگیری‌اش جایزه معین شده بود، با کمک شبکه‌ی دوستانش که غالباً از افسران بازنشسته و بعضاً شاغل و نیز گروهی از روحانیون و بازاریان بودند، به طور مستقل عمل می‌کرد.

به نوشته‌ی ملکه ثریا، نخستین دیدار و مذاکره شاه و سرلشکر زاهدی در یازدهم مرداد ماه ۱۳۳۲، دوم اوت ۱۹۵۳، همان روزی که دکتر عبدالله معظمی از ریاست مجلس استعفا داد، صورت گرفت[۲]. چند ملاقات دیگر نیز در روزهای بعد دست داد[۳] که همه با رعایت نهایت احتیاط و عملاً در اختفا صورت می‌گرفت. این ترتیب خوش‌آیند زاهدی نبود که می‌گفت:

«من در این مملکت وزیر بوده‌ام، سناتور بوده‌ام، امیر ارتش بوده‌ام، فاتح جنوب بوده‌ام، می‌خواهم پادشاه مملکت را ببینم و با او در مسائل سیاسی مذاکره کنم. شایسته‌ی شخصیت من نیست که مثل دزدها به قصر پادشاه بروم»[٤].

---

۱ - گزارش محرمانه‌ی سفیر امریکا به وزارت متبوعه‌اش، دکتر جلال متینی، نگاهی به ... صفحه‌ی ۳٤۸.

۲ - Le palais des solitudes ، منبع ذکر شده، صفحه‌ی ۱٤۷

۳ - اردشیر زاهدی، خاطرات ...، بخش هشتم، صفحات ۱٤۳ به بعد.

٤ - همان منبع، صفحه‌ی ۱٤٦.

«محـــور مذاکرات این بود که مملکت در خطر اســـت و اگر چاره‌ای نشود، اول سلطنت از بین می‌رود، بعد هم مملکت از هم می‌پاشد. (زاهدی) می‌گفت «دکتر مصدق به بن‌بست رسیده است و قادر نیست مملکت را اداره کند»

و اطلاعات دقیقی از «وضع اقتصادی، نابســـامانی‌های دستگاه فلج سازمان اداری، خالی بودن خزانه و فعال شدن حزب توده در ارتش»[1] به شـــاه می‌داد که به اطلاعات رسیده از شبکه‌ی وی در ارتش و دستگاه‌های امنیتی و انتظامی مستند بود.

سرانجام، علیرغم نظر غیرمساعد انگلیس‌ها، نه با عزل مصدق که با شخص زاهدی، شاه به انتصاب او که رهبر بلامنازع مخالفان رییس دولت وقت بود، رضایت داد و خود عازم کلاردشت شد.

*****

در روز ٢٤ مرداد ماه ١٣٣٢، دو فرمان عزل دکتر مصدق و انتصاب سرلشکر زاهدی به نخست‌وزیری در مخفی‌گاه سرلشکر زاهدی به نظر او رســـید. این دو فرمان را که در کلاردشـــت به توشیح شاه رسیده بود، سرهنگ نعمت‌الله نصیری فرمانده گارد شاهنشاهی، در اتومبیلی با لباس شخصی (برای آن‌که جلب نظر نکند) به تهران آورد و بـــه منزل مصطفی مقدم برد که زاهدی در آنجا پنهان بود. از ساعت رویت این دو فرمان، دیگر زاهدی خود را رییس قانونی قـــوه‌ی مجریه می‌دانســـت و هواداارانش او را نخســـت‌وزیر ایران می‌شناختند و مکلف و ملزم به اجرای دستوراتش بودند.

در مـــورد نحوه‌ی ابلاغ فرمان عزل مصـــدق، بحثی طولانی میان کسانی که اطراف سرلشکر زاهدی جمع و در حلقه‌ی اول یارانش بودنـــد درگرفت. چند تـــن از امیران ارتش عقیده داشـــتند که یک گارد مجهـــز نظامی با تانک و توپ خانه‌ی مصدق را به محاصره

١ - همان منبع، همان صفحه.

درآورند و فرمان را به او برسانند و در صورتی که تمرد نماید او را بازداشت کنند، سرهنگ ممتاز فرمانده گارد اقامت‌گاه مصدق را نیز با خود همراه سازند و در صورت سرپیچی او را نیز بازداشت نمایند[۱].

سرلشکر زاهدی با توجه به این‌که گارد مأمور حفاظت اقامت‌گاه دکتر مصدق تقویت شده بود و با در نظر گرفتن امکان عدم تمکین او، این پیشنهاد را نپذیرفت و به منظور جلوگیری از یک درگیری خونین، دستور داد که فرمان، اندکی قبل از نیمه‌شب که خیابان‌ها خالی از جمعیت بود برای وی برده شود. خاصه آن‌که در همان شب قرار بود جلسه‌ی هیات دولت از ساعت ۸ تا ۱۱ بعد از ظهر در آن محل تشکیل شود و به این ترتیب وزیران نیز از فرمان، آگاه می‌شدند و ماجرا می‌توانست در آرامش خاتمه یابد[۲].

تصمیم ابلاغ فرمان به وسیله‌ی سرهنگ نصیری، اشتباهی بزرگ بود. اگر فرضاً کفیل وزارت دربار، یا رییس دفتر مخصوص شاهنشاهی مأمور اجرای این کار می‌شدند. مسلماً به «ابلاغ» یک «نامه»، جنبه‌ی کودتا داده نمی‌شد و شاید، چنان که بعداً خود او نیز مکرراً یادآور شد، دکتر مصدق، در آن یک نوع بی‌حرمتی و خشونت نمی‌دید و تاریخ مسیر دیگری پیدا می‌کرد.

به هر حال، دستور سرلشکر زاهدی نخست‌وزیر منصوب، که هنوز عملاً بر سر کار نبود، اجرا شد. اشتباه دوم در نحوه‌ی اجرا بود: اندکی پس از ساعت ۱۱، یعنی در موقعی که مقرر شده بود، نصیری خود سوار بر یک جیپ و به همراه یک تانک و دو کامیون از افراد گارد شاهنشاهی به اقامت‌گاه مصدق رفت و درخواست ملاقات نمود[۳].

---

۱ - ابراهیم صفایی، زندگینامه ... صفحه‌ی ۱۲۷.

۲- دکتر عزت‌الله همایونفر، از سپاهی‌گری تا ... صفحه‌ی ۲٤٦.

۳ - همه‌ی راویان این جریان در این مورد اتفاق نظر دارند.

شخصی از دوستان مصدق که در آن ساعت گرم مرداد ماه بیدار و در بالکن خانه‌ی خود در چند صدمتری منزل مصدق مشغول استراحت بود، از مشاهده‌ی یک جیپ، یک تانک و دو اتومبیل مملو از افراد نظامی که به سوی خانه‌ی نخست‌وزیر می‌رفتند متعجب شد و با توجه به شایعاتی که در شهر وجود داشت به اقامت‌گاه او تلفن کرد و جریان را اطلاع داد[1] که هشداری بود.

هنگامی که نصیری به خانه‌ی دکتر مصدق رسید، به وسیله‌ی سرهنگ ممتاز مسئول گارد تقاضای ملاقات او را نمود و گفت دست‌خطی از اعلیحضرت دارم که باید شخصاً به آقای نخست‌وزیر برسانم. ممتاز وی را به داخل اقامت‌گاه نخست‌وزیر دعوت کرد که نصیری به آسانی پذیرفت. به محض آن‌که وارد خانه‌ی مصدق شد، سرهنگ ممتاز از او به «رعایت ملاحظات امنیتی» خواست که سلاح کمری‌اش را تحویل دهد. نصیری قبول کرد. هر دو افسر ارتش بودند و از این قبیل مقررات اطلاع داشتند و نصیری سوءظنی نداشت. سرهنگ ممتاز به درون اقامت‌گاه رفت، پیام نصیری را رساند ولی مصدق او را نپذیرفت و به ممتاز گفت که نامه‌ی شاه را بگیرد و برای او ببرد.

نصیری ناچار پذیرفت و پاکت در بسته‌ی محتوی فرمان را به ممتاز داد و ممتاز، آن را برای مصدق برد. مصدق آن را گشود. ولی با کمال تسلط بر اعصاب خود، به سرهنگ فرمانده گارد محافظش که به حالت احترام در جلو در ورودی اتاق ایستاده بود

---

۱ - نورمحمد عسکری، شاه، مصدق، زاهدی ...، صفحه‌ی ۹۷ . من شخصاً این جریان را تأیید می‌کنم. فرزند این شخص از دوستان من بود. چند روز بعد از بیست و هشتم مرداد در زمانی که هر دو در پاریس دانشجو بودیم، این مطلب را برایم حکایت و مصراً تقاضا کرد که از تکرار آن خودداری کنم که مزاحمتی برای خانواده‌اش که از سرشناسان کشور بودند و هستند به وجود نیاید. متأسفانه اکنون به او دسترسی ندارم و گرنه اجازه‌ی ذکر نامش را می‌گرفتم.

و طبیعتاً نمی‌دانست که موضوع محتوای پاکت چیست. یادداشتی متضمن اعلام وصول آن داد که به نصیری تسلیم کند «ساعت یک بعد از نصف شب ۲۵ مرداد ماه ۱۳۳۲ دستخط مبارک به این جانب رسید. دکتر محمد مصدق». در همان حال به ممتاز دستور داد که نصیری را بازداشت کند و همراهان بی‌فرماندهش را که در خیابان کاخ منتظر بودند خلع‌سلاح نماید.

نصیری توقیف شد. افراد گارد شاهنشاهی دستور یک سرهنگ ارتش شاهنشاهی را اطاعت کردند و اسلحه‌ی خود را به زمین گذاشتند که از طرف مأموران حفاظت منزل نخست‌وزیر معزول اما شاغل، بدون سرو صدا جمع‌آوری شد.
دکتر مصدق به سرتیپ تقی ریاحی رییس ستاد ارتش که در محل کار خود استراحت می‌کرد، تلفنی جریان را اطلاع داد و مقرر داشت که تدابیر امنیتی لازم اتخاذ شود و گویا آسوده به خواب رفت[1].
سرهنگ نصیری دستور داده بود که حسین فاطمی وزیر امور خارجه، مهندس جهانگیر حق‌شناس وزیر راه و مهندس احمد زیرک‌زاده نماینده‌ی مجلس نیز به وسیله‌ی گروه‌های کوچکی از افراد گارد شاهنشاهی جلب و بازداشت شوند. چرا این سه نفر؟ معلوم نیست.

رییس ستاد ارتش بعداً بقیه‌ی جریان را چنین حکایت کرده:

«نصیری که آمد از او سوال کردم: شما ساعت یک و نیم بعد از نیمه‌شب منزل مصدق چکار داشتید؟ جواب داد برای رسانیدن فرمان شاه رفته بودم. گفتم نمی‌شد روز این فرمان را برسانید؟ ساکت ماند. گفتم: بروید خودتان را به دژبانی معرفی کنید. به کامیون‌هایی که زیرک‌زاده و حق‌شناس و فاطمی را آورده بودند دستور

۱ - همه‌ی راویان این جریان در مورد این جزئیات اتفاق نظر دارند.

دادم پس از آن‌که هر یک را به منزل‌شان بردند، به سربازخانه‌های‌شان بروند»[1].

به این ترتیب قبل از نخستین ساعات بامداد روز بیست و پنجم مرداد ماه ۱۳۳۲، ۱٦ اوت ۱۹۵۳، یکی از وقایع مهم این «پنج روز بحرانی»[2]، که سرنوشت ایران را به مسیری دیگر برد، روی داد.
«کودتا با نامه» به گمان یکی از تحلیل‌گران موجه[3] یا «کودتای نیم‌بند نصیری» به نوشته‌ی سرتیپ تقی ریاحی[4]؟
تاملی در این واقعه، ضروری است.

در این که نحوه‌ی عمل سرهنگ نصیری و برداشتی که در روزهای بعد از آن شد، ظن وجود قصد کودتایی را به میان می‌آورد، تردید نیست. خاصه آن که سه روز بعد بر اثر جریانات دیگری سرانجام دکتر مصدق (که به گمان گروهی هنوز نخست‌وزیر بود و به گمان گروهی دیگر، نبود)، از کار برکنار شد و سرلشکر زاهدی (که فرمان نخست‌وزیری را در دست داشت. اما مخفی بود و برای «سرش» جایزه گذاشته بودند، بر جای او نشست.
اما هر دانشجوی علوم سیاسی، یا تاریخ، و احتمالاً هر افسر جوانی که یک مدرسه‌ی نظام یا دانشکده‌ی افسری شایسته‌ی این عنوان را طی کرده باشد و یا هر کس که جزوه‌ای در مورد کودتا و شیوه‌های آن خوانده باشد، می‌داند و در آن زمان می‌دانسته که معنی کودتا، اقدام ارتش برای واژگون کردن یک نظام حکومتی قانونی است.

---

۱ - روایت کتبی سرتیپ تقی ریاحی در ۱۳٦٦ برای درج در خاطرات ابوالحسن ابتهاج، منبع ذکر شده، جلد اول، صفحات ۲۹۱-۲۹۲.
۲ - اصطلاح از اردشیر زاهدی است. نگاه کنید به اطلاعات ماهیانه، پنج شماره‌ی پاییز و زمستان ۱۳۳۲.
۳ - الاهه بقراط، کیهان (چاپ لندن) ۲۵ اوت ۲۰۰٤.
٤ - سرتیپ تقی ریاحی، منبع ذکر شده، صفحه‌ی ۲۹۲.

در تاریخ اخیر ایران، محاصره و بمباران مجلس شورای ملی و قلع و قمع رهبران ملی و وکلای مجلس به فرمان محمدعلی شاه قاجار، نوعی کودتا بود. ماجرای سوم اسفند ۱۲۹۹ که لشکر قزاق، تنها واحد منظم و نسبتاً مجهز ارتش آن روز ایران، به پایتخت آمد، شهر را تصرف، کاخ سلطنتی را محاصره و سلطان احمد شاه را وادار به صدور فرمان ریاست وزرای سید ضیاءالدین طباطبایی کرد، یک کودتا بود. ولو آن‌که بعداً شاه بر آن نوعی صحه‌ی قانونی گذاشت.

در نیمه‌شب ۲۴ به ۲۵ مرداد ۱۳۳۲، سرهنگ نصیری فرمانده گارد شاهنشاهی از طرف شاه و با تأیید کسی که به نخست‌وزیری منصوب شده بود. مأموریت داشت که شخصاً به اقامت‌گاه نخست‌وزیر وقت (دکتر محمد مصدق) برود و دست‌خط برکناری وی را به او تسلیم کند. ضرورتی نداشت که او برای حفاظت خود، تعدادی سرباز و یک زره‌پوش به همراه ببرد. معلوم نیست چه کسی چنین دستوری به او داده بود و روایت یا مدرکی دال به این دستور در دست نیست.
شایسته آن بود که شخص، یا درست‌تر بگوییم شخصیت دیگری، مامور انجام این مهم می‌شد و در ساعتی دیگر این کار انجام می‌گرفت. با توجه به همه‌ی اظهارات بعدی دکتر مصدق و سنت‌های ایرانی حاکم در آن زمان و تربیت سیاسی و روحیات او، مشکل است تصور کرد که نخست‌وزیر شاغل، ولو آن‌که در مورد فرمان شک و تردید می‌داشت، از قبول آن امتناع می‌کرد.

در هر حرکت نظامی برای سرنگون کردن یک نظام حکومتی قانونی، واحدهای ارتشی، مراکز مهم پایتخت را تصرف می‌کنند، رهبران اصلی دولت بر سر کار را بازداشت می‌نمایند. نخستین اقدام آنها در دست گرفتن اختیار وسایل ارتباطی جمعی و شبکه‌ی

مخابراتی است.

سرهنگ نصیری که عامل «کودتای نیم‌بند» معرفی شده، به اقامتگاه نخست‌وزیری که هنوز از دید او قانونی است، چرا که هنوز فرمان برکناری خود را رویت نکرده، می‌رود، سلاح کمری خود را به محافظان او تسلیم می‌کند، به افراد همراهش دستورالعملی نمی‌دهد و به قولی در انتظار ملاقات دکتر مصدق به صرف چای می‌پردازد. سپس مانند کودک خطاکاری جلبش می‌کنند، نزد فرمانده قانونی‌اش (رییس ستاد ارتش) هدایت می‌شود که او دستور بازداشت وی را صادر کند!

چرا سرهنگ نصیری دستور بازداشت سه تن از شخصیت‌های سیاسی را می‌دهد: حسین فاطمی، مهندس حق‌شناس، و مهندس زیرک‌زاده که قطعاً نفر اول وزیر امور خارجه و عنصری مؤثر در راهبری امور مملکت بود ولی مهم‌تر و مؤثرتر از وزیر راه و یک نماینده‌ی سابق قوه مقننه (مجلس تعطیل و یا منحل شده بود) مقاماتی وجود داشتند. یا سرهنگ نصیری آنها را نمی‌شناخت، یا بر اساس یک نوع قرعه‌کشی یا احساسات شخصی عمل کرده؟ چون دستوری در مورد بازداشت آنها نداشتند.

در این جریان از همه چیز خنده‌آورتر آن است که اشخاص مطلع در آن زمان، در تهران می‌دانستند که سرتیپ ریاحی رییس ستاد، غالباً شب‌ها را در دفتر کار خود به سر می‌برد. کما اینکه سرلشکر زاهدی که به نخست‌وزیری منصوب شده بود، چند ساعت بعد سرلشکر نادر باتمانقلیچ را که به جای او منصوب کرده بود، نه برای توقیفش که برای «تحویل گرفتن» ستاد به آنجا می‌فرستد. پس چرا سرهنگ نصیری که از او رهبر یک کودتای نظامی شکست خورده ساختند، و بسیاری ظواهر و تبلیغات بعد از آن، این برداشت را تأیید می‌کند، کسانی را به خانه‌ی سرتیپ ریاحی می‌فرستد، نه به دفترش که وی را جلب کنند که به قول

خـــود وی (ریاحی) «کارد و چنگال و وســـایل ســـبک منزل» او را غارت کردند که این نکته در جای دیگر تأیید نشـــده و به هر حال فاقد اهمیت سیاسی و تاریخی است.

به حکم آن‌چه در باره‌ی او می‌دانیم. صرفنظر از هر نوع قضاوت سیاســـی و یا شخصی. سرلشـــکر زاهدی مردی کاردان و مدبر، قاطـــع و در عین حال سیاســـی بود. این خصایـــل را در ماجرای خزعل، رودررویی با میرزا کوچک‌خان و جریان جنگل، یا غایله‌ی فارس، نشـــان داده بـــود. چنین رویه‌ی کودکانـــه‌ای نمی‌تواند و نمی‌توانســـت از تعلیمات او یا افســـرانی کـــه در اطرافش بودند، چون سپهبد شـــاه‌بختی، یا سرلشـــکر باتمانقلیچ و یا مشاوران سیاسی‌اش، ناشی شده باشد.
آیا این جریان مضحک، ناشی از ابتکار شخصی سرهنگ نصیری، فرمانده گارد است که فرصتی یافته و خواسته خودنمایی کرده یا خوش‌خدمتی خود را ثابت نموده باشد؟ این تعبیر را نمی‌توان کنار گذاشـــت. «زاهدی که خبر توقیف نصیری را شـــنید او را افسری بی‌کفایت خواند و خفاگاه خود را به سرعت تغییر داد»[۱]

در محکمه‌ی نظامی، جریان این شب به تفصیل مطرح شد. رویه‌ی ســـرهنگ نصیری، گاه با استهزاء مورد بررسی قرار گرفت و گاه با این سوال که آیا به همراه آوردن دو کامیون سرباز مسلح و یک زره‌پوش به دســـتور مقام مافوق بوده (کدام مقام؟) یا به تصمیم خود او. به عبارت دیگر خودســـرانه بوده یا به قصد کودتا؟ علت توقیف سه شخصیت سیاسی چه بوده؟ سرتیپ ریاحی هنگامی که در بازداشت و جواب‌گوی اتهامات دادسرای نظامی بود گفت: «... نصیری به عنوان و تصور این‌که عامل عملی است با تعدادی

۱ - ابراهیم صفایی، زندگینامه ... صفحه ۱۳۱.

سرباز و ارابه‌ی جنگی در شب حرکت کرده است»[1].
سرانجام دادستان ارتش که خود نیز لحنی آمیخته به سرزنش نسبت به نصیری داشت، سعی کرد موضوع را فیصله دهد: «عرض می‌کنم موضوع باید تفکیک شود. دو موضوع است، یکی این که فرمان ملوکانه چه بوده. دیگر این‌که نحوه‌ی ابلاغ از چه قرار بوده. به نظر این‌جانب نحوه‌ی ابلاغ به هر نحو و طریقی که باشد، مؤثر در اصل فرمان نیست. سرتیپ نصیری که فرمان را دریافت داشته و حامل ابلاغ بوده، آزادی عمل داشته است که با اسکورتی حرکت نماید، یا منفرداً برود، یا کلیه‌ی افسران گارد شاهنشاهی را من‌باب مثال به دنبال خود همراه ببرد. یا باز هم من‌باب مثال چندین هنگ را به دنبال خود به همراه ببرد. هیچ یک از این نحوه‌ی اعمال سرتیپ نصیری مؤثر در اصل موضوع نیست. سرتیپ نصیری در آن شب آزادی عمل داشته، مأموریت داشته فرمان ملوکانه را به دست نخست‌وزیر وقت برساند»[2]، و بحث تا پایان محاکمه ادامه یافت.

بر اساس روایات و اسناد موجود، در حال حاضر دو استناد معقول به نظر می‌رسد. یکی آن‌که مجریان طرح برکناری نخست‌وزیر شاغل، یعنی دکتر مصدق، در انتخاب سرهنگ نصیری فرمانده گارد سلطنتی به جای یک شخصیت عالی‌رتبه‌ی دربار برای ابلاغ فرمان، مرتکب اشتباهی فاحش شدند و به حرکتی که می‌خواستند صورت قانونی داشته باشد جنبه‌ی کودتا دادند. دیگر آن‌که با توجه به عکس‌العمل نخست‌وزیر منصوب یعنی سرلشکر زاهدی، مذاکرات محکمه‌ی نظامی و نتیجه‌گیری دادستان ارتش، سرهنگ

---

۱ - مصدق در محکمه‌ی نظامی... جلد دوم، صفحه‌ی ۴۴۴.

۲ - مصدق در محکمه‌ی نظامی ....، جلد دوم، صفحه ۴۵۰.

نصیری در آن شب آزادی عمل داشته و خودسرانه عمل کرده که با توجه به «شخصیت محدود»[۱] وی، این برداشت غیرمنطقی به نظر نمی‌رسد. اگر به جای «لشکرکشی» کودکانه‌ای، خودش فرمان شاه را به قول مصدق «در روز روشن» می‌برد و به دفتر نخست‌وزیر تسلیم می‌کرد، قطعاً و یقیناً عملی دور از نزاکت و آداب و تشریفات می‌بود، اما احتمالاً عکس‌العمل‌های شدیدی که به وجود آمد، پدیدار نمی‌شد و به هر حال این جریان نام کودتا به خود نمی‌گرفت.

*****

در نخستین ساعات بامداد، دکتر مصدق، علی‌اصغر بشیرفرهمند مدیرکل انتشارات و رادیو را که مورد اعتماد کاملش بود، احضار کرده به وی گفت که از کار برکنار شده است و می‌خواهد آخرین پیام خود را به ملت ایران ایراد و ضبط کند. بشیرفرهمند دستور او را اجرا کرد و پیامی که تهیه شده بود، ضبط شد. در آن پیام دکتر مصدق گفته بود که به فرمان شاه از کار برکنار شده و از ملت ایران خواسته بود که «سرنوشت خود را در دست بگیرد»[۲].

> «در این موقع دکتر فاطمی با پیژاما و مهندس زیرک‌زاده و حق‌شناس و تنی چند از یاران دیگر هم وارد شدند. دکتر مصدق گفت که من معزول شده‌ام و پیام خداحافظی از ملت را هم داده‌ام که صبح پخش شود. دکتر فاطمی شدیداً اعتراض کرد و گفت شما نخست‌وزیر قانونی هستید و هیچ مقامی نمی‌تواند شما را عزل کند.
>
> در این ضمن دکتر شایگان و سه نفر دیگر هم تلفنی احضار شدند. در نتیجه تبادل نظر و اصرار شخص دکتر

---

۱ - داوری، داریوش همایون، وزیر پیشین اطلاعات که ارتشبد نصیری را خوب می‌شناخت.

۲ - مصاحبه‌ی علی‌اصغر بشیرفرهمند با احمد انواری سردبیر پرخاش در سال ۱۳۵۸، این مصاحبه در سال ۱۳۶۵ در روزنامه‌ی جبهه وابسته به جبهه ملی، چاپ لندن، نیز منتشر شد.

فاطمی قرار شد دولت بماند و استعفا نکند»[1].

چنین به نظر می‌رسد که از این دقایق به بعد، گرداننده‌ی اصلی جریان‌های سیاسی و مرجع اتخاذ مهم‌ترین تصمیمات، حسین فاطمی بوده. به مدیر کل رادیو دستور داده شد که هر چند دقیقه و به طور مکرر اعلام شود که در دقایق بعد اعلامیه‌ی مهمی از رادیو خطاب به ملت ایران قرائت خواهد شد. علی اصغر بشیرفرهمند به دفتر خود بازگشت.

در ساعت «هفت و ده دقیقه کم، دکتر فاطمی شخصاً به (بشیرفرهمند) تلفن کرد و متن اعلامیه دولت را دیکته نمود... پس از آن گفت این اعلامیه را چند بار بین ساعت ۷ تا ۸ صبح منتشر کنید»[2] مدیر کل رادیو به حکم احتیاط، از نخست‌وزیر (مصدق) کسب تکلیف کرد و پس از تأیید وی، اعلامیه برای نخستین بار در ساعت ۷و۳ دقیقه و سپس مکرراً از رادیو پخش شد[3].

«از ساعت یازده و نیم دیشب یک کودتای نظامی به وسیله‌ی افسران و افراد گارد شاهنشاهی به مرحله‌ی اجرا گذارده شد. بدین ترتیب که ابتدا از ساعت مذکور نفرات نظامی مسلح به شصت تیر و اسلحه‌ی دستی، وزیر امور خارجه و وزیر راه و مهندس زیرک‌زاده را در شمیران توقیف کردند و برای توقیف رییس ستاد ارتش نیز به منزلشان مراجعه نمودند، ولی چون تیمسار ریاحی در ستاد ارتش مشغول کار بود به دستگیری ایشان موفق نشدند.

در ساعت یک بعد از نیمه‌شب نیز سرهنگ نصیری رییس گارد شاهنشاهی با چهار کامیون نظامی و دو جیپ

---

۱ - همان منبع.
۲ - قسمتی از شهادت علی اصغر بشیرفرهمند در محاکمه‌ی دکتر مصدق، مصدق در محکمه‌ی نظامی، جلد دوم، صفحه‌ی ۵۳۹.
۳ - همان منبع، همان صفحه.

ارتشی و یک زره‌پوش به منزل آقای نخست‌وزیر آمده، به عنوان این‌که می‌خواهد نامه‌ای بدهد قصد اشغال خانه را داشته است. ولی چون محافظین منزل آقای نخست‌وزیر مراقب کار خود بودند، بلافاصله سرهنگ مزبور را توقیف کردند... مأمورین انتظامی ابتکار عملیات را به دست گرفتند و تاکنون چند تن از توطئه‌کنندگان را دستگیر کرده‌اند»[۱].

متعاقب این اعلامیه، فرماندار نظامی تهران اعلامیه‌ی زیر را صادر کرد:

«چون حضور سرلشکر بازنشسته فضل‌الله زاهدی برای تحقیقات ضروری است علیهذا به نامبرده اخطار می‌شود که برای تحقیقات لازم، در ظرف ۲۴ساعت خود را به فرمانداری نظامی شهرستان تهران معرفی نماید».

در ساعات بعد تعداد زیادی از مأموران فرمانداری نظامی به اقامتگاه زاهدی رفتند که طبیعتاً در آنجا نبود، و آن محل را به دقت تفتیش و ظاهراً زیر و رو کردند.

به تاریخ ۲۶ مرداد ماه ۱۳۳۲، تحت شماره‌ی ۱۷۲۰۶، دکتر مصدق به ستاد ارتش ابلاغ کرد:

«مقتضی است به مأمورین مربوطه اکیداً دستور فرمایید که نهایت مراقبت را به عمل آورند که از فرار سرلشکر زاهدی جلوگیری شود. چنان که تسامحی شود موجب مسئولیت خواهد بود. نخست‌وزیر دکتر مصدق»[۲].

در اجرای این دستورالعمل، رییس ستاد طی «بخش‌نامه-رمز

۱ - جزییات این اعلامیه با اظهارات رییس ستاد ارتش وقت تناقض دارد.

۲ - مصدق در محکمه نظامی... جلد اول، صفحه‌ی ۳۰۱.

خیلی خیلی فوری» به لشکرها و تیپ‌های خارج دستور داد:

«قدغن فرمایید به کلیه‌ی واحدها و پادگان‌های مرزی مربوطه دستور اکید فرمایند مراقب باشند چنان‌که سرلشکر بازنشسته زاهدی خیال فرار داشته باشد فوراً دستگیر و تحت‌الحفظ به تهران اعزام شود. سرتیپ ریاحی»[۱].

بدین ترتیب در ظرف چند ساعت، صحنه‌ی سیاسی ایران به کلی دگرگون شد. «کودتای نیم‌بند» فرمانده گارد با شکست مواجه گردید، که شکست آن از پیش محتوم بود. شاه چاره‌ای جز ترک ایران ندید.
طرحی که امریکا و انگلیس برای تغییر نخست‌وزیر ریخته بودند نقش بر آب شد. اما، در نهایت امر، همه‌ی اینها موقت بود.

۱ - همان منبع، همان صفحه.

فصل چهارم

کشتی بدون ناخدا

چند ساعت پس از ناکامی «کودتای نیم‌بند» سرهنگ نصیری و توقیف او، شاه از طریق بی‌سیم گارد شاهنشاهی[1] در جریان قرار گرفت و از گرفتاری فرمانده گارد مطلع شد. در ساعت چهار بامداد همسرش (ثریا) را بیدار کرد و به او گفت:
«نصیری توقیف شده است. باید هر چه زودتر از اینجا برویم».
وی بیم داشت که «هواداران مصدق» به کلاردشت بیایند و توقیف‌شان کنند.

---

۱ - le Palais des solitudes، خاطرات ملکه ثریا، منبع ذکر شده، صفحه‌ی ۱۵۰، جریان مسافرت شاه از کلاردشت به رامسر و از آنجا به بغداد و سپس به رم پایتخت ایتالیا از خاطرات ملکه ثریا اقتباس و خلاصه شده. وی تنها شاهد عینی این جریان بود و مشاهدات خود را به سادگی باز گو کرده است. صفحه‌ی ۱۵۰ به بعد

ملکه ثریا، وحشت‌زده، می‌پرسد، «کجا برویم؟». محمدرضا شاه پاسخ می‌دهد:
«به رامسر و از آنجا به بغداد خواهیم رفت و در عراق پناهنده خواهیم شد. حتی یک ثانیه فوت وقت نیز مصلحت نیست».

ساعتی بعد شاه، ملکه ثریا، سرهنگ خاتم (ارتشبد بعدی) خلبان مخصوص و ابوالفتح آتابای میرشکار سلطنتی که غالباً همراه محمدرضا پهلوی بود و نقش پیشکار و کاخدار را بازی می‌کرد، بر هواپیمای یک موتوره‌ی کوچکی که چهار جای نشستن بیشتر نداشت، سوار شدند. شاه می‌ترسید که «هواداران مصدق» فرودگاه رامسر را تصرف و آشیانه‌ی هواپیمای دو موتوره‌ی سلطنتی را که در آنجا بود ویران کرده باشند. وقتی به رامسر رسیدند در آنجا خبری نبود و با هواپیمایی سلطنتی که به اندازه‌ی کافی بنزین داشت، همگی، رهسپار پایتخت عراق شدند...

بر فراز فرودگاه بغداد از هواپیمای سلطنتی خواسته شد که خود را به مأموران برج مراقبت معرفی کند. شاه نمی‌خواست کسی از هویت وی باخبر شود و سرانجام در پاسخ سوال‌های مکرر، جواب داد که موتور هواپیما از کار افتاده و تقاضای فرود اضطراری دارد. دستور رسید که در انتهای باند فرودگاه بر زمین بنشینند. به محض فرود، سربازان مسلح هواپیما را محاصره کردند. شاه از هواپیما پیاده شد.

افسری که فرمانده گروه افراد مسلح بود بدون آن‌که او را شناخته باشد، به وی گفت قرار است تا چند دقیقه‌ی دیگر هواپیمای سلطنتی عراق که ملک‌فیصل دوم را از پایتخت اردن هاشمی به بغداد باز می‌گرداند، در فرودگاه بر زمین بنشیند و به رعایت ملاحظه‌ی امنیتی باید محوطه‌ی فرودگاه آزاد باشد. محمدرضا پهلوی که بیم داشت در این فاصله‌ی کوتاه از تهران تقاضای

بازداشــت وی را کرده باشند و از مشــاهده‌ی افراد مسلح نگران شــده بود، با شنیدن توضیحات افسر عراقی آسوده خاطر شد و روی یک ورق کاغذ که از دفتر یادداشــت خود جدا کرده بود، چند کلمه‌ای به انگلیســی نوشــت و تقاضا کرد که آن یادداشت را به پادشاه عراق، به محض آنکه فرود آمد، بدهند، افسر عراقی هنوز متوجه جریان نبود. به دســتور او همه‌ی مســافران را پیاده و به یـــک «انبارگونه»‌ی فلزی هدایت کردند و در آنجا تحت نظر گرفتند. سئوالی در مورد هویت مسافران نشد. به روایت ملکه ثریا با آنان مودبانه، اما با سوءظن رفتار می‌کردند.

از دور «شاه و ملکه‌ی فراری» ایران، شاهد پیاده شدن ملک فیصل، نواختن سلام رسمی عراق و انجام تشریفات نظامی بودند. هوای داخل «انبارگونه‌ی فلزی» غیرقابل تنفس و حرارت متجاوز از چهل درجه‌ی سانتیگراد بود. مسافران به شدت عرق کرده بودند و حال و وضع خوشی نداشتند. در این میان رییس فرودگاه که به پرس و جو آمده بود، شاه را شناخت. با تلفن دیواری، با شخصی مذاکره کرد و دقایقی بعد وزیر امور خارجه‌ی عراق سررســید و شــاه و ملکه‌ی ایران و دو تن همراهشــان را به «دارالضیافه»‌ی سلطنتی برد. «فراریان» نفس راحتی کشیدند.

ملک فیصل دوم، شــاه و ملکه را برای ســاعت پنــج بعد از ظهر بــه صرف چای در کاخ ســلطنتی دعوت کرد. ملکــه‌ی ثریا، جز لباس کتانی که به تن داشــت، تن پوش دیگری نداشت. لباسش را شایســته نمی‌دانست، موضوع را به وزیر امور خارجه‌ی عراق یادآورد شــد. جــواب وی مؤدبانه و محبت‌آمیز بــود. اما موجب رنجش باطنی ملکه‌ی ایران شد. او گفته بود: «در این شرایط کسی انتظاری از علیاحضرت ندارد»، ملکه ثریا می‌نویسد: «بهتر از این نمی‌شد به ما یادآور شد که دیگر کسی نیستیم».

ملک فیصل، از پادشاه و ملکه ایران دعوت کرد تا زمانی که میل داشته باشند در عراق بمانند و میهمان وی باشند. محمدرضا شاه پوزش خواست و نپذیرفت. او فردای آن روز به زیارت مرقد امام حسین در کربلا رفت و سپس به اتفاق ملکه ثریا با یک هواپیمای خصوصی رهسپار رم گردید، خاصه آن‌که مقامات عراقی به وی رسماً اطلاع دادند که سفارت ایران در بغداد به حضورش در آن کشور اعتراض نموده و عملاً تقاضای بازداشت زوج سلطنتی ایران را کرده است.

*****

ساعاتی پس از صدور اعلامیه‌ی دولت در مورد شکست کودتا، حسین فاطمی وزیر امور خارجه به «تمام سفیران و وزیران مختار و کارداران ایران در خارج» ابلاغ کرد که شاه از سلطنت مخلوع است (که البته چنین نبود و نمی‌دانیم که آیا این دستور با اطلاع و موافقت دکتر مصدق بوده یا نه؟) و نباید مورد استقبال قرار گیرد. عبدالحسین مفتاح که در آن هنگام معاون ارشد وزارت امور خارجه بود، با تعجب نوشته:

«نه شاه استعفا داده بود و نه دستگاه قانونی ایشان را برکنار کرده بود»[1].

مظفر اعلم سفیر کبیر ایران در بغداد (که مانند همه‌ی سفیران از لحاظ تشریفاتی نماینده‌ی رییس مملکت بود و نه نماینده‌ی وزیر امور خارجه) اقداماتی هم در اجرای دستور وزیر متبوع خود انجام داد و به حضور شاه در بغداد اعتراض کرد و او را فراری خواند. اعلم که سال‌ها وزیر امور خارجه‌ی رضاشاه نیز بود سپس به دستورالعمل حسین فاطمی چنین پاسخ داد:

---

۱ - عبدالحسین مفتاح، خاطرات سیاسی، به صفحه‌ی ٦٦ ... طبق قانون اساسی فقط مجلس می‌توانست شاه را از سلطنت برکنار کند، یا به عبارت دیگر «ودیعه»ای را که از طرف ملت به وی تفویض شده بود، باز پس بگیرد.

«جنــاب آقای دکتر فاطمی وزیر محتــرم امور خارجه، از اقدام تبهکارانه‌ی یک عده خائنین به دولت ملی جناب آقای دکتر مصدق و شروع به یک کودتای نظامی و تعرض آنان به آن جناب، همگی متأثر و متأسـف شـدیم. ولی خدای ایران که در همه‌ی احوال ناظر به احوال این ملت اسـت، عملیات خائنانه‌ی مشـتی دشمن این آب و خاک را خنثی نموده بـار دیگر پیروزی نصیب ملت ایران و نهضت ملی گردید.

ایــن جانب از طرف خود و تمام نمایندگان ایران در عراق و عموم ایرانیان سـاکنین این کشـور که همگی محبت و علاقــه‌ی خاصی به آن جناب دارند، مراتب انزجار و تنفر خود را از این تعرض به جنابعالی تقدیم و تهنیت فوق‌العاده عرض و سلامتی جان و موفقیت جنابعالی را از درگاه ایزد متعال برای خدمت میهن عزیز مسئلت دارم و برای آن‌که توطئه‌ی مزبور مورد تفسـیرات گوناگون و مطالب خلاف قانـون قرار نگیرد، بر طبق اعلامیــه‌ی دولت که از رادیو تهران شـنیده شد، شرحی به کلیه‌ی جراید بغداد دادم تا از درج هــر گونه خبرهای غرض‌آلـود و برخلاف حقیقت جلوگیری شده باشد. هم‌چنین به جناب آقای نخست‌وزیر محبوب که در برابر نقشــه‌های خطرناک و مزدور پیروز گردیدند، از طرف سـفارت کبـری و کارمندان، تلگرافی به معظم‌لــه مخابره و این موهبت عظیــم را به آن جناب تبریک عرض نموده، از خداوند متعال پیروزی ملت ایران را تحت رهبری پیشـوای خدمتگزار میهن همواره سائل و خواستارم. سفیر کبیر مظفر اعلم»[۱].

۱ - این نامه در بعضی از جراید آن زمان بعداً انتشـار یافت (از جمله نگاه کنید به اطلاعات سـوم آذر ۱۳۳۲) و تقریباً در همه‌ی کتاب‌هایی که به شرح وقایع این چند روز پرداخته‌اند نقل شده است. (از جمله نگاه کنید به ابراهیم صفایی، زندگینامه ... صفحه ۱۳۱) در مذاکرات محکمه‌ی مصدق نیز به آن اشاره شده است.

رویه‌ی سفیر کبیر ایران در رم، نظام‌السلطان خواجه‌نوری، رییس کل پیشین تشریفات شاهنشاهی، که در این سمت ،مراسم ازدواج محمدرضا پهلوی و ثریا اسفندیاری بختیاری را نیز ترتیب داده بود و ملکه‌ی ایران او را از نزدیکان خود می‌پنداشت، از این بهتر نبود. او نه تنها در فرودگاه حاضر نشد، بلکه اعضای سفارت ایران را نیز از این کار رسماً مانع گردید و اتومبیل شخصی ملکه‌ی ثریا را که متعلق به دولت نبود در گاراژ سفارت مهر و موم نمود!

شاه و ملکه‌ی ایران در فرودگاه، جز یک عضو ایرانی سازمان خواربار و کشاورزی جهانی، یک کارمند محلی سفارت و «مراد اریه» بازرگان معروف، کسی را برای استقبال ندیدند و در میان جمع روزنامه‌نگاران و فیلم‌برداران و عکاسان عازم مهمان‌سرای بزرگ اکسلسیور شدند و در آنجا چشم به راه تحول حوادث ماندند. اتاقی که بازرگان ایرانی برای آنان گرفته بود، «سلطنتی» نبود، پناه‌گاهی بود که در آن توانستند با دشواری به اخبار نگران‌کننده‌ی رادیو تهران و سخنان تند حسین فاطمی گوش کنند. آن دو سپس موفق شدند به طور ناشناس از در پشت مهمان‌سرا خارج شوند. شاه یک دست لباس خاکستری خرید و ملکه یک لباس قرمز رنگ خال‌دار که بعداً چند بار هر دو با این لباس در عکس‌ها دیده شدند. محمدرضا شاه از آینده‌ی شخصی خود و خانواده‌اش سخت نگران بود. با ملکه ثریا به مذاکره و محاسبه در مورد ترتیب زندگی آینده‌شان پرداخت. فکر می‌کرد بتواند به زحمت و با صرفه‌جویی قطعه زمینی در ایالات متحده امریکا خریداری و مادر و خواهران و برادرانش را در آنجا جمع کند. روحیه‌اش خراب و سخت بدبین و حتی ناامید بود[1].

---

۱ - جزییات این مذاکرات را ملکه ثریا در خاطرات خود نقل کرده Palais des solitudes صفحات ۱۵۸ تا ۱٦٤.

*****

پس از آنکه دولت در اعلامیه‌ای «شکست کودتا» را اعلام کرد، بدون آنکه کوچک‌ترین اشاره‌ای به فرمان برکناری رییس دولت شده باشد، ایران، چه از دیدگاه قانون اساسی و چه از لحاظ سیاسی در وضعی پیچیده و احتمالاً بی‌سابقه در تاریخ معاصر قرار گرفت:

- شاه، رییس قانونی مملکت و فرمانده کل قوا، کشور را ترک کرده بود بدون اینکه شورای نیابت سلطنت، طبق سنن برای ایفای وظایف و جایگزینی او برگزیده شده باشد. شاه، خلع نشده بود چرا که فقط مجلس شورای ملی، اختیار اتخاذ چنین تصمیمی را داشت. بنابر این اظهارات و بخشنامه‌های وزیر امور خارجه در این مورد، مبنایی از نظر قانون اساسی نداشتند.

- مجلسین، خاصه مجلس شورای ملی، که در نهایت امر حق داوری و تعیین تکلیف مملکت را داشتند، به تصمیم دولت تعطیل شده و قادر به انجام وظایف قانونی خود نبودند. عملاً مشروطیت «در حال تعطیل» بود.

- رییس دولت که تا نخستین ساعات روز ۲۵ مرداد، در حقانیت حکومت و تصمیماتش تردیدی نبوده، به فرمان شاه از کار برکنار شده بود. قطعاً شاه در صورت حضور مجلس شورای ملی چنین حقی را نداشت. اما طبق رویه و سنت دهه‌های قبل، که چند بار، چنان‌که دیدیم، به تأیید و تنفیذ دکتر مصدق (رییس دولت معزول) رسیده بود. شاه می‌توانست نخست‌وزیر را برکنار کند. طی سال‌های بعد، از جمله در دادگاه، دکتر مصدق این حق را برای پادشاه پذیرفت، اما مکرراً به نحوه‌ی اجرا و ابلاغ فرمان اعتراض کرد و آن را نوعی کودتا خواند.

- وزیران که طبق قانون اساسی دارای مسئولیت مشترک بودند و می‌بایست الزاماً از فرمان برکناری نخست‌وزیر مطلع می‌شدند تا تکلیف خود را بدانند، رسماً در جریان عزل رییس دولت قرار نگرفتند. این نکته‌ای است که کم‌تر به آن توجه شده و شایان تامل بسیار است: دکتر ابراهیم عالمی وزیر کار که همواره به دکتر مصدق وفادار بود و وفادار ماند نوشته:
«آقای دکتر مصدق در امور کلی مملکت و مسایل مهم کشور، به اصل مسئولیت مشترک توجهی نداشتند... صبح روز یکشنبه ۲۵ مرداد خبر دادند برای اطلاع از واقعه‌ای، به منزل نخست‌وزیر برویم. در آن جلسه، جریانی از شب گذشته گفتند... روز چهارشنبه صبح (۲۸ مرداد که دیگر فرمان شاه در همه جا انتشار یافته بود)، بنده یقین کردم وضع دولت تغییر کرده و ما سمتی نداریم و آقای دکتر مصدق همکاران خود را از این تغییر، بی‌سابقه گذاشته بودند. تا آن‌که ظهر رسید. تهران ناظر یک قیام عمومی گردید»[۱].

دکتر جلال متینی نیز بر این نکته تاکید دارد:
«مصدق روز بعد از دریافت فرمان عزل در جلسه‌ی هیات دولت، مساله‌ی فرمان عزل را مطلقاً مطرح نمی‌سازد و فقط از کودتای نظامی سخن می‌گوید و در ابلاغیه‌ی دولت خطاب به ملت، که در ۲۵ مرداد از رادیو پخش می‌شود، نیز از دریافت فرمان عزل سخن به میان نمی‌آید».

در جریان محکمه‌ی مصدق، اکثر وزیرانی که به عنوان شهود به دادگاه احضار شده و اظهار نظر کردند، این نکته را تأیید نمودند. در پاسخ رییس دادگاه، مهندس داود رجبی (وزیر مشاور در امور

۱ - شاهد، ۲۱ شهریور ماه ۱۳۳۲.

صنعتی) اظهار داشت

«از جریان اطلاعیه که به نام اعلامیه‌ی دولت در ساعت هفت و سه دقیقه صبح ۲۵ مرداد از رادیو تهران پخش شد، اطلاعی (ندارد) و در هیات دولت مطرح نشده است»[۱].

دکتر غلامحسین صدیقی نایب نخست‌وزیر و وزیر کشور نیز گفت:

«از دست‌خط اعلیحضرت همایون شاهنشاهی به هیچ وجه اطلاع نداشتم و در هیات دولت هم دست‌خط اعلیحضرت همایونی مطرح نشد»[۲]...

دکتر مصدق شخصاً برای توجیه عدم طرح فرمان عزل در هیات دولت اظهار داشت،

«در قانون مجازات، برای اعمال مثبته مجازات هست. یعنی اگر یک کاری یک کسی بکند که برخلاف قانون کرده باشد مجازات دارد. ولی برای نکردن یک کاری، برای این‌که کسی کاری نکرده باشد، این را می‌گویند کسی جرمی به واسطه عدم ارتکاب کاری بکند... کجا شما ماده‌ای پیدا می‌کنید که اگر یک نخست‌وزیری دو روز بخواهد برای یک عملی فکر بکند و تصمیم برخلاف حقیقت نگیرد، آن نخست‌وزیر را حتماً می‌توانید مجرم قلمداد کنید؟[۳]»

- در چنین شرایطی که شاه در ایران نبود، شورای نیابت سلطنت وجود نداشت. مجلسین تعطیل بودند و نخست‌وزیری (که به

---

۱ - مصدق در محکمه نظامی، جلد دوم، صفحه‌ی ۶۰۵.

۲ - همان منبع، صفحات ۶۲۹ و ۶۳۰.

۳ - همان منبع، صفحه‌ی ۶۰۰.

فرمان شاه معزول شده، اما این عزل را رسماً از دولت خود پنهان نگاه داشته بود) با نهایت قدرت تصمیماتی می‌گرفت، شخصیت دیگری یعنی سرلشکر (بازنشسته) فضل‌الله زاهدی فرمان نخست‌وزیری را در دست داشت که سرانجام موفق شد مفاد آن را به اطلاع مردم برساند و برای به دست گرفتن قدرت به اقداماتی مشغول بود. صورت مساله‌ای وجود داشت بس پیچیده که شاید می‌شد از دیوان عالی کشور در مورد آن اظهار نظری مشورتی خواست. ولی دیوان عالی کشور هم با استفاده از اختیاراتی که وزیر دادگستری وقت داشت، موجودیت خود را از دست داده بود.

- در حقیقت طی روزهای ۲۵ تا ۲۸ مرداد در کشور یک خلاء سیاسی و قانونی وجود داشت و همه‌ی بحث‌های بی‌پایانی که از آن روز تاکنون در این باره می‌شود، ناشی از همین وضع است.

ناخدایی در کشتی نبود.

*****

دکتر مصدق در مورد رویه‌ای که باید اتخاذ کند مردد بود. سرتیپ تقی ریاحی رییس ستاد ارتش نوشته:

«من روز ۲۶ مرداد، صبح شش ساعت بعد از کودتای ناموفق نصیری نزد مصدق رفتم و گفتم که همه‌ی رادیوهای خارجی کودتای نیم بند نصیری را شرح داده‌اند و ضمناً گفته‌اند که شاه شما را عزل کرده است. گفت نه آقا، این فرمان جعل بوده است. ولی خود فرمان را به من و به هیچ یک از وزرا نشان نداد.

حدود ساعت یازده همان روز مجدداً نزد مصدق رفتم و خبر فرار شاه و ثریا را از رامسر به او دادم و گفتم حالا که شاه از مملکت رفته است وضع چه می‌شود؟ جواب

داد باید کاری کرد که ایشان به ایران مراجعت کند»[۱]

با این احوال، تصمیمات دولت و سخنان بعضی از یاران نزدیک دکتر مصدق نشان می‌داد که می‌خواهند کار شاه را یکسره کنند و راه را بر مراجعتش، به هر صورت که باشد، ببندند.

پس از انتشار خبر شکست کودتا و بازداشت سرهنگ نصیری، بسیاری از شخصیت‌های مخالف دولت، از جمله سپهبد شاه‌بختی، رحیم هیراد رییس دفتر مخصوص شاهنشاهی، بهبودی رییس تشریفات، ابوالقاسم امینی کفیل وزارت دربار، مظفر بقایی و علی زهری نمایندگان دوره‌ی هفدهم مجلس... بازداشت شدند. کسان دیگری که خود را در مظان اتهام به مخالفت با رییس دولت و یا هم‌دستی با کودتای نافرجام می‌دیدند، پنهان شدند.

ابوالقاسم امینی در نامه‌ای به دکتر مصدق نوشت:

«قادر لایزال شاهد و گواه است که روحم از این جریان مطلع نبود و متأسفانه از حضرتعالی کسب تکلیف کردم که از این کار گند، کناره‌جویی کنم موافقت نفرمودید. بالاخره این جوان آن‌چه را نباید بکند کرد و با حیله و مکر همه را از من پنهان داشت. به خدا قسم عملیات دفتر مخصوص و گارد شاهنشاهی هرگز به وزارت دربار گفته نمی‌شود. خودتان سوال بفرمایید که من بیچاره چه اطلاعی از این کار ممکن است داشته باشم. البته این گندکاری، این عمل ناجوانمردانه، دستوری است که خود شاه از آنجا به رییس گارد داده است. آخرین ضربه‌ی بی‌آبرویی را این جوان به من زد و خداوند انشاءالله جزای او را بدهد. به هر حال خواهشمندم به داد من برسید که هم ناخوشم و هم آبرویی برای من باقی نمانده. متهم به خیانت هستم. کفیل وزارت دربار شاهنشاهی، ابوالقاسم

۱- سرتیپ تقی ریاحی، منبع ذکر شده، صفحه‌ی ۲۹۲.

امینی».
نخست‌وزیر دستور داد که متن نامه را در جراید منتشر کنند و ابوالقاسم امینی از زندان آزاد شد[۱]. دو روز بعد که ورق برگشت. این بار به تصمیم دولت جدید، او بار دیگر زندانی شد و پس از مدت کوتاهی، به شفاعت اقوام و دوستان فراوانش، شاه دستور به آزادی وی داد به شرط آن‌که برای همیشه از ایران برود که به ایتالیا رفت و در رم مستقر شد.
در ساعات بعد از شکست اقدام سرهنگ نصیری، گروه‌های کوچکی از اعضای حزب توده و حزب ایران، به وزارتخانه‌ها و سازمان‌های دولتی هجوم بردند و عکس‌های شاه را که در دفاتر وزیران و معاونان و مدیران کل نصب شده بود از دیوارها پایین کشیدند و پاره پاره کردند. کسی مانع کار آنان نشد.
همان روز به دستور رییس دولت و «امریه»ی رییس ستاد ارتش افسران و افراد گارد شاهنشاهی خلع‌سلاح و در پادگان‌های مختلف پایتخت متفرق شدند. دستور داده شد نام شاه از دعای صبح‌گاهی و شام‌گاهی سربازخانه‌ها حذف شود.
مصدق به رهبران احزاب طرفدار خود توصیه کرد که افرادشان را به میدان‌های شهر بفرستند و مجسمه‌های رضاشاه و محمدرضا شاه را پایین بکشند. طبق نوشته‌ی جراید، آنها در دسته‌های کوچک «بلاتکلیف» در خیابان‌های تهران بر ضد شاه شعار می‌دادند ولی اعضای حزب توده که منظم و منضبط بودند، کار پایین آوردن مجسمه‌ها را انجام دادند. در روز ۲۷ مرداد دیگر خبری از مجسمه‌ها در شهر تهران نبود.

این دستور در دادگاه به دکتر مصدق سرزنش شد. او در پاسخ گفت:

«آقا، این دعوای مجسمه مربوط به آن روز نیست. این

۱ - دکتر عزت‌الله همایونفر، از سپاهی‌گری تا ... صفحات ۳٦٤ و ۳٦٥.

مجسمه سابقه دارد. یعنی اخلال‌گران در کار مجسمه‌ها کارشان سابقه دارد. یک مدتی متعرض مجسمه‌ی اعلیحضرت همایون محمدرضا شاه پهلوی که در میدان سنگلج بود می‌شدند. من دستور کامل در آن وقت دادم که یک عده نظامی چند روز آن مجسمه را حفظ کنند تا آنها نتوانند به مقصود برسند... اخلال‌گران نمی‌توانستند این کار را بکنند ولی بنده به آقای دکتر سنجابی گفتم که نظر اخلال‌گران این است که مجسمه‌ی شاه فقید را هم بردارند. شما با اصناف، با احزاب ملی مذاکره کنید. اگر آنها صلاح می‌دانند خودشان این کار بکنند قبل از اینکه اخلال‌گران بیایند و عملی بکنند بسیار خوب است. این کلام پس و پیش نیست و همین است که عرض می‌کنم. من اگر حرفی زده باشم و مجازاتی داشته باشد، آن مجازات را بنده از جان و دل می‌پذیرم... من صاف و پوست‌کنده در این دادگاه عرض می‌کنم، به مجسمه ابداً عقیده نداشتم».

در روزهای ۲٦ و ۲۷ مرداد موج تبلیغات علیه شخص محمدرضا شاه و نظام سلطنتی در کشور توسعه یافت.
حسین فاطمی در سر مقاله‌های باختر امروز که خود صاحب امتیاز و مدیر مسئول آن بود، لحنی فوق‌العاده شدید و توهین‌آمیز به کار برد: «خائنی که می‌خواست وطن را به خاک و خون بکشد فرار کرد»[۱]. وی دستور داد که سر مقاله‌های باختر امروز از طرف وزارت امور خارجه به کلیه‌ی سفارتخانه‌های ایران مخابره شود و به عنوان دستورالعمل سیاسی آنان مورد استفاده قرار گیرد[۲].
این سرمقاله‌ها و مطالب تند روزنامه‌های وابسته به جبهه‌ی ملی و

۱ - باختر امروز، ۲٦ مرداد ۱۳۳۲.
۲ - عبدالحسین مفتاح، خاطرات سیاسی ...، صفحه‌ی ٦۵.

حزب توده در رادیو تهران خوانده و پخش می‌شد و به التهاب جو سیاسی و نگرانی مردم می‌افزود.
همچنین حسین فاطمی دستور داد که مأمورین دولت به کاخ‌های سلطنتی بروند و اسباب و اثاثه آنها را صورت‌برداری و سپس محل‌ها را مهر و موم نمایند. صورت‌برداری در فرصت کوتاه میسر نبود اما مهر و موم کاخ‌ها انجام شد و خبر آن در جراید انتشار یافت.

عصر روز ۲۶ مرداد ماه، جبهه‌ی ملی با شتاب بسیار تظاهراتی در میدان بهارستان برپا کرد. کارگردانان اصلی آن مهندس احمد رضوی نایب رییس مجلس هفدهم، دکتر علی شایگان، حسین فاطمی و مهندس احمد زیرک‌زاده بودند. چند هزار نفری در مقابل کاخ بهارستان گرد آمدند. به دستور وزیر امور خارجه، جریان تظاهرات و سخنرانی‌ها مستقیماً از رادیو تهران پخش می‌شد.
دکتر شایگان گفت:

> «خدا نخواست. خداوند چنان هوشیاری به دکتر مصدق داده است که پنج روز قبل، از نقشه‌ی خائنانه‌ی آنها مطلع بود. پیشوای ما همه چیز را می‌دانست. بحمدالله در ظرف ۲۶ دقیقه تمام آن افراد تحت نظر و توقیف دولت درآمدند»[۱].

حسین فاطمی گفت:

> «دیشب وقتی تفنگ‌های گارد شاهنشاهی به طرف من نشانه روی می‌کردند، من چون به اراده‌ی شما ایمان داشتم می‌دانستم که نهضت ملی نخواهد مرد. هموطنان، فرزند آن پدری که قرارداد نفت را شصت سال تمدید کرد علیه نهضت ملی قیام نمود. پدرش بیست سال عامل کمپانی نفت جنوب بود و چهل سال دیگر را برای پسرش

---

۱ - نگاه کنید به دکتر عزت‌الله همایونفر. از سپاهیگری تا ... صفحات ۲۷۸-۲۷۹.

باقی گذاشت. امروز شما باید نشان بدهید که روی پای خود می‌ایستید و هر کس با شما مخالفت کند او را از بین برمی‌دارید.. هموطنان جنایات دربار پهلوی روی جنایات ملک فاروق را سفید کرده... دربار پهلوی آن چنان منقرض شد که جز اراده‌ی خداوند اراده‌ی دیگری نمی‌توانست. بدون این‌که خون از دماغ کسی بریزد، این کابوس مرگ نابود شد. فرزند عامل قرارداد ۱۹۳۳ می‌خواست به جنگ خدا برود. می‌خواست به جنگ اجتماع و ملت که مظهر اراده‌ی خدا است برود ولی خدا او را آن چنان زمین زد که هیچ‌کس در مخیله‌ی خود تصور نمی‌کرد»[۱].

در قطعنامه‌ی پایان تظاهرات که به وسیله‌ی مهندس احمد رضوی خوانده شد «مجازات شدید مسببین کودتا» و تعیین تکلیف رژیم خواسته شده بود. همان شب باختر امروز از شاه با القابی چون «وطن فروش»، «سردسته‌ی جنایتکاران» و از دربار با عنوان‌هایی از قبیل «کانون فساد»، «مرکز فحشا» و «هیولای شهوت» یاد کرد[۲].

در روز ۲۷ مرداد، افراد حزب توده کاملاً بر خیابان‌ها و میدان‌های تهران مسلط بودند. بر فراز بسیاری از ساختمان‌ها پرچم سرخ برافراشته شد. تظاهرات وسیعی نیز در بعد ازظهر همان روز انجام گرفت. تعداد شرکت‌کنندگان اقلاً دو برابر تظاهرکنندگان جبهه‌ی ملی و نظم و ترتیب و یک‌پارچگی آنان چشم‌گیر بود. حزب توده قدرت خود را به بهترین وجه نشان داد. در قطعنامه‌ی تظاهرات انقراض سلطنت و «استقرار یک جمهوری دمکراتیک» و «اتحاد همه‌ی نیروهای ضد امپریالیستی» خواسته شد. در این دو روز، حزب توده چند بار از نخست‌وزیر خواست که برای مقابله با

---

۱ - اطلاعات، ۲۷ مرداد ماه ۱۳۳۲.

۲ - باختر امروز، ۲۷ مرداد ماه ۱۳۳۲.

خطر کودتا دستور به «پخش اسلحه میان مردم» داده شود. ولی دکتر مصدق زیر بار نرفت.

تقریباً همه‌ی مفسران و صاحب نظران عقیده دارند که جریان‌های روز ۲۷ مرداد و قدرت‌نمایی حزب توده، یکی از علل و عوامل اصلی پیروزی حرکت ۲۸ مرداد، یا به قول دکتر ابراهیم عالمی وزیر کار دکتر مصدق «قیام عمومی ۲۸ مرداد»، بود و موجبات نگرانی شدید گروه‌های بسیاری از مردم و جامعه‌ی روحانیت را فراهم آورد. خاصه آنکه در این روز (۲۸ مرداد) توده‌ای‌ها دیگر از جای خود تکان نخوردند و مصدق نیز خواستار کمک آنان نشد. طرفداران قبلی و سنتی دکتر مصدق نیز میدان را خالی کرده بودند. در نتیجه، عرصه کاملاً برای قیام مخالفان او باز ماند.

در آخرین ساعات روز ۲۷ مرداد، دکتر مصدق خود متوجه این خطر شد. او به ارتش دستور داد که به پراکنده کردن تظاهرات طرفداران حزب توده بپردازد. بدین ترتیب نیروهای انتظامی به سرکوب آنها پرداختند. گاز اشک‌آور بکار بردند و در چند جا به آنان حمله‌ور شدند. در این ساعات غروب ۲۷ مرداد بود که برای نخستین بار پس از ماه‌ها فریاد «زنده باد شاه، نابود باد حزب توده» در اطراف میدان سپه شنیده شد[1]. سربازان که دستور مقابله با حزب توده را داشتند، با گروه‌های مخالف آن حزب همصدا شدند. بدین ترتیب مقدمه‌ی جریانی که در روز ۲۸ مرداد به پایان حکومت مصدق انجامید، فراهم آمد و میان قوای انتظامی و جناح‌های وسیعی از مردم هم‌آهنگی پدیدار شد.

دکتر کیانوری و همسرش مریم فیروز در خاطرات خود مدعی شده‌اند که در آن شب «قریب به ۶۰۰ نفر از افراد و کادرهای حزب

---

۱ - باختر امروز، ۲۷ مرداد ماه ۱۳۳۲.

توده که تعدادی از اعضای سرشناس نیز در بین آنها وجود داشتند، بازداشت گردیدند»[۱].
این مطلب بیش‌تر برای توجیه امتناع افراد حزب توده از حمایت از دولت دکتر مصدق عنوان شده. در این‌که دکتر مصدق دستور مقابله با تظاهرات افراد آن حزب و سرکوب آنها را داده بود، تردیدی نیست. اما هیچ مدرکی دایر به توقیف ششصد تن از اعضا و هواداران حزب توده دیده نشده. واقعیت چنین به نظر می‌رسد که دستور این امتناع از سفارت شوروی آمده بود، چنان‌که بعداً این جریان به اثبات رسید و به آن خواهیم پرداخت.

پس از ناکامی اقدام فرمانده گارد شاهنشاهی، دکتر مصدق در مقام یافتن راه حلی برای مساله‌ی سیاسی اصلی روز یعنی غیبت رییس مملکت برآمد.
موضع‌گیری‌هایی نیز می‌شد که از لحاظ سیاسی و برای توجه به جریان بعدی اوضاع شایان توجه است.
آیت‌الله کاشانی که بعد از نهم اسفند در شمار مخالفین دکتر مصدق قرار گرفته بود، نامه‌ی مفصلی به او نوشت:

> «حضرت نخست‌وزیر معظم جناب آقای دکتر مصدق دام‌اقباله... صلاح دین و ملت برای این خادم اسلام بالاتر از احساسات شخصی است و علیرغم غرض‌ورزی‌ها و بوق و کرنای تبلیغات شما، خودتان بهتر از هر کس می‌دانید که هم و غمم در نگهداری دولت جنابعالی است که خودتان به بقاء آن مایل نیستید... بر من مسلم است که می‌خواهید مانند سی‌ام تیر کذایی، یک بار دیگر ملت را تنها گذاشته و قهرمانانه بروید. حرف اینجانب را در خصوص اصرارم در عدم اجرای رفراندوم نشنیدید و مرا لکه‌ی حیض کردید. خانه‌ام را سنگباران و یاران و

۱ - کیهان، ۲۹ مرداد ماه ۱۳۳۲.

فرزندانم را زندانی فرمودید و مجلس را که ترس داشتید شما را ببرد بستید و حالا نه مجلس هست و نه تکیه‌گاهی برای این ملت گذاشته‌اید. زاهدی را که من با زحمت در مجلس، تحت نظر و قابل کنترل نگه داشته بودم، با لطایف‌الحیل خارج کردید...

اگر واقعاً با دیپلماسی نمی‌خواهید کنار بروید، این نامه سندی در تاریخ ملت ایران خواهد بود که من شما را با همه بدی‌های خصوصی‌تان نسبت به خودم، از وقوع یک کودتا به وسیله‌ی زاهدی که مطابق با نقشه‌ی خود شما است آگاه کردم که فردا جای هیچ‌گونه عذر موجهی نباشد. اگر به راستی در این فکر اشتباه می‌کنم، با اظهار تمایل شما، سید مصطفی (پسرش) و ناصرخان قشقایی را برای مذاکره خدمت می‌فرستم. خدا به همه رحم فرماید. ایام به کام باد».

سیدابوالقاسم نامه را در شهر انتشار داد[1]. در همان روز، ۲۷ مرداد، مصدق پاسخی پر معنی به او نوشت که دست ردی بر سینه‌اش بود و فرستادگانش را نپذیرفت:

«مرقومه‌ی حضرت آقا وسیله‌ی آقا حسن آقای سالمی زیارت شد. اینجانب مستظهر به پشتیبانی ملت ایران هستم. والسلام. دکتر محمد مصدق»

ناصر قشقایی در یک پیام تلگرافی، بدون اشاره به پیشنهاد سیدابوالقاسم کاشانی، به دکتر مصدق نوشت:

«در استماع خبر صبح بیست و پنج مرداد که ریشه‌ی ملیت و استقلال مملکت کهن‌سال ایران را مرتعش می‌سازد، یک

---

۱ - این نامه، در اغلب کتب و رسالات مربوط به آن روزها نقل شده، از جمله نگاه کنید به دکتر عزت‌الله همایونفر، از سپاهیگری تا ... صفحات ۲۵۰ و ۲۵۱ دکتر جلال متینی، نگاهی به ... صفحه‌ی ٣٦٤.

شور و هیجان زایدالوصفی در افراد ایل قشقایی به وجود آمـــده. اکنون عده‌ی زیادی تجمع کـــرده. این عده که برق وطن‌پرستی و حریت از پیشانی‌شان می‌درخشد مایلند با کسب اجازه از پیشوای خود، برای حفظ مقدسات ملی و آن یگانـــه رهبر بزرگ به ســـوی تهران حرکت و جانبازی کنند»[۱].

پس از ۲۸ مرداد، ناصر قشقایی به میان ایل خود رفت و مشکلاتی برای دولت ایجاد کرد که به سرانگشت تدبیر سپهبد زاهدی موقتا حل شد.

در میان نزدیکان و مشـــاوران اصلی دکتر مصدق، پیرامون نظام سیاســـی آینده‌ی کشـــور، اتفاق نظر وجود نداشت. گروهی چون حســـین فاطمی، مهندس احمد زیرک‌زاده، مهندس احمد رضوی و دکتر علی شـــایگان در اعلام جمهوریت پافشـــاری می‌کردند و هوادار تشکیل جبهه‌ی مشترکی با عناصر چپ و حزب توده ایران بودند[۲]. گروهی دیگر از تسلط کمونیست‌ها بر کشور، که ظواهر آن در همه جا پدیدار بود، بیم داشـــتند و انحراف از قانون اساسی را جایز نمی‌دانستند. مصدق مردد بود، اما سرانجام تصمیم به تشکیل شورای سلطنت گرفت و چون تنفیذ آن مستلزم حضور شاه و توشیح او بود، بر آن شـــد که در روز سی‌ام مرداد «رفراندمی» در این مورد برگزار شـــود. دکتر غلامحسین صدیقی وزیر کشور دستور تدارک مقدمات آن را نیز داد. هدف آن بود که تشـــکیل شـــورای سلطنت، بدون توشیح شاه، جنبه‌ی غیرقانونی نداشته باشد.

دکتر مصدق در جســـتجوی شـــخصیتی برای ریاســـت شورای سلطنت برآمد که در آن شرایط عملاً مقام نایب‌السلطنه می‌یافت.

---

۱ - دکتر عزت‌الله همایونفر، از سپاهیگری تا ... صفحه ۲۷۹.

۲ - در صفحات آخر کتاب دکتر انور خامه‌ای، از انشـــعاب تا کودتا، تجزیه و تحلیل جالب و مســـتند (اما از دیدگاه یک مارکسیست مخالف سلطنت) از این گفتگوها به عمل آمده، سازمان انتشارات هفته، تهران ۱۳۶۳.

ابتدا به فکر شاهدخت شمس خواهر ارشد محمدرضا شاه افتاد که همواره مورد احترام و حتی ستایش او بود:

«والاحضرت شمس پهلوی یکی از این دودمان است که به هیچ‌وجه در سیاست این مملکت دخالت نمی‌کند. این والاحضرت می‌خواهد در راس شیر و خورشید سرخ واقع شود و مثل تمام بانوان خیرخواه دنیا برای مردمان بدبخت و بیچاره تحمل زحمت بکند»[۱].

او در پاسخ به تقاضای شاهدخت برای تأمین بودجه‌ی شیر و خورشید سرخ، به وزیر بهداری وقت دکتر محمدعلی ملکی گفته بود:

«با همه‌ی تنگدستی که داریم اشکالی نمی‌بینم. مخارج شیر و خورشید را بپردازید. این شاهزاده خانم به حقیقت یک خانم است»[۲].

در نهایت، برای اجتناب از عکس‌العمل مخالف جامعه‌ی روحانیت، یا به هر علت دیگر، از این انتخاب صرفنظر شد. صحبت از شاهپور غلامرضا برادر محمدرضا شاه پیش آمد که مادرش شاهزاده قاجار و به همین سبب شاید تا حدی مورد توجه مصدق بود. او هم کنار گذاشته شد، چرا که مصدق می‌دانست که شاه، همواره او را به طرفداری از بازگشت دودمان قاجار به سلطنت، متهم کرده و نمی‌خواست از این طرف مشکلی داشته باشد و یا متهم به عدم رعایت قانون اساسی شود.

سرانجام قرعه‌ی فال به نام علامه علی‌اکبر دهخدا زده شد. شخصیتی که مورد احترام همه و بالاتر از اختلاف نظرهای سیاسی بود. با شتاب فراوان ترتیب ملاقاتی میان آن دو داده شد.

۱- از سخنان دکتر مصدق در مجلس شورای ملی، پنجشنبه ٤ خردادماه ۱۳۲۹، ۲۵ مه ۱۹۵۰، مشروح مذاکرات مجلس شورای ملی.

۲ - به نقل از دکتر محمد سنجر، شاهزاده محبوب من، لس‌آنجلس ۲۰۰۲، صفحه‌ی ۱۹۱، مرحوم دکتر محمدعلی ملکی دایی دکتر محمد سنجر بود و این جریان را برایش روایت کرده.

دهخدا پیشنهاد مصدق را پذیرفت. این ملاقات در آخرین ساعات روز ۲۷ مرداد صورت گرفت. چند ساعتی بعد، تاریخ کشور به مسیری دیگر رفت و دیگر فرصتی برای این قبیل راه حل‌ها باقی نماند.

*****

محمدرضا شاه در باره‌ی جریان‌های این سه روز چنین نوشته:

«مصدق برخلاف نص صریح قانون اساسی ایران، به فرمان برکناری خود اعتنا نکرد و به این هم اکتفا ننموده به یک کودتای نظامی دست زد. مأمور اجرای این توطئه کسی جز رییس ستاد نبود. کودتای نظامی مصدق با شکست مواجه شد...

پس از ابلاغ فرمان برکناری مصدق، من که از طرح‌های سیاسی و جاه‌طلبی‌های او کاملاً باخبر بودم، تصمیم گرفتم که برای جلوگیری از هر گونه خون‌ریزی کشور را ترک کنم و ایرانیان را در انتخاب راه آینده کشور آزاد بگذارم. این تصمیم بی‌مخاطره نبود. ولی با تعمق و تامل و سنجش نتایج آن را اختیار کردم...

پس از آن که من ایران را ترک کردم، کشور سه روز دچار فتنه و آشوب بود. به خصوص در دو روز اول در تهران، هواداران مصدق و توده‌ای‌ها تظاهرات وسیع و خشونت‌آمیزی ترتیب دادند... ناگفته نماند که به دستور مصدق ۲۷ چوبه دار در میدان سپه تهران برپا کرده بودند که در ملاء عام تعدادی از مخالفین وی را که تنی چند از آنان یاران سابق خود وی بودند، اعدام کنند»[۱].

بدین ترتیب شاه، در برابر ادعا یا اتهام کودتای نظامی گارد شاهنشاهی که در اعلامیه‌ی دولت مصدق عنوان شده بود.

---

۱ - پاسخ به تاریخ، صفحات ۷۴ و ۷۵.

نظریه‌ی متقابـــل کودتای نظامی رییس (معـــزول) دولت و رییس ستاد ارتش را مطرح کرد. در حقیقت نوشته‌ی او پاسخ مستقیمی است به اعلامیه‌ی بامداد ۲۶ مرداد دولت مصدق.
به هنگام ترک ایران شـــاه قطعاً می‌دانست که طرح برکناری دکتر مصدق، به صورتی که واشـــنگتن و لندن اندیشیده بودند، دچار شکست شده. شاید اگر او می‌ماند، تحول اوضاع به صورتی دیگر انجـــام می‌گرفت. برای او که عرصـــه را خالی کرده بود دیگر یک امکان بیش‌تر وجود نداشت و آن پیروزی زاهدی بود و امید به این که اگر زاهدی پیروز شود، او را به تخت سلطنت بازگرداند.

در سال ۱۳۵۷، که شـــاه «برای اجتناب از جنگ داخلی» ایران را ترک کرد، قدرت و انسجام ارتش و وفاداری آن، به مراتب بیش از مرداد ماه ۱۳۳۲ بود. پس از کودتای نافرجام ۲۵ مرداد، چنان که خواهیم دید، واشنگتن بار دیگر به سیاست تفاهم با دکتر مصدق تمایل نشان داد. شاید هم بدبینی و نومیدی محمدرضا پهلوی که ملکه ثریا، تنها شـــاهد عینی آن روزها، به آن اشـــاره می‌کند، بر همین اساس بود.
ارتش ضعیف بود، توده‌ای‌ها در آن نفوذ بســـیار داشتند، که شاه از ایـــن نکته غافـــل نبود و جناحی از آن، هـــوادار دکتر مصدق و یارانش بودند. در سال ۱۳۵۷، واشنگتن و لندن و نیز پاریس، که نقش آتش بیار را بازی می‌کرد، علناً مخالف او بودند و امریکا که در برابر خود هیچ‌کس را نمی‌دید، ارتش را وادار به اعلام بی‌طرفی کـــرد که راه برای پیروزی انقلاب و اســـتقرار جمهوری اســـلامی گشوده شود، که بعداً بهای بسیار گران این خطای بزرگ تاریخی را پرداخت و هنوز می‌پردازد. در مرداد ماه ۱۳۳۲، در برابر امریکا از یک ســـو و هواداران افراطی مصدق (و احتمالاً شـــخص او) از ســـوی دیگر، یک نیروی سیاسی توانا و واقعی به رهبری زاهدی وجود داشت و این نیرو از پشتیبانی روحانیت، مخصوصاً آیت‌الله

عظمـــی بروجردی، برخوردار و به بخش وســیعی از ارتش متکی بود.

شـــاید محمدرضا شـــاه در ارزیابی توانایی این نیروی سیاسی، مذهبی-نظامی دچار اشتباه شـــد وگرنه ایران را ترک نمی‌کرد و سرنوشت سلطنتش را تنها در گرو یک تن نمی‌گذاشت. اما تاریخ را نمی‌توان دوباره نوشت و هیچ‌کس نمی‌داند که جز نومیدی شدید ســـاعات اول بعد از شکســـت «کودتای نیمبند» نصیری و گارد که ملکه ثریا آن را با صداقت بازگو کرده، او واقعاً به چه فکر می‌کرد. شاید دیگر به هیچ چیز جز سرنوشت خود و خانواده‌اش.

زاهدی به او خیانت نکرد؛ توانســـت اوضـــاع را با تدبیر و حداقل تلفات و خســـارات به وضـع عادی درآورد و او را به تخت سلطنت بازگرداند. پس از این ماجراها، محمدرضا شـــاه دیگر نخواســـت سلطنت خود را به هیچ کس مدیون باشد. نه به شخصیتی توانا، نه به روحانیت، نه به ارتش، نه به جناح‌های وسیعی از مردم. نظام حکومتی که برقرار شـــد نگذاشت و نمی‌گذاشت که شخصیت‌های سیاســـی بزرگ و دولتمردان واقعی، چون فروغی، قوام، مصدق و زاهدی با همه‌ی مزایا و محاســـن و نقاط ضعف‌شان، منبسط شـــوند و جلوه کنند. او خواست روحانیت واقعی را مهار کند، که نتوانســـت و دچار جناحی افراطی شد که بازیچه‌ی سیاست‌های خارجـــی بود. از قدرت ارتش و رهبری مســـتقل آن و خطر کودتا بیم داشت. ارتشی توانا و مجهز و منضبط بوجود آورد، اما چنان کرد که بـــدون حضورش این ارتش قدرت تصمیم‌گیری نداشـــته باشـــد. سرانجام، چون روز سرنوشـــت فرا رسید، ارتش بود اما رهبر و تصمیم گیرنده نداشت. مردم پریشان و بی‌تکلیف بودند و شد آنچه نمی‌بایست بشـــود و هر چه در کشور به مدت نیم قرن ساخته شده بود در معرض نابودی قرار گرفت و ایران دچار یکی

از سهمناک‌ترین بلاهای تاریخ خود شد، که قطعاً از آن رهایی خواهد یافت. اما چگونه، به چه قیمت و چه وقت؟

*****

در تاریخ ۱۸ اوت ۱۹۵۳ (۲۷ مرداد ۱۳۳۲) ژنرال بیدل اسمیت قائم مقام وزیر امور خارجه ایالات متحده امریکا در یک گزارش سری به ریاست جمهوری آن کشور نوشت: «عملیات با شکست روبرو شد» و در نتیجه‌گیری خود افزود: «اگر می‌خواهیم چیزی از مواضع خود را در ایران حفظ کنیم احتمالاً مجبور خواهیم شد با هر تدبیری شده خودمان را به مصدق نزدیک نماییم»[۱].

*****

در تاریخ ۲۳ اوت ۱۹۵۳، اول شهریور ۱۳۳۲، کم‌تر از چهل و هشت ساعت پس از بازگشتش به ایران، شاه در ملاقاتی با لوی هندرسن سفیر کبیر امریکا در اشاره به جریان ۲۵ مرداد به او گفت:

«حتماً یک نفر در این میان به افراد ما خیانت کرده است. آیا امکان دارد عوامل انگلیسی این کار را کرده باشند؟ ... برای من باور نکردنی است که چگونه نقشه با شکست

---

۱ - وزارت امور خارجه‌ی ایالات متحده اسناد محرمانه‌ی مربوط به روابط خارجی آن کشور را پس از گذشت مدت زمانی که قانون معین کرده است، منتشر می‌نماید که هم در کتابخانه کنگره و هم در خود وزارت امور خارجه در دسترس می‌باشند. برای این دوره نگاه کنید به:
Foreign Relations of the United States 19521954- volume X, IRAN, 1951-1954, Editor in Chief P. Glemmon, Department of State, Washington 1989.
از آن پس در غالب کتب و مقالات فارسی که نویسندگان آنها به اتفاقات این چند سال پرداخته‌اند، کم و بیش به این اسناد اشاره و ترجمه‌هایی از آنها انتشار یافته است. از جمله نوشته‌های دکتر همایون کاتوزیان، دکتر پرویز عدل، نورمحمد عسکری، دکتر عزت‌الله همایونفر، دکتر جلال متینی ...، بسیاری از این گزارش‌ها و اسناد عیناً در جلد اول خاطرات اردشیر زاهدی نقل و ترجمه شده است. گزارش ژنرال بیدل اسمیت شماره ۳۴۶، ۱۸ اوت ۱۹۵۳.

مواجه گردید»[۱].

از مجموع گزارش‌های مقامات امریکایی، می‌توان به سه نتیجه رسید:

- نخست آن‌که، شاه با یک «کودتای نظامی» به معنای اخص کلمه که ارتش مصدق را سرنگون کند، موافق نبود. شاید هم چون با وضع آن روز ارتش آشنا بود، خوب می‌دانست که چنین اقدامی مشکل و حتی غیرممکن است. او طرفدار راه حلی در چهارچوب قانون اساسی بود.

در تاریخ ۲۲ فوریه ۱۹۵۳، سوم اسفند ۱۳۳۱ که دیگر اندک‌اندک فکر تعویض حکومت دکتر مصدق مورد قبول لندن و واشنگتن قرار گرفته بود، وی صراحتاً مخالفت خود را با سرلشکر زاهدی به سفیر امریکا اظهار داشت[۲]. او مایل بود که اللهیار صالح را به نخست‌وزیری برگزیند، ولی دو روز بعد دکتر مصدق را برای آخرین بار به حضور پذیرفت و مراتب اعتماد خود را به وی اعلام داشت[۳].

شاه در تاریخ ۱۵ اوریل ۱۹۵۳، ۲۶ فروردین ۱۳۳۲، بار دیگر تاکید کرده بود که «هیچ‌گونه اقدامی به منظور تعویض مصدق به عمل نمی‌آورد. مگر این‌که مجلس به وی رأی عدم اعتماد بدهد و اظهار تمایل نسبت به جانشینی برای وی کند»[۴].

هنگامی که به تصمیم دکتر مصدق، مجلس شورای ملی به حال تعطیل درآمد، در حقیقت چنان‌که بعضی از نزدیکانش چون دکتر غلامحسین صدیقی و دکتر کریم سنجابی پیش‌بینی می‌کردند. راه برای عزل نخست‌وزیر در چهارچوب قانون اساسی گشوده شد.

در این هنگام است که واشنگتن و لندن برای تشویق شاه به

---

۱ - گزارش شماره ۳۵۳، به کلی سری، مورخ ۲۳ اوت ۱۹۵۳.

۲ - ۲۳/۳۰۲ فوریه ۱۹۵۳.

۳-گاهنامه پنجاه سال شاهنشاهی ایران، جلد دوم صفحه‌ی ۶۰۹.

۴ - ۳۲۴، ۱۵ آوریل ۱۹۵۳..

برکناری نخست‌وزیر به مداخله‌ی مستقیم پرداختند، طرحی که نام «آژاکس» به آن داده شد. سرانجام محمدرضا پهلوی نیز، علیرغم عدم تمایل شخصی خود، به انتصاب سرلشکر زاهدی که تنها رهبر بلامنازع مخالفان رییس دولت بود، تن در داد.

- دیگر آن‌که در پایان روز ۲۶ مرداد، ۱۷ اوت ۱۹۵۳، و ناکامی علنی طرح برکناری مصدق از طریق اقدامی که مبنای آن مخالف قانون اساسی نبود (چون مجلس در حال تعطیل بود) ولی شکل و ظاهر آن جنبه‌ی کودتا داشت، (یا بر اثر «بی‌کفایتی»[1] مسئول ابلاغ فرمان عزل نخست‌وزیر چنین صورتی پیدا کرد). امریکایی‌ها عملیات خود را مواجه با «شکست»[2] تلقی کردند و در مقام مذاکره‌ی مجدد با دکتر مصدق و برقراری نوعی تفاهم با او برآمدند. و بالاخره ماجرای ۲۸ مرداد، آنان را غافلگیر کرد. سپس کوشیدند بر موجی که پدیدار شده بود سوار شوند و از آن بهره گیرند. برای توجیه این، برداشت‌ها باید اندکی به عقب برگشت.

*****

پس از پایان دوران ریاست جمهوری هاری ترومن در امریکا و روی کار آمدن ژنرال آیزنهاور که از حزب جمهوری‌خواه بود و با وزیر خارجه‌اش جان فوستر دالس معتقد به اعمال قدرت بیشتر در برابر توسعه‌طلبی جهانی اتحاد جماهیر شوروی بودند (۱۹۵۳) جوّ سیاسی واشنگتن در باره‌ی نهضت ملی ایران و حکومت دکتر مصدق تغییر یافت. پیش از آن در سال ۱۹۵۱، وینستون چرچیل بار دیگر در انگلستان به قدرت رسیده بود. او نیز از یک طرف هوادار سیاست خشن‌تری در برابر مسکو بود و از طرف دیگر هنوز سوداهای استعماری امپراتوری بریتانیا را در سر داشت و

---

۱ - داوری سرلشکر زاهدی در باره‌ی طرز عمل سرهنگ نعمت‌الله نصیری.
۲ - گزارش فوق‌الذکر ژنرال بیدل اسمیت.

قیام مردم ایران را در دفاع از حقوق میهن خود در برابر لندن، به سختی تحمل می‌کرد.
نتیجه آن‌که چه در واشنگتن و چه در لندن، رویه و لحن دو دولت ایالات متحده و بریتانیا نسبت به ایران تغییر یافت. چه برای لندن و چه برای واشنگتن، البته به ملاحظات و علل مختلف، تثبیت اوضاع ایران و پایان بحران نفت به صورت یکی از مهم‌ترین اولویت‌های سیاست جهانی درآمد. امریکایی‌ها به خصوص از گسترش نفوذ کمونیسم یعنی اتحاد جماهیر شوروی در ایران و قدرت روزافزون حزب توده سخت نگران بودند.
با وجود تبلیغاتی که مخصوصاً به اغوای لندن در مطبوعات خارجی به عمل می‌آمد و دکتر مصدق را هم‌پیمان و حتی آلت دست کمونیست‌ها عنوان و معرفی می‌کردند، لااقل در محافل رسمی واشنگتن کسی او را کمونیست و عامل مسکو نمی‌پنداشت. اما از مدارای وی با حزب توده نگران بودند.

مصدق شخصاً با کمونیسم شدیداً مخالف بود و در جریان واقعه‌ی آذربایجان و در برابر توقعات شوروی‌ها برای دست‌اندازی بر منابع نفت شمال کشور، رویه و مقاومتی انعطاف‌ناپذیر از خود نشان داده بود. اما چون به حکومت رسید، همواره از «خطر کمونیسم» برای هراساندن دولت‌های غربی و وادار ساختن آنان به قبول خواست‌های ملی ایرانیان استفاده می‌کرد. برای این‌که این خطر را مهم و جدی نشان دهد، در بسیاری از موارد دست توده‌ای‌ها را باز می‌گذاشت و همین رویه که از بسیاری جهات خطرناک بود، بهانه به دست مخالفانش در ایران و مخصوصاً در خارج می‌داد.
اکثر همکاران، مشاوران و نزدیکان مصدق، بدون تردید و علناً مخالف کمونیسم و هوادار ایستادگی در مقابل گسترش نفوذ شوروی‌ها در ایران بودند و همکاری با حزب توده را جایز

نمی‌دانستند. در مقابل چند تنی چون دکتر علی شایگان یا حسین فاطمی بر این گمان نبودند. شاید آنها نیز مانند بسیاری از روشنفکران آن زمان، هنوز به ماهیت واقعی امپریالیسم سرخ و سیاست جهانخواری اتحاد جماهیر شوروی پی نبرده بودند. قدر مسلم این است که در هفته‌های آخر حکومت دکتر مصدق، میان این دو گروه، اختلاف نظر و رویه وجود داشت و این خود به تضعیف دولت او کمک کرد و راه را بر مخالفانش گشود. چرا که او هرگز موفق نشد بر «تناقضات» و «ماهیت ناپایدار و متزلزل دوستان مختلف‌العقیده»ی[1] خود چیره شود و رویه‌ی روشنی اتخاذ کند.

در میان روحانیون که نفوذ آنان را بر جامعه‌ی آن روز ایران نباید نادیده گرفت، هراس از تسلط کمونیسم بر ایران بسیار بود. مخصوصاً آیت‌الله عظمی بروجردی، که گذشته از مرجعیت مذهبی یک ایرانی وطن‌پرست بود، از این جهت سخت نگران به نظر می‌رسید.

به همین جهات بود که پس از رد آخرین پیشنهاد امریکا و انگلیس و توصیه‌های بانک بین‌الملل در حل مساله‌ی نفت ایران، هر دو کشور به فکر جایگزینی مصدق افتادند.

اللهیار صالح سفیرکبیر ایران در واشنگتن، در گزارشی به تاریخ ۲۱ مرداد ماه ۱۳۳۲، چهار روز پیش از کودتای نافرجام ۲۵ مرداد[2] نگرانی خود را از این بابت اظهار می‌دارد:

«از تاریخ آخرین مسافرت رسمی ایدن وزیر امور خارجه انگلستان به واشنگتن، من احساس می‌کنم که به تدریج یک نوع برودت در مناسبات بین ما و امریکا حاصل

---

۱ - علی میرفطروس، برخی منظره‌ها و مناظره‌ها... منبع ذکر شده، صفحه‌ی ۱۴۳.

۲ - اللهیار صالح هفت روز پیش از کودتای ۲۸ مرداد، گزارش سیاسی اللهیار صالح به دکتر مصدق، ایران‌شناسی، سال نوزدهم، شماره‌ی۳، پاییز ۱۳۸۶، Autommn ۲۰۰۷، صفحات ۵۳۷ به بعد.

می‌شـود و به جای این که بیش از پیش با یکدیگر نزدیک شـویم و در تشدید مناسـبات دو کشور کوشش نماییم، متدرجاً شـکافی بیـن ما ایجاد می‌گـردد... پس از عدم موافقت ایران با آخرین پیشنهاد انگلستان، اولیای درجه اول امریکا ظاهراً از خود یک نوع حالت خشم و عصبانیت نسبت به ایران ابراز می‌دارند...».

اللهیار صالح در این گـزارش، که بازگو کننده‌ی مذاکرات وی در همان روز با نفر سـوم سلسله مراتب وزارت امور خارجه ایالات متحـده بود، به دکتر مصدق نوشـته «در صورتی که آقای وزیر خارجه (امریکا) از فعالیت کمونیست‌ها در ایران نگران می‌باشند، منطق ایشان برای عدم کمک به ایرانیان چیست؟... چه می‌شود که به جای کمک به چنیـن دولتـی (دولت مصدق) و تقویت بنیه‌ی اقتصادی ملت ایران برای مقاومت در مقابل کمونیزم، دولت آمریکا به عنوان وجود فعالیت‌های کمونیستی، ایران را از مساعدتی که اکنون برای نجات خود محتاج به آن می‌باشد محروم می‌کند؟»

پـس از توضیحـات مفصلی در توجیه سیاسـت امریکا و اظهار تأسـف عمیق از رد پیشـنهادهای اخیر دو دولـت در مورد حل مسـاله‌ی نفت، مقام وزارت امور خارجه‌ی آن کشـور به اللهیار صالح اظهار داشت:

«حزب کمونیسـت تـوده، هر چند کـه غیرقانونی اعلام شـده ولی همچنان تحت عناوین مختلف به فعالیت خود ادامه می‌دهد و روز به روز بر قوت آن افزوده می‌شـود و متأسـفانه دولت ایران نه تنها در مقابل آن عکس‌العملی نشان نمی‌دهد. بلکه ادارات انتظامی ایران اجازه می‌دهند که دسته‌های توده رسماً در خیابان‌ها تظاهر بنمایند... برای ما تردیدی نیست که دکتر مصدق میلی به کمونیزم ندارد و شـخص من از جمله کسـانی هستم که به قدرت

رهبری ایشان معتقد می‌باشم و ایمان دارم که در میان رهبران خارجی که با فعالیت کمونیست‌ها در ممالک خود مواجه هستند، هیچ کس بهتر از آقای مصدق از عهده‌ی کمونیست‌ها برنمی‌آید. ولی این نکته هم برای ما امریکاییان، به خصوص کارشناسانی که مربوط به تاریخ توسعه‌ی کمونیزم در دنیا هستند، مسلم می‌باشد که تا به‌حال هیچ دسته یا حزبی که با کمونیست‌ها همکاری نموده، جان به سلامت در نبرده و به علت تشکیلات منظم و تعلیمات مؤثری که به کمونیست‌ها داده می‌شود، همیشه موفق می‌شوند کسانی را که قصد همکاری و مماشات با آنها را دارند، مضمحل و خود را بر آنها مسلط می‌سازند. لذا نگرانی ما از این است که آقای مصدق به این امر پی نبرده و با کمال علاقه‌مندی که به حفظ استقلال کشور خود دارند، ممکن است تدریجاً زمام اختیار را از دست بدهند و کمونیست‌ها بر ایران مسلط گردند و البته شما می‌دانید مهم‌ترین مشکل امریکا در دنیای امروز مساله‌ی کمونیزم است و مردم و دولت امریکا از هیچ امری بیش از کمونیزم وحشت ندارند».

این گزارش، صورت مساله‌ی بحران آن روزها را به خوبی بیان می‌کند و گویای این نکته است که تصمیم دایر به فراهم آوردن موجبات برکناری مصدق، نه الزاماً از طریق یک کودتای نظامی، به مرحله‌ی قطعی رسیده بود. طرحی که اندکی بعد در اجرای آن کوشش شد و نافرجام گردید.

*****

طرح موسوم به آژاکس در اوایل مرداد ماه ۱۳۳۲ (اوت ۱۹۵۳) شکل گرفت[۱]: وینستون چرچیل، نخست‌وزیر وقت بریتانیا، در آن

۱ - نگاه کنید به

زمان به مناسبت بیماری آنتونی ایدن وزیر امور خارجه، شخصاً کفالت آن وزارت را به عهده داشت. مخالفت شخصی او با دکتر مصدق و عنادش با نهضت ملی شدن نفت بر کسی پوشیده نبود و ظاهراً در اتخاذ تصمیم نهایی پیرامون طرح برکناری نخست‌وزیر ایران نقشی عمده بازی کرد[1].

در نهایت امر طی این روزها، آلن دالس رییس سازمان مرکزی اطلاعات امریکا C.I.A و همسرش به بهانه‌ی استفاده از تعطیلات تابستانی عازم کوه‌های آلپ در سوییس شدند. ژنرال نرمان شوارتزکف امریکایی که در زمان جنگ رییس هیات مستشاری امریکا در ژاندارمری ایران بود، از همان‌جا سر درآورد و سپس

Pierre F. de Villemarest, Exploits et bavures de l' espionnage americain, Tome 3, Editions Famot, Genev, 1978, P. 187et s.

در اوایل سال ۲۰۰۷، هنگامی که نوشتن این کتاب را آغاز کردم یکی از موسسات بزرگ نشر کتاب آنگلوساکسن، متنی از آقای داریوش بایندر، دیپلمات ایرانی و کارمند عالیرتبه‌ی پیشین سازمان ملل را تحت عنوان (موقت)
The CIA.Myth in IRAN, A NEW LOOK OF Events of August 1953 in Iran.
به منظور مطالعه و اظهار نظر (چنان‌که تقریباً در همه‌ی موسسات مشابه مرسوم است) برای من فرستاد. این کتاب که انحصاراً به مدارک و اسناد رسمی امریکایی و انگلیسی و چند بررسی کاملاً موجه مستند است، به نظر من کامل‌ترین و بی‌طرفانه‌ترین تحقیقی است که تا امروز در این زمینه انجام گرفته و در بسیاری از نکاتی که هنوز مورد بحث و گفتگو است، شاید «کلام آخر» به شمار آید. تصاویری هم که ضمیمه‌ی کتاب بود، غالباً برای نخستین بار انتشار می‌یابد و بعضاً می‌توان آنها را به عنوان اسناد قابل وثوق تلقی کرد.

طبیعتاً به رعایت اصول معمول، در این کتاب استنادی به تحقیق بسیار مهم آقای داریوش بایندر و اسناد و مدارکی که فقط در آنجا درج شده، نکرده‌ام. ظاهراً این کتاب در اواخر سال ۲۰۰۸ یا در جریان سال ۲۰۰۹ انتشار خواهد یافت.

در همین زمینه نگاه کنید به:
Sir Eldon Griffiths, Turbulent IRAN, Recollections, Revelations and Plan for peace, SLP, Santa Ana, Ca 2006

نویسنده که نماینده‌ی پارلمان و چند بار وزیر کابینه‌های محافظه کار در انگلستان و از دست اندرکاران سیاست آن کشور در مورد ایران بوده و هست، نقطه نظرهای جالبی در مورد جریان‌های ۲۵ تا ۲۸ مرداد و برکناری دکتر مصدق ابراز داشته (صفحات ۱۳ تا ۲۷).

1- Piere F. de Villemarest. P. 190 Sir Eldon Griffiths, P. 19

عازم کراچی - دمشق و بیروت و سرانجام تهران شد. او ماموریت داشت با سرلشکر زاهدی تماس بگیرد و از نظریاتش آگاه شود. امریکایی‌ها می‌دانستند که جز زاهدی (که مورد تأیید لندن نبود)، شخصیت دیگری در ایران نیست که با اتکای کافی به جناح‌های وسیعی از مردم، از جمله طرفداران مصدق، جامعه‌ی روحانیت و ارتش جانشین دکتر مصدق شود.

شاهدخت اشرف نیز که در فرانسه بود، از آنجا به سوییس رفت[۱]. همچنین لوی هندرسن، پس از گذراندن دو ماه مرخصی، در راه مراجعت به تهران، سری به سوییس زد! این چهار تن و شاید کسان دیگری که نامی از آنها نیست، محرمانه با یکدیگر ملاقات کردند. به کرمیت روزولت رییس عملیات C.I.A در خاورمیانه که مقیم قاهره بود. مأموریت داده شد که برای «مراقبت در اجرای طرح» به تهران برود. ژنرال شوارتزکف نیز راهی تهران شد.
«مأموریت» شاهدخت اشرف آن بود که محمدرضا شاه را به توشیح فرمان برکناری مصدق وادارد، خاصه آن‌که تعطیل مجلس شورای ملی، محظور قانونی شاه را در این زمینه از میان برداشته بود. هم‌چنین او می‌بایست موافقت برادرش را در مورد تفویض قدرت به سرلشکر زاهدی و انتصاب او به ریاست دولت جلب کند.

شاهدخت اشرف، روز ششم مردادماه، ۲۸ ژوئیه، با هواپیمای ارفرانس وارد تهران شد. گفته شد که گذرنامه‌ی او به نام «بانو شفیق» بود. این نکته بعید نیست، چرا که به دستور مصدق از ایران اخراج شده و گذرنامه‌ی سیاسی به او داده نشده بود و طبعاً در گذرنامه‌ی عادی، ذکر نام پهلوی و عناوین وی معقول نبود،

---

۱ - به نوشته‌ی ملکه ثریا، مسافرت شاهدخت اشرف به سوییس و مذاکراتش با مقامات امریکایی به ابتکار خود او و بدون اطلاع محمدرضا شاه بوده.
Le Palais des solitudes, P. 147

ناچار با نام شوهرش احمد شفیق مسافرت می‌کرد. در فرودگاه مهرآباد، مأمورین حفاظتی او را شناختند و ورودش را به دفتر نخست‌وزیر اطلاع دادند. دکتر مصدق بلافاصله وی را احضار و گویا با تندی مورد بازخواست و نکوهش قرار داد و از وی تعهد گرفت که به فاصله‌ی چهل و هشت ساعت ایران را ترک کند.

وزارت دربار هم در اعلامیه‌ای ورود شاهدخت اشرف را بدون کسب اجازه‌ی شاه وانمود کرد و یادآور شد که او در ظرف ۲۴ ساعت ایران را ترک خواهد کرد[۱].

قدر مسلم این است که دکتر مصدق می‌توانست به بهانه‌ای، یا به استناد ماده‌ی ۵ قانون حکومت نظامی که نیاز به ذکر مورد یا اتهام خاصی نداشت، دستور بازداشت شاهدخت را بدهد که به این ترتیب «گروگانی» گرفته باشد. این رویه، آن هم در مورد یک «شاهزاده خانم» دور از اندیشه‌ی سنتی و منش او بود و نیز به بروز بحرانی شدید با شاه، که هنوز در تهران حضور داشت. منتهی می‌شد. دکتر مصدق در آن موقع متمایل به جستجوی یک رودر رویی علنی با رییس مملکت نبود.

شاهدخت اشرف رضایت برادرش را به صدور فرمان برکناری مصدق و انتصاب سرلشکر زاهدی به ریاست دولت جلب کرد. اما ملاقاتی با زاهدی نداشت و اصولاً در وضع آن روز که نخست‌وزیر آینده‌ی کشور مخفی و شاهدخت تحت مراقبت دایم مأموران امنیتی بود، چنین دیداری قابل تصور هم نمی‌توانست باشد.

کرمیت روزولت نیز به نوبه‌ی خود وارد ایران شد که مدعی است «ستاد» خود را در زیرزمینی مستقر کرده و با کمک چند همکار امریکایی و دو تن ایرانی[۲] وارد «عمل» شده.

نزدیک به سی سال پس از این ماجرا که اکثر بازیگران اصلی آن

---

۱ - ابراهیم صفایی، زندگینامه ... صفحات ۱۲۴ و ۱۲۵.

۲ - این دو نفر به قول بعضی از مولفان برادران رشیدیان بودند و به گفته‌ی بعضی دیگر دو روزنامه نگار سرشناس آن زمان.

از جمله سپهبد زاهدی، در گذشته بودند و شاه نیز در بستر مرگ بود، کرمیت روزولت خاطراتی از این دوران انتشـــار داد[1] که چاپ اول آن به شـــکایت همکار انگلیسی‌اش وودهاوس و حکم محکمه، به عنوان نشر اکاذیب جمع‌آوری و از گردونه خارج گردید[2] و چاپ دوم در دســـترس است. حتی محقق موجهی چون دکتر محمدعلی موحد که از ســـتایندگان دکتر مصدق و طرفدار نظریه‌ی «کودتای ۲۸ مرداد» اســـت، اخیراً در ســـخنرانی جالبی[3] «لحن حماسی و رجزخوانی‌هایـــی (ر۸) که کرده اســـت» ذکر و تاکیـــد کرده که این کتاب «به لحاظ تحقیقـــی ارزش چندانی ندارد، یک تحقیق تاریخی مهم نیست ولی به لحاظ این‌که سردمدار معرکه آمده و گفته که چه کار کرده جالب توجه است»[4].

این کتاب برای بســـیاری، غالباً بدون آن‌که آن را به دقت بخوانند چنان‌که صاحب نظری دیگر نوشـــته «بـــه مانند قرآن کریم که در سوره‌ها و آیاتش تردید روا نیست» درآمده[5].

بســـیاری از نکات مندرج در کتاب از ارزش آن کاســـته و آن را به صورت متنی تحقیقاً و یا تقریباً بی‌اعتبار درآورده است[6]: در جایی

1- Kermit Roosvelt, Countrecoup, The stuurggle for the control of Iran, New Yourk, Mc Graw Hill, 1979

دقیق‌ترین خلاصه و تحلیلی که به فارســـی از این کتاب در دست داریم از نورمحمد عسکری است، شاه ...، صفحات ۳۲۲ الی ۳۳٤.

۲ – دکتر پرویز عدل، خانه‌ی ما ... ، صفحه ۵۰.

۳ – دکتـــر محمدعلی موحد ، ماجـــرای نفت، کودتای ۲۸ مـــرداد و پی‌آمدهای آن. سخنرانی ایراد شـــده در یکشـــنبه ۲۳ مرداد ۱۳۸٤، ایران شناسی، سال هیجدهم شماره‌ی ۱، بهار ۱۳۸۵، صفحات ۱۳۷ تا ۱۵۱.

٤ – همان منبع، صفحه‌ی ۱٤۲.

۵ – دکتر پرویز عدل، خانه‌ی ما ... صفحه ٤۹.

٦ – دکتر عزت‌الله همایونفر نوشته: «به علاوه‌ی او (کرمیت روزولت) که یک امریکایی بوده و ناآشنا با وضع تهران چگونه مانند مهتر نسیم عیار با جامعه‌ی ایرانی از شاه گرفته تا مردم کوچه و بازار ارتباط داشـــته. تنها شناخت خیابان‌های شهر تهران برای امثال او یکی دو سال وقت می‌خواسته تا چه برسد به این‌که بیاید و تمام کارها را روبراه کند و با اشخاص مختلف بحث کند. او می‌توانست کتابش را بلافاصله بعد از ۲۸ مرداد بنویسید... چرا گذاشت سال‌ها بعد که برنامه‌ی سقوط شاه بوسیله‌ی

از «اولین ملاقات» با شـاه در سال ۱۹۴۷ که «محمدرضا پهلوی ۲۸ سـاله و خودش ۳۱ ساله بود» یاد می‌کند. و در جای دیگر با جزییاتی که محتملاً از فیلم‌های هولیوود الهام گرفته[1] از نخسـتین دیدار خود با محمدرضا پهلوی در روزهای قبل از ۲۵ مرداد (یعنی در سال ۱۹۵۳) سـخن می‌گوید. در صفحه‌ای از کتاب نوشته که راه‌آهن سرتاسـری ایران از آبادان شروع و از کرمانشاه می‌گذرد و به دریاچه ارومیه می‌رسـد و از آنجا به مرز شوروی!. خیابان روزولت تهران را نزدیک به سفارت شوروی قرار داده و سپس به «شوخی» نوشته که این خیابان را برای بزرگداشت رییس جمهور پیشین امریکا نام‌گذاری کرده‌اند. نه به خاطر او!... و بالاخره از گفتگوی سه ساعته خود به زبان آلمانی «بدون حضور مترجم و یا شخص ثالث» با سرلشکر زاهدی نوشته. او مطلقاً مطلع نبود که زاهدی حتی یک کلمه آلمانی نمی‌دانسـت. چون شنیده یا خوانده بود که انگلیس‌هـا در زمان جنگ، زاهدی را به اتهام طرفداری از آلمان‌ها، ربوده و سپس زندانی و تبعید کرده بودند، یقین داشت که او باید آلمانی بداند و این حکایت را تماماً اختراع کرده. حال آن‌که می‌دانیم که تنها دیدارش با سپهبد زاهدی در زمان نخست‌وزیری او، آن هم در کاخ سلطنتی و به هنگام صرف چای در حضور شاه صورت گرفته.

امریکا و انگلیس تدوین شـد آن را نوشت...»»، از سپاهیگری تا ...، صفحه‌ی ۲۵۳.
مولـف در این مـورد اخیر توجه نداشـته که صاحب‌منصبان سـازمان‌های مهم اطلاعاتی مجاز نیستند، حتی پس از بازنشستگی، تا مدتی خاطرات خود را منتشر کنند و پس از آن نیز باید متن آن را به نظر دسـتگاه متبوع سـابق خود برسـانند. بنابراین می‌توان پنداشت که کتاب کرمیت روزولت در زمان انقلاب اسلامی با تأیید و یا لااقل بدون مخالفت C.I.A و به قصد اضرار به محمدرضا پهلوی نوشـته شده باشد.
دکتـر محمدعلی موحد نیز که تمـام نقاط ضعف کتاب را پذیرفتـه، برای آن‌که به نویسنده اندک اعتباری بدهد، به روابط وی با محمدرضا شاه و دربار در سال‌های بعد از ۲۸ مرداد اشاره می‌کند، متن ذکر شده، صفحات ۱۳۸، ۱۳۹ و ۱۴۰.

۱ - دکتر پرویز عدل، خانه‌ی ما... صفحات ۵۵ و ۵۶.

مثال‌های بسیار از این قبیل ذکر شده که اعتبار کتاب کرمیت روزولت، به عنوان تنها منبع شناخت و تحلیل حوادث مرداد ماه ۱۳۳۲، ناچیز است و استناد به آن از لحاظ موازین تحقیق، درست به نظر نمی‌رسد، یا لااقل مستلزم احتیاط بسیار است.

*****

در ساعت ۶ بعد از ظهر روز ۲۷ مرداد، لوی هندرسن سفیرکبیر امریکا که پس از دو ماه مرخصی با شتاب از سوییس به ایران آمده بود، به دیدار دکتر مصدق رفت.

معمولاً در همه‌ی کشورها رفت و آمد سفیران در این قبیل موارد، بدون هیچ تشریفاتی انجام می‌گیرد و تنها به اطلاع وزارت امور خارجه کشور مربوط می‌رسد. به هنگام بازگشت لوی هندرسن، برخلاف همه‌ی موازین، دکتر مصدق دستور داد که دکتر غلامحسین صدیقی نایب نخست‌وزیر و وزیر کشور، دکتر ابراهیم عالمی وزیر کار و دکتر غلامحسین مصدق به استقبالش بروند! گفتگوی مصدق و سفیرکبیر ایالات متحده یک ساعت بیش‌تر به طول نکشید، اما باز به دستور وی، پسرش دکتر غلامحسین مصدق، لوی هندرسن را برای صرف یک فنجان چای و گفتگو درباره‌ی اوضاع دعوت کرد و در همان جا نگاه داشت. نتیجه آنکه سفیرکبیر امریکا بیش از دو ساعت در اقامتگاه مصدق ماند که در اذهان عمومی بر اهمیت ملاقات افزوده شود و دلیلی بر حسن رابطه میان دو کشور تلقی گردد. خاصه آنکه در آن ساعات دیگر کسی نبود که از صدور فرمان برکناری دکتر مصدق و انتصاب سرلشکر زاهدی به جای او مطلع نباشد.

در حقیقت دکتر مصدق به شیوه‌های قدیم، می‌خواست این ملاقات را نوعی تأیید ایالات متحده امریکا از حکومت و سیاست خود جلوه دهد.

سفیر کبیر امریکا در ساعت ۲۲ همان روز گزارش خود را به

واشنگتن مخابره کرد که اکنون انتشار یافته و در دسترس است[1].

«گفتگوی من با مصدق امشب یک ساعت طول کشید. او مــرا با لباس کامل (و نه با پیژامای خانه) آن چنان که در مراسم تشریفاتی معمول است به حضور پذیرفت.».

قســمت مهمی از بحث آنها در باره‌ی کمک‌های امریکا به ایران و شــرایط کار و زندگی هیات‌های نظامی و اقتصادی امریکایی در کشــور بود. مصدق به وی گفت که «خواســتار ماندن هیات‌های کمک‌رســانی است و افزود که معتقد است که آنان خدمات ارزنده انجام میدهند و به موضوع امنیت آنان رسیدگی خواهد کرد...»

مذاکــرات طولانی دیگری در باره‌ی روابط دو کشــور و انتشــار مکاتبات میان رییس جمهوری ایالات متحده و نخســت‌وزیر ایران صــورت گرفت. «آنگاه مصــدق رئوس وقایعــی را که به انحلال مجلس انجامیده بود برشــمرد. روایت او به طور کلی با اطلاعاتی که از جانب ســفارت به وزارت خارجه داده شــده است، تطبیق می‌کرد»...

پس از گفتگوی مفصلی در این مورد، دکتر مصدق نظر ســفیر را «در باره‌ی اقدام خود در انحلال مجلس پرسید» هندرسن نوشته:

«... گفتــم تنها نظری که در این باره مایلم ابراز کنم این است که این کار برای ایران اسف‌انگیز است و برای مردم افتخاری ندارد که دولت ایران آشکارا قادر نیست متکی بر پارلمان باشد. ایران در خطرناک‌ترین موقعیت بین‌المللی قــرار گرفته اســت و فکر می‌کنم در صورتــی که کلیه‌ی

---

۱ - ...Foreign Relations of شماره ۳۸۴، ۱۸ اوت ۱۹۵۳، ساعت ۱۰ بعد از ظهر تمام یا قســمتی از این گزارش بسیار مهم در بسیاری از کتاب‌های مربوط به این دوران انتشار یافته، از جمله نگاه کنید به دکتر جلال متینی نگاهی به...، صفحات ۳۶۶- ۳۶۷ دکتر عزت‌الله همایونفر، از ســپاهیگری تا ... ۲۸۴-۲۸۶، نورمحمد عسکری، شاه ... صفحات ۱۳۹ تا ۱۴۰، اردشیر زاهدی، خاطرات ... جلد اول صفحه‌ی ۲۳۶- ۲۴۲.(متن کامل و ترجمه‌ی دقیق)...

نهادهای مندرج در قانون اساسی می‌توانستند دست‌کم با حداقل همکاری ممکن با همه کار کنند، مطمئن‌تر بود.»

سفیر کبیر در باره‌ی جریان ۲۵ مرداد سوال می‌کند «مصدق گفت در شامگاه روز ۱۵ اوت سرهنگ نصیری به خانه‌ی او آمد و ظاهراً قصد بازداشت او را داشت. اما خود سرهنگ نصیری را بازداشت کردند و عده‌ی دیگری نیز دستگیر شدند. او سوگند خورده بود. او می‌توانست همچنان به عهد خود وفادار بماند. اما روشن بود که شاه نصیری را برای بازداشت او فرستاده بود و شاه را نیز انگلیسی‌ها تحریک کرده بودند».

از مصدق پرسیدم آیا او دلیلی دارد که بپندارد شاه فرمان عزل او را از مقام نخست‌وزیری و نشاندن زاهدی به جای او را صادر کرده است؟ مصدق گفت: که خودش هیچ‌گاه چنین فرمانی را ندیده است و فرقی نمی‌کند اگر می‌دید. موضع او از مدت‌ها پیش این بوده که شاه فقط یک مقام تشریفاتی است و حق ندارد به مسئولیت خود فرمان تغییر دولت را صادر کند. گفتم به ویژه به این نکته علاقه‌مندم و می‌خواهم گزارش دقیقی برای دولت ایالات متحده ارسال کنم. پرسیدم آیا درست فهمیده‌ام که: (الف) او اطلاع رسمی ندارد که شاه فرمانی صادر کرده و او را از نخست‌وزیری معزول کرده است (ب) ولو اینکه اطلاع می‌یافت که شاه چنین فرمانی را صادر کرده است. در اوضاع و احوال فعلی این فرمان را بی‌اعتبار اعلام می‌کرد؟ پاسخ داد: «دقیقاً همین طور است». پس از مذاکرات مفصل دیگری، مصدق به سفیر کبیر گفت: «نهضت ملی مصمم است قدرت را در ایران حفظ کند و تا آخرین نفس به تلاش در این راه ادامه خواهد داد ولو اینکه همه‌ی اعضای آن زیر تانک‌های انگلیسی و امریکایی له شوند. (و هنگامی که سفیر ابروهای خود را

علامت تعجب بالا برد) او از ته دل خندید».

در ساعت ۴ و ۴۵ دقیقه سفارت دستورالعملی از واشنگتن دریافت کرده بود:

«... وزارت امور خارجــه تأیید می‌کند که گرایش بر این دارد که بکوشد با دادن امتیازات جزیی مناسبات خود را با مصدق بهبود بخشد...»[۱].

مطالعه‌ی دقیق گزارش لوی هندرســن و تلگرام اخیرالذکر وزارت امور خارجه امریکا و اسناد و مدارک دیگری که در دسترس هستند، بخوبی نشــان می‌دهد که پس از ماجرای ۲۵ مرداد، امریکایی‌ها مجدداً، تمایل به بهبود روابط خود با دولت دکتر مصدق داشتند و می‌خواستند دفتر طرح آژاکس را هر چه زودتر به بندند.

ماجراهایی که پس از ۲۵ مرداد در ایران روی داد و آن‌چه در حال تدارک و تکوین بود، از حیطه‌ی قدرت و مراقبت آنها بیرون بودند، ولو آن‌که در پایان کار به ملاحظه منافع خود آنها را تأیید کردند.

---

۱ - واشنگتن، ۱۷۹۰، ۱۸ اوت ۱۹۵۳.

فصل پنجم

۲۸ مرداد

«بامداد نوزدهم اوت، دکتر مصدق کاملاً بر اوضاع مسلط بود و کودتای نظامی سه روز قبل از آن، شکست خورده محسوب می‌شد. همان روز به هنگام ظهر رژیم او سقوط کرد.
تظاهرات جانب‌داری از شاه که گروهی از جوانان آن را آغاز کرده بودند، اندک‌اندک اوج گرفت تا این که چند واحد نظامی که با شتاب از سوی ژنرال زاهدی جمع شده بود، به کمک آنان برسد. به این ترتیب زد و خوردهای خیابانی تبدیل به یک انقلاب شد.
با تحیر عمومی، نه ارتش به حمایت از مصدق برخاست و نه پلیس. انبوه مردم بعد از لحظه‌ای تردید، جانب اقویا را گرفتند یعنی طرفداران شاه را. این تغییر حیرت‌آور ناشی

از آن بود که توده‌ای‌ها خود را از بازی بیرون کشیدند. حتی یک تن چپ افراطی برای دفاع از مصدق به خیابان‌ها نیامد.
سقوط مصدق و دو سال حکومتش، قدرت طرفداران توده را نشان داد. حزب توده از مصدق حمایت می‌کرد و او توفیق می‌یافت. توده حمایت خود را قطع کرد و مصدق سقوط کرد. در حقیقت، از مدتی پیش اندیشه‌ی ناسیونالیسم که مصدق مدافع آن بود، دیگر محتوایی نداشت. تنها سخنان او بر ضد امپریالیسم باقی مانده بود. یعنی همان چیزی که توده‌ای‌ها می‌خواستند.
رهبران تازه‌ی ایران چگونه به حل مشکلات توفیق خواهند یافت...»[1].

این برداشتی است که ساعاتی پس از وقایع ۲۸ مرداد، روزنامه‌ی لوموند پاریس از ماجرای آن روز کرده. نویسنده‌ی مقاله قطعاً در مورد حمایت مداوم حزب توده از مصدق و نهضت او مرتکب اشتباه شده. گذشته از این نکته، باید گفت که لوموند، که در بین روشنفکران آن زمان اروپا و ایران نفوذ فکری قابل ملاحظه‌ای داشت و از آن پس همواره و با تاکید از «کودتای امریکایی» ۲۸ مرداد سخن گفته و هنوز به این رویه ادامه می‌دهد، در گزارش خود از جریان حوادث آن‌روز، نه به کودتا اشاره‌ای دارد و نه به نقش آمریکایی‌ها در آن.
در ساعت ۱۲ (ظهر) روز ۲۸ مرداد، هندرسن سفیرکبیر امریکا در تهران نخستین گزارش خود را از اوضاع پایتخت به واشنگتن مخابره کرد[2].
«اندکی پس از ساعت یازده سفارت اطلاع یافت که مقر

1-Le Monde, 21 aout 1953

۲ – ... Foreign Relations of شماره‌ی ۳۹۰ – ۱۹ اوت ۱۹۵۳.

روزنامه‌های باختر امروز و شورش و حزب ایران به آتش کشیده شده‌اند... دانشجویان دانشکده افسری دست به اعتصاب غذا زده‌اند... جمعیت قابل ملاحظه‌ای از طرفداران شاه هم اکنون به سوی بازار در حرکت‌اند».

گزارش بعدی در ساعت ۲ بعد از ظهر مخابره شده:[1]

«جمعیتی حدود ۳۰۰۰ نفر خواستار بازگشت شاه هستند... تعداد نظامیان و افسرانی که منفرداً به هواداران شاه می‌پیوندند در حال افزایش است... جمعیت زیادی در حوالی اداره‌ی رادیو دیده می‌شود... سفارت هنوز نتوانسته است تشکیلات و برنامه‌ی این فعالیت‌ها را کشف کند...».

دو ساعت بعد:[2]

«... وزارت پست و تلگراف و اداره‌ی رادیو اشغال شده‌اند...».

یک ساعت بعد:[3]

«به موجب گزارش‌های مختلف، از جمله اعضای سفارت و سایر مقامات رسمی امریکایی، در شهر حالت تعطیل عمومی حکمفرما است. کلیه‌ی وسایط نقلیه چراغ‌های خود را به نشانه‌ی پیروزی شاه روشن کرده‌اند... با این‌که هواداران شاه پیروزی‌هایی به دست آورده‌اند، ولی هنوز خانه‌ی مصدق و ستاد ارتش در دست هواداران مصدق است».

دو ساعت بعد، هفت بعد از ظهر:[4]

«در سراسر روز، تظاهرات به نفع شاه در سطح شهر

---

۱ - همان منبع، ۳۹۸.
۲ - همان منبع، ۴۰۰.
۳ - همان منبع، ۴۰۶.
۴ - همان منبع، ۴۰۶.

گســـترش یافت... از قـــرار معلوم اکثریـــت خرد کنندهی طرفدار شـــاه، گروههای چپگـــرا را مرعوب و مجبور به ســـکوت کرده اســـت... رادیو تهران توسط چند هزار نفر طرفداران زاهدی اشـــغال شده اســـت... مرکز شهربانی هنوز در دست مصدقیها است... هنوز هیچ لشکر یا تیپی رسماً به شـــاه نپیوسته. ولی سربازان، افسران و چندین تانک به طور انفرادی از زاهدی پشتیبانی میکنند».

یک ساعت بعد[1]:

«اطلاعـــات موثق حاکی از آن اســـت که نیروهای طرفدار زاهدی، ســـتاد ارتش و سایر ادارات انتظامی را در کنترل دارند. خانهی مصدق که در محاصره قرار داشت اشغال و توسط هواداران شاه غارت شده است...»

فـــردای آن روز، ۲۰ اوت ۱۹۵۳، ۲۹ مـــرداد، ســـفیرکبیر امریکا به تفصیل وقایع روز گذشته را خلاصه کرده، نوشت[2]:

«شبانگاه نگرانی زیادی در مورد موضعی که فرماندهان گردانهـــای ارتش در حومهی شـــهر اتخـــاذ خواهند کرد وجود داشت. بعضی میترسیدند که این یکانهای ارتش به فرمان ســـرتیپ ریاحی رییس ستاد مصدق، به سوی شهر سرازیر شوند و شهر را شبانه دوباره به نفع مصدق اشغال کنند. همچنین زمزمه میشود که وقتی طرفداران شاه از جنب و جوش افتادند، تودهایها میخواهند ضرب شست خود را نشان دهند.»

در همین گزارش ســـفیر کبیر امریکا به تجزیـــه و تحلیل دقیقی از علل این وقایع میپردازد که «نه تنها طرفداران رژیم مصدق بلکه طرفداران شاه هم از موفقیت آسان و سریع آن در شگفت هستند».

---

۱ - همان منبع، ۴۱۱.

۲ - همان منبع، ۲۰ اوت ۱۹۵۳ (ظهر) ۱۰۴۱۹-۱.

و بر جنبه‌ی «خودجوش» آن تاکید می‌کند.
گزارش‌های سفیر امریکا و اسناد رسمی دیگر وزارت امور خارجه آن کشور بهترین دلایل بطلان افسانه سرایی‌ها و خودستایی‌های کودکانه‌ی کرمیت روزولت محسوب می‌شوند که حتی خاطرات بعدی همکار وی دنالد ویلبرت[1] که تا حد زیادی جدی‌تر و «حرفه‌ای» به نظر می‌رسد، نیز اعتبار گفته‌های او را محل تردید قرار داده.

*****

سرلشکر زاهدی از ماه‌ها پیش خود را آماده‌ی ریاست دولت می‌کرد و از ابعاد بحران سیاسی و اقتصادی و نفوذ عوامل وابسته به حزب توده در دستگاه‌های اداری و حتی ارتش، برداشتی درست و واقع‌بینانه داشت. روابط دوستانه و همدلی او با بسیاری از «ملیون» و نزدیکان مصدق، ارتباطاتی که با رهبران جامعه‌ی روحانیت برقرار کرده بود و شبکه‌ای که دوستان و نزدیکانش در محافل اقتصادی (در آن موقع به خصوص بازار) و حتی روشنفکران به وجود آوردند، او را به صورت تنها شخصیت سیاسی - نظامی درآورد که هم شجاعت و هم قدرت جای‌گزینی مصدق را دارا بود.
علاوه بر همه‌ی این عوامل، سرلشکر زاهدی در ارتش از نفوذی استثنایی برخوردار بود. نه تنها گروهی از برجسته‌ترین افسران بازنشسته چون سپهبد احمدی و سپهبد شاه‌بختی در کنارش بودند و گروه دیگری چون سپهبد یزدان‌پناه و سپهبد امان‌الله میرزاجهانبانی از او حمایت می‌کردند، نه تنها وی رییس کانون

1-Donald N. Wilbert, Adventures in the Middle East, Excursions and incursions, N. J. Darwin Press, Princton, 1986.

دونالد ویلبرت لااقل فارسی می‌دانست، تاریخ ایران را مطالعه کرده و کتب و مقالاتی در این زمینه نوشته بود. حال آنکه به روایت خود کرمیت روزولت به هنگامی که مامور «طرح ایران» شد، مقام مافوقش از او پرسیده بود از ایران چه می‌دانی و او پاسخ داده «هیچ» و بلافاصله به مطالعه‌ی چند دایره‌المعارف و کتاب بنیادی در باره‌ی ایران پرداخته بود!

بانفوذ افسران و درجه‌داران بازنشسته بود که می‌توانست به سرعت افراد زیادی را تجهیز کرده به تظاهر وادارد، بلکه در میان صاحب‌منصبان شاغل و فرماندهان واحدهای ارتشی نیز یارگیری کرده بود. بسیاری از همکاران جوانش به او احترام می‌گذاشتند و اعتماد داشتند. جریان پیروزی بر خزعل و فتح خوزستان، رویارویی بدون خونریزی و مدبرانه با میرزا کوچک خان، پایان غائله‌ی سمتیقو هنوز در خاطره‌ها بود و همه به یاد داشتند که سیاست استعماری بریتانیا با وی چه رفتاری کرده، چگونه وی را ربودند، تبعید کردند و نزدیک به سه سال دور از وطن در زندان انفرادی انگلیس‌ها نگاه داشتند.

در این ماه‌های بحرانی، مخصوصا بعد از نهم اسفند که دیگر برکناری مصدق بر سر زبان‌ها و خطر سلطه‌ی امپریالیسم سرخ بر ایران هر روز بیش‌تر محسوس بود، زاهدی از مواضع مختلفی که داشت، هر روز شبکه‌ی خود را بهتر و بیش‌تر مستقر می‌ساخت. ولی در هیچ یک از گزارش‌های سری سفارت و مقامات امریکایی، کوچک‌ترین اشاره‌ای به این که با مقامات آن کشور تماس گرفته و یاری خواسته باشد. دیده نمی‌شود.

او می‌دانست که بدون حمایت جهان غرب، ایران طعمه‌ی مسکو خواهد شد، این حمایت را ضروری می‌دانست. اما به نیروی مردم و لااقل به نیروی جناح‌های وسیعی که تجهیز می کرد متکی بود. در تمام این روزها که وی هم‌آورد اصلی میدان سیاست در برابر مصدق و هدف همه‌ی حملات سیاسی بود، جز حسین فاطمی که از فرط زیاده‌روی در دشنام نمی‌توان به نوشته‌های پر از خشم و کینه‌اش اعتباری نهاد، هیچ یک از شخصیت‌های جناح «ملیون» تهمت همدستی با بیگانگان را به او وارد نیاورد.

بدین سان بعد از نافرجامی ماجرای ابلاغ فرمان عزل مصدق که دیگر یقین حاصل شد که وی کنار نخواهد رفت، سرلشکر زاهدی

که فرمان نخست وزیری را در دست داشت و خود را رییس قانونی دولت ایران می‌دانست، دست به کار شد که بدون خون‌ریزی زمام امور را به اختیار بگیرد که اگر ماجرای تاسف‌آور حمله‌ی مردم به اقامتگاه مصدق و دفاع شـــدید و حمله‌ی متقابل گارد محافظ او نبود، این تحویل و تحول با حداقل دشواری و شاید به احتمال قوی بدون خون‌ریزی انجام می‌گرفت.

از مقابله‌ی روایات دکتر غلامحسین صدیقی نایب نخست‌وزیر و وزیر کشور،[۱] اردشیر زاهدی که در این ساعات بحرانی همواره در کنار پدرش بود[۲] و نیز گزارش‌های سفیر کبیر امریکا که در مجموع دقیق و مستند هســـتند[۳] و مندرجات مطبوعات تهران در روزهای ۲۸ مرداد تا اول شهریور که در گرماگرم حوادث نوشته شده‌اند[۴]، می‌توان جریان کامل ســـاعت به ساعت و حتی دقیقه به دقیقه‌ی این روز سرنوشت‌ســـاز را دریافت. نکته‌ی قابل توجه آن است که این منابع مکمل یکدیگرند و در میان آنها تناقض اساسی به چشم نمی‌خورد.

*****

در فاصله‌ی ۲۶ تا ۲۸ مرداد، سرلشکر زاهدی گروهی از همکاران نزدیک خود را که مسئول استقرار نظم در پایتخت بودند برگزید. سرلشـــکر نادر باتمانقلیچ به ریاست ســـتاد ارتش منصوب شد، ســـرتیپ محمد دفتری (که مصدق نیز او را به این سمت برگزیده بود!) به ریاســـت شـــهربانی کل و ســـرتیپ فرهاد دادســـتان به فرمانداری نظامی تهران. سرهنگ عباس فرزانگان که متخصص مخابرات بود مأموریت یافت که سازمان پست و تلگراف و بی‌سیم پهلوی را در اختیار بگیرد. رضا کی‌نژاد که بازرگانی مورد اعتماد

---

۱ - دکتر غلامحسین صدیقی، آینده، سال چهاردهم، شماره‌های ۳-۵، ۱۳۶۷/۱۹۸۸.

۲ - اردشیر زاهدی، پنج روز بحرانی، منبع ذکر شده، و خاطرات ...، جلد اول.

۳ - در ...Foreigne Relations Of، منبع ذکر شده.

۴ - از جمله گزارش کاملاً دقیق خواندنی‌ها، ۳۱ مرداد ۱۳۳۲.

او و از نزدیکانش بود، مکلف شد با بازار و روحانیون که چشم به راه تغییر اوضاع و آماده برای حرکت در این جهت بودند تماس بگیرد و آنان را تجهیز کند. همچنین به سپهبد شاه‌بختی ابلاغ استانداری آذربایجان داده شد:
همه‌ی این افراد می‌دانستند که چه باید بکنند و وظایف خود را بدون اشکال عمده انجام دادند. با این حال سرلشکر زاهدی پیش‌بینی احتمال مقاومت مسلحانه‌ی یاران مصدق و یا عکس‌العمل شدید توده‌ای‌ها را نیز کرده بود و بر آن بود که اگر امکان در دست گرفتن زمام امور در پایتخت حاصل نشد، به یکی از شهرهای بزرگ ایران برود و از آنجا به اتکای ارتش، به تهران بیاید. حرکتی که به معنای نوعی جنگ داخلی بود و خوشبختانه تحقق نیافت[۱].

*****

از نخستین ساعات بامداد روز ۲۸ مرداد، دکتر مصدق که موافقت علی‌اکبر دهخدا را برای قبول ریاست شورای نیابت سلطنت جلب کرده بود، سرگرم تهیه‌ی مقدمات رفراندومی شد که می‌بایست از دیدگاه او جای‌گزین توشیح شاه شود.
به روایت خاطرات دکتر غلامحسین صدیقی، وی در ساعت شش و نیم صبح به خانه‌ی مصدق فراخوانده شد و در راس ساعت ۷ در آنجا بود: «گفتند (مصدق) که چون شاه از کشور تشریف

۱ - اردشیر زاهدی داوطلبانه در ظرف کمتر از ۲۴ ساعت به اصفهان رفت و برگشت و با سرهنگ ضرغامی معاون فرمانده پادگان آنجا تماس گرفت و موافقت او را جلب کرد. سرهنگ عباس فرزانگان به کرمانشاه رفت و با سرهنگ تیمور بختیار فرمانده تیپ آن شهر تفاهم حاصل کرد. کرمانشاه به علت نزدیکی به موطن زاهدی همدان، از یک سو و به سرحد عراق از سوی دیگر انتخاب شده بود و اصفهان به سبب مرکزیت آن و نزدیکی به مناطق ایل‌نشین که سرلشکر زاهدی در آنها نفوذ داشت. در این گفتگوها هم استقرار زاهدی در یکی از این دو شهر مطرح شده بود هم امکان به دست گرفتن قدرت در آن مناطق و اعزام واحدهای کمکی به تهران، توفیق سریع حرکت ۲۸ مرداد به همه‌ی این ترتیبات پایان داد. (نگاه کنید به اردشیر زاهدی، خاطرات ...، جلد اول، صفحات ۱۷۹-۱۸۸)

برده‌اند و لازم اســت تکلیف قانونی وظایف مقام ســلطنت معین شــود، من با جمعی از آقایان شور کرده‌ام. رای آقایان این است که شورای سلطنتی به وســیله‌ی مراجعه به آراء عمومی تشکیل بشود. شما به فرمانداران تلگراف کنید که از محل ماموریت خود خارج نشوند و آنان که به مرخصی رفته‌اند به محل مأموریت خود مراجعــت نمایند تا پس از دادن دســتور مراجعه به آراء عمومی، ایــن کار را انجام دهند. گفتم مقــررات مربوط به رفراندوم در این باب، باید به تصویب هیات وزیران برسد. بهتر آن است که امروز عصــر آن را در هیات دولت مطرح کنید. پس از آن که هیات دولت تصویب کردند تلگراف مخابره شود. فرمودند چون تاخیر در کار مصلحت نیست بهتر آن است که امروز تلگراف کنید. ساعت هشت به وزارت کشــور وارد شدم... و دستور تهیه تلگراف را دادم «که بلافاصله مخابره شد.»[1]

از این دســتور به خوبی پیدا اســت که نایب نخســت‌وزیر و وزیر کشــور، جزو افرادی که در چنین مســاله‌ی مهمی مورد مشورت دکتر مصدق قرار می‌گرفته نبوده. علاوه بر این مصدق به تصویب قبلــی هیات وزیران (که حتی رسماً در جریــان عزل وی نیز قرار نگرفته بود) اعتنایی نداشــت، مخصوصاً نشــان می‌دهد که وی دیگر در اقامتگاه خود به درستی و دقت از اوضاع پایتخت مطلع نبود و ارتش و قوای انتظامی را مسلط به اوضاع می‌دانست.

*****

روز قبل، اردشیر زاهدی موفق شده بود از فرمان انتصاب پدرش به ریاست دولت در عکاســخانه‌ی مورد اعتمادی، عکس‌برداری کند. او تصویر فرمان را در یک دیدار مطبوعاتی که با چند خبرنگار خارجی در تپه‌های ولنجک ترتیب داده بود، در اختیار آنان گذاشت

۱- دکتر غلامحســن صدیقی، آینده، ســال چهاردهم شــماره‌های ۳-۵-۱۳۶۷-۱۹۸۸

و در شهر نیز پخش کرد.
دو روزنامه صبح تهران نیز (از جمله شاهد) هنگامی که مصدق به فراهم آوردن وسایل مراجعه به آراء عمومی سرگرم بود، تصویر این فرمان را انتشار دادند. سند غیرقابل انکار انتصاب زاهدی دیگر در دست همه بود و در بازار تهران دست به دست می‌گشت و همین امر سبب شروع حرکت‌هایی شد که سرانجام به سقوط دکتر مصدق انجامید.

*****

باز به روایت دکتر غلامحسین صدیقی:
«در این موقع (یعنی اندکی پس از ساعت هشت صبح) یکی از روسای ادارات که از خارج به وزارت‌خانه وارد شده، به اتاق بنده آمد و گفت در میدان سپه، دسته‌ای از مردم زنده‌باد شاه می‌گویند و شعارهایی بر ضد دولت می‌دهند. عده‌ای پاسبان هم که سوار کامیون بودند برایشان دست تکان می‌دادند. به سرتیپ مدبر رییس شهربانی تلفن نمودم و پرسیدم جریان چیست. او اظهار بی‌اطلاعی نمود. در این وقت سرتیپ ریاحی تلفن کرد که بنابر امر جناب آقای نخست‌وزیر حکم ریاست شهربانی سرلشکر شاهنده را صادر کنم. دانستم که اوضاع شهربانی خوب نیست و عمل پاسبان‌ها به اطلاع نخست‌وزیر رسیده. به رییس کارگزینی دستور دادم حکم سرلشکر شاهنده را صادر کند.
در این احوال خبر رسید که در چند جای شهر، دسته‌هایی با همکاری نظامی‌ها، با کامیون‌های ارتشی به تظاهرات بر ضد جناب آقای دکتر مصدق پرداخته‌اند، به نفع شاه و به مخالفت با رییس دولت شعار می‌دهند. خبر رسید جمعیتی به تلگراف‌خانه هجوم برده و می‌خواهند تلگراف‌خانه را اشغال کنند. دسته‌ای دیگر از خیابان باب

همایـون به مقابل وزارت دادگستری و از آنجا به میدان جلوی وزارت کشـور و بـازار آمده‌اند. چون من خود این مناظـر را می‌دیدم به فرمانـداری نظامی تلفن کردم و از سرهنگ اشرفی پرسیدم که علت این اعتشاش و بی‌نظمی چیست؟ و چرا از حرکت این دسته‌ها ممانعت نمی‌شود؟ او در جـواب گفت که ما به سـربازان اطمینان نداریم و عده‌ای را که برای جلوگیری از این دسته‌ها می‌خواستیم، با آنها همراه می‌شوند.

در همین موقع (سـاعت یازده صبح) آقای نخست‌وزیر با تلفن به من گفتند با مطالعاتی که کرده‌ام مقتضی اسـت دستور بدهید ریاست شهربانی کل را به تیمسار سرتیپ محمد دفتری بدهند و فرمانـداری نظامی هم به عهده او واگذار شـده اسـت و او فعلاً در شـهربانی است. من از تغییر فوری تصمیم نخست‌وزیر و این دستورهای متناقض متعجب و متوحش شدم.»[1]

روایت سـرتیپ ریاحی رییس سـتاد ارتش از این رویداد، اندکی متفاوت است:

«بـرای این کار (فیصله دادن به اوضـاع و انتقال قدرت) سـرتیپ محمد دفتری به میان می‌آید کـه آتوی بزرگش نسبت نزدیک داشتن با مصدق است. زاهدی که هنوز در اختفا به سـر می‌برد حکم ریاست شهربانی او را صادر می‌کنـد. او نـزد مصدق می رود و یک کمـدی بازی می کند. کلاهش را زمین می‌زنـد که قربان مملکت دارد از بین می‌رود. حضرت‌عالی دستور بفرمایید من رییس شهربانی شـوم تا نظم را برقرار کنم. مصدق هم روی اعتمادی که به قوم و خویشـش دارد تلفـن می کند به من که آقا حُکم

۱- دکتر غلامحسین صدیقی، همان متن

ریاست شهربانی سرتیپ دفتری را صادر کنید. تلفنش را همه‌ی حاضرین در اتاقش می‌شنوند. همین طور جواب مرا که به او گفتم هیچ اعتمادی به دفتری ندارم. از او اصرار و از من انکار. بالاخره به مصدق گفتم در صورتی که می خواهید دفتری رییس شهربانی بشود حکم او را وزیر کشور، آقای دکتر صدیقی، باید صادر کند. گفت نخیر من اصرار دارم که حکم را خودتان صادر کنید. در مقابل این اصرار من حکم را با اکراه نوشتم و دفتری از دفتر من با دو حکم خارج شد»[1].

می‌توان پنداشت که هنگام مذاکره‌ی تلفنی مصدق و صدیقی در باره‌ی انتصاب سرتیپ دفتری، این شخص در شهربانی بود و دو حکمی که ریاحی به آن اشاره می‌کند، یکی مربوط به فرمانداری نظامی است و دیگری مربوط به ریاست شهربانی کل. در حقیقت سرتیپ دفتری سه حکم در جیب یا در دست داشت. سومی از سرلشکر زاهدی در انتصاب به ریاست شهربانی کل بود و بدین ترتیب دو نخست‌وزیر معزول و منصوب، دانسته یا ندانسته، تحویل و تحول و انتقال قدرت در نیروهای انتظامی و قوای مسئول پایتخت را انجام دادند.
با ذکر این جزییات، سرتیپ ریاحی به قضاوت در باره‌ی مصدق پرداخته:

«قوه‌ی تشخیص او خیلی ضعیف بود و به حرف این و آن گوش می‌کرد و اغلب نتیجه‌ی انتخابش درست نبود...، باهوش نبود و سیاستمدار بسیار ضعیفی بود. از مدرسه‌ی قدیم سیاست بود و در سیاست به جای این‌که فکر کند و راه صحیح برای هر کاری پیدا کند مسایل را با تردستی می‌خواست حل کند و اغلب نیز بدون فکر تصمیم

۱- سرتیپ تقی ریاحی، متن ذکر شده، صفحه‌ی ۲۹۲.

می‌گرفت»[۱].

توجیه رفتار و تصمیم دکتر مصدق هر چه بود، انتصاب سرتیپ دفتری و تفویض مسئولیت انتظامات تهران را به او، می‌توان نقطه‌ی پایان حکومتش دانست.

دکتر صدیقی در ادامه‌ی روایت خود نوشته:

«شهردار به من تلفن کرد و گفت جمعی به شهرداری هجوم آورده‌اند... در همین موقع بار دیگر تظاهرات در مقابل وزارت کشور تکرار شد. حدود پانصد نفر به داخل اداره‌ی تبلیغات (ساختمانی در نزدیکی وزارت کشور) هجوم بردند و به اتاق‌ها رفته و دفاتر و اوراق را بیرون می‌ریختند.»[۲]

رییس اطلاعات وزارت خارجه مأمور سیاری به شهر فرستاده بود که آن‌چه می‌بیند از هر جا که ممکن است به وسیله‌ی تلفن به وزارت‌خانه اطلاع بدهد.

«او رفت و به فاصله‌ی کمی خبر داد که عده‌ی کثیری قریب ده‌هزار نفر از جنوب شهر به حرکت درآمده و به سوی شمال (شهر) پیش می‌روند. در هر گذر بر عده‌ی جمعیت افزوده می‌شود و در حالی که عکس شاه را در دست دارند و شعار جاوید شاه می‌دهند در سطح شهر پراکنده‌اند»[۳].

در ساعت ۱۲ به وزیر کشور گزارش شد که:

«جمعی تلگراف‌خانه و مرکز تلفن کاریر را اشغال کرده‌اند. من به آقای نخست‌وزیر تلفن کردم و جریان اوضاع را

---

۱ - همان متن، صفحه‌ی ۲۹۱.

۲- دکتر غلامحسین صدیقی، آینده، منبع ذکر شده

۳ - عبدالحسین مفتاح، خاطرات سیاسی، منبع ذکر شده، صفحات ۶۷ و ۶۸.

گــزارش دادم و گفتم امر بفرمایید. به هر ترتیب که ممکن باشد مرکز بی‌سیم و اداره‌ی رادیو را حفظ کنند. زیرا اگر چه تلگراف‌خانه اشغال شده، ولی اگر تظاهرکنندگان به مرکز بی‌سیم و اداره‌ی رادیو رخنه کنند، عمل آنها موجب تشنج و اختلال نظم فوری در سراسر کشور خواهد شد».

دکتــر صدیقی به شــهربانی تلفن کرده متوجه شــد که «در آنجا جنبشی نیست».

در این میــان، گویا نزدیک ظهر، جمعی از روســای بازار تهران موفق شــدند تلفنی با قم و آیت‌الله عظمی بروجردی تماس بگیرند و تقاضــای تعیین تکلیف کنند. وی به آنها اجازه داد که به تظاهر بپردازند. تعطیل کامل بازار علیه دکتر مصدق و ورود انبوه بازاریان به خیابان‌های شــهر، شــاید همان ده هزار نفری که در گزارش وزارت امور خارجه ذکر شده، تعادل قوا را به طور نهایی به سود مخالفان دکتر مصدق تغییر داد. دو روحانی بانفوذ تهران آن روز، میرسیدمحمد بهبهانی و سیدابوالقاسم کاشانی، از بامداد بیست و هشــتم مرداد هواداران خود را به تظاهر دعوت کرده بودند. اما مداخله‌ی آیت‌الله عظمی بروجردی تأثیر دیگری داشت[۱].

در ساعت چهارده و چهل دقیقه، دکتر صدیقی از در پشت وزارت کشور عازم اقامتگاه دکتر مصدق می‌شود:

«ســر پیچ خیابان کاخ که رسیدیم، دیدم در اینجا تانک و سرباز ایستاده بود. سربازان مانع پیشرفت شدند. ستوان دوم جوانی پیش آمد. ابراهیم خان (همراه دکتر صدیقی) مرا معرفی کرد. افســر با ادب گفت عبور وسایط نقلیه از

۱ - موضع‌گیــری آیت‌الله بروجردی را اکثر وقایع‌نگاران این روزها یاد کرده‌اند. (از جمله نگاه کنید به نورمحمد عســکری، شــاه ...، صفحه‌ی ۱۰۸ و روایاتی که ذکر نموده پیام‌هایی تلگرافی که در ســاعات بعد میان او و شــاه رد و بدل شد دلالت به اهمیت نقش مرجع تقلید شیعیان در جریان سقوط دکتر مصدق دارد.

این محل ممنوع اســـت. پیاده به طرف خانه نخست‌وزیر رفتـــم. در دو طرف خانه‌ی آقای دکتر مصدق ســـربازان با چنـــد تانک و کامیون متوقف بودنـــد. چون وارد اطاق نخست‌وزیر شدم، چند دقیقه از ساعت پانزده گذشته بود. نخســـت وزیر پرســـید چه خبر دارید؟ گفتم اوضاع خوب نیســـت ولی ناامید نباشـــید. آقای دکتر فاطمی گفتند چه بایـــد کرد؟ گفتم آنچه بر هر چیز مقدم اســـت حفظ مرکز بی‌ســـیم و رادیو اســـت. پرسیدند وضع شهر چطور بود؟ گفتم افسران و سربازان با مردم همکاری می کنند. در این موقع صدای هیاهو و جنجـــال در رادیو اتاق مجاور بلند شـــد. به آن اتاق رفتیم. معلوم شد مخالفین اداره‌ی رادیو را اشغال کرده‌اند.

پـــس از چند دقیقه ســـرود شاهنشـــاهی متوالیاً پخش می‌گردیـــد. در این وقت گفتند حال آقای نخســـت‌وزیر به هم خورده، جمعاً به اتاق ایشـــان رفتیم. دیدیم ایشان با صدای بلند گریه می‌کنند. گفتم آنچه من از ســـاعت یازده از آن می‌ترســـیدم و در فکر آن بودم و به نخســـت‌وزیر هم تلفن کردم و نباید بشـــود، شـــده است. قطعاً اوضاع شهرســـتان‌ها هم مختل خواهد شد. صدای تیرو تفنگ و توپ متناوباً شنیده می‌شـــد. تلفن صدا کرد. نخست‌وزیر منگنه‌ی پای تلفن را فشـــار دادنـــد تا ما هم صدای طرف مقابـــل را بشـــنویم. ســـرتیپ ریاحی رییس ســـتاد بود، گزارش داد بلواکنندگان نقاط حســـاس شـــهر را گرفته و مرکز بی‌ســـیم اشغال شده. خوب است اعلامیه‌ی دستور ترک مقاومت صادر بفرمایید. آقای نخست‌وزیر گفتند چه اعلامیه‌ای؟ سرتیپ ریاحی با حال گریه‌گونه‌ای با صدای مقطع گفت: حالا تیمســـار فولادونـــد به خدمت جناب‌عالی می‌آیند. قول ایشان را مانند قول یک مشاور بپذیرید. ما از

نحوه‌ی بیان دانستیم که ستاد ارتش را نیز اشغال کرده‌اند و سرتیپ ریاحی گرفتار است».

در این هنگام حسین فاطمی به اتفاق خواهرزاده‌اش دکتر سعید فاطمی، با اجازه‌ی مصدق، اقامتگاه او را ترک کرد که این آخرین دیدار آن دو تن بود.

دکتر صدیقی در شرح وقایع می‌نویسد:

«در ساعت شانزده و چهل دقیقه سرتیپ فولادوند وارد اتاق شد و گفت با وضع فعلی تیراندازی دو دسته نظامیان به یکدیگر بی‌نتیجه است و موجب اتلاف نفوس می‌شود و برای جنابعالی و آقایان خطر جانی دارد. اعلامیه صادر بفرمایید که مقاومت ترک شود. آقای نخست‌وزیر فرمودند: من در اینجا می‌مانم هر چه می‌شود بشود. بیایند و مرا بکشند. سرتیپ فولادوند از جا برخاست و گفت آقا، جنابعالی به فکر ساکنین اطراف و آقایان باشید. جان اینها در خطر است.»

دکتر صدیقی در جای دیگر گفته:

«سرهنگ عزت‌الله ممتاز، فرمانده تیپ کوهستان که مأمور حفظ انتظام و دفاع در پیرامون خانه‌ی نخست‌وزیر بود وارد شد و به نخست‌وزیر گفت: «قوای مخالفین رو به تزاید است. من مصمم هستم همان‌طور که به من مأموریت داده شده است تا پای جان، وظیفه‌ی سربازی خود را انجام دهم. بیان این افسر در چنین وقت، با وضع خاصی که او مطلب خود را ادا کرد، تأثیر عجیبی در حضار نمود، همگان او را تحسین کردند و او خارج شد...

در ساعت شانزده و چهل دقیقه، بار دیگر سرهنگ ممتاز وارد شد و گفت دو تانک «شرمن» را که قوی‌تر از تانک‌های ما است و در برابر کلانتری خیابان پهلوی بود، مخالفین

تصاحب کرده و به طرف ما آورده‌اند. با این حال مقاومت مشکل است ولی من مأموریت خود را تا جان دارم انجام می‌دهم و شرف سربازی خود را حفظ می‌کنم. چون سلام نظامی داد و خواست برود، آقای نخست‌وزیر که روی صندلی نشسته بودند او را به نزدیک خود خواندند و در آغوش گرفته بوسیدند و او بیرون رفت»[١].

در حدود ساعت ٤/٥ بعد از ظهر سرلشکر زاهدی از خفاگاه خود خارج شد. به نوشته‌ی اردشیر زاهدی «از سرهنگ خلعتبری که معاون شهربانی بود و به ما پیوسته بود، خواسته شد یک تانک بفرستد. این همان تانکی بود که پدرم سوار شد... عده‌ی زیادی افراد نظامی و غیرنظامی روی این تانک نشسته‌اند. همین که پدرم با تانک در خیابان ظاهر شد، جمعیت هجوم آورد و اینها ریختند روی تانک و در حالی که زنده باد و مرده باد می‌گفتند پدرم را در میان گرفتند. اینها را کسی نمی‌شناخت. در آن ساعت اگر کسی می‌خواست پدرم را بکشد، حتی با یک چاقو می‌توانست به مقصود برسد».

سرانجام سرلشکر زاهدی در حالی که هزاران نفر از مردم و صدها اتومبیل همراهش بودند با تاخیر بسیار به فرستنده‌ی رادیو رسید. خواندنی‌ها می‌نویسد:

«اعلام گردید که سرلشکر زاهدی نخست‌وزیر قانونی ایران به ایستگاه رادیو رسیده‌اند و از بس از طرف مردم ابراز احساسات می‌شود، نمی‌توانند به سرعت خود را به اتاق میکروفن برسانند. پس از چند دقیقه‌ی دیگر پشت میکرفن قرار گرفته متن فرمان اعلیحضرت همایونی دایر به نخست‌وزیری ایشان قرائت گردید. سپس (سرلشکر

١- دکتر غلامحسین صدیقی، همان متن

زاهدی) به ملت ایران پیام داد که من از طرف اعلیحضرت همایونی مأمور تشکیل دولت می‌باشم و برنامه‌ی خود را قرائت کرد».

در ساعت ۸ بعد از ظهر همین روز، سفیرکبیر امریکا به وزارت متبوعه‌ی خود گزارش داد[1]:

«اطلاعات موثق حاکی از آن است که نیروهای طرفدار زاهدی ستاد ارتش و سایر ادارات انتظامی را تحت کنترل دارند. خانه‌ی مصدق که در محاصره قرار داشت، توسط هواداران شاه و زاهدی اشغال گردید. اما هنوز اطلاع موثقی در باره‌ی محل اقامت مصدق در دست نیست».

*****

تصرف محل رادیو تهران و پخش پیام نخست‌وزیر جدید سرلشکر زاهدی، در حقیقت نقطه‌ی پایان حکومت مصدق به شمار می‌رود. عمر دولت مصدق دو سال و سه ماه و بیست روز بود.

فردای آن روز (۲۹ مرداد) روزنامه شاهد نوشت:

«خبر تصرف خانه‌ی ۱۰۹ دکتر مصدق به سرعت در شهر انتشار یافت و روحیه‌ی مردم در موقع انتشار این خبر، درست شبیه روحیه‌ای بود که مردم در ساعت ۵/۳۰ روز سی‌ام تیر ۱۳۳۱ داشتند»[2].

*****

محمدرضا شاه، از این جریان‌ها به اختصار بسیار یاد می‌کند: «بر اثر یک تیراندازی اخطارگونه مصدق با پیژامه از خانه‌ی خود گریخت و به زیرزمین یکی از منازل مجاور پناه برد»[3].

البته جریان به این سادگی نبود، به نوشته‌ی خواندنی‌ها:

---

۱ - ۱۹ اوت ۱۹۵۳/ ساعت ۸ بعد از ظهر/ ۴۱۱

۲- شاهد، ۲۹ مرداد ماه ۱۳۳۲.

۳ - پاسخ به تاریخ، صفحه‌ی ۷۵

«هر چند دقیقه یک‌بار جمعیت (که در خیابان‌های اطراف اقامت‌گاه دکتر مصدق جمع شده بود)، قصد یورش به طرف خیابان، چند تیر به هوا و گاهی نیز به طرف مردم خالی می‌شد و جمعیت موقتاً متفرق می‌گردید. این وضع تقریباً تا ساعت ۴/۳۰ بعد ازظهر ادامه داشت. در این وقت چند تانک دیگر نیز به کمک تظاهرکنندگان رسید و جمعیت از سه‌راه شاه خود را به اول خیابان کاخ رساندند. در سر خیابان کاخ که خیابان شاه را قطع می‌کند، ساختمان نوسازی قرار دارد که طبقه‌ی چهارم این ساختمان، از طرف گارد منزل دکتر مصدق سنگربندی شده بود و سرهنگ ممتاز فرماندهی حفاظت خود را از این محل به عهده داشت. در اولین یورش جمعیت، شلیک تیر شروع شد و عده‌ای نقش بر زمین شدند و جمعیت پا به فرار گذاشت...».

*****

اندکی پس از پخش سخنرانی کوتاه سرلشکر زاهدی از رادیو تهران، به پیشنهاد مهندس احمد رضوی، قرار شد اعلامیه‌ای نوشته و خانه‌ی دکتر مصدق «بلادفاع» اعلام شود. دکتر صدیقی می‌نویسد:

«آقایان مهندس رضوی و دکتر شایگان و مهندس زیرک‌زاده به اتاق دیگر رفتند و اعلامیه‌ای به این مضمون نوشتند: جناب آقای دکتر مصدق خود را نخست‌وزیر قانونی می‌دانند. حال که قوای انتظامی از اطاعت خارج شده‌اند، ایشان و خانه‌ی ایشان بلادفاع اعلام می‌شود. از تعرض به خانه معظم‌له خودداری شود».

...«پس از قرائت متن اعلامیه و قبول آقای نخست‌وزیر، چهار نفر آقایان آن را امضا کردند و به سرتیپ فولادوند دادند. مقارن ساعت هفده آقای مهندس رضوی، ملحفه‌ی

روی تخت‌خواب آقای نخست‌وزیر را برداشت و بیرون برد و به سربازان داد که آن را روی بام نصب کنند. در این موقع آقای مهندس رضوی گفت: «حالا که کشته می‌شویم چرا اینجا بمانیم که به دست رجاله بیفتیم. از اینجا بیرون می‌رویم شاید راه نجاتی پیدا شود.»

دکتر مصدق این راه حل را پذیرفت:

«حاضران از در تحتانی عمارت وارد حیاط شدند و نردبانی یافتند، آن را بلند کرده بر روی دیوار گذاشتند اول «یکی دو نفر» بالا رفتند «بعد آقای دکتر مصدق را بالا فرستادیم». در خانه‌ی همسایه کسی نبود. به زحمت از آنجا به خانه‌ی دیگری و سرانجام به منزل «یک بازرگان آذربایجانی به نام هریسچی» رفتند. مستخدمی آنها را شناخت. از آنان با گرمی پذیرایی شد. هوا تاریک شده بود. همگی متوجه شدند «که از خانه‌ی آقای دکتر مصدق شعله‌های آتش زبانه می‌کشد. دکتر مصدق در حال گریه می‌گفت آتش‌سوزی خانه‌ام چندان مهم نیست. اما من از روی آن زن که امشب سجاده ندارد که روی آن نماز بخواند شرمنده هستم»[۱].

*****

امضای اعلامیه‌ای دایر به بلادفاع بودن اقامتگاه دکتر مصدق و برافراشتن تکه پارچه‌ی سفیدی به عنوان تسلیم، نه از شدت دفاع محافظان آن محل کاست و نه از ادامه‌ی یورش‌های مردم که به تدریج از کمک و حمایت گروهی از نظامیان و چند تانک برخوردار شدند. خواندنی‌ها می‌نویسند:

۱- دکتر غلامحسین صدیقی، آینده، منبع ذکر شده. شاهزاده خانم ضیاءالسلطنه همسر دکتر مصدق بسیار دین‌دار ومقید به رعایت موازین مذهبی بود.

«تقریباً جنگ بین افراد ارتش بود. هر دو طرف شـدیداً مقاومت می‌کردنـد. این جنگ آن‌قدر ادامه یافت تا ظاهراً فشـنگ‌های گارد منزل دکتر مصدق که در آن طرف قرار داشـتند تمام شـد و از طرف تانک‌ها یک‌بار دیگر شلیک شد. بعد از آن که صدای مسلسل‌ها از آن طرف قطع شد، یکی از تانک‌های سـنگین به طرف در منـزل آقای دکتر مصدق رفت، در را شکسته و وارد حیاط شد».

باز هم داخل خانه نخست‌وزیر پیشـین چند تیری شلیک شد که تانک‌ها به آنها جواب دادند.

سـاعت ۷/۳۰ صدای تیراندازی از طرف منزل دکتر مصدق قطع شد. ابتدا نظامیانی که آمده بودند، به داخل محوطه رفتند و افراد گارد او را خلع‌سلاح کردند. بعداً مهاجمان وارد خانه شدند.

«هر کس هر چه به دستش می‌آمد می‌برد. خلاصه بعد از چند دقیقه این خانه به کلی ویران و با خاک یکسان شد و دیگر کوچک‌ترین چیزی که در آن جا قابل اسـتفاده باشد وجود نداشت».

خانه‌ی دکتر غلامحسین مصدق که مجاور اقامتگاه پدرش بود، به همین سرنوشت دچار شد. مهاجمین به کاخ کوچکی نیز که آن هم متعلق به دکتر مصدق و در اجاره‌ی اداره‌ی اصل چهار ترومن (مباشـر کمک‌های فنی امریکا به ایران) بود و یکی از زیباترین و مجلل‌ترین سـاختمان‌های پایتخت محسوب می‌شد، حمله بردند و آن را غـارت کردند و به آتش کشـیدند. صحنه‌های دلخراش و شرم‌آور سی تیر بار دیگر تکرار شد. دو روز بعد روزنامه‌ی کیهان شمار مقتولین را ۳۵ و تعداد مجروحین را بیش از ۳۵۰ نفر نوشت[۱].

در روز سوم شـهریور، اداره‌ی پزشکی قانونی، تعداد کشته‌گان را چهل و یک تن و زخمی شـدگان را هفتاد و پنج تن اعلام کرد[۲].

---

۱ - کیهان، ۳۱ مرداد ماه ۱۳۳۲.

۲ - ابراهیم صفایی، زندگینامه ... ، صفحه‌ی ۱۵۵.

تقریباً همه‌ی مقتولین و مجروحین از مهاجمان به اقامت‌گاه دکتر مصدق بودند.

*****

سیزده ماه پس از سی‌ام تیرماه ۱۳۳۱، بر سر خانه‌ی دکتر مصدق همان آمد که بر سر اقامتگاه قوام‌السلطنه آمده بود. نه این کار موجب افتخار و ستایش بود و نه آن. همه‌ی آن‌هایی که در این ماجراها جان سپردند، ایرانی بودند. شهدای سی تیر متعلق به گروه خاصی نیستند و شهدای بیست و هشت مرداد نیز به گروه دیگری تعلق ندارند. همه فرزندان ایران بودند و اکنون دها سال بعد، باید در باره‌ی آنها با انصاف و به خصوص با احترام سخن گفت.

*****

دکتر مصدق، دکتر غلامحسین صدیقی و مهندس سیف‌الله معظمی وزیر پست و تلگراف و تلفن و چند تن دیگر شب را در خانه‌ی هریسچی گذراندند و بامداد روز بعد، ساعت پنج، به اقامت‌گاه مادر مهندس معظمی رفتند، دکتر صدیقی می‌نویسد که ساعات بامداد را به مشاوره و تبادل نظر در مورد رویه‌ای که باید اتخاذ شود، پرداختند.

از رادیو اعلامیه‌ی فرماندار نظامی تهران که به «غیرنظامی محمد مصدق» اخطار کرده بود خود را به مقامات مربوط معرفی کند، پخش شد. دکتر صدیقی می‌نویسد «آقای دکتر گفت: با این خبر، من به فرمانداری نظامی خواهم رفت».

نخست‌وزیر از اعلامیه‌ی فرماندار نظامی سخت برآشفت. او هیچ‌گونه اسائه‌ی ادب به دکتر مصدق را تحمل نمی‌کرد. بلافاصله اعلامیه‌ی دیگری به امضای شخص سرلشکر زاهدی انتشار یافت که در آن از جناب آقای دکتر مصدق: «درخواست شده» بود خود را معرفی کند. در اعلامیه، امنیت و رعایت احترام نخست‌وزیر پیشین تضمین شده بود.

دکتر متین‌دفتری، سرتیپ دفتری رییس شهربانی که کاری برای حفاظت خانه‌ی مصدق نکرده بود و مهندس شریف امامی که شوهر خواهر دکتر و مهندس معظمی بود، به پادرمیانی پرداختند که تسلیم دکتر مصدق در شرایط شایسته برگزار شود.

روز ۲۹ مرداد در خانه‌ی مادر مهندس معظمی گذشت. به نوشته‌ی دکتر صدیقی:

«غذای متنوع و پرتکلفی تهیه کرده بودند. ما در ساعت چهارده ناهار خوردیم. ساعت پنج و ربع بعد از ظهر زنگ زدند، مستخدم در را باز کرد و پس از چند لحظه برگشت و به مهندس معظمی گفت که کارآگاهان برای تفتیش خانه آمده‌اند که آنها در حقیقت برای جلب دکتر مصدق و همراهانش آمده بودند.

دو اتومبیل برای انتقال مصدق و همراهانش از فرمانداری نظامی خواسته شد. آنها را ابتدا به شهربانی کل و از آنجا مستقیماً به باشگاه افسران بردند. نخست‌وزیر به همه گفته بود «هر کس به دکتر مصدق بی‌احترامی کند دستور خواهم داد جلوی همین توپ مروارید او را تیرباران کنند»[۱].

هنگام ورود دکتر مصدق، دکتر صدیقی و مهندس معظمی به باشگاه افسران، سرلشکر نادر باتمانقلیچ رییس ستاد ارتش در پای پله‌کان بزرگ باشگاه افسران به استقبال آنان رفت. رییس ستاد با سلام نظامی به نخست‌وزیر پیشین ابراز احترام کرد و زیر بازویش را گرفت که بدون زحمت از پله‌ها بالا برود. وی را با آسانسور به طبقه‌ای که دفتر نخست‌وزیر موقتاً در آنجا مستقر شده بود بردند و دیگران به اتفاق سرتیپ دادستان و سرتیپ دفتری از طریق پله به آنجا هدایت شدند.

در مقابل دفتر نخست‌وزیر سرتیپ فولادوند و نیز نعمت‌الله نصیری

۱- روایت اردشیر زاهدی به نویسنده‌ی این کتاب.

که ســاعاتی قبـل از زندان آزاد شــده و با وجــود عدم رضایت سرلشــکر زاهدی از نحوه عملش به او درجه‌ی سرتیپی داده بود، منتظر دکتر مصدق و همراهانش بودند. دکتر صدیقی می‌نویسد:

«از میان افسران گذشتیم و به اتاقی که سرلشکر زاهدی در آن بود رسیدیم. سرلشکر در لباس نظامی، با پیراهن یقه باز، آستین کوتاه و شلوار تابستانی افسری و زلفان اندک ژولیده پیش آمد و به آقای دکتر مصدق سلام کرد».

نخست‌وزیر پیشــین به جانشین خود گفت: «شــما امیرید و من اسیر»[1]. زاهدی به وی پاسخ داد «شما در اینجا میهمان من هستید». مصـدق و زاهدی با یکدیگر به گرمی دســت دادند. به همه چای تعارف شد. به دستور زاهدی «آپارتمان سلطنتی» باشگاه افسران را در طبقه‌ی ســوم عمارت در اختیار دکتر مصدق گذاشــتند. به دیگران اتاق‌های مناسبی داده شد.

به نوشته‌ی دکتر صدیقی:

«سرلشــکر باتمانقلیچ آقای دکتر را به اتاقش رسـانید و برگشت و به ما گفت وسـایل راحت آقایان فراهم خواهد شد. هر کدام هر چه می‌خواهید بفرمایید... به اتاق خود رفتــم. اتاق‌های ما تلفن داشــت. آقای دکتر مصدق با تلفن خود خواسـتند به محلی تلفن کنند و احوال اعضای خانواده‌ی خود را بپرسـند. مرکز داخلی باشگاه تلفن را وصل کرد. ساعت هشت با هم شام خوردیم و ساعت نه و نیم چون خسـته بودیم به اتاق‌های خود رفتیم و برای استراحت آماده شدیم».

سرتیپ رضا زاهدی، به عنوان مسـئول پذیرایی و حفاظت دکتر مصدق و ســرهنگ دکتر مقدم، پزشک و جراح معروف آن زمان، به عنوان طبیب، مأمور مراقبت در سلامت مزاج وی تعیین شدند.

۱- خاطرات حسام دولت آبادی، به نقل از ابراهیم صفایی، زندگی‌نامه ...، صفحات ۱۳۹ و ۱۴۷.

به دکتر مقدم دستــور داده شد که این کار را به همکاری با دکتر غلامحسین مصدق انجام دهد که از دوستانش بود. در ضمن به وی اجازه داده شــد که نامه‌های نخست‌وزیر پیشین را به خانواده‌اش برساند و پاسخ‌های آنان را دریافت و به او تحویل نماید.
همراهان مصدق توانستند تلفنی با خانواده‌ی خود تماس بگیرند. اما بعد از یک مکالمه، تلفن‌های آنان قطع شد.
از دکتر مصدق هشت روز در باشگاه افسران پذیرایی شد. سپس وی را به باشگاه افسران لشکر زرهی در سلطنت‌آباد انتقال دادند که در آنجا زندانی شد.

*****

در هیـــچ یک از ایـــن روایت‌ها و روایت‌های دیگــر، به ویژه آن‌چه دوستداران و هواداران دکتر مصدق در آن زمان گفتند و نوشتند، اشــاره‌ای به دخالت مأموران امریکایــی در جریان ۲۸ مرداد به چشم نمی‌خورد.
فرماندهی ارتش که در اختیار هواداران دکتر مصدق بود، اقدامی علیه دولت نکرد. هیچ واحد ارتشــی در بامداد و نخستین ساعات بعد از ظهر ۲۸ مرداد به تظاهرات مخالفان مصدق نپیوست. ولی بسیاری از نظامیان به طور پراکنده، چنان‌که دکتر صدیقی نوشته «با مردم» هم‌آواز شــدند. عکس‌العمــل واحدهای دیگری، چه در شهر و چه در اطراف خانه‌ی شماره ۱۰۹ خیابان کاخ، بسیار شدید بود. آنها به سوی متظاهران مخالف مصدق تیراندازی کردند که تلفات بسیار وارد آمد.
در سال‌های بعد، تبلیغات جناح چپ در ایران، که خود سهم عمده در ناکامی نهضت دکتر مصدق داشــت و بسیاری از نویسندگان و متظاهران به تحقیق و تجزیه و تحلیل مســایل سیاسی در جهان غرب، از حوادث آن روز تصویری به کلی نادرست ارایه دادند حتی نوشــتند «چند فاحشه و چند چاقوکش در خیابان‌ها راه افتادند و

زنده باد شاه و مرده باد مصدق» گفتند[۱].
یا آن‌که مردم را «اوباش» و تظاهرات آنها را «رجاله بازی» خواندند[۲]... مخصوصاً در فرانسه و امریکا شعبان جعفری را سرکرده‌ی تظاهرات معرفی کردند. حال آن‌که او، چنان که دیدیم، در زندان بود و بعد از پایان کار به دستور نخست‌وزیر آزاد شد و نیز هرگز کسی نخواست بنویسد که وی قبل از نهم اسفند از شهربانی مقرری می‌گرفت و از طرف‌داران پرحرارت مصدق و کاشانی بود و در جشنی که در باشگاهش برپا کرده بود به نوشته روزنامه‌ی باختر امروز بیش از چهل تن از نمایندگان مجلس و رهبران «ملیون» از جمله دکتر شایگان، حایری‌زاده، یوسف مشار، دکتر عبدالله معظمی شرکت کردند و مراسم با سخنرانی مهیج مهندس کاظم حسیبی و فریادهای زنده‌باد مصدق پایان یافت[۳].

در بامداد و نخستین ساعات بعد از ظهر روز ۲۸ مرداد، افراد شبکه‌های دو روحانی متنفذ تهران، سیدابوالقاسم کاشانی و میرسیدمحمد بهبهانی، اعضای چند باشگاه ورزشی، اعضای کانون افسران و درجه‌داران بازنشسته، انجمن‌های محلی پایتخت، انشعابیون حزب توده، اعضای احزابی چون زحمت‌کشان ملت ایران که مظفر بقایی رهبر آن بود، طرفداران آن عده از رهبران جبهه‌ی ملی که از مصدق دوری جسته بودند، چون سیدابوالحسن حایری‌زاده و حسین مکی، در کوچه‌ها و خیابان‌های تهران

---

۱ - دکتر فریدون کشاورز، من متهم می‌کنم کمیته‌ی مرکزی حزب توده را، منبع ذکر شده صفحه‌ی ۹۹.

۲ - انور خامه‌ای، از انشعاب تا کودتا...، منبع ذکر شده، صفحات ٤۳۸ و صفحه‌ی ٤٤۱.

۳ - باختر امروز، ۲۹ شهریور ۱۳۳۱، این مراسم در روز چهارشنبه ۲٦ شهریور ۱۳۳۱ برپا شده بود و تصویرهایی از آن در بسیاری از مطبوعات تهران انتشار یافت.

به تظاهــر و نمایش قدرت خــود پرداختند و چــون حوالی ظهر سردسته‌گان بازار با اجازه‌ی آیت‌الله عظمی بروجردی، دکان‌های خود را بستند و به جمع متظاهران پیوستند، شماره‌ی آنها به ده‌ها هزار نفر رسید. هسته‌ی سیاســی اطرافیان سرلشکر زاهدی این تظاهرات را رهبری می‌کرد.

حزب توده می‌توانســت افراد حوزه‌ها و شــبکه‌های خود را وارد میدان کند و چند اعتصاب بزرگ کارگری به راه اندازد. حزب توده می‌توانست افسران شــبکه‌ی نظامی خود را که بعداً دانسته شد متجــاوز از چهارصد و پنجاه تــن بودند، فعال کند و چند حرکت نظامی علیه مخالفان مصدق به وجود آورد، اما دستوری از سفارت شــوروی نرسید، یا اگر رسید دیر رسید. احتمالاً مسکو سیاست دیگری داشت و می‌خواســت برخورد میان دو جناح «بورژوازی» آنها را به کلی ضعیف و بی‌رمق کند و آن وقت افرادش را برای به دست گرفتن قدرت نهایی وارد عرصه نماید. اما، برخلاف انتظار همه، این جریان کمتر از هشت ساعت طول کشید و کار به سرعتی غیرقابل تصور یکسره شد.

قطعــاً در میان مردم تهران هواداران مصدق کــم نبودند. دکتر مصدق و رهبران جبهه‌ی ملی تا حدود ســاعت ۱۴ روز ۲۸ مرداد رادیو تهران را در اختیار داشــتند و می‌توانستند از آنان استمداد کنند، اما نکردند. شاید مصدق دیگر امیدی نداشت و ترجیح می‌داد فدا شــود و تاریخ به صورت قربانی از او یاد کند. او می‌توانست از حزب توده یاری بخواهد، گویا به وی پیشــنهاد هم کردند. ولی او مردی وطن‌پرســت بود و این پیشنهاد را نپذیرفت. خود را فدا کــرد، اما ایران را فــدا نکرد. اکثریت مردم از کســادی بازار، از دشــواری‌های روزافزون زندگی، از بلاتکلیفی سیاســی و ناامنی ناراضی و سردرگم بودند. وحشت از تسلط کمونیست‌ها بر ایران

فراگیــر بود. در روزهای آخر حکومت دکتر مصدق و در فاصله‌ی بین ۲۵ تا ۲۸ مرداد، رفتار حزب توده، پرچم‌های ســرخی که در تهران و شهرستان‌ها برافراشته شد، شعار جمهوری دموکراتیک و درخواســت توزیع اســلحه میان مردم، بر این وحشــت افزود. شــاه در آن موقع دشمنی نداشــت و نقطه‌ی اتکایی برای اکثریت مردم بود. چون دانسته شد که سرلشکر زاهدی به ریاست دولت برگزیده شده، رهبری هم پدیدار شد و مردم به دور او جمع شدند. همه‌ی این عوامل باعث شد که کسی به هواداری از دولت مصدق برنخیزد و تعداد اندکی از نظامیان که قلباً با تظاهرکنندگان همراه و خودشان یا فرماندهان‌شــان طرف‌دار سرلشکر زاهدی بودند، با آنان هم‌راه و هم‌آواز شدند و بدین‌سان حکومت مصدق به آخر رسید.

*****

ظهر روز ۲۹ مرداد ســفیر کبیر امریــکا در تهران گزارش مفصلی از اوضاع روز گذشته به وزارت امور خارجه‌ی آن کشور مخابره کرد[۱].

«... صبح روز ۱۹ اوت هواداران شــاه به منظور نشــان دادن احساســات موافق خود به نفع او در کشــور شروع به تظاهرات می‌کننــد. تظاهرکنندگان در مقیاس کوچکی از بازار راه می‌افتند. ولی این شــعله‌ی سوسو کننده، به زودی به آتش خرمن‌ســوز عظیمی تبدیل می‌شــود که در طول روز سراسر تهران را فرا می‌گیرد. نیروهای انتظامی که بــرای پراکندن مردم فرســتاده می‌شــوند، از فرمان حمله به جمعیت سرباز می‌زنند و حتی بعضی از آنها به تظاهرکنندگان می‌پیوندنــد و دیگران نیز منفعل می‌مانند و جمعیت در نقاط مختلف شــهر بــه صورت خودجوش انبوه‌تر می‌شــود و شروع به حمله به دفاتر روزنامه‌هایی

۱ - ۲۰ اوت ۱۹۵۳، ظهر، شماره‌ی ۳۴۹.

می‌کنند که در چند روز گذشــته دشنام‌های سخیفی نثار شــاه کرده بودنــد... کارمندان ســفارت فرصت خوبی داشــتند تا نوع تظاهرکنندگان را بسنجند. این‌ها بیش‌تر غیرنظامی بودند که میان‌شان تعدادی از نیروهای مسلح نیز مشاهده می‌شدند. ولی در هر حال به نظر می‌رسید که رهبری جمعیت دست غیرنظامیان است. گزارش‌ها نشان می‌داد این‌ها از اقشــار و طبقــات مختلف از قبیل کارگر، کارمند، دکان‌دار، کاسب و دانشجو هستند...
نخست‌وزیر (مصدق) از غائله به سلامت جسته و گریخته و پنهان شده. هنوز شب نشده بود که ستاد ارتش به دست دولت زاهدی می‌افتد و سرلشکر باتمانقلیچ خود را رییس ستاد اعلام می‌کند و مشغول کار می‌شود. در همان زمان سرلشکر زاهدی پشت میز نخست‌وزیری می‌نشیند...
نه تنها طرف‌داران رژیم مصدق، بلکه طرف‌داران شاه هم از این موفقیت آسان و سریع که تا حدود زیادی خودجوش بود، در شگفت هستند».

تعبیر این حوادث بــه «کودتای نظامی» یــا «کودتای امریکایی» منطقی نیســت اگر کودتایی بود. همان حرکــت ۲۵ مرداد بود که به ابلاغ ناشــیانه‌ی یک نامه، رنگ و شکل نظامی داد و آن هم با شکســت روبرو شد. خاصه آن‌که بر اســاس گزارش‌های دونالد ویلبرت مأمور دیگر ســازمان مرکزی اطلاعــات امریکا (C.I.A) در ایران، در همان روز به کرمیت روزولت دستور داده شده بود که «عملیات علیه مصدق باید متوقف شــود[1]» و مداخله‌ی شخص اخیرالذکر در جریان‌های بعد از ۲۵ مرداد، بیش‌تر به افسانه‌سرایی شبیه است.

---

۱ - Donald N. Wilbert، متن ذکر شده، صفحات ۱۲۴-۱۳۰-۱۳۳-۱۳۵-۱۳۶.

ماه‌ها و به خصوص سال‌ها بعد، اینجا و آنجا گفتگو از وجوهی شده که امریکایی‌ها (C.I.A) برای برانداختن حکومت دکتر مصدق خرج کرده بودند. ارقام مختلفی در این مورد ذکر شده از یازده هزار و اندی دلار تا هفتصدهزار دلار که در یک بررسی جدی‌تر آمده[1] بر این نکته مخصوصاً طرفداران دکتر مصدق تأکید می‌کنند. آیا قابل قبول است که نهضت ملی ریشه‌داری را یک سازمان جاسوسی خارجی توانسته باشد با یازده هزار یا حتی هفت صدهزار دلار واژگون کند! آیا چنین بیانی، خود، اهانت به مردم ایران و به دکتر مصدق نیست؟

اندکی بعد گفته شد که دولت امریکا وجوهی به عنوان حق‌الزحمه میان بانیان و عاملان «کودتای ۲۸ مرداد» تقسیم کرده. اقلاً در یک مورد و مورد اصلی، نادرستی این اتهام به اثبات رسیده که بعداً به آن خواهیم پرداخت.

صاحب نظری، ماجرای ۲۸ مرداد را به تمسخر «آسان‌ترین و ارزان‌ترین کودتای جهان» خوانده است[2].

---

۱ - Pierre de Villemarest، منبع ذکر شده، صفحه ۱۸۸.

۲ - علی میرفطروس، برخی منظره‌ها و مناظره‌های فکری...، منبع ذکر شده، صفحه‌ی ۱٤۷.

فصل ششم

دولتمرد و سپاهی

نخست‌وزیر جدید در آخرین ساعات روز ۲۸ مرداد ابتدا در شهربانی کل کشور، در همان دفتری که سال‌ها پیش محل کارش بود، مستقر شد. در آنجا نخستین دستورات خود را برای اداره‌ی امور مملکت و مخصوصاً حفظ نظم و آرامش صادر و احکام رسمی گروهی از همکاران خود را که در چهل و هشت ساعت قبل برگزیده و مأمور انجام وظایف‌شان بود امضا کرد.

همان روز، دیرگاه، بیش از هفتاد تن زندانیان سیاسی به دستور او آزاد شدند. سرهنگ نعمت‌الله نصیری، با وجود عدم رضایتی که زاهدی از او نشان داده بود، از روی مصلحت به درجه‌ی سرتیپی ارتقاء داده شد. احکام رسمی فرماندار نظامی تهران، ریاست شهربانی کل و به خصوص ریاست ستاد ارتش صادر شد که صدور این ابلاغ‌ها، ساعاتی بعد، نخستین برخورد را میان

محمدرضا شاه پهلوی و سرلشکر زاهدی به وجود آورد.

در همان شب، سرلشکر زاهدی تصمیم گرفت که دفتر خود را به باشگاه افسران منتقل کند و در آنجا مستقر شود. از همین محل، یعنی باشگاه افسران بود که نخست‌وزیر این تلگراف را به شاه مخابره کرد:

«پیشگاه اعلیحضرت همایون شاهنشاه، مردم شاه‌دوست و ارتش فداکار در انتظار موکب همایونی با بی‌صبری دقیقه‌شماری می‌کنند. از خاک‌پای مبارک استدعای تسریع در عزیمت و ابلاغ ساعت نزول اجلال را دارد تا احساسات پاک مردم، مطابق آرزوی خودشان، نثار قدوم مبارک گردد. نخست‌وزیر سرلشکر زاهدی»

البته شاه و ملکه ثریا، قبلاً از پایان حکومت مصدق و استقرار سرلشکر زاهدی در رأس امور کشور اطلاع یافته بودند. ملکه ثریا نوشته:

«روز چهارشنبه ۱۹ اوت - اتاق خود را ترک کرده با خاتمی و آتابای برای صرف ناهار به تالار مهمان‌سرا رفته بودیم. تازه سر جای خود نشسته بودیم که خبرنگار جوانی از آسوشیتدپرس دوان دوان به سوی ما آمد و کاغذی را به دست‌مان داد. او چهره‌ای منبسط و خندان داشت. شاه با سوءظن تلگسی را که به دستش داده بودند گرفت و خواند: «مصدق سرنگون شد. نیروهای ارتشی کنترل شهر تهران را در دست دارند. ژنرال زاهدی نخست‌وزیر ایران است»[1].

همه‌ی روزنامه‌ها بعداً نوشتند که در آن هنگام، ساعت پانزده به

۱ - La Palais des solitudes، صفحه‌ی ۱۶۲.

وقت رم بود و در حقیقت هنوز وضع روشـــن نشده بود. ملکه ثریا نیز تأیید می‌کند که چند ساعت دیگر به انتظار و با دریافت اخبار ضد و نقیض گذشـــت. اما ســـرانجام در پایان روز قطعی شد که کار یک‌سره شده و سرلشکر زاهدی زمام امور کشور را به دست گرفته اســـت و فردای آن روز نیز خبر تســـلیم دکتر مصدق (یا به نوشته‌ی ملکه ثریا «شیر پیر») به شاه و ملکه رسید.

*****

طبق چند روایـــت قابل وثوق که در کتاب‌ها و تحقیقات مختلف در باره‌ی این ســـاعات بحرانی درج شده، در همان پایان روز بیست و هشـــتم مرداد تنی چند از «رجال و معمرین» از جمله سیدحسن تقی‌زاده، عدل‌الملک دادگر، نصرالملک هدایت که در شمار نزدیکان و لااقل مشاوران زاهدی بودند و نیز بعضی از دوستان نزدیکش به وی توصیه کردند که در ارسال پیام خود برای دعوت از محمدرضا شاه پهلوی به مراجعت، شتاب نکند، خودش سررشته‌ی کارها را به دســـت بگیرد و تغییرات و اصلاحاتی را که لازم اســـت بدون «مزاحمت» انجام دهد و حتی «تغییر رژیم را اعلام نماید»[1].

در روایت دیگری، هنگامی که شـــاه، سپهبد زاهدی را از ریاست دولت برکنار کرده و او در راه ســـفر اروپا چند روزی را در بیروت می‌گذراند، بوسیله نادعلی کریمی نماینده‌ی مجلس که سال‌ها از طرفداران مصدق بود و ســـپس از وی دور شـــده و با دربار و به خصوص سپهبد زاهدی نزدیک شده بود، به شاه پیغام داد:

«من برای این‌که احساس حقارت نفرمایید و تصور نشود قصد منت گذاشتن دارم، تاکنون خدمت‌تان عرض نکردم.

---

۱ - ابراهیم صفایـــی، زندگینامه ...، صفحه ۱۳۷، هم‌چنین نگاه کنید به نورمحمد عسکری، شـــاه ...، صفحات ۳۱۱ تا ۳۱۸، منصوره پیرنیا، اردشیر زاهدی، فرزند ...، صفحه ۱۸۱.

قبل از مراجعت‌تان دنیس رایت با یک هواپیما به ایران آمد و بغتتاً اجازه‌ی ورود خواست و به ملاقات آمد و اصرار داشت که مانع حرکت شما بشوم تا با هم در فرصت بهتری تصمیم بگیریم. گفتم این ممکن نیست. زیرا شاه در مقابل شوروی با این مرزهای مشترک بی‌دفاع، کلید استقلال ایران است. او جواب داد کلید کج زنگ زده‌ایست، او یک شخص انتریگان و متلون و بی‌اراده است. رزم‌آرا برنامه‌ی مفید داشت. علاوه بر آن‌که از او حمایت و دفاع نکرد، در کشتنش دست داشت. مصدق را می‌توانست کنترل کند، نکرد. به هیچ قول خودش پابند نیست. شما را هم بعد از چند ماه با وضع موهنی کنار خواهد گذاشت همان قسم که با قوام‌السلطنه رفتار کرد. من به او جواب‌های محکم دادم و اضافه کردم من این خطر را برای منظور شخصی متحمل نشدم و قصدم نجات مملکت از سقوط بوده و به هیچ‌وجه قصد خصوصی ندارم. مخصوصاً که من تربیت شده‌ی پدرش هستم و اهل خیانت و نامردی نبوده و نیستم. در آخر کار گفت بسیار خوب...».

راوی می‌افزاید:

«لدی الورود (بازگشت به تهران)، شرفیاب شدم. تمام مطالب را به عرض‌شان رساندم. به هیچ‌وجه خوشایندشان نبود»[1].

در سند دیگری مربوط به سفارت کبرای بریتانیا در تهران روایت شده که:

«کاردار (سفارت) از شاه به علت عدم صداقت و

---

۱ – عبن این سند که شامل مطالب دیگری هم هست در جلد اول خاطرات و اسناد اردشیر زاهدی صفحات ٤١٩ الی ٤٢٣ درج شده. نورمحمد عسکری نیز در کتاب خود تصویر و متن مشابهی را که همان راوی نوشته نقل کرده است. اردشیر زاهدی شخصاً، نفیاً یا اثباتاً، اظهار نظری در این مورد نکرده.

توطئه‌گری‌هایش خوشش نمی‌آمد. اما سپهبد (زاهدی) تأکید کرد که شاه برای ایران لازم است و نمی‌شود هر وقت آدم خوشش نمی‌آید شاه را عوض کند»[۱].

قدر مسلم این است که سپهبد زاهدی در روزها و هفته‌های بعد از ۲۸ مرداد قدرت و نفوذی داشت که بتواند از مراجعت محمدرضا شاه به ایران جلوگیری کند و اختیار امور مملکت را شخصاً در دست بگیرد، ولی این کار را نکرد. او عقیده داشت که شاه باید سلطنت کند نه حکومت. در ماه‌های بعد، برخوردهای زیادی میان او و شاه پدیدار شد. برای سپهبد زاهدی دیگر دو راه بیش‌تر وجود نداشت: یا توسل به کودتای سیاسی و نظامی که شاه را برکنار کند که احتمالاً هنوز می‌توانست. یا عقب‌نشینی‌های پی در پی در مقابل رییس مملکت که ناگزیر از آن شد.

در ماه‌های بعد از حل بحران آذربایجان، در مقتضیات و شرایط سیاسی دیگری، قوام‌السلطنه که او هم معتقد به تحدید قدرت مقام سلطنت بود، می‌توانست با اتکای به ارتش که سپهبد رزم‌آرا در رأس آن قرار داشت و همواره به وی ابراز وفاداری می‌کرد، شاه را کنار بگذارد. شاید به آن اندیشیده اما دست به کار نشد.

بعد از سی‌ام تیر، دکتر مصدق در حدی از نفوذ و وجاهت ملی بود که هر کار می‌توانست بکند. او هم حفظ سلطنت را ترجیح داد. شاید در روزهای آخر حکومتش به فکر راه حل دیگری بود. اما توفیق نیافت و اگر توفیق می‌یافت و با همکاری حزب توده، چنان که بعضی از یارانش می‌خواستند، به این کار دست می‌زد. ایران استقلال و تمامیت خود را از دست می‌داد و سرانجام به صورت

---

۱ - متن کامل این گزارش طولانی در کتاب دکتر عزت‌الله همایونفر از سپاهیگری تا ... صفحه‌ی ۳۷۲ تا ۳۷۶ نقل شده است.

یکی از کشورهای اقماری مسکو درمی‌آمد و خود او به سرنوشت دکتر بنش دچار می‌شد.

اگر قوام، مصدق و زاهدی در تحدید اختیارات مقام سلطنت به آن‌چه در قانون اساسی مصرح بود موفق می‌شدند، اگر قدرت دولت و رییس آن استقرار می‌یافت و معادلات سیاسی دیگری در روابط میان رییس مملکت و رییس دولت معمول و مستقر می‌شد، احتمالاً تحول سیاسی ایران در سال‌های بعد مسیری دیگر می‌یافت.
اما تاریخ را نمی‌توان دوباره نوشت.

*****

در پاسخ پیام نخست‌وزیر جدید، شاه تلگرافی به این شرح از رم به او مخابره کرد:

> «به نام قادر متعال، از پشتیبانی مردم ایران نسبت به خود و دفاع آنها از قانون اساسی صمیمانه سپاسگزارم. من کلیه‌ی افراد ارتش و تمام مأمورین غیرنظامی و همه‌ی مردم ایران را به متابعت از اوامر جناب آقای فضل‌الله زاهدی که طبق قانون اساسی از طرف من به ریاست حکومت ملی و قانونی ایران تعیین شده، دعوت می‌کنم. من بی‌درنگ به ایران و میان ملتم باز می‌گردم. خدا حافظ ایران و مردم ایران».

شاه هم‌چنین، پیام‌هایی به آیت‌الله عظمی بروجردی و آیت‌الله میرسیدمحمد بهبهانی فرستاد، که به هر دو بسیار مدیون بود. میرسید محمد، طی پاسخ گرمی به شاه نوشت «همه انتظار زیارت پادشاه محبوب معظم خود را دارند». پاسخ آیت‌الله عظمی، بعد از تعارفات و عناوین معمول، جنبه‌ی سیاسی و لحنی خاص داشت، «با آمدن تو به ایران دین و امنیت در مملکت حفظ خواهد شد»[۱].

۱ - در سال‌های بعد وقایع‌نگاران رسمی این دوران، از جمله گاه‌نامه‌ی پنجاه سال

وزارت امور خارجه ایالات متحده در یادداشتی به رییس جمهوری آن کشور گزارش داد:

«... هنوز خیلی زود است که پایداری یا کیفیت دولت زاهدی را مورد بررسی قرار داد. مع‌الوصف تجربیات وی به عنوان یک افسر تحت رهبری رضاشاه که در منتهای درجه ناسیونالیست بود، مقاومت وی در قبال سیاست‌های انگلیس و شوروی در زمان جنگ که منجر به زندانی شدن وی از طرف انگلیس‌ها شد، همکاری نزدیک وی با جبهه‌ی ملی از سال ۱۹٤٦ تا ۱۹٥۲، همگی موجب تقویت این فرضیه است که نظریات وی مانند مصدق ناسیونالیست خواهد بود»[۱].

در طی روز ۲۹ مرداد نخست‌وزیر، بدون آن‌که منتظر مراجعت شاه بماند، کسانی را که برای عضویت در دولت در نظر گرفته بود، یک یک به باشگاه افسران فراخواند و مسئولیت و مأموریت آنان را ابلاغ کرد. او هم‌چنین به بعضی انتصابات در ارتش و نیروهای انتظامی دست زد، از جمله انتصاب سرلشکر گلپیرا به ریاست ژاندارمری کل. بعد از تعیین سرلشکر باتمانقلیچ به ریاست ستاد، سرتیپ دفتری به ریاست شهربانی کل، سرتیپ دادستان به فرمانداری نظامی پایتخت، عملاً متصدیان مقامات حساس ارتش، بدون توافق قبلی «فرمانده کل قوا» تعیین شده بودند. هم‌چنین زاهدی وزارت جنگ را به سرلشکر عبدالله هدایت تفویض کرد، که این هم معمولاً در حدود اختیارات شاه بود، و سپهبد شاه‌بختی را به استانداری آذربایجان برگزید.

ساعاتی بعد، همه‌ی این‌ها، منجر به نخستین برخورد میان

شاهنشاهی پهلوی، به مبادله‌ی پیام‌های تلگرافی میان شاه و مرجع تقلید شیعیان اشاره کردند. اما متن آن را انتشار ندادند.

۱ - مورخ ۲۱ اوت ۱۹٥۳: ۱) با تغییر اخیر دولت تأثیر آن در وضع ایران چه خواهد بود؟ ۲) دولت امریکا در قبال دولت زاهدی چه رویه‌ای باید اتخاذ نماید؟

محمدرضا پهلوی و فضل‌الله زاهدی شد.

*****

روز ۳۰ مرداد ۱۳۳۲، ۲۱ اوت ۱۹۵۳، شاه به تنهایی از رم عازم تهران شد، ملکه ثریا می‌خواست همراه همسرش به ایران باز گردد. محمدرضا پهلوی در برابر اصرار و حتی ناراحتی همسرش به او گفت که هنوز به ثبات اوضاع در ایران کاملاً اعتماد ندارد و ترجیح می‌دهد که وی را در محیط امن‌تری بگذارد[1].

قبل از ترک رم، شاه در پیامی خطاب به ملت ایران گفت:

> «سیل احساسات بی‌ریا از هزاران کیلومتر راه، چنان در دل من پرتو افکند که تمام خستگی‌های روحی و نگرانی‌هایی که آن هم ناشی از علاقه‌ی قلبی من به میهن مقدس و ملت عزیز بود در رم مرتفع شد و مجال یک ساعت تأخیر در عزیمت به ایران عزیز و دیدار هم‌میهنان را نداد... با اعتمادی که به لیاقت و شایستگی سرلشکر زاهدی نخست‌وزیر دارم، مطمئنم که در ترمیم خرابی‌ها و اصلاحات لازم اقدامات موثر خواهد کرد. همگی شما را به خدا می‌سپارم و سعادت‌تان را آرزومندم».

شاه که در نخستین ساعات ۲۱ اوت، رم را با هواپیمای خط هوایی K.L.M ترک کرده بود، چند ساعت بعد به بغداد رسید. این بار در فرودگاه از او استقبال پرشکوه و در شأن پادشاه ایران به عمل آمد. نایب‌السلطنه و ولیعهد عراق و همه‌ی اعضای هیأت دولت و مقامات رسمی آن کشور در انتظارش بودند. تشریفات نظامی اجرا شد. مظفر اعلم و اعضای سفارت همه با لباس رسمی به آنجا آمده بودند. شاه از پذیرفتن و دیدار آنان خودداری کرد.

محمدرضا پهلوی شب را در بغداد گذراند و این بار با هواپیمای سلطنتی ایران عازم پایتخت کشور خود شد.

---

۱ - Le Palais des Solitudes، صفحه‌ی ۱۶۵.

بعد از ظهر ۳۱ مرداد ماه، ۲۲ اوت ۱۹۵۳، محمدرضا شاه پهلوی، که پنج روز قبل از آن به نوشته‌ی همسرش نومید و بدبین و طبیعتاً سخت دل‌شکسته بود، به تهران بازگشت. چرخ بازیگر از این بازیچه‌ها بسیار دارد.

در فرودگاه مهرآباد نخست‌وزیر به اتفاق وزیرانی که هنوز رسماً معرفی نشده بودند، چند تن از اعضای خانواده‌ی سلطنتی، تمام سفیران و نمایندگان سیاسی خارجی و بسیاری از رجال و مردم عادی در انتظارش بودند. در فاصله‌ی میان فرودگاه و کاخ سلطنتی، استقبال مردم بسیار گرم بود و نشان از امیدواری آنان به عادی شدن اوضاع و بازگشت امنیت و رفاه اجتماعی داشت. به هنگام انجام تشریفات رسمی در فرودگاه مهرآباد، محمدرضا شاه علناً نسبت به دیدار وزیرانی که «رسماً» نمی‌شناخت و به خصوص از این‌که نعمت‌الله نصیری به درجه‌ی سرتیپی ارتقاء یافته تقریباً اظهار عصبانیت و به هر حال عدم رضایت نمود. «کی به تو درجه سرتیپی داده؟» نصیری ساکت ماند. نخست‌وزیر با صدای بلند که سایرین هم سخنانش را شنیدند گفت: «با اجازه‌ی اعلیحضرت همایون شاهنشاه، ابلاغیه صادر شد و نصیری به درجه‌ی سرتیپی نایل گردید»... شاه آهسته به‌طوری که نخست‌وزیر و چند تن از اطرافیان بشنوند گفت: «نمی‌توانستید صبر کنید تا من بیایم؟»[۱] و این آغاز دشواری‌هایی میان شاه و نخست‌وزیرش بود.

*****

سرلشکر زاهدی در روز اول شهریور، ۲۳ اوت، وزیران خود را رسماً به شاه معرفی کرد. عبدالله انتظام وزیر امور خارجه بود، دکتر علی امینی وزیر دارایی، سرلشکر عبدالله هدایت وزیر جنگ، دکتر علی‌اصغر پورهمایون وزیر اقتصاد ملی، دکتر جهانشاه

۱ - نور محمد عسکری، شاه ... صفحه‌ی ۱۸۲-۱۸۳.

صالح وزیر بهداری، جمال اخوی وزیر دادگستری، احمدحسین عدل وزیر کشاورزی، علی‌اصغر حکمت وزیر مشاور... کفالت وزارت کشور که نخست‌وزیر می‌خواست بر آن نظارت کامل و دایم داشته باشد به سرتیپ محمدحسین میرزاجهانبانی دوست نزدیک و مورد اعتمادش تفویض شده بود.

شاه انتظار داشت که در انتخاب وزیران قبلاً اظهار نظر کرده باشد. او با ترکیب کابینه موافق نبود و اندکی بعد عدم رضایت خود را به سفیرکبیر امریکا بازگو کرد:

«... شاه گفت: نسبت به کابینه‌ای که زاهدی در بدو ورود معرفی کرده است، خوشحال نیست. همان قیافه‌های قدیمی که سال‌ها سوار کار بودند کماکان دیده می‌شوند. وی انتظار کابینه‌ای را داشت که موجب تحرک در کشور باشد، به خصوص در میان جوانان. وی گفت امریکایی‌ها اصرار داشتند که امینی به عنوان وزیر دارایی جزو کابینه باشد و قبل از ورود وی، کابینه انتخاب و به وی معرفی شود که در حقیقت وی در مقابل عمل انجام یافته‌ای قرار بگیرد...»[١].

لوی هندرسن، قویاً دخالت امریکا را در انتصاب دکتر امینی یا در ترکیب دولت، تکذیب کرد. ظاهراً برای تصدی وزارت دارایی، در ابتدا نظر نخست‌وزیر به دکتر حسین پیرنیا، استاد اقتصاد دانشگاه تهران و متخصص سرشناس مسائل نفتی بوده. اما او را در تهران نیافتند و دکتر امینی برگزیده شد[٢].

ناهم‌آهنگی میان شاه و نخست‌وزیر، اندک اندک به صورت یکی از شایعات شهر درآمد و هر بار در شرفیابی‌های سفیرکبیر امریکا مطرح می‌شد. تقریباً سه هفته بعد، او این نکته را با شاه مطرح

---

١ - ٣٥٣، ٢٣ اوت، ١٩٥٣، ساعت ١٠ شب.

٢ - اردشیر زاهدی، خاطرات... صفحه‌ی ٣٤٩.

کرد[۱]

«من به شاه گفتم شایعاتی در شهر رایج شده است که وی با زاهدی در باره‌ی ارتش اختلاف نظر دارند. گفته می‌شود از یک طرف زاهدی بدون مشورت با شاه در ارتش اقداماتی به عمل می‌آورد و از طرف دیگر شاه، زاهدی را نادیده گرفته و دستوراتی مستقیم به رییس ستاد ارتش صادر می‌نماید. حزب توده و سایر دشمنان شاه و زاهدی یقیناً از این قبیل حکایت‌ها خیلی خوشحال و در اشاعه‌ی آن کوشا هستند. شاه گفت اگر زاهدی خوب درک نماید که کاری به کار ارتش نداشته باشد، هیچ موردی برای این اختلاف و حتی شایعاتی در باره‌ی این اختلافات پیش نخواهد آمد. خیلی مشکل است زاهدی فراموش نماید که به عنوان نخست‌وزیر، وی اکنون یک فرد غیرنظامی است و نه یک افسر ارتش، او کاملاً متمایل است که زاهدی شخصاً و محرمانه در باره‌ی ارتش با وی صحبت کند. ولی با اجازه دادن به نخست‌وزیر که آشکارا در باره‌ی مسایل مربوط به ارتش توصیه نماید، حاضر نیست سابقه ایجاد کند...».

*****

در نخستین روزهای پس از بازگشت شاه و «عادی شدن» اوضاع، مسائل گوناگون در کشور فراوان بود.

روز سوم شهریور ۱۳۳۲، ۲۵ اوت ۱۹۵۳، شاه سرلشکر زاهدی را که رسماً بازنشسته و «غیرنظامی» بود به درجه‌ی سپهبدی ارتقاء داد که معنای آن نوعی بازگشت وی به کادر شاغل و فعال ارتش بود. همان روز به «پاس خدمات صادقانه»اش یک قطعه نشان درجه اول تاج به نخست‌وزیر اعطاء شد.

نعمت‌الله نصیری نیز که به دستور و تصمیم زاهدی در ۲۹ مرداد به

---

۱ - ۳۶۸، ۱۸ سپتامبر ۱۹۵۳.

درجه‌ی سرتیپی ارتقاء یافته بود، این بار مجدداً به امر شاه سرتیپ شد که شاید این تنها مورد در تاریخ ارتش ایران باشد که شخصی در ظرف پنج روز دوبار همان درجه را دریافت کرده باشد!
روز بعد، چهارم شهریور، نخست‌وزیر با تصمیم شخصی خود دیوان عالی کشور، بالاترین مرجع قضایی مملکتی و دیوان عالی انتظامی قضات را که دکتر مصدق به حالت تعلیق در آورده بود، مجدداً برقرار کرد و بدین ترتیب خلاء موجود در نظام دادگستری از میان رفت.

*****

در نخستین روزهای شهریور ۱۳۳۲، قدرت دولت در سرتاسر کشور مستقر و مورد قبول بود و سپهبد زاهدی بلامنازع امور مملکت را اداره می‌کرد.

قضاوت در باره‌ی این مساله هر چه باشد، باید پذیرفت که ماجرای ۲۸ مرداد، ایران را از خطر استیلای کمونیسم، یعنی حزب توده و اتحاد جماهیر شوروی، نجات داد. احساس همین خطر بود که مردم را یا به طرفداری از قیام سرلشکر زاهدی واداشت و یا به امتناع از تظاهر به نفع مصدق که هنوز بسیاری دوستش می‌داشتند و به او احترام می‌گذاشتند. آیا خود مصدق نیز به این خطر و به بن‌بستی که مملکت به آن رسیده بود وقوف داشت که هواداران خود را به تظاهر فرا نخواند و به خصوص با صراحت دست رد بر سینه‌ی حزب توده زد که گروهی از طرفدارانش، به خصوص حسین فاطمی، گرداننده‌ی اصلی تصمیمات و اقدامات دولت در فاصله‌ی بین ۲۵ تا ۲۸ مرداد، خواهان ائتلاف با آن بودند؟

تسلط عوامل شوروی به ایران، به هر صورت، چه مستقیماً و چه در چهارچوب یک «جبهه‌ی دموکراتیک ضد امپریالیستی»،

معادلات بین‌المللی را به کلی تغییر می‌داد. در این صورت مسکو به آرزوی دیرین خود که رسیدن به «آب‌های گرم» باشد، و یک‌بار قوام‌السلطنه مانع تحقق آن شده بود، می‌رسید و شوروی‌ها بر ثروتی سرشار، یعنی منابع نفتی ایران، دست می‌یافتند. چه بسا جهان غرب، چنان که در یک نشست شورای امنیت ملی امریکا پیش‌بینی شده بود، یک «خط دفاعی در میان سلسله جبال زاگرس[1]» با حمایت و مداخله‌ی نیروهای نظامی امریکا و پایگاه‌های انگلیسی در عراق، ایجاد می‌کرد. در آن صورت ایران دستخوش جنگ داخلی و ویرانی می‌شد، چنان‌که در همان سال‌ها، یونان، کُره و ممالک هندوچین دچار آن شدند.

ایران از همه‌ی این محنت‌ها و ویرانی‌ها رهایی یافت و استقلال و تمامیت خود را حفظ کرد، که این خود یک پیروزی بزرگ برای «جهان آزاد» در مقابل «کمونیسم بین‌المللی» بود.

قطعاً به همین علت است که سازمان مرکزی اطلاعات ایالات متحده (C.I.A) که آن روزها رو در روی سیاست جهان‌خواری شوروی قرار داشت، کوشید تا این ماجرا را، که مرحله‌ی نهایی آن «خودجوش» بود و در آن دخالتی نداشت، یا دخالتی ناچیز داشت، به حساب خود بگذارد. شوروی‌ها نیز هرگز شکست خود را نبخشیدند و برخی از روشنفکران و روزنامه‌نویسان غرب نیز به رویه‌ی معمول خود، از آنان پیروی کردند و نظریه‌ی «کودتای ۲۸ مرداد» شکل و قوام گرفت[2]، که اکنون مورد تردید و انتقاد اکثر

۱ - صورت جلسه‌ی مذاکرات یک صد و سی و پنجمین جلسه‌ی شورای امنیت ملی، مورخ ٤ مارس ۱۹۵۳. ژنرال آیزنهاور، رییس جمهوری، ریچارد نیکسون معاون وی، وزیر امور خارجه، وزیر دفاع، رییس سازمان مرکزی اطلاعات، رییس ستاد مشترک و جمعی دیگر از مسوولان امریکایی در این اجلاس حاضر بودند و این صورت جلسه در اسناد دیپلماتیک ایالات متحده، منبع ذکر شده، انتشار یافته است.

۲ - پی آمد حیرت‌انگیز شکست توطئه‌ی دست‌اندازی بر ایران، این بود که لاورنتیف سفیرکبیر شوروی «که در سایر کشورها در انقلاب‌سازی موفق بود» و قطعاً به همین منظور مأمور ایرانش کرده بودند «اقدام به خودکشی کرد». «بعدها شنیده شد

محققین و مورخین موجه قرار گرفته.

امـــروزه که اوضاع جهان و معـــادلات بین‌المللی به کلی دگرگون شـــده، جنگ ســـرد به صورت یک «خاطره‌ی تاریخی» درآمده و همه‌ی اســـناد رسمی ایالات متحـــده در دســـترس محققان قرار گرفته‌انـــد، می‌توان بدون تعصب و بدون پیش‌داوری سیاســـی و عقیدتی در باره‌ی ایـــن وقایع قضاوت کرد. باید حقایق را گفت و نوشت و در وقایع از دید تاریخی و با انصاف و بی‌طرفی به بحث و داوری و ارزیابی پرداخت.

تحول سیاسی ایران بعد از ۲۸ مرداد هر چه بوده، شبهه‌ای نیست که در آن روز ایران از خطری بزرگ نجات یافت.

۲۸ مـــرداد یک نقطه عطف در تاریخ معاصر ایران بود و هســـت. همین حکم در مورد ۲۹ اســـفند و ملی شـــدن نفت به رهبری دکتر مصـــدق و به همت همه‌ی ملت ایـــران و همچنین در باره ۲۱ آذر و نجات آذربایجان جاری است و سهم استثنایی که قوام‌السلطنه در آن داشت.

*****

ســـپهبد زاهدی در نخســـتین روزهای حکومتش با دو مســـاله‌ی سیاسی مهم روبرو شد.

ناصر قشقایی تلگرافی به «حضور تیمسار سرلشکر زاهدی» که از

کـــه توده‌ای‌ها اظهار کرده بودند که در ۲۸ مرداد غافلگیر شـــده بودند و گرنه قصد داشـــتند زد و خورد را تا بامداد روز ۲۹ مرداد بکشـــانند» و چون اتخاذ این رویه با اجازه یا به دستور سفیرکبیر شوروی بود و با شکست کامل مواجه شد، وی دست به خودکشـــی زده که «فوراً رییس بیمارســـتان شوروی به کمک شتافته و وی را از مرگ نجات داده اســـت». لاورنتیف مدت‌ها بعد از این جریان در باغ ییلاقی سفارت شـــوروی در زرگنده به بهانه‌ی استراحت ممنوع‌الملاقات بود. ولی چندی پس از آن در تهران ماند و به مأموریت سیاســـی خود ادامه داد. برای مطالعه‌ی جزییات این جریان نگاه کنید به عبدالحسین مفتاح، خاطرات سیاسی، منبع ذکر شده، صفحات ٦٨ تا ۷۱ که چند جمله از نوشته‌ی او در این حاشیه نقل شده.

دید وی نه سپهبد شده بود و نه نخست‌وزیر، مخابره کرد[۱]. پیام او ابتدا مملو از تعارفات بود «گمان می‌کنم در ارادت قلبی و دوستی بی‌غل و غش سی و یک ساله‌ام هیچ تردیدی نداشته باشید... جنابعالی شخصی بودید که در این مملکت، اکثر اهالی نزدیک به اتفاق، به حضرت‌عالی عقیده‌مند بودند و دوست‌تان می‌داشتند و شما را یکی از ذخایر ملی می‌دانستند و امیدها داشتند و قطعاً یکی از آن اشخاص عقیده‌مند خود بنده بودم». او سپس افزود:

«... بدبختانه امید همه‌ی آزادی‌خواهان مبدل به یأس گردید... تصدیق می‌کنم حضرت آقای دکتر مصدق نخست‌وزیر نسبت به شخص حضرت‌عالی و دو سه نفر از رفقا بسیار بد کرد... ولی بدبختانه و هزار بدبختانه آقا را محل قرار داده‌اند. طولی نمی‌کشد کاری بر سرتان بیاورند که بر سر هزاران اشخاص شریف آورده‌اند. ولی آن وقتی است که پشیمانی سود ندارد... حالا هم مجال دارید تا قوه در دست‌تان است، می‌توانید قیامی کرده و به ملت ایران ثابت کنید که تیمسار زاهدی همان است که مردم تشخیص داده‌اند و یقین دارم تشخیص مردم غلط نیست... بیش از این مصدع نمی‌شوم. مراد ما نصیحت بود و گفتیم. حوالت با خدا کردیم و رفتیم. دوست قدیم شما محمدناصر قشقایی».

در این پیام رییس ایل قشقایی در حقیقت رییس دولت را به قیام علیه شاه دعوت می‌کرد. اما او به عبارات تند اکتفا نکرد و «نرفت». ولی بلافاصله بعد از ارسال این پیام اعلامیه‌ای نیز خطاب به ملت ایران صادر کرد که در تمام استان فارس و منطقه‌ی بختیاری پخش شد:

۱ – متن پیام‌های مبادله شده میان سپهبد زاهدی و محمدناصر قشقایی، در کتاب خاطرات شخصی اخیرالذکر، سال‌های بحرانی، موسسه‌ی خدمات فرهنگی رضا، تهران، ۱۳۶۶ درج شده است.

«... در این موقع که جیره‌خواران و مزدوران اجنبی، افراد وطن‌پرست و بی‌هراس ایلات و بلوکات قشقایی خطاب به شما ملت غیور و میهن‌خواه ایران که همیشه نگهبان وطن خویش بوده‌اید، به شـما برادرانی که در لباس پرافتخار سـربازی بوده و برای مبارزه با دشمنان ایران آماده‌اید می‌گویند: اکنون که سـوداگران کمپانی غاصب سـابق بار دیگر نغمه‌ی شـوم و مرگبار خویش را سـر داده و می‌خواهند امیال ددمنشـانه خـود و اربابان را جامه‌ی عمل بپوشانند، ما تا آخرین قطره‌ی خون خود، با نوکران اجنبی و دشمنان ایران می‌جنگیم و از شما ملت وطن‌خواه و بیدار ایران می‌خواهیم که دلیرانه با ما در راه اسـتقلال میهـن عزیز همـکاری و با لب خندان شـربت شـهادت بنوشیم... افراد وطن‌پرست ایلات قشقایی و جوانان غیور فارس تا پای جان و تا سـر حد آمـال خویش، جانبازی کرده با هواداران شـرکت غاصب و دشمنان ایران عزیز مبارزه می‌کنند».

ایـن پیام در حقیقت دعوت به تجدید غائله‌ی فارس برای تضعیف حکومت بود. سـپهبد زاهدی به پیام پاسـخی نداد. به دستور او سرلشکر دولو فرمانده‌ی لشکر اصفهان در ضمن کفیل استانداری فارس، اعلامیه‌ای با هواپیما بر روی نواحی اقامت ایل قشـقایی پخش کرد:

«برابر اطلاع رسیده مطالبی به امضای آقای محمدناصر قشـقایی در منطقه‌ی سمیرم منتشـر شـده که خلاصه‌ی مضمـون آن، تحریـک اهالـی و ایـلات وطن‌پرسـت و شاه‌دوست به مخالفت با دولت قانونی و ملی می‌باشد... لازم دانست یادآور شود که دولت قانونی و ملی با قدرت خلل‌ناپذیر ملت، بر اوضاع مسـلط و جز رویه‌ی آسایش

و امنیت قاطبه‌ی اهالی در هر نقطه‌ی کشور باشند هدف دیگری نیست. این انتشارات اگر حقیقتاً به امضای آقای محمدناصر قشقایی باشد، اخطار می‌گردد که ایشان و آقایان محمدحسین و خسرو (قشقایی) بدون فوت وقت با اعتراف به گناه خود و تقاضای بخشش به اصفهان بیایند...».

سرلشکر دولو در پایان اعلامیه‌ی خود تهدید کرد که اگر ایلات تحت فرمان ناصرخان به اقداماتی برای سلب امنیت عمومی و حمله به پاسگاه‌های ژاندارمری بپردازند «بدون هیچ‌گونه رحم و با سرعت و شدت از زمین و هوا سرکوب و مجازات ملی» در باره‌ی آنان اعمال خواهد شد.

در پاسخ سرلشکر دولو، ناصر قشقایی اعلامیه‌ی دیگری صادر و طی آن کفیل استانداری فارس و فرمانده لشکر اصفهان را «متهم» کرده بود که پیش از تاریخ ۲۸ مرداد از دکتر مصدق، و پس از آن از شاه و «سرلشکر» زاهدی جانبداری و اطاعت کرده. این نکته کاملاً درست بود. سرلشکر دولو از دولت مرکزی اطاعت می‌کرد و نماینده‌ی آن بود و با وجود اقامت در اصفهان، موقتاً به دستور نخست‌وزیر کفالت استانداری فارس به وی تفویض شده بود.

سپهبد زاهدی نمی‌خواست در نخستین روزهای حکومتش، دچار غائله‌ای در فارس - استانی که آن را می‌شناخت و دوست می‌داشت، بشود و به لشکرکشی بپردازد. پس کوشید چنان‌که با شیخ خزعل عمل کرده بود، از «موضع قدرت» به آرام کردن قشقایی‌ها بپردازد و به آنان بهانه‌ای برای عقب‌نشینی بدون سلب آبرو بدهد. به دستور او از نخست‌وزیری به سرتیپ جهانگیری فرمانده لشکر فارس ابلاغ شد:

«بر حسب امر جناب آقای نخست‌وزیر به جناب آقای

قشــقایی اطلاع دهید هیچ گونه نگرانی نداشــته باشند. خانواده‌ی قشقایی مثل خانواده‌ی خود ایشان است».

چند روز گذشــت، قشــقایی‌ها تظاهراتی کردند، اما شدت عملی نشــان ندادند. ســپهبد زاهدی، احتمالاً با اعزام مأمورین خاص و توسل به وســاطت، دریافت که ناصر قشقایی بیشتر به سبب ابراز وفاداری نســبت به مصدق و به علت روحیه‌ی جوانمردی و غیرت ایلیاتی دست به این حرکات زده. البته مخالفت دیرین او با خانواده‌ی پهلوی بر کسی پوشیده نبود و روسای ایلات آن منطقه، به طور کلی همواره ســعی می‌کردند هر بــار با حکومت مرکزی ضعیف روبرو هستند، امتیازاتی بگیرند و به شرارت می‌پرداختند و هــر بار با قدرت حکومت و حکومت قــدرت روبرو بودند، مطیع و ســاکت می‌شــدند. در نتیجه خود او تلگرافی برای ناصرخان فرستاد که شاید قبلاً در مورد آن نوعی تفاهم حاصل شده بود: «جناب آقای محمدناصر قشــقایی، ممکن اســت در این کشــمکش اخیر اتفاقاتی رخ داده باشــد (اشاره به وقایع ۲۸ مرداد اســت) ولــی جناب آقای هیئت (دادســتان کل کشــور که قاضی خوش‌نام و محترمی بود و در کابینه‌ی مصدق نیز سمت وزارت دادگســتری را داشت) که طرف اعتماد عموم است به اســتانداری فارس تعیین و حرکت کردند. یقین جلوگیری از هر نوع سوءتفاهمات خواهد شد. اطمینان داشــته باشید که در حکومت اینجانب، جز رفاه حال عمومی و بالا بردن سطح زندگی مردم منظور دیگری نداشــته و یقین دارم با ســوابقی که بــه اخلاق اینجانب داریــد، با کمــال اطمینان در پیشــرفت کار دولت و رفاه عموم مجاهدت خواهید فرمود».

پیام به امضای فضل‌الله زاهدی نخســت‌وزیر بود، نه ســپهبد، نه سرلشکر، اشاره‌ای ظریف به قصد خاتمه‌ی مجادله.

علــی هیئت به فــارس رفت و به اتکای قدرت دولت، با مســالمت به بحران خاتمه بخشــید. پس از مدتی برادران قشقایی رهسپار اروپا شــدند و ناصرخان دیگر به ایران برنگشت. دولت به تدریج اسلحه‌ای را که در دست ایلات و عشایر بود جمع‌آوری کرد. فارس آرام شــد. سال‌ها بعد غائله‌ی دیگر فارس علیه اجرای اصلاحات ارضی پیش آمد، که داســتان دیگری اســت و قبــلاً به اختصار اشاره‌ای به آن شده.

تعیین تکلیف دکتر مصدق، مساله‌ی بزرگ دیگر دولت بود. ده روز پــس از ۲۸ مرداد، ســپهبد زاهدی دفتــر کار خود را، مانند قوام‌الســلطنه، به وزارت امور خارجه منتقل کرد و برای اجتناب در رفت و آمد در شهر، فقط شب‌ها در باشگاه افسران استراحت می‌کرد. حضور دکتر مصدق در باشگاه افسران، مستلزم تدابیر حفاظتی فراوان بود که با مجالس جشن و رفت و آمدهای دایم در آن محل منافات داشــت. در نتیجه او را به باشگاه افسران لشکر زرهی در محوطه‌ی پادگان سلطنت‌آباد انتقال دادند.

از همان روز و شــاید ساعتی که دکتر مصدق به باشگاه افسران رفت و به اصطلاح خودش، تســلیم شد، اتخاذ تصمیم در باره‌ی سرنوشت وی و رفتاری که می‌بایست با او بشود، در مراجع عالی دولت و در میان رجال سیاسی آن زمان مطرح شد.

نورمحمد عسکری که در آن موقع روزنامه‌نویس بود و در محافل سیاسی رفت و آمد داشت در این مورد تحقیق و سوالاتی کرده بود که بعد از سال‌ها در کتابش انتشار داده،[1] سپهبد زاهدی که خود وزیر مصدق بود، از همان ابتدا با محاکمه‌ی او مخالفت کرد! نه تنها به آن ســبب که «همه‌ی ملت ایران، از جمله شــاه و خود من در نهضت ملی شــدن نفت در کنار او بودیم و از او پشتیبانی کردیــم». بلکه به این جهت که «زندانی کــردن و محاکمه‌ی دکتر

---

۱ - نورمحمد عسکری، شاه، مصدق ...، فصل بیست و دوم صفحات ۲۳۸-۲۳۹.

مصـــدق نه تنهـــا فایده‌ای ندارد، بلکه در وضـــع حاضر از او یک قهرمان ضد رژیم به وجود خواهد آمد... هر اقدامی در این زمینه تبدیل به اسکاندالی علیه رژیم می‌گردد».

نظر سپهبد زاهدی این بود که مصدق، بدون محاکمه و تشریفات به احمدآباد برود تا در ملک شـــخصی خود زندگی کند. شـــاه به علت مخالفتی که ســـران ارتـــش با این امر داشـــتند، این نظر را نمی‌پذیرفت. ســـرانجام مقرر شد که هیاتی به این مطلب رسیدگی و رای‌زنی کند. شـــبی در حضور شاه، جلسه‌ای با حضور دکتر محمد سجادی، علی هیئت دادســـتان کل کشور که وزیر مصدق نیز بود و سرلشـــکر عبدالله هدایت وزیر جنگ تشکیل شد. سپهبد زاهدی، قطعاً برای اجتناب از برخورد حضوری با شـــاه، به این جلســـه نرفت و به اردشـــیر زاهدی مأموریت داد که جانشین وی شـــود. سرلشکر هدایت نظر داد که چون تعدادی از افسران ارتش که زیر نظر و فرمان مصدق بوده‌اند، به جرم انجام دستور ایشان بازداشت شده و تحت تعقیب قرار خواهند گرفت، اگر مصدق آزاد باشـــد و محاکمه نشود، مشـــکلات فراوانی به وجود خواهد آمد. جلســـه تا ســـاعت چهار صبح به طول انجامید. ملکه ثریا چندین بار به شاه تلفن کرد که منتظر او است. شاه مصر بود که تصمیم گرفته شـــود. از رأی نخســـت‌وزیر با خبر بـــود و خودش آن را در آغاز جلسه بازگو کرده بود. سرانجام پس از گفتگوهای فراوان، با تأیید شاه، تصمیم به محاکمه‌ی دکتر مصدق «فقط برای اقداماتی که از ٢٥ تا ٢٨ مرداد انجام داده»، گرفته شـــد و محمدرضا شـــاه مخصوصاً بر این نکته تأکید کرد.
اردشـــیر زاهـــدی که جـــوان بود و بی‌تجربـــه، در این جلســـه با برافروختگی گفت: «با این تصمیم تکلیف نخست‌وزیر را هم روشن فرمودید» که البته این سخن خوش‌آیند شاه نبود[1].

---

١ - در پاســـخ به پرسش نویسنده‌ی کتاب اردشـــیر زاهدی، مفاد این گزارش را در

قطعاً سپهبد زاهدی می‌دانست که تصمیم شاه گرفته شده و با آن موافق نبود. در شــرایط آن روز و به این بهانه، استعفای وی نیز قابل تصور نبود. در ضمن نمی‌خواست مخالفتش ناگفته و پنهان بماند و فردای آن روز در تهران همه آن را دانســتند. او در نهایت امر ناچار به عقب‌نشــینی در برابر شاه شد، اما به کلی خود را از هر نوع دخالت و اظهار نظر در مورد جریان محکمه‌ی مصدق کنار کشید و اسمی هم از او در دادگاه برده نشد.

محمدرضا شاه پهلوی، هم مجذوب مصدق بود و هم مرعوب او و شاید می‌خواست با این محاکمه، طلسم محبوبیت وی را در میان بسیاری از مردم ایران بشکنند. ولی این مقصود، اگر واقعاً وجود داشت، چنان که خواهیم دید، حاصل نشد.

*****

ســپهبد زاهدی، هنگامی که زمام امور کشور را به دست گرفت، شــصت ســاله بود. اما به علت آثاری که از جنگ‌های گذشته در بدنش مانده بود، سختی‌های دوران سه ساله‌ی اسارت به دست انگلیس‌ها در فلســطین، از سلامت کامل برخوردار نبود. آن‌چه از لابــلا و فحوای روایات و خاطرات فــراوان درباره‌ی او می‌دانیم، این اســت که مردی بود علاقمند به ورزش: تنیس، اسب‌سواری، شکار و تیراندازی. مجموعه‌ای از تفنگ‌های قدیمی و جدید، بعضاً مرصع، در خانه‌ی خود داشــت که بعداً اســباب زحمت پسرش اردشیر شد[1].

مجموع تأیید کرد.

۱ - پس از ماجرای ۲۱ فروردین و تیراندازی به محمدرضا شــاه در محوطه‌ی کاخ مرمر، ارتشــبد نصیری رییس وقت سازمان امنیت به شاه گزارش داد که شایعاتی در باره‌ی تدارک یک کودتا یا شــورش بوســیله‌ی اردشــیر زاهدی وجود دارد و در خانه‌ی او مقدار زیادی اســلحه پنهان و انبار شــده اســت. کار به بازرسی محل و صورت‌برداری رسمی از این «انبار» اســلحه کشــید که همان مجموعه‌ی چند تفنگ (غالباً غیرقابل استفاده و کهنه) ســپهبد زاهدی بود!. تمام این جریان، به انضمام اسناد مربوطه، از جمله صورت جلســه‌ی تفتیش اقامتگاه اردشیر زاهدی و صورت

بر سر کار، غالباً با لباس نظامی حضور می‌یافت، اما در غیر ساعات اداری لباس معمولی می‌پوشید و شهرت به خوش‌پوشی داشت. خیاطش شخصی به نام هامبارسوم بود که بسیاری از رجال ایران مشتریانش بودند.

در غیر ساعات کار، بر سر ناهار و مخصوصاً شب‌ها به هنگام صرف شام، غالباً دوستانش در کنارش بودند. دوستی، اعتماد به دوستان، فداکاری برای آنان و توقع هم‌دلی و فداکاری از آنان، یکی از خصایص اخلاقی سپهبد زاهدی بود که بعضی از آن بسیار سوءاستفاده کردند.

در میان دوستان نزدیک و رازدارش، حاج حسین‌آقا ملک، حسن اکبر، عدل‌الملک دادگر، رضا کی‌نژاد، مصطفی تجدد، فاضل‌الملک همراز، سپهبد یزدان‌پناه، سردار سیف افشار و محمدحسین میرزافیروز را نام برده‌اند. با وجود برخوردهای سیاسی، دوستی خود را با خانواده‌ی قشقایی حفظ کرد و از دور و نزدیک تا پایان عمر خود مواظب آنان بود و مخصوصاً به بی‌بی قشقایی (همسر صولت‌الدوله و مادر ناصر خان) احترام بسیار می‌گذاشت.

اهل مطالعه بود و به ویژه کتاب‌های تاریخی و نظامی را دوست می‌داشت. دو تن از دانشمندان نامدار ایران، ذبیح بهروز و نصرالله فلسفی، از مصاحبان همیشگی او بودند و با آنان در باره‌ی تاریخ و ادبیات ایران، گفتگوهای بی‌پایان داشت و گاهی به بازی تخته‌نرد می‌پرداخت.

به میهمانی‌ها و پذیرایی‌های شبانه بی‌علاقه نبود. مردی بود به غایت مهمان‌نواز، تا آنجا که دشمنانش وی را غالباً «اهل بزم» می‌خواندند.

به سنتی که در دوران پهلوی اول در باره‌ی امیران ارشد ارتش

سلاح‌های یافته شده در آنجا در جلد دوم خاطرات وی انتشار یافته. از ایشان کمال تشکر را دارم که متن (غیرنهایی) این کتاب را برای مطالعه در اختیارم گذاشتند. این کتاب قرار است در جریان سال ۲۰۰۹ میلادی منتشر شود.

معمول بود، حتی دوستان نزدیکش وی را «حضرت اجل» خطاب می‌کردند و او هر یک را با عنوانی در حد روابطش و یا شخصیت سیاسی و مملکتی آنان می‌خواند.
هنگامی که از ریاست دولت برکنار شد، ارزش و بازتاب این دوستی‌ها را دید و گویا هرگز وفاداری‌های یاران و دوستانش را در دورانی که دیگر قدرتی نداشت. فراموش نمی‌کرد.

در زندگی شخصی و سیاسی سپهبد زاهدی، پسرش، اردشیر، نقش و سهم استثنایی داشت. پدر و پسر بسیار به یکدیگر نزدیک و واقعاً یگانه بودند. با این حال، او که خصلت نظامی را حفظ کرده و اهل انضباط و رعایت احترام بود، مخصوصاً به هنگام تحصیل اردشیر در ایالات متحده، از توبیخ و سرزنش او اجتناب نداشت و به وی در صورت ضرورت نامه‌های تند و خشونت‌آمیز می‌نوشت که اکثراً انتشار یافته‌اند[1]. گاهی از گشاده‌دستی‌های اردشیر و غالباً از خط بد و ناخوانای وی خشمگین می‌شد و در چند نامه به پسرش درس رسم‌الخط فارسی و لاتین داده!

فضل‌الله زاهدی دوبار ازدواج کرد: نخست، چنان‌که دیدیم، با

---

۱ - پس از انقلاب اسلامی، اقامت‌گاه خانواده‌ی زاهدی در حصارک شمیران، مانند هزاران خانه‌ی دیگر به وسیله‌ی حکومت اسلامی اشغال و غارت شد. بعضی از اسناد و مدارکی که در آنجا یافته شده بود، بعداً به موسسه‌ی مطالعات تاریخی وابسته به وزارت امور خارجه جمهوری اسلامی انتقال یافت. سال‌ها پس از آن منتخبی از نامه‌های سپهبد زاهدی به پسرش اردشیر در نشریه‌ی تاریخ معاصر ایران (جلد دوم، شماره ۷، سال ۱۹۹۸، صفحات ۱۲۲ تا ۱۸۰) وابسته به همان موسسه با نام و عنوان انگلیسی Institute for Iranian Conterporary Historical Studies. به طبع رسید. قسمتی از این مراسلات، در کتاب جلال اندرمانی‌زاده، زاهدی‌ها در تکاپوی قدرت، چاپ تهران، که قبلاً به آن اشاره کردیم، انتشار یافته است.
نامه‌های سه سال آخر، گذشته از مسائل خصوصی و خانوادگی، نشان دهنده‌ی دلشکستگی سپهبد زاهدی، نگرانی وی از اوضاع ایران و نیز مشکلات مالی دائمی او است.

خدیجــه پیرنیا دختر مؤتمن‌الملک (مادر اردشــیر و هما زاهدی) و بار دوم با بانویی از خانواده‌ی اتحادیه، که ازدواج اخیر نیز دیری نپایید. شاید سپهبد زاهدی که در توجه به فرزندانش غالباً افراط می‌کرد، اهل زندگی خانوادگی به معنای سنتی کلمه نبود و همین امر به انتقادات کسانی که وی را «اهل بزم» خواندند بسیار کمک کرد.

*****

در آغاز حکومت ســپهبد زاهدی، خزانه تهی بود، دولت مقروض، بــازار کســاد و اقتصــاد کشــور در حــال رکــود. در بعضی از ســازمان‌های دولتی از ســه ماه پیش حقوق و مزایای کارمندان پرداخت نشــده بود و هزاران بی‌کار در خیابان‌ها و میدان‌های شــهرها سرگردان بودند. اجرای طرح‌های عمرانی معدودی که با دشــواری بســیار پس از پایان جنگ جهانی دوم آغاز شده بود، در حــال تعطیل یا تعویق بود. دوران کوتاه اقتصاد بدون نفت که بر اثر نوعی محاصره‌ی اقتصادی به ایران تحمیل شــده بود، جز تنزل ســطح زندگی و نومیدی مردم نتیجه‌ای به بار نیاورد. تنها صادرات غیرنفتی به طور مصنوعــی و به خاطر گرانی نرخ دلار در بازار آزاد ارز، افزایش یافته بود که آن هم در مجموع دردی را دوا نمی‌کرد.

اولویــت اصلی سیاســت اقتصادی دولت، خــروج از این بحران فرســاینده و خطرناک و به راه انداخــتن فوری چرخ‌های اقتصاد کشور بود:

در روز چهارم شــهریور ماه ۱۳۳۲، ۲۶ اوت ۱۹۵۳، نخســت‌وزیر پیامی برای ژنرال آیزنهاور رییس جمهوری ایالات متحده فرستاد و طی آن نوشت:

«بدین وســیله مراتب قدردانی دولــت ایران و مردم ایران را از کمک‌هایی که در ســنوات اخیر از طرف دولت ایالات متحده‌ی امریکا به ایران شده است به آن حضرت و توسط

آن حضرت به ملت امریکا اظهار می‌کنم. مساعدت‌های مزبور به امنیت کشور و بالا بردن سطح ترقیات فنی آن کمک‌های بسیار کرده است... برای اینکه کشور از این وضع اقتصادی و مالی رهایی یابد محتاج کمک فوری اقتصادی و مالی است... که بتواند برنامه‌هایی را که حکومت برای توسعه‌ی کشاورزی، صناعت و بهره‌برداری از منابع سرشار ... به موقع اجرا بگذارد».

دو روز بعد ژنرال آیزنهاور پاسخی گرم و مثبت به این پیام داد:

«... مردم امریکا همواره به استقلال ایران و آسایش و رفاه مردم ایران علاقه عمیق دارند... برای اینکه به حل مشکلات آتی دولت آن جناب کمکی شده باشد، به «هندرسن سفیر کبیر اجازه دادم در خصوص تهیه و تنظیم برنامه‌های معاضدت ما به ایران، با آن جناب تبادل نظر کند»[1].

پس از دیدارهایی با سپهبد زاهدی و دکتر امینی وزیر دارایی، در روز پانزدهم شهریور ۱۳۳۲ یک هیات اقتصادی عالی‌مقام امریکایی، مبلغ چهل و پنج میلیون دلار به عنوان «کمک مالی فوری و استثنایی» در اختیار دولت ایران قرار داد. شصت میلیون دلار نیز به عنوان کمک نظامی، به منظور تقویت و تجهیز ارتش به تصویب رسید. پس از آن در چند نوبت به عناوین مختلف و گاهی با تشریفات و در حضور خبرنگاران، اعتباراتی از محل کمک‌های اصل چهار که فعالیت‌های معمول خود را نیز دنبال می‌کرد یا فصول دیگر، در اختیار دولت ایران گذاشته شد. یکی از این وجوه که به صورت چک در حضور وزیر دارایی، رییس کل بانک ملی، خزانه‌دار کل کشور و چند تن دیگر از رجال به خود نخست‌وزیر تسلیم شده بود (۲۷ مهرماه ۱۳۳۲- ۱۹ اکتبر ۱۹۵۳) و مبلغ آن

---

۱ - به دستور نخست‌وزیر متن‌های این پیام‌ها در جراید تهران انتشار یافت.

پنج میلیون دلار بود، ماه‌ها بعد هنگامی که سپهبد زاهدی معزول و مقیم اروپا بود، هیاهوی بزرگی به وجود آورد. بعضی جراید داخلی و سپس خارجی آن را تعبیر به «پاداش» کردند که برای سپاسگزاری به نخست‌وزیر وقت داده شده. تشنجی سخت میان سپهبد زاهدی و دربار و دولت پدیدار و نامه‌هایی مبادله شد، چنان که بعداً به آن اشاره خواهیم کرد. البته وجه آن چک، مستقیماً به خزانه‌داری کل منتقل شده بود. اما، بدون شک عمداً، کسی در آن موقع یادآور نشد که «رشوه» به صورت علنی و رسمی آن هم در حضور چند شاهد و نمایندگان مطبوعات پرداخت نمی‌شود! به شخص سپهبد زاهدی مانند هر فرد سیاسی مهم دیگر، انتقادات بسیار شده ولی حتی دشمنانش نیز او را هرگز متهم به نادرستی نکرده‌اند. البته این بار هیاهوی سیاسی از جانب دشمنان نبود و در تهران ریشه داشت!

قدر مسلم این است که کمک‌های مختلف دولت امریکا به ایران، در فاصله‌ی سقوط دولت دکتر مصدق تا آغاز بهره‌برداری مجدد از منابع نفتی جنوب و صدور آن، باعث جلوگیری از واژگونی اقتصاد کشور شد و به اتکای آنها دولت توانست با دشواری، چرخ‌های اقتصاد و فعالیت‌های عمرانی را به راه بیاندازد. تغییر نرخ رسمی، تغییر دلار از حدود سی و دو ریال به حدود هفتاد ریال، در حالی که دلار، در بازار آزاد (یا سیاه) ارز، در حدود یکصد یا حتی یکصد و پنجاه و حتی دویست ریال مبادله می‌شد، تدبیر عاقلانه‌ی دیگر دولت بود که هم تا حد زیادی به چند نرخی اسعار خارجی و نتایج نامطلوب اقتصادی و مالی آن پایان داد و هم دست خزانه را از لحاظ امکانات ریالی باز کرد. چرا که هر دلاری که معامله می‌شد، امکان مالی بیشتری در اختیار دولت می‌گذاشت. نرخ تسعیر دلار تا انقلاب اسلامی، ابتدا رسماً و سپس هم عملاً و هم رسماً در همین حدود (هفتاد ریال با اندکی

افزایش) باقی ماند و از لحاظ ثبات واحد ملی پول، ایران، همواره در میان معتبرترین کشورهای «جهان سوم» و حتی دنیا تلقی می‌شد.
نقطه‌ی اوج روابط ایران و ایالات متحده‌ی امریکا در این دوران، سفر رسمی معاون ریاست جمهوری ریچارد نیکسون و همسرش به تهران است.

نیکسون و همسرش در روز ۱۸ آذرماه ۱۳۳۲، ۹ دسامبر ۱۹۵۳، از کراچی وارد تهران شدند. سپهبد زاهدی در فرودگاه، رسماً از آنان استقبال کرد. آنها با شاه و ملکه ثریا یک ناهار خصوصی صرف کردند. اما نخست‌وزیر شامی مجلل در باشگاه افسران برای‌شان ترتیب داد. در مذاکرات طولانی دو شخصیت (نیکسون - زاهدی) فقط سفیر امریکا و اردشیر زاهدی شرکت داشتند. اردشیر نقش مترجم بین پدرش و معاون رییس جمهوری امریکا را ایفا می‌کرد.
نیکسون در مراسم نظامی روز ارتش، ۲۱ آذر، به عنوان میهمان شاه و زاهدی شرکت کرد. وی در جلسه‌ی ۲۳ دسامبر شورای امنیت ملی امریکا، گزارشی از سفر طولانی خود به کشورهای آسیایی ارائه داد و در باره‌ی نخست‌وزیر ایران گفت:
«طی مسافرت‌مان به ایران، من به زاهدی اعتقاد فوق‌العاده‌ای پیدا کرده‌ام. وی مرد مقتدری است. وی مطالب جالبی گفت. از جمله موقعی که شما به طرف ایران نظر می‌افکنید، با ما مثل فقرا رفتار ننمایید، بلکه مانند منسوبین محترم که دچار ستمی شده‌اند، رفتار کنید»[1].

از این زمان، تا آغاز ریاست جمهوری جیمی کارتر، روابط ایران و امریکا، البته با نشیب و فرازهایی، همواره دوستانه بود. ایران متحد اصلی ایالات متحده در منطقه محسوب می‌شد و امریکا، نقطه‌ی اتکاء سیاست خارجی ایران در مقابل اتحاد جماهیر شوروی بود. ریچارد نیکسون نیز از پایدارترین دوستان امریکایی

۱- ۲۳ دسامبر، ۳۸۹/۱۹۵۳.

ایران و محمدرضا شاه پهلوی به شمار می‌آمد. وی تنها شخصیت برجسته‌ی امریکایی بود که در تشییع جنازه‌ی محمدرضا پهلوی در قاهره شرکت کرد و علناً شرمساری خود را از سیاست رسمی کشورش در باره‌ی ایران بیان داشت. دوستی شخصی او نیز با خانواده‌ی زاهدی، پدر و پسر، تا پایان عمرش ادامه یافت.

*****

پس از ۲۸ مرداد، برخلاف انتظار بسیاری از مفسران، روابط ایران و شوروی به سرعت رو به بهبود نهاد. مسکو دریافته بود که حکومت جدید ایران مقتدر و پابرجاست و دیگر در کوتاه‌مدت به حزب توده امیدی نداشت. در نتیجه، مطابق معمول، مصالح ملی و مملکتی را بر گرایش‌های مرامی و عقیدتی ترجیح داد و با سپهبد زاهدی روابطی دوستانه برقرار کرد. چند روز بعد از سقوط دکتر مصدق، ناگهان مذاکرات تجارتی بین دو کشور که ماه‌ها به درازا کشیده بود به انجام رسید و موافقت‌نامه‌ی جدیدی در ۱۲ شهریور ماه، ۲ سپتامبر امضا و مبادله شد.

در ۲۱ دی ماه ۱۳۳۲، ۱۱ ژانویه ۱۹۵۴، مذاکرات دو کشور در مورد اختلافات مرزی و مالی که مدت‌ها به حالت تعلیق درآمده بود، مجدداً از سر گرفته شد. در دهم تیر این مذاکرات به نتیجه‌ای کاملاً موفقیت‌آمیز رسید. مسکو پس از سال‌ها پذیرفت که یازده تُن طلای مورد مطالبه‌ی ایران را مسترد دارد. همچنین مقرر شد که معادل هفت میلیون دلار کالاهای مورد نیاز ایران، به نرخ بین‌المللی در ازای طلب دولت ایران تحویل شود. تصفیه‌ی این دو رقم به یک اختلاف نظر و مجادله‌ی طولانی که در پایان جنگ جهانی دوم آغاز شده بود، پایان بخشید. در زمان جنگ، هزینه‌های اقامت سربازان ارتش سرخ در ایران از طرف بانک ملی تأمین و پرداخت می‌شد و مسکو پذیرفته بود که بر اساس ضوابطی معادل این

وجـوه را به طلا، بلافاصله بعد از پایان مخاصمات بازپس دهد، که نداده بود. این تفاهم مقدمه‌ی گشایش بزرگی در سیاست پولی ایران شـد و عاملی مهم در تقویت پشـتوانه‌ی اسکناس و تحکیم ریال بود. مسکو کاری را که می‌توانست برای دولت مصدق انجام دهد، نکرد. ولی در مقابل دولتی که علناً مخالف کمونیست‌ها اما محکم و قاطع بود، تسلیم شد.

دو روز بعد، دوازدهم تیرماه، مسکو اولین پروتکل تحویل زندانیان ایرانـی در شـوروی را پذیرفـت و این موافقت‌نامـه به امضای نمایندگان دو کشور رسید.

تغییر نرخ دلار و تفاهم در باره‌ی استرداد طلاهای متعلق به ایران، به دولت امکان و اجازه داد که لایحه‌ی تثبیت پشتوانه‌ی اسکناس را که آن هم سال‌ها مورد لزوم و انتظار بود، به تصویب مجلس برساند که این کار در ۱۷ تیرماه ۱۳۳۳، ۸ ژانویه ۱۹۵٤ به انجام رسید.

توافق‌های پیاپی در مسـائل مختلف با مسـکو، مانع آن نشد که شوروی‌ها شدیداً به همکاری نظامی ایران با جهان غرب، اعتراض کننـد. اما مانع آن هم نشـد که یکی از مـوارد اختلاف دیرین دو کشور که واگذاری محل کنسول‌گری‌های سابق آن کشور به ایران بود، سرانجام حل و فصل شود. همچنین موافقت‌نامه جدیدی، که شرایط آن کاملاً به نفع ایران بود، برای افزایش صادرات شرکت ملی شیلات ایران به شوروی میان دو کشور به امضا رسید.

نقطه‌ی اوج بهبود روابط ایران و شـوروی، که یک پیروزی بزرگ کشور محسوب می‌شـد، تحویل رسمی یازده تن طلای متعلق به ایـران بود که در روز ۱۰ خرداد ماه ۱۳۳٤، اول ژوئن ۱۹۵۵ در مرز جلفا به انجام رسـید. کاروانِ حامل یک صـد و نود و یک جعبه طلای تحویلی، با حراست مأموران در روز ۱۸ خردادماه به تهران رسید و بانک ملی ایران آنها را تحویل گرفت.

سـپهبد زاهدی دیگر بر سـر کار نبـود و طبیعتاً کسـی از او و

کوشش‌های دولتش برای احقاق این حق مسلم ایران که هشت سال به طول انجامیده بود، یادی نکرد.

*****

تجدید روابط سیاسی با بریتانیای کبیر مساله‌ای دیگر بود با جنبه‌های عاطفی و سیاسی.

در هفتم آذرماه ۱۳۳۲، ۲۸ نوامبر ۱۹۵۳، سپهبد زاهدی نامه‌ای از آنتونی ایدن وزیر امور خارجه انگلستان، حاکی از ابراز تمایل به تجدید روابط سیاسی میان دو کشور که در زمان دکتر مصدق قطع شده بود، دریافت داشت. ایدن قبلاً در مجلس عوام نیز گفته بود که دولت وی هیچ مانعی برای برقراری مجدد روابط دوستانه و متعارف میان دو کشور نمی‌بیند.

نخست‌وزیر نامه را در جلسه‌ی نهم آذرماه هیات دولت مطرح کرد و اجازه گرفت که موضوع را تعقیب و بررسی کند. او سپس با چند تن از رجال سالخورده که همواره جزو مشاورینش بودند، چون تقی‌زاده، عدل‌الملک دادگر و نصرالملک هدایت به رای‌زنی پرداخت. آنان نیز ضرورت تجدید این روابط را با احتیاطات لازم تأیید کردند. نخست‌وزیر، نظر سناتورها را هم خواستار شد، از نمایندگان غیرمستعفی دوره‌ی هفدهم نیز دعوت کرد که به کاخ وزارت امور خارجه بیایند و در این مورد بحث و گفتگو کنند. تبادل نظرهای نمایندگان طولانی و پرالتهاب بود ولی آنها هم تجدید روابط سیاسی با انگلستان را غیرقابل اجتناب دانستند.

در شب چهاردهم آذرماه ۱۳۳۲، سپهبد زاهدی در یک پیام رادیویی تجدید رابطه با بریتانیای کبیر را به اطلاع مردم رساند. همان روز، ۵ دسامبر ۱۹۵۳ لندن نیز با انتشار اعلامیه‌ای تجدید روابط سیاسی با دولت ایران را اعلام داشت و سپس دولتین در این زمینه اطلاعیه‌ی مشترکی انتشار دادند.

لندن، دنیس رایت، دیپلمات ورزیده و ایران‌شناس، اما سخت متأثر از روحیه‌ی سنتی سیاست بریتانیا را به سمت کاردار، مأمور گشایش دوباره‌ی سفارت خود در تهران کرد و سپس سرراجر استیونس به سمت سفیرکبیر در دربار شاهنشاهی برگزیده شد. از تهران، امیرخسرو افشار، با سمت کاردار، مأمور بازگشایی سفارت ایران در لندن گردید و سپس نخست‌وزیر پیشین علی سهیلی، دیپلماتی متشخص و مجرب، به سفارت ایران در انگلستان برگزیده شد که بعداً محسن رییس جای او را گرفت. در سال‌های بعد، دنیس رایت به سفارت انگلستان در تهران منصوب شد و امیرخسرو افشار به سفارت ایران در لندن...

در بیستم آذرماه، ۱۱ دسامبر، آیت‌الله سیدابوالقاسم کاشانی، در یک جلسه‌ی مصاحبه‌ی مطبوعاتی که خبرنگاران خارجی و داخلی در آن حضور داشتند و بازتاب وسیعی در داخل و خارج کشور داشت، گفت:

«ملت شریف ایران هرگز تن به این ذلت نخواهد داد و هر روزی که دولت، اعلام تجدید رابطه بدهد (که پنج روز پیش این اعلامیه داده شده بود) روز عزای ملی است و باید مردم نوار سیاه به سینه خود نصب کنند».

موضع‌گیری سیدابوالقاسم علیه تجدید روابط با انگلستان، آغاز مبارزه‌ی علنی او با سپهبد زاهدی بود. در حقیقت کاشانی، مانند سیدحسن مدرس در سال‌های قبل از سلطنت رضاشاه، سودای حکومت بر ایران را داشت و می‌خواست نخست‌وزیران، مطیع و بازیچه‌ی او باشند. ابتدا، در نهضت ملی شدن نفت با دکتر مصدق همراهی و همکاری کرد، اما چون مصدق، آلت دست وی نشد، به مخالفت با او پرداخت و در تضعیف و سقوطش سهم بزرگی داشت. مدتی با سپهبد زاهدی همراه بود و به دربار نیز

نزدیک شـــد. زاهدی هم مانند مصدق می‌خواست حکومت کند و مرد اطاعت از سیدابوالقاســم نبود. او به عوام‌فریبی‌های سید در باره‌ی «اجرای احکام شریعت مقدس» در جامعه نیز کوچک‌ترین اعتنایـــی نکرد. تضاد میـــان آن دو بالا گرفـــت و دو ماه بعد، به مناسـبت انتخابات مجلسین به اوج رسید. ولی سپهبد زاهدی که معتقد به برتری قدرت حکومت بود بر سیدابوالقاسم فائق شد.

تجدید رابطه با لندن، برای عادی شدن موقعیت ایران در سیاست جهانی و ترتیب حل مسـاله‌ی نفت، ضـروری بود. اما، چنان‌که خواهیم دید، به بدگمانی و مخالفـت سیاسـت انگلستان نسبت به نخست‌وزیر پایان نداد.

*****

معضل دیگر سـپهبد زاهدی، وضـع قوه‌ی مقننه بود. سنا با یک طرح قانونی، که در انطباق آن با موازین حقوقی و قانون اساسی تردید فراوان وجود داشـــت، تعطیل شـــده بود. پـــس از برکناری مصدق، سـناتورها دور هم جمع شـدند و از شاه و نخست‌وزیر خواسـتند که فعالیت خود را از سر بگیرند. مشکل در آن بود که طرح قانونی تعطیل سنا به توشیح شاه رسید. و بی‌اعتنایی به آن معقول به نظر نمی‌رسید.

وضع مجلس شـورای ملی متفـاوت بود. با اسـتعفای اکثریت نماینـدگان منتخب مجلس که به دسـتور دکتـر مصدق صورت گرفت، مجلس از فعالیت باز مانده و عملاً به حال تعطیل در آمده، اما قانوناً و رسماً منحل نشـده بود. سـی و چنـد تن نمایندگان مخالف مصدق که اسـتعفا نداده بودنـد و چند تن از مسـتعفیان که اظهار ندامت می‌کردند، دور هم جمع شـدند و به نخست‌وزیر پیشنهاد کردند که در همه‌ی حوزه‌هایی که انتخابات آنان اصولاً انجام نشده بود و نیز در شهرهایی که وکلای آن مستعفی بودند،

عملیات اخذ آراء صورت بگیرد و پس از تعیین نمایندگان، مجدداً مجلس هفدهم آغاز به کار کند. این نظر به استقرار مجلسی نیم‌بند و کوتاه مدت منتهی می‌شد و خالی از اشکال و ایراد نبود.

سرانجام، پس از رایزنی‌های فراوان، سپهبد زاهدی تصمیم به انحلال رسمی مجلسین گرفت. اما رابطه‌ی غیررسمی خود را با مجلس سنا و باقی‌مانده‌ی نمایندگان مجلس شورای ملی همچنان حفظ کرد و حسام‌الدین دولت‌آبادی، معاون پارلمانی نخست‌وزیر مأمور این کار شد و در همه‌ی مسائل به طور خصوصی از آنان کسب نظر می‌کرد.

نتیجه آن‌که، «بنا به پیشنهاد دولت» و «طبق اصل ۴۸ اصلاحی قانون اساسی» فرمان انحلال هر دو مجلس در ۲۸ آذر ماه ۱۳۳۲، ۱۹ دسامبر ۱۹۵۳، به توشیح شاه رسید و رسماً به دولت ابلاغ و وزارت کشور مأمور انجام انتخابات دوره‌ی هجدهم شد.

جریان رأی‌گیری زیر نظر سرتیپ بازنشسته محمدحسین میرزا جهانبانی معاون و کفیل وزارت کشور که از نزدیکان نخست‌وزیر بود، طبق نظر دولت و در آرامش تقریبی انجام شد.

در ۱۲ بهمن ماه آیت‌الله کاشانی، در مصاحبه‌ای با خبرنگاران مطبوعات داخلی و خارجی، از انتخابات دوره‌ی هجدهم در تهران و شهرستان‌ها به شدت انتقاد کرد و گفت که:

«دولت عملاً در انتخابات دخالت می‌کند و از تمام حوزه‌ها کاندیداهای دولتی با استفاده از نفوذ دولت، از صندوق‌ها بیرون می‌آیند».

به مناسبت همین انتخابات، مظفر بقایی نیز که از کرمان داوطلب نمایندگی مجلس بود، به مخالفت شدید با دولت برخاست. بدین ترتیب یاران پریروز مصدق و دیروز سپهبد زاهدی، از نخست‌وزیر دوری جستند.

روز ۱۸ بهمن سرتیپ فرزانگان، وزیر پست و تلگراف و تلفن،

در مقام سخنگوی دولت به مصاحبه‌ی آیت‌الله کاشانی پاسخ شدیداللحنی داد و او را «شخصی بدنام سیدابوالقاسم کاشی» نامید.

مظفر بقایی و تنی چند از یارانش نیز به رأی «کمیسیون امنیت اجتماعی» استان کرمان و بدون رأی و تصمیم مراجع قضایی، از آن منطقه تبعید، به جزیره هرمز فرستاده شدند. او اجباراً تا پایان انتخابات در آنجا ماند و سپس به دستور سپهبد زاهدی آزاد شد.

سرانجام، در ۲۷ اسفند ماه ۱۳۳۲، ۱۸ مارس ۱۹۵۴، شاه با تشریفات متعارف، هجدهمین دوره‌ی مجلس شورای ملی و دومین دوره‌ی سنا را در کاخ بهارستان افتتاح کرد و «دوران فترت» به پایان رسید.

اگر در ماه‌های پیش از ۲۸ مرداد، دکتر مصدق مجلسین را به حال تعطیل در نیاورده بود، به احتمال قریب به یقین، تحول اوضاع سیاسی ایران جهت و مسیری دیگر می‌یافت. اما تاریخ را نمی‌توان دوباره نوشت.

*****

پس از انتقال دکتر مصدق از باشگاه افسران به محل پادگان لشکر زرهی و استقرارش در «کاخ سلطنت‌آباد»، یا به قول خود او در اتاقی شش در چهار، بازپرسی از او زیر نظر دادستان ارتش، سرتیپ حسین آزموده، به وسیله‌ی سرهنگ کیهان‌خدیو آغاز شد. در یازده مهرماه، دادستان، ادعانامه‌ی خود را صادر کرد. اتهامی که به دکتر مصدق و سرتیپ تقی ریاحی وارد شده بود «قیام بر ضد حکومت قانونی و رژیم مملکت و قصد بر هم زدن سلطنت مشروطه و ترتیب وراثت تاج و تخت» بود. دادستان برطبق ماده‌ی ۳۱۷ قانون دادرسی و کیفر ارتش، برای هر دوی آنها تقاضای اعدام کرد[1].

---

۱ - برای مطالعه‌ی جریان محکمه‌ی مصدق، بهترین منبع همان تندنویسی کامل و دقیق مذاکرات و گفتگوهای دادگاه است که بعداً در دو جلد به همت سرهنگ جلیل

در مرحله‌ی بدوی که روز ۱۷ آبان ماه آغاز شد ریاست دادگاه را سرلشکر مقبلی عهده‌دار بود و سرتیپ حسین آزموده مقام دادستان را داشت.

دکتر مصدق بلافاصله به صلاحیت دادگاه اعتراض کرد که محاکمه‌ی وزیران و نخست‌وزیر در باره‌ی جرایمی که در هنگام تصدی مقامات خود به آنها متهم می‌شوند، باید طبق قانون در دیوان عالی کشور انجام شود. دادگاه این استدلال را رد کرد، چرا که از دید دادرسان از ساعت وصول فرمان عزل خود، او و دیگر نخست‌وزیر نبود.

دکتر مصدق وکیلی برای خود برنگزیده بود. دادگاه، سرهنگ جلیل بزرگمهر را به عنوان وکیل تسخیری او انتخاب کرد. عکس‌العمل مصدق شدید و همراه با دشنامی ناشایسته بود که بعداً از آن معذرت خواست. از آن پس میان مصدق و بزرگمهر دوستی و اعتماد کامل برقرار شد و سرهنگ بزرگمهر در شمار مریدان و معتقدان موکل خود درآمد.

رفتار دادگاه با دکتر مصدق، محترمانه بود که جز این نمی‌توانست باشد. دادستان نقش خود را تا آنجا که میسرش بود انجام داد. رودررویی با ناطقی زبردست و حقوق‌دانی مسلم، کاری آسان نبود. در هر دو مرحله‌ی دادرسی، سرتیپ آزموده در مقابل حملات سیاسی و حقوقی مصدق ایستادگی کرد. او دکتر مصدق را «متهم» خطاب می‌کرد و مصدق وی را «آن مرد»! دادستان می‌خواست دادگاه را در چهارچوب اتفاقات روزهای بیست و پنجم تا بیست و هشتم مرداد نگاه دارد. مصدق صحنه‌ی دادگاه را تبدیل به یک منبر سیاسی و بین‌المللی کرد. با حضور خبرنگاران داخلی

بزرگمهر در مجموعه‌ی نشر تاریخ ایران انتشار یافت، منبع ذکر شده. سپهبد حسین آزموده قبل از فوتش (پاریس ۱۹۹۸) بخش‌هایی از خاطرات خود را در ماهنامه‌ی پرتو ایران، چاپ کانادا انتشار داد، شماره‌های ۶۸-۶۹-۷۰ و ۷۱ به سال‌های ۱۹۹۷ و ۱۹۹۸. این خاطرات شامل بر نکات جالبی پیرامون محکمه‌ی مصدق است.

و خارجی، برای افکار عمومی دنیا و برای تاریخ سخن می‌گفت. فریاد می‌کشید، می‌خوابید، می‌خندید، گریه می‌کرد. مرکز همه چیز بود. از کهن‌سالی و بیماری‌اش به بهترین وجه استفاده می‌کرد. در ساعات تنفس با خبرنگاران داخلی و به خصوص خارجی مذاکره داشت و تمام جریان محاکمه‌اش، بازتابی جهانی پیدا کرد.

پیش‌بینی سپهبد زاهدی درست بود و این جریان خیلی زود به جای آن‌که «طلسم» محبوبیت دکتر مصدق را در میان بسیاری از مردم ایران بشکند، او را به یک قربانی تبدیل کرد. با ترتیب این محاکمه که طی آن دادستان و قضات، وظیفه‌ی خود را با رعایت موازین حقوقی انجام دادند و بر آنان ایرادی وارد نبود، «رژیم» مرتکب یک اشتباه سیاسی بزرگ شد که دیگر راه برگشت نیز نداشت.

«گرچه دادستان در سخنرانی اول خود (ادعانامه) سطح بالایی را حفظ کرده و رییس دادگاه در جلسات روز اول و دوم به خوبی و با ظرافت و شوخ طبعی از عهده برآمد، از ۱۰ نوامبر به بعد... تاکتیک‌های مصدق به او کنترل زیادی بر دادگاه داد و هیچ اقدامی برای بی‌اثر کردن اعلام او و بر این‌که این، یک دادرسی سیاسی است و او می‌باید اجازه یابد در موضوعات سیاسی صحبت کند، نشده است... سفارت امریکا در تهران بر این عقیده است که دادرسی مصدق با این همه سر و صدا، ممکن است خطایی جدی باشد. پوشش مطبوعاتی گسترده با عکس، می‌تواند افکار عمومی را به سود او برگرداند. به نظر مردم این دادرسی به او اجازه می‌دهد که مقام تمام‌عیار حکومت را در اختیار بگیرد و به مقدار زیاد به سود او تمام شود.

به نظر می‌رسد که ژنرال زاهدی از این موضوع آگاه است و به آقای هندرسن در ۱۱ نوامبر گفته است که هیچ کنترلی

بر دادگاه ندارد که زیر نظر مقامات نظامی و مسـئولیت رییس سـتاد ارتش و در نهایت امر شـاه اسـت. یکی از منشیان ویژه‌ی شـاه به یک کارمند سفارت امریکا گفته اسـت که کوشیده شـاه را متقاعد کند تا نظرش را تغییر دهد و جریان دادرسـی را سریع‌تر کند، ولی موفق نشده است»[۱].

به تقاضای دادستان چهارده شاهد به دادگاه فراخوانده شدند که اکثر آنان از همکاران و نزدیـکان مصدق بودند. رفتار بعضی از آنان ناشایسـت بود. در جریان محاکمه، سرتیپ ریاحی همواره کوشـید که خود را مأمور و معذور و مسلوب‌الاختیار نشان دهد. عبدالعلی لطفی وزیر دادگسـتری به رییس پیشـین خود تاخت، مصدق به گریه افتاد و او خود را منفعل نشان داد.
مهنـدس احمد رضوی نایب رییس مجلـس هفدهم، از مصدق به عنوان «پیشـوای تاریخی ملت ایران» یاد کرد. دکتر علی شایگان در مقام رییس پیشین دانشکده‌ی حقوق و علوم سیاسی دانشگاه تهران، سـعی کرد از دیدگاه قانون اساسـی، عزل مصدق را به وسیله‌ی شاه نادرست و خلاف اصول و موازین نشان دهد. دکتر غلامحسـین صدیقی نایب نخسـت‌وزیر و وزیر کشور، به محض ورود به جلسـه‌ی دادرسی با خضوع و خشوع به مصدق تعظیم کرد و با شـهامت مسـئولیت همه‌ی تصمیماتی را که در این دو سمت اتخاذ کرده، و غالباً جز اجرای دستورات رییس دولت نبود، به گردن گرفت. هنگامی که صدیقی دادگاه را ترک می‌کرد، دکتر مصدق با چشـمان اشـک‌آلود و به صدای بلند گفت «اوستاس»، استاد اسـت. چندی بعد، سرتیپ آزموده شـبانگاه در زندان به دیـدارش رفت و مردانگی و وقـار او را تبریک گفت که پس از آن

---

۱ - ۱۳ نوامبر ۱۹۵۳، با امضای س.تی.کندی.

میان آن دو نوعی احترام متقابل برقرار شد[۱].

چند روز قبل از پایان محاکمه، یوسف مشار (مشار اعظم) که از بنیان‌گذاران جبهه‌ی ملی و دوست و وزیر مصدق بود و در ضمن حسن رابطه‌ای با دربار داشت، از شاه وقت شرفیابی خواست و به دیدارش رفت. او با صراحت اثرات نامطلوب جریان دادرسی را به محمدرضا شاه بازگو کرد و یادآور شد که خدمات مصدق در چهارچوب نهضت ملی ایران، همواره با پشتیبانی شخص شاه صورت گرفته، در این صورت چگونه می‌توان اکنون او را به محاکمه کشید؟

«روا نیست که دکتر مصدق با آن همه زحمات و مرارت و تبعیدها و با آن همه خدماتی که به مملکت انجام داده است، زندانی و محاکمه و محکوم شود».

مشار از شاه خواست که «محاکمه‌ی دکتر مصدق را متوقف نموده و احمدآباد را برای سکونت دایمی او انتخاب نمایند». شاه نیز در پاسخ گفت «به هر ترتیبی که دکتر مصدق راضی شود، محاکمه قطع شده و به احمدآباد تبعید خواهد شد». سپس به وی توصیه کرد که با سرهنگ بزرگمهر وکیل مصدق تماس بگیرد و او ترتیب این کار را بدهد. بعد از مذاکرات مفصل سرهنگ بزرگمهر با موکلش، که وسواس جنبه‌های حقوقی این کار را داشت، به این نتیجه می‌رسند که پزشکان ارتشی، یک «معافیت فرمایشی» به دکتر مصدق بدهند و بر طبق ماده‌ی ۱۹۹ قانون دادرسی و کیفر ارتش، دادرسی قطع شود و سپس «اعلامیه بدهند که تاریخ محاکمه، مجدداً به اطلاع ملت ایران خواهد رسید». مصدق به وکیلش گفت: «این هم نیرنگ و دام جدیدی است که تدارک می‌بینند».

---

۱ – روایت دکتر غلامحسین صدیقی و سپهبد حسین آزموده به نویسنده‌ی کتاب.

مطالب به مشاراعظم بازگو شد[۱]. آیا او توانست با شاه مذاکره مجددی داشته باشد؟ نمی‌دانیم. ولی پنج روز بعد، سی‌ام آذرماه ۱۳۳۲، رای دادگاه صادر شد.

پیش از پایان رسیدگی‌ها، نامه‌ای به این شرح از وزارت دربار شاهنشاهی به رییس دادگاه رسید و در جلسه خوانده شد: «به فرموده‌ی اعلیحضرت همایون شاهنشاه، به پاس خدمات آقای دکتر محمد مصدق در سال اول نخست‌وزیری خود در امر ملی شدن صنعت نفت که خواسته‌ی عموم ملت ایران و مورد تأیید ذات ملوکانه بوده و می‌باشد، آن‌چه نسبت به معظم‌له گذشته است، صرفنظر فرمودند».

در نتیجه پس از ۳۵ جلسه دادرسی و «با توجه به نامه‌ی وزارت دربار» دادگاه، دکتر مصدق را به سه سال حبس مجرد و سرتیپ تقی ریاحی را به دو سال حبس تادیبی محکوم کرد. دکتر مصدق و رییس ستادش هر دو تقاضای تجدیدنظر کردند.

در ۱۹ دی ماه، نخستین جلسه‌ی دادرسی دادگاه تجدیدنظر تشکیل شد. این بار ریاست دادگاه را سرلشکر رضا جوادی به عهده داشت که بسیار مبادی آداب بود و غالباً «متهم» را «جناب آقای دکتر مصدق» خطاب می‌کرد. در دادگاه تجدید نظر، باز همان مطالب دادگاه بدوی تکرار شد از جمله صلاحیت یا عدم صلاحیت دادگاه، مساله‌ی ابلاغ فرمان عزل مصدق و انطباق آن با قانون اساسی...

در جلسه‌ی دوم دادگاه تجدیدنظر، مصدق به غیبت تماشاچیان اعتراض کرد و گفت: «این دادگاه عملاً سری است. تماشاچی نیست. قرق‌چیان نگذاشتند اشخاص صندلی‌ها را تصرف کنند. از طرف دیگر، مذاکرات باید در روزنامه‌ها چاپ شود، تحریف

---

۱ - این جریان به تفصیل در صفحات شانزده، هفده، هجده و نوزده جلد دوم، محاکمه‌ی مصدق، ذکر شده. نقل قول‌ها از آن صفحات است.

نشـــود. من از خـــود دفاع نمی‌کنم و از ظهر امـــروز اعتصاب غذا می‌کنم»، و در جلسه‌ی بعد از ظهر حضور نیافت.
دکتر غلامحسین مصدق که همواره مراقب سلامت پدرش بود، نگران شد و موضوع را با حشمت‌الدوله والاتبار، برادر ناتنی مصدق، که از محارم شـــاه بود در میان گذاشـــت و خواهش کرد که به اتفاق وی به زندان بروند و از «جانب اعلیحضرت» از مصدق درخواست کنند که به اعتصاب غذایش پایان دهد. حشمت‌الدوله تلفنی از شاه کسب تکلیف کرد. شاه دســـتور داد «اللهیار صالح برود» به همین ترتیب عمل شـــد و دکتر مصدق اعتصاب غذای خود را شکست[١]. تماشاچیان و روزنامه‌نگاران ایرانی دوباره به دادگاه بازگشتند.

در ٢١ اردیبهشـــت، دادگاه تجدیدنظر پایان پذیرفت. رأی صادره در باره‌ی مصدق تایید شد و محکومیت سرتیپ تقی ریاحی از دو سال حبس تادیبی به سه سال حبس مجرد افزایش یافت.
دکتـــر مصدق بلافاصلـــه تقاضای فرجـــام کرد، کـــه چون رأی محکومیتـــش از طـــرف یـــک دادگاه نظامـــی صادر شـــده بود، می‌بایســـت به تصویب شاه برســـد. بعد از موافقت شاه، پرونده مصدق به دیوان عالی کشور ارسال شد و در ١٦ اسفند ماه ١٣٣٤ حکم دادگاه تجدیدنظر نظامی در شعبه نهم دیوان عالی کشور به ریاست غلامحسین فرهت تأیید شد.
دکتر مصدق مدت سه سال محکومیت خود را در همان محل لشکر زرهی گذراند. در پایان این دوره، که دیگر ســـپهبد زاهدی هم بر ســـر کار نبود، او را به احمدآباد که دهـــی متعلق به خودش بود انتقال دادند، که البته کاری خلاف قانون بود. در آنجا خانواده‌اش، بدون کم‌ترین محدودیت و بعضی دیگر از نزدیکانش با اشکال، به دیدارش می‌رفتند[٢].

١ - خاطرات دکتر غلامحسین مصدق، صفحات ١٣٨ تا ١٤١.
٢ - نگاه کنید به شیرین سمیعی (عروس دکتر غلامحسین مصدق) در خلوت مصدق

ابوالفتح آتابای، میرآخور سلطنتی، که دست پرورده‌ی زمان قاجار و مواظب همان آدابی بود که مصدق آنها را رعایت می‌کرد. گه‌گاه (و قطعاً با اجازه و با دستور شاه) برای «عرض سلام و بوسیدن دست آقا» به دیدارش می‌رفت. متأسفانه روایتی از گفتگوهای این دو مرد سالخورده در دست نیست[۱].

مصدق اوقات خود را به نوشـــتن خاطراتش می‌گذراند که بعد از انقلاب اسلامی به همت استاد ایرج افشار در تهران به طبع رسید. بـــه مطالعه‌ی کتاب‌های حقوقی (بیش‌تر به زبان فرانســـه) و طبی علاقمند بود و می‌گویند به معالجه‌ی روســـتاییان نیز می‌پرداخت. ظاهراً آزادانه با افراد بسیاری مکاتبه داشت حتی با شخصیت‌های خارجی، که بعضی از این مکاتبات انتشار یافته[۲].

در آبان ماه ۱۳۴۵، علایم ســـرطان فک در دهان مصدق مشاهده شـــد. اندکی بعـــد او را به تهران انتقال دادند. دکتر غلامحســـین مصدق به وسیله‌ی پروفســـور یحیی عدل از شاه درخواست کرد که پدرش را برای معالجه به خارج ببرد که بلافاصله موافقت شد. اما مصدق نپذیرفت. در هفته‌های آخر در بیمارستان نجمیه تهران،

لس‌آنجلس، شرکت کتاب، ۲۰۰۶ میلادی.

۱- روایت ابوالفتح آتابای به نویسنده، اندکی قبل از درگذشت مصدق.

۲ -از جمله نگاه کنید به ایرج افشـــار، مصدق و مســـایل حقوقی و سیاست، منبع ذکرشـــده. محمدرضا جلالی نائینی (سناتور ســـابق و عضو مؤسس جبهه‌ی ملی) نامه‌هـــای مصدق به جلالی نائینی، ماهنامه‌ی حافظ، چاپ تهران، شـــماره‌ی ۴۳، شـــهریور ۱۳۸۵. محمدرضا جلالی نائینی که چند نامه‌ی نوشته شده در احمدآباد را انتشـــار داده، می‌نویســـد: «زنده‌یاد دکتر مصدق چون فرصت مصاحبه و نشر افکارش را نداشـــت، همیشـــه در پاســـخ نامه‌های خصوصی از موقعیت استفاده می‌کرد و ا ز ظلمی که بر او رفته بود ســـخن به میان می‌آورد». شـــیرین سمیعی نیز در کتاب خود، بعضی از مکاتبات وی را در این زمان انتشار داده، منبع ذکر شده. ژنرال ورنن والترز نیز در خاطرات خود به مکاتباتی که طی چندین سال پس از پایان حکومت مصدق با وی داشته، اشاره کرده است:
Vernon A. Walters, Services discrets, op.cit p.151-152

که موقوفه‌ی مادرش خانم نجم‌السلطنه بود، بستری شد و روز ۱۴ اسفند ۱۳۴۵ در بیمارستان درگذشت.
او وصیت کرده بود که در کنار قربانیان سی‌ام تیر در گورستان ابن‌بابویه دفن شود. باز پروفسور عدل به وساطت رفت، اما شاه با این امر موافقت نکرد. در نتیجه مراسم تشییع جنازه و خاک‌سپاری در احمدآباد با حضور خانواده و جمعی از یاران و دوستانش انجام شد و جنازه‌ی او را در یک تابوت فلزی در اتاق ناهارخوری اقامتگاهش در احمدآباد به خاک سپردند که هنوز هم در همان‌جا مدفون است.

*****

بیش‌تر یاران و همکاران و وزیران مصدق در روزهای بعد از بیست و هشتم مرداد بازداشت و طی روزها، هفته‌ها یا ماه‌های بعد از آن از زندان آزاد شدند که سرنوشت آنها معلوم است و بارها نوشته شده. یک‌سال و نیم بعد، غیر از خود او و سرتیپ ریاحی دیگر کسی از آنها در زندان نبود. اما حسین فاطمی و مهندس احمد رضوی و دکتر علی شایگان ماه‌ها در اختفا بودند. شایگان و رضوی در ۲۴ مرداد ماه ۱۳۳۳ از طرف مأمورین انتظامی بازداشت شدند.
چند ماه پیش‌تر در ۲۲ اسفند ۱۳۳۲، حسین فاطمی بازداشت شد که به «حزب توده پناه آورده»[1] و در تجریش در خانه‌ی ستوان یکم دکتر منزوی عضو سازمان نظامی آن حزب پنهان بود و حفاظت می‌شد.
هنگامی که حسین فاطمی را به شهربانی کل انتقال می‌دادند، چند تن به سرکردگی شعبان جعفری به وی حمله بردند و چند ضربه چاقو به وی زدند. این موضوع مشاجره‌ای طولانی بین نخست‌وزیر و شاه به وجود آورد[2]. سپهبد زاهدی خواستار محاکمه

۱- دکتر فریدون کشاورز، من متهم می‌کنم...، صفحه‌ی ۹۸.
۲- نورمحمد عسکری، شاه... ، صفحات ۲۴۰ تا ۲۴۳. نورمحمد عسکری خود در

و تنبیه مأموران همراه فاطمی و نیز شناسایی آمران این قضیه شد. شاه اصرار داشت که قضیه مسکوت بماند. سرانجام روزی سلیمان بهبودی یکی از روسای دربار به دفتر نخست‌وزیر رفت و اظهار داشت که عامل و آمر سوءقصد به فاطمی او بوده و هیچ کس اطلاعی نداشته. به تقاضای سپهبد زاهدی، بهبودی را توبیخ کردند و قضیه مسکوت ماند. عملی بسیار ناشایست انجام شد و بار دیگر نخست‌وزیر چاره‌ای جز سکوت نداشت.

محاکمه‌ی علنی دکتر علی شایگان، مهندس احمد رضوی و حسین فاطمی در روز هفتم مهرماه آغاز و در هجدهم همان ماه (۱۰ اکتبر ۱۹۵٤) به پایان رسید. حسین فاطمی محکوم به اعدام شد و شایگان و رضوی هر یک به حبس ابد. هر سه تقاضای تجدید نظر کردند.
در روز ششم آبان ماه ۱۳۳۳، دادگاه تجدیدنظر حکم اعدام حسین فاطمی را تأیید کرد و احکام مربوط به دکتر شایگان و مهندس رضوی را به ده سال زندان تقلیل داد. در این فاصله سیدحسن تقی‌زاده، عدل‌الملک دادگر و جمال امامی متفقاً نزد سپهبد زاهدی رفتند و از او خواستند که از شاه خواستار عفو حسین فاطمی شود. نخست‌وزیر به اردشیر زاهدی، که روزی چند بار بین دفتر او و کاخ سلطنتی رفت و آمد داشت، مأموریت داد که شرفیاب شود و قضایا را توضیح دهد و بگوید که خود او (نخست‌وزیر) نیز با نظر آقایان تقی‌زاده، دادگر و امامی موافق است. ظاهراً شاه هم روی خوش نشان داد[1].

چند روز بعد، هنگامی که اردشیر زاهدی برای شرفیابی رفته و در اتاق انتظار شاه بود، مشاهده کرد که سپهبد یزدان‌پناه، سرتیپ

روزنامه‌ی باختر امروز از همکاران حسین فاطمی بود.
۱ – در پاسخ به پرسش نویسنده، اردشیر زاهدی این جریان را تأیید کرد.

نصیری فرمانده گارد و چند تن دیگر از سران ارتش ایستاده‌اند و تصاویری از مراسم اعدام حسین فاطمی را تماشا می‌کنند و دانست که سحرگاه همان روز، ۱۹ آبان ماه ۱۳۳۳، ۱۰ نوامبر ۱۹۵٤، وزیر امور خارجه‌ی پرهیاهوی دولت دکتر مصدق، در میدان تیر لشکر دو زرهی تیرباران شده است. بعداً دانسته شد که حسین فاطمی شجاعانه مرده و تقاضای عفو هم نکرده.

هنگامی که اردشیر زاهدی نزد شاه رفت وی بدون مقدمه گفت:

«متأسفانه قبل از آن‌که دستور ما به مقامات ابلاغ شود، امروز سپیده‌دم فاطمی را اعدام کرده‌اند».

اردشیر زاهدی از شاه خواست که شخصاً جریان را به پدرش اطلاع دهد. او بیم آن را داشت که سپهبد زاهدی به وی بدگمان شود که در رساندن پیام رجال نامبرده و خودش، تساهل کرده. شاه به او گفت که:

«رییس ستاد شخصاً با نخست‌وزیر صحبت کرده و قضیه را به ایشان گفته»[1].

در این ماجرا دربار، شاه، شاهدخت اشرف که گویا دست‌اندرکار بود و اطرافیان آنها، مرتکب یک خطای انسانی و یک اشتباه سیاسی فاحش شدند. قطعاً سخنان و نوشته‌های حسین فاطمی در روزهای بین ۲۵ تا ۲۸ مرداد زشت و ناپسند بود. نزدیکی وی با حزب توده که وی را ماه‌ها پناه داده و حفظ کرده بود، سوءظن به او را افزایش می‌داد. با همه‌ی اینها مستوجب اعدام نبود و افکار عمومی این عمل را محکوم کرد.

اعدام حسین فاطمی، به طور غیرمستقیم به رهایی مهندس رضوی و دکتر شایگان، که با وی محکوم شده بودند، کمک کرد. هر دو با نوشتن نامه‌هایی عفو و آزاد شدند.

دکتر شایگان در ۲۳ اسفند به شاه نوشت:

«چاکر با رجاء واثق به عطوفت و مراحم ملوکانه، بدین

---

۱ - همان منبع.

وسیله از پیشگاه اعلیحضرت همایون شاهنشاه استدعای عفـو می‌نماید و امیدوار اسـت که بنـدگان اعلیحضرت همایونـی مراحـم عالیه‌ی خود را کـه از هیچ کس دریغ نمی‌فرمایند، چاکر را هم مشـمول مراحم شـاهانه قرار دهند. بقاء عمر و عزت و توفیق ذات همایون شاهنشاه را در ترقی کشـور و اعتلای نام ایران از خداوند جلیل منان مسئلت دارد.»

گویا نامه‌ی مهندس رضوی کوتاه‌تر و ساده‌تر بود. متن نوشته‌ی رییس پیشین دانشـکده‌ی حقوق و علوم سیاسی دانشگاه تهران به جراید داده شـد و انتشار یافت[1]. هر دو در شب عید مورد عفو قرار گفتند و آزاد شدند. با اخذ گذرنامه، شایگان رهسپار ایالات متحده‌ی امریکا شد و در همان جا اقامت گزید و مهندس رضوی، که بیمار هم بود، به فرانسه رفت[2].

رو در رویی با شـبکه‌ی توانایی که حزب توده طی چند سـال به وجود آورده و در سرتاسـر کشـور رخنه یافته بود، به مراتب از مسائل مربوط به همکاران و یاران دکتر مصدق که هدف انقلابی نداشتند و دست نشانده‌ی سیاست‌های خارجی نبودند، دشوارتر بود. به دستور دولت، سازمان‌های انتظامی و فرمانداری نظامی تهران به مبارزه جدی با حزب توده برخاستند.

نخسـتین شـبکه‌ای که در روز سوم شـهریور ۳۲ کشف شد در

۱ - کیهان، ۱۳۳۴/۱۲/۲۸.

۲ - در نخستین روزهای شهریور ۱۳۳۲، اللهیار صالح که سفیر ایران در امریکا بود از کار خود کناره گرفت. سـپهبد زاهدی با لحنی بسیار مودبانه از او خواست که از تصمیم خود صرفنظر کند و بر سر کارش باقی بماند: «جناب آقای صالح، جنابعالی برای مملکت خدمت می‌فرمایید نه برای شخص. لذا استدعا می‌کنم استعفای خود را مسترد داشته و کماکان در مقام سفارت ایران در واشنگتن به خدمات ارزنده‌ی خود ادامه دهید». صالح پوزش خواسـت و نپذیرفت. اما به ایران بازگشت و همواره مورد احترام شاه بود. در دوره‌ی بیستم نیز به نمایندگی مجلس شورای ملی انتخاب شد.

خانه‌ی صلح و محل سازمان جوانان بود. مقداری زیادی اسلحه و مهمات، پرچم‌های سرخ با علامت داس و چکش، جداول رمز در محل این دو سازمان انبار شده بود. سازمان‌های انتظامی و امنیتی، موفقیت‌های دیگری هم در این زمینه به دست آوردند. در ۲۰ شهریور ۱۳۳۳، ۱۱ سپتامبر ۱۹۵۴ رسماً اعلام شد که «توطئه‌ی بزرگی» در ارتش کشف شده است و گروه مهمی از افسران ارتش، ژاندارمری و شهربانی در آن شرکت داشته‌اند.

بعداً دانسته شد که کشف این شبکه، در پی بازداشت اتفاقی افسری به نام ستوان ابوالحسن عباسی بوده. تحقیقاتی که از او به عمل آمد و «همکاری» وی با دستگاه‌های انتظامی روشن کرد که نزدیک به شش صد تن از افسران قوای مسلح، در سازمان نظامی حزب توده عضو بوده‌اند. از آن جمله، کسانی در گارد شاهنشاهی، در گروه محافظ خانه‌ی دکتر مصدق و سپس در میان محافظان سپهبد زاهدی، در شهربانی کل، در بهداری ارتش، سروان توپخانه خسرو روزبه، مغز متفکر این سازمان محسوب می‌شد. هیچ یک از امرای ارتش عضو این سازمان نبودند. اسامی درجه‌داران وابسته به سازمان هرگز به دست نیامد.
نزدیک به چهارصد تن از اعضای سازمان نظامی حزب توده، تسلیم دادگاه‌های نظامی و بیست و هفت تن آنان تیرباران شدند.
کشف وسعت و اهمیت شبکه‌ی سازمان نظامی حزب توده، بازتابی جهانی یافت و موجب تحیر محافل رسمی در همه‌ی کشورهای «جهان آزاد» گردید.
احتمالاً هدف شوروی‌ها این بود که مقدمات یک کودتای نظامی چپ‌گرا در ایران فراهم شود. در سال ۱۹۲۷، گویا استالین چنین طرحی را برای سرنگون کردن رضاشاه داشت، اما توفیق نیافته بود[1]. پس از جنگ جهانی دوم در چند کشور در حال توسعه، از

۱ - خاطرات Andrei Bajanov منشی مخصوص استالین، نگاه کنید به

جمله در عراق، مسکو این برنامه را با موفقیت به مرحله‌ی اجرا درآورد.
اندکی پس از بازداشتش، سروان عباسی به پاداش «همکاری» موثری که با دستگاه‌های امنیتی و انتظامی داشت مورد عفو قرار گرفت و آزاد شد. ارتش، ترتیب مسافرت او را با نام و صورتی دیگر به ایالات متحده‌ی امریکا داد و دیگر رد پایی از او یافته نشد[1].

محمدرضا شاه در خاطرات خود اشاراتی جالب به این جریان دارد:

«محاکماتی که بعد از سقوط مصدق انجام یافت، حقایق شگفت‌انگیزی را پیرامون سال‌های ۱۳۲۰ تا ۱۳۳۲ بر همگان روشن کرد. از جمله آن که شماره‌ی افسران قوای مسلح که عضو حزب توده بودند، در این مدت از یک صد و ده تن به شش صد تن رسیده بود. نقشه‌ی حزب توده آن بود که از مصدق برای برکناری من استفاده کند و سپس خود او را دو هفته بعد از رفتن من از میان بردارد. حتی کمونیست‌ها تمبرهای جمهوری خلق ایران را که می‌بایست پس از برکناری مصدق اعلام شود، آماده و چاپ و انتشار کرده بودند که من این تمبرها را به چشم خود دیدم»[2].

در پایان نخستین سال دولت سپهبد زاهدی، ایران روابط بین‌المللی عادی و متعادل خود را دوباره به دست آورد و به خصوص از خطر سقوط به حیطه‌ی تسلط روسیه‌ی شوروی رهایی یافته بود.

Dr. Clifford A. Kiracofe Jr. Kremlin, Iran and Histony, Manchester (New Hampshire), Union leadr July, 10, 1980

۱ - روایت سپهبد حسین آزموده رییس وقت دادرسی ارتش که بر این کار نظارت داشت، پاریس ۷ نوامبر ۱۹۸۵.

۲ - پاسخ به تاریخ، صفحه‌ی ۷۶.

محاکمه و محکومیت دکتر مصدق و اعدام حسین فاطمی خطاهای سیاسی بزرگی بود که نخست‌وزیر نتوانست مانع ارتکاب آنها شود. حُسن تدبیر او از بروز بحران شدیدی با ایلات جنوب و تواناترین آنها یعنی ایل قشقایی جلوگیری کرد. کشور آرامش و ثبات خود را بازیافته بود، اما تنش‌ها و برخوردهایی غالباً غیرمنتظره در انتظار نخست‌وزیر بود که شاید از همان روزهای اول حکومتش آغاز شد.

فصل هفتم

امنیت، اقتصاد و سیاست

از سال دوم دولت دکتر مصدق، دشواری‌های اقتصادی کشور همواره در حال افزایش بود. تقریباً اجرای همه‌ی طرح‌های عمرانی متوقف شد. و حتی به علت تنش‌های سیاسی، بهره‌برداری از طرح‌هایی که اجرای آن‌ها به پایان رسیده بود، امکان نداشت. نخست‌وزیر و همکارانش از این مسئله غافل نبودند، ولی خزانه تهی بود و سازمان‌های دولتی نابسامان بودند. تا آنجا که حقوق و مزایای کارمندان دولت با تاخیر زیاد، آن هم به کمک بانک ملی پرداخت می‌شد که این خود راه حلی کاملاً موقت بود.

یکی از نخستین گام‌های دولت زاهدی آن بود که طرح‌های آماده برای بهره‌برداری مورد استفاده قرار گیرند. این اقدام هم اثر روانی داشت، چرا که مردم تغییر و تحول را می‌دیدند و لمس می‌کردند

و هم اثر اقتصادی به خاطر ایجاد کار و فعالیت و جنب وجوش. به این ترتیب:

- در روز دوازدهم شهریور، رادیو نفت ملی ایران که در خوزستان شنوندگان و علاقمندان بسیار پیدا کرد، افتتاح شد.

- یک هفته بعد بهره برداری از بیمارستان مسلولین شیراز آغاز شد.

- در ۲۷ مهرماه، ۱۹ اکتبر ۱۹۵۳، یک کشتی باربری ایرانی به نام «پرت پهلوی» از بندر پهلوی عازم بادکوبه شد و بدین ترتیب با تبلیغاتی فراوان، نخستین خط کشتی ایرانی، میان این دو شهر بندری گشایش یافت.

- در پنجم آبان، با حضور شاه و نخست‌وزیر ساختمان مجلل جدید بانک سپه افتتاح شد. سپهبد زاهدی به شیوه‌ی قوام‌السلطنه در کنار شاه راه می‌رفت، تصاویر روزنامه‌ها نشان دهنده این رفتار بود، که محمدرضا شاه نمی‌پسندید.

- در روز ۲۱ آبان ماه، بر اثر فشار شدید سپهبد زاهدی که برنامه‌های خانه‌سازی را ضروری و دارای اولویت می‌دانست، ساختمان پانصد دستگاه خانه‌ی ارزان قیمت در جنوب تهران به منظور اسکان زاغه‌نشینان آغاز شد.

- در ۲۳ آذر هیات وزیران تصمیم به تأسیس دانشکده‌ی نفت آبادان گرفت که در سال‌های بعد به صورت یکی از بهترین موسسات مشابه در میان همه‌ی کشورهای نفت‌خیز جهان درآمد. این دانشکده در روز اول مهرماه سال بعد به کار آغاز کرد.

- در آغاز اردیبهشت ۱۳۳۲، یکی از برنامه‌هایی که شاه و سپهبد زاهدی به آن دلبستگی بسیار داشتند و مورد علاقه‌ی خاص مردم بود، بالاخره به انجام رسید و آن مراسم بزرگداشت ابوعلی سینا و جشن هزاره‌ی او بود. کنگره‌ی بین‌المللی این بزرگداشت را نخست‌وزیر در تالار دانشکده‌ی پزشکی دانشگاه تهران گشود و به همین مناسبت این تالار ابن‌سینا نام گرفت. دو روز بعد، ۸ اردیبهشت شاه و سپهبد زاهدی، باز هم در کنار یکدیگر، از مجسمه‌ی دانشمند بزرگ ایرانی در همدان پرده برداشتند و سپس آرامگاه باشکوهش را که به کوشش انجمن آثار ملی ساخته شده بود، گشودند. در همین روز مهمان‌سرای بوعلی همدان نیز آغاز به کار کرد. علی‌اصغر حکمت رییس انجمن آثار ملی و وزیر مشاور دولت زاهدی در طی شش ماه قبل از این مراسم، برای به انجام رساندن این چند طرح بزرگ و مقبول مردم کوشش بسیار کرده بود.

- در ۲۸ اردیبهشت، در حضور سپهبد زاهدی ساختمان سیصد و پنجاه دستگاه مدرسه‌ی جدید آغاز شد.

- در روز ۲۴ خرداد، ۲۴ لکوموتیو جدید در بندرشاهپور تحویل بنگاه راه‌آهن دولتی ایران شد. این لکوموتیوها مدت‌ها پیش خریداری شده و همه در انتظار تحویل آن‌ها بودند که تحرکی در راه آهن کشور ایجاد شود.

- در روز ۲۹ خرداد ماه ۱۳۳۳، ۱۹ ژوئن ۱۹۵۴، با پافشاری نخست‌وزیر، لایحه‌ی قانونی که مطلقاً جنبه‌ی عمرانی نداشت. اما جبران یک بی‌عدالتی فاحش و غیرقابل توجیه دولت قبلی بود، به تصویب مجلسین رسید و آن لغو قانون مصادره‌ی اموال احمد قوام بود.

- در روز ۲۸ تیرماه فروشـــگاه تعاونی مصرف کارمندان دولت شـــروع به کار کرد. همان روز قرارداد خرید پانصد دستگاه تراکتور از طرف بانک کشـــاورزی با یک شرکت انگلیسی به امضا رسید. دولت مقرر داشت که تراکتورهای خریداری شده به اقساط سه ساله، به کشاورزان واگذار شود. برنامه‌ای که بعداً در مقیاس به مراتب وسیع‌تری به مرحله‌ی اجرا درآمد.

- در شانزده شهریور، طرح افزایش سرمایه بانک رهنی ایران، کـــه آن هم مورد علاقه خاص نخســـت‌وزیر بـــود، به تصویب رسید.

- در روز ۱۴ دی مـــاه، بانک کشـــاورزی، پانصد تراکتور دیگر برای فروش به کشاورزان خریداری کرد.

- در روز اول اسفند ۱۳۳۳، ۲۰ فوریه ۱۹۵۵، ساختمان کارخانه شیر پاستوریزه تهران آغاز شد.

- در روز سوم اسفند، ریل‌گذاری راه‌آهن شاهرود به مشهد که زیرسازی آن قبلاً به اتمام رسیده بود، آغاز شد...

ممکن اســـت همه‌ی این اقدامات در مقام مقایســـه بـــا آنچه طی ســـال‌های بعد در ایران به انجام رســـید، ناچیز به نظر آید، ولی در آن روزهای تنگ‌دستی و دشـــواری، گام‌هایی بزرگ محسوب می‌شد.

*****

پس از کشـــف ســـازمان نظامی حزب توده، مراکز فعالیت سری این حزب یکی پس از دیگری، به دســـت مأموران ســـتاد ارتش و فرمانداری نظامی افتادند؛ از جمله در چهارم مهرماه چاپخانه‌ی بزرگ حزب در محله‌ی داوودیه، در یازدهم همان ماه، مرکز پخش

انتشارات آن حزب، سه روز بعد چاپخانه‌ای دیگر که تحت نظر سازمان جوانان حزب اداره می‌شد و یک کارمند عالی‌رتبه‌ی سازمان برنامه مسئولیت آن را داشت، در روز نوزدهم، یک موسسه‌ی گراورسازی که مأمور تهیه و تکثیر عکس‌ها و اوراق مصور حزب بود، و نیز در روز ۱۵ آبان، انبار اسلحه‌ی حزب در نزدیکی محله‌ی «چهارصد دستگاه» کشف شد. در این انبار صدها قبضه تفنگ برنو، شصت سلاح کمری، یک صندوق بازوکا و چندین صندوق نارنجک نگاهداری می‌شد.

حزب توده خود را برای یک شورش مسلحانه، یا مقاومت در برابر قوای انتظامی آماده کرده بود. در روز دوم بهمن ماه، شبکه‌ی مخفی حزب توده و پایگاه‌های آن در شهرهای استان مازندران کشف شد و در روز دوازدهم، مأموران انتظامی توانستند به سازمان اطلاعات و جاسوسی حزب و مخصوصاً به صورت اسامی کلیه‌ی اعضای آن در وزارتخانه‌ها و سازمان‌های دولتی دست یابند.

این آخرین ضربت بزرگ بنیادی به سازمان حزب توده بود که تا انقلاب اسلامی دیگر قد راست نکرد. اما وسعت شبکه‌هایی که کشف شد، نشان می‌داد که قدرت دستگاه‌های آن تا به چه حد رسیده و چه خطری ایران را تهدید می‌کرده است. رسیده بود بلایی، ولی به خیر گذشت.

رهبران حزب، همه به خارج گریختند، جز خسرو روزبه؛ بسیاری از اعضای آن، از نظامی و غیرنظامی، در راه آرمان خود جان باختند. آرمانی که محتوای پلید آن اندک اندک بر همه‌ی جهانیان پدیدار شد و سرانجام «بهشت شوراها» فروپاشید. قطعاً بیش‌تر کسانی که در این ماجرا جان خود را از دست دادند، حُسن نیت داشتند و به فردای بهتری برای میهن خود می‌اندیشیدند. آنان را باید در شمار سی یا چهل میلیون تن قربانیان کمونیسم شمرد.

*****

در روز ششم شهریور ماه، ۲۸ اوت ۱۹۵۳، دولت اعلام داشت که بررسی‌ها و سپس مذاکرات لازم را برای حل مساله‌ی نفت آغاز خواهد کرد.

در سی‌ام مهرماه، ۲۲ اکتبر ۱۹۵۳، هربرت هوور کارشناس عالی‌مقام مسایل نفتی و مشاور رییس جمهوری ایالات متحده، به دعوت دولت ایران و برای آماده ساختن زمینه‌ی مذاکرات بعدی وارد تهران شد. وی با شاه و نخست‌وزیر و دکتر علی امینی وزیر دارایی و بعضی دیگر از مقامات ایرانی ملاقات کرد و به مشاوره پرداخت. نخستین پیشنهاد یا لااقل نظر هوور این بود که برخلاف قراردادهای قبلی نفتی، دست «دولت‌ها» از بهره‌برداری نفت کوتاه شود و شرکت‌های نفتی خارجی این کار را به دست بگیرند، یا به عبارت دیگر «طرف» ایران باشند. او نظر داد که نه یک شرکت، بلکه چند شرکت بزرگ نفتی متعلق به کشورهای «متحد و دوست ایران» در این کار شریک و سهیم گردند. مفهوم پیشنهاد، پایان موقعیت انحصاری بریتانیای کبیر در بهره‌برداری نفت ایران و مشارکت امریکایی‌ها در آن بود.

البته هوور عقیده داشت که برای اجتناب از رو در رویی مستقیم شرکت های بزرگ انگلیسی و امریکایی که در عرصه‌ی بازار نفت جهان، هم رقیب بودند و هم غالباً شریک، هلندی‌ها و فرانسوی‌ها نیز در این برنامه مشارکت جویند. لندن، در ابتدا به این طرح نظر خوشی نشان نداد. سر ویلیام فرایزر، رییس شرکت نفت ایران و انگلیس، A.I.O.C، علناً مخالفت خود را بیان کرد و همین سبب شد که وی را از ریاست هیات نمایندگی شرکت‌های غربی در مذاکرات کنار بگذارند.

ظاهراً مخالفت انگلیس‌ها جنبه‌ی سیاسی هم داشت: سفیر ایالات

متحده در گزارشی به وزارت متبوع خود نوشت[۱]:

«رویه‌ی انگلیس به نظر ما در اینجا نسبت به دولت زاهدی روشن به نظر نمی‌رسد. ما واقفیم که در تابستان گذشته، اطمینان کامل به ما داده شد که در صورتی که جانشینی به جای مصدق روی کار بیاید، همکاری نزدیکی با وی خواهد شد. مع‌الوصف از آن زمان تاکنون به نظر ما از جانب مقامات انگلیسی یک رویه‌ی محافظه‌کارانه و «صبر کنیم ببینیم چه خواهد شد» در پیش گرفته شده است. دولت انگلیس به طور کلی حدود پیشنهادات خود را در مورد نفت سخت‌تر نموده‌اند... ایرانی‌هایی که مدت‌ها است شهرت دارند که قویاً طرف‌دار انگلیس‌ها نیستند، به انتقاد از رژیم زاهدی همچنان ادامه می‌دهند... دولت امریکا مسئولیت اخلاقی بزرگی به عهده خواهد داشت که از این پس مراقبت نماید دولت انگلیس هیچگونه اقدامی در داخل ایران به عمل نیاورد که موجب تضعیف در اصل موجودیت دولت شود».

سفیر کبیر امریکا از دولت خود می‌خواهد که مخالفت خود را «با هر اقدام یک جانبه‌ی دولت انگلیس به منظور تضعیف یا ساقط نمودن دولت زاهدی» به لندن تفهیم کند.

این گزارش به روشنی نشان می‌دهد که انگلیس‌ها علناً با دولت زاهدی مخالف بودند. در یک متن داخلی سفارت کبرای بریتانیا در تهران، نام کسانی که «قویاً طرف‌دار انگلیس‌ها هستند» آمده و رفت و آمدها و اقدامات‌شان علیه زاهدی به تفصیل ذکر شده[۲].

---

۱ - ۱۹ نوامبر ۱۹۵۳، ظهر، شماره‌ی ۳۸۸.

۲ - نگاه کنید به دکتر عزت‌الله همایونفر، از سپاهی‌گری تا ... صفحات ۳۷۲ تا ۳۷۶.

با وجود همه‌ی این مشـــکلات، مذاکرات نفتی بر اساس پیشنهاد یا طرح هوور آغاز شـــد و ادامه یافت. دولت ایالات متحده، به پنج شرکت بزرگ نفتی امریکایی استثنائاً اجازه داد که یک «اتحادیه» برای هـــم آهنگ کردن فعالیت‌های خود در ایران و مشـــارکت در کنسرسیوم نفت تشکیل دهند. بدین سان در روز نهم مارس ۱۹۵٤، ۱۸ اسفند ۱۹۵٤، تشکیل «کنسرسیوم بین‌المللی توزیع نفت ایران» در لندن اعلام شـــد، شرکت انگلیسی B.P (بریتیش پترولیوم) ٤۰٪ ســـهام این کنسرسیوم را در اختیار داشت. پنج شرکت امریکایی ٤۰٪ دیگر را، شرکت هلندی شل ۱٤٪ و شرکت نفت فرانسه C.F.P معادل ٦٪.

تشکیل این کنسرسیوم طی اطلاعیه‌ای در تهران نیز به اطلاع مردم رسید. مرحله‌ی نهایی مذاکرات نفتی رسماً در ۲۵ فروردین ۱۳۳۳، ۱٤ آوریل ۱۹۵٤ تحت عنوان نخســـتین جلســـه‌ی کنفرانس نفت در کاخ ابیض (محل نخست‌وزیری) آغاز شد. ریاست هیات نمایندگی ایران را دکتر علی امینی وزیر دارایی، به عهده داشت. مطبوعات خارجی تاکید کردند کـــه دکتر امینی وزیر دولت دکتر مصدق نیز بوده. غرض آن بود که به وی نوعی وجهه‌ی ملی بدهند.
توافق‌نامه‌ی نهایی در روز پنجم اوت ۱۹۵٤، ۱٤ مرداد ماه ۱۳۳۳، ســـال‌روز اعلام مشروطیت، در تهران، به زبان فارسی و در لندن به زبان انگلیسی، انتشار یافت. آخرین مشکل مذاکرات تطابق در متن فارسی و انگلیسی بود که از دو طرف، چندین استاد دانشگاه در آن شرکت کردند.
در این توافق‌نامه شصت و چهار صفحه‌ای، اصل ملی شدن و ملی بودن صنایع نفت ایران، رسماً شـــناخته شد. دولت ایران پذیرفت کـــه غراماتی را که مدت‌ها در باره‌ی آن بحث شـــده بود بپردازد. اما پرداخت نخستین قسط آن به پنج سال بعد، ۱۹۵۸ موکول شد. در این متن، همـــه‌ی ترتیبات فنی، اقتصـــادی، حقوقی و تجاری

در زمینه‌ی اســتخراج، تصفیه، حمل و نقل و فروش نفت ایران و فعالیت‌های جنبی آن دقیقاً پیش‌بینی شده بود.
شــرکت ملی نفت ایران که در زمــان حکومت دکتر مصدق ایجاد شــده و ریاست هیات مدیره‌ی آن همچنان با سهام‌السلطان بیات بود، به عنوان مالک و فروشنده‌ی نفت مستخرجه در ایران شناخته شــد. توافق شد که ۲۵٪ منافع کنسرسیوم، به دولت ایران متعلق خواهد بود که شرکت سابق نفت فقط ۲۰٪ آن را، آن هم بدون هیچ نظارتی در حســاب‌هایش می‌پرداخت. به عــلاوه مالیاتی معادل ۲۵٪ در قرارداد منظور شــد که مجموع ایــن دو رقم، همان اصل «پنجاه - پنجاه» معروف بود.

علاوه بر اینها، پیش‌بینی شد که پالایشگاه کوچک کرمانشاه، از همان زمان راساً به وســیله‌ی ایرانیان اداره شود؛ که نفت مورد احتیاج کشــور، بدون هیچ گونه شــرطی در مقدار و حجم آن، به قیمت تمام شده در اختیار شرکت ملی نفت ایران قرار گیرد و توزیع نفت در داخل کشــور با این شرکت باشد. همه‌ی این اصول کمک بزرگی به تسریع در توسعه‌ی اقتصادی ایران بود. هم‌چنین توافق شــد که هر سال مقدار فزاینده‌ای از نفت استخراج شده در ایران، برای صدور به هر قیمت و به هر شــرایط، در اختیار شرکت ملی نفت ایران باشد.
سه سال پیش از امضای این قرارداد، چنین توافقی موجب رضایت و خشنودی کامل ایرانیان می‌شد. این بار کسی شادی نکرد. دکتر مصدق در یک نامه‌ی سی هزار کلمه‌ای به شاه، نخست‌وزیر، وزیر دارایی، رییس هیات مدیره‌ی شــرکت ملی نفت ایران و روســای مجلســین، ایرادات و مخالفت خود را بیان داشــت. متن نامه در جراید انتشار نیافت. اما در تهران کسی هم از آن بی‌اطلاع نماند[۱].
قرارداد کنسرسیوم، کمال مطلوب نبود. حتی طرح پیشنهادی بانک جهانی و احتمالاً آخرین پیشنهاد امریکا و انگلیس که دکتر مصدق

۱ - ابراهیم صفایی، زندگی‌نامه ...، صفحه‌ی ۱۸۷.

هر دو را رد کرده بود، امتیازات بیش‌تری را شامل می‌شدند. دکتر مصدق همه چیز را می‌خواست و با تمام پافشاری که کرد، سرانجام به بُن‌بست رسید. سپهبد زاهدی و دولتش بر اساس اصل «سیاست هنر ممکنات است» عمل کردند و خود به آن اذعان داشتند.

در روز ۳۰ شهریور ۱۳۳۲ قرارداد نفت به وسیله‌ی وزیر دارایی تقدیم مجلس شورای ملی گردید.

نخست‌وزیر در پیامی گفت: «حل مشکل نفت راه را برای انجام اصلاحات باز می‌کند» وی در مجلس شورای ملی نیز اظهار داشت:

> «امتیازی به کسی داده نشده، عهدنامه‌ای تنظیم نگردیده. ایران سرپرست صنعت عظیم نفت خود می‌باشد. این قرارداد، کلید گشایش همه‌ی مشکلات ما خواهد بود»[۱].

سخنان دکتر امینی صریح‌تر بود:

> «قرارداد برای ملت ایران ایده‌آل نیست. با اوضاع کنونی ما توانستیم این قرارداد را بدین طرز تنظیم و امضا کنیم. این قرارداد بهترین قراردادی است که ایران در حال حاضر می‌تواند منعقد کند[۲].

سال‌ها بعد محمدرضا شاه در مصاحبه‌ای گفت:

> «در آن هنگام ما راه چاره دیگری نداشتیم. کشور به کلی در ورشکستگی بود، بینوایی کامل بود. در بیمارستان‌ها حتی باند و مرکورکوروم پیدا نمی‌شد. ما در چنان وضع نابهنجاری بودیم و خودمان نمی‌توانستیم نفت را بفروشیم و بایستی آن قرارداد را امضا می‌کردیم»[۳].

---

۱ - مشروح مذاکرات مجلس شورای ملی.

۲ - همان منبع.

۳- کیهان، ۲ آذر ماه ۱۳۵۳.

لایحه‌ی قرارداد در یک کمیسیون مشترک هجده نفری مجلسین با حضور دکتر امینی مورد بررسی قرار گرفت و پس از یک‌ماه رسیدگی و مطالعه، مجلس شورای ملی آن را ضمن یک ماده‌ی واحده در روز ۲۹ مهرماه ۱۳۳۳، ۲۱ اکتبر ۱۹۵٤ با یک صد و سیزده رأی موافق و چهار رأی مخالف از صدو بیست تن نماینده‌ی حاضر در جلسه، تصویب کرد. مجلس سنا نیز روز ششم آبان ماه، ۲۸ اکتبر آن را به تصویب رساند.

روز بعد، قانون به توشیح شاه رسید.

در روزهای بعد کنسرسیوم مبلغ ۵۰ میلیون دلار برای به راه انداختن تاسیسات نفتی و پالایشگاه آبادان تأمین اعتبار کرد.

روز هجدهم آبان، سپهبد زاهدی در یک مصاحبه‌ی بزرگ مطبوعاتی در باره‌ی نتایج قرارداد نفت گفت:

«سعی وافی دارم درآمد نفت، تماماً صرف بهبود زندگی مردم شود. در مورد مالیات سعی خواهم کرد از فشار به طبقه‌ی سوم و طبقه‌ی تولید کننده کاسته شود. قسمتی از درآمدهای عمومی هم به کارهای عمرانی اختصاص داده خواهد شد».

سرانجام پس از قریب سه سال و چهار ماه توقف یا رکود، استخراج، تصفیه و صدور نفت ایران در مقیاس بین‌المللی از سر گرفته شد.

پس از آن ایران و شاه به کوشش‌های خود برای نیل به «کمال مطلوب» ادامه دادند. هر بار که ایران قدمی به پیش می‌رفت، بحران سیاسی و تحریکات عوامل نفتی در ایران پدیدار می‌شد. در سال‌های ۱۹۷۳ - ۱۹۷٤ سرانجام کشور به «کمال مطلوب» رسید و شاید همین، مقدمه‌ی آماده‌سازی حوادثی شد که با بهره‌برداری از نارضایی‌های داخلی و ضعف حکومت‌ها و تحریکات بعضی از

اطرافیان محمدرضا پهلوی، به دست خارجیان برنامه‌ریزی گردید و «انقلاب اسلامی» نام گرفت.

*****

سپهبد زاهدی در مجلس شورای ملی گفته بود: «این قرارداد کلید گشایش همه‌ی مشکلات ما خواهد بود» و می‌خواست «درآمد نفت تماماً صرف بهبود زندگی مردم شود».

اجرای قرارداد، گشایشی در امور اقتصادی و مالی به وجود آورد، ولی سرآغاز دشواری‌های سیاسی فزاینده‌ای برای نخست‌وزیر شد و در سطح بالای مدیریت کشور تنش‌هایی پدیدار گردید که سرانجام آن، برکناری اجباری وی از ریاست دولت بود.

به هنگام مسافرت ریچارد نیکسون به ایران شاه به وی گفته بود:

> «وقتی مساله‌ی نفت حل شود، من رهبری را شخصاً به دست خواهم گرفت»[1].

اندکی بعد، ریچارد نیکسون بار دیگر به مساله‌ی دولت در ایران اشاره کرد:

> «زاهدی با مسایل جدی روبرو است. موقعیت زاهدی در نتیجه‌ی بدگمانی ذاتی شاه از یک نخست‌وزیر نیرومند، در معرض مخاطره قرار دارد»[2].

نخستین و شاید جدی‌ترین مورد اختلاف نظر شاه و سپهبد زاهدی در مورد ارتش بود، همان مساله‌ای که به بحران میان مصدق و محمدرضا پهلوی انجامید و قیام سی‌ام تیر و حوادث بعد از آن را باعث شد.

اختلاف نظر شاه، فرمانده‌ی کل قوا و نخست‌وزیر، که می‌خواست

---

۱ - شورای امنیت ملی، یک صد و هفتاد و هفتمین نشست ۲۳، دسامبر ۱۹۵۳/ شماره‌ی ۳۹۸.

۲ - نشست سوم ژانویه ۱۹۵۴.

چون قوام و مصدق رییس قوه‌ی مجریه باشـد و حکومت کند، در مورد ارتش، دو جنبه داشت: یکی در مورد سیاست تسلیحاتی و نقش سیاسی و بین‌المللی آن بود و دیگری در مورد انتصابات در قوای مسلح و رهبری آنها.

یک ماه بعد از سـقوط دکتر مصدق، شـاه دل‌مشغولی خود را از وضع ارتش، در هر دو مورد به سفیرکبیر امریکا بازگو کرد[۱].

> «مهم‌ترین اولویت این اسـت کـه ارتش بی‌درنگ از لحاظ روحیـه و تجهیزات تقویت شـود... وضع مالی پرسـنل ارتش مخصوصاً درجه‌داران و افسران تا درجه‌ی سروان تحمل‌ناپذیر است. اگر اقداماتی به فوریت صورت نگیرد او نخواهد توانست وجود ارتشی با روحیه‌ی قوی را تضمین کند. اگر روحیه‌ی ارتش قوی باشـد خواهد توانست اگر مجلـس مطابق میلش نبود آن را منحل سـازد و حکومت دیکتاتوری برقرار نماید».

شـاه چند روز بعد[۲]، مجدداً موضوع را با سـفیر امریکا در میان گذاشت و گفت:

> «باید نظرات امریکا و انگلیس را در مورد استفاده از ارتش بداند. آیا امریکا و انگلیس مایل‌اند ارتش صرفاً برای حفظ نظم و امنیت داخلی به کار برده شود، یا این که مایل‌اند در صورت تهاجم شوروی در دفاع از یک سنگر پس از سنگر دیگر به عملیات معطل کردن بپردازد..؟ شاه در مورد این که ارتش باید نقش دفاعی داشـته باشد و چه نیازهایی خواهد داشت به تفصیل سخن گفت... تانک‌هایی که قادر به رویارویی با تانک‌های روسـی (باشند) توپ‌های ضد هوایی، ضد تانک...».

---

۱ - گزارش مورخ ۱۸ سپتامبر ۱۹۵۳ لوی هندرسن به وزارت متبوعه.

۲- گزارش مورخ ۱۹ سپتامبر ۱۹۵۳.

محمدرضا پهلوی طرفدار ارتشی نیرومند و مجهز به بهترین اسلحه بود که مهره‌ای در مجموع سیاست دفاعی جهان آزاد باشد و عقیده داشت که باید قسمت مهمی از بودجه‌ی کشور به هزینه‌های دفاعی اختصاص داده شود. او در سال‌های بعد، هنگامی که به این مقصود رسید و نیروهای مسلح ایران را به تواناترین ارتش در خاورمیانه، و نیروی هوایی را به یکی از سه یا چهار قوی‌ترین در دنیا مبدل ساخت، به اتکای این ارتش که مطلقاً رسالت مداخله در امور داخلی را نداشت، خواست ایران را از قید قیمومیت نظامی و بین‌المللی جهان غرب، یعنی عملاً امریکا، خارج کند و خود، رکن اصلی امنیت در منطقه‌ی خلیج فارس و اقیانوس هند باشد.
اندیشه‌ای بود دور و دراز و آرزویی زیبا. اما «جهان غرب» تحمل نمی‌کرد که قدرت نظامی ایران در منطقه حتی برتر از اسراییل باشد و این کشور سوداهای دیرین خود را بازیابد و بر سر میز قدرت‌های بزرگ نظامی و اقتصادی جهان بنشیند. لازمه‌ی اِعمال چنین سیاستی، استحکام وضع داخلی و یک اتکای مردمی بود که در سال‌های آخر، رهبری ایران آن را اندک اندک، هم بر اثر اشتباهات پی در پی حکومت‌ها و هم به علت ضعف آنها، از دست داد. در بیان علل انقلاب اسلامی و چگونگی حمایت سیاست‌های غربی از آن، این نکته را نیز نباید فراموش کرد، که جای بحث در باره‌ی آن، در این کتاب نیست.

برخلاف شاه، سپهبد زاهدی معتقد بود که باید به تأمین امنیت داخلی اولویت داد:

> «امریکایی‌ها اصرار داشتند که بودجه‌ی وزارت جنگ را زیاد کنیم و اسلحه خریداری کنیم و قشون را مجهز به اسلحه جدید بکنیم. تیمسار (زاهدی) سوال می‌کنند با کدام پول؟ آنها در جواب می‌گویند مالیات‌ها را زیاد کنید

و از بودجه‌ی سایر وزارتخانه‌ها کسر کنید و به بودجه‌ی وزارت جنگ اضافه نمایید. تیمسار زیر بار نمی‌رود. می‌گویند نه مردم می‌توانند مالیات بیش‌تری بپردازند و نه صلاح مملکت هست که از بودجه‌ی سایر وزارتخانه‌ها کسر کنیم... من تعهد می‌کنم با همین قشون، امنیت سرتاسری ایران را حفظ کنم... وقتی شاه تیمسار را تحت فشار می‌گذارد، به شاه می‌گویند، اگر امریکایی‌ها پول بدهند ما اسلحه می‌خریم... روزی شاه ارتشبد هدایت (در آن موقع ارتشبد نبود، بعداً شد) و سپهبد باتمانقلیچ را (در آن موقع سرلشکر، رییس ستاد ارتش که منصوب زاهدی هم بود) احضار می‌کنند و دستور می‌دهند که بودجه‌ی پیشنهادی امریکایی‌ها را ببرند تا شاه آن را پاراف فرمایند. اتفاقاً تیمسار زاهدی از قضیه مطلع می‌گردد، می‌رود به قصر و یکسره می‌رود به اتاق دفتر شاه، می‌بیند که هدایت و باتمانقلیچ آنجا هستند می‌گویند فوراً از اطاق خارج شوند و خطاب به شاه می‌گوید، من برای شما و برای ایران زحمت می‌کشم،... صلاح نیست نخست‌وزیری را بیاورید که چشم بسته دستور امریکایی‌ها را انجام دهد...»[۱].

نخست‌وزیر با بینشی معطوف به مشکلات فوری و انحصاراً داخلی به مساله نگاه می‌کرد و می‌خواست بعد از حل معضل نفت، هر چه زودتر «گشایشی» در وضع زندگی مردم پدیدار شود. شاه، از همان زمان در اندیشه‌ی آن بود که هم قدرت سیاسی خود را به اتکای ارتش تحکیم کند و هم نیروهای مسلح را به صورت عامل

۱ - روایت رضا کی‌نژاد، نماینده‌ی وقت مجلس شورای ملی که از مشاوران و محارم سپهبد زاهدی بود متن کامل و تصویر این روایت بسیار مفصل در کتاب نورمحمد عسکری شاه... صفحات ۳۰۹ تا ۳۱۴ درج شده. جریان این برخورد از قول سه شخصیت حاضر در دفتر شاه (زاهدی، هدایت، باتمانقلیچ) با اندک تفاوت‌هایی در مآخذ و منابع مختلف درج شده است.

اصلی حفاظت منطقه و قدرت و نفوذ بین‌المللی ایران درآورد.
هر دو شاید حق داشتند. ولی در آن زمان و در ماه‌های پر تنش بعد از ۲۸ مرداد، این اختلاف نظر موجبی برای پیدایش شکاف میان شاه و نخست‌وزیرش شد، خاصه آن که سپهبد زاهدی بر آن بود که چون قوام و مصدق، در راهبری امور ارتش دخالت و نظارت داشته باشد. قوام در این زمینه کاملاً توفیق یافت و به رعایت احترامات ظاهری و تشریفاتی رییس مملکت و فرمانده کل قوا اکتفا کرد.
ایران در آن روز وضع دیگری داشت، شاه ضعیف و ارتش عملاً در اختیار سرلشکر رزم‌آرا بود که او به قوام ارادت می‌ورزید و احترام می‌گذاشت. در نهایت امر در برابر خطر خارجی و بیم از تجزیه و نابودی کشور، هر سه، شاه، قوام و رزم‌آرا هر سه میهن‌دوستان، یگانه و همراه شدند و آذربایجان را نجات دادند.

بحران رهبری ارتش، چنان که دیدیم، در زمان مصدق به ماجرای سی‌ام تیر ختم شد. با همه‌ی پی‌آمدهایی که ۲۸ مرداد نقطه‌ی پایان آنها بود.

با سپهبد زاهدی، نظامی باتجربه و محبوب در ارتش، که شاه را دوباره بر تخت سلطنت نشانده بود، صورت مساله جنبه‌ای خاص یافت. سفیرکبیر امریکا که در آن روزها همواره به دیدار شاه و نخست‌وزیر می‌رفت. وضع را به خوبی خلاصه کرده[1]:

«برخی می‌گویند زاهدی بی‌مشورت با شاه در ارتش اقداماتی می‌کند... دیگران می‌گویند شاه بی‌مشورت با زاهدی دستورهای مستقیمی به رییس ستاد ارتش می‌دهد... شاه (گفت) اگر نخست‌وزیر دریابد که ارتش هیچ ارتباطی به او ندارد، هیچ اختلافی در کار نخواهد

۱ - گزارش مورخ ۲۲ سپتامبر ۱۹۵۳.

بود. ظاهراً برای زاهدی به یاد آوردن این که او به عنوان نخست‌وزیر، یک غیرنظامی است، نه یک افسر ارتش، دشوار است. شاه گفت آماده است به هر چه زاهدی شخصاً و محرمانه در باره‌ی ارتش بگوید گوش فرا دهد. ولی اجازه نمی‌دهد که نخست‌وزیر مشورت‌های خود را علنی کند... شاه گفت، به عنوان فرمانده کل قوا می‌تواند بدون مراجعه به نخست‌وزیر به رییس ستاد ارتش دستور بدهد.»

همان مسایلی که میان شاه و مصدق پیش آمده بود، تکرار می‌شد. اما سپهبد زاهدی نه می‌توانست در آن شرایط استعفا دهد و جا خالی کند، نه می‌توانست از مردم، علیه شاه کمک بخواهد و نه طبیعتاً دست به کودتا بزند. مردِ تسلیم مطلق هم نبود. بنابراین جنگ فرسایشی میان این دو شخصیت آغاز شد که به حکم اجبار کاملاً رعایت ظواهر و تشریفات را می‌کردند. اما اندک‌اندک شکاف میان آنان آشکار شد.

در زمینه‌ی مسایل اقتصادی نیز توافق و تفاهم کافی میان رییس مملکت و رییس دولت وجود نداشت و این موضوع به خصوص بعد از حل مساله‌ی نفت، که گشایشی در کار کشور حاصل کرد، علنی گردید. زاهدی، هوادار برنامه‌های کوتاه‌مدت و مردمی بود. بهبود و اصلاح وضع راه‌های کشور، ساختمان خانه‌های ارزان‌قیمت برای گروه‌های اجتماعی کم درآمد، کمک به کشاورزان به منظور افزایش تولیدات... دل‌مشغولی او گسترش بی‌کاری در میان مردم بود و هزاران تنی که هر روز در میدان‌ها و خیابان‌ها به دنبال کار پرسه می‌زدند. او می‌خواست قبل از حل مساله‌ی نفت اقلاً یک صدهزار نفر را در برنامه‌های راه‌سازی مشغول کند. از تعطیل کارگاه اتصال راه‌آهن تهران به مشهد و به تبریز خشمگین

بود، که سـرانجام سرلشکر گرزن وزیر راه توانست کار را به راه اندازد. او شــاید، چندان به طرح‌های بــزرگ، لااقل در آن زمان، عقیده نداشت. همه‌ی این‌ها در گزارش‌های سفیر امریکا که دیگر رازدار شاه و نخست‌وزیر شده بود منعکس است.
شـاه دیـد دیگری داشـت و بــه برنامه‌هــای درازمــدت، چون سدسازی، ذوب‌آهن، توسـعه‌ی صنایع سنگین... می‌اندیشید و غالباً برنامه‌های کوتاه‌مــدت را از یاد می‌برد. این بینش تا پایان سلطنتش نقطه‌ی ضعف او بود.

بحـث و تضـادی بنیادی کــه در آن زمان میان همــه‌ی رهبران کشورهای جهان سوم و متخصصان توسعه‌ی اقتصادی به چشم می‌خورد و منحصر به ایران نبود.

بازگشــت ابوالحسن ابتهاج به صحنه‌ی سیاست و اقتصاد ایران، موجبی شد که این دوگانگی فکری و در نهایت امر سیاسی علنی گردد.
ابوالحســن ابتهاج که ســال‌ها با نهایت قدرت در راس بانک ملی ایران قرار داشـت و آن سازمان را اداره می‌کرد، در زمان مصدق به ســفارت پاریس برگزیده شــده و سپس جای خود را به باقر کاظمی وزیر امور خارجه و نایب نخست‌وزیر داده بود.
از همان نخســتین روزهای بعد از برکناری مصدق، امریکایی‌ها اظهار علاقه می‌کردند که از مدیریت و کاردانی ابتهاج برای سر و صورت دادن به وضع اقتصادی کشور استفاده شود[1].
ابوالحســن ابتهاج در خاطراتش حکایت می‌کند که پس از سقوط دکتر مصدق و حل مساله‌ی نفت و «روشن شدن میزان درآمدهای ایران از آن محل[2]» به ایران برگشته:

۱- منبع فوق الذکر.
۲- خاطرات ابوالحسن ابتهاج، جلد اول، منبع ذکر شده، صفحه‌ی ۳۳۳.

«سه روز پس از مراجعتم به دیدار شاه رفتم و دلایل خود را برای بازگشت شرح دادم. به او گفتم آمده‌ام که موی دماغ کسانی باشم که قصد دارند درآمد نفت را تلف کنند و با همه‌ی قوا و در هر موقعیتی که باشم با آنها خواهم جنگید»[1].

ابوالحسن ابتهاج افزوده که شاه، ریاست سازمان برنامه را به او پیشنهاد کرد و گفت: «موضوع را با نخست‌وزیر مطرح کنید»[2]. به گفته‌ی ابتهاج، دیدار او با نخست‌وزیر در شرایط مطلوبی گذشت. ولی وی مدت‌ها بعد یعنی در ۱۱ شهریور ۱۳۳۳ با تصویب‌نامه‌ی هیات وزیران، به ریاست سازمان برنامه منصوب شد.

اردشیر زاهدی از این جریان، روایتی به کلی مخالف نوشته‌ی ابوالحسن ابتهاج دارد. او می‌نویسد که ساعاتی بعد از درگذشت ابوالقاسم پناهی رییس سازمان برنامه، شاه از سپهبد زاهدی نظرش را در باره‌ی جایگزینی او خواست و چون شرفیابی به پایان رسید و نخست‌وزیر مرخص شد، علاء وزیر دربار شاهنشاهی وی را به کناری کشید و گفت «ابتهاج چطور است؟».

«وقتی (سپهبد زاهدی) این حرف را شنید برافروخته شد و گفت جنازه‌ی همکار من هنوز روی زمین است و من تا چهلم او اقدامی نخواهم کرد. مهندس راجی (معاون سازمان برنامه) وارد است و کارها را اداره می‌کند»[3]. اردشیر زاهدی می‌افزاید «اصرار اعلیحضرت برای ریاست سازمان برنامه ابتهاج، اختلاف (بین شاه و نخست‌وزیر) را به نهایت رساند».

با توجه به روایت‌های دیگر و تاریخ‌های برگشت ابتهاج به ایران،

---

۱ - همان منبع، همان صفحه.
۲ - همان منبع، صفحه‌ی ۳۳٤.
۳ - خاطرات اردشیر زاهدی، جلد اول، صفحه‌ی ۳۳۷.

درگذشت پناهی (که ابوالحسن ابتهاج از آن سخنی نمی‌گوید) و انتصاب جانشین او، روایت اردشیر زاهدی درست و نوشته‌ی ابوالحسن ابتهاج نادرست به نظر می‌رسد. تشنجی که از آن پس میان نخست‌وزیر و رییس سازمان برنامه پدیدار شد و شخص اخیر در شمار مخالفان دایم و شدید رییس دولت قرار گرفت، موید نظر اردشیر زاهدی است.

چنان که خود ابتهاج نیز پذیرفته، او طرف‌دار استفاده از مهندسان مشاور خارجی (به خصوص امریکایی)، پیروی از توصیه‌های بانک بین‌الملل و به خصوص اجرای طرح‌های بزرگ بنیادی بود و سپهبد زاهدی مخالف همه‌ی اینها. در نتیجه تنش میان رییس دولت و رییس سازمان برنامه که به او تحمیل شده بود، مشکلی بر مشکلات افزود:

> «زاهدی عقیده داشت که طرح‌های کوچک مثل خانه‌های ارزان، راه‌ها، سدهای کوچک، مدرسه و بیمارستان که به سرعت می‌شود انجام داد و رفاه و رضایت مردم را فراهم می‌کند بر طرح‌های بزرگ مرجح است، و نظر ابتهاج برعکس بود. ابتهاج هر بار که مواجه با مقاومت‌ها و مخالفت‌های زاهدی می‌شد نزد شاه می‌رفت و شاه بیش‌تر طرف ابتهاج را می‌گرفت و زاهدی ناراحت می‌شد»[۱].

*****

محمدرضا شاه و ملکه ثریا در روز چهاردهم آذرماه ۱۳۳۳، ۵ دسامبر ۱۹۵٤ برای انجام یک مسافرت رسمی رهسپار ایالات متحده‌ی امریکا شدند. سپهبد زاهدی، احتمالاً برای آرامش خاطر و خوش‌آیند شاه، به این مناسبت اعلامیه‌ای منتشر کرد:

> «...امیدوارم همان طوری که منظور شاهانه است، در مدت غیبت شاهنشاه کلیه‌ی امور، جریان عادی خود را طی نموده و با کمک و همکاری مجلسین محترم سنا و

۱- دکتر عزت‌الله همایونفر، از سپاهیگری تا ... صفحه‌ی ۳۸٦.

شـــورای ملی، نقشه‌های وســـیع اقتصادی و عمرانی را بدون هیچگونه اشـــکالی اجرا نماییم. ســـلامت آن وجود مقدس را که جز اعتلای کشور و آسایش فرزندان خود فکر و آرزویی ندارند، در این سفر از خداوند مسئلت می‌نمایم و عموم هم‌وطنان را در این تمنی شریک می‌دانم».

اقامت محمدرضا شـــاه پهلوی و ملکه ثریا در امریکا تا ۲۱ بهمن مـــاه ۱۳۳۳، ۱۰ فوریه ۱۹۵۵ به طول انجامید. اســـتقبال رسمی و برخورد مقامات دانشگاهی و اقتصادی با زوج سلطنتی ایران در همه جا گرم و باشـــکوه بود و به قول یکی از مفسران، شاه دیگر، شاهنشـــاه شده بود و از موضع قدرت و با اعتماد به نفس سخن می‌گفت.

ظاهراً در همین ســـفر بـــود که محمدرضا شـــاه موافقت مقامات عالی‌رتبه‌ی امریکایی را نسبت به برکناری سپهبد زاهدی و این که «خود امور را در دست بگیرد» جلب کرد.

شـــاه و ملکه از نیویورک با کشتی اقیانوس‌پیمای «کوبین ماری» عازم انگلســـتان شـــدند و روز ۲۷ بهمن مـــاه، ۱٦ فوریه به آنجا رسیدند. استقبال انگلیس‌ها نیز از شاه باشکوه و محترمانه بود. شاه مذاکراتی طولانی با وینســـتون چرچیل نخست‌وزیر بریتانیا داشت.

زوج سلطنتی ایران از لندن به آلمان رفتند و در روز چهارم اسفند در فـــرودگاه هامبورگ فرود آمدند. در آلمان نیز اســـتقبال رسمی از شـــاه و ملکه پرشکوه بود. مخصوصاً به ملکه ثریا که مادرش آلمانی بود، محبت و احساسات فراوان نشان داده شد.

شاه و ملکه دو هفته در آلمان غربی اقامت کردند و از آنجا رهسپار بغداد شـــدند. گویا در بغداد، برای نخســـتین بار به طور جدی و رســـمی موضوع الحاق ایران به «پیمان بغداد» مطرح شـــد که این نیز خشم سپهبد زاهدی را برانگیخت. او هم مخالف این کار بود و

هـــم مذاکرات بین‌المللی را بدون حضور و تنفیذ وزیر امور خارجه جایز نمی‌دانست[۱].

شاه همراه ملکه در بیست و یکم اسفندماه ۱۳۳۳، ۱۲ مارس ۱۹۵۵ از طولانی‌ترین مســافرت خارجی دوران ســلطنت خود به تهران بازگشت.

دو روز بعد، ۲۳ اســفند، ســپهبد زاهدی دیداری طولانی با شاه داشت و با او ناهار خورد، اما هنوز صحبتی از استعفای او نبود.

*****

به هنگام غیبت شــاه از ایــران، تحریکات مخالفین نخســت‌وزیر علیه او به اوج رســید. گروهی مرکــب از عبدالله انتظام وزیر امور خارجه؛ دکتر علی امینی، وزیر دارایی؛ ابوالحســن ابتهاج، رییس سازمان برنامه؛ مهندس جعفر شریف‌امامی که سناتور شده بود و امیراسدالله علم، دوست نزدیک و رازدار شاه؛ علناً به مبارزه با رییس دولت برخاستند[۲]. حسین علاء وزیر دربار شاهنشاهی نیز در کنار آنان بود و خیلی زود به عنوان داوطلب جانشــینی رییس دولت وارد این بازی شد که گویا خود از ابتدا در مرکز آن بود.

در تهــران، همه از این جریان گفتگو می‌کردند، ولی کســی آن را باور نداشت.

ســلام نوروزی سال ۱۳۳٤ با شکوهی بیش از حد معمول در کاخ گلستان برگزار شد. شــاه و ملکه ثریا برای استفاده از تعطیلات نوروزی با قطار راه‌آهن عازم جنوب کشور شدند و سپهبد زاهدی پس از بدرقه‌ی ایشــان، از همان‌جا رهسپار شمال گردید. گویی شاه و زاهدی دیگر دو جهت مخالف را انتخاب کرده باشند.

۱- خاطرات اردشیر زاهدی، جلد اول، صفحه‌ی ۳۳۳-۳۳٤.

۲ - شــرح این ماجرا به تفصیل در خاطرات اردشــیر زاهدی آمده اســت. جلد اول صفحات ۳۳۳ تا ۳۵۵ و نیز: دکتر عزت‌الله همایونفر، از سپاهیگری تا ...، صفحات ۳۹۰ الی ٤۳۰ نورمحمد عســکری، شاه ...، صفحه‌ی ۳۰۵ تا ۳۱۲، ابراهیم صفایی، زندگی‌نامه ... ، صفحه‌ی ۲۰۸ تا ۲۱٦.

به روایت اردشیر زاهدی، در مراجعت از سفر، در اتومبیل، سپهبد، دلتنگی فـراوان خود را از تحریکاتی که بر ضد وی می‌شـده، به پسرش ابراز داشت و گفت که تصمیم به استعفا دارد[1]. چه در طول مسـافرت به امریکا و اروپا و چه در سفر به جنوب، علاء، ابتهاج و عبدالله انتظام چندبار با پیام‌های تلگرافی سری، به شاه هشدار داده بودند که سپهبد زاهدی قصد کودتا دارد و زودتر به تهران مراجعت کند. شـاه اعتنایی نمی‌کـرد. در راه مراجعت به تهران از سـفر جنوب، که اردشیر زاهدی هم همراه بود، شاه به شـوخی دسـتور داد قطار را متوقف کردند، محسن قره‌گزلو رییس کل تشـریفات را احضار کرد و به او گفت نصیری (رییس گارد) گزارش داده است در تهران کودتا شده و علاء هم بازداشت گردیده. علاء، شوهرخواهر محسن قره‌گزلو بود. اردشیر زاهدی این عمل را به شـوخی گرفت ولی آیا این شوخی، پیامی هم برای پدرش نبود؟

دو مجلـس دایـر بودند. سـپهبد زاهدی در هـر دو اکثریت قابل ملاحظه‌ای داشـت. شـاه نمی‌توانسـت قانوناً وی را عزل کند و ایـن عمل از لحاظ سیاسـی، آن هم کمتر از دو سـال بعد از ۲۸ مرداد، حتی قابل تصور هم نبود. در نتیجه، با این قبیل تحریکات، گفتگوهایی در مجلس علیه دولت و مقالات انتقادآمیز در جراید که نخسـت‌وزیر به آنها بی‌اعتنا بود و به خصوص با هزار شایعه که در شهر پراکنده می‌شد، می‌خواسـتند وی را وادار به استعفا کنند.

«زاهـدی قدرتمند بـود و بر تمام ارکان حکومت سـلطه داشت. با اسکورت حرکت می‌کرد. به ستاد ارتش دستور می‌داد. افسـران ارشـد و امیران را بدون جلب نظر شاه به هر شـغلی مناسب می‌دانست منصوب می‌کرد... . در آیین‌هایی که با حضور او و شـاه برپا می‌شد، مردم پس

---

۱ - خاطرات اردشیر زاهدی، جلد اول، صفحه‌ی ۳۴۷.

از گفتن شعار جاوید شاه، شعار زنده باد زاهدی را سر می‌دادند و این‌ها برای شاه خوش‌آیند نبود... زاهدی می‌خواست شاه به حدود اختیارات تشریفاتی و مشورتی خود اکتفا کند. ولی شاه می‌خواست خود، محور قدرت باشد...

پس از بازگشت (شاه از سفر خارج)، مخالفت با زاهدی از سوی یک اقلیت پارلمانی در مجلس شورا آغاز گردید... نمایندگان اقلیت چند بار مانع تشکیل جلسه شدند و برای هم‌آهنگی در مخالفت با دولت، هفته‌ای یک بار با اقلیت مجلس سنا جلسه‌ی مشترک داشتند... همه‌ی این تحریکات و تبلیغات، نشانگر آن بود که شاه از ادامه‌ی زمامداری زاهدی خشنود نیست. اما زاهدی که در دو مجلس، اکثریت قاطع داشت و در دولت و ارتش، دوستان وفادار او بسیار بودند، بی‌اعتنا به مخالفت اقلیت دو مجلس، با قدرت به کار خود ادامه می‌داد...»[۱].

در روز شانزدهم فروردین ۱۳۳۵، امیراسدالله علم سرپرست املاک پهلوی، چهار بار میان کاخ سلطنتی و دفتر نخست‌وزیر در وزارت امور خارجه، رفت و آمد داشت تا از سوی شاه استعفای زاهدی را بخواهد و با او در شرایط و چگونگی آن توافق حاصل کند. سرانجام توافق شد که زاهدی با عنوان نخست‌وزیر و به عنوان معالجه به آلمان غربی برود و از آنجا استعفای خود را بفرستد. شاه به او پیشنهاد کرد که هر سمتی را در خارج می‌خواهد، با عنوان سفیر به او تفویض کند و نیز چون از نیازهای مالی نخست‌وزیر خود بی‌خبر نبود، به دستور وی علم پانصد هزار تومان «از محل عواید املاک» در اختیارش گذاشت. سپهبد زاهدی مغرور، با خشونت هر دو پیشنهاد را رد کرد. در

۱ - ابراهیم صفایی، زندگی‌نامه ...، صفحات ۲۰۷ و ۲۰۸.

حضور محرم شاه، تلفنی از مصطفی تجدد رییس بانک بازرگانی و دوست وفادارش خواست که در مقابل گروگان گرفتن ملکی در تهران، مبلغ مورد نیاز وی را در اختیارش بگذارد. مصطفی تجدد فوراً ترتیب این کار را داد و علم، آسوده‌خاطر به کاخ سلطنتی بازگشت. از نظر او کار استعفای نخست‌وزیر یکسره شده بود. حال دیگر می‌بایست، شاه محترمانه در این مورد با نخست‌وزیرش صحبت کند.

ملکه ثریا در خاطراتش می‌نویسد:

«شاه... به من گفت زاهدی کمی دست و پا گیر شده است، باید از دست او خلاص شوم.

من حیرت زده شدم. او چگونه می توانست چنین تصمیمی بگیرد و مردی را که همه چیزش را مدیون او بود، دوست همه‌ی لحظات و نخست‌وزیر وفادارش را برکنار کند. شاه با تظاهر به این که حیرت مرا از این ناروایی متوجه نشده است، در سکوت خود فرو رفت.

در این احوال مستخدم آمد و ورود سپهبد زاهدی را اعلام داشت. محمدرضا(شاه) او را به گرمی پذیرفت. انگار که هیچ مساله‌ای در بین نیست. سپس ناگهان در وسط غذا گفت، تیمسار من از خدماتی که شما برای ایران انجام داده‌اید متشکرم. ولی فکر می‌کنم کار سنگین بر شما فشار می‌آورد. باید چندی به سوییس بروید و استراحت کنید. من توصیه می‌کنم که هر چه زودتر این کار را انجام دهید. رنگ از چهره‌ی زاهدی پریده بود. ولی شاه در حال تبسم، مانند دوستی دیرین که در حق دوست خود از هیچ چیز دریغ نداشته باشد به وی گفت ترتیبی خواهد داد که برای او در ژنو مأموریتی فوق‌العاده با حقوق خوب و خانه‌ای زیبا در نظر گرفته شود. بعد افزود «کمی قهوه میل دارید؟». نخست‌وزیر به ساعت خود نگاه کرد و سالن

ناهارخـــوری را ترک کرد... بعدها، از او در مونترو دیدار کردیم. در حقیقت شـــاه از محبوبیت زاهدی بیمناک شده بود... چنان‌چه روزی او را از سلطنت خلع و خود را شاه اعلام می‌کرد؟ همان گونه کـــه ناصر در مصر با فاروق عمل کرد».

آخرین مرحلـــه‌ی برنامه‌ای که علم با زاهـــدی در مورد آن تفاهم حاصـــل کرده بـــود، انجام نشـــد و خروج زاهـــدی از صحنه، در شرایطی دیگر صورت گرفت[1].

۱ - Le Palauis des solitudes، صفحات ۱۹۹–۲۰۰.

فصل هشتم

برکناری و تلخ کامی

قـرار بر این بود که سـپهبد زاهـدی عازم اروپا شـود و از آنجا استعفای خود را برای شاه بفرستد.

در عصر همان روز شـانزدهم فروردین که امیراسدالله علم، میان کاخ سـلطنتی و دفتر نخست‌وزیر سرگرم رفت و آمد بود تا ترتیب ایـن تغییر و تبدیـل را بدهد، و در این مورد تفاهم حاصل شـده بود، روزنامه‌ی اطلاعات در صفحه‌ی اول خود با حروف درشت، خبر کناره‌گیری سـپهبد زاهدی را اعلام داشـت و افزوده بود که حسـین علاء زمام امور را به دست خواهد گرفت[1]. گمان دوستان و نزدیکان نخسـت‌وزیر این بود و هنوز نیز هست، که این عمل به اشاره‌ی گروه فعال مخالفان سپهبد زاهدی صورت گرفت که وی

۱- اطلاعات، ۱٦ فروردین ۱۳۳٤.

را در برابر عمل انجام شـــده قرار دهند. شـــاید بیم آن را داشتند که ســـپهبد از ایران برود ولی استعفا ندهد و برنامه‌ای که ریخته بودند، انجام نشود.

باید گفت که در آخرین روزهای سال ۱۳۳۳، دولت زاهدی موفقیتی بزرگ به دست آورده و یکی از هدف‌های اصلی نخست‌وزیر تحقق یافته بود: بودجه‌ی ســـال ۱۳۳۴ در آذرماه ۱۳۳۳ به مجلس تقدیم شـــد و قبل از پایان سال به تصویب رســـید. این بودجه دو برابر بودجه‌ی سال ۱۳۳۳ بود.
عـــلاوه بر افزایش قابـــل ملاحظه‌ی حقوق ارتشـــیان و کارمندان دولت، ارقام مهمی برای بهبود وضع آبیاری، عمران و راه‌سازی، گسترش بهداشت، ساختمان مدارس، ایجاد موسسات مختلف و خانه‌سازی، در اعتبارات بودجه منظور شده بود.
پـــس از حل معضل نفت و وصول مطالبات ایران از اتحاد جماهیر شوروی ســـرانجام امکان عملی تحقق «گشایشـــی» که ورد زبان سپهبد زاهدی بود، پدیدار شد.

در آذرماه ۱۳۳۳، به سرپرســـتی مستقیم و مستمر نخست‌وزیر و بدون کوچک‌ترین برخورد، خلع‌سلاح ایل قشقایی به پایان رسید و ســـران آن محترمانه عازم اروپا شـــدند. در این میان ضربات شدیدی بر ســـازمان نظامی و تشکیلات سیاسی حزب توده وارد آمده و از این جهت نیز خطری از ایران دور شده بود.

بیم دربار و مخالفان ســـپهبد زاهدی آن بود که با این کامیابی‌ها، او از هر لحاظ نیرومندتر شود و مخصوصاً با گشایش مالی که در کارهای دولت پدیدار شده بود، محبوبیت وی در میان بسیاری از مردم کشور گسترش یابد و در نهایت امر، وی به صورت محور و مرکز اصلی قدرت و حکومت درآید.

در روز سـوم اسفند ۱۳۳۳، که شاه و ملکه ثریا هنوز در خارج از کشـور بودند، به مناسبت سی و چهارمین سالگرد کودتای سوم اسـفند ۱۲۹۹، سـپهبد زاهدی به همراه وزیر جنگ، رییس ستاد ارتـش و تعدادی قابل توجه از امیران و افسـران ارتش و جملگی نمایندگان دو مجلس، به آرامگاه رضاشـاه در شـهر ری رفت و تاج گلی نثار نمود. هنگامی که عازم بازگشت به تهران بود، گویا باتمانقلیچ رییس ستاد یا کس دیگری از نظامیان، به وی توصیه کرد که به آرامگاه حضرت عبدالعظیم و امامزاده حمزه که در چند قدمی واقع بود، برود چرا که این عمل در ذهن مردم تأثیر مطلوب خواهد داشت.

زاهدی این توصیه را پذیرفت و رهسـپار آن دو زیارت‌گاه شد. در حیاط آرامگاه حضرت عبدالعظیم، مورد استقبال خادمین و گروه بزرگی از زایرین قرار گرفت و در حالی که کفش بر پای داشت هر دو ضریح را طواف کرد. چند صد تن با فریاد صلوات و حتی کف زدن‌های بسـیار از او تجلیل نمودند. انبوهی از مردم تا اتومبیلش او را بدرقه کردند. تشـریفاتی که در ابتدا جنبه‌ی نظامی و رسمی داشـت، سـریعاً به نوعی تظاهر سیاسـی به حمایت و تجلیل از رییس دولت تبدیل شـد و در جراید انعکاس وسیع یافت. گویا نه حضور انبوه نظامیان در کنار نخست‌وزیر، خوش‌آیند دربار واقع شـده بود و نه تجلیل مردم از او که قبلاً تدارک نشده و خودجوش بود. آشـکارا بسـیاری از اطرافیان محمدرضا شاه و به احتمال قریب به یقین خود او، نمی‌خواستند قوام‌السلطنه‌ی دیگری، آن هم در لباس سپهبد ارتش شاهنشاهی، در رأس امور کشور باشد. در این گـروه، هیچ کس فراموش نکرده بود که یک ربع قرن پیش‌تر، سردارسـپه در مقام نخسـت‌وزیری و به عنوان تعرض نسبت به کارشکنی‌هایی که از هر سو در اقداماتش می‌شد، به بومهن رفت و بر اثر اعتراض و فشـار نظامیان و به خواست افکار عمومی به

تهران بازگردانده شد و این سرآغاز آخرین مرحله‌ی رسیدنش به قدرت کامل و سلطنت بود.
در مورد زاهدی، همه می‌دانستند که او سودای سلطنت در سر ندارد و همیشه ثابت کرده که به شاه وفادار است. اما این که قصد حکومت بلامنازع داشته باشد، بسیاری را نگران کرده بود. به همین سبب کوشیدند که او و دوستانش را در برابر عمل انجام شده قرار دهند. مفهوم مذاکراتی که شاه و نخست‌وزیرش داشتند و ملکه ثریا حکایت کرده، جز این نبود. محمدرضا شاه می‌خواست سپهبد زاهدی کناره‌گیری کند و از ایران دور شود.

*****

آخرین روز زمام‌داری سپهبد زاهدی در محیطی پرهیاهو و همراه با تظاهرات غیرمنتظره گذشت:
نخست‌وزیر پس از یک ملاقات طولانی با سپهبد هدایت وزیر جنگ و سرلشکر باتمانقلیچ رییس ستاد ارتش، در ساعت ۹ بامداد آخرین جلسه‌ی هیات دولت خود را تشکیل داد و طی آن اعلام داشت که با «استجازه از پیشگاه مبارک اعلیحضرت همایونی» بعد از ظهر همان روز یعنی هفدهم فروردین، به اروپا خواهد رفت.

> «ما همه یک عده سرباز خدمتگزار به این میهن بوده و هستیم و امیدوارم هر کس در راه خدمت به این مملکت توفیق حاصل کند و نسبت به شاهنشاه صدیق و وفادار باشد»[۱].

قرار قبلی چنان‌که دیدیم، بر آن بود که استعفای دولت بعد از خروج نخست‌وزیر از ایران اعلام شود. خبر مندرج در اطلاعات، از هر منبع که بود، این برنامه را بر هم زد. نتیجه آن که نخست‌وزیر به وزیرانش گفت کناره گرفته و مأموریت آنها نیز به پایان

۱ - اطلاعات، ۱۸ فروردین ۱۳۲٤.

رسـیده است و در آخرین جلسـه‌ی هیات دولت شرکت می‌کنند. چند تصویب‌نامه که جنبه‌ی فوریت داشـت، به تصویب رسید و نخست‌وزیر آنها را امضا کرد.
وزیرانش سپس همه به وزارتخانه‌های خود رفتند و مراسم متعارف خداحافظی با معاونان و مدیران کل و کارمندان انجام شد.

سـاعت ده صبح، سپهبد زاهدی در جلسـه‌ی بزرگی که در تالار نخست‌وزیری تشکیل شده بود شرکت کرد. بسیاری از سناتورها و نمایـندگان مجلس شـورای ملی که از جریان روز مطلع شـده و به آنجا آمـده بودند، با حضور بعضـی از روزنامه‌نگاران، به نخست‌وزیر مستعفی احساسات گرمی نشان دادند. سپهبد زاهدی از آنان تشکر کرد و بار دیگر گفت:

«با استجازه از پیشگاه اعلیحضرت همایونی فرصتی پیدا شده که به معالجه بپردازم و به این ترتیب گمان ندارم که مسافرتم بیش از دو ماه به طول انجامد»[۱].

سـناتور عدل‌الملک دادگر و سناتور شمس‌ملک آرا، سخنانی گرم در تجلیل از سپهبد زاهدی ایراد داشتند، وی جواب داد:

«من روز اول که آمدم مثل یک سـرباز آمدم و حالا هم که می‌روم، یک سرباز می‌روم...».

در همین جلسـه، ارسلان خلعتبری، وکیل معروف دادگستری که یکی از بنیان‌گزاران جبهه‌ی ملی بود گفت:

«آن‌چه بـرای مملکت ما بیش از هر چیـز دارای ارزش و اهمیت بود، پس از اسـتقرار امنیت، تثبیت وضع سیاسی مملکت اسـت که ایران موقعیت خـود را در جهان احراز نمود».

گروه‌های مختلفی از کارگران واحدهای صنعتی تهران که از خبر

---

۱ - همان منبع.

کناره‌گیری و مسافرت نخست‌وزیر آگاه شده بودند، به تدریج به نخست‌وزیری آمده و اجتماعی بزرگ در آن محل تشکیل دادند. یک تابلوی نقاشی از سپهبد زاهدی با همان لباس روز اول نخست‌وزیری او، پیراهن نظامی و صورتی خندان، که کار هنرمند معروف اکبر صمیمی بود، به سپهبد هدیه شد که گفت:

«این بهترین تشویق و قدردانی است که از من می‌شود و این تابلو برای من یادگاری عزیز خواهد بود».

سپس گروهی دیگر از نمایندگان دو مجلس که سیدابوالحسن حایری‌زاده، معتصم‌السلطنه فرخ، علی وکیلی و شیخ‌الملک اورنگ در میان آنها بودند، در دفتر نخست‌وزیر حاضر شده، با او خداحافظی کردند و بار دیگر سخنان محبت‌آمیزی رد و بدل شد.

رفت و آمدها همچنان ادامه داشت و اختیار آنها از دست همه خارج شده بود که گفتند ملکه مادر سپهبد زاهدی را احضار کرده. ساعت یازده و ده دقیقه نخست‌وزیر مستعفی با اتومبیل به کاخ ملکه مادر که در همان نزدیکی بود رفت و بیست دقیقه بعد بازگشت. در این موقع اعلام شد که سپهبد زاهدی ساعت چهار و نیم بعد از ظهر برای تودیع و «کسب اجازه‌ی مرخصی» به دیدار شاه خواهد رفت و از آنجا یکسر عازم فرودگاه خواهد شد و ساعت پرواز هواپیما نیز شش و نیم بعد از ظهر است. بدین ترتیب دوستانش وقت و فرصت کافی داشتند که بدرقه‌ای غیرمنتظره در فرودگاه تدارک کنند.

ملاقات شاه و سپهبد زاهدی از ساعت چهار و نیم تا پنج بعد از ظهر به طول انجامید. در پایان آن به خبرنگاران و عکاسان داخلی و خارجی اجازه‌ی ورود به دفتر شاه و عکس‌برداری داده شد. روایتی از مفاد مذاکرات در دست نیست. اما اندکی پس از آن، نامه‌ی سپهبد زاهدی به شاه و پاسخی که دریافت داشته انتشار

یافت:

«... با توجهات اعلیحضرت همایون شاهنشاهی توفیق حاصل شد که امنیت در سرتاسر کشور برقرار، مشکل مهم نفت به صورت آبرومندی حل گردد و روابط دوستانه روی احترام متقابل و اعتماد با کشورهای بزرگ جهان استوار گردد و چرخهای اقتصادی کشور که به کلی از کار افتاده بود به مرور به صورت امیدبخشی به راه افتد. پیشرفتهای مهم دیگری در امور کشور منجمله تعدیل بودجه حاصل گردید....».

«با اظهار قدردانی از خدمات درخشانی که در مدت نخستوزیری انجام دادهاید، شما را از این خدمت معاف مینماییم و انتظار ما این است که دورهی معالجه کوتاه بوده و باز در آتیه، وجود شما در این کشور مورد استفاده قرار گیرد».

بدین‌سان، به پایان دوران ریاست دولت سپهبد زاهدی که کناره‌گیری نبود، بلکه برکناری بود در حد امکان ظاهری آراسته داده شد.

*****

شب قبل از استعفایش، سپهبد زاهدی گفته بود:

«اگر من قصد کودتا و یا جاروب کردن زیر پای شاه را داشتم، در ۲۸ مرداد این کار را کرده بودم، اما نکردم. چون علاوه بر این که شخص محمدرضا شاه را مثل فرزند خودم دوست دارم، وجود شاه و رژیم پادشاهی را با توجه به وضع سوق‌الجیشی ایران برای بقای کشور لازم می‌دانم. در فاصله‌ی ۲۸ مرداد تا مراجعت اعلیحضرت به کشور، بعضی از رجال و شخصیت‌های کشور مثل

تقی‌زاده، عدل‌الملک دادگر و نصرالملک هدایت توصیه می‌کردند در بازگرداندن شاه عجله نکنم و ایشان مدتی در خارج بمانند، تا قدرت در دست دولت باشد و کارها سر و سامان بگیرد ولی من نپذیرفتم و گفتم این امانتی است که هر چه زودتر باید به صاحبش بازگردانم»[۱].

*****

دوستان و هواداران زاهدی طی چند ساعتی که میان پایان جلسه‌ی هیات دولت و ساعت حرکت به فرودگاه در اختیارشان بود، توانستند بدرقه‌ای با شکوه برایش فراهم کنند. اتومبیل وی مطابق معمول با اسکورت بزرگ موتورسوار عازم مهرآباد شد. در تمام مسیر حرکت او، از نخست‌وزیری تا فرودگاه مهرآباد، افراد دژبان و مأمورین شهربانی در دو سوی خیابان ایستاده و ابراز احترام می‌کردند. در فرودگاه، یک گروهان نیروی زمینی مستقر شده بود و مراسم احترامات نظامی به عمل آورد. جمعیت کثیری تمام محوطه‌ی فرودگاه و حتی باند پرواز را اشغال کرده بود. عده‌ی زیادی از وکلای دو مجلس، رجال سیاسی، روسای بازار، امرا و افسران ارتش و افراد مختلف به بدرقه آمده بودند و مراسم خداحافظی و غالباً روبوسی یک ساعت به طول انجامید.
از وزیران کابینه فقط عبدالله انتظام و دکتر علی امینی در فرودگاه حاضر نبودند. حسین علاء نیز که در همان موقع فرمان نخست‌وزیری خود را دریافت داشته بود در آنجا دیده نمی‌شد. از امیراسدالله علم و ابوالحسن ابتهاج نیز خبری نبود. هسته‌ی اصلی مخالفان سپهبد زاهدی حتی رعایت ظواهر را هم نکردند.

سپهبد زاهدی در ساعت مقرر با هواپیمای **S.A.S** به بیروت رفت و سه روز در آنجا ماند. از آنجا راهی آلمان شد و سرانجام در ژنو

۱ – خاطرات اردشیر زاهدی، جلد اول، صفحات ۳۵۲–۳۵۳.

مستقر گردید.

دو روز بعد، حسین علاء نخست‌وزیر جدید، وزیران خود را به شاه و سپس به مجلسین معرفی کرد. تغییر عمده‌ای در وزیران سپهبد زاهدی داده نشده بود. فقط امیراسدالله علم به وزارت کشور منصوب شد.

پس از اخذ رأی اعتماد، علاء هم که بیمار و نیازمند به یک عمل جراحی فوری بود رهسپار پاریس گردید و کفالت نخست‌وزیری تا چند هفته با عبدالله انتظام بود.

*****

طرح برنامه‌ی چند سطریِ دولت علاء در دو مجلس، به مذاکراتی غیرمنتظره در باره‌ی هیاتِ وزیران پیشین و شخص سپهبد زاهدی منتهی شد.

جمال امامی به عنوان نطق قبل از دستور، خدمات سپهبد زاهدی را به مملکت و مخصوصاً به شاه در برابر مجلس سنا بازگو کرد و به «کسانی» که موجبات استعفای او را فراهم آورده بودند، با لحن خشن متعارف خود تاخت.

رضا افشار در مجلس شورای ملی به تجلیل از نخست‌وزیر پیشین در برابر جانشین وی اکتفا نکرد و گفت:

> «مطابق قانون اساسی، مورد انکار کسی نیست که عزل و نصب وزرا با اعلیحضرت همایونی است. اما ما باید در وقایع و حوادثی که در این کشور صورت می‌گیرد و در زندگانی سیاسی ما و مملکت موثر است وارد باشیم. وکلا می‌خواهند بدانند علت رفتن سپهبد زاهدی چه بوده است؟»

عبدالرحمن فرامرزی اظهار داشت:

> «مجلس که هست، باید دولت را مجلس بیاورد و ببرد».

سید محمدعلی شوشتری، در مخالفت با دولت علاء سخن گفت:

> «روزنامه می‌نویسد که من با نخست‌وزیری علاء مخالفم.

آقایان من خودم خوب می‌دانم چه می‌کنم. سپهبد زاهدی چه در ایران باشد، چه نباشد، من و عده‌ی زیادی به او علاقه‌مندیم...».

سخنان حائری‌زاده یار پریروز مدرس و دیروز مصدق و یکی از مهم‌ترین بنیان‌گذاران جبهه‌ی ملی، از گفته‌های دیگران پر معنی‌تر بود:

«ما قسم خوردیم که حافظ قانون اساسی باشیم. باید از آن حمایت کنیم. من کسی که کار خوب کرده است، پشتیبانی می‌کنم. سپهبد زاهدی در آن موقع که لازم بود به میدان آمد و من آن روز را فراموش نمی‌کنم. البته وقتی به مجلس آمد من به او رأی اعتماد ندادم. چون معتقدم که باید رأی تمایل از مجلس می‌گرفت... آقای (دکتر علی) امینی مرا مخرب و منفی‌باف می‌دانند. در حالی که چنین نیست و من تا روزی که کسی از حدود خود تخطی نکرده است محترم می‌شمارم. سپهبد زاهدی سرباز بود و در وظیفه‌ی سربازی عمل کرد. ولی یک مرد دیپلمات نبود و به همین دلیل هم در باره‌ی بعضی از کارهایش گله می‌کردم».

*****

سپهبد زاهدی، پس از ورود به ژنو، خانه‌ای در آن شهر اجاره کرد و یک سال در آنجا رحل اقامت افکند. این خانه به ماهی یک‌هزار فرانک سوییس اجاره شده بود.

«در روزنامه‌های تهران، مخالفان زاهدی علیه او به تبلیغات پرداختند. تصویر «ویلا گابیول» (خانه‌ای که اجاره کرده بود) با کوه زیبای پشتش را چاپ کردند و نوشتند زاهدی آن ویلا و املاک و اطراف و کوهستان‌های پشت آن را خریده است»[1].

---

۱ - دکتر عزت‌الله همایونفر، از سپاهی‌گری تا ... صفحه‌ی ۴۲۵.

واقعیت امر چیز دیگر بود. در خارج از کشور و دور از دوستانش، سپهبد زاهدی دیگر مستقیماً قادر به اداره‌ی امور مالی خود نبود و همواره در این زمینه مشکلات فراوان داشت. چند سال پیش، مجله‌ی تحقیقات تاریخی وزارت امور خارجه‌ی جمهوری اسلامی، قسمت مهمی از اسناد و مدارکی را که حکایت از وضع مالی و گذران زندگی او می‌کرد و در اقامت‌گاه خانواده‌ی زاهدی در حصارک ضبط شده بود، رسماً انتشار داد[1] که بعداً در کتابی نیز مورد استفاده قرار گرفت[2]. تحقیقات شخصی من، صحت اسناد درج شده را، که با حواشی و تفسیرهای مرسوم در نظام حکومتی فعلی ایران همراه است، تأیید می‌کند.

در جایی نوشته:

«خدای بزرگ نخواهد و نکند که من به کسی محتاج شوم حتی به تو که یگانه پسر من هستی (نامه خطاب به اردشیر زاهدی است). دیگر خیلی به زندگانی خود علاقه‌مند نیستم. خصوصاً حالا که تقریباً علیل شده و غیر از پادرد و دست شکستن، اغلب برای کمیِ ویتامین مریض می‌شوم. سینه‌درد دارم. گوش‌درد دارم. اما بدان که مثل آهن و فولاد تحمل شداید می‌کنم»[3].

یک سال بعد از اقامت در ژنو به اردشیر زاهدی نوشت:

«یک خانه‌ی کوچک هم آن طرف مونترو و خارج از شهر دیدیم. ۶۰ هزار فرانک که ۱۵ هزار بدهیم بقیه ۲۵ ساله... اگر معامله بشود خیلی خوب است. چون ۳۰ هزار تومان می‌دهیم بقیه را مثل اجاره خانه، بعد هم مال تو می‌شود... مجدداً می‌نویسم حتماً زمین شرکت را بفروش و پول هم

---

۱ - منبع ذکر شده، جلد دوم، شماره ۷،۱۹۹۸، پاییز ۷۷، صفحات ۱۲۲ تا ۱۸۰.

۲ - جلال اندرمانی‌زاده، زاهدی‌ها در تکاپوی قدرت، منبع ذکر شده. در این کتب، نامه‌های سپهبدزاهدی با شماره‌گذاری و ذکر سال تحریر آنها، نقل شده است.

۳ - سند شماره‌ی ۱۳.

> بعد از قرض خودم و قرض ناصری، بقیه را به من برسان و خیلی هم زود. که اگر پول تمام بشود جهنم است. به علاوه من فکر می‌کردم این پولی که آورده‌ام اقلاً یک سال بس است. ولی با خرید اتومبیل و شروع معامله (خانه در مونترو) دارد تمام می‌شود...»[۱].

در نامه‌ی دیگری ضمن اشاره به مسایل مالی نوشته: «تقاضای از شاهنشاه به هیچ‌وجه صلاح نیست»[۲].

سپهبد زاهدی پس از «انجام معامله»، در خانه‌ی خود مستقر شد و تا پایان عمرش در همان‌جا ماند. در آنجا شاه و ملکه ثریا دو بار به دیدارش آمدند. محمدرضا شاه، طرز حکومت و استقلال رأی سپهبد را تحمل نکرده بود. ترجیح می‌داد او دور از ایران باشد. ولی نه دینی را که به او داشت فراموش کرده بود و نه می‌خواست در انظار عمومی متهم به حق‌ناشناسی شود. ملکه ثریا نیز اصولاً به سپهبد زاهدی احترام و محبت خاص داشت که پس از جدایی وی از محمدرضا پهلوی هم‌چنان ادامه یافت. هر دو میل داشتند زاهدی را ببینند و می‌خواستند که این دیدارها در همه جا منعکس شود.

ویلای گل‌های سرخ» Villa Les Roses ، آن «قصر افسانه‌ای» نیست که معاندان و دشمنان سپهبد زاهدی نوشتند و هنوز هم می‌نویسند. اقامتگاه راحتی است با باغچه‌ای در اطراف آن. حتی در آن زمان، در تهران و بسیاری از شهرهای ایران، خانه‌های مجلل‌تر از آن بسیار وجود داشت، چه رسد به کشورهای اروپایی

---

۱ - سند شماره‌ی ۱۹، صفحات ۱٦٤ تا ۱٦٦ اسناد خرید این خانه موسوم به Villa les Roses در مرکز اسناد اردشیر زاهدی موجود است. آخرین اقساط آن بعد از انقلاب اسلامی تأدیه و محل از رهن بانک خارج شد.

۲ - سند شماره‌ی ۲۳، صفحه‌ی ۱۷۰. در حاشیه‌ی نامه نوشته شده «۱ دسامبر ۱۹٦۲ جواب عرض شد.»

و اطراف دریاچه‌ی لمان.

گذران زندگی سپهبد زاهدی در سوییس، در ژنو و خاصه در مونترو، بدون تجمل و ساده بود. در اقامتگاهش همواره به روی دوستانش باز بود. بسیاری از آنان را برای صرف ناهار یا شام، نگاه می‌داشت. بعضی دیگر نیز از این سو آن سو به دیدارش می‌آمدند و چند شبی در مونترو می‌ماندند. گاهی به اتفاق یکی از دوستان دیرینش میلان‌چی، بازرگان معروف ایرانی که در آن موقع در سوییس اقامت داشت یا کسان دیگر به کازینوهای اویان Evian یا دیون Divonne در خاک فرانسه سر می‌زد. گاهی شام می‌خوردند و بازی کوچکی می‌کرد. اما همیشه قبل از ساعت ۲۳ به اقامتگاه خود باز می‌گشت[۱].

رعایت دشواری‌های مالی و دقت در صرفه‌جویی، در عین حفظ شئون زندگی و احتراماتش دل‌مشغولی همیشگی او بود. در نامه‌ای آرزو می‌کند که:

«اگر یک قدری حالم بهتر شود، در یک گوشه‌ی ایران با خیلی قناعت بتوانم امرار معاش بکنم. در هر حال من برای خودم نگرانی و ناراحتی ندارم. نه بر مرده برای زنده باید گریست»[۲].

در جای دیگر نوشته:

«فقط می‌خواهم در این دوران پیری قدری راحت‌تر زندگی کنم و بقیه‌ی عمر خود را اگر بشود با کمال شرافت‌مندی و در عین حال با نهایت صرفه‌جویی بگذرانم»[۳].

۱- از آقای دکتر احمد تهرانی سفیر پیشین و همسر ایشان خانم پروانه تهرانی، خواهرزاده مرحوم سپهبد زاهدی، که اطلاعات جالبی در باره‌ی زندگی ایشان در مونترو در اختیارم گذاشتند. صمیمانه متشکرم. خانم تهرانی به هنگام تحصیل در سوییس در اقامت‌گاه سپهبد و تحت سرپرستی دایی خود می‌زیست و هنوز اتاقش در آنجا «اتاق پروانه» نامیده می‌شود.

۲ - زاهدی‌ها... سند شماره‌ی ۲۲، صفحه‌ی ۱٦۸-۱۷۰.

۳ - سند شماره‌ی ۲٤، صفحات ۱۷۰-۱۷۱.

****

در ماه‌های بعد از خروج سپهبد زاهدی از ایران، ابوالقاسم امینی که چند روزی بعد از ۲۸ مرداد زندانی و سپس به وساطت دوستان و خانواده‌اش، با موافقت شـاه و به دستور نخست‌وزیر رهسپار اروپا شــده و مقیم رم بود، در مصاحبـه‌ای وی را متهم کرد که مبلغ پنج میلیون دلار به عنوان «پاداش» برای انجام «کودتای ۲۸ مرداد» از دولت امریکا دریافت داشته است.

این اتهام در جراید ایران منعکس شــد. با نظارتی که در آن زمان دولت بر مطبوعات داشت، انتشــار این مطلب نمی‌توانست بدون اشــاره یا موافقت «مقامات بالا» باشد. در نهایت امر همه دست دربار را در این کار دیدند و حرکتی برای بدنام کردن نخست‌وزیر پیشین و تضعیف او که هنوز در میان بسیاری از مردم و ارتشیان محبوبیت خــود را حفظ کرده بود و در اروپا نیــز از گله و انتقاد در باره‌ی اوضاع ایران خودداری نمی‌کرد، تلقی شد. البته اتهام، نادرســت و خنده‌آور بود و از جانب ابوالقاســم امینی که یک بار به هنگام وزارت کشور سـپهبد زاهدی از طرف او، علی‌رغم نظر مخالف مصدق و شاه، به استانداری اصفهان منصوب شده و بار دیگر پس از ۲۸ مرداد از زندان رهایی یافته بود، نشــانه‌ی کامل نامردی و حق‌ناشناسی به شمار رفته و می‌رود.

سپهبد زاهدی از سوییس نامه‌ای به شاه نوشت[1] و تلخ‌کامی خود را ابراز کرد.

«افتخـار دارد به عرض پیشــگاه اعلیحضرت همایونی برسـاند، در تمـام مدت خدمت خود تا بــه امروز، بدون این که قصد یا نظر شــخصی داشــته باشم، جز بلندی

---

۱ - پیش‌نویس نامه در مرکز اسـناد اردشـیر زاهدی موجود و قابل رویت است و تصویر آن در کتاب نورمحمد عسکری، شاه، مصدق....، صفحه‌ی ۲۱۵ عیناً به طبع رسیده.

نام ایران منظور و مقصودی نداشته‌ام. افتخار دارم که در سلطنت اعلیحضرت فقید، خدمات قابل توجهی انجام داده‌ام که آثار آن هنوز هم برجاست. در دوران سلطنت آن اعلیحضرت نیز گواه خدمات صادقانه‌ی من، خود اعلیحضرت همایونی بوده و از جزییات آن آگاهند... چه در عهد اعلیحضرت فقید و چه در زمان فرمانفرمایی اعلیحضرت همایونی هیچ‌گاه از منال دولت سوءاستفاده نکرده و پیوسته از عواید و حقوق خود استفاده نموده است... برای اینکه بر بیگانگان معلوم شود که قیام ۲۸ مرداد، قیامی ملی و میهن‌پرستانه برای صیانت تاج و تخت بوده است ولاغیر، استدعا دارم امر و مقرر فرمایید کمیسیونی از اشخاص ذی‌صلاحیت و در صورت مقتضی نمایندگانی از دولت‌های امریکا و انگلستان یا هر کس که مقتضی و مناسب باشد تشکیل گردد و در این باره رسیدگی و اظهار نظر کنند تا حقیقت مکشوف گردد. ولی برای اطمینان خاطر مبارک از جمله‌ای که به عرض می‌رسد، ناگزیر است. در تمام جریان سقوط دولت دکتر مصدق، آن چه شخصاً داشتم از اراضی و مستغلات زراعی و شهری و حتی مقداری از وسایل زراعی جدید و قدیم شخصی را فروختم و در کمال علاقه و صداقت در راه انجام وظیفه به کار بردم. هنگامی که به فرمان اعلیحضرت برای معالجه از ایران خارج شدم، وجوهی که امریکاییان ادعا دارند در ایران مصرف کرده، دیناری به نفع شخص خود استفاده ننموده‌ام. بنابر این بار دیگر تقاضا دارم که به استدعای فدوی در باره‌ی تشکیل کمیسیون خاص چنان که در فوقاً به عرض رسید توجه خاص فرمایید، تا سیه‌روی شود هر که در او غش باشد. ضمناً به عرض می‌رساند که حساب همه‌ی وجوهی را

که از دارایی و فروش اموال شخصی خود بدون کمک غیر در اروپا مصرف کرده‌ام... در کمیسیون مذکور ارائه دهد...».

در زمان نخست‌وزیری دکتر امینی، بار دیگر این مطالب از سر گرفته شد. اردشیر زاهدی از واشنگتن نامه‌ای برای او نوشت و خواستار شد که به عنوان وزیر دارایی کابینه‌ی زاهدی رسماً توضیح بدهد. دکتر امینی پاسخی نوشت مبنی بر این که اظهارات برادرش را در مطبوعات تکذیب خواهد کرد. اما نکرد، اردشیر زاهدی در تاریخ ۲۷ اوت ۱۹۶۱، نامه‌ی دیگری به او نوشت:

«... چیزی که باعث تأسف و تعجب بود همان طور که خود جنابعالی نوشته بودید که چنین چیزی صحت نداشته و نمی‌دانم دروغ به این بزرگی را ایشان (ابوالقاسم امینی) چطور به خود اجازه داده‌اند درست کنند، آن هم از قول شما و به خصوص در این موقع حساس که به فرمان شاهنشاه برای خدمت به مردم و کشور مأمور شده‌اید... این موضوع برای مقامات مسئول در اینجا بسیار باعث تعجب شده بود. حقیقت امر را بخواهید وقتی این موضوع را شنیدم واقعاً متعجب شده و نمی‌توانستم باور کنم که این خبر (مصاحبه‌ی ابوالقاسم امینی) صحیح باشد. چون اولاً که صد درصد دروغ بود و ثانیاً محبت‌هایی که پدرم بعد از ۲۸ مرداد به او کرد و با این که عده‌ای از دوستان اصرار داشتند ایشان شدیداً مجازات شود ولی پدر مهربانم نادیده گرفت و اعلیحضرت همایونی هم با قلب پاک و مهربانی که داشته و دارند او را عفو فرمودند و ملاقاتی که ایشان (بعد از آزادی از زندان و پیش از سفر به اروپا) در منزل عموی شما تیمسار حسین امینی در منزل پارک فخرالدوله با اینجانب در حضور سرلشکر

دادستان و یکی دو نفر دیگر کرد، صحبت‌هایی که کردند و نامه‌ای که نوشتند و دارم ولی مردانگی من اجازه نداد تا به حال متذکر شوم»[۱].

نامه‌ی سپهبد زاهدی دل‌شکستگی او را می‌رساند و نامه‌ی اردشیر زاهدی خشم پسرش را که هر دو به جایی نرسید. با همه‌ی اسناد و مدارکی که از آن پس انتشار یافته، دیگر کسی به اتهام «رشوه‌خواری سپهبد زاهدی در حضور جمع» وقعی نمی‌گذارد، خاصه آن که حتی دریافت و تبدیل وجوه دریافتی به ریال در محاسبات خزانه‌داری کل کشور منعکس شده[۲].
اما این اتهامات، که بی‌شباهت به آن‌چه بعد از برکناری قوام‌السلطنه به او وارد آوردند نیست، به گله‌ها و تلخکامی‌های سپهبد زاهدی افزود.

*****

زاهدی نسبت به محمدرضا شاه مطلقاً وفادار بود و انتظار نداشت که وی را وادار به کناره‌گیری کنند و چنان که در نامه‌اش نوشته «به فرمان اعلیحضرت برای معالجه از ایران خارج» یعنی تبعید شود. برای بهبود فوری وضع زندگی مردم و مخصوصاً رفاه «طبقه‌ی سوم» اندیشه‌هایی داشت که می‌خواست سریعاً آنها را به مرحله‌ی عمل درآورد و نشان دهد که تجدید فعالیت صنعت نفت از لحاظ اقتصادی و اجتماعی کاری درست و سودمند و نظریه‌ی «اقتصاد بدون نفت» که دکتر مصدق عنوان می‌کرد، اشتباه بوده. با خرید تجهیزات سنگین و گران‌قیمت برای ارتش و ورود به پیمان بغداد، موافق نبود و ترجیح می‌داد نوعی سیاست موازنه را در روابط میان دنیای غرب از یک سو و اتحاد جماهیر شوروی از

۱- مرکز اسناد اردشیر زاهدی، همچنین نگاه کنید به خاطرات او، جلد اول، صفحات ۴۲۳ تا ۴۲۸ که بعضی از این اسناد و مکاتبات در آن درج شده.
۲ - خاطرات دکتر پرویز کاظمی، به کوشش فرهاد کاظمی، ۱۹۹۵، خاطرات ارل وارن رییس وقت اصل چهار...

سوی دیگر رعایت نماید. در نهایت امر او می‌خواست سیاست داخلی و خارجی کشور را ترسیم و هدایت و به عبارت دیگر حکومت کند و شاه سلطنت. در تحقق همه‌ی این هدف‌ها ناکام شد و در نتیجه دلگیر و تلخ‌کام.

«وقتی که پس از ماجراهای ۲۸ مرداد تصمیم گرفتم از اعلیحضرت استدعا کنم که بازگردند، بسیاری از همکاران و رفقای من گفتند حالا چه عجله‌ای است. قدری صبر کنید، بعداً فرصت بازگشت ایشان خواهد بود. اما من اصرار داشتم که ایشان هر چه زودتر باز گردند. وقتی هواپیمای ایشان در فرودگاه تهران بر زمین نشست، از پله‌ها بالا رفتم و داخل هواپیما شدم. اعلیحضرت جلو آمدند و خود را در آغوش من انداختند. روی ایشان را بوسیدم و گفتم: من به پدرتان قول داده بودم که مثل یک سرباز در خدمت شما باشم. حالا وظیفه‌ی خود را انجام داده‌ام. بفرمایید این مملکت‌تان. حالا که بحمدالله به سلامت برگشته‌اید، احساس می‌کنم که کار خود را انجام داده‌ام و خوشحالم. اعلیحضرت به گریه افتادند. من هم خیلی متأثر شدم، شاه خیلی بیش از آنچه که فکر می‌کردم مرا در آغوش خود فشرده بود. هم‌چنان که من هم او را در آغوش خود فشرده بودم. درست مثل یک پدر و فرزند»[۱].

سپهبد زاهدی، پس از ترک ایران، در نامه‌ها و گفت و شنودهای

۱- نقل از مصاحبه‌ی دکتر عزت‌الله همایونفر با منوچهر مرزبان (۸ ژانویه ۱۹۸۹ در لندن) که تمام آن در از سپاهیگری تا ... درج شده، صفحات ٤۲۸ تا ۴۳۳. منوچهر مرزبان از اوایل سال ۱۹۵۹ تا آخر سال ۱۹۶۲ نفر دوم نمایندگی ایران در سازمان ملل متحد در ژنو و از نظر اداری و خصوصی بسیار به سپهبد زاهدی نزدیک بود و هفته‌ای چند بار به دیدارش می‌رفت و گفتگوها را یادداشت می‌کرد. این مصاحبه در زمان حیات منوچهر مرزبان انتشار یافته و بنابر این از هر جهت سندی جالب و موجّه به نظر می‌رسد.

مختلف، بی‌پروا دل‌شکستگی خود را بیان و از اوضاع کشور انتقاد می‌کرد.

«...می‌ترسم اشخاص بی‌شرف دور شاهنشاه را بگیرند و کارها را خراب کنند. من که از این دولت و این چند نفر که با هم هستند، چیزی نمی‌فهمم. آن هم رییس دولت مریض. خدا عاقبت را به خیر کند و خدا ایران را حفظ»[۱].

«اعلیحضرت همایونی هر قدر عاقل و فهمیده باشند، تجربه ندارند و یقین گول می‌خورند. باید نگذاشت»[۲].

«عایدات نفت که در دولت من قرار بود همه به مصرف تولید و عمران برسد، داخل بودجه کشور شد و قسمت عمده‌ی آن را هم ابتهاج تفریط کرد... نمی‌دانم عاقبت کار چه می‌شود. دولت می‌خواهد با گرفتن مالیات که قسمت عمده‌ی آن تحمیل به طبقه‌ی سوم می‌شود، جبران کند. عملی نیست»[۳].

از سیاست امریکا در ایران نگران بود:

«اگر مداخله‌ی وضع داخلی ایران نبود (امریکایی‌ها) تا حالا شاه را از ایران خارج کرده بودند. قدری ملاحظه در کار مانده ولی اساسی نیست. کیست که به اعلیحضرت علاقه داشته باشد؟ و قدرت هم داشته باشد... تمام، کارهایی است که خود اعلیحضرت از ترس امریکایی‌ها کرده و می‌کند. تمام مملکت خراب شود، اعلیحضرت از دستش هیچ برنمی‌آید... وضع خراب‌تر از آن است که فکر

---

۱ - ۱۳۳٤، سند شماره‌ي ۱٦، صفحه‌ی ۱٦۰.
۲ - سند شماره‌ی ۱۷، صفحه‌ی ۱٦۳.
۳ - سند شماره‌ی ۲۱، صفحه‌ی ۱٦۷.

می‌کنی»[۱].

قضاوت‌های تند اخیر مربوط به دوران حکومت جعفر شریف‌امامی و دولت دکتر علی امینی است، که جانشین او شده بود. در بعضی موارد زاهدی به خاطرات خود و حوادث ۲۵ تا ۲۸ مرداد باز می‌گشت.

با اشاره به جریان ۲۵ مرداد ۱۳۳۲ و ابلاغ فرمان عزل مصدق گفت:

> «... من دستور می‌دادم او (نصیری) را محاکمه‌ی صحرایی و اعدام کنند. زیرا افسری که دستور داشت که برود کاری را انجام بدهد، نه تنها آن کار را انجام نمی‌دهد، بلکه خودش را هم به دشمن تسلیم می‌کند و در واقع در زندان دشمن قرار می‌گیرد باید محاکمه و اعدام شود».
>
> سپس لابد به یاد آورده که خودش بعد از توبیخ نصیری به «مصلحت» وی را ارتقاء درجه داده بود: «آن بدبخت هم که گناهی نکرده بود. برای او هم پایه‌ی دار آماده کرده بودند»[۲].

در مرداد ۱۳۳۷، ژوئیه ۱۹۵۸، شاه برای انجام یک مسافرت رسمی و شرکت در کنفرانس سران کشورهای عضو پیمان بغداد به آنکارا رفته و اردشیر زاهدی نیز به عنوان آجودان کشوری جزو همراهان بود. خبر رسید که در بغداد کودتا شده (۱٤ ژوئیه ۱۹۵۸) و سرلشکر عبدالکریم قاسم حکومت را به دست گرفته، نوری سعید صدراعظم توانای آن کشور و هم‌چنین نایب‌السلطنه‌ی پیشین و عموی پادشاه و خود ملک فیصل دوم و بسیاری از نزدیکان آنها و مصادر امور را به وضع فجیعی به قتل رسانده‌اند. هم چنین جمال عبدالناصر که بر مصر حکومت مطلق داشت به تهدید لبنان

۱ - سند شماره‌ی ۲۹، صفحه‌ی ۱۷۸، ۱۷۹.

۲ - روایت منوچهر مرزبان، صفحات ٤۲۹-٤۳۰.

برخاسته بود.

شاه از این اوضاع سخت نگران شد. به احتمال قوی خود و سلطنتش را در خطر می‌دید. دستور داد با سپهبد زاهدی تماس بگیرند و سئوال شود که آیا آماده به قبول ریاست دولت و به دست گرفتن امور مملکت هست یا نه؟[۱] محمدرضا پهلوی حضور مردی قوی را در کنار خود ضروری احساس کرده بود. با وجود بیماری و همه‌ی تلخکامی‌ها، سپهبد زاهدی جواب مثبت داد و پیشنهاد کرد که کشورهای هم‌پیمان عراق، از طریق مرز کردستان، قوای خود را وارد عراق کنند و به استناد پیمان بغداد که حفظ امنیت آن کشور را تضمین نموده بود، کودتا را خنثی نمایند و به این ترتیب امنیت لبنان و کشور هاشمی اردن نیز که در خطر تهدیدهای جمال عبدالناصر بود، تأمین شود.

زاهدی در پیام دیگری افزود که حاضر است شخصاً مسئولیت و رهبری این اقدام را به عهده بگیرد و اگر توفیق سریع حاصل نشد، او را «به عنوان افسری که خودسرانه عمل کرده است معزول و حتی محاکمه و اعدام کنند»[۲].

پیشنهاد سپهبد زاهدی، خالی از خطرات بسیار، از جمله عکس‌العمل شدید اتحاد جماهیر شوروی و مداخله‌ی نظامی مصر و سوریه با پشتیبانی مسکو، نبود. واشنگتن و لندن، اعضای وابسته‌ی پیمان بغداد نیز با آن مخالفت کردند. به هر حال او ریاست دولت را نپذیرفت و طبیعتاً پیشنهادش هم بایگانی شد.

در پی این جریان، سپهبد زاهدی نامه‌ای مفصل در نصیحت به شاه نوشت که «شاه باید سلطنت کند و بگذارد دولت‌ها حکومت

---

۱ – منصوره پیرنیا، اردشیر زاهدی فرزند توفان... صفحه‌ی ۲۱٤، جزییات و مدارک مربوط به این پیشنهاد در جلد دوم خاطرات اردشیر زاهدی (تاریخ پیش‌بینی شده چاپ پایان ۲۰۰۸، آغاز ۲۰۰۹) درج شده است.

۲ – همان منبع.

کنند و جواب‌گوی ملت باشند». او در نامه خود از سیاست نوری سعید در عراق انتقاد کرده بود که:

«کسانی را بر سر کار گذاشت که ظاهراً مطیع مطلق بودند، اما وفادار به تاج و تخت نبودند. از میان آنان عبدالکریم قاسم پیدا شد که اساس پادشاهی را در عراق برانداخت».

او توصیه‌هایی نیز به محمدرضا شاه کرده بود از جمله آن که پاس حرمت خدمت‌گزاران قدیمی را نگاه دارد و به وضع مالی آنان توجه کند و روابط خود را با جامعه‌ی روحانیت بهبود بخشد و «به عنوان خمس و ذکات به آنها مدد معاش برساند»[1].

شاه به این نامه پاسخی نداد و روابط آن دو دیگر جنبه‌ی تشریفاتی یافت. با این حال هرگز در وفاداری سپهبد نسبت به مقام سلطنت و شخص محمدرضا پهلوی خللی وارد نیامد:

«حتماً کشور ما باید شاه داشته باشد و هیچ پادشاهی از اعلیحضرت فعلی بهتر نیست. وظیفه‌ی تمام ایرانی‌ها، حفظ شاه و تاج و تخت است... هر چه اعلیحضرت امر می‌دهد گوش کن و هر کاری هم به شما فرمودند قبول بنما... آنچه می‌توانی به شاه خدمت کن. یقین دارم از تو صمیمی و صدیق‌تر کسی را ندارد. حقیقتاً تنها است... تو باید عوض من، در خدمت شاه، دامن مردی و همت به کمر بزنی... اگر اعلیحضرت ده نفر فدایی و خدمت‌گزار صدیق داشته باشد بهتر از ده لشکر است. آن هم لشکری که اطمینان کامل در آن نباشد»[2].

و جز اینها.

*****

---

[1] - پیش‌نویس نامه در مرکز اسناد اردشیر زاهدی موجود و قابل رویت است. همان منابع.

[2] - سند شماره‌ی ۱۷، صفحات ۱۶۲-۱۶۳.

در جریان سال ۱۳۳۵ که اردشیر زاهدی همواره همراه شاه و ملکه ثریا بود و تقریباً مانند عضوی از خانواده‌ی آنان محسوب می‌شد، روابطی گرم و عاشقانه میان او و شاهدخت شهناز فرزند محمدرضا پهلوی و همسر اولش والاحضرت فوزیه پدیدار شد. در این زمینه اردشیر از پدرش کسب نظر کرد. سپهبد زاهدی که شاهدخت را که آن موقع هنوز شانزده سال هم نداشت، نمی‌شناخت به وی پاسخ داد:

> «اگر هوس دامادی شاه را در سر داری، توصیه می‌کنم فراموش کن. زیرا که این نوع ازدواج‌ها خوشبختی و شادکامی در پی ندارد. اما اگر از دختر خانمی خوشت آمده و خاطرخواه شده‌ای و او هم به تو علاقمند شده است، بقیه مربوط می‌شود به تصمیم تو و آن دختر خانم».

قبل از آن که موضوع رسماً با شاه مطرح شود، ملکه پهلوی و شاهدخت شمس به این ازدواج روی موافق نشان داده بودند. دو دوست نزدیک خانواده‌ی زاهدی و شخص سپهبد، امام جمعه تهران و سپهبد یزدان‌پناه هم آن را تأیید می‌کردند. اما هنوز مطلب رسمی نشده، در خانواده‌ی پهلوی دو دستگی و تحریکاتی پدید آمد.
سرانجام سپهبد زاهدی نامه‌ای به شاه نوشته از دخترش برای اردشیر خواستگاری کرد و شاه نیز ابراز موافقت نمود و مراسم نامزدی، رسماً در ۲۲ آبان ماه ۱۳۳۵ در کاخ اختصاصی برگذار شد.

شانزده ماه پس از ترک ایران، فضل‌الله زاهدی برای شرکت در مراسم نامزدی پسرش با دختر پادشاه، به تهران بازگشت. گویا شاهدخت شهناز می‌خواست که مادرش، والاحضرت فوزیه در این مراسم شرکت کند. اما دربار ایران موافقت نکرد. اما همسر اول سپهبد زاهدی، خانم خدیجه پیرنیا دختر مؤتمن‌الملک در مجلس نامزدی با ظاهر و لباس مشابه با شاهدخت‌ها (نیم‌تاجی بر سر

داشت که ملکه مادر و شاهدخت‌ها آن‌را مختص و حق انحصاری خود می‌دانستند و نه کس دیگر) که در تصاویر دیده می‌شود، حاضر بود. سپهبد زاهدی پس از ماه‌ها مجدداً لباس نظامی به تن داشت. چند ماه بعد مراسم ازدواج شاهدخت و اردشیر نیز برگزار شد که رابطه‌ی زناشویی آنان هفت سال به طول انجامید.

برای شرکت در مراسم نامزدی و ازدواج و مخصوصاً تهیه‌ی هدیه‌ای که می‌بایست به شاهدخت تقدیم شود، سپهبد زاهدی مطابق معمول در تنگنا بود و با آغاز هیاهوی اصلاحات ارضی، فروش املاک همدان مشکل و بلکه غیرممکن.
سپهبد زاهدی از دوستان خود کمک خواست. هر یک مبلغی به حسابش در بانک بازرگانی ریختند. یکی از آنان حجت‌الاسلام بنی‌صدر (پدر رییس جمهور بعدی) بود که با شتاب خانه‌ی کوچکی را در تهران فروخت و یک صد و سی و پنج هزار تومان وجه حاصل را به سپهبد وام داد. سرانجام همه چیز با رعایت شئون و احترام و همراه با دو دستگی‌های متعارف در خاندان سلطنتی، انجام پذیرفت و سپهبد به سوییس بازگشت و متعاقب آن با فروش چند قطعه زمین در داخل تهران، بدهی‌های خود را مسترد داشت[1].

در ماه‌های بعد، مساله‌ی دیگری نیز مطرح شد و آن جدایی شاه و ملکه ثریا بود. سپهبد زاهدی که به سوییس بازگشته بود، با پیغام و نامه‌نگاری و مذاکرات تلفنی کوشید که از این جدایی جلوگیری کند، ولی به جایی نرسید.
پس از ازدواج اردشیر زاهدی و شاهدخت شهناز، محمدرضا شاه

---

۱ - این جریان‌ها که به زندگی خصوصی سپهبد زاهدی مربوط است به تفصیل در کتاب‌های مختلف آمده از جمله نگاه کنید به: منصوره پیرنیا، اردشیر زاهدی...، صفحات ۲۰۲ تا ۲۱۲. دکتر عزت‌الله همایونفر، ار سپاهی‌گری تا ... صفحات ۴۲۶-۴۲۷

اصـــرار خود را به این که ســـپهبد سمتی را در اروپـــا بپذیرد، از ســـر گرفت. زاهدی باز امتناع کرد و سرانجام به اصرار عروسش که بســـیار به او علاقمند شده بود، پیشـــنهاد را پذیرفت و فرمان ســـفارت سیار و سرپرســـتی دفتر اروپایی ایران در سازمان ملل که مقر آن در ژنو بود در نیمه‌ی سال ۱۳۳۷ به نام او صادر شد.
ســـپهبد زاهدی در امور این دفتر دخالت مستقیم نمی‌کرد و هر چه بر شدت بیماری او و عوارض آن افزوده می‌شد، بیش‌تر از این کار دوری می‌جســـت. اما از لحاظ مالی و وسایل استراحت و زندگی، گشایشـــی در امورش بود و به هر تقدیر نمی‌خواست به عروسش «نه» گفته باشد.

پس از این مســـافرت، زاهدی دو بار دیگر به ایران بازگشـــت. هر دو برای حل مشـــکلات و راه‌اندازی کارخانه‌ی قند همدان (شرکت هگمتان) که به آن دل‌بســـتگی بسیار داشت. سفر دوم، با حوادث خرداد ۱۳٤۲ و آشـــوبی کـــه روح‌الله خمینی در قـــم و تهران علیه اصلاحات ارضی و آزادی زنان برپا کرده بود مصادف شد.
در این موقع او پس از یک سکته‌ی مغزی، یک طرف بدنش تقریباً فلج شده بود با این حال تلاش می‌کرد راه برود و دستش را تکان بدهد.
به روایت هما زاهدی:

> «ســـفر پدرم به ایران، درست مصادف شد با ۱۵ خرداد و شـــلوغی‌های آن. یک روز زنگ در خانه را زدند. رفتم در را باز کردم. طیب حاج‌رضایی بود. (طیب حاج‌رضایی از متظاهرین روزهای نهم اســـفند و ۲۸ مرداد بود و سپس در ســـلک هواداران خمینی درآمد و رهبری بی‌نظمی‌های ۱۵ خرداد را به عهده داشـــت که به دنبال آن بازداشـــت، محاکمه و اعدام شد) رفتم در خانه را باز کردم. طیب گفت با تیمسار کار دارم. ما آمده‌ایم از ایشان محافظت کنیم.

این در همـــان روزی بود که از همه جــای تهران صدای تیراندازی به گوش می‌رســید. آمدم بـــه پدرم گفتم طیب نامی آمده می‌گوید با شما کاری دارد و پیشنهاد حفاظت جان شما را می‌کند. پدرم بسیار ناراحت شد. به من گفت برو تشکر کن بگو نمی‌خواهیم، لازم نیست. بعد هم اضافه کرد حالا کار من به جایی رسیده که این، باید بیاید از من مواظبت کند. پزشـــک معالجش بعداً به ما گفت که بعد از بازگشت از ایران، دیگر نمی‌خواست زنده بماند. دیگر هیچ تلاشی برای زنده ماندن نکرد...»

هما زاهدی افزوده:

«از احســـاس این که به ایران آمده است، اوضاع مملکت که آن قدر شلوغ است، اما نمی‌تواند کمکی به بهبود وضع بکند و وجودش هیچ موثر نیست، به کلی در هم شکست»[۱].

در هفته‌های بعد از مراجعت به مونترو حالش رو به وخامت نهاد:

«دیگر درست نمی‌توانستند چیزی بخوانند یا حرف بزنند. به مســـائل سیاسی هیچ علاقه‌ای نداشـــتند پیش ایشان هیچ‌گاه از اوضاع ایران صحبتی نمی‌شد»[۲].

اردشـــیر زاهدی در آن هنگام ســـفیر ایران در لندن بود. وی را با شتاب از آنجا به مونترو خواستند.

سپهبد زاهدی در ســـحرگاه یکشنبه دوازدهم شهریور ماه ۱۳٤۲ سوم سپتامبر ۱۹۶۳ در حالی که پسرش اردشیر در کنارش بود، چشم از جهان فرو بست.

دوران ریاست دولتش، نوزده ماه بود و به هنگام درگذشت هفتاد سال داشت.

---

۱ – مصاحبه با هما زاهدی دکتر عزت‌الله همایونفر، از ســـپاهی‌گری تا ... صفحات ٤۳۶ – ٤۳۷.

۲ – مصاحبه‌ی منوچهر مرزبان، منبع ذکر شده، صفحه‌ی ٤۳۲.

اردشــیر زاهدی، جنازه‌ی وی را به عراق برد و به دور مقابر علی ابن‌ابیطالب در نجف و حسین ابن‌علی در کربلا طواف داد. مراجع تقلید وقت در این تشریفات حضور داشتند.

ورود جنــازه‌اش بــه تهران، ســپس تشــییع جنــازه‌ی رسمی و نیز مجالس ختم مردانه در مســجد عالی سپهســالار و زنانه در اقامتگاه حصارک او، با تشریفات بسیار و احترامات کامل انجام شد و سرانجام وی را در آرامگاه خانوادگی در امامزاده عبدالله به خاک سپردند.

چند کلمه در پایان کتاب

کوشش من در این کتاب تجزیه و تحلیلی دقیق، مستند و به‌دور از پیش‌داوری‌های سیاسی، درباره‌ی یک دهه از تاریخ معاصر ایران بود و به اقتضای آن، تأملی در زندگی‌نامه‌ی قهرمانان و بازیگران آن، به‌خصوص قوام‌السلطنه، دکتر مصدق و سپهبد زاهدی.

بازنگری حوادث تاریخ، بدون توجه به شرایط و متقتضیات زمان و مکان و بر اساس ضوابط امروزی میسر نیست. چگونه می‌توان بدون تحلیل و شناسایی دقیق فضای جهان در سال‌های بعد از جنگ جهانی دوم - جنگ سرد و سیاست توسعه‌طلبی اتحاد جماهیر شوروی و رویه‌ی جهان‌خواری استالین و وحشتی که بر دنیای آن‌روز مستولی بود-، به ماجرای آذربایجان و سیاست ماهرانه‌ی قوام‌السلطنه پرداخت؟ چگونه می‌توان خروش نهضت ملی ایران و نقش دکتر مصدّق را در سال‌های نیمه‌ی قرن بیستم

فقط از دیدگاه اقتصادی و مالی و بدون توجه به رنج‌های یک‌صد ساله‌ی ملت ایران از سیاست استعماری بریتانیا بررسی کرد؟ چگونه می‌توان از یاد برد که اندکی بعد، بار دیگر ایران درمعرض خطر تجزیه، جنگ داخلی و تسلط مسکو بر تمام یا قسمتی از کشور قرار گرفته بود که ۲۸ مرداد، نقطه‌ی پایانی بر آن بود؟

بیان واقعیات مستند در باره‌ی شخصیت‌های سیاسی، منافاتی با قضاوت عادلانه در باره‌ی آنها ندارد. باید تاریخ نویسی سیاسی- عصبی و عقیدتی را، آن هم بر اساس برداشت‌هایی ناقص از یک مکتب فلسفی نیمه‌ی قرن نوزدهم کنار گذاشت و به جستجوی حقایق پرداخت.

آیا در دهه‌ی اول قرن بیست و یکم، بعد از نشیب و فرازهایی که بر جهان و بر ایران گذشته، زمان آن فرا نرسیده است که نسبت به تاریخ خود با واقع‌بینی و بی‌طرفی قضاوت کنیم؟

قوام‌السلطنه، دکتر مصدق، سپهبد زاهدی، مانند مشیرالدوله، مستوفی‌الممالک، فروغی، داور و یا شخصیت‌هایی چون تقی‌زاده، ساعد، سپهبد رزم‌آرا... اکنون به تاریخ تعلق دارند. باید در مورد آنان به بررسی تاریخی پرداخت نه به قضاوت عصبی و سیاسی.

ستایش خدمت بزرگ قوام‌السلطنه به ایران، به مفهوم نفی نقش مصدق در تاریخ کشور ما نیست و تحلیل دقیق و منصفانه در باره‌ی رویدادهای ۲۵ تا ۲۸ مرداد، نباید به‌عنوان ستیز با پرچم‌دار نهضت ملی شدن نفت و دشنام به او تلقی شود.

اصطلاحاتی چون «طرفدار قوام»، «طرفدار مصدق» یا «طرفدار زاهدی»، که هنوز ورد زبان چند تن روشنفکر یا روشنفکرنمای خسته و رنگ و رو باخته و اسیر «تاریخ‌سازی» سیاسی و مرامی

اســت، در مورد شخصیت‌های چند نســل پیش، معنا و مفهومی ندارد.

*****

امــروزه، گردش دوران به کام ایرانیان نیســت. بــرای اکثر آنان «انقلاب شکوهمند اسلامی» به یک کابوس وحشتناک تبدیل شده. کیســت که نداند این رویداد، بیش‌تر ســاخته و پرداخته‌ی همان سیاستی بود که مردم گمان می‌کردند با آن به مبارزه و رودررویی برخاســته‌اند. ولو آن که بعداً سیاست‌های دیگری، ماهرانه آن را مهار کردند و در نهایت امر، ایران و ایرانیان قربانی آن شــدند که سرانجام، کشــور ما، اکنون یکی از تاریک‌ترین دوران‌های تاریخ خود را می‌گذراند.

ایرانیان، پریشــان‌خاطر، پراکنده و ناامید هستند. نمی‌دانند آینده آبســتن چه حوادثی اســت. به قولی اگر هنــوز نمی‌دانیم به کجا می‌رویم، لااقل باید بکوشــیم تا بدانیــم از کجا می‌آییم. ملتی که تاریخ خود را نداند و نشناســد، چون انسانی است که حافظه‌ی خود را از دســت داده باشد. چنان ملتی و چنین انسانی محکوم به سردرگمی هستند.
باید با تاریخ خود آشتی کنیم، رویه‌ی بدگویی از همه کس و همه چیز را کنار بگذاریم و فراموش نکنیم که کم‌تر کشــور و ملّتی در جهــان در حدّ ما ایرانیان می‌تواند به گذشــته خــود و بزرگان و قهرمانان آن ببالد و به آن افتخار کند.
باید با تاریخ خود آشــتی کنیم تا بتوانیم با خود آشتی کنیم و در تجربیات موفق یا ناموفق گذشــته، راه‌های ایرانی برای رهایی و سربلندی ایران بیابیم.

تاریــخ را نمی‌توان دوباره نوشــت و گذشــته را نمی‌توان دوباره ساخت. فصلی از تاریخ ایران با انقلاب و جمهوری اسلامی - که

نه جمهوری اســـت، به احتمال قریب به یقین نه اسلامی، و قطعاً نه ایرانی- به پایان رسیده است. اما به فرمان تاریخ، این جمله‌ی «معترضه» نیز به پایان خواهد رسید.

ملتـــی که بر تاخت و تاز اســـکندر، حمله‌ی عـــرب، ایلغار مغول، فتنـــه‌ی افغان و صدها رویداد بزرگ و کوچک دیگر فائق آمد و هر بار حیاتی تازه یافت، این مرحله را نیز پشت سر خواهد گذاشت. فراموش نکنیم که ایران کشور سیمرغ است.
یک یا دو نســـل از ایرانیان فدا شدند، اما ایران پایدار و جاویدان خواهد ماند که سرنوشـــت و راز بقـــای ملت‌ها و تمدن‌های بزرگ همین است.
ایرانیان، از هر قوم و مذهب و مســـلکی باشند، بار دیگر هم‌آواز و متحد خواهند شد و جامعه و کشوری آسوده و آزاد و آباد خواهند ســـاخت که همه از آن سربلند باشند و درخشش و احترام دیرین خود را در میان ملل عالم بدست خواهند آورد.

تجربه‌ی تاریخ، از جمله آن‌چه در دهه‌ی مورد بررسی در این کتاب بـــه آن پرداختیم، به ما آموخته که دوران‌هـــای وحدت و خروش ملـــی، الزاماً زودگذرند و پس از نجات کشـــور، بار دیگر اختلاف نظرهای سیاســـی و عقیدتی میان ایرانیان پدیدار خواهد شد، که این امری است طبیعی که منحصر به کشور ما نبوده و نیست و در هر جامعه و هر مرحله از تحول اجتماعی، غیرقابل اجتناب است. اما باید از مرحله‌ی انتقالی، برای پی‌ریزی نظام نوینی اســـتفاده کـــرد که در آن، وجوه اصلی وحدت ملّی ملحوظ و محترم باشـــد و دیگر برای حل و فصل مســـائل، احتیاج به خشونت و خونریزی نباشد. اساس چنین نظامی، پذیرش اصل حاکمیت ملّی و حکومت و حرمت قانون است و نیز اجتناب از حکومت فردی، مبنای آن هر چه باشـــد. قطعاً بر این نظام، نام دمکراسی خواهیم نهاد. الزاماً

این دمکراسی باید ایرانی و منطبق با روحیات وتاریخ ایرانیان باشد و نه اقتباس کورکورانه از این و آن، که «خلق را تقلیدشان بر باد داد.»

ایران، در طول تاریخ چندهزار ساله‌ی خود، از زرتشت و کورش تا دوران معاصر، مردان بزرگ بسیار داشته و نشیب و فرازهای فراوان دیده. این تجارب و رویه‌ی چنین مردانی می‌تواند الهام‌بخش جستجوی راه و روش‌های آینده باشد. این وظیفه‌ی تاریخ‌نویسان است که حقایق گذشته‌ی دور و نزدیک را بدون غرض و مرض بیان کنند و «بی‌رنگی را اسیر رنگ» نسازند.

کاوه آهنگر یک شخصیت افسانه‌ای است. ولی فراموش نکنیم که در دل و اندیشه‌ی هر ایرانی، کاوه‌ای نهفته و خفته است که همه، در روزهای سختی چشم به راهش هستند که با آنان یگانه شود و پرچم‌دار رهایی و آزادی باشد، غرور ملی را به ایرانیان باز گرداند و «گره از کار فرو بسته»ی وطن بگشاید.

چون کارها به حداکثر پریشانی رسید، کسی پرچم رهایی را به‌دست خواهد گرفت وکارها را به سامان خواهد رساند. در آن هنگام، بر ایرانیان است که به امور کشور، سامانی منطقی، ایرانی و پایدار بدهند.
«عقربه‌ی ساعت زمانه به عقب برنخواهد گشت»، ولی متوقف هم نخواهد شد. نگاه نو و دوباره‌ی ما به یک دهه از تاریخ معاصر ایران، خود، نشان‌دهنده‌ی این واقعیت است.
بردباری، شکیبایی، امیدواری و در نهایت امر، همت و خروش یک رستاخیز ملّی، خصلت ایرانیان است و جاودانگی سرنوشت ایران.

بروکسل - نوامبر ۲۰۰۸

برای تدوین کتاب از روایات و خاطرات بسیاری از دست اندرکاران و ناظران حوادث یادشده، استفاده کرده‌ام. از جمله تنی چند از درگذشتگان که در حواشی به نام‌های آنان اشاره شده است.

چند تن از همکاران و دوستان مقیم ایران با فرستادن اسناد و مدارکی گران‌بها، به نوشتن این کتاب یاری داده‌اند که به ملاحظات امنیتی، ذکر نام آنان میسر نیست.

از روایات و اطلاعات دوستان بسیاری از جمله آقایان ایرج امینی، دکتر احمد تهرانی و اسدالله فهیمی سفیران پیشین؛ دکتر داریوش شیروانی استاد دانشگاه تهران و همسر ارجمندش خانم نازی شیروانی و نیز بانو آذر قشقایی (حکمت) در باره‌ی فصول و نکات مختلف این کتاب استفاده شده.

آقای مهندس عبدالعزیز فرمانفرماییان، ساعت‌ها با صبر و حوصله به پرسش‌های من در باره‌ی قوام‌السلطنه، که خود و خانواده‌اش با وی رفت و آمد و دوستی داشتند، پاسخ داد و خاطرات خود را بازگو کرد.

دوست ارجمند و پُرمِهرم اردشیر زاهدی، به من فرصت و امکان بررسی اسناد و مدارک و تصاویر ذی‌قیمت مرکز اسناد خود را در مونترو (سوئیس) ارزانی داشت و به پرسش‌هایم در باره‌ی مسائل مختلف پاسخ داد.

دسترسی به مجموعه‌ی اسناد و بایگانی مرکز اروپایی اطلاعات (C.E.I) به لطف دوستم و مدیر آن Pierre F. de Villemarest (متوفی به سال ۲۰۰۸) بسیار سودمند بود. این مرکز از سه سال پیش به تدریج در بایگانی تاریخی وزارت دفاع ملّی فرانسه ادغام شده است.

از آغاز تا پایان کار تدوین این کتاب، همواره از نظرات ورهنمودهای دوست گرامی و دانشمندم دکتر هادی هدایتی استاد دانشگاه تهران و وزیر پیشین آموزش و پرورش بهره‌مند بودم.

پریسا ملک‌زاده نازنینم کار جمع‌آوری، تنظیم و آماده‌سازی تصاویر این کتاب را انجام داد.

از همه‌ی این عزیزان، سروران و دوستان صمیمانه سپاسگزارم.

بیژن خلیلی مدیرشرکت کتاب و همکار پرتلاشش ژیلا میرافشار در چاپ و انتشار این کتاب کوششی صمیمانه انجام دادند. تاکنون توفیق دیدارشان را نداشته‌ام، ولی آنان را چون دوستانی عزیز تلقی می‌کنم و امیدوارم سپاس مرا بپذیرند.

بروکسل - دسامبر ۲۰۰۸

احمد قوام - قوام‌السلطنه

جعفر پیشه‌وری و اعضای فرقه‌ی دمکرات آذربایجان

قوام‌السلطنه وزیر مالیه
درکنارش فهیم‌الملک معاون وزارت مالیه و خزانه‌دار کل
مسئولان وزارتخانه ومستشاران بلژیکی در کنار آنان دیده می‌شوند
(مجموعه‌ی آقای اسدالله فهیمی)

ستارخان و باقرخان بر فراز توپ

سلطان احمدشاه قاجار به اتفاق جمعی از رجال وقت
رضاخان میرپنج در پشت سر سلطان احمدشاه
(مجموعه‌ی مهندس عبدالعزیز فرمانفرماییان)

قوام با گروهی از همکارانش

احمد قوام در رأس هیأت اعزامی به مسکو

احمد قوام هنگام عزیمت به مسکو برای مذاکره

قوام‌السلطنه در مجلس چهاردهم

قوام‌السلطنه به اتفاق گروهی از مسئولان

از چپ: احمد امیراحمدی، احمد قوام، شمس‌الدین امیرعلایی، احمد آرامش

قوام‌السلطنه در اواخر زندگی

احمد قوام و برادرش حسن وثوق

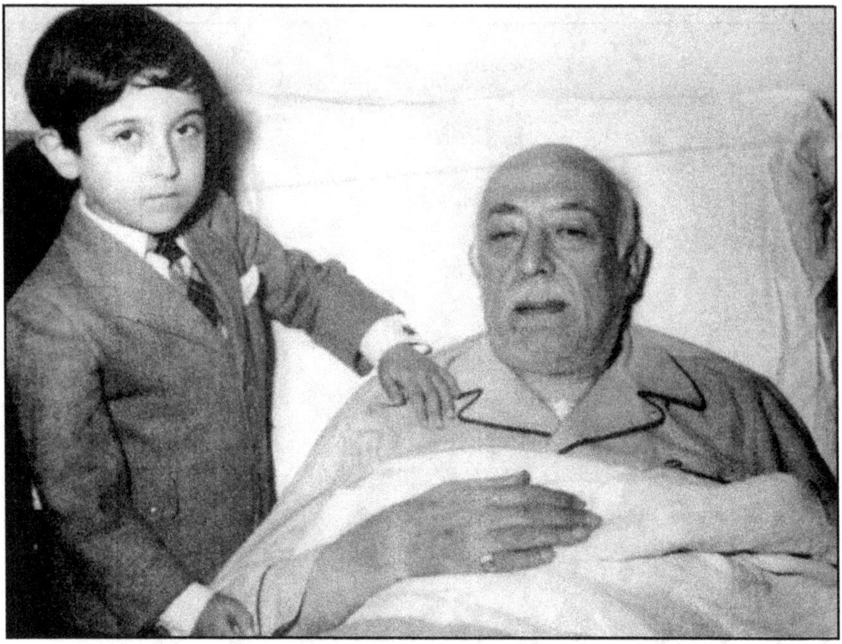

عکس بالا قوام با پسرش حسین - عکس پایین با عباس‌قلی میرزا اعزازالسلطنه

سه تصویر از
قوام‌السلطنه

محمد ساعد در آخرین ماه‌های زندگی
(مجموعه‌ی آقای دکتر امیراصلان افشار داماد ایشان
که تصویر به وی و همسرش اهدا شده)

حسین پیرنیا (مؤتمن‌الملک)

ذکاءالملک فروغی

دکتر محمد مصدق

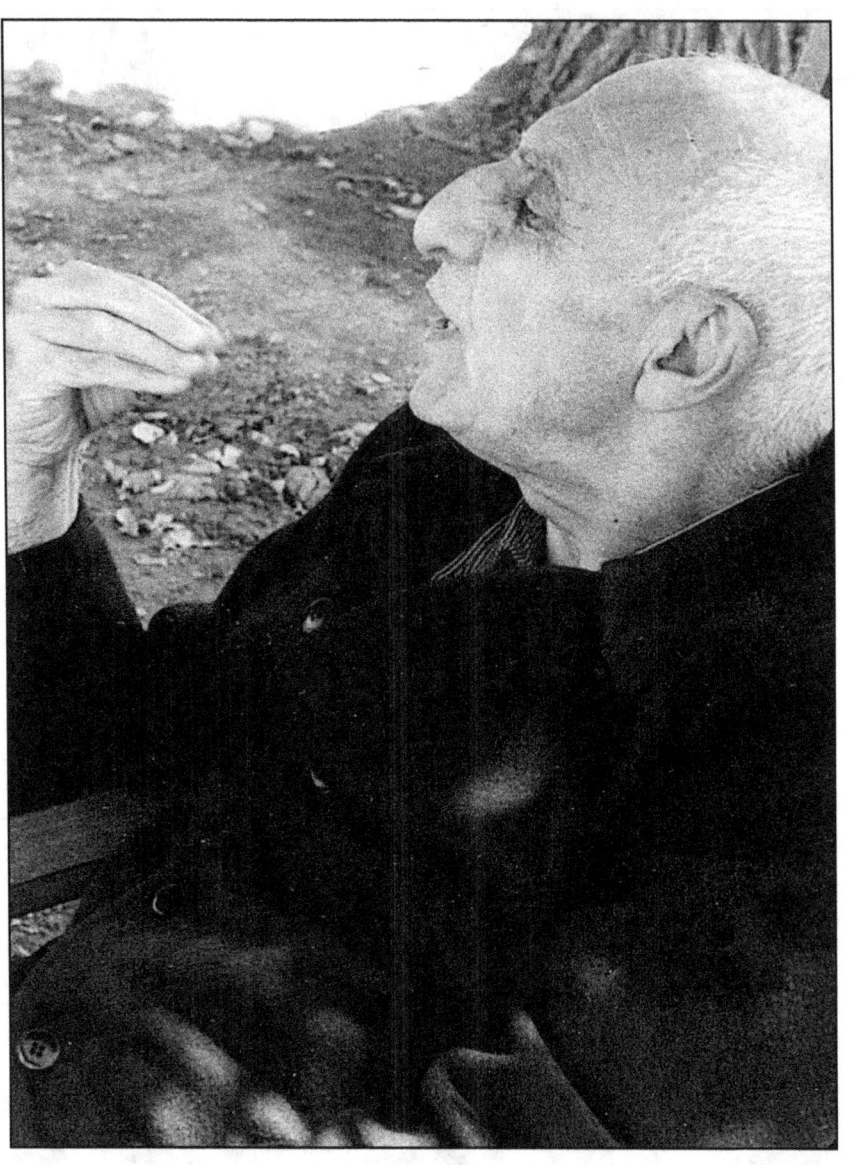

دکتر محمد مصدق در احمدآباد

دکتر محمد مصدق در احمدآباد

دکتر محمد مصدق در دادگاه

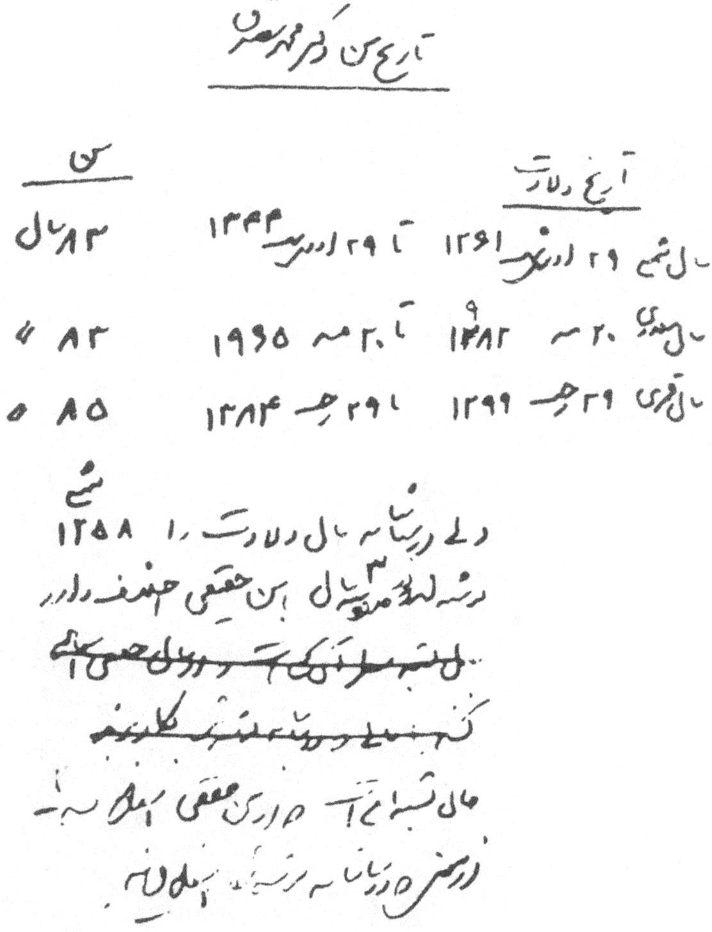

تاریخ من در مهر مصدق

تاریخ ولادت

سال شمسی ۲۹ اردیبهشت ۱۲۶۱ تا ۲۹ اردیبهشت ۱۳۴۴ ۸۳ سال
سال شمسی ۳۰ مه ۱۲۸۲ تا ۳۰ مه ۱۹۶۵ ۸۳ «
سال قمری ۲۹ جمادی ۱۲۹۹ تا ۲۹ جمادی ۱۳۸۴ ۸۵ ه

دلیل اینکه سال ولادت را ۱۲۵۸
در شناسنامه نوشته ام این حقیقت حفظ دارد
...
...
سال شمسی آغاز تاریخ ...
از روی ...

تاریخ ولادت مصدق با خط خود او

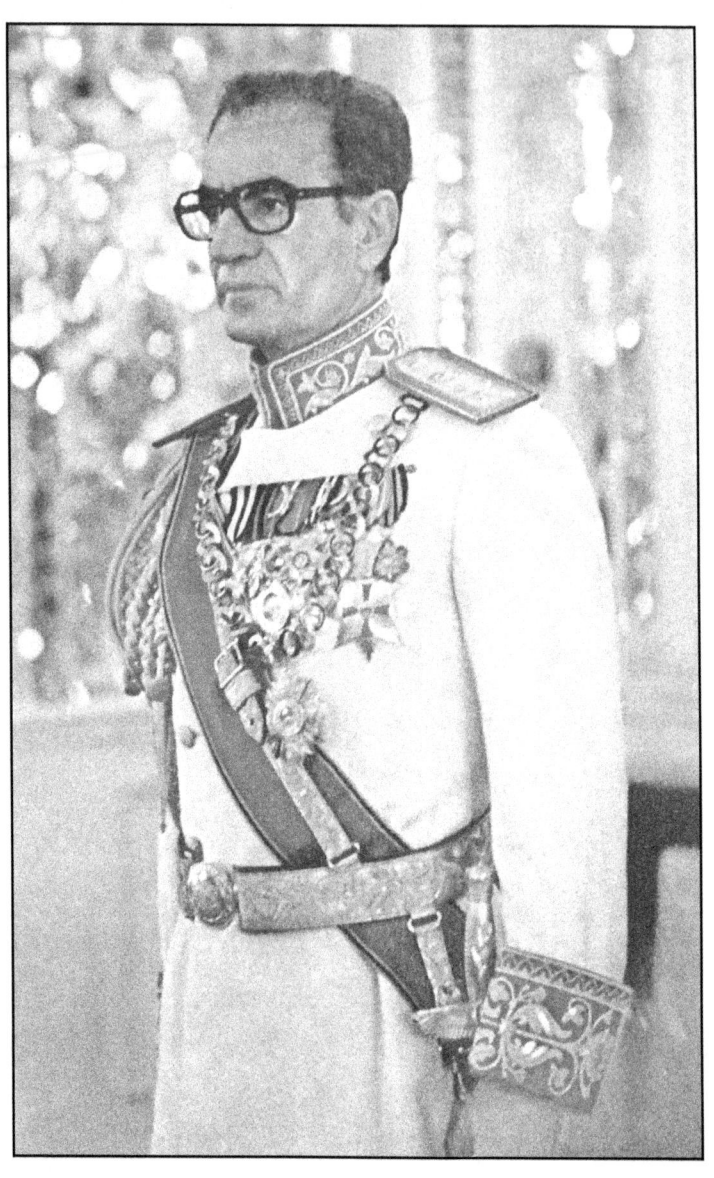

محمدرضا شاه پهلوی

کابینه دکتر مصدق

از راست: سپهبد نقدی، محمدعلی وارسته، مهذب‌الدوله کاظمی، دکتر مصدق
دکتر لقمان‌الدوله ادهم، علی هیأت، ضیاءالملک فرمند،
امیرهمایون بوشهری، سرلشگر زاهدی، دکتر کریم سنجابی

مصدق با تنی چند از همکارانش

دکتر مصدق و شاه هنگام خروج از بیمارستان بانک ملی بعد از عمل جراحی

آخرین کابینه مصدق

تظاهرات ۲۸ مرداد

تظاهرات ۲۸ مرداد

دکتر مصدق در کاخ سلطنتی

خلع ید از شرکت نفت ایران و انگلیس
شاه و ملکه ثریا به احساسات مردم پاسخ می‌دهند

جناب فضل‌الله زاهدی

نظر باینکه اوضاع کشور ایجاب مینماید که شخص مطلع و با سابقه برای در دست گرفتن زمام امور مملکت تعیین نمائیم لذا با اطلاعی که از کفایت و شایستگی شما داریم بموجب این دستخط بسمت نخست وزیری منصوب میشوید و مقرر میداریم که در اصلاح امور کشور و رفع بحران کنونی و بالا بردن سطح زندگی مردم اهتمام و سعی بلیغ مبذول دارید

۲۲ مرداد ۱۳۳۲

محمدرضا

دستخط انتصاب «جناب فضل‌الله زاهدی» به نخست‌وزیری
(مجموعه‌ی اردشیر زاهدی)

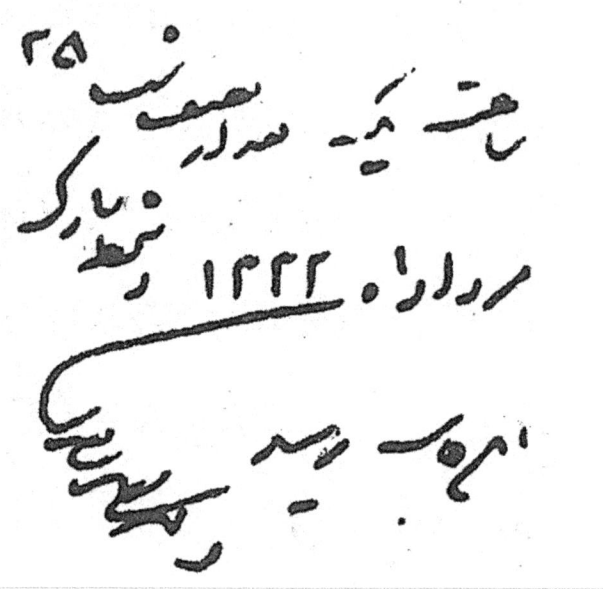

ساعت یک بعد از نصف شب ۲۵
مرداد ماه ۱۳۳۲ دستخط مبارک
به اینجانب رسید
دکتر محمد مصدق

رسید فرمان عزل دکتر مصدق به امضای خود او

دکتر محمد مصدق در دادگاه لاهه

تالار محل محاکمه‌ی دکتر مصدق

دکتر مصدق در دوران نخست‌وزیری

دکتر مصدق در احمدآباد

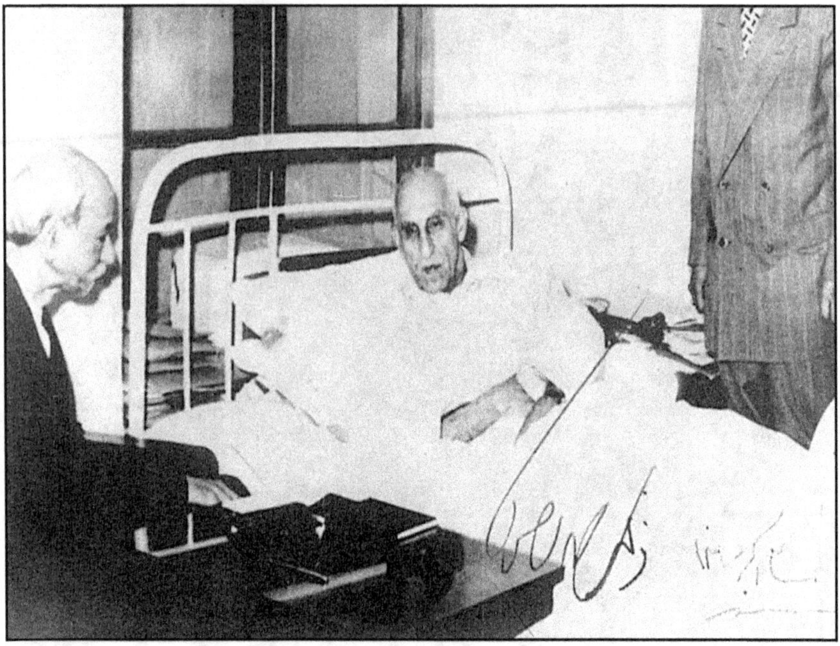

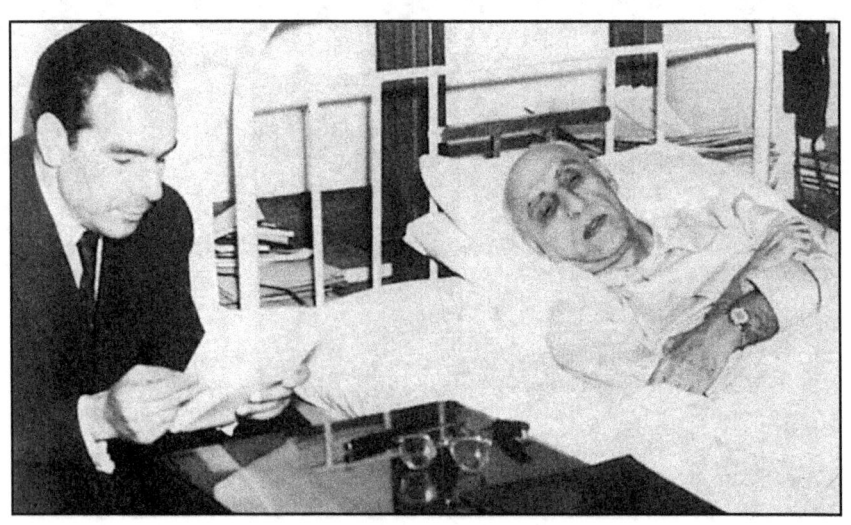

ملاقات دکتر محمد مصدق با علامه علی‌اکبر دهخدا

دکتر محمد مصدق و حسین فاطمی

عمارت احمدآباد که پیکر مصدق را در خود جای داده است

حسن پیرنیا (مشیرالدوله)

حسین پیرنیا (مؤتمن‌الدوله)

سیدحسن تقی‌زاده

حسین علاء

سپهبد فضل‌الله زاهدی

سپهبد زاهدی در روز ۲۸ مرداد (مجموعه‌ی آقای اردشیر زاهدی)

تظاهرات ۲۸ مرداد

تظاهرات ۲۸ مرداد

خداحافظی سپهبد زاهدی بعد از استعفا- محمد ساعد در کنارش دیده می‌شود
(مجموعه‌ی آقای اردشیر زاهدی)

مظفر بقایی - سرلشکر فضل‌الله زاهدی

سرلشکر فضل‌الله زاهدی در نخستین روز رسیدن به قدرت
(مجموعه‌ی آقای اردشیر زاهدی)

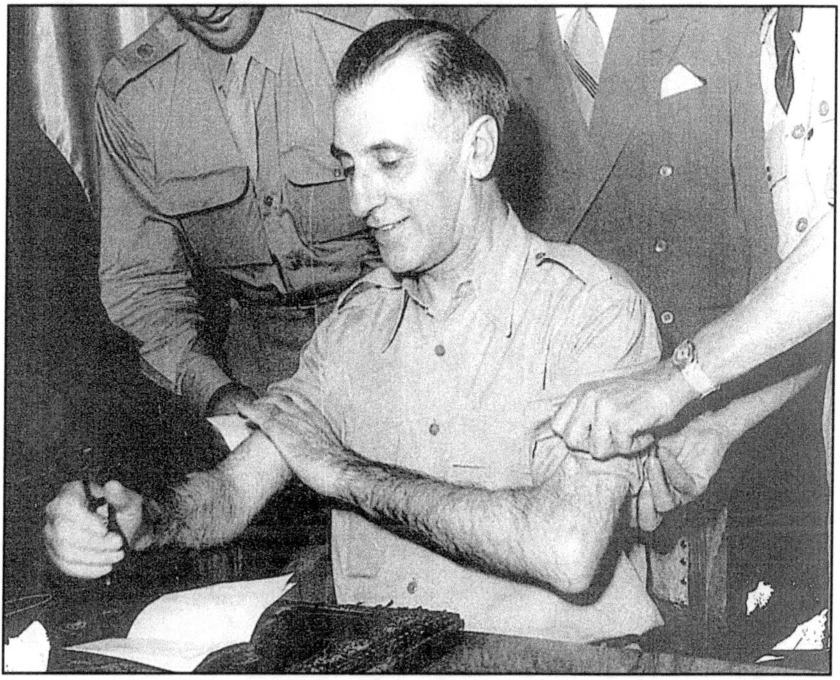

سرلشکر فضل‌الله زاهدی در نخستین روز رسیدن به قدرت
(مجموعه‌ی آقای اردشیر زاهدی)

محمدرضاشاه پهلوی- تیمسار رزم‌آرا

شاه و سپهبد زاهدی

سپهبد زاهدی در Villa les Roses

سپهبد زاهدی به اتفاق اردشیر زاهدی

خداحافظی شاه با سپهبد زاهدی بعد از برکناری

شاه، سپهبد زاهدی و علی‌اصغر حکمت در Villa les Roses (مجموعه‌ی اردشیر زاهدی)

سپهبد زاهدی و برادران قشقایی در کاخ ارم شیراز (مجموعه‌ی اردشیر زاهدی)

شاه و شاهدخت شهناز

سپهبد زاهدی و عروسش شاهدخت شهناز (مجموعه‌ی اردشیر زاهدی)

دو تصویر از مراسم عقد ازدواج اردشیر زاهدی و شاهدخت شهناز
(مجموعه‌ی اردشیر زاهدی)

شاه، ثریا و سپهبد زاهدی در Villa les Roses
(مجموعه اردشیر زاهدی)

شاهدخت شهناز

نمایه

اشخاص

آ

آتابای، ابوالفتح ۵۷۸، ٦٤۸، ٦۸٦، ٦۸۷
آتاتورک، کمال ٤۹۱، ۲۷۳
آجودانی، ماشاءالله (دکتر) ۳۵
آچسن، دین ۳۹٤، ۳۹۵
آدمیت، فریدون (دکتر) ۲٤
آذر، مهدی (دکتر) ٤۲٤
آذر، ...(سرتیپ) ۱۷۵
آذرنور، فریدون ١٦۵
آرامش، احمد ۲۱۷
آزاد، عبدالقدیر آزاد ۳۲۸، ۳٤۳، ۳٤٤، ۳۵۹، ۳۸۲، ٤۰۲
آزموده، حسین (سرتیپ) ٤۳۱، ٦۸۰، ٦۸۱، ٦۸۳، ٦۹۳
آشتیانی، تقی‌خان (میرزا) ۱۰
آشتیانی، محسن‌خان ۱۰
آشتیانی‌زاده، ... ۳۵۱، ۳٦۹
آشورف، گرمان ۵۲۲
آقاسی، علی ۳۹۱
آقامحمدخان-رجوع کنید به قاجار، محمدخان
آقامیرهاشم آقا ٤٤
آق‌اولی (سرلشکر) ١٦۲
آلن، جورج ۱۷۰، ۱۷۱، ۱۸۳
آیرون ساید، لرد (ژنرال) ۵۷
آیزنهاور، دوایت ۳۹۹، ٦۰۲، ٦۵۹، ٦۷۰، ٦۷۱

ا

اباصلتی، پری ٤۷۸
ابتهاج، ابوالحسن ۵۸، ۱۱۲، ۱۵۲، ١٦٦، ١٦۷، ۱۷٤، ۱۷٦، ۱۷۹، ۲۱۰، ۳۱۸، ٤۱٤، ٤٦۹، ۵٦۷، ۷۱۲، ۷۱۳، ۷۱٤، ۷۱٦، ۷۱۷، ۷۲۸
اتابک، میرزاعلی اصغرخان ۱۳، ۱٤، ١٦، ۳۲، ۳٤، ۳۸، ٤۲
اتابک اعظم رجوع کنید به امیرکبیر، میرزاتقی‌خان
اتحادیه، تاج‌الملوک ۵۲۹
اتحادیه، رحیم ۵۲۹
احسان‌الله خان ٤۸۵
احرار، احمد ۷۷
احمدشاه- رجوع کنید به قاجار، احمدشاه
احمدمیرزا - رجوع کنید به قاجار، احمدشاه
اخوی، علی‌اکبر (دکتر) ٤۲٤، ٤۲٦
اخوی، جمال‌الدین ۱۱۷، ٦۵٦
ادهم، حسن (دکتر) ۳٦۷
ارباب کیخسرو - رجوع کنید به شاهرخ، کیخسرو
اردبیلی، شیخ صفی‌الدین ۲۱، ٤۷۹
اردلان، امان‌الله ۹۲، ۱۰۹
اردلان، علیقلی ۳۸٤، ۳۹۰
ارسنجانی، حسن ۲۱۷، ٤۱۸-٤۲۰
ارغنون، رضاقلی‌خان (سرهنگ) ٤۹۲، ۵۰٤
ارفع، حسن (سرلشکر) ۱۱۱، ١٦۲، ۲۰۳، ۵۲۸
اریه، مراد ۵۸۲
استاروسِلسکی، ... (سردار) ۵٦
استالین، ژوزف ۳، ۱۲۰، ۱۲۱، ۱۳۲، ۱۳۳، ۱٤۵، ۱٤۷، ۱٤۹، ۱۵۲-۱۵۹، ١٦۵، ١٦۹، ۱۷۰، ۱۷۷، ۱۷۸، ۱۸۰، ۱۸٦، ۱۸۷، ۲۰۵، ۲۰۸، ۲۳۳، ۲۳۵، ۲۳٦، ۳۷۱، ٦۹۲، ۷٤۹
استوکس، ریچارد ۳۸٦، ۳۸۷، ۳۹۰، ٤۰۱، ٦۸۳
اسدآبادی، سیدجمال‌الدین ۳۱-۳۳، ٤۳
اسدی، سلمان ۱۵۱
اسدی، محسن ۳۹۰
اسفندیاری بختیاری، ثریا-رجوع کنید به پهلوی، ثریا
اسفندیاری، محتشم‌السلطنه ٦۹، ۸۷، ۹۲
اسکندری، ایرج ١٦۵، ١٦٦، ۱۸٦، ۲۱٦، ۳۷٤
سلیمان میرزا اسکندری ۲٦۷، ۲۸۵
اسکندری، سلیمان‌میرزا ۲٦٤
اسکندری، یحیی‌میرزا ١٦٦
اسلامیه، مصطفی ۲٤۲
اسمیت، بیدل (ژنرال) ٦۰۰، ٦۰۲
اسمیرنوف ۱۵٦
اسمیت، آرمیتاژ ۸٤
اشرفی، ... (سرهنگ) ٦۲۷
اشکانیان ۲۸٦
اصفهانی، سیدابوالحسن (آیت‌الله) ١٦۸، ۱۷٦، ۳۷٦
اعتلاءالسلطنه ۲٦۰، ۲٦۱
اعلم، مظفر ۵۱۰، ۵۸۰، ۵۸۱، ٦۵٤
اعلیحضرت -رجوع کنید به پهلوی، رضاشاه و

پهلوی، محمدرضاشاه
اعلیحضرت همایون شاهنشاهی-رجوع کنید به پهلوی، رضاشاه و پهلوی، محمدرضاشاه
اعلیحضرت همایونی-رجوع کنید به پهلوی، محمدرضاشاه
افشار، امیراصلان (دکتر) ۵۵۲
افشار، امیرخسرو ۱۰۱، ۱۱۲، ۱۶۷، ۵۴۹، ۶۷۷
افشار، ایرج ۲۴۱، ۶۸۷
افشار، رضا ۷۲۹
افشار، سیف (سردار) ۵۴۸، ۵۴۹، ۶۶۸
افشار، نادرشاه ۱۰، ۱۷، ۳۷
افشارطوس، محمود (سرتیپ) ۴۴۹
اقبال، منوچهر (دکتر) ۱۵۰، ۲۱۷
اقبال آشتیانی، عباس ۷۶
اکبر، حسن ۶۶۸
اکبر، فتح‌الله خان ۵۶، ۵۵۶
اکبرخان ۱۵۱
الکساندر اول ۱۹
الموتی، مصطفی (دکتر) ۵۸، ۱۱۷، ۱۲۶، ۱۲۹، ۱۴۷، ۱۶۳، ۲۲۱، ۲۴۲، ۲۴۶، ۲۹۰، ۳۱۰، ۳۱۱، ۳۴۹، ۳۵۰، ۳۶۰، ۳۶۹، ۴۰۸، ۴۷۷، ۴۸۸، ۵۳۶، ۵۴۹
امان‌الله میرزا - رجوع کنید به جهانبانی، امان‌الله میرزا (سرتیپ)
امام جمعه تهران ۴۰۹، ۷۴۳
امام رضا امام هشتم شیعیان ۴۸، ۲۹۲
امامی، سیدحسن (آیت‌الله دکتر) ۴۰۸، ۴۲۶
امامی، جمال ۳۴۳، ۳۴۴، ۳۴۶، ۳۶۵، ۳۸۲، ۳۸۸، ۴۰۲، ۴۰۳، ۴۴۶، ۶۸۹، ۷۲۹
امامی، حسین ۳۴۲
امیرخسروی، بابک ۱۶۵، ۱۷۷
امیراحمدی، احمد (سپهبد) ۵۸، ۱۱۲، ۱۵۰، ۱۶۴، ۱۶۷، ۳۰۱، ۳۳۳، ۴۴۱، ۵۱۵، ۶۲۱
امیرعشایر-رجوع کنید به قشقایی، صولت‌الدوله
امیرعلائی، شمس‌الدین ۳۴۴، ۳۶۷، ۳۶۸
امیرکبیر، میرزا تقی‌خان ۱۰، ۱۳-۱۶، ۲۳-۳۰، ۳۲، ۳۷-۴۰، ۴۲، ۴۳، ۴۵-۴۹، ۵۴، ۱۲۰، ، ۳۳۵، ۳۳۹، ۴۸۸
امیرمجاهد، یوسف خان ۴۹۲
امیرموثق - رجوع کنید به نخجوان، محمد (سرلشکر)
امیرنظام-رجوع کنید به امیرکبیر، میرزا تقی‌خان
امین‌الحسینی، حاج... ۵۱۹
امین‌الدوله، میرزاعلی‌خان ۱۰-۱۶، ۲۵، ۳۲، ۳۳، ۳۸
امین‌السلطان- رجوع کنید به اتابک، میرزاعلی اصغرخان
امین‌الملک-رجوع کنید به امین‌الدوله، میرزاعلی خان
امینی، ابوالقاسم ۴۵۲، ۵۸۷، ۵۸۸، ۷۳۴، ۷۳۶
امینی، احمد (سرهنگ) ۵۱۳
امینی، ایرج ۶۴، ۴۲۰، ۷۵۴
امینی، بتول ۴۲۰
امینی، حسین (تیمسار) ۷۳۷
امینی، علی (دکتر) ۲۱۱، ۴۲۰، ۴۷۷، ۶۵۵، ۶۵۶، ۶۷۱، ۷۰۰، ۷۰۲، ۷۰۴، ۷۰۵، ۷۱۶، ۷۲۸، ۷۳۰، ۷۳۶، ۷۴۰
انتظام، عبدالله ۶۵۵، ۷۱۶، ۷۱۷، ۷۲۸، ۷۲۹
انتظام، نصرالله ۹۴، ۱۱۳، ۲۴۶، ۳۹۰، ۳۹۵، ۳۹۶، ۵۱۲، ۵۱۵، ۶۳۲، ۶۵۵، ۷۱۶، ۷۱۷، ۷۲۸، ۷۲۹
اندرمانی‌زاده، جلال‌الدین ۴۷۸، ۴۷۹، ۶۶۹، ۷۳۱
انوار، سید یعقوب ۲۷۷
انواری، احمد ۵۷۲
ایادی، عبدالکریم (سرلشکر دکتر) ۱۷۷
ایدن، آنتونی ۳۹۲، ۳۹۸، ۶۰۴، ۶۰۷، ۶۷۶
ایرج میرزا، جلال‌الملک ۷۴

ب

باتمانقلیچ، نادر (سرلشکر) ۵۷۰، ۶۲۳، ۶۳۹، ۶۴۰، ۶۴۵، ۶۵۳، ۷۰۹، ۷۲۳، ۷۲۴
باقرخان ۴۴، ۴۶، ۴۷، ۱۷۱، ۱۷۳
بانو شفیق-رجوع کنید به پهلوی، اشرف
بایندر، غلامعلی (سرهنگ) ۱۷۳، ۴۸۳
بایندر، داریوش ۶۰۷
بختیار، ابوالقاسم‌خان ۱۹۳، ۴۴۶، ۴۴۷
بختیار، تیمور (سرهنگ) ۶۲۴
بختیار، شاپور (دکتر) ۱۸۶
بختیار، مرتضی‌قلی (خان) ۵۰۰
بختیاری، اسعد (سردار) ۴۷
بختیاری، امیرمجاهد ۴۹۹
بختیاری، نجف‌قلی خان ۴۶، ۴۷، ۵۷، ۶۹، ۷۲، ۷۳، ۲۴۸، ۲۴۹، ۲۵۸، ۵۵۶، ۵۵۷
برخورداریان، شاهین ۱۷۵، ۱۷۶
برمک، حسن ۲۷
برمکی، عیسی ۱۶
بروجردی، سیدحسن (آیت‌الله‌عظمی) ۱۶۲، ۱۶۸، ۱۷۶، ۵۹۸، ۶۰۴، ۶۳۰، ۶۴۳، ۶۵۲
بزرگمهر، جلیل (سرهنگ) ۵۵۵، ۶۸۰، ۶۸۱
بشیرفرهمند، علی‌اصغر ۵۷۲، ۵۷۳
بشیری، سیاوش ۵۷، ۵۹، ۱۳۸، ۱۴۰، ۱۴۱، ۳۵۳،

٤٥٨

بصیردیوان، فضل‌الله-رجوع کنید به زاهدی، تیمسار فضل‌الله
بصیردیوان، میرزا انصرالله ۷۸، ۴۷۸، ۴۷۹
بقایی، ... (دکتر) ۳۶۲
بقایی، ... (سرلشکر) ۳۷۹، ۳۸۱، ۴۰۳، ۵۳۷
بقایی، مظفر ۲۱۷، ۲۳۳، ۳۲۹، ۳۳۸، ۳۴۱، ۳۴۳، ۳۴۴، ۳۵۲، ۳۵۹، ۳۷۹، ۳۸۵، ۳۸۶، ۳۹۰، ۴۰۴، ۴۰۷، ۴۲۸، ۴۲۹، ۴۳۶، ۴۴۱، ۴۵۹، ۴۶۰، ۵۳۶، ۵۸۷، ۶۴۳، ۶۷۹، ۶۸۰
بقراط، الاهه ۵۶۷
بناپارت، ناپلئون ۱۹، ۲۰۹
بنش، ... (دکتر) ۶۵۲
بنی‌امیه ۲۵۶
بنی‌صدر، حجت‌الاسلام... ۷٤٤
بودینی، ... (مارشال) ۱۵۶
بوذرجمهری، کریم‌آقاخان (سرلشکر) ۲۶۶، ۵۱۵
بوشهری، جواد (امیرهمایون) ۱۹۷، ۳۶۷، ۳۸۶، ۳۹۰
بولارد، سررید‌ر ۵۲۳، ۵۲۹
بوین، ارنست ۱۶۸
بهار، محمدتقی ۱۵۰، ۲۱۷، ۲۷۱، ۲۷۲، ۲۸۴
بهبودی، سلیمان ۵۸، ۲۶۶، ۵۸۷، ۶۸۸، ۶۸۹
بهبهانی، جعفر (سید) ۲۲۱، ۴۴۲
بهبهانی، عبدالله (سید) ۳۳، ۳۹، ۴۳، ۴۴
بهبهانی، علی (میرسید) ۳۴۳، ۳۴۶
بهبهانی، محمد (آیت‌الله میرسید) ۲۲۱، ۳۴۴، ۴۴۰، ۴۴۲، ۶۳۰، ۶۴۲، ۶۵۲
بهرامی، دبیراعظم ۵۸
بهرامی، فرج‌الله ۱۱۳
بهروز، ذبیح ۵۱۱، ۶۶۸
بهزادی، سیاوش (سرهنگ) ۴۳۱
بهنیا، ابوالحسن (مهندس) ۵۴۰
بیات، مرتضی‌قلی ۱۲۶، ۱۳۹، ۱۵۰، ۲۱۱، ۳۱۵، ۳۸۴، ۳۹۰، ۵۳۰، ۷۰۳
بیات، صمصام‌الملک ۵۱۰
بیات، ضیاءاشرف-رجوع کنید به مصدق، ضیاءاشرف
بیات، عزت‌الله ۲۴۶
بیسمارک، اتو فون ۴۰، ۱۸۵، ۱۸۶، ۲۰۹

پ

پاکروان، امینه ۱۸
پالمرستون، ... (لرد) ۲۵
پالیزی، هدایت‌الله ۳۴۶

پروفسور جان کشیش- رجوع کنید به لارونس
پرون، ارنست ۲۹۸، ۲۹۹، ۳۰۰
پسیان، محمدتقی خان (کلنل) ۵۳، ۶۳، ۶۴، ۷۰-۷۵، ۱۰۱، ۲۰۲، ۴۹۶
پناهی، ابوالقاسم ۷۱۳، ۷۱۴
پورزند، ... (سرتیپ) ۵۰۶
پورهمایون، علی‌اصغر (سرلشکر) ۶۵۵
پویان، ... ۱۱۷
پهلبد، مهرداد ۲۶۶
پهلوان، چنگیز ۲۴۳
پهلوی، اشرف ۲۱۹، ۲۳۵، ۲۹۲، ۳۹۴، ۴۱۴، ۴۳۷، ۴۳۸، ۶۰۸، ۶۰۹، ۶۹۰
پهلوی، ثریا ۲۲۱، ۳۲۸، ۳۲۹، ۳۷۳، ۴۳۸، ۴۳۹، ۴۴۰، ۴۴۶، ۴۷۲، ۵۳۲، ۵۵۱، ۵۶۲، ۵۷۷-۵۸۰، ۵۸۲، ۵۹۸، ۵۹۹، ۶۰۸، ۶۴۸، ۶۴۹، ۶۷۳، ۷۱۴-۷۱۶، ۷۱۹، ۷۲۳، ۷۲۴، ۷۳۲، ۷۴۳، ۷٤٤
پهلوی، رضاشاه - اکثر صفحات
پهلوی، شهناز ۷۴۳، ۷۴۵
پهلوی، شمس ۵۹۵، ۵۹۶، ۷۴۳
پهلوی، عصمت‌الملکوک (ملکه مادر) ۷۲۶، ۷۴۳، ۷٤٤
پهلوی، علیرضا ۳۸۶، ۳۹۴
پهلوی، غلامرضا ۵۹، ۲۳۴، ۵۹۶
پهلوی، فرح ۲۳۲، ۲۳۴
پهلوی، فوزیه ۷۴۳
پهلوی، محمدرضاشاه - اکثر صفحات
پیرنیا، داریوش ۴۷۷، ۴۷۹
پیرنیا، حسن (میرزا) ۳۴، ۴۲، ۴۳، ۵۰، ۵۲، ۵۴-۵۷، ۶۷، ۸۵-۸۹، ۹۱، ۱۲۳، ۱۲۹، ۲۴۳، ۲۵۰، ۲۵۱، ۲۶۰، ۲۶۳، ۲۶۴، ۲۶۷، ۲۶۹، ۲۷۴، ۲۷۵، ۲۸۷، ۲۸۹، ۳۳۰، ۵۲۷، ۵۵۷، ۷۵۰
پیرنیا، حسین ۳۴، ۵۴، ۵۷، ۷۰، ۸۰، ۸۱، ۸۹، ۹۱، ۱۲۳، ۲۶۴، ۲۶۸، ۲۷۰، ۲۷۴، ۲۷۵، ۲۸۴، ۲۸۷، ۲۸۹، ۳۰۴، ۳۰۵، ۳۰۷، ۴۹۵، ۵۰۴، ۵۰۵، ۵۱۹، ۵۲۶، ۵۲۷، ۵۲۸، ۶۵۶، ۶۶۹، ۷۴۳
پیرنیا، خدیجه ۵۰۴، ۵۱۹، ۶۶۹، ۷۴۳
پیرنیا، منصوره ۴۷۷، ۴۷۹، ۵۲۷، ۶۴۹، ۷۴۱، ۷٤٤
پیراسته، مهدی ۳۸۳
پیمایی، نادر ۵۷، ۵۹
پیرنظر، ... ۱۵۱
پیشه‌وری، جعفر ۱۳۵، ۱۳۶، ۱۳۸، ۱۴۰، ۱۵۴، ۱۶۰، ۱۶۱، ۱۶۸، ۱۷۵، ۱۷۷، ۱۷۸، ۱۸۱، ۲۲۸، ۳۱۹، ۳۳۳، ۴۹۹
پیشه‌وری، داریوش (کاوه) ۱۷۷

ت

تاج‌الدین ابراهیم-رجوع کنید به گیلانی، شیخ زاهد
تجدد، مصطفی ۶۶۸، ۷۱۹
تدر، ... (مارشال) ۱۰۶
تربتی، احمد ۴۳
تربتی، شیخ علی‌اکبر ۸۶
تدین، سیدمحمد ۲۶۵، ۲۶۷، ۲۷۵، ۲۸۲
ترومن، هاری ۱۳۳، ۱۶۹، ۱۷۰، ۳۷۸، ۳۹۴، ۳۹۵، ۳۹۶، ۳۹۹، ۴۰۱، ۴۴۸، ۶۰۲، ۶۳۷
تزار ۲۲، ۲۴، ۴۲
تفضّلی، جهانگیر ۱۴۷، ۱۵۱، ۱۵۵، ۱۵۷، ۱۸۰، ۱۸۱، ۲۰۶
تقی‌زاده، سیدحسن ۳۵، ۱۲۳، ۱۲۸، ۱۳۱، ۱۴۳، ۱۴۸، ۱۴۹، ۲۶۴، ۲۶۹، ۲۷۴، ۲۷۶، ۲۷۷، ۲۸۷، ۳۶۸، ۳۶۹، ۳۹۹، ۴۳۳، ۶۴۹، ۶۷۶، ۶۸۹، ۷۲۸
تنکابنی، محمدولی خان (سپهدار) ۴۴-۴۷، ۵۶، ۵۷، ۶۰، ۵۵۶، ۵۵۷
تهرانی، احمد (دکتر) ۷۳۳، ۷۵۴
تهرانی، پروانه ۷۳۳
تیمورتاش، عبدالحسین ۲۷۴

ث

ثقة‌الاسلام ۴۸
ثقفی، دکتر اعلم‌الدوله ۱۲۸

ج

جابر، شیخ ۴۸۸، ۴۸۹
جان، ... (پروفسور) ۵۰۹، ۵۱۰
جاوید، سلام‌الله ۱۷۲
جب، سرگلادوین ۳۹۲
جعفری، شعبان ۴۰۲، ۴۰۳، ۴۴۲، ۶۴۲، ۶۸۸
جلالی‌نایینی، محمدرضا ۳۴۴، ۵۳۶، ۶۸۷
جم، محمود ۹۲، ۲۸۸، ۳۱۰
جنگلی، میرزاکوچک‌خان ۷۶، ۷۷، ۴۸۴، ۴۹۲، ۵۷۰، ۶۲۲
جواداف، سیدجعفر (جوادزاده) - رجوع کنید به پیشه‌وری، سیدجعفر
جوادی، رضا (سرلشکر) ۶۸۵
جهانبانی، امان‌الله میرزا ۸۳، ۹۹، ۱۹۲، ۲۶۷، ۴۸۲، ۴۸۳، ۵۱۶، ۵۱۸، ۵۳۸، ۶۲۱، ۶۵۶، ۶۶۳
جهانبانی، محمدحسین میرزا ۶۷۹
جهانشاه‌لوافشار، ... (دکتر) ۱۷۴، ۱۷۶، ۱۷۷
جهانشاهی، محمدشفیع ۱۱۷

جهانگیری، ... (سرتیپ) ۶۶۳

چ

چرچیل، وینستون ۱۰۶، ۱۲۰، ۱۵۱، ۳۷۲، ۳۹۸، ۳۹۹، ۴۰۱، ۶۰۲، ۶۰۶، ۷۱۵
چهاردهی، اسمعیل ۲۰۷
چهاردهی، قنبر ۲۰۷

ح

حائری‌زاده، سیدابوالحسن ۳۳۸، ۳۴۳، ۳۴۴، ۳۴۶، ۳۵۵، ۳۵۶، ۴۰۴، ۴۳۶، ۵۳۶، ۵۴۰، ۶۴۲، ۶۴۳، ۷۲۶، ۷۳۰
حائری شاه‌باغ، علی‌اکبر ۱۱۷
حاج‌رضایی، طیب ۷۴۵، ۷۴۶
حاج عزّالممالک- رجوع کنید به اردلان، امان‌الله
حجازی، ... (سرلشکر) ۵۴۰
حجتی، عبدالمجید ۲۴۲
حسام‌السلطنه، مرادمیرزا ۳۰
حسنلی، جمیل ۱۵۱، ۱۷۷
حسیبی، کاظم (مهندس) ۳۴۵، ۳۸۴، ۴۰۴، ۴۰۷، ۴۲۷، ۴۶۸، ۶۴۲
حشمت، ... (دکتر) ۴۸
حق‌شناس، جهانگیر (مهندس) ۴۳۵، ۵۶۶، ۵۶۷، ۵۶۹
حقیقی، محسن ۲۴۵
حکمت، رضا ۱۹۷، ۲۱۷، ۲۲۳، ۲۶۷، ۳۳۲
حکمت، علی‌اصغر ۲۹۷، ۳۳۳، ۶۵۶، ۶۹۷

حکیم‌الدوله-رجوع کنید به ادهم، حسن (دکتر)
حکیم‌الملک-رجوع کنید به حکیمی، ابراهیم
حکیمی، ابراهیم ۱۰۲، ۱۲۳، ۱۲۸، ۱۲۹، ۱۳۱، ۱۳۲، ۱۴۳-۱۴۵، ۱۶۶، ۱۸۶، ۲۲۲، ۲۲۵، ۲۲۷-۲۲۹، ۲۳۴، ۳۱۶-۳۱۹، ۳۳۲، ۳۶۸، ۴۱۴، ۵۳۰
حمزوی، امیرمنظم ۵۴۹
حیدریان، محسن ۱۷۷

خ

خاتمی، محمد (ارتشبد) ۵۷۸، ۶۴۸
خالقی، روح‌الله ۱۴۲
خالصی‌زاده، محمدمهدی ۳۳۴
خامه‌ای، انور (دکتر) ۴۵۷، ۵۹۵
خان‌بابا خان-رجوع کنید به قاجار، فتحعلیشاه
خداوردی، ... ۵۳
خدیو، کیهان (سرهنگ) ۶۸۰
خروشچف، نیکیتا ۱۷۷

خلعتبری، ارسلان ۳٤٥، ۷۲٥
خلعتبری، ... سرهنگ ٦۳۳
خلیلی، بیژن ۷٥٥
خلیلی، عباس ۳٤٤
خمینی، روح‌الله (آیت‌الله) ٤٤۱، ۷٤٥
خواجه‌نوری، ابراهیم ۱۸٤، ۳۸۸، ٥۱۰
خواجه‌نوری، نظام‌السلطان ٥۸۲
خوبنظر، حسن (دکتر) ۱۸۹

د

دادستان، فرهاد (سرتیپ) ٦۲۳، ٦٤۰، ٦٥۳، ۷۳۷
دادگر، عدل‌الملک ٦٤۹، ٦٦۸، ٦۷٦، ٦۸۹، ۷۲٥، ۷۲۸
دالس، آلن ٦۰۷
دالس، جان فوستر ۳۹۹، ٦۰۲
دانشیان، غلامیحیی (ژنرال) ۱٦۷، ۱۷٥
داور، علی‌اکبر ۱۰۲، ۲٥۰، ۲۷٤، ۲۸۰-۲۸۲، ۲۹۰، ۲۹۳، ۳۳۳، ٤۲٥، ۷٥۰
دبیرحضور، احمد- رجوع کنید به قوام، احمد
درخشانی، ... (سرتیپ) ۱٤۰، ۱٤۱، ۱٤۲
درّی، ... ۱٥۱
درگاهی، محمدخان ۹۳، ٥۰۸
دفتری، محمد (سرتیپ) ٦۲۳، ٦۲۷، ٦۲۸، ٦۲۹، ٦۳۹، ٦٤۰، ٦٥۳
دلکاسه، تئوفیل ٤۱
دوکولانژ، فوستل ۲۹٥
دوگل، شارل (ژنرال) ۲۳٤
دولت آبادی، حسام‌الدین ٦٤۰، ٦۷۹
دولت‌آبادی، میرزایحیی ۲٦۹، ۲۷۰، ۲۸۳
دوّلو، آصف‌الدوله ٦٤
دولو، ...(سرلشکر) ٦٦۲، ٦٦۳
دوّلو، اشرف‌الملوک ٦٤
دهخدا، علی‌اکبر (علامه) ٥۹٦، ٦۲٤
دهگان، کاوه ٥۲٤
دیلمیان (آل‌بویه) ٥۱۸

ذ

ذوالفقاری- برادران ۱٤۳، ۱٤۹، ۱۷۳
ذوالفقاری، ناصر ۳٤٦
ذکاءالملک - رجوع کنید به فروغی، محمدعلی

ر

راجی، ... (مهندس) ۷۱۳
رادمنش، رضا (دکتر) ۱۲٥

راشد، حسینعلی ٤۰٤
رایت، دنیس ٦٥۰، ٦۷٦، ٦۷۷
رائین، اسماعیل ۷٦
رجبی، داود (مهندس) ٤۲٤، ٤۳٥، ٥۸٤
رحمانی، منصور (سرهنگ) ٤٥٥
رزم‌آرا، حاج‌علی (سرتیپ) ۱٦۳، ۱٦٤، ۱۷۱، ۱۷۳، ۱۸۰، ۱۹۷، ۱۹۹، ۲۰۰- ۲۰٤، ۲۲۰، ۲۲۱، ۳۲۹، ۳۳۰، ۳٤۳، ۳٥۰-۳٥۸، ۳٦۰-۳٦۳، ۳۷۱، ۳۹۹، ٤۳۱، ٥۱٥، ٥۲۸، ٥۲۹، ٥۳۲، ٥۳٤-٥۳٦، ٦٥۰، ٦٥۱، ۷۱۰، ۷٥۰
رستگار، نادر ۲۸٥
رشیدیان- برادران ٦۰۹
رضاخان سردارسپه-رجوع کنید به پهلوی، رضاشاه
رضاخان میرپنج-رجوع کنید به پهلوی، رضاشاه
رضازاده شفق، صادق (دکتر) ۱٥۱، ۱٥۷، ۱۸۳، ۳۳۱، ۳۸٤
رضازاده ملک، رحیم ۷٦
رضایی، علی ٤٤۲
رضوی، احمد (مهندس) ٥٤۷، ٥۹۰، ٥۹۱، ٥۹٥، ٦۳٥، ٦۸۳، ٦۸۸، ٦۸۹
روحانی، فواد ۲٤۱، ۳٤۷، ۳٦۰، ۳٦۲، ۳۷٤، ۳۷۹، ۳۸۸، ٤٦۱، ٤٦۲، ٤٦٤، ٤٦۸، ٥۱۷، ٥٥۹
روزبه، خسرو ٦۹۲، ٦۹۹
روزولت، تئودور ۱۲۰، ۱۳۲، ۱۳۳، ٥٥۹، ٥٦۰، ٥٦۱، ٦۰۸ -٦۱۲، ٦۲۱، ٦٤٥
روزولت، کرمیت ٥٥۹، ٥٦۰، ٥٦۱، ٦۰۸-٦۱۲، ٦۲۱، ٦٤٥
رولن، هانری (پروفسور) ٤۰۷، ٤۰۸
رهبر، سعید ۳٤٤
ریاحی، تقی (سرتیپ) ٤٥۳، ٥٦٦، ٥٦۷، ٥٦۹-٥۷۱، ٥۸٦، ٦۲۰، ٦۲٦-٦۲۸، ٦۳۱، ٦۳۲، ٦۸۰، ٦۸۳، ٦۸٥، ٦۸٦، ٦۸۸
ریاضی، علی (سرتیپ) ٥۱٥
رییس، محسن ۱۱۳، ٦۷۷

ز

زاهدی، ... (بانو بصیر همایون) ٥٤۹
زاهدی، اردشیر ۱۹۸، ٤٤۲، ٤۷۷-٤۷۹، ٤۸۸، ٥۰٤، ٥۰۹، ٥۱۰، ٥۱٦، ٥۱۹، ٥۲٤-٥۲۹، ٥٤۰، ٥٤۱، ٥٤٥، ٥٤۷، ٥٤۸، ٥٥۲، ٥٦۲، ٥٦۷، ٦۰۰، ٦۱۳، ٦۲۳-٦۲٥، ٦۳۳، ٦۳۹، ٦٤۹، ٦٥۰، ٦٥٦، ٦٦٦، ٦٦۷، ٦٦۹، ٦۷۳، ٦۸۹، ٦۹۰، ۷۱۳، ۷۱٤، ۷۱٦، ۷۱۷، ۷۲۸، ۷۳۱، ۷۳۲، ۷۳٤، ۷۳٦، ۷۳۷، ۷٤۰-

٧٤٧

زاهدی، رضا (سرتیپ) ٦٤١
زاهدی، فضل‌الله (تیمسار) - اکثر صفحات
زاهدی، میرزانصرالله- رجوع کنید به بصیردیوان، میرزانصرالله
زاهدی، مصطفی ٥٢٧
زاهدی، هما ٥١٩، ٥٢٦، ٥٢٩، ٦٦٩، ٧٤٥، ٧٤٦
زند، کریم‌خان ١٠، ١٧
زند فرد، فریدون (دکتر) ٣٩١، ٣٩٦
زنگنه، احمد (مهندس) ٣٦٧
زنگنه، عبدالحمید (دکتر) ٣٦٢
ژوزف، فرانسوا ٢٨
زهری، علی ٤٠٤، ٥٨٧
زیرک‌زاده، احمد (مهندس) ٣٤٤، ٤٠٤، ٥٦٦، ٥٦٧، ٥٦٩، ، ٥٧٢، ٥٧٣، ٥٩٠، ٥٩٥، ٦٣٥

س

سابلیه، ادوارد ١٤٧، ١٨٢، ١٨٣
سادچیکف ١٥٦-١٥٨، ١٦١، ١٦٥، ١٧٨، ٣٣٧
ساسانیان -خاندان ٢٨٦
ساعد، محمد ٩٥، ٩٩، ١٢١-١٢٦، ٢٢٠، ٢٢٣، ٣٠٧-٣١٤، ٣١٨، ٣٣٣، ٣٣٤، ٣٣٧، ٣٣٨، ٣٤٥، ٣٥٥، ٣٧١، ٥٣٠، ٥٣٣-٥٣٥، ٥٥٧، ٧٥٠
ساعدالوزراه-رجوع کنید به ساعد، محمد
سالار ملی -رجوع کنید به ستارخان
سالمی، حسن ٥٩٤
سبزعلی ٤٨٥
سپهبدی، عیسی (دکتر) ٣٩٠
سپهدار تنکابنی -رجوع کنید به تنکابنی، محمدولی خان
سپهدار اعظم - رجوع کنید به اکبر، فتح‌الله‌خان
سپهداررشتی - رجوع کنید به اکبر، فتح‌الله‌خان ٥٥٦
سپهر، مورخ‌الدوله ١٦٠
سپهسالار، میرزا حسین‌خان ٩، ١٠، ١٢، ١٦، ٢٥، ٣١، ٣٧، ٣٨، ٤٠، ٤٤، ٩٨، ٣٤٢، ٤١٥، ٥٥٦، ٧٤٧
سپهسالار تنکابنی- رجوع کنید به تنکابنی، محمدولی خان
ستارخان ٤٤، ٤٦، ٤٧، ١٧٣
سجادی، محمد (دکتر) ٣٤٥، ٦٦٦
سدان، ... ٣٨٥، ٣٨٦
سرتیپ‌زاده، علی‌اصغر ٣٤٦
سرداراجل ٤٩٩
سردار اسعد، علیقلی خان ٤٤
سردارسپه-رجوع کنید به پهلوی، رضاشاه
سردار فاخر-رجوع کنید به حکمت، رضا
سردار معظم خراسانی-رجوع کنید به تیمورتاش، عبدالحسین
سروری، محمد ٢٢٢، ٣٨٤
سعدالدوله ٤٣
سعدی ٢٢٩
سلجوقیان - خاندان ١٨٩، ٥١٨
سلطان‌العلمای خراسانی- رجوع کنید به تربتی، احمد
سمیتقو، اسمعیل ٤٨١، ٤٨٢، ٥٤٤، ٦٢٢
سمیعی، احمد ٣٦٩
سمیعی، شیرین ٦٨٦، ٦٨٧
سنجابی، کریم (دکتر) ٣٤٤، ٣٥٧، ٣٦٧، ٣٦٨، ٣٩٠، ٤٠٧، ٤٣٠، ٤٣٢، ٤٧١، ٥٣٣، ٥٣٤، ٥٨٩، ٦٠١
سنجر، محمد (دکتر) ٥٩٦
سهام‌السلطان-رجوع کنید به بیات، مرتضی‌قلی
سهیلی، علی ٩٨، ٩٩، ١٠٢، ١١٦، ١١٧، ١٢١، ١٢٢، ١٤٩، ١٩٣، ٣٠٥، ٣٠٧، ٤٧٧، ٥١٦، ٥٢١، ٦٧٧
سیاح، حمید ١٥١
سیاسی، علی‌اکبر (دکتر) ٥٨، ١٠٢
سیحون، مریم ٢٣٣
سیدجمال افغانی-رجوع کنید به اسدآبادی، سیدجمال
سیدجمال واعظ-رجوع کنید به اسدآبادی، سیدجمال
سیدفرهاد ٥٠٩
سیف‌پور فاطمی، نصرالله (دکتر) ٣٩٠
سینکی، طاووس خانم ١١
سینکی، مجدالملک ١١

ش

شاه‌بختی، محمد (سپهبد) ٩٩، ٤٤١، ٤٤٦، ٤٨٥، ٥٢١، ٥٧٠، ٥٨٧، ٦٢١، ٦٢٤، ٦٥٣
شاهرخ، بهرام ٢٩٧
شاهرخ، کیخسرو ٢٨٣، ٢٩٧
شاهرودی، باقر ١٢٨
شاهنده، ... (سرلشکر) ٦٢٦
شایگان، علی (دکتر) ٣٤٣-٣٤٧، ٣٥٢، ٣٥٦، ٣٩٠، ٤٠٤، ٤٠٧، ٤٣٠، ٤٣٢، ٤٦٨، ٥٧٣، ٥٩٠، ٥٩٥، ٦٠٤، ٦٣٥، ٦٤٢، ٦٨٣ ٦٨٨-٦٩٠
شریعتمداری، سیدکاظم (آیت‌الله‌عظمی) ١٧٦
شریف‌امامی، جعفر ٦٣٩، ٧١٦، ٧٤٠
شعبان بی‌مخ - رجوع کنید به جعفری، شعبان
شفا، شجاع‌الدین ٢٨٦، ٣٩٠

شفیق، احمد ۶۰۹
شقاقی، ... (سرهنگ) ۱۹۱
شمشیری، مهدی ۲۴۲، ۲۹۱، ۲۹۳، ۴۴۱
شمیم، علی‌اصغر ۱۴، ۱۸، ۴۲، ۵۲
شوارتزکف، نرمان (ژنرال) ۶۰۷، ۶۰۸
شوستر، مورگان ۴۸
شوشتری، سید محمدعلی ۷۲۹
شوکت، ... (سرهنگ) ۵۰۱، ۵۰۲
شوکت، حمید ۹، ۱۴، ۶۳، ۷۱، ۱۰۴، ۱۱۱، ۱۴۶، ۱۶۲، ۱۷۴، ۱۸۳، ۱۹۶، ۲۱۹، ۲۲۵، ۲۳۳، ۴۱۶، ۴۲۸، ۴۲۹، ۵۵۷
شهاب‌الدوله، ... ۶۸
شهبانو فرح رجوع شود به پهلوی، فرح
شیبانی، حبیب‌الله (سرلشکر) ۵۰۶، ۵۰۷
شیخ خزعل ۷۳، ۱۹۰، ۲۶۵، ۲۶۹، ۲۷۱، ۲۷۳، ۴۸۸، ۴۸۹، ۴۹۰، ۴۹۱، ۴۹۲، ۴۹۳، ۴۹۴، ۴۹۶، ۴۹۷، ۵۰۰، ۵۰۱، ۵۰۳، ۵۰۴، ۵۰۶، ۵۲۴، ۵۳۷، ۵۴۴، ۶۶۳
شیرازی، قوام‌الملک ۲۵۱
شیرازی، نصیرالملک ۲۵۱
شیر پیر- رجوع کنید به مصدق، دکتر محمد
شیروانی، داریوش (دکتر) ۷۵۴
شیروانی، نازی ۷۵۴

ص

صادق ، صادق ۶۹، ۹۲، ۱۰۲، ۱۲۶، ۲۸۶، ۳۱۵
صارم‌الدوله-رجوع کنید به مسعود، اکبرمیرزا
صالح، اللهیار ۱۱۳، ۱۶۵، ۳۴۴-۳۴۷، ۳۵۵، ۳۵۶، ۳۸۴، ۳۹۰، ۳۹۱، ۴۱۳، ۴۱۴، ۵۶۲، ۶۰۱، ۶۰۴، ۶۰۵، ۶۸۶، ۶۹۱
صالح، جهانشاه (دکتر) ۶۵۵
صبا، ابوالحسن ۴۸۷
صبا، مختارالملک ۱۲۸
صدر، سیدمحمد ۱۱۷
صدر، محسن ۵۸، ۱۲۹، ۱۳۰، ۳۱۶، ۵۳۰
صدرالاشراف- رجوع کنید به صدر، محسن
صدیقی، غلامحسین (دکتر) ۳۲۶، ۴۲۴، ۴۵۳-۴۵۵، ۴۷۱، ۵۵۳- ۵۵۶، ۵۸۵، ۵۹۵، ۶۰۱، ۶۱۲، ۶۲۳-۶۴۱، ۶۸۳
صفاری، محمدعلی (سرتیپ) ۱۹۷، ۴۱۸
صفایی، ابراهیم ۵۸، ۳۴۷، ۳۶۰، ۴۷۷، ۴۷۸، ۴۸۸، ۴۹۰، ۴۹۱، ۵۰۳، ۵۰۴، ۵۰۹، ۵۲۰، ۵۴۷، ۵۶۴، ۵۷۰، ۵۸۱، ۶۰۹، ۶۳۸، ۶۴۰، ۶۴۹، ۷۰۳، ۷۱۶، ۷۱۸
صفوی، شاه عباس بزرگ ۲۰، ۲۶، ۴۷۹، ۵۱۸
صفوی، نواب ۳۵۲، ۳۶۲
صفویه- خاندان ۱۸، ۱۸۹، ۳۵۲، ۳۶۲
صفی‌نیا، ... ۱۱۷
صمصام‌السلطنه بختیاری-رجوع کنید به بختیاری، نجف‌قلی خان
صمیمی، اکبر ۷۲۶
صوراسرافیل، بهروز ۲۳۳
صوراسرافیل، جهانگیرخان ۴۳، ۴۴

ض

ضرغامی ، ... (سرلشکر) ۵۱۵، ۶۲۴
ضیاءالملک- رجوع کنید به فرمند، حسن‌علی

ط

طالقانی، خلیل (مهندس) ۴۲۴، ۵۴۰
طباطبایی، سیدضیاءالدین ۳۳، ۳۹، ۴۳، ۴۳، ۴۴، ۵۵، ۶۰-۶۷، ۷۰، ۷۳، ۱۰۰، ۱۰۱، ۱۱۸، ۱۲۵، ۱۵۵، ۲۵۱، ۲۵۳-۲۵۹، ۲۷۰، ۲۷۳، ۳۰۶، ۳۱۲، ۳۱۳، ۳۲۹، ۳۶۴، ۴۱۴، ۴۹۱، ۵۵۶، ۵۶۱، ۵۶۸
طباطبایی، سید محمدصادق ۳۰۶، ۳۰۷، ۳۱۴، ۳۴۳
طهماسبی، خلیل ۳۵۲، ۳۵۳، ۳۶۱، ۳۶۲، ۴۳۱-۴۳۳، ۴۳۵

ع

عالمی، دکتر ابراهیم ۳۲۶، ۴۲۵، ۴۶۷، ۵۸۴، ۵۹۲، ۶۱۲
عامری، جواد ۱۱۳، ۱۵۱، ۱۵۶، ۱۵۷، ۳۰۷، ۳۴۶
عباسی، ابوالحسن (ستوان) ۶۹۲
عبدالکریم قاسم (سرلشکر) ۷۴۰
عبدالناصر، جمال ۷۴۰، ۷۴۱
عبده، جلال (دکتر) ۳۹۰
عدل، احمدحسین ۱۰۲، ۶۵۶
عدل، پرویز (دکتر) ۱۸۷، ۲۲۵، ۲۳۱، ۶۰۰، ۶۱۰، ۶۱۱
عدل، یحیی (پروفسور) ۲۹۸، ۲۹۹، ۳۷۳، ۶۸۷
عرفان، محمود ۱۱۷
عسکری، نورمحمد ۲۴۱، ۲۹۱، ۳۲۷، ۳۵۸، ۳۷۴، ۳۸۰، ۴۷۷، ۴۸۸، ۴۹۸، ۴۹۹، ۵۱۷، ۵۲۹، ۵۳۰، ۵۴۸، ۵۶۵، ۶۰۰، ۶۱۰، ۶۱۳، ۶۳۰، ۶۴۹، ۶۵۰، ۶۵۵، ۶۶۵، ۶۸۸، ۷۰۹، ۷۱۶، ۷۳۴
عشقی، میرزاده ۸۶
علاء، حسین ۱۳۱، ۱۵۹، ۱۶۲، ۱۷۰، ۱۷۱، ۱۷۴، ۱۷۹، ۲۶۴، ۲۶۹، ۲۷۴، ۲۷۷، ۳۶۳، ۳۶۴، ۳۷۵، ۳۹۴، ۴۱۴، ۴۴۲، ۴۳۹، ۴۴۷، ۴۵۱، ۵۳۶، ۷۱۶،

۷۱۷، ۷۲۱، ۷۲۸، ۷۲۹
علاءالدوله ۳۳
علاءالسلطنه ۵۵۶
علم، امیراسدالله ۷۱۶، ۷۱۸، ۷۲۱، ۷۲۸، ۷۲۹
علم، امیرشوکت‌الملک ۷۳
علی ابن‌ابیطالب ۱۲، ۷۴۷
علوی، حسن (دکتر) ۳۴۶، ۳۴۷، ۳۵۵
عمواغلی، حیدر ۷۶
عمیدی‌نوری، ابوالحسن ۱۵۱، ۳۴۵، ۴۰۲
عیسایان، ... ۵۱۰
عین‌الدوله، عبدالمجیدمیرزا (شاهزاده) ۱۶، ۳۲-۳۴، ۴۴، ۴۶، ۵۵۶

غ

غروی، آیت‌الله ۳۴۵
غفاری، محمد ۱۱۱
غنی، سیروس ۵۸، ۶۶
غنی، قاسم (دکتر) ۹۲

ف

فاتح، محمود ۳۶۰
فاتح، مصطفی ۳۴۷، ۴۶۶
فاطمی، حسین ۳۴۴، ۳۵۷، ۳۹۰، ۴۰۴، ۴۰۵، ۴۰۷، ۴۱۲، ۴۲۸، ۴۳۵، ۴۳۹، ۵۳۶، ۵۴۰، ۵۶۶، ۵۶۷، ۵۶۹، ۵۷۲، ۵۷۳، ۵۸۰، ۵۸۲، ۵۸۹، ۵۹۰، ۵۹۵، ۶۰۴، ۶۲۲، ۶۳۱، ۶۳۲، ۶۵۸، ۶۸۸، ۶۹۰-۶۹۳
فاطمی، سعید (دکتر) ۶۳۲
فخرآرایی، ناصر ۲۲۳، ۳۳۴
فخرائی، ابراهیم ۷۷
فرامرزی، عبدالرحمن ۳۴۶، ۳۴۷، ۷۲۹
فرانکو، فرانسیسکو (ژنرال) ۳۱۰، ۳۵۱
فرایزر، سر ویلیام ۷۰۰
فرخ، مهدی ۶۳، ۱۰۲، ۳۴۸، ۵۳۵، ۷۲۶
فردوست، حسین (ارتشبد) ۱۴۰
فردوسی، ابوالقاسم (حکیم) ۲۴۲، ۲۹۸، ۳۰۹، ۳۱۰، ۳۷۹
فرزانگان، عباس (سرتیپ) ۶۲۳، ۶۲۴، ۶۷۹
فرمانفرما، بتول ۴۱۹، ۴۲۰
فرمانفرما، عبدالحسین (شاهزاده-میرزا) ۱۵، ۴۵، ۲۴۲، ۲۴۳، ۲۵۰، ۲۷۱، ۴۱۹، ۵۵۶
فرمانفرما، نجم‌السلطنه ۲۴۲، ۲۴۸، ۶۸۷
فرمانفرماییان، جبار (دکتر) ۴۲۴
فرمانفرمائیان، عبدالعزیز (مهندس) ۶۴، ۲۰۶، ۲۰۷، ۴۲۰، ۷۵۴
فرمانفرمائیان، منوچهر ۳۶۰

فرمند، حسن‌علی ۳۶۷
فروغی، محمدعلی ۸۸، ۹۲-۹۹، ۱۱۶، ۱۲۳، ۲۱۱، ۲۱۹، ۲۲۰، ۲۵۹، ۲۸۶-۲۸۸، ۳۰۲، ۳۷۰، ۳۷۱، ۴۹۷، ۵۱۴، ۵۱۵، ۵۱۶، ۵۱۸، ۵۳۷، ۵۹۹، ۷۵۰
فروهر، غلامحسین ۳۵۸، ۳۶۰، ۴۴۶
فرهت، غلامحسین ۶۸۶
فریور، غلامعلی (مهندس) ۳۰۶
فقیه‌زاده، ... ۳۴۶
فلسفی، نصرالله ۲۹۵، ۴۷۹، ۶۶۸
فونتن، آندره ۱۸۷
فولادوند، ... (تیمسار) ۶۳۲، ۶۳۶، ۶۴۰
فهیم‌الملک-رجوع کنید به فهیمی، خلیل
فهیمی، اسدالله ۷۵۴
فهیمی، خلیل ۸۷، ۹۲، ۱۵۵، ۳۶۱، ۳۶۳
فیروز، محمدحسین میرزا (سرتیپ) ۵۰۶، ۶۶۸
فیروز، مریم ۵۹۲
فیروز، مظفر ۱۶۰، ۲۱۷
فیروز، نصرةالدوله ۵۱، ۵۵
فیض، آیت‌الله ۳۶۱

ق

قاجار، احمدشاه ۴۹، ۵۲، ۵۳، ۵۶، ۵۷، ۵۹، ۶۰، ۶۱، ۶۶، ۶۷، ۶۹، ۷۰، ۷۵، ۸۵، ۸۸، ۸۹، ۹۲، ۹۳، ۲۴۸، ۲۴۹، ۲۵۰، ۲۵۱، ۲۵۳، ۲۵۶، ۲۵۹، ۲۶۳، ۲۶۵-۲۶۸، ۲۷۳، ۲۷۸، ۲۸۳، ۲۸۵، ۲۸۶، ۴۸۶، ۴۹۱-۴۹۴، ۵۵۶، ۵۵۷، ۵۶۸
قاجار، خسرومیرزا (شاهزاده) ۲۴
قاجار، دولتشاه (شاهزاده) ۴۲۰
قاجار، عباس‌میرزا (نایب‌السلطنه) ۱۹، ۲۰-۲۲، ۲۳، ۲۶، ۲۸، ۳۰، ۳۷، ۲۴۲، ۲۴۷
قاجار، عضدالملک ۴۵، ۵۵۶
قاجار، علی (شاهزاده) ۱۸
قاجار، فتحعلیشاه ۱۰، ۱۸، ۱۹، ۲۱، ۲۲، ۳۲، ۴۲۰، ۲۴۷
قاجار، محمدحسن‌میرزا ۶۵، ۷۳، ۹۳، ۲۶۲، ۲۶۳، ۲۶۷، ۲۶۸، ۲۷۳، ۲۸۴، ۲۸۵، ۴۹۲، ۴۹۳، ۵۰۰
قاجار، محمدعلی‌شاه ۱۸، ۲۲، ۲۳، ۳۳، ۳۷-۳۹، ۴۲-۴۶، ۱۲۹، ۲۴۴، ۲۸۶، ۳۳۹، ۵۶۸
قاجار، مظفرالدین‌شاه ۱۰، ۱۳، ۱۶، ۳۲، ۳۸، ۱۲۸، ۲۵۷، ۴۸۹
ناصر ۷۲۰
قاجار، ناصرالدین‌شاه ۱۰-۱۲، ۲۳، ۲۴۵، ۲۹۱، ۳۳۹، ۴۸۸، ۴۸۹

قاجار، ناصرالملک ۵۵۶
قاجاریه ۱۴، ۱۶، ۱۸، ۳۰، ۳۷، ۴۴، ۴۵، ۴۹، ۵۲، ۶۴، ۶۶، ۹۱، ۹۲، ۱۰۲، ۱۲۸، ۱۶۵، ۲۰۷، ۲۴۲، ۲۴۵، ۲۵۶، ۲۵۷، ۲۶۶، ۲۷۳، ۲۷۵، ۲۷۸، ۲۸۳، ۲۸۴، ۲۸۵، ۲۸۶، ۲۸۸، ۲۹۱، ۳۰۴، ۳۳۹، ۴۲۰، ۴۸۸، ۴۸۹، ۵۵۶، ۵۶۸، ۵۹۶، ۶۸۶
قجر ۲۰۷
قاسم، عبدالکریم ۷۴۰، ۷۴۲
قاضی- برادران ۱۴۲
قاضی، جواد ۱۱۷
قاضی، صدر ۱۳۶
قاضی، محمد ۱۶۷
قاضی‌قزوینی، ... ۴۳
قایم‌مقام فراهانی، میرزاابوالقاسم ۱۱، ۲۲، ۲۳، ۲۶، ۳۷، ۳۸۴، ۴۲۴
قره‌گزلو، امیرافخم ۴۷۸
قره‌گزلو، محسن ۷۱۷
قره‌گزلو، ناصرالملک ۴۵، ۴۹
قزوینی، عارف ۷۴
قشقایی، آذر (حکمت) ۷۵۴
قشقایی، بهمن ۲۰۲
قشقایی، بی‌بی ۶۶۸
قشقایی، خسرو ۱۹۱، ۱۹۲، ۲۰۳، ۳۴۶، ۶۶۳
قشقایی، سیدمصطفی ۵۹۴
قشقایی، صولت‌الدوله ۱۹۰، ۲۰۱، ۲۵۱، ۵۰۵، ۵۰۶، ۶۶۸
قشقایی، محمدحسین ۶۶۳
قشقایی، محمدناصر ۱۹۱-۱۹۴، ۱۹۶، ۱۹۹، ۲۰۱، ۲۰۳، ۵۲۱، ۵۲۲، ۵۳۸، ۵۹۴، ۵۹۵، ۶۶۰-۶۶۵، ۶۶۸
قشقایی، ملک‌منصور خان ۵۰۶
قصاب باغشاه-رجوع کنید به صدر، محسن
قلی‌اُف، ... (سرهنگ) ۱۷۷
قمی، نصرت‌الله ۳۶۲
قمی نصرتی، سیفی ۵۰۹
قنات‌آبادی، سیدشمس‌الدین ۴۲۷
قوام، احمد ۹-۱۲، ۱۷، ۳۳، ۳۵، ۹۶، ۹۸، ۱۰۰، ۱۰۲، ۱۰۴، ۱۱۴، ۱۳۲، ۱۳۳، ۱۴۴-۱۴۶، ۱۵۱، ۱۵۳، ۱۵۵، ۱۶۴، ۱۶۵، ۱۷۱، ۱۸۰، ۱۸۶، ۱۸۹، ۲۰۱، ۲۰۵، ۲۰۸، ۲۰۹، ۲۱۱، ۲۱۳، ۲۳۳-۲۳۵، ۲۳۷، ۴۱۳، ۴۲۰، ۴۳۰-۴۳۲، ۵۳۱، ۵۴۹، ۶۹۷
قوام، حسین ۲۰۷
قوام، خانم... ۲۰۷، ۴۱۹
قوام‌السلطنه، نریمان‌خان ۱۶

ک

کاتوزیان، همایون (دکتر) ۴۶۱، ۴۶۳، ۴۶۴، ۴۶۷، ۵۱۷، ۵۵۳، ۶۰۰
کارتر، جیمی ۶۷۳
کازرونی، ... ۵۱۰
کاسمی، نصرت‌الله (دکتر) ۳۴۶، ۳۴۷
کاشانی، ابوالقاسم (آیت‌الله سید) ۲۳۷، ۳۳۴، ۳۴۳، ۳۴۴، ۳۴۷، ۳۵۲، ۳۵۳، ۳۶۲، ۴۰۴، ۴۱۷-۴۱۹، ۴۲۳، ۴۲۵-۴۲۷، ۴۳۰-۴۳۴، ۴۳۶، ۴۴۰-۴۴۲، ۴۴۷-۴۴۹، ۴۵۲، ۴۶۷، ۵۴۶، ۵۹۳، ۵۹۴، ۶۳۰، ۶۴۲، ۶۷۷-۶۸۰
کاشانیان، حسن ۵۴۹
کاظمی، باقر ۱۰۲، ۱۲۸، ۳۳۲، ۳۶۷، ۳۹۱، ۴۰۷، ۴۲۴، ۴۳۵، ۷۱۲
کاظمی، پرویز (دکتر) ۷۳۷
کاظمی، فرهاد ۷۳۷
کاظمی، مهذب‌الدوله ۱۰۹، ۳۶۸، ۴۲۵
کافتارادزه، سرگئی ۱۲۴، ۱۲۵، ۱۲۶، ۱۲۷، ۳۰۸، ۳۰۹، ۳۱۱، ۳۱۵
کامبخش، عبدالصمد ۱۶۶
کاویانی، ... (دکتر) ۳۴۵
کربلایی قربان ۲۴
کرمانی، میرزارضا ۱۳، ۳۲
کریمی، نادعلی ۴۶۰، ۶۴۹
کسروی، احمد ۱۵، ۳۴۲
کشاورز، فریدون (دکتر) ۱۳۶، ۱۳۷، ۱۶۵، ۱۶۶، ۱۶۸، ۶۴۲، ۶۸۸
کلالی، امیرتیمور ۳۰۷، ۳۶۷، ۴۰۳، ۵۲۷
کلمانسو، ژرژ ۱۸۵
کلنل وزیری-رجوع کنید به وزیری، علینقی
کمال، ... (سرلشکر) ۴۳۲
کمال‌الملک - رجوع کنید به غفاری، محمد
کندی، سی. تی. ۶۸۳
کوپال، ... (سرلشکر) ۴۱۹، ۴۳۲، ۵۰۸، ۵۲۱
کیانوری، ... (دکتر) ۵۹۲
کیسی، ویلیام ۱۰۷
کی‌نژاد، رضا ۶۲۴، ۶۶۸، ۷۰۹

گ

گارنر، رابرت ۳۹۶، ۴۶۸، ۴۶۹
گرکانی، ... ۱۱۷
گریدی، هانری (دکتر) ۳۳۵، ۳۵۴، ۳۸۶، ۳۹۹
گرومیکو، آندره ۱۵۹
گرزن، ... (سرلشکر ۴۴۱، ۷۱۲

گس، سر نویل ۳۳۲، ۳۳۶-۳۳۸، ۳۵۵
گلت، جان ۵۲٤
گلپیرا، ... (سرلشکر) ٦۵۳
گلشاییان، عباس‌قلی ۳۳۳، ۳۵۹
گنجه‌ای، جواد ۳٤٦
گیلان‌شاه، ... (سرتیپ) ٤٤٦
گیلانی، رشیدعلی ۵۱۳، ۵۱۹
گیلانی، شیخ‌زاهد ٤۷۹

ل

لاورنس ۵۱۰
لاورنتیف، ... ٦۵۹، ٦٦۰
لاهوتی، ابوالقاسم ۸٦، ۲٦۰، ۲٦۲
لطفی، عبدالعلی (شیخ) ۱۱۷، ٤۲٤، ٤٦۰، ٤٦۱، ٦۸۳
لنین، ولادیمیر ۷۳
لواسانی، ... ۱۱۷
لورن، سرپرسی ٤۹۸، ٤۹۹
لوی، والتر ۳۸۷
لیاخوف، ... ٤۳

م

ماد - خاندان ۲۸٦
مافی، نظام‌السلطنه ٤۳۳
متین‌الدوله، احمد-رجوع کنید به متین‌دفتری، احمد (دکتر)
متین‌دفتری، احمد (دکتر) ۲۱۰، ۲٤٦، ۲۸۸، ۲۹٦، ۲۹۷، ۳۸٤، ۳۹۰، ٦۳۹
متین‌دفتری، منصوره ۲٤٦
متینی، جلال (دکتر) ۲۲۱، ۲٤۲، ۲٤۳، ۲۷۰، ۲۷٤، ۲۸۹، ۲۹۰-۲۹۳، ۲۹۸، ۳۱۳، ۳۳۸، ۳۵۷، ۳٦۰، ۳۹۵، ۳۹۸، ٤۳۱، ٤۳۳، ٤۳۹، ٤٤۱، ٤٤۲، ٤۵۱، ٤۵٦، ٤٦۰، ٤٦۱، ٤٦۳، ٤۷۱، ۵۳۳، ۵۳۷، ۵٦۲، ۵۸٤، ۵۹٤، ٦۰۰، ٦۱۳
مجاهد، سیدمحمد-رجوع کنید به مجتهد، سیدمحمد
مجتهد، سیدمحمد ۲۱، ۲۲، ۲۹
مخبرالدوله، علیقلی‌خان ۱۵
مختاری، سرپاس ۳۰۰
محی، سردار ٤٤
مدبر، ... (سرتیپ) ٦۲٦
مدیرالملک جم - رجوع کنید به جم، محمود
مدرس، سیدحسن ۵۱، ۵۵، ۸۵، ۲٦٤، ۲٦۵، ۲٦۹، ۲۷۵، ٤۸۸، ٤۹۲، ٤۹۳، ٤۹٦، ۵۰۰، ٦۷۷، ۷۳۰
مرزبان، منوچهر ۷۳۸، ۷٤۰، ۷٤٦
مزعل (شیخ) ٤۸۸، ٤۸۹
مزین، منصور (سرلشکر) ٤۰۳
مستشارالدوله-رجوع کنید به صادق، صادق
مستوفی، حسن ٤۵-٤۷، ۵۰-۵٤، ۵۷، ٦۷، ۸۸، ۸۹، ۹۱، ۲٤۵، ۲٦۳، ۲٦٤، ۲٦۷-۲٦۹، ۲۷۵، ۲۸۷، ۲۸۸، ۵۰۷، ۵۵٦، ۷۵۰
مستوفی، عبدالله ۵۸، ۸۲، ۲٤۳، ۲۷۰
مستوفی‌الممالک-رجوع کنید به مستوفی، حسن
مسعود، اکبرمیرزا ۵۱، ٦۱، ٦۲، ۵۰٦، ۵۰۷، ۵۲٦
مسعود، محمد ۲۱۹، ٤۰۵
مسعودی، جواد ۳٤۳، ۳٤٤
مسعودی، عباس ۱۵۱، ۳۹۰
مشار، حسن ۲٦٤، ٤۹۷
مشار، یوسف ۳٦۷، ۳٦۸، ٤۰٤، ٤۳٦، ٦٤۲، ٦۸٤
مشار اعظم - رجوع کنید به مشار، یوسف
مشارالملک- رجوع کنید به مشار، حسن
مشیرالدوله پیرنیا-رجوع کنید به پیرنیا، حسن
مشیرالدوله نائینی، نصرالله‌خان (میرزا) ۳٤
مشیرسلیمی، علی‌اکبر ۸٦
مشیرفاطمی، ملوک‌سادات ۵٤۹
مصباح‌زاده، مصطفی (دکتر) ۳۹۰
مصدق، احمد ۲٤٦، ۲٤۹
مصدق، خدیجه ۲٤٦
مصدق، ضیاءاشرف ۲٤۵، ۲٤۹، ۳۹۰
مصدق، ضیاءالسلطنه (شاهزاده خانم) ۲٤۲، ۲٤۵، ۲٤۸، ٦۳٦
مصدق، غلامحسین (دکتر) ۲٤٦، ۲۹۸، ۲۹۹، ۳۲۸، ۳۹۰، ٤۰۷، ٤٦٦، ٦۱۲، ٦۳۷، ٦٤۱، ٦۸۵-٦۸۷
مصدق، محمد (دکتر) -اکثر صفحات
مصدق‌السلطنه - رجوع کنید به مصدق، محمد (دکتر)
معاویه ۲۵٦
معتصم‌السلطنه- رجوع کنید به فرخ، مهدی
معتمدالسلطنه ۱۱، ٤۲۰، ٤۲۷
معتمدالسلطنه، میرزاابراهیم خان ۱۱، ٤۲۰، ٤۲۷
معتمدی، علی ۱۱۳، ۲٤٦
معزالسلطنه -رجوع کنید به شیخ خزعل
معظمی، ... (مهندس) ٦۳۸، ٦۳۹
معظمی، عبدالله (دکتر) ۳۸٤، ٤۲۷، ٤۳۰، ٤۵۲، ٤۷۱، ۵٤۷، ۵۵٤، ۵٦۲، ٦٤۲
معیرالممالک، دوستعلی‌خان ۱٤، ۱٦
معیری، رهی ۱٤۲
معین‌الوزرا- رجوع کنید به حسین علاء
معینی، ... (سرلشکر) ٤٤٦
مفتاح، عبدالحسین ۲۲، ۱٤۷، ۳۲۷، ٤۰۰، ٤۰۷،

۴۳۵، ۴۵۲، ۴۵۳، ٤٥٤، ٤٥٥، ٥٨٠، ٥٨٩، ٦٢٩،
٦٦٠
مقدم، ... (سرهنگ دکتر) ٦٤١
مقدم، مصطفی ٥٤٩، ٥٦٣
مقبلی، ... (سرلشکر) ٦٨١
مک گی ۳۹۵
مکّی، حسین ٤٩، ٥٢، ٥٦، ٦٣، ٨١، ٢١٧، ٢٧٤، ٢٨٤، ٢٨٥، ٣٣١، ٣٣٧، ٣٣٨، ٣٤٣، ٣٤٤، ٣٤٦، ٣٤٧، ٣٥١، ٣٥٥–٣٥٧، ٣٦٢، ٣٨٤، ٤٠٤، ٤١٤، ٤٣٦، ٤٦٧، ٤٨٨، ٤٩٣، ٤٩٥، ٥٣٥، ٥٣٦، ٥٤٠، ٦٤٣
ملک، حسین (حاج‌آقا) ٦٦٨
ملک‌آرا، شمس (سناتور) ٧٢٥
ملک‌الشعرای بهار -رجوع کنید به بهار، محمدتقی
ملک‌المتکلمین ٤٣، ٤٤
ملک‌عبدالله ٤٩٠
ملک فاروق ٥٩١، ٧٢٠
ملک فیصل دوم ٥٧٨، ٥٧٩، ٧٤٠
ملک‌زاده، پریسا ٧٥٥
ملکم خان، میرزا ٣١
ملکی، احمد ٣٤٤، ٣٤٥، ٥٣٦
ملکی، خلیل ٣٧٩، ٤٦٨، ٤٧١
ملکی، محمدعلی (دکتر) ٥٩٦
مک‌گی، جرج (ژرژ) ٣٩٥، ٤٦٣
ممتاز، عزت‌الله (سرهنگ) ٥٦٤، ٥٦٥، ٦٣٢، ٦٣٥
منزوی، ... (دکتر، ستوان) ٦٨٨
منصور، حسن‌علی ٩٢، ٩٤، ٩٥، ٢٨٨، ٢٩٧، ٢٩٩، ٣٢٦، ٣٢٩، ٣٤٥، ٣٤٦، ٤٠٣، ٤١٤، ٥١٣، ٥٣٥، ٥٦١
منصورالملک- رجوع کنید به منصور، حسن‌علی
موتمن‌الملک پیرنیا- رجوع کنید به پیرنیا، حسین
موحد، محمدعلی (دکتر) ٤٦١– ٤٦٣، ٣٤٧، ٦١٠، ٦١١
موسولینی، بنیتو٥١٢
مولوتف ١٢١، ١٥٢، ١٥٤، ١٥٦، ١٥٧
مهدعلیا ٢٦، ٢٩
مهذب‌الدوله-رجوع کنید به کاظمی، باقر
میدلتن ٤٣٥
میرزاآقاسی، حاج ٢٣
میرافشار، ژیلا ٧٥٥
میرزا سیدضیاءالدین - رجوع کنید به طباطبایی، سیدضیاءالدین
میرفطروس، علی (دکتر) ٢٣٦، ٢٧٠–٢٧٢، ٣١٢، ٤٦٨، ٦٠٤، ٦٤٦
میرمطهری، عمادالدین ١١٧
میرهاشم، هوشنگ ٤٧٨
میکویان، ... ١٥٦
میلانچی، ... ٧٣٣
میلیسپوی، ... (دکتر) ٨٧، ١١٣، ٣١٨
مینا، دکتر پرویز ٤٦٣

ن

ناصرالملک همدانی- رجوع کنید به قره‌گزلو، ناصرالملک
ناطق، هما ٣١
نجاتی، غلامرضا (سرهنگ) ٤٦٦
نجدالسلطنه ٧١، ٧٢
نجم، ابوالقاسم ١٢٨، ٣٦٨، ٣٨٤
تجم‌آبادی، شیخ‌مهدی ٢٦٦
نجم‌السلطنه ٢٤٢
نجم‌الملک رجوع کنید به نجم، ابوالقاسم
نحاس پاشا ٣٩٧
نخجوان، محمد (سرلشکر) ٥٠٦، ٥١٤–٥١٨
نراقی، صادق ٥٤٩
نراقی، خانم... ٥٤٩
نریمان، محمود ٣٤٢–٣٤٤، ٣٥٧، ٤٠٤، ٥٥٤
نصر، تقی ٣٥٨
نصرالسلطنه سپهدار -رجوع کنید به تنکابنی، محمدولی خان
نصرت‌الدوله، فیروزمیرزا ٢٤٢
نصرت‌الملک (شیخ جابر) ٤٨٨
نصیرالملک ٢٥١
نصیری، نعمت‌الله (ارتشبد) ٥٥١، ٥٥٩، ٥٦٣–٥٧٧، ٥٨٧، ٥٨٨، ٦٠٢، ٦١٤، ٦٤٠، ٦٤٧، ٦٥٥، ٦٥٧، ٦٦٧، ٦٨٩
نصیری، محمد (دکتر) ٣٢٦، ٤٦٧
نصیری، قوام ٢٩٨
نظام‌السلطنه، حسینقلی خان ٤٨٩
نفیسی، مشرف (دکتر) ٢١١
نفیسی، مودب (دکتر) ٣٠٠
نقدی، اصغر (سپهبد) ٣٦٧
نقوی، حسین ١١٧
نمازی، حاج‌محمد ٤٦٦
نواب، حسین ٣٩٠، ٤٢٤، ٤٢٥، ٤٣٥
نواب صفوی، مجتبی ٣٦٢
نوایی، عبدالحسین ٧٦
نورمان، ... ٦٥
نوری، آقاخان (میرزا) ٢٩
نوری سعید ٧٤٠، ٧٤٢

نوری، شیخ فضل‌الله ۳۹، ۴۴، ۴۵
نهاوندی، هوشنگ (دکتر) ۲۳۳
نیازمند، رضا ۵۸
نیک‌پور، عبدالحسین ۱۵۱
شیخ احمد سیگاری (نیک‌نژاد) ۷۷
نیک‌پی، اعزاز ۱۹۷
نیکسون، ریچارد ۶۵۹، ۶۷۳، ۷۰۶

و

وارسته، محمدعلی ۳۴۵، ۳۶۷
وارن، ارل ۷۳۷
والاتبار، حشمت‌الدوله ۲۴۴، ۶۸۵
والیس، ...(کپیتان) ۴۹۱
وثوق، احمد (سرلشکر) ۴۲۴، ۴۲۶
وثـــوق، حسـن ۹، ۱۱، ۵۱، ۵۲، ۱۰۱، ۱۶۷، ۲۲۵، ۲۴۸، ۲۴۹، ۲۵۰، ۲۵۱، ۴۲۰، ۵۵۶، ۵۵۷
وثوق، علی ۹، ۱۰۱، ۲۲۵
وثوق‌الدوله-رجوع کنید به وثوق، حسن
ورنن، والترز ۳۷۸، ۳۹۵، ۳۹۷، ۳۹۸، ۶۸۷
وزیردفتر، میرزا هدایت ۲۴۱، ۲۴۲
وزیری، علینقی ۴۸۷
وکیل‌الملک، مرتضی‌قلی خان ۲۴۲
وکیلی، علی ۷۲۶
ویشکائی، سیدمرتضی ۱۱۷
وودهاوس، کریستوفر ۶۱۰
ویشینسکی، آندره ۱۴۸
ویلبرت، دونالد ۶۲۱، ۶۴۵
ویلسن، ...(ژنرال) ۵۲۴
ویلکی، وندل ۱۰۷
ویلهلم اول ۲۰۹
ویلهلم دوم ۴۰، ۱۸۵
ویول، ... (مارشال) ۱۰۶

ه

هاریمان- رجوع کنید به هریمن، آورل
هاشمی، ... (سرهنگ) ۱۷۳
هامبارسوم ۶۶۸
هخامنشی، کورش ۲۴۲، ۲۸۶
هخامنشیان - خاندان ۲۸۶
هدایت، خسرو ۲۱۶، ۲۱۷
هدایت، عبدالله (سرلشکر) ۵۱۵، ۶۵۳، ۶۵۵، ۶۶۶، ۷۰۹، ۷۲۴
هدایت، محمود ۱۱۷
هدایـت، مخبرالسلطنه ۵۸، ۸۲، ۸۵، ۹۲، ۱۹۴، ۱۹۵، ۱۹۷، ۱۹۸، ۲۶۹، ۲۷۰، ۲۸۸، ۲۹۷، ۵۰۸،

۵۲۰
هدایت، نصرالملک ۸۸، ۶۴۹، ۶۷۶، ۷۲۸
هدایتی، هادی ۷۵۵
هدایتی، محمدعلی (دکتر) ۳۴۶، ۳۵۵
هریسچی، ... ۶۳۶، ۶۳۸
هریمن، آورل ۱۰۶، ۳۷۸، ۳۷۹، ۳۸۰، ۳۸۱، ۳۸۴، ۳۸۶-۳۸۸، ۳۹۰، ۴۰۱
هژیر، عبدالحسین ۱۰۲، ۳۳۲، ۳۴۲، ۵۳۱، ۵۵۸
هژیــر ۱۰۲، ۳۳۲، ۳۳۳، ۳۳۷، ۳۴۰، ۳۴۱، ۳۴۲، ۳۴۳، ۵۳۱، ۵۴۲، ۵۵۸
همایون، داریوش ۵۷۲
همایونفر، عزت‌الله (دکتر) ۴۷۷، ۴۸۵، ۴۸۸، ۵۰۳، ۵۰۵، ۵۰۹، ۵۲۱، ۵۴۶، ۵۶۲، ۵۸۸، ۵۹۴، ۵۹۵، ۶۰۰، ۶۱۰، ۶۱۳، ۶۵۱، ۷۰۱، ۷۱۴، ۷۱۶، ۷۲۶، ۷۳۰، ۷۳۸، ۷۴۴، ۷۴۷
همت، ... (سرتیپ) ۱۹۸
همران، فاضل‌الملک ۵۱۰، ۶۶۸
هندرسن، لوی ۳۹۹، ۴۴۲، ۵۶۲، ۶۰۰، ۶۰۸، ۶۱۲، ۶۱۵، ۶۵۷، ۷۰۷
هندرسن ۳۹۹، ۴۳۹، ۴۴۲، ۴۶۱، ۵۶۲، ۶۰۰، ۶۰۸، ۶۱۲، ۶۱۳، ۶۱۵، ۶۱۸، ۶۵۷، ۶۷۱، ۷۸۲، ۷۰۷
هوور، رابرت ۷۰۰
هویدا، امیرعباس ۳۲۶
هیات، علی ۱۹۷، ۳۶۷، ۶۶۴، ۶۶۶
هیتلر، آدولف ۱۳۳، ۵۱۲
هیراد، رحیم ۵۸۷

ی

یاسائی، عبدالله ۲۷۷
یحیی، غلام ۱۴۹، ۱۶۷، ۱۷۵
یدالله‌خان اسلحه‌دار باشی ۱۷۳
یزدان‌پنـــاه، مرتضی‌قلی خان (سرلشـــکر) ۵۱۵، ۵۱۶، ۵۱۸، ۵۲۸، ۵۳۸، ۶۲۱، ۶۶۸، ۶۸۹، ۷۴۳
یزدگرد سوم ۲۸۶
یزدی، حسن (شیخ) ۲۸۶
یزدی، مرتضی(دکتر) ۱۶۵، ۱۶۶
یفرم خان ۴۴، ۴۵
یوسف ارمنی ۹۳
یزید ۴۵۹

رویدادهای مهم

استبداد صغیر ۲۴۴، ۵۵۶
اصلاحات ارضی ۲۰۲، ۲۱۰، ۲۱۵، ۲۳۶، ۶۶۵، ۷۴۴، ۷۴۵
اعلام سلطنت پهلوی بوسیله‌ی مجلس موسسان ۲۷۴
الغای کاپیتولاسیون ۲۹۳
انعقاد عهدنامه‌ی دوستی بین «دولت علیه ایران و جمهوری روسیه‌ی شوروی» ۶۷
انقراض خاندان قاجاریه ۲۷۰، ۲۷۱، ۲۷۴، ۲۷۵، ۲۷۸، ۲۸۴، ۲۸۵، ۳۲۴، ۴۸۸
انقلاب اسلامی ۲۲، ۱۲۲، ۱۴۰، ۱۴۲، ۲۰۳، ۲۳۳، ۲۸۶، ۳۲۶، ۳۲۷، ۴۱۵، ۴۲۲، ۴۳۰، ۴۶۵، ۴۶۶، ۵۳۴، ۵۵۲، ۶۱۱، ۶۶۹، ۶۷۲، ۶۸۷، ۶۹۹، ۷۰۶، ۷۰۸، ۷۳۲
انقلاب روسیه ۲۲، ۵۰، ۵۱، ۵۳، ۱۲۲، ۲۴۸، ۲۵۰، ۴۸۰
انقلاب مشروطیت ۹، ۱۵، ۱۷، ۲۰، ۲۶، ۳۴، ۳۵، ۳۷، ۳۸، ۳۹، ۴۲، ۴۴، ۴۵، ۴۷، ۶۹، ۷۰، ۷۳، ۱۱۷، ۱۶۶، ۲۱۲، ۲۱۴، ۲۲۴، ۲۲۵، ۲۲۶، ۲۲۸، ۲۴۲، ۲۴۴، ۲۴۹، ۲۵۸، ۲۸۳، ۲۸۶، ۲۹۱، ۳۰۶، ۳۶۸، ۴۱۵، ۴۳۰، ۴۵۲، ۴۷۷، ۵۵۳، ۵۵۴، ۵۵۵، ۵۵۶، ۵۸۳، ۷۰۲
بزرگداشت و جشن هزاره‌ی ابوعلی سینا ۶۹۷
بمباران برلن ۵۰۷
بمباران مجلس ۴۳، ۵۶۸
بنیان‌گزاری دادگستری نوین ایران ۲۹۰
تأسیس «مجلس شورای ملی» ۳۵
تجزیه‌ی امپراتوری عثمانی ۴۹۰
تدوین قانون اساسی ۳۵
تشکیل امپراتوری آلمان ۴۰
تشکیل بانک ملی ایران ۳۹
جنگ جهانی اول ۳۷، ۳۸، ۴۱، ۴۹، ۵۲، ۸۳، ۱۲۲، ۱۸۵، ۴۹۰
جنگ جهانی دوم ۲۲، ۶۶، ۱۱۵، ۱۲۷، ۱۳۲، ۱۴۷، ۱۸۵، ۲۰۳، ۲۱۰، ۲۱۱، ۳۰۴، ۳۱۶، ۳۴۸، ۳۶۲، ۳۹۸، ۵۰۴، ۵۰۷، ۵۱۲، ۵۱۴، ۵۳۰، ۶۷۰، ۶۷۴، ۶۹۲
حمله‌ی اسکندر ۳۸۷
حوادث خرداد ۱۳۴۲) ۷۴۵
خودمختاری آذربایجان ۱۵۳، ۱۵۸
دوره‌ی فترت (از ششم مردادماه تا بیستم بهمن‌ماه ۱۳۲۸) ۱۵۷، ۳۱۸، ۳۳۸، ۳۴۱، ۵۵۸
سقوط اتحاد جماهیر شوروی ۶۷، ۱۷۷
سقوط حکومت تزاری ۵۱، ۴۸۰
سی‌ام تیر ۱۳۳۱) ۱۰۱، ۲۲۱، ۲۳۱، ۴۱۱، ۴۱۸، ۴۲۰، ۴۲۱، ۴۲۲، ۴۲۳، ۴۲۴، ۴۲۵، ۴۲۸، ۴۲۹، ۴۳۰، ۴۳۱، ۴۳۴، ۴۳۸، ۴۵۱، ۴۶۵، ۵۹۳، ۶۳۴، ۶۵۱، ۶۸۷، ۷۰۷، ۷۱۰
شورش ۱۷ آذر ۱۵۰
صدور فرمان مشروطیت ۹، ۱۷، ۳۴، ۳۵
طرح آژاکس ۶۰۲، ۶۱۵
طرح واگذاری نفت شمال به آمریکایی‌ها ۸۲
غائله‌ی سمتیقو ۴۸۲، ۶۲۲
غائله‌ی فارس ۷۹، ۱۴۷، ۱۶۴، ۱۶۷، ۱۸۷، ۱۸۹، ۱۹۷، ۲۰۰، ۲۰۱، ۲۰۲، ۲۰۳، ۲۰۴، ۲۰۵، ۲۱۹، ۵۳۰، ۵۳۱، ۵۳۸، ۶۶۲
غائله‌ی لاهوتی ۲۶۲
غائله‌ی گیلان ۷۵
فتنه‌ی سمیتقو ۴۸۱
قرارداد «ساعد و گس» ۳۳۷، ۳۵۵
قرارداد ۱۵ اکتبر ۱۹۱۰، میان نماینده‌ی دولت بریتانیای کبیر و شیخ خزعل ۴۹۰
قرارداد سال ۱۹۰۷) ۴۰
قرارداد ۱۹۱۹) ۵۱، ۵۲، ۵۴، ۵۵، ۶۷، ۷۷، ۲۴۹، ۲۵۰، ۲۵۱، ۵۵۶، ۵۵۷
قرارداد ۱۹۲۱) ۱۵۳، ۳۷۸، ۴۵۴
قرارداد ۳۱ اوت ۱۹۰۷) ۴۱
قرارداد ترکمانچای ۲۲، ۲۹۳
قرارداد قوام- سادچیکف ۳۳۷
قرارداد گس- گلشائیان ۳۳۶، ۳۳۷
قرارداد گلستان ۲۰
کودتای سوم اسفند ۹، ۵۲، ۵۴، ۵۶، ۶۶، ۱۱۸، ۲۵۱، ۲۵۵، ۲۶۱، ۲۶۸، ۲۷۱، ۳۲۴، ۳۲۸، ۳۵۰، ۴۸۱، ۴۸۲، ۴۸۴، ۴۹۱، ۵۵۶، ۵۵۷، ۷۲۳
لوله‌کشی آب آشامیدنی تهران ۲۱۲
ماجرای جنگل ۷۵، ۷۸، ۵۳۷
ماجرای سی‌ام تیر ۲۳۱، ۴۲۱، ۴۲۵، ۷۱۰
منشور آتلانتیک ۱۵۹
نجات آذربایجان ۱۶۴، ۱۷۳، ۱۷۴، ۱۸۶، ۲۳۲، ۲۳۶، ۳۷۱، ۶۶۰
نهضت جنوب ۱۹۶، ۲۰۰
نهضت جنگل ۷۷، ۲۰۳، ۴۸۴
نهضت شمال ۷۶
نهضت جنوب ۱۹۴
نهضت ملی شدن نفت ۳۳۱، ۳۵۷، ۳۷۱، ۵۳۳، ۵۳۸، ۶۰۷، ۶۶۵، ۶۷۷

پروتکل تحویل زندانیان ایرانی در شوروی ۶۷۵
پیام «صدای انقلاب شما را شنیدم» ۲۳۱
پیمان آتلانتیک شمالی ۱۳۳، ۳۷۸
پیمان بغداد ۷۱۵، ۷۳۷، ۷۴۰، ۷۴۱
کشتار ارامنه ۱۲۲
کنفرانس تهران ۱۲۰، ۱۳۱، ۱۳۵، ۱۳۹، ۱۴۸، ۳۷۲
کنفرانس یالتا ۱۳۲، ۱۵۲
کودتای سوم اسفند ۱۲۹۹) ۹، ۵۲، ۵۴، ۵۶، ۶۶، ۱۱۸، ۲۵۱، ۲۵۵، ۲۶۱، ۲۶۸، ۲۷۱، ۳۲۴، ۳۲۸، ۳۵۰، ۴۸۱، ۴۸۲، ۴۸۴، ۴۹۱، ۵۵۶، ۵۵۷، ۷۲۳

سازمان‌های دولتی، خصوصی، اقوام، احزاب، انجمن‌ها، بناها، خیابان‌ها

آ

آتش‌نشانی تهران ۷۷
آذربایجان بانکی ۱۷۵
آرامگاه حضرت عبدالعظیم ۷۲۳
آرامگاه رضاشاه ۷۲۳
آرامگاه ظهیرالدوله ۴۰۵
آسوشیتدپرس ۶۴۸

ا

اتحادیه‌ی عشایر جنوب ۴۹۲
اجلاس موسسان دوم ۲۲۴
اداره‌ی اصل چهار ترومن ۴۴۸، ۶۳۷
اداره‌ی جغرافیایی ارتش ۱۶۳
اداره‌ی رادیو ۶۱۹، ۶۳۰، ۶۳۱
اداره‌ی پزشکی قانونی ۶۳۷
اداره‌ی کل انتشارات و تبلیغات ۱۱۲، ۶۲۹
اداره انتشارات و رادیو ۵۷۲
ارتش ایران ۲۰، ۲۵، ۵۲، ۶۰، ۶۱، ۶۶، ۷۰، ۷۴، ۷۶، ۷۹، ۸۲–۸۷، ۹۵، ۹۷، ۹۹، ۱۰۵، ۱۰۶، ۱۱۱، ۱۱۵، ۱۱۷–۱۲۰، ۱۲۴، ۱۲۵، ۱۳۲–۱۳۶، ۱۳۹–۱۴۲، ۱۴۶، ۱۵۳–۱۵۵، ۱۵۸–۱۶۴، ۱۷۰–۱۷۲، ۱۷۴–۱۸۰، ۱۸۹، ۱۹۱، ۱۹۲، ۱۹۴، ۱۹۵، ۱۹۷–۲۰۴، ۲۱۴، ۲۲۰، ۲۲۳، ۲۳۴، ۲۳۵، ۲۶۷، ۳۰۹، ۳۱۴، ۳۳۰، ۳۴۲، ۳۵۰، ۳۶۴، ۴۲۲، ۴۳۱، ۴۴۵، ۴۴۷، ۴۴۸، ۴۵۳، ۴۸۰–۴۸۵، ۴۹۱، ۴۹۲، ۵۰۰، ۵۰۱، ۵۰۹–۵۱۱، ۵۱۴–۵۱۸، ۵۲۱، ۵۲۲، ۵۲۴، ۵۲۵، ۵۲۸، ۵۲۹، ۵۳۲، ۵۳۵، ۵۳۷، ۵۵۲، ۵۶۳–۵۶۶، ۵۶۸، ۵۶۹، ۵۷۱–۵۷۴، ۵۸۶، ۵۸۸، ۵۹۲، ۵۹۸، ۵۹۹، ۶۰۱، ۶۰۸، ۶۱۷–۶۲۷، ۶۳۲، ۶۳۴، ۶۳۷، ۶۳۹، ۶۴۱، ۶۴۵، ۶۴۷، ۶۴۸، ۶۵۱–۶۵۳، ۶۵۷، ۶۵۸، ۶۶۶، ۶۶۸، ۶۷۱، ۶۷۳، ۶۷۴، ۶۸۰، ۶۸۲، ۶۸۴، ۶۸۹، ۶۹۲، ۶۹۳، ۶۹۸، ۷۰۶–۷۱۱، ۷۱۷، ۷۱۸، ۷۲۳، ۷۲۴، ۷۲۸، ۷۳۷
ارتش سرخ ۱۱۹، ۱۲۰، ۱۲۴، ۱۲۵، ۱۳۲، ۱۳۳، ۱۳۴، ۱۳۵، ۱۳۶، ۱۳۹، ۱۴۱، ۱۵۴، ۱۵۸، ۱۵۹، ۱۶۱، ۱۷۷، ۲۱۴، ۲۳۴، ۲۳۵، ۳۰۹، ۳۱۴، ۶۷۴
ارتش سفید ۴۸۱
ارفرانس ۶۰۸
امامزاده حمزه ۷۲۳
امامزاده عبدالله ۵۰۴، ۷۴۷
امپراتوری بریتانیا ۱۹، ۴۱، ۵۱، ۵۲، ۵۳، ۵۸، ۹۵، ۹۷، ۱۰۳، ۱۹۰، ۲۴۷، ۳۴۸، ۳۷۷، ۴۳۸، ۴۶۹، ۴۹۳، ۴۹۸، ۵۱۷
امنیه (ژاندارمری) ۵۳۷
انجمن جامع آدمیت ۲۴۴
انستیتو پاستور ایران ۸۶
ایلات فارس ۱۹۰، ۲۰۲
ایلات و عشایر جوان‌رودی ۴۴۹
ایل بختیاری ۴۴، ۴۷، ۵۷، ۶۲، ۶۹، ۷۲، ۱۹۰، ۱۹۳، ۱۹۴، ۲۴۹، ۲۵۴، ۲۵۸، ۴۴۶، ۴۹۲، ۴۹۶، ۴۹۹، ۵۲۰، ۵۵۶، ۵۵۷، ۵۸۲، ۶۶۱
ایل بویراحمدی ۱۹۱، ۱۹۲، ۴۹۲
ایل تنگستانی ۱۹۰، ۲۰۰
ایل حیات داوودی ۱۹۴، ۲۰۰
ایل دره‌شوری ۵۰۵، ۵۰۶
ایل شاهسون ۱۷۳
ایل شکاک در آذربایجان غربی ۴۸۱
ایل قشقایی ۱۹۰، ۱۹۱، ۲۰۰، ۲۵۱، ۵۰۵، ۵۰۶، ۵۲۱، ۵۹۴، ۶۶۱، ۶۶۲، ۶۹۴، ۷۲۲
ایل کشکولی ۵۰۵
ایل ممسنی ۱۹۴، ۱۹۶، ۲۰۲، ۴۹۲

ب

بازرسی شاهنشاهی ۱۴۰
باشگاه افسران ۵۱۱، ۶۳۹، ۶۴۰، ۶۴۱، ۶۴۸، ۶۵۳، ۶۶۵، ۶۷۳، ۶۸۰
باشگاه افسران لشکر زرهی در سلطنت‌آباد ۶۴۱
باغ جوادیه ۱۶۰
باغ فردوس شمیران ۲۹۵، ۳۰۳
بانک استقراضی ۴۷
بانک بازرگانی ۷۱۹، ۷۴۴
بانک بین‌الملل ۴۰۱، ۴۰۵، ۶۰۴، ۷۱۴
بانک بین‌المللی ۴۶۳، ۴۶۷
بانک بین‌المللی ترمیم و توسعه ۳۹۶

بانک پارس ۳۲۶
بانک توسعه‌ی صنعتی و معدنی ایران ۲۱۱
بانک جهانی ۴۶۱، ۴۶۳، ۴۶۴، ۴۶۷
بانک رهنی ایران ۲۱۲، ۶۹۸
بانک سپه ۶۹۶
بانک شاهی ۴۷، ۶۰
بانک صادرات و واردات امریکا ۳۸۹
بانک کار ۱۷۵
بانک ملی ایران ۳۹، ۱۰۹، ۱۶۶، ۱۷۵، ۱۷۶، ۳۱۸، ۳۲۶، ۳۶۰، ۳۷۳، ۴۳۹، ۴۶۷، ۵۷۱، ۶۷۴، ۶۷۵، ۶۹۵، ۷۱۲
بریگاد قزاق ۵۷
بقعه‌ی «آقا سیدابوجعفر» ۴۸۷
بلشویک‌ها ۲، ۵۷، ۶۰، ۸۴، ۴۹۰
بنگاه مستقل آبیاری ۵۴۰
بیمارستان بانک ملی ۳۷۳
بیمارستان شماره‌ی ۱ ارتش ۲۲۳
بیمارستان شماره‌ی ۲ ارتش ۳۴۲
بیمارستان شوروی ۶۶۰
بیمارستان مسلولین شیراز ۶۹۶
بیمارستان نجمیه ۲۹۸، ۶۸۷
بیمارستان نظامی والترز رید ۳۹۶
بیمارستان گوهرشاد ۴۴۸

پ

پادگان اردکان ۱۹۲
پادگان بوشهر ۱۹۹
پادگان سمیرم ۱۹۱
پادگان سلطنت‌آباد ۶۶۵
پادگان کازرون ۱۹۹، ۲۰۰
پارک اتابک ۱۵، ۴۳، ۴۵-۴۷، ۵۴، ۱۲۰
پارک فخرالدوله ۷۳۷
پالایشگاه آبادان ۴۹۰، ۷۰۵
پامنار ۴۴۱
پست و تلگراف و تلفن ۱۳، ۲۶، ۱۱۳، ۳۲۶، ۳۶۷، ۶۳۸، ۶۷۹
پلیس جنوب ۱۹۰، ۲۷۸

ت

تالار آینه‌ی کاخ صاحبقرانیه ۳۴
تالار ابن‌سینا ۶۹۷
تپه‌های ولنجک ۶۲۶
تراکمه‌ی دشت گرگان ۵۴۴
ترکمن‌ها ۴۸۳، ۵۴۴
تماشاخانه‌ی سعدی ۴۰۲

ج

جامعه‌ی ملل ۸۳
جبهه‌ی ملی ۲۱۸، ۳۳۸، ۳۴۳-۳۴۷، ۳۵۰-۳۵۳، ۳۶۲، ۳۶۸، ۳۷۵، ۳۷۶، ۳۸۲، ۴۰۲-۴۰۴، ۴۱۳، ۴۱۴، ۴۱۸، ۴۲۳، ۴۲۶، ۴۲۷، ۴۳۰، ۴۳۴، ۴۳۶، ۴۵۱، ۴۶۱، ۴۷۱، ۵۳۲-۵۳۶، ۵۶۲، ۵۸۹-۵۹۱، ۶۴۳، ۶۵۳، ۶۸۴، ۶۸۷، ۷۲۵، ۷۳۰
جمعیت عامیون ۱۲۸، ۱۶۹، ۳۶۸
جمعیت فدائیان اسلام ۳۶۱
جمعیت مبارزه با استعمار ۴۵۱
جمعیت مبارزه با بیسوادی ۴۵۱
جمعیت معارف گیلان ۴۸۷

چ

چهارراه مخبرالدوله ۵۱۰

ح

حزب ایران ۱۴۲، ۱۴۳، ۱۶۵، ۱۹۵، ۲۱۴، ۲۱۵، ۳۰۶، ۳۴۴، ۳۴۵، ۳۷۹، ۴۰۵، ۴۴۸، ۵۸۸، ۶۱۹
حزب توده ۷۶، ۱۰۰، ۱۰۶، ۱۰۷، ۱۱۹، ۱۲۳-۱۳۸، ۱۴۲، ۱۵۲، ۱۵۸، ۱۶۰، ۱۶۵، ۱۶۶، ۱۷۸، ۱۸۶، ۱۹۳، ۱۹۵، ۱۹۶، ۲۱۴-۲۱۸، ۲۲۳، ۲۳۷، ۲۵۴، ۳۰۶، ۳۰۹، ۳۱۲-۳۱۵، ۳۳۳، ۳۳۴، ۳۳۹، ۳۵۱، ۳۵۷، ۳۶۴، ۳۶۹، ۳۷۳-۳۸۴، ۳۹۴، ۴۰۲، ۴۲۳، ۴۴۸، ۴۵۰، ۴۵۱، ۴۵۷، ۴۶۷، ۴۶۸، ۴۷۰، ۴۷۱، ۵۲۲، ۵۳۷، ۵۶۳، ۵۸۸، ۵۸۹، ۵۹۱-۵۹۵، ۶۰۳، ۶۱۸، ۶۲۱، ۶۴۲-۶۴۴، ۶۵۱، ۶۵۷، ۶۵۸، ۶۷۴، ۶۸۸، ۶۹۰-۶۹۳، ۶۹۸، ۶۹۹، ۷۲۲
حزب جمهوری‌خواه امریکا ۶۰۲
حزب دموکرات ایران ۱۶۴، ۱۸۱، ۲۱۴، ۲۱۵، ۲۱۶، ۲۱۸، ۲۱۹، ۲۲۲، ۴۲۸
حزب دموکرات کردستان (کومله) ۱۴۲
حزب زحمت‌کشان ۳۷۹، ۴۰۵، ۶۴۲
حزب عدالت ۵۳، ۲۱۵
حزب کارگر بریتانیا ۴۶۱
حزب کومله ۱۴۲
حزب کمونیست ۷۶، ۱۳۷، ۱۷۸، ۳۸۰، ۶۰۵
حزب کمونیست ایران ۷۶، ۱۷۸

خ

خانه‌ی شماره ۱۰۹ خیابان کاخ ۶۴۱
خانه‌ی صلح ۴۰۲، ۴۰۳، ۶۹۱
خفیه‌نویسان ۲۷
خیابان اسلامبول ۳۷۹، ۴۰۵

خیابان باب همایون ۶۲۷
خیابان پهلوی ۶۳۳
خیابان روزولت تهران ۶۱۱
خیابان ژاله ۵۰۳
خیابان شاه ۴۰۵
خیابان شاه‌آباد ۴۰۵
خیابان شیخ هادی ۸۱
خیابان فردوسی ۳۷۹
خیابان کاخ ۳۲۸، ۵۶۶، ۶۳۰، ۶۳۵، ۶۴۱
خیابان نادری ۴۰۵

د

دادگاه بین‌المللی لاهه ۳۸۴، ۳۸۵، ۳۹۲، ۴۰۶، ۴۰۸، ۴۲۴
دارالخلافه‌ی ناصری ۹
دارالشورای کبری ۱۲، ۲۴۴
دارالفنون ۲۸، ۳۰
دانشکده‌ی افسری سن‌سیر ۱۶۳
دانشکده‌ی پزشکی دانشگاه تهران ۶۹۷
دانشکده‌ی حقوق و علوم سیاسی دانشگاه تهران ۲۲۲، ۳۲۷، ۳۶۲
دانشکده‌ی حقوق و علوم سیاسی و اقتصادی ۳۲۶، ۳۶۸
دانشکده‌ی فنی دانشگاه تهران ۴۶۸
دانشکده‌ی کشاورزی کرج ۸۷
دانشکده‌ی نفت آبادان ۶۹۶
دانشگاه تهران ۹۲، ۲۱۳، ۲۲۲، ۲۳۲، ۲۹۹، ۳۲۶، ۳۲۷، ۳۳۳، ۳۳۴، ۳۴۷، ۳۶۲، ۳۶۸، ۳۹۰، ۴۲۵، ۴۳۲، ۴۶۸، ۶۵۶، ۶۸۳، ۶۹۱، ۶۹۷
دانشگاه فردوسی مشهد ۲۹۸
دانشگاه لیژ بلژیک ۲۴۵
دانشگاه نوشاتل ۲۴۶
دانشگاه هاروارد ۲۳۳
دانشگاه پهلوی ۴۶۶
داوودیه ۶۹۸
دبیرستان فیروزبهرام ۳۵۰
دربار شاهنشاهی ۲۲۵، ۲۲۸، ۳۴۰، ۳۴۲، ۳۴۴، ۴۲۴، ۴۲۸، ۴۳۹، ۴۴۷، ۴۵۱، ۴۶۶، ۵۳۱، ۵۵۸، ۵۸۷، ۶۷۷، ۶۸۵، ۷۱۳، ۷۱۶
دفتر مخصوص شاهنشاهی ۵۵۲، ۵۶۴، ۵۸۷
دیوار برلن ۱۷۷
دیوان دادگستری لاهه ۳۷۷
دیوان عالی انتظامی قضات ۶۵۸
دیوان عالی تمیز ۱۴۰، ۲۸۸
دیوان عالی کشور ۱۱۶، ۱۱۷، ۱۹۷، ۲۲۲، ۲۵۸،

۳۲۵، ۴۲۴، ۵۶۰، ۵۸۶، ۶۵۸، ۶۸۱، ۶۸۶
دیوان لاهه- رجوع کنید به دادگاه بین‌المللی لاهه
دیویزیون قزاق ۵۶

ر

رادیو تهران ۱۰۷، ۱۰۸، ۱۱۳، ۱۸۴، ۴۲۰، ۵۸۱، ۵۸۲، ۵۸۵، ۵۸۹، ۵۹۰، ۶۲۰، ۶۳۴، ۶۳۵، ۶۴۳
راه‌آهن دولتی ایران ۷۹، ۲۱۶، ۲۴۶، ۲۹۱، ۶۹۷
راه‌آهن استان آذربایجان ۱۰۵

ز

زندان جمهوری اسلامی ۳۹۶، ۴۲۹
زندان قصر ۲۹۵، ۵۰۹

ژ

ژاندارمری ۵۳، ۶۳، ۷۱، ۷۲، ۷۴، ۹۷، ۹۹، ۱۱۷، ۱۳۴، ۱۳۵، ۱۳۸، ۱۳۹، ۱۶۰، ۱۹۶، ۱۹۸، ۳۶۹، ۵۰۵، ۵۱۶-۵۱۸، ۵۳۶-۵۳۸، ۶۰۷، ۶۵۳، ۶۶۳، ۶۹۲
ژاندارمری خراسان ۵۳

س

ساختمان بلدیه ۴۸۷
ساختمان کاخ دادگستری ۲۱۳
ساختمان مرکزی حزب ایران ۴۴۸
سازمان آب تهران ۲۱۲
سازمان آب شیراز ۴۶۶
سازمان امنیت شوروی ۱۷۵
سازمان برنامه ۲۱۰، ۲۱۱، ۲۱۶، ۳۵۴، ۳۶۷، ۶۹۹، ۷۱۳، ۷۱۴، ۷۱۶
سازمان بیمه‌های اجتماعی کارگران ۲۰۹
سازمان بین‌المللی یهودیان ۵۳۴
سازمان جوانان دمکرات حزب توده ۴۵۱
سازمان شیر و خورشید سرخ ایران ۸۶
سازمان طرفداران صلح ۴۵۱
سازمان مرکزی اطلاعات امریکا (C.I.A) ۵۵۹، ۵۶۰، ۶۰۷، ۶۴۵، ۶۵۹
سازمان ملل ۱۳۱، ۱۳۹، ۱۴۳، ۱۴۸، ۱۵۹، ۱۶۲، ۱۷۱، ۱۷۲، ۳۱۷، ۳۹۰، ۳۹۱، ۳۹۴، ۳۹۶، ۳۹۷، ۴۰۰، ۶۰۷، ۷۳۸، ۷۴۵
سازمان گمرکات کشور ۸۶
سازمان ملل متحد در ژنو ۷۳۸
سفارت انگلیس ۲۹، ۵۶، ۶۰، ۶۱، ۸۴، ۱۰۵، ۱۰۶، ۱۱۹، ۱۲۰، ۲۶۴، ۳۶۴، ۳۷۲، ۳۸۵، ۴۳۵، ۵۰۳،

۵۱۴، ۵۲۴، ۵۶۱
سفارت ترکیه ۴۹۴
سفارت شوروی ۱۱۹، ۱۲۰، ۱۲۴، ۱۳۶، ۱۶۶، ۱۸۳، ۲۱۶، ۵۹۳، ۶۱۱، ۶۴۳، ۶۶۰
سفارت مصر ۲۳۲
سه‌راه شاه ۶۳۵

ش

شرکت نفت ایران و انگلیس ۴۶۶
شرکت استانداردادویل ۸۰
شرکت آمریکایی ژنرال الکتریک ۲۱۳
شرکت انگلیسی B.P (بریتیش پترولیوم) ۷۰۲
شرکت انگلیسی سرالکساندر گیپ ۲۱۲
شرکت مختلط نفت ایران و شوروی ۱۵۹، ۱۸۱
شرکت ملی شیلات ایران ۶۷۵
شرکت نفت ۸۲، ۳۳۲، ۳۳۴، ۳۳۶، ۳۳۸، ۳۴۵، ۳۵۷، ۳۶۰، ۳۶۴، ۳۶۵، ۳۷۵، ۳۷۶، ۳۸۴، ۳۸۵، ۳۸۷، ۳۸۸، ۴۰۸، ۴۱۴، ۴۶۸، ۷۰۰، ۷۰۲
شرکت نفت ایران و انگلیس ۳۳۸، ۳۸۷، ۴۰۸، ۴۱۴، ۷۰۰
شرکت نفت ایران و انگلیس، A.I.O.C ۷۰۰
شرکت نفت فرانسه C.F.P ۷۰۲
شرکت‌های تعاونی روستایی ۲۱۰
شهربانی کل کشور ۹۷، ۱۱۱، ۱۳۸، ۱۳۹، ۱۹۷، ۱۹۸، ۲۳۷، ۲۹۵–۲۹۸، ۳۰۱، ۳۲۹، ۳۴۳، ۳۴۸، ۳۴۹، ۳۶۹، ۳۷۹، ۳۸۱، ۳۸۵، ۴۰۲، ۴۰۳، ۴۱۹، ۴۳۲، ۴۴۹، ۵۰۷–۵۰۹، ۵۳۲–۵۳۷، ۵۴۲، ۵۴۹، ۶۲۰، ۶۲۳، ۶۲۶–۶۲۸، ۶۳۰، ۶۳۳، ۶۳۹، ۶۴۲، ۶۴۷، ۶۵۳، ۶۸۸، ۶۹۲، ۷۲۸
شورای امنیت سازمان ملل ۱۳۱، ۱۳۹، ۱۴۸، ۱۴۹، ۱۵۸، ۱۵۹، ۱۶۲، ۱۷۱، ۱۷۴، ۱۷۹، ۳۱۷، ۳۹۰، ۳۹۱–۳۹۴، ۳۹۷، ۶۵۹، ۶۷۳، ۷۰۶
شورای متحده‌ی مرکزی ۱۵۸، ۱۹۳، ۲۱۴، ۲۱۶، ۲۱۸

ص

صحن حضرت عبدالعظیم ۳۲
صنایع نساجی اصفهان ۱۵۸
صنعت نفت ایران ۲، ۱۵۸، ۲۰۲، ۲۳۶، ۳۵۶، ۳۵۷، ۳۶۳، ۳۶۵، ۳۶۹، ۳۷۴، ۳۸۶، ۳۹۲، ۳۹۶، ۳۹۸، ۴۱۱، ۴۳۳، ۴۴۷، ۴۶۱، ۴۶۲، ۴۶۹، ۶۸۵، ۷۳۷

ع

عمارت بهارستان ۱۱۱

ف

فدائیان اسلام ۳۴۷
فراکسیون جبهه‌ی ملی ۳۴۴
فرقه دمکرات آذربایجان ۱۳۵
فرودگاه بغداد ۵۷۸
فرودگاه رامسر ۵۷۸
فرودگاه مهرآباد ۱۰۵، ۶۰۹، ۶۵۵، ۷۲۸
فرهنگستان ایران ۵۲

ق

قشون- رجوع کنید به ارتش
قصر فیلیه ۴۸۹
قلعه مرغی ۱۰۵
قوه مقننه ۵۱، ۶۷، ۸۳، ۱۸۱، ۱۸۲، ۲۸۲، ۳۳۸، ۴۲۶، ۴۳۰، ۴۵۶، ۵۵۵، ۵۶۹
قوه‌ی قضائیه ۲۵۸

ک

کاخ ابیض ۷۰۲
کاخ اختصاصی ۱۷۹، ۲۲۳، ۴۰۸، ۴۴۱، ۴۴۲، ۷۴۳
کاخ بهارستان ۳۷۹، ۳۸۰، ۴۳۳، ۵۴۶، ۵۴۷، ۵۹۰، ۶۸۰
کاخ دادگستری ۲۱۳، ۲۲۴
کاخ سعدآباد ۱۶۵، ۳۲۸، ۴۲۰، ۵۱۵
کاخ سفید ۳۲۸، ۳۹۴، ۳۹۵
کاخ سلطنت‌آباد ۶۸۰
کاخ صاحبقرانیه ۳۴، ۳۸۶
کاخ کرملین ۱۵۲، ۱۵۵
کاخ گلستان ۲۸۴، ۷۱۶
کاخ مرمر ۳۶۵، ۶۶۷
کاخ ورسای ۲۰۹
کارخانه شیر پاستوریزه تهران ۶۹۸
کارخانه‌ی قند کهریزک ۱۳
کارخانه‌ی قند همدان (شرکت هگمتان) ۷۴۵
کارخانه‌ی هواپیماسازی شهباز ۱۰۵
کانون افسران و درجه‌داران بازنشسته ۵۴۰، ۶۴۲
کانون مهندسین ۳۰۶
کشتی «کویین ماری» ۷۱۵
کمپانی نفتی شل، ۴۰۷
کمیته‌ی قیام سعادت ۴۹۲، ۴۹۳، ۵۰۰
کمیسیون «تطبیق حواله‌جات» (دیوان عالی محاسبات بعدی) ۲۴۸
کمیسیون «توفیر جمع و خرج» ۲۴۸
کمیسیون مختلط نفت مجلسین ۳۸۴

کنفرانس ورسای ۸۳

گ

گارد شاهنشاهی ۵۵۹، ۵۶۳، ۵۶۵، ۵۶۶، ۵۶۸، ۵۷۱، ۵۷۳، ۵۷۴، ۵۷۷، ۵۸۷، ۵۸۸، ۵۹۰، ۵۹۳، ۵۹۷، ۶۹۲
گروه بازرگانی بین‌المللی، مؤسسه‌ی تحقیقات اقتصادی (دانشگاه تهران) ۳۲۶
گروه تروریست فدائیان اسلام ۱۶۴، ۳۵۲، ۴۰۵
گمرک ایران ۲۶
گورستان ابن‌بابویه ۶۸۷
گورستان سلیمان ۷۷

ل

لشکر آذربایجان ۱۴۰، ۲۶۱
لشکر اصفهان ۵۱۶، ۵۱۸، ۵۱۹، ۵۲۳، ۵۲۴، ۵۲۶
لشکر فارس ۱۹۱، ۶۶۳
لشکر قزاق ۴۸۰، ۴۸۱، ۵۶۸
لژهای فراماسونی ۳۱، ۳۳

م

مجلس سنا ۲۲۴-۲۲۶، ۳۳۸، ۳۴۳، ۳۵۳، ۳۵۵، ۳۶۳، ۳۶۹، ۳۸۶، ۳۸۸، ۴۱۱، ۴۲۵، ۴۳۱-۴۳۳، ۴۳۸، ۵۳۱، ۵۳۴، ۵۳۵، ۵۳۹، ۵۴۱، ۵۴۵، ۵۶۰، ۶۷۹، ۷۰۵، ۷۱۸، ۷۲۹
مجلس شورای ملی ۳۵، ۴۱، ۴۲، ۵۴، ۸۰، ۸۲، ۸۷، ۹۶، ۱۰۲، ۱۰۸، ۱۳۶، ۱۵۴، ۱۵۹، ۱۷۳، ۱۸۱، ۱۸۵، ۱۹۱، ۱۹۴، ۲۰۲، ۲۲۴-۲۲۶، ۲۵۹، ۲۶۵، ۲۶۶، ۲۶۸، ۲۷۰، ۲۷۵، ۲۸۲، ۲۸۷، ۲۹۰، ۲۹۱، ۲۹۹، ۳۰۵، ۳۰۶، ۳۱۴، ۳۱۵، ۳۱۹، ۳۲۹، ۳۳۸، ۳۴۱، ۳۴۴، ۳۵۱، ۳۵۳، ۳۵۴، ۳۵۷-۳۵۹، ۳۶۳، ۳۶۹، ۳۸۳، ۳۸۴، ۳۹۰، ۳۹۹، ۴۰۱-۴۰۴، ۴۱۱، ۴۱۲، ۴۲۴، ۴۲۵، ۴۲۹، -۴۳۴، ۴۴۱، ۴۵۰، ۴۷۱، ۴۹۴، ۴۹۵، ۴۹۶، ۵۲۷، ۵۳۱، ۵۳۳، ۵۴۶، ۵۴۷، ۵۵۵، ۵۶۰، ۵۶۸، ۵۸۳، ۵۹۶، ۶۰۱، ۶۰۸، ۶۷۸، -۶۸۰، ۶۹۱، ۷۰۴، ۷۰۶-۷۰۹، ۷۲۵، ۷۲۹
مجلس عوام (انگلستان) ۳۹۸
مجلس موسسان ۲۲۳، ۲۷۴، ۲۷۶، ۲۷۷، ۲۸۴، -۲۸۷، ۳۱۹، ۳۳۴، ۵۳۱
محله‌ی سرچشمه‌ی ۱۶۳
مدرسه‌ عالی فلاحت (دانشکده کشاورزی) ۸۷، ۲۱۳، ۲۲۲، ۳۲۶، ۳۴۶، ۳۶۸، ۶۸۳، ۶۹۱
مدرسه نظام فرانسه (سن سیر) ۳۵۰
مدرسه‌ی سیاسی تهران ۲۴۳

مدرسه‌ی عالی داروسازی ۸۷
مدرسه‌ی عالی سوارنظام فرانسه ۵۱۳
مدرسه‌ی علوم سیاسی پاریس ۲۴۴، ۲۴۵
مدرسه‌ی قزاق‌خانه ۴۸۰
مدرسه‌ی پلی‌تکنیک پاریس ۴۶۸
مرکز بی‌سیم و اداره‌ی رادیو ۶۳۰
مرکز چشم‌پزشکی فارابی ۲۱۳
مریض‌خانه‌ی نجمیه ۳۰۰
مسجد شاه ۱۶۹، ۳۶۱
مسجد عالی سپهسالار ۳۴۲، ۷۴۷
مقبره‌ی شیخ صفی‌الدین اردبیلی ۲۱
موزه‌ی آبگینه ۲۳۲
موزه‌ی ارمیتاژ سن پطرسبورگ ۲۱
موزه‌ی آستان قدس ۴۴۸
موسسه‌ی تحقیقات و مطالعات اجتماعی ۳۲۶
مهمان‌سرای اکسلسیور ۵۸۲
مهمان‌سرای بوعلی همدان ۶۹۷
میدان تیر لشکر دو زرهی ۶۹۰
میدان سنگلج ۵۸۹
میدان سپه تهران ۴۰۵، ۵۹۷
میدان فردوسی ۳۱۰
میدان کاخ ۴۱۹
میدان بهارستان ۳۶۲، ۳۷۹، ۴۰۲، ۴۴۵، ۴۴۷، ۵۹۰

ن

نظمیه‌ی کل مملکتی ۵۰۷
نیروی دریایی آمریکا ۱۳۳
نیروی دریایی ایران ۱۱۸، ۴۸۳
نیروی هوایی ۱۰۶، ۲۰۱، ۴۴۶، ۴۹۹، ۵۰۶، ۷۰۸

و

وزارت امورخارجه ۸۶، ۹۸، ۱۲۲، ۱۲۴-۱۲۴، ۱۳۴، ۱۵۰، ۱۵۱، ۱۵۶، ۱۶۷، ۱۷۱، ۱۸۳، ۲۶۳، ۲۶۴، ۲۹۱، ۳۳۳، ۳۳۲، ۳۲۷، ۳۲۵، ۳۰۸، ۲۸۷، ۲۶۸، ۴۰۰، ۴۰۴، ۴۰۷، ۴۱۷، ۴۲۸، ۴۳۵، ۴۴۶، ۴۵۲، ۴۵۴، ۴۵۵، ۶۱۵، ۶۱۲، ۷۰۵، ۶۰۰، ۵۸۹، ۵۸۰، ۵۰۳، ۴۹۷، ۶۲۱، ۶۳۰، ۶۵۳، ۶۶۹، ۶۷۶، ۷۱۸
وزارت امور خارجه‌ی امریکا ۳۹۵
وزارت جنگ ۱۵، ۴۷، ۹۳، ۱۰۱، ۱۵۰، ۲۶۰، ۲۶۱، ۲۶۷، ۴۱۲، ۴۱۳، ۴۲۴، ۴۳۷، ۴۷۸، ۵۱۵، ۵۲۹، ۶۵۳، ۷۰۸، ۷۰۹
وزارت دادگستری ۱۶۵، ۴۳۱، ۶۲۷، ۶۶۴
وزارت دارایی ۱۰۲، ۳۱۸، ۳۳۴، ۳۴۵، ۳۴۷، ۳۵۸، ۴۲۴، ۶۵۶

وزارت راه ٢٤٦، ٤٢٤
وزارت فرهنگ ١٠٢، ١٥٠، ٢١٣، ٤٢٤
وزارت پست و تلگراف ٦١٩
وزارت کار ٢٠٩، ٤٢٥
وزارت کشاورزی ١٠٢، ٢١٠، ٢١٣، ٤٢٤، ٥٤٠
ویلا گابیول ٧٣٠
ویلای گل‌های سرخ» Villa Les Roses ٧٣٢

ه

هتل پالاس ٤٠٧
هتل درزند Hôtel des Indes (مهمان‌سرای هندوستان) ٤٠٧
هتل رافائل ٩٣، ٢٠٧
هتل ناسیونال ١٥١

قاره‌ها، کشورها، شهرها

آ

آبادان ٣٦٤، ٣٧٧، ٣٨٩، ٤٩٠، ٦١١، ٦٩٦، ٧٠٥
آباده ١٩٢، ١٩٣
آذربایجان -بیش‌تر صفحات
آذربایجان غربی ١٢٣، ٤٨١
آسیا ٤٠، ١١٦
آسیای جنوب شرقی ٤٢
آسیای مرکزی ٣١، ٤١، ١٤٦
آفریقا ١١٥
افریقا ٤٠، ٤٢، ٣٤٨
آلمان ٤٠، ٤١، ٥٠، ٩٠، ١٠٣، ١٠٤، ١١٥، ١١٦، ١٢٠، ١٢٧، ١٣٣، ١٧٤، ١٧٧، ١٨٥، ١٩٠، ٢٠٩، ٢٩٥، ٢٩٦، ٢٩٧، ٤١٧، ٥١٢، ٥٢٠، ٥٣٠، ٧١٥، ٧١٨، ٧٢٨
آلمان غربی ١٧٤، ١٧٧، ٧١٥، ٧١٨
آلمان نازی ١٠٣، ١٠٤، ١٢٧، ٢٩٦
آمریکا ٢٧، ٤٨، ٥٠، ٩٠، ٩٧،، ٩٩، ١٠٦، ١٠٧، ١١١، ١١٥، ١١٦، ١١٨، ١٢٠، ١٢٢، ١٣١-١٣٣، ١٣٩، ١٦٩، ١٧٠، ١٨٣، ٣١٨، ٣٢٧، ٣٣٥، ٣٤٣، ٣٥٤، ٣٥٨، ٣٦٠، ٣٧٨، ٣٨٦، ، ٤٢١، ٤٣٩، ٤٤٢، ٤٦١، ٤٦٦، ٤٧٠، ٤٧٧، ٥٣٢، ٥٥٩، ٥٦٠، ٥٨٢، ٦٠٠، ٦٠٣، ٦٠٥، ٦١٢، ٦١٣، ٦١٤، ٦٥٣، ٦٥٩، ٦٦٠، ٦٦٩، ٦٧٠، ٦٧٣، ٧٠٠، ٧٠٢
آنکارا ٧٤٠

ا

اتحاد جماهیر شوروی ٥٥، ٦٧، ٨٦، ٩٥، ٩٧، ١١٥، ١٢٣، ١٢٤، ١٣٣، ١٣٥، ١٣٧، ١٣٩، ١٤٧، ١٤٨، ١٥١، ١٧٤، ١٧٧، ١٧٩، ١٨٧، ١٨٩، ٣١١، ٣١٥، ٣٩٩، ٤٢١، ٦٠٢-٦٠٤، ٦٥٨، ٦٧٣، ٧٢٢، ٧٣٨، ٧٤١
اتریش ١٦، ٢٠، ٢٥-٢٨، ٥٠
احمدآباد ٣، ٢٩٥، ٣٠٠، ٣٠١، ٣٠٣، ٣٢٥، ٣٣١، ٣٣٢، ٤١٤، ٥٤٢، ٦٦٦، ٦٨٤، ٦٨٦-٦٨٨
اراک ١٠٤، ١٢٦، ٥٢٦
اردبیل ٧٧، ١٧٥
اردن هاشمی ٥٧٨
ارزنة الروم ٢٤
ارمنستان ١٩، ٢١
ارومیه ٤٨٢، ٦١١
اروپا ٣، ١٢، ٣٢-٣٤، ٣٨، ٤١، ٦٣، ٦٦، ٧٠، ٨٦، ٨٨، ٨٩، ٩٢، ٩٣، ١٢٧، ١٣٢، ١٥٤، ١٦٦، ١٨٦، ٢٠٣، ٢٠٧، ٢٠٩، ٢٢١، ٢٢٢، ٢٤٣، ٢٤٤، ٢٤٩، ٢٥٧، ٢٦٣، ٢٩٢، ٢٩٥، ٣٠٦، ٣٢٦، ٣٧٨، ٤٠٨، ٤٤٦، ٤٩١، ٤٩٥، ٥٠٣-٥٠٧، ٥٢٩، ٥٣٥، ٥٤٨، ٦١٨، ٦٤٩، ٦٦٥، ٦٧١، ٧١٧، ٧٢١-٧٢٤، ٧٣٤، ٧٣٦، ٧٣٧، ٧٤٥
اروپای شرقی ٢٣٥
اروپای غربی ١٣٣، ٢٠٩، ٥١١
استالین‌گراد ١١٥
استانبول ٢٨٣
استرآباد ٤٥، ٨٠
استکهلم ٢٤١، ٣٤٤، ٤٧٧
اسراییل ٥٣٤، ٧٠٨
اسلامبول ٢٠، ٣١، ٣٧٩، ٤٠٥
اصفهان ١٨، ٤٤، ٥٠، ١٠٣، ١١٩، ١٥٨، ١٨٩، ١٩١، ١٩٣، ١٩٧، ٢٤٤، ٣٠٦، ٣٠٩، ٣٦٤، ٣٧٥، ٤٩٧، ٥٠٦، ٥١٥، ٥١٦، ٥١٨، ٥١٩، ٥٢٠، ٥٢١، ٥٢٢، ٥٢٣، ٥٢٤، ٥٢٥، ٥٢٦، ٥٢٨، ٥٣٨، ٦٢٤، ٦٦٢، ٦٦٣، ٧٣٤
افغانستان ٣٠، ٤١، ٨٣، ٤٠٠، ٤٧٠
اقیانوس هند ١٣٢، ٧٠٨
اکوادور ٣٩٢
الجزایر ٤٢
اندیمشک ١٠٦
انگلیس ١٥، ١٩، ٢٠، ٢٢، ٢٣، ٢٥، ٢٧، ٢٩، ٣٠، ٤٠-٥٠، ٥٦، ٦٠، ٦١، ٦٣، ٦٥، ٦٦، ٧٦، ٨٠- ٨٢، ٨٤، ٨٩-٩٢، ٩٩، ١٠٠-١١٠، ١١٥، ١١٦، ١١٩، ١٢٠، ١٢٣، ١٣٩، ١٤٦، ١٤٧، ١٥٢، ١٨٣، ١٩٠، ٢٦٤،

۳۱۸، ۳۳۳، ۳۳۴، ۳۴۷، ۳۵۴، ۳۵۷، ۳۶۰،
۳۶۴، ۳۷۲، ۳۷۷، ۳۸۵، ۳۸۷، ۳۸۸، ۳۹۰، ۳۹۲،
۳۹۷، ۳۹۸، ۴۰۴، ۴۰۶، ۴۰۷، ۴۰۸، ۴۱۴، ۴۳۵، ۴۴۶،
۴۵۴، ۴۶۲، ۴۶۵، ۴۶۶، ۴۶۸، ۴۷۰، ۴۸۹، ۴۹۰، ۴۹۱،
۴۹۲، ۴۹۷، ۴۹۸، ۵۰۳، ۵۰۴، ۵۰۸، ۵۱۰، ۵۱۲، ۵۱۴،
۵۱۷، ۵۲۰، ۵۲۱، ۵۲۲، ۵۲۳، ۵۲۴، ۵۲۵، ۵۲۹،
۵۳۰، ۵۵۹، ۵۶۰، ۵۶۱، ۵۷۵، ۶۰۴، ۶۱۱، ۶۵۳، ۷۰۰،
۷۰۱، ۷۰۴، ۷۰۷، ۷۱۵، ۷۳۵
اهواز ۳۶۴، ۴۸۹، ۴۹۰، ۴۹۲، ۴۹۸-۵۰۴
اویان (دیون) ۷۳۳
ایتالیا ۹۰، ۱۱۶، ۲۹۶، ۳۳۳، ۴۸۳، ۵۷۷، ۵۸۸
ایتالیای فاشیست ۱۰۴
ایران بیشتر صفحات

ب

بابل ۴۵۰
بابلسر ۱۶۰
بادکوبه ۱۲۲، ۱۵۰، ۱۷۷، ۲۵۰، ۶۹۶
باکو ۱۷۷
برلن ۱۷۴، ۱۷۷، ۲۹۷، ۵۰۷، ۵۱۴
بروجرد ۱۰۶
بروکسل ۵
بریتانیای کبیر - رجوع کنید به انگلستان
بغداد ۲۸۴، ۴۹۸، ۵۲۵، ۵۷۷، ۵۷۸، ۵۸۰، ۵۸۱،
۶۵۴، ۷۱۵، ۷۳۸، ۷۴۰، ۷۴۱
بلژیک ۱۵، ۲۴۵، ۳۲۰
بلغارستان ۵۰
بلوچستان ۲۵، ۳۱، ۱۹۷
بمبئی ۲۵۰
بندرانزلی (پهلوی) ۷۶، ۲۵۰، ۲۴۵
بندر خرمشهر - رجوع کنید به خرمشهر
بندرشاهپور ۶۹۷
بندر مارسی ۲۵۰
بندر معشور ۳۶۴
بندر نوشهر ۱۶۰
بندرپهلوی ۷۶، ۴۸۷، ۶۹۶
بنغازی ۵۲۴
بوشهر ۳۰، ۱۹۷، ۱۹۹، ۲۰۰، ۲۵۰، ۲۹۲، ۴۹۸
بومهن ۲۶۶، ۲۶۷، ۲۶۸، ۷۲۳
بهبهان ۴۹۶
بیحقبه ۵۴۴
بیرجند ۲۹۵، ۲۹۸، ۲۹۹، ۳۰۰، ۳۰۱
بیروت ۵۲۹، ۶۰۸، ۶۴۹، ۷۲۸

پ

پاریس ۳۴، ۴۰، ۴۲، ۵۷، ۵۹، ۹۳، ۱۱۷، ۱۲۰،
۱۲۲، ۱۲۸، ۱۳۸، ۱۴۰، ۱۶۵، ۱۸۲، ۱۸۳، ۱۸۷،
۲۰۷، ۲۴۲، ۲۴۴، ۲۴۵، ۲۴۶، ۲۸۵، ۳۵۳، ۳۶۸،
۳۷۹، ۴۰۰، ۴۱۸، ۴۳۱، ۴۵۸، ۴۶۸، ۴۶۹، ۵۰۵،
۵۶۵، ۵۹۸، ۶۱۸، ۶۸۰، ۶۹۳، ۷۱۲، ۷۲۹
پاکستان ۴۶۳
پاکستان ۳۴۵، ۳۴۸، ۳۹۶
پروس ۲۰، ۲۷، ۴۰
پطرزبورگ ۴۸۰

ت

تبریز ۲، ۱۳، ۱۴، ۲۳، ۲۴، ۳۲، ۳۳، ۴۳-۴۸، ۱۰۵،
۱۲۵، ۱۳۴-۱۳۹، ۱۴۰، ۱۴۱، ۱۶۰-۱۶۲، ۱۶۷، ۱۷۱-
۱۷۸، ۲۶۰-۲۶۲، ۲۹۲، ۳۰۹، ۳۱۹، ۷۱۲
تربت حیدریه ۹۹
ترعه‌ی سوئز ۳۹۷
ترکمن‌چای ۲۱
ترکمن‌صحرا ۴۸۳
ترکیه ۹۱، ۱۳۲، ۱۳۳، ۲۶۴-۲۶۶، ۲۷۳، ۳۰۶،
۴۸۲، ۴۹۴، ۵۱۴
تفرش ۵۶۱
تفلیس ۱۲۲
تنکابن ۷۲، ۷۸
تنگه‌ی بسفور ۱۳۲
تنگه‌ی داردانل ۱۳۲
تونس ۴۲، ۱۱۵
تهران - بیشتر صفحات
تیلسیت ۱۹

ج

جزیره‌ی خارک ۳۰
جزیره‌ی سیسیل ۱۱۶
جزیره‌ی هرمز ۶۸۰
جعفرآباد شمیران ۵۰۳
جلفا ۱۰۵، ۱۶۲، ۱۷۶، ۶۷۵

چ

چالوس ۵۴۴
چایان ۴۷۹
چکسلواکی ۲۳۵
چین ۴۲، ۸۳، ۳۹۲، ۴۷۹

ح
حجاز ٤٩٠
حصارک ٥٢٧، ٥٣٦، ٦٦٩، ٧٣١، ٧٤٧

خ
خانقین ٦٦، ١٠٦، ٢٩٣
خاورمیانه ١٠٦، ١٤٦، ٢١٣، ٣٥٧، ٤٦٦، ٥١٢، ٦٠٨، ٧٠٨
خراسان ١١، ٢٥، ٤٤، ٥٢-٥٤، ٦٣-٦٥، ٧٠-٧٥، ٧٩، ٨٠، ٨٥، ٨٦، ١٠١، ١٣٠، ٢٤٢، ٢٤٣، ٢٥٢، ٣١٧، ٤٨٥، ٥٢٧
خرم‌آباد ١٠٦
خرمشهر ٢١١، ٢٧٧، ٤٨٩، ٤٩٨، ٤٩٩، ٥٠٠، ٥٠٢
خلیج فارس ٣١، ١١٨، ١٧٠، ٢٩٣، ٣٧٧، ٥٣٤، ٧٠٨
خمسه ١٧٣، ١٨٠
خوربنده ٤٧٩
خوزستان ٣٠، ٥٩، ١٨٩، ١٩٠، ١٩٣، ٢٦٥، ٢٦٩، ٣٧٦، ٣٧٧، ٤٤٦، ٤٨٨، ٤٨٩-٤٩٨، ٥٠٠-٥٠٤، ٥٣١، ٥٤٤، ٦٢٢، ٦٩٦
خوی ١٦٢

د
داراب رشت ٧٧
دریاچه ارومیه (رضاییه) ٤٨٢، ٦١١
دریاچه‌ی لمان ٧٣٣
دریای خزر ١٩، ٢٩٣
دریای مدیترانه ١٣٣
دزفول ٩٩، ٤٤٩
دشت گرگان ٤٨٣، ٥٤٤
دمشق ٦٠٨
دمق ٤٧٩
دوشان تپه ١٠٥
دیلم ١٩٩

ر
رامسر ٤٤٦، ٤٧٢، ٥٥١، ٥٧٧، ٥٧٨، ٥٨٦
رشت ٤٤، ٤٨، ٧٦، ٧٧، ١٠٣، ٤٨٥، ٤٨٦، ٤٨٧
رضائیه ٩٩، ١٦٢، ٤٨٢
رم ٥٧٧، ٥٨٠، ٥٨٢، ٥٨٨، ٥٤٩، ٦٥٢، ٦٥٤، ٧٣٤
رود ارس ٢١
روسیه - رجوع کنید به شوروی
ری ١٨، ٢٨٦، ٧٢٣

ریگ ١٩٩

ز
زرگنده ٦٦٠
زنجان ١٤٣، ١٤٩، ١٧١-١٧٣، ١٨٠، ٢٦١
زیدون ٤٩٦

ژ
ژاپن ٢٨، ٤٢، ١١٥، ١١٧، ١٢٠، ١٧٠، ٤٧٠
ژنو ٢٥٠، ٤٧٧، ٥٢٩، ٧٢٠، ٧٢٨، ٧٣٠، ٧٣١، ٧٣٣، ٧٣٨، ٧٤٥

س
ساوجبلاغ ٢٩٥، ٣٠١
ساوه ٣٨٣
سلماس (شاپور) ١٦٢، ٤٨٢
سمنان ٩٩، ١٥٤
سمیرم ١٩١، ١٩٢، ٦٦٢
سوادکوه ٧٢، ٧٥، ٧٩
سوریه ٥٠٤، ٧٤١
سوییس ٩٣، ١٢٢، ٢٠٧، ٢٤٦، ٢٤٩، ٢٥٠، ٢٩٩، ٥٢٩، ٥٤٧، ٦٠٧، ٦٠٨، ٧١٢، ٧١٩، ٧٣٠، ٧٣٣، ٧٣٤، ٧٤٤
سیبری ٩٩، ١٧٧
سیستان ٥٢، ٥٣، ٦٥، ٧٢

ش
شاهرود ١٥٤، ٦٩٨
شبه قاره‌ی هند ١٩
شریف‌آباد قزوین ١٣٥
شط کارون ٣٠
شط‌العرب ٥٠٢
شمیران ٢٩٥، ٣٠٣، ٥٠٣، ٥٧٣، ٦٦٩
شهر ری ٢٨٦، ٧٢٣
شهر کرد ١٥٠، ١٩٣
شوروی ٣، ٩، ١٢، ١٥، ١٨-٢٤، ٣١، ٤١، ٤٢، ٤٤، ٤٨-٤٩، ٥٥-٦٧، ٧٣، ٧٦، ٧٧، ٨١-٨٤، ٨٦، ٩٥، ٩٧، ١٠٢، ١٠٣، ١٠٥، ١٠٧، ١٠٩، ١١٥، ١١٦، ١١٩-١٢٧، ١٣٢، ١٧٤-١٨٣، ١٨٧، ١٨٩، ١٩٣، ٢٠٨، ٢١٦، ٢٢٣، ٢٣٦، ٢٤٥، ٢٥٠، ٢٦٢، ٣٠٨، ٣٠٩، ٣١١، ٣١٥، ٣١٧، ٣٢٠، ٣٣١، ٣٣٥، ٣٤٩، ٣٥٧، ٣٧٨، ٣٩٢، ٣٩٩، ٤١٨، ٤٢١، ٤٧٠، ٥١١، ٥١٤، ٥٩٣، ٦٠٢-٦٠٤، ٧١١، ٦٤٣، ٦٥٠، ٦٥٣، ٦٥٨، ٦٥٩، ٦٦٠، ٦٧٣-٦٧٥، ٦٩٣، ٧٠٧، ٧٢٢، ٧٣٨، ٧٤١

قائنات ۷۳	شوش ۴۹۷
قبرس ۳۷۷	شوشتر ۴۸۹
قره‌بلاغ ۴۷۹	شیراز ۱۷، ۱۸، ۱۸۹، ۱۹۳-۱۹۸، ۲۰۰، ۲۵۰-
قزوین ۵۰، ۵۹، ۱۰۶، ۱۳۵، ۱۴۲، ۱۵۹، ۱۷۱، ۲۶۱	۲۵۲، ۲۵۴، ۴۴۸، ۴۴۹، ۴۶۶، ۴۹۸، ۵۰۶، ۶۹۶
قفقازیه ۱۸، ۲۰، ۵۷، ۹۳، ۱۲۲	شیروان ۵۳
قلعه‌ی چهریق ۴۸۱، ۴۸۲، ۴۸۳	
قـم ۱۰، ۱۶، ۹۱، ۱۶۸، ۱۷۶، ۲۶۵، ۲۷۳، ۶۳۰، ۷۴۵	**ص**
قوچان ۵۳، ۷۴	صوفیان ۱۰۵، ۲۷۴
	ط
ک	طالش ۷۷، ۴۸۶
کازرون ۱۹۳، ۱۹۷، ۱۹۹، ۲۰۰	
کاشان ۲۹، ۳۰، ۹۹، ۳۴۴	**ع**
کانادا ۲۷۰، ۲۸۶، ۶۸۱	عثمانی ۱۲، ۲۴، ۴۱، ۵۰، ۱۲۲، ۴۸۱، ۴۹۰
کراچی ۶۰۸، ۶۷۳	عجب‌شیر ۱۳۴
کربلا ۴۴، ۲۵۶، ۲۶۶، ۵۸۰، ۷۴۷	عدن ۴۷۰
کرج ۸۷، ۱۳۵، ۱۵۹، ۲۱۳، ۴۳۵	عراق ۱۶، ۶۶، ۷۳، ۲۸۴، ۲۹۳، ۲۹۵، ۳۷۷، ۴۴۶،
کردستان ۱، ۲، ۹، ۷۹، ۹۹، ۱۱۷، ۱۲۳، ۱۲۴،	۴۵۴، ۴۵۵، ۴۹۰، ۵۰۴، ۵۱۳، ۵۳۴، ۵۷۸، ۵۷۹، ۵۸۰،
۱۳۶، ۱۳۸، ۱۴۲، ۱۴۹، ۱۵۲، ۱۶۱، ۱۶۴، ۱۶۷،	۵۸۱، ۶۲۴، ۶۵۴، ۶۵۹، ۶۹۲، ۷۴۱، ۷۴۲، ۷۴۷
۱۶۹، ۱۷۰، ۱۷۳، ۱۷۷، ۱۸۴، ۲۰۲، ۲۳۵، ۳۱۷،	عربستان سعودی ۳۳۴، ۳۳۵، ۴۷۰، ۴۹۳، ۴۹۴، ۵۰۰
۴۸۱، ۵۳۰، ۷۴۱	
کرمان ۱۹۷، ۲۴۲، ۲۷۷، ۵۰۶، ۶۷۹، ۶۸۰	**ف**
کرمانشاه ۱۰۶، ۲۷۷، ۳۷۷، ۳۸۹، ۴۲۰، ۴۴۹، ۴۸۰،	فـارس ۱۱، ۳۱، ۶۲، ۷۹، ۱۱۷، ۱۱۸، ۱۲۳، ۱۲۴،
۷۰۳، ۶۲۴، ۷۱۱	۱۴۷، ۱۶۳، ۱۶۴، ۱۶۷، ۱۷۰، ۱۸۷، ۱۸۹-۲۰۵،
کره ۱۳۲، ۱۳۳، ۱۷۰، ۱۷۸، ۴۷۹، ۶۵۹	۲۱۹، ۲۵۰-۲۵۴، ۲۷۷، ۲۷۸، ۲۹۳، ۳۱۷، ۳۷۲،
کلاردشت ۴۷۲، ۵۵۱، ۵۶۳، ۵۷۷	۳۷۷، ۵۰۵، ۵۰۶، ۵۳۰، ۵۳۱، ۵۳۴، ۵۳۸، ۵۵۷،
کلی‌کندی ۱۳۴	۵۷۰، ۶۶۱-۶۶۵، ۷۰۸
کهریزک ۱۳، ۵۱۶	فرانســه ۱۱، ۱۹، ۲۰، ۲۶، ۲۸، ۳۰، ۴۰-۴۲، ۴۹،
کوه‌های آلپ در سوییس ۶۰۷	۵۹، ۷۶، ۸۴، ۸۸، ۹۰، ۹۳، ۱۱۵، ۱۲۲، ۱۳۲، ۱۳۳،
کویت ۴۷۰	۱۴۶، ۱۴۹، ۱۵۲، ۱۷۹، ۱۸۵، ۱۹۵، ۲۰۷،
	۲۳۳، ۲۴۴، ۲۵۰، ۲۶۳، ۲۶۷، ۲۹۶، ۳۲۰، ۳۲۷،
گ	۳۳۱، ۳۳۳، ۳۴۷، ۳۵۰، ۳۷۸، ۳۸۶، ۳۹۰-۳۹۲،
گرجستان ۱۸، ۱۹، ۲۰	۳۹۵، ۴۰۸، ۴۹۳، ۵۱۱-۵۱۳، ۵۲۹، ۶۰۸، ۶۴۲،
گروس ۱۷۳	۶۸۷، ۶۹۱، ۷۰۲، ۷۳۳
گرگان ۱۶۰، ۴۸۳، ۵۴۴	فرح‌آباد ۲۸۳
گرمسار ۱۵۹	فسا ۱۹۳
گلپایگان ۴۷۱	فلسطین ۶۶، ۱۰۰، ۱۰۴، ۵۱۳، ۵۲۴، ۵۲۶، ۵۲۷،
گمش‌تپه ۴۵	۵۲۹، ۵۳۴، ۶۶۷
گناوه ۱۹۹	فیروزکوه ۱۵۹
گنبد قابوس ۱۳۰	فیلادلفیا ۳۹۳
گیـلان ۱۱، ۱۶، ۴۴، ۴۸، ۷۲-۸۰، ۱۳۸، ۲۰۸،	
۲۷۷، ۴۷۹، ۴۸۴، ۴۸۶، ۴۸۷، ۵۰۰، ۵۰۴، ۵۰۵،	**ق**
۵۱۹، ۵۳۱	قاره‌ی افریقا ۴۰، ۳۴۸
	قافلانکوه ۱۷۲، ۱۷۴، ۱۷۵، ۱۷۶
	قاهره ۱۱۵، ۳۹۷، ۶۰۸، ۶۷۴

ل

لاهــه ۳۲۷، ۳۷۷، ۳۸۴، ۳۸۵، ۳۹۲، ۴۰۶، ۴۰۷، ۴۰۸، ۴۲۴
لامیجان ۹۴، ۹۶، ۱۷۸، ۲۰۷، ۴۷۹
لبنان ۲۹۵، ۵۲۹، ۷۴۰، ۷۴۱
لرستان ۷۵، ۷۹، ۳۶۴، ۴۸۵، ۵۲۲
لس‌آنجلس ۵۷، ۶۷، ۲۲۱، ۲۳۳، ۲۴۲، ۴۷۸، ۵۲۴، ۵۹۶، ۶۸۶
لَشت‌نشا ۱۶
لشکرک ۴۴۹
لندن ۲۲، ۲۵، ۳۱، ۴۰، ۴۲، ۴۹، ۵۱، ۵۴، ۵۸، ۷۷، ۸۴، ۹۲، ۹۵، ۱۱۰، ۱۱۲، ۱۱۷، ۱۱۸، ۱۳۱، ۱۴۳، ۱۴۸-۱۵۲، ۱۶۷، ۱۷۷، ۱۹۰، ۱۹۵، ۲۲۰، ۲۲۸، ۲۳۵، ۲۴۸، ۲۹۳، ۲۹۷-۲۹۸، ۳۲۴، ۳۳۲، ۳۳۳، ۳۳۵، ۳۳۶، ۳۴۸، ۳۵۴، ۳۷۲، ۳۷۷، ۳۷۸، ۳۸۴-۳۹۰، ۳۹۷، ۴۰۴، ۴۱۷، ۴۷۷، ۴۹۰-، ۴۹۷-۵۰۰، ۵۱۳، ۵۲۴، ۵۲۵، ۵۳۰، ۵۳۵، ۵۵۳، ۵۵۶، ۵۵۷، ۵۶۱، ۵۶۷، ۵۷۲، ۵۹۸، ۶۰۱، ۶۰۳، ۶۰۸، ۶۷۶-۶۷۸، ۷۰۰-، ۷۰۲، ۷۱۵، ۷۳۸، ۷۴۱، ۷۴۶
لواسانات ۳۴۰
لوزان سوییس ۵۲۹
لهستان ۹۹، ۱۰۷، ۲۳۳، ۲۳۵

م

مازندران ۴۸، ۵۹، ۸۰، ۳۱۷، ۶۹۹
ماوراء اردن-رجوع کنید به هاشمی اردن
مجارستان ۵۱۱
مجمع‌الجزایر بحرین ۳۱
محمره – رجوع کنید به بندر خرمشهر
مراغه ۱۲۲، ۱۳۴
مراکش ۴۱، ۴۲
مرند ۱۳۴، ۱۶۲
مرو ۱۱
مسکو ۲۲، ۵۵، ۶۷، ۷۶، ۷۷، ۸۴، ۹۵، ۱۰۳، ۱۰۶، ۱۱۰، ۱۲۳، ۱۲۴، ۱۲۶، ۱۳۲، ۱۳۳، ۱۳۵، ۱۳۶، ۱۴۳، ۱۴۵، ۱۴۸، ۱۵۰-۱۶۵، ۱۷۰، ۱۷۷، ۱۸۰، ۱۸۱، ۱۸۴، ۱۹۴، ۲۰۵، ۲۱۸، ۲۲۰، ۲۳۴، ۲۳۵، ۲۶۰، ۳۰۸، ۳۰۹، ۳۱۲، ۳۱۴، ۳۱۵، ۳۳۵، ۳۵۴، ۳۷۸، ۳۷۹، ۳۸۴، ۳۹۴، ۴۱۸، ۴۲۳، ۴۷۰، ۴۸۰، ۶۰۲، ۶۰۳، ۶۲۲، ۶۴۳، ۶۵۲، ۶۵۸، ۶۷۴، ۶۷۵، ۶۹۲، ۷۴۱
مشهد ۶۳، ۷۲، ۷۳، ۹۱، ۱۵۴، ۲۹۲، ۲۹۸، ۴۴۸، ۶۹۸، ۷۱۲
مصر ۴۲، ۲۰۲، ۲۳۲، ۳۲۷، ۳۹۷، ۶۶۶، ۷۲۰،

۷۴۰، ۷۴۱
ملایر ۱۰۶
منجیل ۴۸۵
منطقه‌ی چهارمحال ۴۴۶
مهاباد ۱۳۴، ۱۳۵، ۱۳۶، ۱۶۷، ۱۷۷، ۱۷۹، ۱۸۵، ۲۰۵، ۲۱۸، ۲۳۲، ۴۵۰، ۴۸۱
مونتره‌آل ۲۳۶
مونترو ۵۴۷، ۷۲۰، ۷۳۱، ۷۳۲، ۷۳۳، ۷۴۶
میاندوآب ۱۴۹، ۱۶۲
میانه ۱۳۴، ۱۳۹، ۱۴۹، ۱۷۵، ۱۷۶

ن

نائین ۲۷۴
نجف ۹۱، ۱۶۸، ۲۶۵، ۲۷۳، ۷۴۷
نخجوان ۱۷۵، ۵۰۶، ۵۱۴، ۵۱۵، ۵۱۶، ۵۱۸
نیویورک ۲۷، ۳۹۱، ۷۱۵

ه

هاشمی اردن ۴۹۰، ۷۴۱
هامبورگ ۵۸، ۴۰۷، ۷۱۵
هرات ۳۰
هلند ۳۹۰، ۴۰۷، ۴۲۴
همــدان ۱۰۶، ۲۹۳، ۴۷۸، ۴۸۰، ۵۳۱، ۵۳۷، ۵۳۹، ۵۴۵، ۶۲۴، ۶۹۷، ۷۴۴، ۷۴۵
هندوستان ۱۹، ۳۰، ۵۱، ۱۰۶، ۲۵۰، ۳۴۸، ۴۰۷، ۵۰۳
هندوچین ۱۳۲، ۱۷۸، ۶۵۹
هنگری ۲۸، ۵۰
هوستون- تگزاس ۲۴۲، ۲۹۱، ۴۴۱

و

واتیکان ۱۲۳
واشنــگتن ۵۷، ۹۸، ۱۳۱، ۱۳۳، ۱۴۹، ۱۶۲، ۱۷۰، ۱۷۱، ۱۹۸، ۳۳۴، ۳۳۵، ۳۷۸، ۳۷۹، ۳۹۰، ۳۹۳-، ۳۹۵، ۳۹۷، ۴۴۲، ۴۶۸، ۴۶۹، ۴۷۷، ۵۳۹، ۵۶۱، ۵۹۸، ۶۰۱-۶۰۴، ۶۱۳، ۶۱۵، ۶۱۸، ۷۱۵، ۷۳۶، ۷۴۱
ونزوئلا ۳۳۴، ۳۳۵

ی

یزد ۱۱۹، ۲۵۴
یوگسلاوی ۳۹۲
یونان ۱۳۲، ۱۳۳، ۱۷۸، ۶۵۹

ناشرین

آ
آرش ۲۴۱، ۳۴۴، ۴۷۷
آیبکس ۴۴۲
آینده ۲۴۵، ۲۸۵، ۴۵۵

ا
امیرکبیر ۴۹، ۲۷۴، ۴۸۸
انتشارات امیرکبیر ۴۹، ۲۷۴، ۴۸۸
انتشارات پرنگ ۵۷، ۱۳۸، ۳۵۳، ۴۵۸
انتشارات راه زندگی ۴۷۸
انتشارات سخن ۱۸۹
انتشارات علمی ۱۴، ۲۴۸، ۴۷۷، ۴۷۹
انتشارات مرد امروز ۲۲
انتشارات مهر ایران پوتوماک ۴۷۷
انتشارات نهضت مقاومت ملی ایران ۲۴۱
انتشارات وحید ۱۳۰
انتشارات پژنگ ۴۰۰
ایران ما ۱۵۱، ۱۸۰

ب
بنگاه ترجمه و نشر کتاب ۲۹۶، ۳۸۶

پ
پارس ۲۴۲، ۴۴۱
پرتو ایران ۲۸۶، ۶۸۱
پکا ۱۱۷، ۴۷۷
پیام ۳۴۷، ۴۶۶

خ
خوارزمی ۲۴

ر
روشنگران ۲۴۳

ز
زمینه ۲۴۱
زوار ۸۲، ۲۴۳

س
سازمان انتشارات هفته ۴۵۷، ۵۹۵
سیمای فرهنگ ۲۴۲

ش
شباویز ۳۶۹
شرکت کتاب ۶۷، ۱۸۷، ۲۲۱، ۲۳۳، ۲۴۲، ۶۸۶

ط
طرح نو ۲۶۶

ک
کتاب سرا ۱۹۸، ۳۴۷

م
مرکز پژوهش‌های فرهنگ سیاسی ایران ۵۷
موسسه‌ی خدمات فرهنگی رسا ۴۶۶
موسسه‌ی خدمات فرهنگی رضا ۶۶۱

ن
نشر آبی ۳۹۱
نشراختران ۹، ۳۵
نشر پارس ۴۴۱
نشر تاریخ ایران ۱۴، ۵۵۵، ۶۸۰
نشر جنبش توده‌ای‌های مبارز انفصالی ۱۶۵
نشر فرهنگ ۲۳۶، ۲۷۰، ۴۸۷
نیلوفر ۲۴۲

کتاب‌ها، نشریات، جزوه‌ها، مقالات

آ
آخرین روزها، پایان زندگی و درگذشت شاه ۲۳۳
آذر آذربایگان ۱۳۸، ۱۴۰
آژیر ۱۳۶
آیا مصدق قاتل بود؟ ۳۵۳
آینده ۵۱۷

ا
اخبار روز ۱۱۲
اردشیر زاهدی فرزند توفان ۴۷۷، ۴۷۹، ۵۲۷، ۵۵۲، ۷۴۱
اردشیر زاهدی و اشاراتی به رازهای ناگفته ۴۷۸
از انشعاب تا کودتا ۵۹۵، ۶۴۲
از سپاهی‌گری تا سیاستمداری، زندگی‌نامه‌ی سپهبد فضل‌الله زاهدی ۴۷۷، ۴۸۸، ۵۰۳، ۵۰۵،

۵۰۹، ۵۲۱، ۵٤٦، ۵۹۰، ۵۹٤، ۵۹۵، ٦۱۱، ٦۱۳، ٦۵۱، ۷۱٤، ۷۱٦، ۷۳۸
اسناد تاریخی وزارت امور خارجه ۱۷۱
اسناد خانه سدان ۳۸۵، ۳۸٦
اشتباه بزرگ: ملی شدن نفت، تهران ۳٤۷
اطلاعات ۵۸۱، ۵۹۱، ۷۲۱
اطلاعات ماهیانه ۱۵۱، ۳۹۰، ۵٦۷
الفبای فساد اخلاق در چهار مقاله ۸٦
امیرکبیر و ایران ۲٤
انقراض قاجاریه و تشکیل سلسله‌ی دیکتاتوری پهلوی ۲۷٤
ایران آزاد ٤۱۸، ٤۲۱
ایران در دوران سلطنت قاجاریه ۱٤، ۵۲
ایران پل پیروزی جنگ جهانی دوم ۲۲، ۱٤۷
ایران‌شناسی ۲۹۱، ۵۵۱، ۵۵۳، ٦۰٤، ٦۱۰
ایران ما ۱۵۱

ب

باختر امروز ۳۹۰، ٤۱۲، ٤۲۸، ۵۸۹، ۵۹۱، ۵۹۲، ٦۱۹، ٦٤۲، ٦۸۸
بازیگران سیاسی از مشروطیت تا سال ۱۳۵۷) ۱۱۷، ۲٤۲، ۳۱۱، ۳۵۰، ۳٦۱، ٤۷۷، ٤۸۸، ۵۳۰، ۵۳٦، ۵٤۹
برآمدن رضاخان، برافتادن قاجار و نقش انگلیسی‌ها ٦٦
برخی منظره‌ها و مناظره‌های فکری در ایران امروز ۲۳٦، ۳۱۲، ٦٤٦
به سوی آینده ۳۷۵، ۳۷٦، ۳۸۰

پ

پاسخ به تاریخ ۵۹، ۱۲۰، ۱۲۹، ۲۳۳، ۳۲۷، ۳۷۰، ۳۷۸، ٤۰۱، ٤۱۳، ٤۲۱، ٤٦۵، ۵٦۰، ۵۹۷، ٦۳٤، ٦۹۳
پرخاش ۵۷۲
پنجاه سال نفت ایران ۳٤۷، ٤٦٦
پیام ٤۷۲

ت

تاریخ ایران باستان ۲۸۹، ۵۲۷
تاریخ بیست ساله ایران، انقراض قاجاریه و تشکیل سلسله دیکتاتوری پهلوی ۵٦، ۸۱، ۲۷٤، ۲۸٤، ۲۸۵، ٤۸۸، ٤۹۵
تاریخ شیراز ۱۸۹
تاریخ مختصر احزاب سیاسی ۲۷۲
تاریخچه‌ی جبهه‌ی ملی، چرا جبهه‌ی ملی تشکیل شد؟ چگونه جبهه‌ی ملی منحل گردید؟ ۳٤٤
تمدن قدیم ۲۹۵

خ

خاطرات و خطرات - حاج مخبرالسلطنه هدایت ۸۲، ۲۷۰، ۲۹۸، ۵۰۸، ۵۲۰
حلقه‌ی مفقوده ۲۷
خاطرات ابوالحسن ابتهاج ۱۱۲، ۱۵۲، ۱٦۷، ۱۷٦، ۲۱۰، ٤٦۹، ۵٦۷، ۷۱۳
خاطرات اردشیر زاهدی ٤٤۲، ٤۷۷، ٤۷۸، ۵۲۵، ۵۲۷، ۵٤۰، ۵٤۱، ۵٤۵، ٦۰۰، ۷۱۳، ۷۱٦، ۷۱۷، ۷۲۸، ۷٤۱
خاطرات انور خامه‌ای، جلد سوم از انشعاب تا کودتا ٤۵۷
خاطرات جهانگیر تفضلی ۱۵۱، ۱۵۵
خاطرات سردارفاخر حکمت ۱۹۷
خاطرات سلیمان بهبودی ۲٦٦
خاطرات سیاسی ایرج اسکندری ۱٦۵
خاطرات سیاسی عبدالحسین مفتاح ٤۰۰، ٤۰۷، ٤۵٤
خاطرات شاهپور غلامرضا پهلوی ۵۹
خاطرات شفاهی دکتر کریم سنجابی ۵۳٤
خاطرات صدرالاشراف (محسن صدر) ۱۳۰
خاطرات نصرالله انتظام ۵۱۲، ۵۱۵
خاطرات علی وثوق ۲۲۵
خاطرات ملکه ثریا ٤٤۰، ۵۷۷
خاطرات و اسناد دکتر قاسم غنی ۹۲
خاطرات و تالمات ۲٤۲، ۲٤۸، ۲۵۰، ۲٦۰، ۳۲۸، ۳٦۲، ۳٦۵، ٤٤۳، ٤۵٦، ۵۵۷
خاطرات و خطرات ۸۲، ۲۷۰، ۲۹۸، ۵۰۸، ۵۲۰
خانه‌ی ما در فیشرآباد ۱۸۷، ۲۲۵
خواب آشفته نفت ۳٤۷، ٤٦۳

د

داوری ۵۷۲
داوری امان‌ناپذیر تاریخ ٤۵۵
در تیررس حادثه- زندگی سیاسی قوام‌السطنه ۹، ۲۲۵، ٤۱٦، ۵۵۷
در خلوت مصدق ٦۸٦
در کنار پدرم، خاطرات دکتر غلامحسین مصدق ٤٦٦
دکتر محمد مصدق کاپیتولاسیون و ایران ۲۹٤
دکتر مصدق در لیژ ۲٤۵

ر

راستی بی‌رنگ است ۳۲۷، ۴۰۰
راه‌آهن سرتاسری ایران، رضاشاه بزرگ و محمد مصدق ۲۴۲، ۲۹۱
راه زندگی ۴۷۸، ۵۲۴، ۵۲۷
رجال عصر ناصری ۱۴، ۱۵، ۳۴
رضاشاه از آلاشت تا ژوهانسبورگ ۵۷
روزنامه اخبار روز ۱۱۲
روزنامه اقدام ۳۴۵
روزنامه باختر امروز ۴۱۲، ۶۴۲، ۶۸۸
روزنامه به سوی آینده ۳۷۵
روزنامه جبهه، ارگان حزب ایران ۱۴۳
روزنامه جبهه وابسته به جبهه ملی ۵۷۲
روزنامه حبل‌المتین ۱۵، ۳۱
روزنامه حزب ایران ۶۱۹
روزنامه داد ۱۵۱، ۳۴۵
روزنامه‌ رعد ۵۵
روزنامه ستاره ۳۴۵
روزنامه شاهد ۳۴۱، ۳۸۰، ۶۲۶، ۶۳۴
روزنامه شورش ۶۱۹
روزنامه شهباز ۱۴۱
روزنامه کشور ۳۴۴
روزنامه کیهان ۱۵۲، ۱۷۷، ۳۴۷، ۳۹۰، ۴۴۱، ۵۶۷، ۵۹۳، ۶۳۷، ۶۹۱، ۷۰۵
روزنامه کیهان (چاپ لندن) ۱۵۲، ۱۷۷، ۵۶۷
روزنامه لوموند پاریس ۱۸۷، ۶۱۸
روزنامه مذاکرات مجلس چهارم ۸۰
روزشمار زندگی نخست وزیران ایران ۲۴۲، ۴۷۷

ز

زاهدی‌ها در تکاپوی قدرت، ۴۷۸، ۶۶۹، ۷۳۱
زندگانی سیاسی سلطان احمدشاه فاجار ۴۹، ۵۲
زندگانی شاه عباس اول ۴۷۹
زندگی سیاسی مصدق در متن نهضت ملی ایران ۲۴۱، ۲۴۷، ۳۶۲، ۴۶۲
زندگی‌نامه‌ی سپهبد زاهدی ۴۷۷

س

سالنامه‌ی دنیا ۱۵۱، ۱۵۳
سالنامه‌ی پارس ۳۴۰
سایه‌ای از سردار ۵۷
سفرنامه‌ی خوزستان، از سردار سپه ... ۴۸۸
سیمای دیپلماسی نوین ایران ۳۹۱
سی و هفت سال ۲۲، ۳۶۹

ش

شاه، مصدق، سپهبد زاهدی ۲۴۱، ۲۹۱، ۳۲۷، ۳۵۸، ۳۷۴، ۴۷۷، ۴۸۸، ۴۹۸، ۵۱۷، ۵۶۵
شاهزاده محبوب من ۵۹۶
شرح زندگانی من، تاریخ اجتماعی و اداری دوره قاجاریه ۸۲، ۲۴۳
شناخت حقیقت ۳۸۶

ف

فراز و فرود فرقه‌ی دمکرات آذربایجان ۱۵۱
فصل کتاب ۵۵۳
فولاد قلب، زندگینامه‌ی دکتر محمد مصدق ۲۴۲

ق

قرآن کریم ۶۱۰
قصه ساواک ۴۵۸

ک

کلیات مصور عشقی ۸۶

گ

گاهنامه‌ی پنجاه سال شاهنشاهی ایران ۱۴۰، ۲۶۲، ۳۱۷، ۴۲۸، ۴۴۲، ۵۵۱
گفته نشده‌ها در باره‌ی روح‌الله خمینی ۴۴۱

ل

لوموند ۱۸۳، ۱۸۷، ۶۱۸

م

ماموریت برای وطنم ۲۹۶
ماهنامه‌ی حافظ ۶۸۷
ماهنامه‌ی پرتو ایران ۶۸۰
ما و بیگانگان ۱۷۴
مجله آینده ۱۵۱، ۴۵۵
مجله‌ی تایم ۴۳۸
مجله‌ی ترقی ۳۵۳
مجله‌ی خواندنی‌ها ۶۲۳، ۶۳۳، ۶۳۵، ۶۳۷
مجموعه‌ی تاریخ معاصر ایران ۴۷۸
مجموعه‌ی تهران ۲۴۳
مجموعه‌ی نشر تاریخ ایران ۶۸۰
مرد امروز ۲۲، ۲۱۹
مشروطه ایرانی ۳۵
مصاحبه‌ی مظفر بقایی ۲۲۱، ۲۳۳

مصدق در محکمه نظامی ٥٥٥، ٥٥٨، ٥٥٩، ٥٧١، ٥٧٣، ٥٧٥، ٥٨٥
مصدق مرد سال، مرد سده، مرد هزاره‌ها ٢٤٢
مصدق و مسائل حقوق و سیاست ٢٤١، ٢٤٦، ٢٨٧، ٢٩٤، ٢٩٥
مصدق و پیشنهاد بانك جهانی ٤٦١، ٤٦٤
معنی بوژوازی ملی چیست؟ ٣٧٤
ملی شدن صنعت نفت و مصدق در خاطرات ایدن ٣٩٢، ٣٩٨
منظره‌ها و مناظره‌های فکری در ایران امروز ٢٧٨، ٢٧٠، ٤٦٨، ٦٤٦
من متهم می‌کنم کمیته مرکزی حزب توده را ١٣٧

ن

نشریه پارس ٢٤٢، ٢٩١
نشریه تاریخ معاصر ایران ٦٦٩
نشریه شجاعت ٣٨٠
نشریه قرن بیستم ٨٦
نشریه مجمربه ٣٧٦
نشریه مهرگان ٤٦١
نشریه هدایت ٣٧٦
نگاهی به کارنامه‌ی سیاسی دکتر محمد مصدق ٢٢١، ٢٤٢، ٢٩٣،٢٩٢،٢٧٤،٢٢٤٣، ٢٩٨، ٣١٣، ٣٣٨، ٣٥٧، ٣٩٥، ٣٩٨، ٤٣١، ٤٣٣، ٤٣٩، ٤٤١، ٤٤٢، ٤٥١، ٤٥٦، ٤٦٠، ٤٦٣، ٤٧١، ٥٣٣، ٥٣٧، ٥٦٢، ٥٩٤، ٦١٣
نهضت ملی ایران ٣٤٧
وصیت در فقه اسلامی ٢٤٦

و

وقایع اتفاقیه ٢٦

Name Index

Ali Kadjar 18
Andre' Fontaine 187
Andrei Bajanov 692
Donald N. Wilber 645
Dr. Clifford A. Kiracofe Jr 692
Edaurd Sablier 182
Firouzeh Nahavandi 34, 215
François Joseph 28
Gholam Reza Pahlavi 235
H. Nahavandi 76
Homayoun Katouzian 241
Houchanug Nahavandi 479
Malcom Byrne 241
Mark Y. Gaisiorowski 241
Mohammad Reza Pahlavi 98
Otto von Bismarck 209
Robert Garner 469
Theophile Delcasse' 41
Vernon A. Walters 378, 381, 687
Vernon Walters 386, 395, 398, 407

Publishers

Aquilion 76
de Perse, perrim 479
dit Afghani, Maisonneuve 31
Fayard 187
Hutchinson 98
IB Tauris 241
Institut Franco-Iranien 19
N.E.D. 18
N. J. Darwin Press 621
Nagel 18
Normant 235
Plon 182, 378
Syracuse university Press 241
XO 234

Books

Abbas Mirza 19
Adventures in the Middle East, Excursions and incursions 621
Agha Mohammad Ghadjar 18
De'fense National, 146
Djamal-el- Din Assad Abadi 31
E. Sutton, Political Parties in Iran, Middle-East Journal 215
Farah Pahlavi, Memoires 234
Histoire de la guerre froide 187
Institute for Iranian Conterporary Historical Studies. 669
Iran, le choc des ambitions 76
Iran, The Clashe of ambitions 76
Iran la Poudrière 147
Kremlin, Iran and Histony 692
La creation du Monde 182
La Palais des solitudes 648
Le Monde 182, 618

Le palais des solitudes 440, 562
le Palais des solitudes 577
Le Palauis des solitudes 720
Les mouvements, anti-
maçonniques en Iran 34
Les Rois Oublie's, Le'pope'e - de la
dynastie kadjar 18
Mission for my country 98
Mohammad Mossadeg and the
1953 coup in Iran, 241
Mon Pere, Mon Frère, les Shahs
Iran 235
Mon Père mon frère les shahs
d'Iran 59
Mussadig and he struggle for power

in Iran 241
Rene Cagnat, L'U.R.S.S en Iran
146
Services discrets 687
Shah Abaas, empereur 479
Silant Missions 378
snoitibma sed cohc el ,narl 547
Teheran de jadis 18

Places
Geneve 18
London 76, 98, 241
Paris 18, 31, 147, 182, 186, 187, 215,
234, 235, 372, 378, 440, 479
Tehran 19